Landespersonalvertretungsgesetz
Nordrhein-Westfalen
Basiskommentar mit Wahlordnung

Horst Welkoborsky/Birger Baumgarten/
Peter Berg/Irma Vormbaum-Heinemann

Landespersonal-vertretungsgesetz Nordrhein-Westfalen

Basiskommentar mit Wahlordnung

7., überarbeitete und aktualisierte Auflage

BUND
VERLAG

Bibliografische Information der Deutschen Nationalbibliothek
Die Deutsche Nationalbibliothek verzeichnet diese Publikation in der Deutschen Nationalbibliografie; detaillierte bibliografische Daten sind im Internet über http://dnb.d-nb.de abrufbar.

7., überarbeitete und aktualisierte Auflage 2017

Herstellung: Birgit Fieber
Umschlag: Ute Weber, Geretsried
Satz: Dörlemann Satz, Lemförde
Druck: Druckerei C. H. Beck, Nördlingen
Printed in Germany 2017
ISBN 978-3-7663-6627-6

www.bund-verlag.de

Vorwort zur 7. Auflage

An der inzwischen 7. Auflage dieses Basiskommentars hat erneut das bewährte Autorenteam aus der Vorauflage mitgewirkt. Sämtliche Bearbeiter gewährleisten als Fachanwälte und Berater von Personalräten mit langjähriger Erfahrung nicht nur die erforderliche Fachkunde, sondern auch den stets angestrebten Praxisbezug. Ziel der Autoren auch in dieser Auflage war es wieder, eine nicht nur für Juristen verständliche Kommentierung zu erstellen, die es auch den im Jahre 2016 neu gewählten Personalratsmitgliedern ermöglicht, einen schnellen und doch fundierten Einstieg in das Landespersonalvertretungsrecht zu bekommen.
Eingearbeitet wurde u. a. das Gesetz zur Neuregelung der Rechtsverhältnisse der Richterinnen und Richter sowie Staatsanwältinnen und Staatsanwälte im Land NRW vom 8. Dezember 2015 sowie das 10. Gesetz zur Änderung der gesetzlichen Befristungen im Zuständigkeitsbereich des Ministeriums für Inneres und Kommunales vom 7. April 2017, mit dem z. B. die Laufzeit des LPVG NRW über den 31. 12. 2017 hinaus verlängert wurde. Die Rechtsprechung des BVerwG, des OVG NRW und anderer Gerichte konnte bis Frühjahr 2017 berücksichtigt werden.
Nach wie vor sind in der verwaltungsgerichtlichen Rechtsprechung des Landes NRW restriktive Tendenzen erkennbar, z. B. im Rahmen der Novelle 2011 neu geschaffene gesetzliche Vorschriften schlicht nicht umzusetzen. Dies gilt bis heute insbesondere für die Vorschriften über Leistungs- und Unterlassunganträge von Personalräten sowie für Möglichkeiten zum Erlass einstweiliger Verfügungen gegen mitbestimmungswidrig erlassene Maßnahmen. Nach wie vor teilen einzelne Verwaltungsgerichte trotz des eindeutigen Gesetzeswortlauts mit, es sei »nicht hinreichend klar, dass der Gesetzgeber den Personalräten tatsächlich materielle Ansprüche auf Unterlassung bzw. Rückgängigmachung von beteiligungspflichtigen Maßnahmen verleiht«. Der insoweit eindeutige Gesetzeswortlaut des § 79 Abs. 3 hat bei den Verwaltungsgerichten bis heute, sechs Jahre nach der Novelle, nicht zu einer Änderung der Rechtsprechung geführt.
Die Autoren hoffen, wiederum eine verständliche Darstellung des LPVG NRW vorgelegt zu haben, die Personalräten, Gewerkschaftern, aber auch allen anderen Praktikern zuverlässig bei der täglichen Rechtsanwendung hilft.

Unser Dank gilt unserer Lektorin, Frau Schübel-Gaw vom Bund-Verlag, für eine wiederum äußerst angenehme und unkomplizierte Zusammenarbeit, ohne die das Manuskript wahrscheinlich nicht so zügig hätte fertig gestellt werden können.

Horst Welkoborsky
Birger Baumgarten
Peter Berg
Irma Vormbaum-Heinemann

Inhaltsverzeichnis

Abkürzungs- und Literaturverzeichnis

a. A.	anderer Ansicht
a. a. O.	am angegebenen Ort
AEVO	Ausbilder-Eignungsverordnung
a. F.	alte Fassung
AFG	Arbeitsförderungsgesetz
AGG	Allgemeines Gleichbehandlungsgesetz
AiB	Arbeitsrecht im Betrieb (Zeitschrift)
Altvater u. a.	Altvater/Baden/Berg/Noll/Kröll/Seulen, Bundespersonalvertretungsgesetz mit Wahlordnung und ergänzenden Vorschriften, 9. Auflage 2016 (zit.: Altvater-Bearbeiter)
Anm.	Anmerkung
AOGOe	Gesetz zur Ordnung der nationalen Arbeit in öffentlichen Verwaltungen und Betrieben
AP	Arbeitsrechtliche Praxis (Nachschlagewerk des BAG)
ArbGG	Arbeitsgerichtsgesetz
ArbSchG	Arbeitsschutzgesetz
ArbStättV	Arbeitsstättenverordnung
Art.	Artikel
ASiG	Gesetz über Betriebsärzte, Sicherheitsingenieure und andere Fachkräfte für Arbeitssicherheit (Arbeitssicherheitsgesetz)
AÜG	Gesetz zur Regelung der Arbeitnehmerüberlassung (Arbeitnehmerüberlassungsgesetz)
BAG	Bundesarbeitsgericht
BAT	Bundes-Angestelltentarifvertrag (Bund/Länder/Gemeinden)
BayVGH	Bayerischer Verwaltungsgerichtshof
BB	Betriebs-Berater (Zeitschrift)
BBiG	Berufsbildungsgesetz
BeamtStG	Beamtenstatusgesetz
BEEG	Bundeselterngeld- und Elternzeitgesetz

BetrVG	Betriebsverfassungsgesetz
BErzGG	Bundeserziehungsgeldgesetz
BGB	Bürgerliches Gesetzbuch
BImSchG	Bundesimmissionsschutzgesetz
BMT-G II	Bundes-Mantel-Tarifvertrag für Arbeiter der Gemeinden
BPersVG	Bundespersonalvertretungsgesetz
BRG	Betriebsrätegesetz
BUKG	Bundesumzugskostengesetz
Buchst.	Buchstabe(n)
BVerfG	Bundesverfassungsgericht
BVerwG	Bundesverwaltungsgericht
bzw.	beziehungsweise
Cecior u. a.	Cecior/Dietz/Vallendar, Kommentar zum Personalvertretungsrecht in Nordrhein-Westfalen
DKKW	Däubler/Kittner/Klebe/Wedde (Hrsg.), Betriebsverfassungsgesetz mit Wahlordnung, Kommentar für die Praxis, 15. Auflage 2016 (zit.: DKKW-Bearbeiter)
DB	Der Betrieb (Zeitschrift)
DO NW	Disziplinarordnung für das Land Nordrhein-Westfalen
DSG NW	Gesetz zum Schutz personenbezogener Daten (Datenschutzgesetz Nordrhein-Westfalen)
ebd.	ebenda
EuGH	Europäischer Gerichtshof
f./ff.	folgende
Fitting u. a.	Fitting/Engels/Schmidt/Trebinger/Linsenmaier, Betriebsverfassungsgesetz, Handkommentar, 28. Auflage 2016 (zit.: Fitting u. a.)
FHG	Fachhochschulgesetz
FGGöD	Gesetz über die Fachhochschulen für den öffentlichen Dienst
GG	Grundgesetz
gem.	gemäß
ggf.	gegebenenfalls
GO NW	Gemeindeordnung für das Land Nordrhein-Westfalen
GV NW	Gesetz- und Verordnungsblatt für das Land Nordrhein-Westfalen
Havers	Havers, Kommentar zum Landespersonalvertretungsgesetz NW, 9. Auflage, Reckinger, Siegburg 1995

HessVGH	Hessischer Verwaltungsgerichtshof
HG	Hochschulgesetz
h. M.	herrschende Meinung
HZG	Hochschulzukunftsgesetz
i. d. F.	in der Fassung
Ilbertz/Widmaier/ Sommer	Ilbertz/Widmaier/Sommer, Bundespersonalvertretungsgesetz mit Wahlordnung unter Einbeziehung der Landespersonalvertretungsgesetze, Kommentar, 13. Auflage 2015
i. V. m.	in Verbindung mit
JAG	Juristenausbildungsgesetz Nordrhein-Westfalen
JAO	Juristenausbildungsordnung Nordrhein-Westfalen
KrO	Kreisordnung für das Land Nordrhein-Westfalen
KSchG	Kündigungsschutzgesetz
LABG	Lehrerausbildungsgesetz Nordrhein-Westfalen
LAG	Landesarbeitsgericht
LBG	Landesbeamtengesetz Nordrhein-Westfalen
LHO	Landeshaushaltsordnung Nordrhein-Westfalen
LOG	Landesorganisationsgesetz Nordrhein-Westfalen
Lorenzen u. a.	Lorenzen/Etzel/Gerhold/Schlatmann/Rehak/Faber, Bundespersonalvertretungsgesetz, Kommentar, Loseblattwerk, 1975 ff. (zit.: Lorenzen u. a.)
LPVG NRW	Landespersonalvertretungsgesetz Nordrhein-Westfalen
LRKG	Landesreisekostengesetz
LS	Leitsatz
LT	Landtag
LT-Drucks.	Landtags-Drucksache
LUKG	Landesumzugskostengesetz Nordrhein-Westfalen
MBl.	Ministerialblatt für das Land Nordrhein-Westfalen
MIK	Ministerium für Inneres und Kommunales
MTL II	Mantel-Tarif-Vertrag für die Arbeiter der Länder
MuSchG	Mutterschutzgesetz
NiSchG	Nichtraucherschutzgesetz
NKF	Neues kommunales Finanzmanagement
NW, NRW	Nordrhein-Westfalen
NwVBl.	Nordrhein-Westfälische Verwaltungsblätter
n. v.	nicht veröffentlicht

NZA	Neue Zeitschrift für Arbeitsrecht
NZA-RR	NZA-Rechtsprechungs-Report Arbeitsrecht
ÖPP	Öffentlich-Private-Partnerschaft
OVG	Oberverwaltungsgericht
PersR	Der Personalrat (Zeitschrift)
PersV	Die Personalvertretung (Zeitschrift)
PersVG	Personalvertretungsgesetz
PPP	Public Private Partnership
RDV	Recht der Datenverarbeitung (Zeitschrift)
Rn.	Randnummer
RVO	Reichsversicherungsordnung
SGB	Sozialgesetzbuch
sog.	so genannte(s)
SchVG	Schulverwaltungsgesetz
SMBl.	Sammlung des bereinigten Ministerialblattes für das Land Nordrhein-Westfalen
StGB	Strafgesetzbuch
TÜV	Technischer Überwachungsverein
TVG	Tarifvertragsgesetz
TV-L	Tarifvertrag für den öffentlichen Dienst der Länder
TVöD	Tarifvertrag für den öffentlichen Dienst (Bund und Gemeinden)
TzBfG	Teilzeit- und Befristungsgesetz
u. a.	unter anderem
UG	Gesetz über die Universitäten des Landes Nordrhein-Westfalen
VG	Verwaltungsgericht
VGH	Verwaltungsgerichtshof
WO-LPVG	Wahlordnung zum Landespersonalvertretungsgesetz Nordrhein-Westfalen
z. B.	zum Beispiel
ZBR	Zeitschrift für Beamtenrecht
ZfPR	Zeitschrift für Personalvertretungsrecht
ZPO	Zivilprozessordnung
ZTR	Zeitschrift für Tarifrecht

Einleitung

I. Geschichte der Personalvertretung

Gesetzliche Erwähnung fanden Personalvertretungen für den öffentlichen Dienst erstmals im Anschluss an die Weimarer Reichsverfassung vom 11. 8. 1919. Zwar sah Artikel 130 Abs. 3 WRV die Errichtung besonderer Beamtenvertretungen vor, solche Vertretungen sind jedoch gesetzlich nicht geschaffen worden. Die beiden Gesetzesentwürfe von 1923 und 1930 sind vom Reichstag nicht beschlossen worden. Vielmehr sah das Betriebsrätegesetz vom 4. 2. 1920 die Bildung von Arbeitnehmervertretungen auch für den öffentlichen Dienst, und zwar einheitlich für Arbeiter und Angestellte, vor sowie in § 61 die Möglichkeit, die Besonderheiten des öffentlichen Diensts durch Verordnung des Reiches und der Länder zu regeln. Davon ist für den Bereich der Reichsbahn, der Reichspost, der Reichswasserstraßenverwaltung, zahlreicher Ministerien und auch in den Ländern (insbesondere in Preußen) Gebrauch gemacht worden.[1]

Darüber hinaus sah § 13 BRG vor, dass durch die Verordnung der Reichsregierung für die öffentlichen Behörden, Betriebe und öffentlich-rechtlichen Körperschaften des Reichs bestimmte Gruppen von Beamten den Arbeitnehmern gleichgestellt werden. Schließlich beinhaltete § 65 BRG Regeln für die Zusammenarbeit zwischen Betriebsräten und Beamtenvertretungen (Beamtenrat, Beamtenausschuss) in den Dienststellen, in denen solche Vertretungen aufgrund von Verordnungen geschaffen worden waren.

Durch das nationalsozialistische Gesetz zur Ordnung der Arbeit in öffentlichen Verwaltungen und Betrieben vom 23. 11. 1934 wurde das Betriebsrätegesetz aufgehoben, die Tätigkeit von Beamtenvertretungen unterbunden und stattdessen als Ordnungsprinzip dasjenige der »Dienstgemeinschaft« zwischen »Führer der Öffentlichen Verwaltung« einerseits und »Gefolgschaft« andererseits (so § 2 AOGOe) eingeführt. An die Stelle einer Arbeitnehmervertretung trat ein »Vertrauensrat«, der unter Leitung des Führers der Verwaltung die Aufgabe hatte, »das gegenseitige Vertrauen innerhalb der Gemeinschaft aller Angehöriger der Verwaltung oder des Betriebs zu vertie-

1 Siehe dazu Flatow/Kahn-Freund, BRG, Anmerkungen zu § 61.

fen und für vorbildliche Pflichterfüllung im Dienste der Volksgemeinschaft zu sorgen« (§ 4).
Nach der Kapitulation im Jahre 1945 wurde das System der getrennten Vertretungen der Arbeitnehmer im öffentlichen Dienst einerseits und der Beamten andererseits nicht wieder aufgenommen. Das Kontrollratsgesetz Nr. 122 vom 10. 4. 1946 sah zwar nicht ausdrücklich vor, dass gemeinsame Vertretungen für Arbeiter, Angestellte **und** Beamte gebildet werden konnten, in der Praxis geschah dies jedoch. Auch die Betriebsrätegesetze der Länder in der Nachkriegszeit (z. B. für Hessen, Baden-Württemberg, Bremen) sahen ebenfalls für den öffentlichen Dienst die Bildung einheitlicher Arbeitnehmervertretungen nach den gleichen Regeln wie für die gewerbliche Wirtschaft vor.

II. Personalvertretung in Nordrhein-Westfalen

In Nordrhein-Westfalen hat es kein eigenes Betriebsverfassungsgesetz in der Nachkriegszeit gegeben, jedoch wurde aufgrund des Kontrollratsgesetzes Nr. 22 die »Betriebsvereinbarung der Landesregierung« vom 17. 3. 1948[2] zustande gebracht, die den Betriebsvertretungen im Bereich des öffentlichen Diensts in allen wesentlichen Personalangelegenheiten der Beamten, Angestellten und Arbeiter recht umfangreiche Mitbestimmungsrechte einräumte.
Der Rechtszustand nach dieser Betriebsvereinbarung war der Grund dafür, warum in dem Personalvertretungsgesetz für das Land Nordrhein-Westfalen vom 28. 5. 1958 anders als im Bundespersonalvertretungsgesetz von 1955 weitgehendere und umfangreichere Beteiligungsrechte in personellen Einzelmaßnahmen vorgesehen waren, z. B. in §§ 68 und 69, im Nichteinigungsfalle jedoch nicht die Einigungsstelle, sondern das verfassungsmäßig zuständige oberste Organ bzw. die Landesregierung zur endgültigen Entscheidung berufen war.[3]
Die ab 1969 im Bund regierende sozial-liberale Koalition hat 1972 und 1975 das Betriebsverfassungsgesetz und das Bundespersonalvertretungsgesetz nachhaltig geändert und eine Erweiterung der Mitbestimmungsrechte sowie eine Verbesserung der Rechtsstellung für die Personalräte geschaffen.
Im Anschluss an diese Änderungen wurde auch das Landespersonalvertretungsgesetz durch das Gesetz vom 3. 12. 1974 nachdrücklich geändert, erweiterte Beteiligungsrechte in §§ 72 ff. geschaffen und die Rechtsstellung der Personalräte verbessert.
Die Erfahrungen mit diesem Gesetz veranlassten den Gesetzgeber im Jahre 1984 zur Schaffung einer umfangreichen Novelle, mit der neue und erwei-

2 Ministerialblatt 1949, 738.
3 Siehe Korn, LPVG NRW, Einleitung Nr. 3c, § 61 Begründung, § 69 Begründung.

terte Mitbestimmungsrechte geschaffen wurden, eine Stärkung der Autorität des Personalrats insgesamt erreicht werden und einer teilweise restriktiven Rechtsprechung der Boden entzogen werden sollte. So entstanden die neuen Mitbestimmungsrechte in § 72 Abs. 3, die sowohl in den Personalvertretungsgesetzen von Bund und Ländern als auch im Betriebsverfassungsgesetz ohne Beispiel sind, und die die Folgen neuer Technologien sozial beherrschbar machen, eine höhere Akzeptanz staatlichen Handelns bei den Beschäftigten erreichen sowie Nordrhein-Westfalen eine Vorreiterrolle bei Überlegungen zur Verbesserung von Betriebsverfassungsgesetz und den übrigen Personalvertretungsgesetzen verschaffen sollte.[4] Gegenstand der Reform war auch die Abschaffung des alten Personalrats-»Vorstands« und die Wahl des Personalratsvorsitzenden sowie seiner Stellvertreter aus der Mitte des Gremiums sowie – gegen die Rechtsprechung des OVG NRW – die Neuformulierung des Initiativrechts in § 66 Abs. 4 sowie die Schaffung einer Reihe von Mitbestimmungsrechten, die auf restriktiver Rechtsprechung beruhten, wie z. B. bei Befristung von Arbeitsverträgen, Nebenabreden, wesentlicher Änderung des Arbeitsvertrages und weiteren.

Mit Gesetz vom 8. 9. 1994 ist das Landespersonalvertretungsgesetz erneut novelliert worden. Die Gesetzesänderung hat sachlich nicht viel Neues gebracht. Die 116 Änderungsvorschläge des Deutschen Gewerkschaftsbundes – Landesbezirk Nordrhein-Westfalen – vom Juli 1992 haben weitgehend keine Berücksichtigung gefunden. Es sind lediglich geringfügige Änderungen bei der Verbesserung des Wahlrechts und der Rechtsstellung der Personalräte vorgenommen, zaghafte Versuche zur Schaffung von Gleichstellungs-Regelungen in das Gesetz aufgenommen und in zahlreichen Fällen Veränderungen zugunsten der Verwaltung – wie z. B. die Schaffung von erweiterten Vertretungsbefugnissen des Dienststellenleiters und die Abschaffung einiger Mitbestimmungsrechte (§§ 8 Abs. 4, 63, 66 Abs. 2 sowie § 72 Abs. 4) – getätigt worden.

Die seit 2005 regierende CDU/FDP-Koalition hat mit bislang zwei Gesetzen die bestehende »Mitbestimmungskultur« nachhaltig verändert. Durch das »Gesetz über das Personaleinsatzmanagement«[5] wurde ein beim Finanzministerium angesiedeltes Landesamt geschaffen, dessen Aufgabe es ist, »den erforderlichen Stellenabbau durch landesweit flexiblen Personaleinsatz zu fördern« (so § 2 Abs. 2 des Gesetzes). Zur vereinfachten Versetzung der auf »kw«-Stellen geführten Beschäftigten zum Landesamt und für Abordnungen aus dem Landesamt wurde das Mitbestimmungsrecht bei diesen Maßnahmen abgeschafft und durch ein vereinfachtes Mitwirkungsrecht ersetzt

4 Siehe die Abgeordneten Reinhard, Plenarprotokoll 9/110, 6861 und 6863 und Hein, Protokoll des Innenausschusses 9/1417, Seite 37 sowie Beschlussempfehlung und Bericht, Landtagsdrucksache 9/3845, Seite 66.

5 Gesetz vom 19. 6. 2007, GV-Bl. 242.

(§ 11 Abs. 1 und 2). Auch der Rechtsschutz der betroffenen Beschäftigten bei solchen Versetzungen wurde beschränkt (§ 5).
Mit dem »Gesetz zur Änderung des Personalvertretungsrechts und schulrechtlicher Vorschriften« vom 19.9.2007 sind Rechtsstellung und Beteiligungsrechte der Personalräte nachhaltig beschnitten worden. Landesregierung und Gesetzentwurf[6] bringen deutlich zum Ausdruck, dass das zu hohe »Beteiligungsniveau«[7] durch Anpassung an den Katalog beteiligungspflichtiger Maßnahmen des BPersVG reduziert, die Beteiligungsverfahren gestrafft und die Kompetenzen von Personalräten und Einigungsstellen nachhaltig verringert werden sollten. Unter Berufung auf die Entscheidung des BVerfG vom 24.5.1995[8] wurde darüber hinaus ein Rückholrecht der Dienststelle in Bezug auf endgültige Entscheidungen der Einigungsstelle und von Dienstvereinbarungen eingefügt. Die verschlechterten Regelungen bei Freistellungen und die Verringerung der Anzahl der Personalräte und Personalvertretungen im Lehrerbereich wurden mit Einsparnotwendigkeiten begründet.
Durch Gesetz vom 29.6.2011 ist in Nordrhein-Westfalen ein wiederum nachhaltig novelliertes und verändertes Landespersonalvertretungsgesetz in Kraft getreten. Die Landesregierung und Regierungsfraktionen haben dabei den größten Wert darauf gelegt, Nordrhein-Westfalen wieder zum »Mitbestimmungsland Nr. 1« zu machen und beseitigten deshalb die Verschlechterungen aus dem Jahre 2007. Darüber hinaus sind zusätzliche Rechte der Personalräte geschaffen worden. So ist der Geltungsbereich des LPVG auf arbeitnehmerähnliche Personen und Leiharbeitnehmer erstreckt worden, Regelfreistellungen können bereits ab einer Zahl von 200 Mitarbeitern beansprucht werden. Für die Fälle der Teilung, Umwandlung oder Auflösung einer Dienststelle ist ein Übergangsmandat geschaffen worden, die Jugend- und Auszubildendenvertretung wurde aufgewertet. Darüber hinaus wurde ein Wirtschaftsausschuss eingerichtet und ein neuartiger Unterrichtungsanspruch vor Organisationsentscheidungen der Dienststelle dahingehend geschaffen, dass der Personalrat künftig »frühzeitig und fortlaufend« zu unterrichten ist. Sowohl bei den Unterrichtungsansprüchen wie bei den Mitbestimmungsverfahren, aber auch bei den Beteiligungsrechten des Personalrats hat der Gesetzgeber eine prozessbegleitende Mitbestimmung schaffen wollen. Darüber hinaus wurden Mitbestimmungsrechte präzisiert und verbessert. So unterliegen technische Einrichtungen stets dann der Mitbestimmung, wenn ihre Eignung zur Leistungs- und Verhaltensüberwachung nicht ausgeschlossen ist. Die wieder eingeführte Mitbestimmung bei der Privatisierung erfasst jetzt auch Vorgänge der Übertragung von Arbeiten auf Dritte

---

6 Vgl. dazu Welkoborsky, PersR 2007, 4 ff.

7 So die Begründung des Gesetzentwurfes der Landesregierung, LT-Drucks. 14/4239, S. 1.

8 2 BvF 1/92 – PersR 1995, 483.

in jeglicher – also auch öffentlich-rechtlicher – Rechtsform. Darüber hinaus wurden Schlechterstellungen der Personalräte in besonderen Verwaltungszweigen, wie z. B. Polizei und Lehrer, wieder beseitigt und bewährte Strukturen – wie Arbeitsgemeinschaften der Personalräte – gesetzlich geregelt. Eine Verbesserung der Rechte der Personalräte wurde auch prozessual abgesichert. Das personalvertretungsrechtliche Beschlussverfahren kann jetzt – so das Gesetz – auch auf die Unterlassung oder Durchführung einer Handlung oder Maßnahme gerichtet werden. § 23 Abs. 3 BetrVG kann entsprechend angewandt werden.

Insgesamt ist der Gesetzgeber im Jahre 2011 seinem Anspruch, Nordrhein-Westfalen wieder zum »Mitbestimmungsland Nr. 1« zu machen, weitgehend gerecht geworden.[9] Nun müssen nur noch die Verwaltungsgerichte ihre Rechtsprechung der geänderten Gesetzeslage anpassen; dann wäre dieses Ziel auch tatsächlich erreicht.

Seit dem Jahre 2011 hat es keine weitere, umfassende Novelle des LPVG NRW gegeben. Lediglich einzelne Vorschriften wurden abgeändert. So hat § 105a LPVG NRW durch das Hochschulzukunftsgesetz (HZG NRW) vom 16. 9. 2014 eine Änderung erfahren. Zudem wurden in § 104 LPVG NRW durch das Gesetz zur Änderung des Hochschulgesetzes, des Kunsthochschulgesetzes und weiterer Vorschriften vom 31. 1. 2012 die Wörter »Lehrbeauftragte, wissenschaftliche und künstlerische Hilfskräfte« eingefügt.

Durch das Landesrichter- und Staatsanwältegesetz (LRiStaG) vom 8. 12. 2015 wurden Staatsanwältinnen und Staatsanwälte aus dem Geltungsbereich des LPVG NRW herausgenommen; bei den Staatsanwaltschaften und Generalstaatsanwaltschaften werden nunmehr Staatsanwaltsräte gebildet, keine Personalräte im Sinne des LPVG mehr.

Die bislang vorgesehene Außerkraftsetzung des LPVG NRW zum 31. 12. 2017 wurde durch das 10. Gesetz zur Änderung der gesetzlichen Befristungen im Zuständigkeitsbereich des MIK vom 7. 4. 2017 aufgehoben.

III. Literaturhinweise

- *Der Personalrat*, Zeitschrift für das Personalrecht im öffentlichen Dienst, Bund-Verlag GmbH, Frankfurt.
- *Die Personalvertretung*, Fachzeitschrift des gesamten Personalwesens für Personalvertretungen und Dienststellen, Erich Schmidt-Verlag, Berlin, Bielefeld, München.
- *ZTR*, Zeitschrift für Tarif-, Arbeits- und Sozialrecht des öffentlichen Dienstes, Jehle-Rehm-Verlag, München und Berlin.
- *ZfPR*, Zeitschrift für Personalvertretungsrecht, dbb verlag, Berlin.

9 Vgl. auch Welkoborsky, PersR 2011, 413.

Gesetzestext und Kommentierung zum Personalvertretungsgesetz für das Land Nordrhein-Westfalen[1]

Landespersonalvertretungsgesetz – LPVG – vom 3. Dezember 1974 (GV NRW, S. 1514), zuletzt geändert durch das 10. Gesetz zur Änderung der gesetzlichen Befristungen im Zuständigkeitsbereich des Ministeriums für Inneres und Kommunales sowie zur Änderung weiterer Gesetze vom 7. April 2017 (GV NRW, S. 410)

Erstes Kapitel
Allgemeine Vorschriften

§ 1

(1) Bei den Dienststellen des Landes, der Gemeinden, der Gemeindeverbände und der sonstigen der Aufsicht des Landes unterstehenden Körperschaften, Anstalten und Stiftungen des öffentlichen Rechts werden Personalvertretungen gebildet.
(2) Dienststellen im Sinne dieses Gesetzes sind, soweit nicht im Zehnten Kapitel etwas anderes bestimmt ist, die Behörden, Einrichtungen und Betriebe des Landes sowie die Kunsthochschulen des Landes, die Schulen und die Gerichte; bei den Gemeinden, den Gemeindeverbänden und den sonstigen der Aufsicht des Landes unterstehenden Körperschaften, Anstalten und Stiftungen des öffentlichen Rechts bilden die Verwaltungen, die Eigenbetriebe und die Schulen gemeinsam eine Dienststelle.
(3) Nebenstellen oder Teile einer Dienststelle können von der obersten Dienstbehörde zu selbständigen Dienststellen im Sinne dieses Gesetzes erklärt werden, sofern der Nebenstelle oder dem Teil einer Dienststelle eine selbständige Regelungskompetenz im personellen und sachlichen Bereich zusteht.

Abs. 1: Absatz 1 definiert den *sachlichen* Geltungsbereich des Landesperso- 1
nalvertretungsgesetzes; es erstreckt sich lückenlos auf alle der Gesetzgebung des Landes unterliegenden Bereiche des öffentlichen Dienstes, auch auf die nicht ausdrücklich Erwähnten (z. B. gemeinschaftliche Einrichtungen mehrerer Länder).

---

1 Alle Gesetzestexte sind aus redaktionellen Gründen in neuer Rechtschreibung abgedruckt.

Die Formulierung »werden gebildet« bedeutet, dass die in dieser Vorschrift erwähnten Einrichtungen verpflichtet sind, die Bildung von Personalräten zu unterstützen und zuzulassen.

Räumlich ist das Landespersonalvertretungsgesetz anwendbar auf alle Dienststellen mit Sitz im Lande NRW und auf die Beschäftigten dieser Dienststellen.[2]

Werden ein Universitätsinstitut und ein privates Forschungsinstitut zu einem gemeinsamen arbeitstechnischen Zweck gemeinsam geführt und geleitet, und bilden sie deshalb einen gemeinsamen Betrieb, so werden auch die Beschäftigten des Universitätsinstituts von dem für diesen Betrieb gewählten Betriebsrat vertreten; der Personalrat der Universität ist nicht zuständig.[3]

Der Geltungsbereich des LPVG in *persönlicher* Hinsicht ist in § 5 Abs. 1 Satz 1 mit dem Begriff der »Beschäftigten« gekennzeichnet, zu denen seit der Novelle 2011 neben den Beamten und Arbeitnehmern auch arbeitnehmerähnliche Personen und solche, die in den in Abs. 1 und 2 bezeichneten Rechtssubjekten weisungsgebunden tätig sind oder der Dienstaufsicht unterstehen, zählen.[4] Seit der Novelle 2011 ist dies unabhängig davon, ob ein Arbeits- oder Dienstverhältnis zur Dienststelle besteht.

»Personalvertretungen« ist der Sammelbegriff für alle nach diesem Gesetz von den Beschäftigten zu wählenden Vertretungsorgane, wie Personalrat, Bezirks-, Haupt-, Gesamtpersonalrat, Jugend- und Auszubildendenvertretung, Personalkommission und die besonderen Vertretungen, die im Zehnten Kapitel ab §§ 81 ff. vorgesehen sind.

2 **Abs. 2:** Absatz 2 beinhaltet eine Aufzählung derjenigen Dienststellen, auf die das Landespersonalvertretungsgesetz Anwendung findet. Die dort verwendeten Begriffe sind in anderen Gesetzen definiert. Behörden und Einrichtungen des Landes sind die obersten Landesbehörden (§ 3 LOG), Landesoberbehörden (§ 6 LOG), Landesmittelbehörden (§ 7 LOG), die Bezirksregierungen als »Bündelungsbehörden« (§ 8 Abs. 2 LOG) und die unteren Landesbehörden (§ 9 LOG). Einrichtungen des Landes sind rechtlich unselbständige, von den obersten Landesbehörden errichtete, abgesonderte Teile der Landesverwaltung (§§ 14, 14a LOG). Körperschaften, Anstalten und Stiftungen des öffentlichen Rechtes können gemäß §§ 18, 21 LOG nur durch Gesetz oder aufgrund Gesetzes errichtet werden, wie z. B. die Universitäten gemäß § 2 HG sowie die seit Schaffung des § 114a GO zahlreich ent-

---

2 OVG NRW 14.12.1990 – CL 56/87, PersR 1991, 63; vgl. auch OVG NRW 30.6.2005 – 1 A 2358/03.PVL; nachgehend BVerwG 10.11.2005 – 6 PB 14.05, PersV 2006, 144.

3 BVerwG 13.6.2001 – 6 P 8.00, PersR 2001, 418.

4 So OVG NRW 30.6.2005 – 1 A 2358/03.PVL; nachgehend BVerwG 10.11.2005 – 6 PB 14.05, PersV 2006, 144.

standenen kommunalen Anstalten des öffentlichen Rechts.[5] Schulen sind öffentliche Schulen im Sinne des § 6 SchulG. Gerichte sind die in Nordrhein-Westfalen gebildeten Amts-, Land- und Oberlandesgerichte sowie Arbeits-, Finanz-, Verwaltungs- und Sozialgerichte mit den jeweiligen Instanzengerichten.

In den Gemeinden und den Gemeindeverbänden sind Personalvertretungen bei den »Verwaltungen« zu bilden, also bei derjenigen Einheit, der die Aufgabe obliegt, die Gemeinde bzw. den Gemeindeverband zu verwalten. Eigenbetriebe sind die wirtschaftlichen Unternehmungen der Gemeinden ohne eigene Rechtspersönlichkeit im Sinne der §§ 8 ff. GO und der Eigenbetriebsverordnung NRW vom 16.11.2004 (GV NRW S. 644) sowie der Gemeindekrankenhausbetriebsverordnung NRW vom 5.8.2009 (GV NRW S. 434).

Im Zehnten Kapitel des Gesetzes (§§ 81 bis 106) wurden für bestimmte Bereiche und Beschäftigte des öffentlichen Dienstes in Nordrhein-Westfalen Sonderregelungen bezüglich des Dienststellenbegriffs geschaffen, beispielsweise für die Polizei, Lehrer oder Rechtsreferendare.

Abs. 3: Nebenstellen im Sinne des Absatzes 3 sind räumlich entfernt liegende 3
Verwaltungsteile (Bezirksverwaltung, Zweigstelle einer Sparkasse). »Teile einer Dienststelle« sind Untergliederungen, die eine abgegrenzte Aufgabenstellung (Städtisches Krankenhaus, Städtische Altenheime) oder eine gewisse organisatorische Eigenständigkeit (Dezernat einer Stadt) besitzen.

Die Verselbständigung liegt im Ermessen der obersten Dienstbehörde – das ist in der Landesverwaltung der Minister, bei Gemeinden und Kreisen der Rat/Kreistag. Sie kommt nur in Betracht, sofern dem Leiter der Neben- oder Teildienststelle eine selbständige Regelungskompetenz im personellen und sachlichen Bereich zusteht. Mit der Ergänzung der Vorschrift um einen neuen Halbsatz sollte – so die Gesetzesbegründung[6] – sichergestellt werden, dass Teil-Personalräte nur eingerichtet werden, wenn dort »personalvertretungsrechtlich relevante Entscheidungen« getroffen werden können. Der Gesetzgeber will sich damit an die Rechtsprechung des BVerwG[7] anlehnen, die jedoch ausdrücklich nicht verlangt hat, dass der Dienststellenleiter eines verselbständigten Dienststellenteils ein Minimum an personalvertretungsrechtlich relevanten Befugnissen hat. Gleichwohl dürfte eine Verselbständigung unzweckmäßig sein, wenn der Dienststellenleiter in Angelegenheiten der §§ 72–77 keinerlei Befugnisse hat.

Inwieweit eine solche selbständige Regelungskompetenz besteht, unterliegt dem Beurteilungsermessen der obersten Dienstbehörde.

---

5 Vgl. Kommunalunternehmensverordnung NRW vom 24.10.2001.
6 LT-Drucks. 14/4239, 88.
7 BVerwG 29.3.2001 – 6 P 7.00, PersR 2001, 298, 300.

Nach § 113 Abs. 2 kann die Entscheidung über die Verselbständigung der Vertretung des Landes NW in Berlin ohne Rücksicht auf den Umfang der Entscheidungskompetenzen ihres Leiters getroffen werden.
Dem bei der obersten Dienstbehörde gebildeten Personalrat steht gemäß § 72 Abs. 4 Satz 1 Nr. 12 bei der Verselbständigung ein Mitbestimmungsrecht zu und damit auch eine Mitbeurteilung darüber, ob ausreichende Befugnisse des Dienststellenleiters im Sinne einer selbständigen Regelungskompetenz bestehen.
Personalvertretungsrechtlich hat eine solche Verselbständigung die Folge, dass ein Gesamtpersonalrat zwischen dem Personalrat der Hauptdienststelle und dem Personalrat des verselbständigten Teils zu bilden ist.

§ 2

(1) Dienststelle und Personalvertretung arbeiten zur Erfüllung der dienstlichen Aufgaben und zum Wohle der Beschäftigten im Rahmen der Gesetze und Tarifverträge vertrauensvoll zusammen; hierbei wirken sie mit den in der Dienststelle vertretenen Gewerkschaften und Arbeitgebervereinigungen zusammen.
(2) Dienststelle und Personalvertretung haben alles zu unterlassen, was geeignet ist, die Arbeit und den Frieden der Dienststelle zu beeinträchtigen. Insbesondere dürfen Dienststelle und Personalvertretung keine Maßnahmen des Arbeitskampfes gegeneinander durchführen. Arbeitskämpfe tariffähiger Parteien werden hierdurch nicht berührt.
(3) Außenstehende Stellen dürfen erst angerufen werden, wenn eine Einigung in der Dienststelle nicht erzielt worden ist. Dies gilt nicht für Gewerkschaften, Berufsverbände und Arbeitgeberverbände.

1 **Abs. 1:** Der in Absatz 1 für die Gestaltung der Zusammenarbeit von Dienststelle und Personalvertretung vorgeschriebene Grundsatz der »vertrauensvollen Zusammenarbeit« stellt keine Wiedergabe der sozialen Wirklichkeit dar. Es handelt sich um ein rechtlich unmittelbar geltendes Verhaltensgebot des Gesetzgebers,[8] das sich einerseits an den Leiter/die Leiterin der Dienststelle (vgl. § 8 Abs. 1) als Repräsentanten/in des Dienstherrn und öffentlichen Arbeitgebers und andererseits an die Personalvertretung, die als Repräsentantin der Beschäftigten deren Interessen wahrnimmt, richtet.
Mit der Verpflichtung auf die »vertrauensvolle Zusammenarbeit« ist das grundlegende Verhaltensgebot für Dienststelle und Personalvertretung verbunden, sich um einen Ausgleich widerstreitender Interessen und die einvernehmlich Lösung von Konflikten zu bemühen, Gesprächs- und Verhand-

8 BVerwG 24.10.1969 – VII P 14.68 –, PersV 1970, 131.

lungsbereitschaft in sämtlichen Angelegenheiten zu bewahren und gegenseitig ihren Aufgabenbereich und ihre jeweiligen Rechte und Pflichten zu respektieren.[9] Für die Lösung von Konflikten schreibt das Gesetz daher einen institutionellen Weg vor. Dieser besteht in einem ständigen Dialog zwischen der Personalvertretung und dem Dienststellenleiter und in der Beteiligung der Personalvertretung an Entscheidungen in innerdienstlichen, sozialen und personellen Angelegenheiten der Beschäftigten einschl. der Möglichkeit, in den Fällen der Mitbestimmung eine unabhängige Einigungsstelle (vgl. § 67) zur Schlichtung anzurufen. Das Gebot der vertrauensvollen Zusammenarbeit ist Ausdruck der dem Gesetz zugrunde liegenden Konzeption einer Konfliktlösung durch Kooperation.

Das Gebot der vertrauensvollen Zusammenarbeit ist auch als Auslegungsgrundsatz für die im LPVG NW konkret normierten Rechte und Pflichten von Dienststelle und Personalvertretung heranzuziehen.[10] Das gilt insbesondere hinsichtlich der Reichweite der Aufgaben und Befugnisse der Personalvertretung und der damit korrespondierenden Verpflichtungen der Dienststelle. Hervorzuheben sind beispielsweise die Pflicht zur Durchführung monatlicher Besprechungen (§ 63), die Pflicht zur Erörterung von der Mitwirkung unterliegenden Maßnahmen mit dem Personalrat mit dem Ziel einer Verständigung (§ 69 Abs. 1) und die Pflicht zur rechtzeitigen und umfassenden Unterrichtung des Personalvertretung (§ 65 Abs. 1).[11]

Ziel der »vertrauensvollen Zusammenarbeit« ist die Erfüllung der dienstlichen Aufgaben und die Wahrung des Wohls der Beschäftigten. Dass die Erfüllung der dienstlichen Aufgaben in Abs. 1 1. Halbsatz zuerst genannt ist, bedeutet nicht, dass sie einen Vorrang vor dem Wohle der Beschäftigten hat. Vielmehr muss es das Ziel der Zusammenarbeit zwischen Dienststelle und Personalrat sein, stets beiden Verpflichtungen gleich zu entsprechen. Unter den dienstlichen Aufgaben sind nur diejenigen zu verstehen, die der jeweiligen Dienststelle unmittelbar zugewiesen sind, eine Verpflichtung auf das »Gemeinwohl« beinhaltet diese Formulierung nicht. Die vertrauensvolle Zusammenarbeit stellt keinen Vorbehalt für die Ausübung von Mitbestimmungs- und Beteiligungsrechten des Personalrats dar. Soweit das Gesetz Beteiligungsrechte einräumt, ist der Personalrat verpflichtet, diese im Interesse und zum Wohle der Beschäftigten wahrzunehmen. Auch die Unterrichtungsansprüche des Personalrats gemäß § 65 können nicht unter den Vorbehalt gestellt werden, dass ein »sachlich gerechtfertigter Anlass« für ihre

9 OVG NRW 1.12.2004 – 1 A 1503/03.PVL, PersR 2005, 240.

10 BVerwG. 9.3.1990 – 6 P 15.88 –, PersR 1990, 177 (zu § 2 Abs. 1 BPersVG).

11 Zum weiten Umfang der Unterrichtungspflicht der Dienststelle unter Berücksichtigung des Gebots der vertrauensvollen Zusammenarbeit vgl. VG Münster 3.3.2010 – 22 K 687/09.PVL, ZfPR 2010, 108.

Geltendmachung vorgebracht werden müsse.[12] Die vertrauensvolle Zusammenarbeit stellt auch keine Einschränkung bei der Aufgabe des Personalrats dar, die Interessen der Beschäftigten gegenüber der Dienststelle nachdrücklich zur Geltung zu bringen und an einem für richtig gehaltenen Standpunkt festzuhalten. Meinungsverschiedenheiten können innerhalb der Dienststelle auch öffentlich mit »harten Bandagen« geführt werden, wenn dies in angemessener und sachbezogener Form geschieht.[13] Eine prononcierte und nachdrückliche Interessenvertretung gegenüber dem Dienststellenleiter ist auch dann nicht zu beanstanden, wenn das sich äußernde Mitglied der Personalvertretung Beamter ist und sich dabei einer Sprachweise bedient, die sonst im Umgang zwischen Vorgesetzten und Untergebenen nicht üblich ist.[14] Die Verpflichtung zur gegenseitigen Rücksichtnahme gebietet es z. B., bei der Bestimmung eines Termins zur Erörterung beteiligungspflichtiger Maßnahmen auf berechtigte Belange des Personalrats Rücksicht zu nehmen.[15] Der Personalrat ist unter dem Gesichtspunkt der gegenseitigen Rücksichtnahme berechtigt, Beschäftigte zu anlassbezogenen Besprechungen auch ohne vorhergehende Abstimmung mit der Dienststellenleitung während der Dienstzeit einzuladen, wenn wegen der Unterbrechung der dienstlichen Tätigkeit kein umfänglicher Regelungsbedarf, z. B. aus sicherheitstechnischen oder haftungsrechtlichen Gründen, hinsichtlich Termin, Dauer und Personenzahl besteht.[16] Der Grundsatz der vertrauensvollen Zusammenarbeit gebietet es auch, dass die Dienststelle dem Personalrat regelmäßig Zugang zu den Arbeitsplätzen der Beschäftigten gestattet und dies nur bei Vorliegen triftiger Gründe verweigert.[17]

2 Die Dienststelle und die Personalvertretung sind bei ihrer Zusammenarbeit an die geltenden Gesetze und Tarifverträge gebunden. Das Gebot der vertrauensvollen Zusammenarbeit beinhaltet nicht, dass zwingendes Gesetzes- oder Tarifrecht eingeschränkt wird oder unbeachtet bleibt, um den Kooperationspflichten oder einer der Zielstellungen der vertrauensvollen Zusammenarbeit zu genügen. Das Gebot zur Beachtung der Tarifverträge trägt der verfassungsrechtlichen Garantie der Tarifautonomie (Art. 9 Abs. 3 GG) Rechnung und wird insbesondere auch durch den Tarifvorbehalt gemäß § 70 Abs. 1 Satz 1, § 72 Abs. 3 Eingangssatz, § 72 Abs. 4 Eingangssatz und § 73 Eingangssatz konkretisiert.[18]

---

12 So aber OVG NRW 27. 10. 1999 – 1 A 5100/97.PVL, PersR 2000, 169.
13 VG Ansbach 23. 3. 2010 – AN 8 P10.00128, ZfPR 2010, 106.
14 BVerwG 19. 9. 1984 – 1 D 38.84, PersV 1985, 112; vgl. dazu Sabottig/Ratz, PersR 1985, 69; Dobler, PersR 2012, 243, 246.
15 OVG NRW 5. 2. 2000 – 1L A 1407/98.PVL.
16 OVG NRW 1. 12. 2004 – 1 A 1503/03.PVL, PersR 2005, 240.
17 BVerwG 9. 3. 1990 – 6 P 15.88, PersR 1990, 177.
18 Zum Gebot der Beachtung der Tarifverträge bei Tarifkonkurrenz oder Tarifpluralität vgl. Altvater-Berg, § 2 Rn. 17a.

Bei der Zusammenarbeit zwischen Dienststelle und Personalvertretung besteht ein Gebot des Zusammenwirkens mit den in der Dienststelle vertretenen Gewerkschaften und Arbeitgebervereinigungen (Abs. 1 2. Halbsatz). Für die Auslegung der Begriffe »Gewerkschaft« und »Arbeitgebervereinigung« sind die für das gesamte gesetzliche Arbeitsrecht einheitlich geltenden Begriffsbestimmungen heranzuziehen. Danach versteht man unter einer Gewerkschaft nach ständiger Rechtsprechung des BAG,[19] der das BVerwG[20] für das Personalvertretungsrecht gefolgt ist, eine Arbeitnehmervereinigung, die tariffähig ist. Sie muss sich als satzungsgemäße Aufgabe die Wahrnehmung der Interessen ihrer Mitglieder in deren Eigenschaft als Arbeitnehmer gesetzt haben und willens sein, Tarifverträge abzuschließen. Sie muss frei gebildet, demokratisch strukturiert, gegnerfrei, unabhängig und auf überbetrieblicher Grundlage organisiert sein und das geltende Tarifrecht als verbindlich anerkennen. Damit sie ihre Aufgabe als Tarifvertragspartei sinnvoll erfüllen kann, muss sie Durchsetzungskraft gegenüber dem sozialen Gegenspieler haben und über eine leistungsfähige Organisation verfügen, aber auch[21] die Bereitschaft und Fähigkeit zum Arbeitskampf besitzen. 3

Das Gebot des Zusammenwirkens mit den Gewerkschaften ist Ausdruck ihrer durch Art. 9 GG geschützten Koalitionsfreiheit und herausgehobenen Stellung innerhalb der Personalvertretung, wie sie durch weitere – auch eigenständige – Rechte im Landespersonalvertretungsgesetz ihren Ausdruck findet (§§ 3 Abs. 4, 16 Abs. 4 und 7, 17 Abs. 2, 18, 19, 20, 22 Abs. 1, 25 Abs. 1, 32 Abs. 1, 35, 37 Abs. 2, 46 Abs. 3, 49). Diese Rechte stehen neben den Gewerkschaften auch den ihnen nach § 110 gleichgestellten Berufsverbänden (zu diesem Begriff siehe § 110 Rn. 1) zu. Diese sind jedoch nur dann gleichgestellt, wenn sie einer gewerkschaftlichen Spitzenorganisation angeschlossen sind.[22]

Abs. 2: Die Pflicht zur Wahrung des Friedens der Dienststelle und das Arbeitskampfverbot betonen den Unterschied zwischen den Aufgaben und Befugnissen der gesetzlich eingerichteten Personalvertretung und den autonom errichteten Gewerkschaften. Sowohl Dienststelle als auch Personalvertretung haben alle Handlungen zu unterlassen, die den Frieden der Dienststelle beeinträchtigen. 4

19 Vgl. BAG 14.12.2004 – 1 ABR 51/03, 28.3.20 06 – 1 ABR 58/04, AP TVG § 2 Tariffähigkeit Nr. 1, 4; 5.10.2010 – 1 ABR 88/09, NZA 2011, 300; 14.12.2010 – 1 ABR 19/10, NZA 2011, 289.

20 Vgl. BVerwG 25.7.2006 – 6 P 17.05, PersR 2006, 512.

21 Anders die Rechtsprechung des BAG (vgl. BAG 9.7.1968 – 1 ABR 2/67, AP TVG § 2 Nr. 25); zur Kritik siehe Altvater-Berg, § 2 Rn. 22.

22 Zu den Anforderungen an die Eigenschaften eines Berufsverbandes i.S.v. § 110 vgl. BVerwG 25.7.2006 – 6 P 17.05, PersR 2006, 512.

Das Verbot, Maßnahmen des Arbeitskampfes »gegeneinander« zu führen, richtet sich gegen den Personalrat als Organ und die »Dienststelle« – also alle Leitenden im Sinne des § 8. Weder ist der Personalrat berufen, als »Ersatzgewerkschaft« tätig zu werden, noch ist die Dienststelle und ihre Leitung »Arbeitgeber«. Die Vorschrift verbietet jegliche kampfweise Durchsetzung von Forderungen oder Maßnahmen.

5 Unberührt davon bleiben die Arbeitskämpfe tariffähiger Parteien (Gewerkschaften und Arbeitgebervereinigungen; vgl. dazu Rn. 3). Die Gewerkschaften und ihre Mitglieder werden in der Führung von Arbeitskämpfen durch das LPVG NW in keiner Weise eingeschränkt – auch dann nicht, wenn ihre Mitglieder zugleich Personalratsmitglieder sind.

6 **Abs. 3:** Das Verbot, außenstehende Stellen erst dann in Anspruch zu nehmen, wenn zuvor eine Einigung innerhalb der Dienststelle versucht wurde, ist eine Konkretisierung des Gebots der vertrauensvollen Zusammenarbeit. Probleme und Konflikte in der Dienststelle sind unmittelbar zwischen Personalrat und Dienststellenleitung sowie intern auszutragen und einer Lösung zuzuführen. Dieses Verbot gilt nicht für Gewerkschaften, Berufsverbände und Arbeitgeberverbände. Diese sind zum einen nicht als außenstehende Stellen anzusehen und können zum anderen jederzeit zur Unterstützung und zur Entscheidung oder zu sonstiger Mitwirkung herangezogen werden.

7 Untersagt ist nur die »Anrufung« außenstehender Stellen, also ihre Einschaltung zum Zwecke der Entscheidung und Intervention in einem Streitfall. Die Inanspruchnahme des Gerichtes, der Einigungsstelle und der vorgesetzten Behörde darf daher erst dann erfolgen, wenn Personalrat und Dienststelle untereinander eine Lösung oder Regelung gesucht und nicht gefunden haben.

8 Die bloße Einschaltung von außenstehenden Stellen zur Informationsgewinnung oder Unterstützung ist dagegen – weil keine Anrufung – bereits im Vorfeld möglich. Das bringt der Gesetzgeber etwa in Angelegenheiten des Arbeitsschutzes in § 64 Nr. 4 und § 77 Abs. 1 deutlich zum Ausdruck. Die Unterstützung der für den Arbeitsschutz zuständigen Stellen im Sinne dieser Vorschrift setzt einen laufenden Kontakt voraus, dem eine innerdienstliche Klärung nicht stets vorausgehen muss. Ebenso kann sich der Personalrat im Vorfeld von beteiligungspflichtigen Angelegenheiten oder zur Vorbereitung von Initiativanträgen gemäß § 66 Abs. 4 ohne Verstoß gegen das Verbot der Anrufung außenstehender Stellen z. B. anwaltlich über seine Rechte und Aufgaben beraten lassen (siehe dazu § 40 Rn. 6) oder anderweitig bei der vorgesetzten Behörde, anderen Fachbehörden u. Ä. sachkundigen Rat und Unterstützung einholen.

§ 3

(1) Die Dienststelle und die Personalvertretung in der Dienststelle haben jede parteipolitische Betätigung zu unterlassen; die Behandlung von Tarif-, Besoldungs- und Sozialangelegenheiten wird hierdurch nicht berührt.
(2) Beschäftigte, die Aufgaben nach diesem Gesetz wahrnehmen, werden dadurch in der Betätigung für ihre Gewerkschaft in der Dienststelle nicht beschränkt.
(3) Die Aufgaben der Gewerkschaften und Vereinigungen der Arbeitgeber, insbesondere die Wahrnehmung der Interessen ihrer Mitglieder, werden durch dieses Gesetz nicht berührt.
(4) Zur Wahrnehmung der in diesem Gesetz genannten Aufgaben und Befugnisse der in der Dienststelle vertretenen Gewerkschaften ist deren Beauftragten nach Unterrichtung der Dienststelle Zugang zu der Dienststelle zu gewähren, soweit dem nicht unumgängliche Notwendigkeiten des Dienstablaufs, zwingende Sicherheitsvorschriften oder der Schutz von Dienstgeheimnissen entgegenstehen.

Abs. 1: Das sich an die Dienststelle und die Personalvertretung richtende **1**
Verbot der parteipolitischen Betätigung in der Dienststelle stellt eine Konkretisierung der Verpflichtung aus Abs. 2 Satz 1 dar, Handlungen zu unterlassen, die die Arbeit und den Frieden der Dienststelle beeinträchtigen. Diese Verbotsnorm ist nach der Rechtsprechung des BVerfG[23] verfassungsrechtlich unbedenklich. Das BVerfG hat allerdings gleichzeitig festgestellt, dass die mit dem Verbot der parteipolitischen Betätigung verbundene Einschränkung des Grundrechts der freien Meinungsäußerung (Art. 5 Abs. 1 GG) grundsätzlich nur in engen Grenzen zulässig ist. Da Abs. 1 1. Halbsatz der Freiheit der Meinungsäußerung Schranken setzt, muss diese Norm ihrerseits aus der Erkenntnis der wertsetzenden Bedeutung des Grundrechts der freien Meinungsäußerung ausgelegt und so in ihrer das Grundrecht begrenzenden Wirkung selbst wieder eingeschränkt werden.[24] Das führt im Ergebnis zu einer engen Auslegung der Verbotsnorm, insbesondere des Begriffs der »Parteipolitik«, mit der Folge, dass eine allgemeinpolitische Betätigung, die weder zu einer konkreten Beeinträchtigung der Arbeit noch des Friedens der Dienststelle führt, weder der Dienststelle noch der Personalvertretung untersagt ist.[25]

---

23 BVerfG 28.4.1976, AP BetrVG 1972 § 74 Nr. 2; zur Kritik siehe DKKW-Berg, § 74 Rn. 50ff.
24 BVerfG 28.4.1976, a.a.O.
25 BVerfG 28.4.1976, a.a.O.; so jetzt wohl auch BAG 17.3.2010, NZA 2010, 1133, 1136f.

In diese Richtung tendiert neuerdings auch die Rechtsprechung des BAG, nach der das Verbot der parteipolitischen Betätigung nicht jede »Äußerung allgemeinpolitischer Art« erfasst, »die eine politische Partei, Gruppierung oder Richtung weder unterstützen noch sich gegen sie wenden« soll. Ob das Eintreten für oder gegen »eine politische Richtung unabhängig von einem konkreten Bezug zu einer politischen Partei« unter das Verbot fällt, hat das BAG allerdings offengelassen.[26]
Bereits seinem Wortlaut nach beschränkt sich das Verbot auf eine parteipolitische Betätigung »in der Dienststelle«, weshalb parteipolitische Äußerungen oder jede sonstige parteipolitische Betätigung außerhalb der Dienststelle von dieser Vorschrift nicht berührt werden. Die parteipolitische Betätigung ist insoweit gestattet, als Tarif-, Besoldungs- und Sozialangelegenheiten berührt werden. Deshalb ist dem Personalrat und seinen Mitgliedern die Darstellung parteipolitischer Standpunkte innerhalb dieses Themenbereichs auch innerhalb der Dienststelle, z. B. auf der Personalversammlung (siehe § 48 Satz 2), gestattet. Verpflichtet werden nur der Dienststellenleiter und der Personalrat und seine Mitglieder, die Beschäftigten werden von Absatz 1 nicht angesprochen, ihre Rechte bleiben unberührt.

2 **Abs. 2:** Die Betätigung des einzelnen Beschäftigten für seine Gewerkschaft innerhalb der Dienststelle wird durch das Gesetz auch dann nicht beschränkt, wenn ein Beschäftigter Personalratsmitglied ist.
Uneingeschränkt gilt das für die Werbung zugunsten der eigenen Gewerkschaft und die Betätigung aus Anlass von Arbeitskämpfen, z. B. bei Werbung für und Durchführung der Urabstimmung, Streikposten stehen u. Ä. Mit dieser Klarstellung betont das Gesetz die Abkehr von der früheren Rechtsprechung, derzufolge sich ein Gewerkschaftsmitglied innerhalb der Dienststelle dann »neutral« verhalten müsse und für seine Gewerkschaft nicht werben dürfe, wenn es Personalratsmitglied ist. Eine solche Betätigung ist nunmehr ausdrücklich erlaubt. Das Personalratsamt muss jedoch nach wie vor objektiv, neutral und nicht zugunsten einer Gewerkschaft oder ihrer Mitglieder ausgeübt werden.

3 **Abs. 3:** Absatz 3 stellt klar, dass die verfassungsrechtlich verbürgten (Art. 9 Abs. 3 GG) koalitionspolitischen Aufgaben der Gewerkschaften und Arbeitgebervereinigungen durch das Gesetz nicht berührt, d. h. weder erweitert bzw. beschränkt noch verändert werden. Dazu gehören insbesondere die Mitgliederwerbung und Information über gewerkschaftliche Anliegen, insbesondere tarifpolitische Fragen, und die Tätigkeit gewerkschaftlicher Vertrauensleute in der Dienststelle. Zur Wahrnehmung ihrer koalitionsspezifischen Aufgaben haben nicht in der Dienststelle beschäftigte Gewerkschafts-

26 BAG 17. 3. 2010, a. a. O., 1136.

beauftragte ein allgemeines koalitionsrechtliches Zugangsrecht zur Dienststelle (siehe dazu auch Rn. 4).

Abs. 4: In Absatz 4 ist lediglich das personalvertretungsrechtliche Zugangsrecht der Gewerkschaften geregelt, das zur Wahrnehmung der in diesem Gesetz genannten Aufgaben und Befugnisse eingeräumt ist. Die Gewerkschaften können also durch einen – von ihnen zu benennenden – Beauftragten dieses Zugangsrecht zu allen im Gesetz genannten Aufgaben geltend machen. Das Zugangsrecht besteht vor allem für die im Gesetz ausdrücklich aufgeführten Rechte und Befugnisse,[27] aber auch für solche Angelegenheiten, die in einem inneren Zusammenhang mit dem LPVG stehen und an deren Lösung die in der Dienststelle vertretene Gewerkschaft ein Interesse hat.[28] Einen abschließenden Katalog derjenigen Aufgaben, zu deren Zweck den Gewerkschaften ein personalvertretungsrechtliches Zugangsrecht zusteht, gibt es daher nicht. Das BVerwG[29] führt bestimmte personalvertretungsrechtliche Aufgaben und Befugnisse im Einzelnen aus und erklärt, dass den Gewerkschaften »zur Wahrnehmung vor allem dieser Aufgaben und Befugnisse«[30] Zugang zur Dienststelle zu gewähren ist. Dieses Zugangsrecht besteht auch in Dienststellen ohne Personalrat. Allerdings steht das Zugangsrecht nur solchen Gewerkschaften zu, die in der Dienststelle vertreten sind, die also über mindestens ein Mitglied verfügen.[31] Die Dienststelle hat weder einen Einfluss auf die Anzahl der Gewerkschaftsbeauftragten noch auf die Dauer der Anwesenheit und kann das Zugangsrecht nur dann einschränken oder verweigern, wenn »unumgängliche« Notwendigkeiten des Dienstablaufes, zwingende Sicherheitsvorschriften oder Schutz von Dienstgeheimnissen entgegenstehen. Diese seltenen Ausnahmefälle berechtigen nicht zur generellen Verweigerung des Zuganges, sondern nur zur Einschränkung soweit es zur Sicherung dieser Schutzgüter erforderlich ist. Diese Beschränkungen des Zugangsrechtes können nicht geltend gemacht werden, wenn eine Gewerkschaft an Sitzungen des Personalrats oder der Jugend- und Auszubildendenvertretung oder an Personalversammlungen teilnehmen will.[32] Die Ausübung des Zugangsrechts ist davon abhängig, dass die entsendende Gewerkschaft den Dienststellenleiter zuvor unterrichtet. Dafür ist weder eine Frist noch eine Form vorgeschrieben. Auch die Angabe des Grundes kann nicht verlangt werden. 4

27 Vgl. BVerwG 25.7.2006 – 6 P 17.05, PersR 2006, 512.

28 So das BAG 17.1.1989 – 1 AZR 805/87 – zum Zutritt zur Dienststelle zwecks Besichtigung des Arbeitsplatzes zur Überprüfung der Eingruppierung; Altvater-Berg, § 2 Rn. 37.

29 Beschluss vom 25.7.2006, a.a.O.

30 PersR 2006, 514.

31 BVerwG 25.7.2006 – 6 P 17.05, PersR 2006, 514.

32 So Altvater-Berg, § 2 Rn. 38.

Neben dem personalvertretungsrechtlichen Zugangsrecht haben die Gewerkschaften ein koalitionsrechtliches Zugangsrecht zur Wahrnehmung ihrer koalitionsspezifischen Aufgaben gemäß Art. 9 Abs. 3 GG. Es kann zur Mitgliederwerbung, Vorbereitung und Durchführung von Arbeitskämpfen und zur Überwachung der Einhaltung von Tarifverträgen genutzt werden. Dieses Zugangsrecht unterliegt nicht den Beschränkungen dieser Vorschrift. Die dieses Recht einschränkende ältere Rechtsprechung des BVerfG[33] und die daran anknüpfende Rechtsprechung des BAG[34] sind durch die zwischenzeitlich geänderte Rechtsprechung des BVerfG[35] überholt.[36] Eine tarifzuständige Gewerkschaft ist aufgrund ihrer verfassungsrechtlich geschützten Betätigungsfreiheit grundsätzlich berechtigt, E-Mails zu Werbezwecken auch ohne Einwilligung des Arbeitgebers und ohne Aufforderung durch die Arbeitnehmer an die betrieblichen E-Mail-Adressen der Beschäftigten zu versenden.[37]

§ 4

Durch Tarifvertrag oder Dienstvereinbarung kann das Personalvertretungsrecht nicht abweichend von diesem Gesetz geregelt werden.

1 Die Vorschrift verbietet Tarifverträge und Dienstvereinbarungen, die einen vom Gesetz abweichenden Inhalt haben. Die dem Personalrat durch das LPVG NW eingeräumten Befugnisse können durch Dienstvereinbarungen und Tarifverträge nicht eingeschränkt, aber auch nicht erweitert oder neu geschaffen werden.[38]

2 Es verbleibt jedoch noch Regelungsspielraum für solche Vereinbarungen, mit denen die Rechte des Personalrats näher ausgestaltet und präzisiert werden, wie z. B. dienststellenspezifische Regelungen über die Freistellung, die Bereitstellung von Mitteln für Personalratsarbeit und -schulungen etc. Zulässige ergänzende Regelungen in Dienstvereinbarungen können auch die Ausgestaltung von Sozialeinrichtungen (§ 72 Abs. 2 Nr. 4), die Erstellung von Sozialplänen außerhalb von Rationalisierungsmaßnahmen im Sinne des § 72 Abs. 2 Nr. 5 und die Vereinbarung von Personalüberleitungs- und

33 Beschluss vom 17. 2. 1981 – 2 BvR 384/78, AP GG Art. 140 Nr. 9.

34 Beschluss vom 19. 1. 1982 – 1 AZR 279/81, AP GG Art. 140 Nr. 10.

35 Beschluss vom 14. 11. 1995 – 1 BvR 601/92, PersR 1996, 131.

36 Vgl. BAG 28. 2. 2006 – 1 AZR 460/04, AP GG Art. 9 Nr. 127; 22. 6. 2010 – 1 AZR 179/09, NZA 2010, 1365 (zur Häufigkeit des Zutritts: einmal im Kalenderhalbjahr); dazu kritisch Altvater-Berg, § 2 Rn. 51.

37 BAG 20. 1. 2009 – 1 AZR 515/08, AP GG Art. 9 Nr. 137; zu weiteren Einzelheiten siehe Altvater-Berg, § 2 Rn. 51a.

38 OVG NRW 1. 3. 2000 – 1 A 4865/98.PVL; 17. 12. 2003 – 1L A 1088/01.PVL, PersR 2004, 309.

Mitbestimmungs-Sicherungs-Vereinbarungen sein. Unzulässig sind nur Abweichungen, nicht Ergänzungen, Ausgestaltungen und Präzisierungen. Aus § 70 ist zu entnehmen, dass nur solche Regelungen unzulässig sind, die dem Gesetz »entgegenstehen«.[39] Zulässig ist auch, dem Personalrat zusätzliche Rechte, z. B. Sitze im Aufsichtsgremium einer Sozialeinrichtung, tarifvertraglich einzuräumen.

§ 5

(1) Beschäftigte im Sinne dieses Gesetzes sind die Beamtinnen und Beamten und Arbeitnehmerinnen und Arbeitnehmer und arbeitnehmerähnlichen Personen im Sinne des § 12a Tarifvertragsgesetz der in § 1 bezeichneten Körperschaften, Anstalten und Stiftungen des öffentlichen Rechts einschließlich der Personen, die sich in der Berufsausbildung befinden. Beschäftigte im Sinne dieses Gesetzes sind auch diejenigen, die in der Dienststelle weisungsgebunden tätig sind oder der Dienstaufsicht unterliegen, unabhängig davon, ob ein Arbeits- oder Dienstverhältnis zur Dienststelle besteht. Richterinnen und Richter sind nicht Beschäftigte im Sinne dieses Gesetzes.

(2) Wer Beamtin oder Beamter ist, bestimmen die Beamtengesetze. Als Beamtin oder Beamter gelten auch Beschäftigte in einem öffentlich-rechtlichen Ausbildungsverhältnis.

(3) Arbeitnehmerinnen und Arbeitnehmer im Sinne dieses Gesetzes sind Beschäftigte, die nach dem für die Dienststelle maßgebenden Tarifvertrag oder nach der für die Dienststelle geltenden Dienstordnung oder nach ihrem Arbeitsvertrag Arbeitnehmerinnen oder Arbeitnehmer sind oder als übertarifliche Arbeitnehmerinnen oder Arbeitnehmer beschäftigt werden einschließlich der zu ihrer Berufsausbildung Beschäftigten.

(4) Als Beschäftigte im Sinne dieses Gesetzes gelten nicht

a) Hochschullehrerinnen und Hochschullehrer, Lehrbeauftragte mit einem Lehrumfang unter vier Lehrveranstaltungsstunden, studentische Hilfskräfte, nach § 78 Hochschulgesetz nicht übernommene Hochschullehrerinnen und Hochschullehrer, Fachhochschullehrerinnen und Fachhochschullehrer und entsprechende Beschäftigte an Hochschulen, Hochschuldozentinnen und Hochschuldozenten, wissenschaftliche und künstlerische Assistentinnen und Assistenten, Oberassistentinnen und Oberassistenten, Oberingenieurinnen und Oberingenieure und entsprechende Beschäftigte an Hochschulen,

b) Professorinnen und Professoren an der Sozialakademie,

c) Staatsanwältinnen und Staatsanwälte,

39 Siehe näher: Edenfeld, PersR 2001, 14.

d) **Ehrenbeamtinnen und Ehrenbeamte,**
e) **Rechtspraktikantinnen und Rechtspraktikanten,**
f) **Personen, die überwiegend zu ihrer Heilung, Wiedereingewöhnung, sittlichen Besserung oder Erziehung beschäftigt werden,**
g) **Personen, die nur vorübergehend ausschließlich zur Behebung eines durch höhere Gewalt bedingten Notstandes beschäftigt werden.**

(5) **Bei gemeinsamen Dienststellen des Landes und anderer Körperschaften gelten die im Landesdienst Beschäftigten als zur Dienststelle des Landes und die im Dienst der Körperschaft Beschäftigten als zur Dienststelle der Körperschaft gehörig.**

1 **Abs. 1:** Absatz 1 bestimmt den persönlichen Geltungsbereich des Landespersonalvertretungsgesetzes dahingehend, dass »Beschäftigte« diejenigen sind, die als Arbeitnehmer, Beamte oder – seit der Novelle 2011 – als arbeitnehmerähnliche Personen in einer der in § 1 genannten Einrichtungen tätig sind. Seit der Novelle 2011 sind zudem diejenigen, die – unabhängig davon, ob ein Arbeits- oder Dienstverhältnis zu der Dienststelle besteht – weisungsgebunden eingegliedert sind oder der Dienstaufsicht unterstehen, in den Geltungsbereich einbezogen.

Nicht maßgebend ist, wo der konkrete Tätigkeits- und Einsatzort dieser Beschäftigten ist. Das LPVG enthält keinen Anhaltspunkt dafür, dass außerhalb von NRW oder im Ausland tätige Beschäftigte vom Geltungsbereich ausgeklammert und von der Zuständigkeit des Personalrats ausgenommen sein sollen.[40]

2 Für das Wahlrecht und die Wählbarkeit, mithin für die Anwendung der §§ 10, 11 und 12 ist daher Voraussetzung, dass die Beschäftigteneigenschaft vorliegt und darüber hinaus eine Beschäftigung – mithin Eingliederung – in der jeweiligen Dienststelle besteht.[41] Diese Eingliederung erfolgt durch tatsächliche Aufnahme der vereinbarten Tätigkeit und Teilnahme des Beschäftigten an der Erfüllung der der Dienststelle gestellten Aufgaben unter dem Direktionsrecht des Arbeitgebers bzw. Dienstherrn. Eine Ausnahme hierzu bilden die zu einer anderen Dienststelle Gestellten, deren Wahlberechtigung bei der bisherigen Dienststelle gemäß § 10 Abs. 2 2. Halbsatz auch ohne tatsächlich fortdauernde Engliederung in die Dienststelle erhalten bleibt.

Hinsichtlich der Begriffe »Arbeitnehmer und Beamte« richtet sich das Landespersonalvertretungsgesetz nach den jeweiligen arbeits- und dienstrechtlichen Regelwerken.

---

40 So OVG NRW 30.6.2005 – 1 A 2358/03.PVL; nachgehend BVerwG 10.11.2005 – 6 PB 14.05, PersV 2006, 144 zu Ortskräften in Auslandsstudios des WDR.

41 So OVG NRW 25.10.2001 – 1 A 315/01.PVL, PersV 2002, 502.

Abs. 1 Satz 1 wurde im Rahmen der Novelle 2011 dahingehend ergänzt, dass nunmehr auch arbeitnehmerähnliche Personen im Sinne des § 12a Tarifvertragsgesetz (TVG) zu den »Beschäftigten« im Sinne des LPVG zählen. § 12a TVG definiert die »arbeitnehmerähnliche Person« als eine solche, die »wirtschaftlich abhängig und vergleichbar einem Arbeitnehmer sozial schutzbedürftig ist, wenn sie aufgrund von Dienst- oder Werkverträgen für andere Personen tätig wird und die geschuldeten Leistungen persönlich und im Wesentlichen ohne Mitarbeit von Arbeitnehmern« erbringt.

Weiterhin muss die arbeitnehmerähnliche Person »überwiegend für eine Person tätig« sein, bzw. ihr muss »von einer Person im Durchschnitt mehr als die Hälfte des Entgelts« zustehen, welches ihr für ihre Erwerbstätigkeit insgesamt zusteht.

Personen, die künstlerische, schriftstellerische oder journalistische Leistungen erbringen, gelten gemäß § 12a Abs. 3 TVG schon dann als arbeitnehmerähnliche Personen, wenn sie mindestens $^1/_3$ des Entgelts, welches sie für ihre Erwerbstätigkeit insgesamt beanspruchen können, von einer Person erhalten.

Arbeitnehmerähnliche Personen sind anders als Arbeitnehmerinnen und Arbeitnehmer nicht *persönlich* abhängig; sie werden nicht weisungsgebunden tätig und unterliegen keiner Dienstaufsicht. Bei ihnen muss jedoch eine wirtschaftliche Abhängigkeit gegeben sein. Arbeitnehmerähnliche Personen müssen ihrer gesamten sozialen Stellung nach einer Arbeitnehmerin oder einem Arbeitnehmer vergleichbar schutzbedürftig sein. Das ist z. B. der Fall, wenn sie Tätigkeiten verrichten, die typischerweise von Arbeitnehmern oder Arbeitnehmerinnen verrichtet werden, wie z. B. Honorarkräfte an Volkshochschulen oder Musikschullehrer bzw. Musikschullehrerinnen.[42] Zwar wurde bis zur Novelle 2011 bei der Einstellung von Musikschullehrern ein Mitbestimmungsrecht des Personalrats gemäß § 72 Abs. 1 Satz 1 Nr. 1 verneint.[43] Zur Begründung wurde insoweit angeführt, es fehle an der für eine Einstellung im Sinne des § 72 Abs. 1 Satz 1 Nr. 1 erforderlichen persönlichen Weisungsgebundenheit. Eine solche ist aber für eine arbeitnehmerähnliche Person im Sinne des § 12a TVG gerade nicht erforderlich; eine wirtschaftliche Abhängigkeit reicht für die Beschäftigteneigenschaft im Sinne des § 5 Abs. 1 aus.[44] 2a

42 Vgl. Durchführung des Landespersonalvertretungsgesetzes, Runderlass d. Ministeriums für Inneres und Kommunales – 25–42. 05. 05 vom 14.3.2013, MBl. NRW, Ausgabe 2013 Nr. 8 vom 11.4.2013, S. 115–126, Ziff. 1.1 (nachfolgend: Durchführungserlass v. 14.3.2013, Ziff.).

43 Vgl. OVG NRW 1.12.2005 – 1 A 5002/04.PVL, PersR 2006, 171; 5.4.1990 – CL 54/87, PersR 1990, 335.

44 Durchführungserlass vom 14.3.2013, Ziff. 1.1.

Die wirtschaftliche Abhängigkeit setzt voraus, dass der Beschäftigte entweder überwiegend für eine Person tätig ist (Zeitrelation) oder aber ihm von dieser einen Person mehr als die Hälfte des Entgelts (bzw. mindestens $^1/_3$ in den Fällen des § 12a Abs. 3 TVG) zusteht, welches er insgesamt für seine Erwerbstätigkeit zu beanspruchen hat (Verdienstrelation).
Neben der wirtschaftlichen Abhängigkeit muss die arbeitnehmerähnliche Person zudem sozial schutzbedürftig sein. Die arbeitnehmerähnliche Person muss in ihrer gesamten sozialen Stellung unter Berücksichtigung aller Umstände des Einzelfalls einer Arbeitnehmerin oder einem Arbeitnehmer vergleichbar schutzbedürftig sein.[45] Die geleisteten Dienste müssen nach ihrer soziologischen Typik mit denen eines Arbeitnehmers oder einer Arbeitnehmerin vergleichbar sein.

2b Neben den arbeitnehmerähnlichen Personen wurden durch die Novelle 2011 auch diejenigen in den persönlichen Geltungsbereich des LPVG mit einbezogen, die in der Dienststelle weisungsgebunden tätig sind oder der Dienstaufsicht unterliegen (§ 5 Abs. 1 Satz 2). Dies unabhängig davon, ob ein Arbeits- oder Dienstverhältnis zur Dienststelle besteht.[46] Maßgebend ist allein die Eingliederung in die Dienststelle, die im Wesentlichen durch ein Weisungsrecht der Dienststelle und eine entsprechende Weisungsgebundenheit der betroffenen Person gekennzeichnet ist.[47] Damit sind seit der Novelle 2011 auch Leiharbeitnehmer und gestelltes Personal zu den Beschäftigten der Dienststelle zu zählen.[48] Auch Personen, die aufgrund arbeitsmarktpolitischer Instrumente in der Dienststelle tätig sind, sind Beschäftigte im Sinne des § 5, wenn sie der Organisations- und Leitungsmacht der Dienststelle unterworfen sind.[49] Selbst ehrenamtlich Tätige können als Beschäftigte gelten, wenn sie im Einzelfall in die Dienststelle eingegliedert und der Organisations- und Leitungsmacht der Dienststelle unterliegen.[50] Seit Inkrafttreten der Bundesverordnung vom 19.3.2013 über die Wahl der Sprecherinnen und Sprecher der Freiwilligen des Bundesfreiwilligendienstes, durch die die personalvertretungsrechtliche Stellung der im Rahmen des Bundesfreiwilligendienstes tätigen Personen abschließend geregelt wurde, sind diese nicht mehr als Beschäftigte im Sinne des § 5 LPVG NRW anzusehen.[51] Selbiges wird in dem Zusammenhang für die im Jugendfreiwilligendienst (JFDG)

45 Durchführungserlass vom 14.3.2013, Ziff. 1.1; vgl. BAG 11.4.1997 – 5 AZB 33/96, ZTR 1997, 476.
46 OVG NRW 11.4.2013 – 20 A 2092/12.PVL, PersR 2013, 335.
47 OVG NRW 11.4.2013, a.a.O.
48 Durchführungserlass vom 14.3.2013, Ziff. 1.2.
49 Durchführungserlass vom 14.3.2013, Ziff. 1.2.
50 Durchführungserlass vom 14.3.2013, Ziff. 1.2.
51 Vgl. Erlass des Ministeriums für Inneres und Kommunales – 24–42.05.05–5/42.05.03 vom 3.3.2016.

Tätigen gelten.[52] Die Weisungsgebundenheit ist dann gegeben, wenn der Dienststelle ein Direktionsrecht im Sinne des § 106 GewO zusteht, wenn sie also Inhalt, Ort und Zeit der Arbeitsleistung nach billigem Ermessen näher bestimmen darf.

Bei der Dienstaufsicht (§ 5 Abs. 1 Satz 2) handelt es sich um das beamtenrechtliche Pendant zum Weisungsrecht. Dienstaufsicht bedeutet die Kontrolle über das fachliche und führungsmäßige Verhalten des Beamten.[53]

Abs. 2: Der Begriff des Beamten ist § 2 LBG zu entnehmen. Danach ist Beamter, wer zu einer der in § 1 aufgeführten Einrichtungen in einem öffentlich-rechtlichen Dienst- und Treueverhältnis, einem Beamtenverhältnis, steht. Als Beamte gelten auch Beschäftigte in einem öffentlich-rechtlichen Ausbildungsverhältnis, also solche, die sich in einer Ausbildung für eine Beamtenlaufbahn befinden. 3

Dienstordnungs-Angestellte einer Berufsgenossenschaft oder einer Krankenkasse (DO-Angestellte) sind keine Beamten. Pensionierte Beamte sind keine Beschäftigten mehr.

Abs. 3: Anders als bei Beamten gilt als Arbeitnehmer derjenige Beschäftigte, der nach dem für die Dienststelle maßgebenden Tarifvertrag, einer Dienstordnung oder nach dem Arbeitsvertrag Arbeitnehmer ist oder als übertariflicher Arbeitnehmer beschäftigt wird. Es kommt also auf die tatsächlichen Verhältnisse und nicht auf die abgeschlossenen Verträge an. Für die Arbeitnehmereigenschaft ist maßgebend, ob der Beschäftigte wie ein Arbeitnehmer beschäftigt wird. Dafür sind allein maßgebend die Umstände, unter denen der Beschäftigte seine Arbeits- oder Dienstleistung erbringt und nicht, aufgrund welcher Verträge und Abreden er dies tut. Für den personalvertretungsrechtlichen Arbeitnehmerbegriff kommt es nicht auf die Geltung des jeweiligen Tarifvertrages im konkreten Arbeitsverhältnis an, sondern vielmehr nur darauf, ob die Art der ausgeübten Tätigkeit in dem für die Dienststelle maßgebenden Tarifvertrag vorkommt und geregelt ist. 4

Abs. 4: Absatz 4 nimmt als Ausnahmevorschrift verschiedene Personengruppen vom persönlichen Geltungsbereich des LPVG aus. 5

Durch das Gesetz zur Neuregelung der Rechtsverhältnisse der Richterinnen und Richter sowie Staatsanwältinnen und Staatsanwälte im Lande NRW vom 8. Dezember 2015 wurde normiert, dass bei den Staatsanwaltschaften und den Generalstaatsanwaltschaften besondere Staatsanwaltsräte gebildet werden. Deshalb gelten Staatsanwältinnen und Staatsanwälte nach dem neuen Buchst. c) des § 5 Abs. 4 LPVG NRW nicht mehr als Beschäftigte im Sinne des Gesetzes. Die §§ 93, 94 a. F. wurden aufgehoben, die §§ 94a und 94b a. F. rücken an die Stelle der §§ 93, 94a. F.

---

52 Vgl. Erlass des Ministeriums für Inneres und Kommunales – 24–42.05.05–5/42.05.03 vom 3.3.2016.

53 Vgl. Wattler, ZTR 1989, 335, 343.

Umgekehrt wurden durch die Novelle 2011 Beschäftigtengruppen wie die akademischen Räte auf Zeit, die akademischen Oberräte auf Zeit und die wissenschaftlichen und künstlerischen Hilfskräfte wieder in den Geltungsbereich des LPVG einbezogen. Zur Begründung wurde ausgeführt, dass sie aufgrund der Befristungen in ihren Dienstverhältnissen sozial schutzbedürftig seien.[54]

Lehrbeauftragte im Sinne des § 5 Abs. 4a sind solche, die den Lehrauftrag entsprechend § 43 HG, § 39 Abs. 1 Satz 3 FHG aufgrund einer einseitigen öffentlich-rechtlichen Maßnahme erhalten haben. Demgegenüber sind Lehrbeauftragte mit Arbeitsvertrag Arbeitnehmer im Sinne des Abs. 3.[55] Zu beachten ist, dass der Ausnahmetatbestand für Lehrbeauftragte mit einem Lehrauftrag nach § 43 HG nur diejenigen betrifft, die mit einem Lehrumfang von weniger als vier Lehrveranstaltungsstunden tätig sind.

Zu den Personen, die überwiegend zur Behebung in ihrer Person liegender Mängel beschäftigt werden (Buchst. f) gehören z. B. Personen, die im Rahmen der beruflichen Rehabilitation gemäß § 136 (ab 1.1.2018: § 219) SGB IX in einer Werkstatt für behinderte Menschen tätig sind oder Strafgefangene, die im sog. Freigang bei einer Dienststelle außerhalb der Anstalt zum Zwecke der Resozialisierung ihnen zugewiesene Arbeiten zu verrichten haben. Mangels Eingliederung in die Dienststelle sind diese keine Beschäftigten im Sinne des Gesetzes.

Notstandshelfer gemäß § 5 Abs. 4g sind Personen, die in Situationen zum Einsatz kommen, die Hilfsmaßnahmen des Katastrophenschutzes erfordern. Diese kurzfristige Beschäftigung im Einsatzfall begründet keine Beschäftigteneigenschaft.

6 **Abs. 5:** Absatz 5 regelt den Sonderfall, dass in einer Dienststelle, die vom Land und einer anderen (z. B. Bundes-)Körperschaft betrieben wird, Beschäftigte sowohl des Landes als auch der Körperschaft tätig sind. Für diese gemeinsamen Dienststellen legt der Gesetzeswortlaut fest, dass die im Landesdienst Beschäftigten als zur Dienststelle des Landes sowie die im Dienst der anderen Körperschaft Beschäftigten als zur Dienststelle dieser Körperschaft gehörig anzusehen sind.

---

54 LT-Drucks. 15/1644, 75.

55 BAG 3.11.1999 – 7 AZR 880/98, PersR 2000, 174.

§ 6

Beamtinnen und Beamte sowie Arbeitnehmerinnen und Arbeitnehmer bilden je eine Gruppe.

1 Die Vorschrift wurde durch die Novelle 2007 neu eingeführt, da – so der Gesetzesentwurf[56] – die rahmenrechtlichen Vorgaben zum Gruppenprinzip (§ 98 Abs. 2 und 3 BPersVG) durch die Föderalismusreform weggefallen seien und eine eigenständige landesrechtliche Regelung daher angezeigt sei. Der Gesetzgeber lehnt sich mit der Definition der beiden Gruppen an das Tarifrecht einerseits und die entsprechende Regelung in § 5 BPersVG andererseits an.

2 Der Gesetzgeber hat den durch die Föderalismusreform erweiterten Spielraum nicht zur Schaffung einer einheitlichen Personalvertretung unter Verzicht auf das Gruppenprinzip genutzt, sondern vielmehr eine »Stärkung des Gruppenprinzips nach dem Vorbild des Bundes«[57] vorgenommen.

Das Gruppenprinzip bewirkt, dass den beiden Beschäftigtengruppen der Beamten und der Arbeitnehmer eigene und voneinander getrennte Rechte zustehen. Im Einzelnen sind das:

- Vertretungsrecht im Personalrat (§ 14)
- getrennte Wahlgänge (§ 16 Abs. 2)
- Vertretung im Wahlvorstand (§ 17 Abs. 1 Satz 2)
- ggf. getrennte Wahlanfechtung (§ 22)
- Neuwahl der PR-Mitglieder einer Gruppe (§ 24 Abs. 3)
- Vorrang einer Gruppe bei der Wahl des Stellvertreters der vorsitzenden Person (§ 29 Abs. 1 Satz 3)
- Gruppenabstimmung im Personalrat (§ 34 Abs. 2)
- Aussetzungsrecht von Personalratsbeschlüssen in Gruppenangelegenheiten (§ 35 Abs. 1)
- Gruppenantrag auf Teilnahme eines Gewerkschaftsvertreters an Personalratssitzungen (§ 32 Abs. 1)
- Freistellungs-Proporz nach Gruppenzugehörigkeit und Gruppenstärke (§ 42 Abs. 3 Satz 2 und 3)

3 Beschäftigte, die weder Beamtinnen oder Beamte im Sinne von § 5 Abs. 2 noch Arbeitnehmerinnen oder Arbeitnehmer im Sinne von § 5 Abs. 3 sind, werden der Gruppe der Arbeitnehmer zugeordnet.[58]

---

56 LT-Drucks. 14/4239, 88.
57 So die Gesetzesbegründung nach § 42 Abs. 3, LT-Drucks. 14/4239, 92.
58 Durchführungserlass vom 14.3.2013, Ziff. 2.

§ 7

(1) Personen, die Aufgaben oder Befugnisse nach diesem Gesetz wahrnehmen, dürfen darin nicht behindert werden und wegen ihrer Tätigkeit nicht benachteiligt oder begünstigt werden; dies gilt auch für ihre berufliche Entwicklung.

(2) Beabsichtigt der Arbeitgeber, eine oder einen in einem Berufsausbildungsverhältnis nach dem Berufsbildungsgesetz, dem Krankenpflegegesetz oder dem Hebammengesetz stehende Beschäftigte oder stehenden Beschäftigten (Auszubildende oder Auszubildenden), die oder der Mitglied einer Personalvertretung oder einer Jugend- und Auszubildendenvertretung ist, nach erfolgreicher Beendigung des Berufsausbildungsverhältnisses nicht in ein Arbeitsverhältnis auf unbestimmte Zeit zu übernehmen, so hat er dies drei Monate vor Beendigung des Berufsausbildungsverhältnisses der oder dem Auszubildenden schriftlich mitzuteilen.

(3) Verlangt eine oder ein in Absatz 2 genannte Auszubildende oder genannter Auszubildender innerhalb der letzten drei Monate vor Beendigung des Berufsausbildungsverhältnisses schriftlich vom Arbeitgeber ihre oder seine Weiterbeschäftigung, so gilt zwischen der oder dem Auszubildenden und dem Arbeitgeber im Anschluss an das erfolgreiche Berufsausbildungsverhältnis ein Arbeitsverhältnis auf unbestimmte Zeit als begründet.

(4) Die Absätze 2 und 3 gelten auch, wenn das Berufsausbildungsverhältnis vor Ablauf eines Jahres nach Beendigung der Amtszeit der Personalvertretung oder der Jugend- und Auszubildendenvertretung erfolgreich endet.

(5) Der Arbeitgeber kann spätestens bis zum Ablauf von zwei Wochen nach Beendigung des Berufsausbildungsverhältnisses beim Verwaltungsgericht beantragen,

a) festzustellen, dass ein Arbeitsverhältnis nach den Absätzen 3 oder 4 nicht begründet wird, oder
b) das bereits nach den Absätzen 3 oder 4 begründete Arbeitsverhältnis aufzulösen,

wenn Tatsachen vorliegen, aufgrund derer dem Arbeitgeber unter Berücksichtigung aller Umstände die Weiterbeschäftigung nicht zugemutet werden kann. In dem Verfahren vor dem Verwaltungsgericht ist die Personalvertretung, bei einem Mitglied der Jugend- und Auszubildendenvertretung auch diese beteiligt.

(6) Die Absätze 3 bis 5 sind unabhängig davon anzuwenden, ob der Arbeitgeber seiner Mitteilungspflicht nach Absatz 2 nachgekommen ist.

Diese Vorschrift ist im Rahmen der Novelle 2007 in das LPersVG aufgenommen worden. Bis dahin war die Schutzvorschrift des Absatzes 1 in § 107 Satz 1 BPersVG und die Absätze 2 bis 6 in § 107 Satz 2 und § 9 BPersVG als unmittelbar für die Länder geltenden Vorschriften enthalten. Infolge des Wegfalls der Gesetzgebungskompetenzen des Bundes durch die Föderalismusreform galten die §§ 107–109 BPersVG gemäß Art. 125a GG nur solange, bis sie in Landesrecht übernommen wurden. Dementsprechend wurden aus Anlass der Novelle 2007 die bis dahin in §§ 107–109 BPersVG enthaltenen, unmittelbar für die Länder geltenden Vorschriften in das Gesetz integriert. 1

Abs. 1: Das Behinderungs-, Benachteiligungs- und Begünstigungsverbot entspricht wortgleich den bisherigen §§ 107 Satz 1 und 9 BPersVG. Diese allgemeine Vorschrift wird durch verschiedene Spezialgesetze konkretisiert, die allesamt sowohl dem Schutz der ungehinderten Amtsausübung als auch dem Schutz vor persönlichen Nachteilen des einzelnen Amtsträgers dienen. Im Gesetz und weiteren Gesetzen sind folgende ergänzende Schutznormen enthalten: 2

- § 21 Abs. 1: Verbot der Wahlbehinderung oder -beeinflussung
- § 42 Abs. 3 Satz 4: Verbot der Beeinträchtigung des beruflichen Werdegangs infolge Freistellung
- § 43 Abs. 1: Schutz vor Versetzungen, Abordnungen und Umsetzungen
- § 43 Abs. 2: Schutz vor außerordentlichen Kündigungen
- §§ 15, 16 KSchG: Schutz vor ordentlichen Kündigungen
- § 96 (ab 1.1.2018: § 179) Abs. 2 und 3 SGB IX: Behinderungs-, Benachteiligungs- und Begünstigungsverbot sowie Kündigungs-, Versetzungs- und Abordnungsschutz der Vertrauensperson der schwerbehinderten Menschen

§ 7 Abs. 1 enthält eine für die Personalratsarbeit konstituierende Regelung.[59] Sie beabsichtigt und bezweckt den Schutz sowohl der Institutionen, als auch der beteiligten Personen vor unmittelbaren oder mittelbaren Benachteiligungen. Insoweit dient das Benachteiligungsverbot ebenso wie das Ehrenamtsprinzip (§ 42 Abs. 1) und das Begünstigungsverbot der inneren und äußeren Unabhängigkeit der Personalratsmitglieder. Die Vorschrift soll gewährleisten, dass die Personalratsmitglieder ihr Amt unbeeinflusst von der Furcht vor Benachteiligungen und auch unbeeinflusst von der Aussicht auf Begünstigungen wahrnehmen. Es soll auch[60] vermieden werden, dass qualifizierte Beschäftigte von einer Personalratstätigkeit absehen, weil sie die Sorge haben, deshalb ihr berufliches Fortkommen zurückstellen zu müssen. 3

Der Schutz des Abs. 1 bezieht sich auf alle »Personen«, die Aufgaben oder Befugnisse nach dem LPVG wahrnehmen. Dazu zählen: 4

59 BVerwG 21.9.2006 – 2 C 13.05, PersR 2007, 83.
60 So das BVerwG 21.9.2006, a.a.O.

- Personalratsmitglieder und Ersatzmitglieder (§ 28)
- Mitglieder von Stufenvertretungen und Gesamtpersonalräten (§§ 50 Abs. 1, 52)
- Mitglieder des Wirtschaftsausschusses (§ 65a)
- Vertrauenspersonen der Polizei (§ 83 Abs. 1)
- Wahlvorstände und Vorabstimmungsvorstände (§§ 1, 4 WO-LPVG)
- Einigungsstellen-Beisitzer (§ 67 Abs. 1 Satz 5)
- Mitglieder der Jugend- und Auszubildendenvertretungen (§§ 54, 60 Abs. 1 und 2)
- Vertrauenspersonen der schwerbehinderten Menschen (§ 94 [ab 1.1.2018: § 177] SGB IX)

5 Der Schutz besteht bei Wahrnehmung der »nach diesem Gesetz« übertragenen Aufgaben. Diese Aufgaben beziehen sich auf alle im LPVG den Vertretungsorganen und ihren einzelnen Mitgliedern übertragenen, zugewiesenen oder sonst zustehenden Aufgaben. Der Schutz bezieht sich auch auf Aufgaben, die dem Personalrat nach anderen Gesetzen übertragen worden sind, wie die Pflicht zur Überwachung, dass der Arbeitgeber seine ihm nach §§ 71, 72, 81–84 SGB IX obliegenden Pflichten erfüllt, sowie auf die Pflicht, auf die Wahl einer Schwerbehindertenvertretung hinzuwirken (§ 93 [ab 1.1.2018: § 176] Satz 2 SGB IX).

6 Unter Behinderung ist jede Form der Beeinträchtigung der Aufgabenwahrnehmung des Personalrats, von der Erschwerung und Störung bis zur Verhinderung zu verstehen.[61] Es kommt nicht darauf an, ob Vorsatz oder Fahrlässigkeit besteht, allein entscheidend ist der objektive Eingriff in die Aufgabenwahrnehmung. Die Stellung bzw. die Tätigkeit als Personalrat muss aber kausal für die Benachteiligung sein; die benachteiligende Handlung darf nicht durch andere, außerhalb der Personalratstätigkeit liegende Umstände begründet sein.[62] Unzulässige Behinderungen sind z. B.:

- Verhinderung der Teilnahme an Personalratssitzungen, z. B. durch Anberaumung eines auswärtigen dienstlichen Termins
- Weigerung der Übernahme der notwendigen Kosten
- Veröffentlichung der Kosten der Personalratstätigkeit am Schwarzen Brett
- Verweigerung des Zutritts von Gewerkschaftsbeauftragten zur Dienststelle.

7 Dienstliche Weisungen, die gegen das Behinderungsverbot verstoßen, sind zunächst zu beanstanden und müssen nicht befolgt werden. Soweit es sich dabei um dienstliche Weisungen und Anordnungen handelt, sind sie wegen Überschreitung des Direktionsrechts i. d. R. rechts- oder sittenwidrig und daher unwirksam und müssen nicht beachtet werden. Ggf. kann das ein-

61 OVG NRW 9.6.2004 – 1 A 898/02.PVL, PersV 2004, 431; 24.2.1995 – 1 A 103/92.PVL, ZTR 2000, 431.

62 BVerwG 1.2.2010 – 6 PB 36.09, PersR 2010, 167.

zelne Personalratsmitglied oder der Personalrat gegen solche Anordnungen und Weisungen einstweiligen Rechtsschutz beim Arbeits- oder Verwaltungsgericht erwirken.
Problematisch ist, dass das LPVG NRW keine Strafvorschrift entsprechend § 119 BetrVG enthält. Das OVG NRW hat jüngst noch einmal entschieden, dass ein Personalrat kein Rechtsschutzbedürfnis für die nachträgliche gerichtliche Feststellung einer Behinderung der Personalratsarbeit hat, wenn sich der Anlassfall bereits erledigt hat.[63] Damit fehlt den Personalräten in vielen Fällen, in denen sich eine behindernde Handlung des Dienststellenleiters nur kurzfristig auswirkt, jegliche Sanktionsmöglichkeit; es bleibt dann lediglich die Möglichkeit, wiederholte, gleichartige behindernde Verhaltensweisen zur Begründung eines groben Verstoßes des Dienststellenleiters im Sinne der §§ 79 Abs. 3 Satz i. V. m. § 23 Abs. 3 BetrVG heranzuziehen.

Für den Begriff der unmittelbaren Benachteiligung (vgl. Rn. 3) kann § 3 **8**
Abs. 1 AGG herangezogen werden, der diese dahingehend definiert, dass sie vorliegt, wenn eine Person eine weniger günstige Behandlung als eine andere Person in vergleichbarer Situation erfährt oder erfahren würde. Eine unmittelbare Benachteiligung liegt somit vor, wenn ein Personalratsmitglied wegen der Mitgliedschaft im Personalrat anders oder schlechter behandelt wird als die übrigen Beschäftigten.
Die mittelbare Benachteiligung wird in § 3 Abs. 2 AGG definiert. Eine mittelbare Benachteiligung in diesem Sinne kann vorliegen, wenn dem Personalratsmitglied z. B. bei Bewerbungen, Beförderungen oder Höhergruppierungen entgegengehalten wird, es sei in der Vergangenheit für Personalratsarbeit freigestellt gewesen, während die vorgezogenen Mitbewerber sich beruflich bewährt hätten. Reisekostenvergütungen für tägliche Fahrten zum Sitz der Personalvertretung sind zur Vermeidung einer Benachteiligung dann zu erstatten, wenn durch die Anreise zum Sitz des Personalrats höhere Kosten entstehen als durch die Fahrt zwischen Wohnung und Dienststelle vor der Freistellung.[64] Auch die Erstattung von Steuer- und Sozialversicherungsbeiträgen für bewilligtes und gezahltes Trennungsgeld eines Personalratsmitgliedes, das am Sitz der obersten Dienstbehörde eine zweite Unterkunft genommen hat, ist unter dem Gesichtspunkt der Vermeidung einer Benachteiligung zu erstatten.[65] Eine Benachteiligung kann z. B. auch die Ablehnung einer Verkürzung der Stufenlaufzeit gemäß § 17 Abs. 2 TVöD/TV-L mit der Begründung sein, dass die Leistungen des Personalratsmitgliedes wegen Freistellung oder wegen zu viel Personalratsarbeit nicht beurteilt werden können. Auch die Nichtumwandlung eines befristeten in ein unbefris-

63 OVG NRW 3. 4. 2017 – 20 A 598/16.PVL.
64 BVerwG 25. 11. 2004 – 6 P 6.04, PersR 2005, 75.
65 BVerwG 17. 1. 2004 – 6 P 9.03, PersR 2004, 152.

tetes Arbeitsverhältnis wegen der von der Dienststelle als lästig empfundenen Personalratsarbeit des Betroffenen stellt eine Benachteiligung dar.[66]

9 Unter Begünstigung werden Vorteile verstanden, die dem Personalratsmitglied allein wegen des Amtes gewährt werden. Zu denken wäre an die unzulässige Bewilligung von »Sitzungsgeldern« für Personalratssitzungen. Die pauschale Erhöhung der Arbeitszeit eines freigestellten Personalratsmitglieds nur für die Dauer der Freistellung ist ebenfalls eine solche unzulässige Begünstigung.[67]

10 Nach Satz 1, 2. Halbsatz gilt das Behinderungs-, Benachteiligungs- und Begünstigungsverbot auch für die berufliche Entwicklung der Personalratsmitglieder.

11 Grundsätzlich wird dem Benachteiligungsverbot nur dann Rechnung getragen, wenn das Personalratsmitglied bei seinen beruflichen Leistungen ohne jegliche Berücksichtigung der Personalratstätigkeit und der durch die Personalratstätigkeit versäumten Arbeitszeit behandelt und beurteilt wird. Dem entspricht es, dass weder eine dienstliche Beurteilung während der Freistellung möglich ist, noch dass es zulässig ist, in Beurteilungen oder Zeugnissen die Personalratstätigkeit zu bewerten oder zu erwähnen.
Bei freigestellten Personalratsmitgliedern ist grundsätzlich im Falle einer Beförderung oder Höhergruppierung eine Nachzeichnung des fiktiven beruflichen Werdegangs des freigestellten Personalratsmitgliedes in Erwägung zu ziehen.

12 Bei Beamten besteht das Problem, dass eine Beförderung nur zulässig und möglich ist, wenn sich der Beamte bewährt hat und er erprobt ist. Die Kollision zwischen dem Erprobungsgebot des § 20 Abs. 3 LBG und dem Recht auf Freistellung sowie dem Schutz vor Benachteiligungen wegen Freistellung im Sinne des Absatzes 1 löst das BVerwG[68] dadurch, dass es die Beurteilung und Nachzeichnung verlangt, wie die berufliche Entwicklung ohne Freistellung verlaufen wäre. Da eine Beurteilung für die Zeit der Freistellung nicht zulässig ist, hat eine fiktive Nachzeichnung zu erfolgen und zwar zunächst aufgrund des bisherigen beruflichen Werdegangs. Dabei ist zu unterstellen, dass das Personalratsmitglied die bis zu seiner Freistellung gezeigten dienstlichen Leistungen auch danach ohne die Freistellung gleichbleibend erbracht hätte. Die prognostische Feststellung darüber, ob der vom Dienst freigestellte Bewerber den Anforderungen der Erprobung aller Voraussicht nach gerecht werden würde, ist darüber hinaus darauf zu stützen, ob die dem freigestellten Personalratsmitglied nach Leistungsstand und Tätigkeit vergleichbaren Beamten später bei einer Erprobung ähnlicher Art sich überwiegend bewährt haben. Ergibt die Prognose – z. B. wegen der großen Un-

66 BVerwG 13.5.1987 – 6 P 20.85, PersR 1987, 193.
67 BAG 16.2.2005 – 7 AZR 95/04, PersR 2005, 500.
68 Urteil vom 21.9.2006 – 2 C 13.05, PersR 2007, 83.

terschiede zwischen der früheren dienstlichen Aufgabe und den Anforderungen des höherwertigen Statusamtes – auch unter Berücksichtigung vergleichbarer Beamter keine belastbare Prognose, so kann ausnahmsweise von einer Erprobung nicht abgesehen werden.[69] Verbleibende Zweifel an der Eignung des Personalratsmitgliedes für ein höherwertiges Statusamt gehen zu seinen Lasten und können nur durch eine tatsächliche Erprobung ausgeschlossen werden.[70] Das Benachteiligungsverbot verschafft jedoch keinen Anspruch darauf, von bestimmten Qualifikationsmerkmalen entbunden zu werden.

Hat ein Personalratsmitglied seit seiner letzten dienstlichen Beurteilung während eines ins Gewicht fallenden Zeitraumes Dienst geleistet, ist die dabei gezeigte Leistung und Befähigung im Rahmen einer fiktiven Nachzeichnung der Laufbahn und des beruflichen Werdegangs zu berücksichtigen.[71] 13

Auch bei einer Teilfreistellung hat eine fiktive Nachzeichnung des beruflichen Werdegangs dann zu erfolgen, wenn die Tätigkeit des teilweise freigestellten Personalratsmitglieds zwar noch Grundlage für die Beurteilung sein kann, andererseits der Umfang der Freistellung aber so groß ist, dass z. B. Erfahrungswissen nicht im gleichen Maß erworben werden kann.[72] Ist das Personalratsmitglied für seine neben der Freistellung verbleibende dienstliche Tätigkeit bestbeurteilt worden, ist jedoch fraglich, ob darüber hinaus noch eine fiktive Laufbahnnachzeichnung zu erfolgen hat.[73] 14

Die Sicherung der beruflichen Entwicklung eines Arbeitnehmers bedarf ebenfalls grundsätzlich einer fiktiven Nachzeichnung des beruflichen Werdegangs.[74] Das freigestellte Personalratsmitglied, das höhergruppiert werden will, hat mehrere Möglichkeiten, diesen Rechtsanspruch darzulegen und zu begründen.[75] 15

Das Personalratsmitglied kann zunächst erklären, seine Bewerbung auf eine bestimmte Stelle oder sein Anspruch auf Höhergruppierung sei gerade wegen seiner Freistellung und/oder seiner Personalratstätigkeit erfolglos geblieben. Es kann aber auch von einer Bewerbung von vornherein absehen, weil es seine Freistellung beibehalten will. In diesem Fall kann der Anspruch auf die Beförderungsstelle bzw. die Höhergruppierung damit begründet werden, dass das Personalratsmitglied erklärt, es habe von vornherein ge-

---

69 BVerwG 21. 9. 2006, a. a. O.

70 BVerwG 21. 9. 2006, a. a. O.

71 OVG NRW 14. 12. 2007 – 6 P 1155/07, PersR 2008, 131.

72 BAG 19. 3. 2003 – 7 AZR 334/02, PersR 2004, 272 zu einem Personalratsmitglied mit 85 % Freistellung.

73 OVG NRW 2. 3. 2006 – 1 B 1934/05, PersV 2007, 21.

74 Vgl. BVerwG 30. 6. 2014 – 2 B 11.14 zu § 107 BPersVG; OVG NRW 29. 7. 2014 – 1 A 2885/12 zu § 46 Abs. 2, 3 BPersVG.

75 BAG 27. 6. 2001 – 7 AZR 496/99, PersR 2002, 39.

rade wegen seiner Freistellung eine Bewerbung unterlassen, diese wäre aber ohne die Freistellung erfolgreich gewesen oder hätte nach Art. 33 Abs. 2 GG erfolgreich sein müssen.

Schließlich kann sich der Anspruch eines freigestellten Personalratsmitglieds auf Höhergruppierung ohne Bewerbung auf eine freie Stelle auch daraus ergeben, dass der Arbeitgeber vergleichbare Arbeitnehmer mit vergleichbaren Voraussetzungen nach feststehenden Maßstäben und/oder Zeitabläufen auf freiwerdende oder neu geschaffene Stellen einer höheren Vergütungsgruppe befördert und das Personalratsmitglied wegen seiner Freistellung davon ausnimmt.[76] Allerdings muss die Betriebsüblichkeit vom Personalratsmitglied im Einzelnen dargelegt werden. Der Geschehensablauf – die Höhergruppierung nach feststehenden Maßstäben bzw. nach bestimmten Zeitabläufen – muss so typisch sein, dass wenigstens in der überwiegenden Mehrheit der vergleichbaren Fälle eine solche Höhergruppierung erfolgt ist.[77]

16 **Abs. 2:** Die Absätze 2–6 entsprechen wörtlich § 9 BPersVG. Sie sollen die Auszubildenden, die ein Amt im Personalrat oder in einer Jugend- und Auszubildendenvertretung innehaben, davor schützen, im Zusammenhang mit diesem Amt berufliche Nachteile zu erleiden. Es soll verhindert werden, dass diesen Auszubildenden der Abschluss eines Arbeitsvertrages im Anschluss an die erfolgreiche Beendigung ihrer Ausbildung wegen des Amtes verweigert wird.

Die Vorschriften sind im Zusammenhang mit der Novelle 2007 übernommen worden (vgl. Rn. 1). Der Schutz der Auszubildenden in den Absätzen 2–6 ist Ausdruck des Benachteiligungsverbotes und dient der Sicherung der persönlichen Unabhängigkeit des einzelnen Amtsträgers, aber auch der Kontinuität in der Zusammensetzung des jeweiligen Gremiums.

17 Geschützt sind Mitarbeiter in einer Berufsausbildung, die Mitglied im Personalrat oder in der Jugend- und Auszubildendenvertretung sind. Wie lange diese Mitgliedschaft anhält, ist nicht maßgebend. Soweit Auszubildende als Ersatzmitglieder zur Personalratstätigkeit herangezogen werden, haben sie den gleichen Schutz wie für den Personalrat bzw. die JAV ansonsten tätige Ersatzmitglieder. Rücken sie dauerhaft nach, steht ihnen der gesetzliche Schutz auch dauerhaft zu. Werden sie nur vertretungsweise und im Einzelfall herangezogen, besteht Anspruch auf den nachwirkenden Schutz des Absatzes 4. Die Jahresfrist ist in diesem Fall ab Ende der Vertretungstätigkeit zu berechnen.

---

76 Zum Ganzen eingehend: BAG 27.6.2001 – 7 AZR 496/99, PersR 2002, 39; 29.10.1998 – 7 AZR 676/96, PersR 1999, 319; 29.10.1998 – 7 AZR 202/97, ZTR 1999, 235.

77 BAG 27.6.2001, a.a.O.

Nicht geschützt sind Wahlbewerber, Mitglieder von Wahlvorständen und von Vorabstimmungsvorständen.

Persönlich gilt die Vorschrift für Mitglieder einer Personalvertretung oder einer Jugend- und Auszubildendenvertretung, die in einem Berufsausbildungsverhältnis nach dem Berufsbildungsgesetz, dem Krankenpflegegesetz oder dem Hebammengesetz stehen. Von der Vorschrift sind andere Ausbildungsverhältnisse in anderen Vertragsformen (§ 26 BBiG) nicht erfasst. Ebenso unterfallen auch Beschäftigte, die ihre Berufsausbildung in einem öffentlich-rechtlichen Dienstverhältnis absolvieren, nicht dem geschützten Personenkreis.

Die Pflichten der Absätze 2–6 treffen den Arbeitgeber. Das ist derjenige, der bei Vertragsschluss der Vertragspartner des Arbeitnehmers wäre.[78] Der Arbeitgeber hat den Auszubildenden drei Monate vor Beendigung des Berufsausbildungsverhältnisses schriftlich zu benachrichtigen, wenn er beabsichtigt, das Personalrats- oder JAV-Mitglied nach erfolgreicher Beendigung des Berufsausbildungsverhältnisses nicht in ein Arbeitsverhältnis zu übernehmen. Es kommt für die Berechnung der Frist auf die im Berufsausbildungsvertrag vorgesehene Beendigung des Berufsausbildungsverhältnisses und nicht auf den vorgesehenen Zeitpunkt der Abschlussprüfung an. Die Mitteilung muss eindeutig sein und sich darauf beziehen, dass keine Möglichkeit besteht, den Arbeitnehmer in ein unbefristetes und dauerhaftes Arbeitsverhältnis zu übernehmen. 18

Abs. 3: Der Auszubildende, der Mitglied einer Personalvertretung oder einer Jugend- und Auszubildendenvertretung ist, kann innerhalb der letzten drei Monate vor Beendigung des Berufsausbildungsverhältnisses schriftlich vom Arbeitgeber seine Weiterbeschäftigung verlangen. Mit dem schriftlichen Übernahmeverlangen macht das Mitglied der JAV zugleich den Anspruch auf die tarifliche Vergütung geltend; tarifliche Ausschlussfristen werden durch das Übernahmeverlangen gewahrt.[79] 19

Selbiges gilt für ein wegen zeitweiliger Verhinderung nachgerücktes Ersatzmitglied der Jugend- und Auszubildendenvertretung, wenn der Vertretungsfall innerhalb des letzten Jahres vor Ausbildungsende stattgefunden hat.[80] Es gilt das Schriftformerfordernis des § 126 Abs. 1 BGB.[81] Tut er dies, so gilt ein Arbeitsverhältnis als auf unbestimmte Zeit begründet. Diese gesetzliche Fiktion tritt jedoch nur ein, wenn diese Mitteilung zum einen in Schriftform erfolgt, zum anderen innerhalb der letzten drei Monate und nicht früher getätigt wird. Für die Berechnung der Dreimonatsfrist ist der Tag der Bekannt-

---

78 BVerwG 1.11.2005 – 6 P 3.05, PersR 2006, 382; 1.12.2003 – 6 P 11.03, PersR 2004, 60.

79 BAG 19.8.2015 – 5 AZR 1000/13, PersV 2016, 97–99.

80 BVerwG 1.10.2013 – 6 P 6.13, PersR 2014, 173.

81 BVerwG 18.8.2010 – 6 P 15.09, PersR 2010, 488.

machung des Ergebnisses der bestandenen Prüfung maßgebend. Wird das Übernahmeverlangen früher als drei Monate vorher gestellt, ist es unwirksam und kann ggf. wiederholt werden. Verlangt der Auszubildende die unbefristete Übernahme und schließt anschließend einen befristeten Vertrag innerhalb der letzten drei Monate vor Beendigung des Berufsausbildungsverhältnisses ab, kann darin unter Umständen ein Verzicht auf das Verlangen der dauerhaften Übernahme liegen.[82]
Durch das Übernahmeverlangen entsteht ein unbefristetes Vollzeitarbeitsverhältnis, das einen Anspruch auf ausbildungsgerechte Beschäftigung in der Ausbildungsdienststelle begründet. Die Übernahme stellt keine mitbestimmungspflichtige Einstellung im Sinne des § 72 Abs. 1 Nr. 1 dar; zu beachten ist aber das Mitbestimmungsrecht des Personalrats bei der Eingruppierung (§ 72 Abs. 1 Nr. 4).[83]
Inhaltliche Änderungen dieses Arbeitsverhältnisses können nur einvernehmlich vorgenommen werden. Das Übernahmeverlangen kann sich nur auf die Ausbildungsdienststelle beziehen. Es soll nicht geltend gemacht werden können, dass dem Arbeitgeber die Begründung eines anderen an anderer Stelle durchzuführenden Arbeitsverhältnisses zumutbar gewesen wäre.[84]
Für die Dienststellenbezogenheit spreche[85] der Schutzzweck des § 9 BPersVG, der selbst dienststellenbezogen sei und der Sicherung der Kontinuität der Gremienarbeit diene.

20 **Abs. 4:** Absatz 4 schafft einen nachwirkenden Anspruch auf Übernahme, wenn das Berufsausbildungsverhältnis vor Ablauf eines Jahres nach Beendigung der Amtszeit von Personalvertretung oder Jugend- und Auszubildendenvertretung erfolgreich endet. Die Vorschrift, die § 15 Abs. 1 Satz 2 und Abs. 2 Satz 2 KSchG nachgebildet ist, soll eine gewisse »Abkühlungsphase« sicherstellen. Unter Zugrundelegung dieses Zwecks sind als Ende der Amtszeit sowohl die in §§ 23, 57 Abs. 2 genannten Amtszeiten, als auch die Fälle einzubeziehen, in denen die Mitgliedschaft im Personalrat nach § 26 Abs. 1 – mit Ausnahme der Fälle der gerichtlichen Entscheidung nach § 25 Abs. 1 – erlischt.

21 **Abs. 5:** Der Arbeitgeber kann unter bestimmten Voraussetzungen von seiner Verpflichtung zur Übernahme des Auszubildenden in ein Arbeitsverhältnis durch Anrufung des Gerichts entbunden werden. Ein solcher Antrag ist nur binnen zwei Wochen nach Beendigung des Berufsausbildungsverhältnisses zulässig. Die Frist ist nur gewahrt, wenn bis zum Ablauf dieser Frist eine Vollmacht bei Gericht eingereicht wird, die von der zur Vertretung des Ar-

82 BVerwG 1.11.2005 – 6 P 3.05, PersR 2006, 382.
83 BVerwG 26.5.2015 – 6 P 9.14, PersV 2015, 424.
84 BVerwG 1.11.2005, a.a.O.; 1.12.2003 – 6 P 11.03, PersR 2004, 60.
85 So das OVG NRW 29.10.2007 – 1 A 4443/06.PVL, juris.

beitgebers befugten Person ausgestellt ist.[86] Eine mündliche Bevollmächtigung genügt nicht.

Gegenstand des Antrages ist zum einen die Feststellung, dass ein Arbeitsverhältnis nach den Absätzen 3 und 4 nicht begründet wird. Dieser Feststellungsantrag will das Zustandekommen eines Arbeitsverhältnisses verhindern, während der nach Satz 1b zu stellende Antrag, demzufolge das bereits begründete Arbeitsverhältnis aufgelöst werden soll (Auflösungsantrag) darauf abzielt, ein bereits zustande gekommenes Arbeitsverhältnis wieder aufzulösen und zu beenden. Der vor Beendigung des Ausbildungsverhältnisses rechtzeitig gestellte Feststellungsantrag des Arbeitgebers wandelt sich mit Beendigung des Ausbildungsverhältnisses in den Auflösungsantrag um. Ist ein Arbeitsverhältnis nach Abs. 3 bereits fiktiv begründet worden, so wird ein zu diesem Zeitpunkt gestellter Feststellungsantrag nach Abs. 5 Satz 1 Buchst. a nicht als unzulässig behandelt, sondern als Auflösungsbegehren gewertet.[87] Der öffentliche Arbeitgeber kann im personalvertretungsrechtlichen Beschlussverfahren seinen Auflösungsantrag mit dem Hilfsantrag auf Feststellung verbinden, dass ein Arbeitsverhältnis mit dem Jugendvertreter gar nicht erst zustande gekommen ist.[88]

Für die Verfahren sind gemäß § 79 Abs. 1 die Verwaltungsgerichte zuständig, 22
die Vorschriften über das Beschlussverfahren sind gemäß § 79 Abs. 2 anzuwenden. Neben dem Arbeitgeber als Antragsteller sind der betroffene Auszubildende und das Gremium, dem er angehört – Personalrat oder Jugend- und Auszubildendenvertretung, vertreten durch den Personalrat –, Beteiligte. Alle Beteiligte haben das Recht, in dem Verfahren gehört zu werden und eigene Anträge zu stellen sowie Rechtsmittel einzulegen.

Der Antrag des Arbeitgebers kann nur dann Erfolg haben, wenn Tatsachen 23
vorliegen, aufgrund derer ihm unter Berücksichtigung aller Umstände zum Zeitpunkt der Beendigung des Berufsausbildungsverhältnisses die Weiterbeschäftigung nicht zugemutet werden kann.[89] Die Vorschrift lehnt sich dem Wortlaut nach weitgehend an § 626 Abs. 1 BGB an, wonach ein Arbeitsverhältnis nur aus wichtigem Grund ohne Einhaltung einer Kündigungsfrist gekündigt werden kann. Entsprechend den Wertungen dieser Vorschrift kommt eine Entbindung von der Weiterbeschäftigung nur ausnahmsweise und nur bei Vorliegen zwingender Gründe in Betracht; namentlich dann, wenn der Arbeitgeber aus rechtlichen oder tatsächlichen Gründen an einer Weiterbeschäftigung vollständig gehindert ist.

---

86 BVerwG 1.12.2003 – 6 P 11.03, PersR 2004, 60; OVG NRW 25.10.2001 – 1 A 408/01.PVL, PersR 2002, 256.

87 BVerwG 28.7.2006 – 6 PB 9.06, PersV 2007, 37.

88 BVerwG 1.10.2013 – 6 P 6.13, PersR 2014, 173 zu § 9 BPersVG.

89 BVerwG 20.11.2007 – 6 PB 14.07, PersR 2008, 80.

Werden Gründe in der Person des zu übernehmenden Auszubildenden vorgebracht, so ist ein strenger Maßstab anzulegen. Der bloße Hinweis darauf, dass nicht genügend Dauerarbeitsplätze zur Verfügung stehen und vergleichbare Auszubildende nach Eignung und Befähigung besser wären, reicht nicht. Solche Gründe stehen einer Weiterbeschäftigung nur dann entgegen, wenn der Mitbewerber wesentlich fähiger und geeigneter ist und das Mitglied der Personalvertretung oder der JAV in der Abschlussprüfung deutlich – mehr als eine Notenstufe – schlechter abgeschnitten hat als der schwächste sonstige Bewerber.[90]
Werden zwingende betriebliche Gründe gegen die Weiterbeschäftigung vorgebracht, genügt nicht der Hinweis auf eine fehlende Planstelle. Die Weiterbeschäftigungspflicht des öffentlichen Arbeitgebers ist an das Vorhandensein einer freien Planstelle nicht notwendig gebunden.[91] Vielmehr genügt es, wenn ein freier als unbesetzt geltender Arbeitsplatz vorhanden ist. Solche betrieblichen Gründe sind auch dann zu verneinen, wenn der für eine Dauerbesetzung durch den Auszubildenden geeignete und vorhandene Arbeitsplatz für einen anderen Mitarbeiter, der im »Personalüberhang« ist, freigehalten werden soll.[92] Maßgebend für Mitglieder einer örtlichen Jugend- und Auszubildendenvertretung ist, ob im Bereich der Ausbildungsdienststelle ein Dauerarbeitsplatz zur Verfügung steht; bei Mitgliedern einer Stufenvertretung ist hingegen auf die übergeordnete Dienststelle abzustellen, bei der die Stufenvertretung gebildet ist.[93] Dem Mitglied der Jugend- und Auszubildendenstufenvertretung steht im Verhältnis zum örtlichen Jugendvertreter aber kein vorrangiger Weiterbeschäftigungsanspruch zu.[94]
Ob in der Ausbildungsdienststelle ein entsprechender und besetzbarer Dauerarbeitsplatz zur Verfügung steht, hat im Regelfall der Haushaltsgesetzgeber zu entscheiden, dem im Hinblick auf die Verwendung der zugewiesenen Mittel grundsätzlich Ermessen zusteht; von den haushaltsrechtlichen Gestaltungsmöglichkeiten darf jedoch kein missbräuchlicher Gebrauch gemacht werden.[95]

24 Gibt das Verwaltungsgericht dem Antrag des Arbeitgebers statt, endet das bereits nach den Absätzen 3 und 4 begründete Arbeitsverhältnis mit Erreichen der Rechtskraft dieses Beschlusses. Bis zur Rechtskraft ist der Auszubildende uneingeschränkt in der Ausbildungsdienststelle zu beschäftigen.

---

90 BVerwG 17.5.2000 – 6 P 8.99, PersR 2000, 419; 26.11.2009 – 6 PB 32.09, juris.
91 OVG NRW 29.10.2007 – 1 A 4443/06.PVL.
92 OVG NRW 30.7.2007 – 1 A 3046/06.PVB, juris.
93 BVerwG 19.1.2009 – 6 P 1.08, PersR 2009, 205.
94 BVerwG 12.10.2009 – 6 PB 28.09, PersR 2010, 30.
95 OVG NRW 29.10.2007 – 1 A 4443/06.PVL; zur Stellenbesetzungssperre vgl. BVerwG 30.5.2007 – 6 PB 1.07, PersR 2007, 355.

Abs. 6: Kommt der Arbeitgeber seiner Mitteilungspflicht nach Absatz 2 nicht nach, sind die Absätze 3–5 gleichwohl anzuwenden. Unterlässt der Arbeitgeber also die Mitteilung innerhalb der drei Monate vor Beendigung des Berufsausbildungsverhältnisses, dass er nicht beabsichtigt, den Auszubildenden im Anschluss an die erfolgreiche Beendigung des Berufsausbildungsverhältnisses in ein Arbeitsverhältnis zu übernehmen, kann der Auszubildende gleichwohl das Verlangen auf Übernahme stellen. Die Vorschrift stellt klar, dass das Übernahmeverlangen des Auszubildenden nicht von einer fristgerechten Mitteilung des Arbeitgebers abhängt. Es wird außerdem klargestellt, dass der Auszubildende in jedem Fall und unabhängig vom Handeln des Arbeitgebers seine Übernahme verlangen kann. Verlangt er seine Übernahme nicht, so scheidet er im Anschluss an die erfolgreiche Beendigung des Berufsausbildungsverhältnisses aus der Dienststelle aus. Wird er jedoch tatsächlich über das Ausbildungsverhältnis hinaus weiterbeschäftigt, gilt nach § 24 BBiG ein Arbeitsverhältnis als auf unbestimmte Zeit begründet. **25**

§ 8

(1) Für die Dienststelle handelt ihre Leiterin oder ihr Leiter. Sie oder er kann sich durch ihre oder seine ständige Vertretung oder durch die Leiterin oder den Leiter der für Personalangelegenheiten zuständigen Abteilung sowie in Gemeinden und Gemeindeverbänden durch die Leiterin oder den Leiter des für Personalangelegenheiten zuständigen Dezernats oder Amts vertreten lassen, soweit diese oder dieser entscheidungsbefugt ist. Das Gleiche gilt für sonstige Beauftragte, sofern die Personalvertretung sich mit dieser Beauftragung einverstanden erklärt.
(2) Im Bereich der Sozialversicherung handelt bei den der Aufsicht des Landes unterstehenden Körperschaften und Anstalten des öffentlichen Rechts für die Dienststelle der Vorstand, soweit er die Entscheidungsbefugnis nicht auf die Geschäftsführung übertragen hat. Er kann sich durch eines oder mehrere seiner Mitglieder vertreten lassen.
(3) Für Hochschulen mit Ausnahme der Fachhochschulen für den öffentlichen Dienst handelt vorbehaltlich des § 105 die Vizepräsidentin oder der Vizepräsident für den Bereich Wirtschafts- und Personalverwaltung oder die Kanzlerin oder der Kanzler, für die Universitätsklinik die Kaufmännische Direktorin oder der Kaufmännische Direktor.
(4) Abweichend von den Absätzen 1 bis 3 ist bei verfahrenseinleitenden Maßnahmen und bei anderen schriftlichen Äußerungen der Dienststelle gegenüber der Personalvertretung unabhängig von dem jeweiligen Stand des Verfahrens auch eine Vertretung entsprechend der geschäftsordnungsmäßig allgemein oder im Einzelfall erteilten Zeichnungsbefugnis zulässig. Die Dienststelle hat der Personalvertretung die Zeichnungsbefugten namentlich zu benennen.

1 **Abs. 1:** Die Vorschrift regelt, wer personalvertretungsrechtlich für die Dienststelle zu handeln berechtigt und verpflichtet ist und dem Personalrat als Leiter der Dienststelle gegenübertritt. Die Vertretungsregeln sollen sicherstellen, dass Gesprächs- und Verhandlungspartner stets nur der sein kann, der nach den für die Dienststelle geltenden Organisationsnormen umfassend für die Dienststelle entscheidungsbefugt ist. Grundsätzlich ist der Dienststellenleiter verpflichtet, die personalvertretungsrechtlichen Befugnisse und Aufgaben in Person wahrzunehmen – ebenso wie der Personalrat gehalten ist, sich i. d. R. von seinem Vorsitzenden vertreten zu lassen. Eine Vertretung bei Teilnahme an Personalratssitzungen, Vierteljahresgesprächen oder einer Erörterung gemäß §§ 66, 69 kommt nur bei unvorhersehbarer Verhinderung oder im Einvernehmen mit dem Personalrat in Betracht. Die Einführung einer »Dauervertretung« ist ausgeschlossen.
Dienststellenleiter ist derjenige, der nach dem jeweiligen Organisations- oder Satzungsrecht der Einrichtung, für die ein Personalrat gebildet wird, zur Leitung befugt und bestellt ist. Über den Umfang der Befugnisse ist damit nichts ausgesagt.
Der Dienststellenleiter kann sich zunächst durch seinen ständigen Vertreter vertreten lassen – wenn ein solcher nach dem jeweiligen Organisations- und Satzungsrecht bestellt werden kann. Weitere Vertreter können in Gemeinden und Gemeindeverbänden der Personaldezernent oder Personalamtsleiter sein, soweit sie entscheidungsbefugt sind. Diese Entscheidungsbefugnis muss ebenfalls im jeweiligen Satzungsrecht vorgesehen und umfassend sein. Es soll damit verhindert werden, dass die Personalkompetenz auf nachgeordnete Ebenen verlagert wird. Geschieht dies trotzdem, so führen von diesen eingeleitete Verfahren, z. B. zur Anhörung des Personalrats vor einer außerordentlichen Kündigung, zur Unwirksamkeit der Kündigung.[96]
Wer Dienststellenleiter ist, hat also die damit verbundenen Aufgaben auch selbst wahrzunehmen. Vertretung ist nur möglich, wenn der Vertreter gesetzlich vorgesehen und kompetent ist. Die Schaffung eines Dauervertreters für Personalratsangelegenheiten lässt das Gesetz – wie die Ausnahmevorschrift in § 85 Abs. 2 zeigt – nicht zu.

1a Der durch die Novelle 2007 eingeführte **Satz 3** erweitert den Kreis derjenigen Personen, die zur Vertretung des Dienststellenleiters gegenüber dem Personalrat berechtigt sind, um »sonstige Beauftragte«. Nach der Gesetzesbegründung sollen mit diesen sonstigen Beauftragten die »Handlungsspielräume erweitert«[97] und eine Entlastung der Behördenleitung sowie die Schaffung eines »weiteren kompetenten Gesprächs- und Verhandlungspartners« für den Personalrat bewirkt werden. Eine wortgleiche Regelung – so die Gesetzesbegründung weiter – finde sich im Bundesrecht. Dort kann sich jedoch

96 Siehe BAG 29. 10. 1998 – 2 AZR 61/98, PersR 1999, 135.
97 LT-Drucks. 14/4239, 89.

der Dienststellenleiter insgesamt nur bei Verhinderung vertreten lassen (§ 7 Satz 2 BPersVG).

Sonstiger Beauftragter kann nur sein, wer Beschäftigter der Dienststelle ist. Die Beauftragung durch den Dienststellenleiter muss für bestimmte bezeichnete Angelegenheiten erfolgen und dem Personalrat bekannt gegeben werden. Vertretungsbefugt sind diese sonstigen Beauftragten nur dann, wenn der Personalrat sich mit der Beauftragung einverstanden erklärt hat. Das Einverständnis kann nur durch ausdrücklichen und förmlichen Beschluss des Personalrats nach § 33 erklärt werden, es handelt sich nicht um ein laufendes Geschäft im Sinne des § 29 Abs. 2. Es ist ein vorheriges Einverständnis erforderlich, eine nachträgliche oder gar eine stillschweigende Genehmigung genügt nicht. Die Einverständniserklärung kann vom Personalrat auf bestimmte Zeit oder auf bestimmte Angelegenheiten beschränkt werden. Sie muss sich daher nicht auf diejenigen Angelegenheiten beziehen, für die der Dienststellenleiter die Vertretungsbefugnis eröffnet hat bzw. eröffnen wollte. Wirksam ist die Einverständniserklärung jedoch nur dann, wenn sie sich auf eine ganz bestimmte, konkrete Beauftragung des Dienststellenleiters bezieht. Ein Einverständnis des Personalrats dazu, dass ein bestimmter Beschäftigter allgemein »sonstiger Beauftragter« ist und tätig werden kann, dürfte nicht wirksam sein.

Die sonstigen Beauftragten bleiben wahlberechtigt zum Personalrat, verlieren jedoch unter den Voraussetzungen des § 11 Abs. 2b ihre Wählbarkeit. Danach entfällt die Wählbarkeit dann, wenn die sonstigen Beauftragten nach der Personalratswahl die mit der Beauftragung eingeräumten Befugnisse weiter ausüben. Der Erhalt oder Verlust der Wählbarkeit ist daher zum Zeitpunkt der Wahl äußerst unklar. Die Wählbarkeit ist vom Wahlvorstand zu einem Zeitpunkt vor der Wahl festzustellen, bezieht sich aber bezüglich der Tätigkeit der sonstigen Beauftragten auf den Zeitpunkt nach der Wahl. Nicht nur diese Unklarheit wird in der Regel gegen das Einverständnis des Personalrats mit zusätzlichen Beauftragten sprechen, die den Dienststellenleiter vertreten. Die dauerhafte Tätigkeit eines sonstigen Beauftragten führt zu einer Verwässerung der Verantwortung des Dienststellenleiters und des Grundsatzes, dass dieser für die Dienststelle zu handeln hat. Das Einverständnis zu der Vertretungsbefugnis durch sonstige Beauftragte ist daher – auch zur Vermeidung von Unklarheiten bei der Personalratswahl – regelmäßig nur zweckmäßig, wenn es sich um eine ganz bestimmte Angelegenheit bzw. um einen fest umrissenen Zeitraum handelt.

Abs. 2: Bei den Sozialversicherungsträgern des Landes ist grundsätzlich der 2
Vorstand als Dienststellenleiter anzusehen. Er kann diese Funktion durch eines oder mehrere seiner Mitglieder wahrnehmen. Hat der Vorstand – im Rahmen der geltenden Vorschriften zulässigerweise – die Entscheidungsbefugnis auf die Geschäftsführung übertragen, so handelt diese personalvertretungsrechtlich für die Dienststelle.

3 **Abs. 3:** Im Rahmen der Novelle 2007 ist die Vorschrift den Regelungen des Hochschulgesetzes (HG) angepasst worden. In den Hochschulen des Landes – außer in Fachhochschulen für den öffentlichen Dienst – handelt entweder der Vizepräsident für den Bereich Wirtschafts- und Personalverwaltung oder der Kanzler. Für die Universitätskliniken handelt seither – vorbehaltlich der Sonderregelung des § 105 Abs. 1 Satz 3 für das wissenschafltiche Personal – der kaufmännische Direktor. Gemäß § 105 Abs. 1 Satz 3 gilt § 8 Abs. 3 nicht im Verhältnis zwischen den besonderen Personalvertretungen, die für die Hochschulbeschäftigten im Sinne des § 104 gebildet werden und der Dienststellenleitung. Vielmehr handelt gegenüber dem wissenschaftlichen oder künstlerischen Personal nach § 104 für die Hochschule der Präsident oder der Rektor, für die Universitätsklinik der ärztliche Direktor. Präsident, Rektor bzw. ärztlicher Direktor sind daher Dienststellenleiter für die Personalräte für das wissenschaftliche und künstlerische Personal der Hochschulen und Universitätskliniken.

4 **Abs. 4:** Durch die Novelle 2007 ist Satz 1 des Absatzes 4 geändert worden. Die Änderung geht jedoch über eine Klarstellung[98] hinaus.

Nach **Satz 1** können Mitarbeiter, denen geschäftsordnungsmäßig allgemein oder im Einzelfall Zeichnungsbefugnis erteilt worden ist, abweichend von den Absätzen 1–3 sowohl bei verfahrenseinleitenden Maßnahmen, als auch bei anderen schriftlichen Äußerungen die Dienststelle gegenüber dem Personalrat vertreten. Das war bis zur Novelle 2007 nur bei schriftlichen Äußerungen möglich. Wie sich aus dem Zusatz »und bei *anderen* schriftlichen Äußerungen« ergibt, gilt diese Befugnis für schriftliche Erklärungen gegenüber dem Personalrat. Nach der Neuregelung kann nunmehr ein Beschäftigter mit Zeichnungsbefugnis beim Personalrat die Zustimmung zu einer mitbestimmungspflichtigen Maßnahme gemäß § 66 Abs. 2 Satz 1 beantragen oder verlangen, dass die Erörterung über eine solche Angelegenheit innerhalb der kürzeren Frist von einer Woche durchzuführen ist (§ 66 Abs. 3 Satz 2), das Unterrichtungsverfahren in den Fällen einleiten, in denen das verfassungsmäßig zuständige oberste Organ oder ein von diesem bestimmter Ausschuss über eine mitbestimmungspflichtige Maßnahme zu entscheiden hat (§ 66 Abs. 3 Satz 7), die Einigungsstelle anrufen (§ 66 Abs. 7 Satz 1) oder eine vorläufige Regelung nach § 66 Abs. 8 Satz 2 mitteilen. Die gleiche Befugnis besteht im Rahmen des Mitwirkungsverfahrens nach § 69, im Verfahren der Mitwirkung und Anhörung bei Kündigungen und Entlassungen nach § 74 oder in Fällen der Anhörung nach § 75, soweit verfahrenseinleitende Maßnahmen in Schriftform seitens des Dienststellenleiters zu erfolgen haben oder getätigt werden. Die Regelung führt daher zu einer erheblichen Ausweitung der Kompetenzen »nachgeordneter Verantwortungsträger«[99]

98 So aber LT-Drucks. 14/4239, 89.
99 So LT-Drucks. 14/4239, 89.

und damit zu einer zusätzlichen Verwässerung und Verunklarung der personalvertretungsrechtlichen Verantwortung des Dienststellenleiters.
Es besteht jedoch keine Befugnis, andere dem Dienststellenleiter vorbehaltene Tätigkeiten auf Mitarbeiter mit Zeichnungsbefugnis zu übertragen, wie z. B. die Durchführung einer Erörterung nach § 66 Abs. 3 Satz 1, 2. Halbsatz oder die Durchführung der gemeinschaftlichen Besprechung nach § 63.

Unter Zeichnungsbefugnis wird die Befugnis verstanden, Schriftstücke für einen Dritten in dessen Vertretung oder in dessen Auftrag zu unterzeichnen. Personalvertretungsrechtlich können Zeichnungsbefugte nur dann tätig werden, wenn dem Personalrat die Zeichnungsbefugnis namentlich bekannt gemacht und sie entweder geschäftsordnungsmäßig allgemein oder für einen ganz bestimmten Einzelfall ausdrücklich erteilt ist. Nur wenn diese beiden Voraussetzungen vorliegen, können verfahrenseinleitende Maßnahmen wirksam durch einen Zeichnungsbefugten getroffen werden. Es genügt also nicht die bloße Bevollmächtigung, im Einzelfall oder allgemein den Dienststellenleiter vertreten zu dürfen. Eine allgemein erteilte Zeichnungsbefugnis bedarf der Niederlegung in einer Geschäftsordnung. In jedem Fall müssen dem Personalrat vor Tätigwerden des Zeichnungsbefugten vom Dienststellenleiter Inhalt und Umfang der Zeichnungsbefugnis dargelegt und die Zeichnungsbefugten namentlich benannt werden. 5

§ 9

(1) Personen, die Aufgaben oder Befugnisse nach diesem Gesetz wahrnehmen oder wahrgenommen haben, sind verpflichtet, über die ihnen dabei bekanntgewordenen Angelegenheiten und Tatsachen zu schweigen.
(2) Die Schweigepflicht besteht nicht für Angelegenheiten oder Tatsachen, die offenkundig sind oder ihrer Bedeutung nach keiner Geheimhaltung bedürfen. Sie gilt ferner nicht gegenüber den von Maßnahmen gemäß § 72 Abs. 1 unmittelbar erfassten Beschäftigten. Abgesehen von den Fällen des § 65 Abs. 3 gilt die Schweigepflicht nicht im Verhältnis der Mitglieder der Personalvertretungen und der Jugend- und Auszubildendenvertretung zu den Mitgliedern dieser Vertretungen und zu den Vertrauensleuten sowie für die in § 36 genannten Personen; sie entfällt ferner in den Verfahren nach den §§ 66 bis 69 und § 78 Absatz 2 bis 4 und 6 zwischen den dort bezeichneten Stellen.
(3) Bei Rechtsstreitigkeiten kann für die Mitglieder der Personalvertretungen und der in den §§ 54, 60, 85 und 86 genannten Vertretungen Aussagegenehmigung durch diese Vertretungen im Einvernehmen mit der Dienststelle erteilt werden.

Die personalvertretungsrechtliche Schweigepflicht erfasst sächlich sämtliche 1
im Zusammenhang mit der Personalratstätigkeit stehenden Vorgänge. Der

persönliche Anwendungsbereich der Schweigepflicht umfasst alle Personen, die im weitesten Sinne personalvertretungsrechtliche Aufgaben oder Befugnisse haben oder hatten. Damit ist die personalvertretungsrechtliche Schweigepflicht auch auf die Mitglieder des durch die Novelle 2011 eingeführten Wirtschaftsausschusses anzuwenden. Ausnahmen gelten für bestimmte Angelegenheiten sowie zwischen Amtsträgern untereinander.

2 **Abs. 1:** Absatz 1 ordnet die Schweigepflicht für alle an, die »Aufgaben oder Befugnisse« nach dem Landespersonalvertretungsgesetz haben oder hatten. Der Personenkreis umfasst die Mitglieder der gewählten oder bestellten Gremien, den Dienststellenleiter und seine Vertreter, Beauftragte der Gewerkschaften und Arbeitgeberverbände sowie sachkundige Personen und Sachverständige. Auch das ggf. dem Personalrat zur Verfügung gestellte Büropersonal ist über die anlässlich der Tätigkeit für den Personalrat bekannt gewordenen Angelegenheiten und Tatsachen zur Verschwiegenheit verpflichtet; insbesondere auch gegenüber ihren Vorgesetzten.[100]

Inhaltlich gilt sie für alle »Angelegenheiten und Tatsachen«, die bei Wahrnehmung personalvertretungsrechtlicher Aufgaben und Befugnisse bekanntwerden. Unter »Angelegenheiten« sind in Abgrenzung von Tatsachen z. B. im Personalrat oder von der Dienststelle in der Erörterung geäußerte Meinungen und Bewertungen zu verstehen.

3 **Abs. 2:** Absatz 2 sieht eine Reihe von Ausnahmen von der Schweigepflicht vor. Bereits nach ihrem Zweck – Wahrung der Vertraulichkeit, des Friedens in der Dienststelle und der Persönlichkeitsrechte der Beschäftigten – gilt die Schweigepflicht nicht zwischen Personalratsmitgliedern und zwischen den Wahlgremien der gleichen Dienststelle (Jugend- und Auszubildendenvertretung, Einigungsstelle, Personalrat, Schwerbehinderten-Vertrauensperson). Der Personalrat hat auch keine Schweigepflicht gegenüber den Mitgliedern des Wirtschaftsausschusses gemäß § 65a. Durch die Novelle 2011 wurde in § 78 Abs. 6 die Möglichkeit geschaffen, Arbeitsgemeinschaften der Hauptpersonalräte bei den obersten Landesbehörden zu bilden. Auch gegenüber diesen Arbeitsgemeinschaften besteht keine Schweigepflicht.

Nicht schweigepflichtig sind weiter offenkundige Tatsachen, also solche, die allgemein in der Dienststelle bekannt sind oder in Erfahrung gebracht werden können. Die Schweigepflicht gilt schließlich nicht gegenüber den von Maßnahmen gemäß § 72 Abs. 1 unmittelbar betroffenen Beschäftigten; das betrifft alle Beschäftigten, denen gegenüber eine solche personelle Einzelmaßnahme ergriffen werden soll, als auch diejenigen Bewerber um eine solche Maßnahme (z. B. Höhergruppierung, Umsetzung), die nicht berücksichtigt werden. Voraussetzung ist aber, dass es sich um dienststelleninterne Bewerber, also um Beschäftigte der Dienststelle handelt. Gegenüber nicht

100 Durchführungserlass vom 14. 3. 2013, Ziff. 3.

der Dienststelle angehörenden Bewerbern – etwa Bewerbern auf eine extern ausgeschriebene Stelle – ist der Personalrat zur Verschwiegenheit verpflichtet.
Nicht der Schweigepflicht unterliegen schließlich solche Angelegenheiten und Tatsachen, die ihrer Bedeutung nach keiner Geheimhaltung bedürfen. Das sind sowohl solche, die von geringer (Größe und Beschaffenheit des Papierkorbs des Dienststellenleiters) oder von solch großer Bedeutung für die Beschäftigten sind (bevorstehende Schließung der Dienststelle), dass ein Verschweigen nicht begründet oder nicht verantwortet werden kann. Auch in solchen Fällen ist die Bekanntgabe ausschließlich innerhalb der Dienststelle gegenüber den Betroffenen erforderlich und erlaubt.
Abs. 3: Absatz 3 sieht die Erteilung von Aussagegenehmigungen im Falle von Rechtsstreitigkeiten vor. Sie sind vom jeweiligen Gremium zu erteilen. Das Einvernehmen mit dem Dienststellenleiter ist herzustellen. **4**

Zweites Kapitel
Personalrat

Erster Abschnitt
Wahl und Zusammensetzung

§ 10

(1) Wahlberechtigt sind alle Beschäftigten, die am Wahltage das 18. Lebensjahr vollendet haben.
(2) Wer zu einer Dienststelle abgeordnet ist oder im Wege einer Zuweisung oder Personalgestellung Dienst- oder Arbeitsleistungen erbringt, wird in ihr wahlberechtigt, sobald die Abordnung, die Zuweisung oder die Personalgestellung länger als sechs Monate gedauert hat; im gleichen Zeitpunkt tritt, außer im Falle der Gestellung, der Verlust des Wahlrechts bei der bisherigen Dienststelle ein.
(3) Wahlberechtigt sind nicht Beschäftigte, die
a) infolge Richterspruchs das Recht, in öffentlichen Angelegenheiten zu wählen oder zu stimmen, nicht besitzen,
b) voraussichtlich nur für einen Zeitraum von höchstens sechs Monaten beschäftigt werden,
c) am Wahltag seit mehr als achtzehn Monaten unter Wegfall der Bezüge beurlaubt sind.
d) in § 8 Abs. 1 Satz 1 und 2, Abs. 2 und 3 genannt sind,
e) bei Altersteilzeit im Blockmodell in die Freistellungsphase eintreten.

(4) Beschäftigte in der Berufsausbildung sind nur bei der Dienststelle wahlberechtigt, die von der die Ausbildung leitenden Stelle als Stammdienststelle erklärt wird.

(5) Beamtinnen und Beamte in der Schulaufsicht bei den Bezirksregierungen sind bei der Dienststelle wahlberechtigt, der sie angehören. Beamtinnen und Beamte in der Schulaufsicht bei den Schulämtern sowie im Landesdienst beschäftigtes Verwaltungspersonal an Schulen sind zu dem bei der jeweiligen Bezirksregierung gebildeten Bezirkspersonalrat der allgemeinen Verwaltung wahlberechtigt.

1 **Abs. 1 und 2:** Die Wahlberechtigung – also das aktive Wahlrecht – ist das Recht, bei der Personalratswahl an der Abstimmung teilzunehmen, während die Wählbarkeit (§ 11) – das passive Wahlrecht – die persönlichen Voraussetzungen definiert, unter denen zum Personalrat kandidiert werden kann.

Wahlberechtigt sind alle der Dienststelle angehörenden Beschäftigten im Sinne des § 5 einschließlich der Auszubildenden, die am (letzten) Tag der Wahl das 18. Lebensjahr vollendet haben.[1]

Zur Beschäftigteneigenschaft, an die die Wahlberechtigung anknüpft, vgl. die Kommentierung zu § 5.

Gleichgültig ist, seit wann sie der Dienststelle als Beschäftigte angehören, ob haupt- oder nebenberuflich gearbeitet wird und in welchem zeitlichen Umfang der Beschäftigte tätig ist. Die Wahlberechtigung besteht vom ersten Tag der Beschäftigung an und kann auch von sog. geringfügig Beschäftigten in Anspruch genommen werden.

2 Auch sog. »freie Mitarbeiter« können wahlberechtigt sein. Sie haben nach Auffassung des OVG NRW[2] jedoch erst dann ein Recht auf Teilnahme an der Wahl, wenn durch Entscheidung des Arbeitsgerichts ihre Beschäftigteneigenschaft festgestellt wurde.

Gekündigte Arbeitnehmer behalten ihr Wahlrecht bis zum Erreichen des Kündigungstermins. Beamte verlieren ihr Wahlrecht erst mit Eintritt der Rechtskraft einer Entlassungsverfügung, die vorläufige Dienstenthebung oder das Verbot der Führung der Dienstgeschäfte lassen die Wahlberechtigung unberührt.

Keinen Einfluss auf das Wahlrecht hat die vorübergehende Abwesenheit von der Dienststelle wegen Urlaubs, Krankheit, Lehrgangsteilnahme etc.

Da auch Leiharbeitnehmer weisungsgebunden in der Dienststelle tätig und damit als Beschäftigte im Sinne des § 5 anzusehen sind, sind auch diese wahlberechtigt. Voraussetzung ist, dass sie am Tage der Wahl in der Dienststelle beschäftigt sind.

---

1 OVG NRW 31.1.2014 – 20 A 2155/12.PVL, PersV 2014, 214.

2 Beschluss vom 25.11.1993 – 1 A 322/93.PVB, juris (Leitsatz).

Auch gestelltes Personal und zur Dienststelle abgeordnete (zum Begriff der Abordnung vgl. § 72 Rn. 28) oder zugewiesene Beschäftigte sind Beschäftigte im Sinne des § 5. Absatz 2 schränkt die Wahlberechtigung dieser Gruppen von Beschäftigten aber dahingehend ein, dass diese erst entsteht, sobald die Abordnung, Zuweisung oder Gestellung länger als sechs Monate gedauert hat. Im gleichen Zeitpunkt tritt im Falle der Abordnung und der Zuweisung der Verlust des Wahlrechts bei der bisherigen Dienststelle ein. 2a

Absatz 2 findet gemäß § 83 für die im Landesdienst stehenden Beschäftigten der Polizei keine Anwendung; abgeordnete Polizeivollzugsbeamtinnen und Polizeivollzugsbeamte bleiben ausschließlich bei ihrer Stammdienststelle wahlberechtigt.

§ 20 BeamtStG sieht zwei Fälle der Zuweisung vor. Nach Abs. 1 dieser Vorschrift kann einem Beamten mit seiner Zustimmung vorübergehend eine seinem Amt entsprechende Tätigkeit bei einer öffentlichen Einrichtung ohne Dienstherreneigenschaft oder bei einer anderen Einrichtung zugewiesen werden, wenn öffentliche Interessen es erfordern. Nach § 20 Abs. 2 BeamtStG kann dem Beamten eine seinem Amt entsprechende Tätigkeit ohne seine Zustimmung zugewiesen werden, wenn die bisherige Dienststelle in eine öffentlich-rechtlich organisierte Einrichtung ohne Dienstherreneigenschaft oder in eine privatrechtlich organisierte Einrichtung der öffentlichen Hand umgewandelt wird. 3

Die entsprechenden tarifvertraglichen Regelungen in § 4 Abs. 2 TVöD/TV-L sehen vor, dass einem Beschäftigten im dienstlichen/betrieblichen oder öffentlichen Interesse vorübergehend eine mindestens gleichvergütete Tätigkeit bei einem Dritten zugewiesen werden kann. Diese Zuweisung bedarf seiner Zustimmung, die jedoch nur aus wichtigem Grund verweigert werden kann. In der Protokollerklärung zu § 4 Abs. 2 TVöD/TV-L heißt es, dass als Zuweisung die vorübergehende Beschäftigung unter Fortsetzung des bestehenden Arbeitsverhältnisses bei einem Dritten im In- und Ausland zu verstehen ist, bei dem der Allgemeine Teil des TVöD nicht zur Anwendung kommt.

Die Personalgestellung ist in § 4 Abs. 3 TVöD/TV-L geregelt. Danach hat der Arbeitnehmer auf Verlangen des Arbeitgebers die bisher geschuldete Arbeitsleistung bei einem Dritten zu erbringen, wenn Aufgaben des Beschäftigten zu einem Dritten verlagert worden sind. Es gilt daher der Grundsatz: »Das Personal folgt der Aufgabe.« In der Protokollerklärung zu § 4 Abs. 3 TVöD/TV-L ist die Personalgestellung definiert als die auf Dauer angelegte Beschäftigung bei einem Dritten unter Fortsetzung des bestehenden Arbeitsverhältnisses. Werden Rotkreuzschwestern im Rahmen ihrer Pflichten als Vereinsmitglieder aufgrund eines Gestellungsvertrages weisungsgebunden in einem von einem Dritten betriebenen Krankenhaus tätig, handelt es sich um Arbeitnehmerüberlassung; die Aufnahme der Tätigkeit unterliegt als Einstellung der Mitbestimmung des dortigen Betriebsrats.[3] Im Krankenhaus richtet sich die Wahlberechtigung der Rotkreuzschwester nach den Vorschriften des BetrVG.

Für das gestellte Personal enthält Abs. 2, 2. Halbsatz eine Besonderheit. Das gestellte Personal erwirbt in der aufnehmenden Dienststelle nach sechs Monaten der Gestellung die Wahlberechtigung. Gleichzeitig behält der Gestellte aber das Wahlrecht in der abgebenden Dienststelle. Es entsteht ein »doppeltes Wahlrecht« dergestalt, dass das gestellte Personal nach sechsmonatiger Dienststellenzugehörigkeit in der neuen Dienststelle sowohl dort, als auch in der ehemaligen Dienststelle wahlberechtigt zur Personalratswahl ist.

Besteht eine neugegründete Dienststelle ausschließlich aus Beschäftigten, die dort im Wege der Abordnung, Zuweisung oder Gestellung ihren Dienst leisten, ist § 12 hinsichtlich des aktiven Wahlrechts des § 10 analog anzuwenden.[4]

4 **Abs. 3:** Absatz 3 sieht eine Reihe von Ausnahmen von der Wahlberechtigung vor:

Kein Wahlrecht nach Buchstabe a) haben Beschäftigte, denen durch ein Strafgericht das Wahlrecht aberkannt wurde (§ 45 StGB).

Nach Buchstabe b) nicht wahlberechtigt sind weiterhin Beschäftigte, die »voraussichtlich« nur für einen Zeitraum von höchstens sechs Monaten beschäftigt werden. Darunter fallen Aushilfen sowie Urlaubs- und Krankheitsvertretungen, die einmalig für einen Zeitraum unter sechs Monaten beschäftigt sind. Arbeitnehmern, die regelmäßig zu solchen Aushilfstätigkeiten herangezogen werden – Daueraushilfen, Abrufkräfte etc. – ist das Wahlrecht zuzuerkennen, wenn sie am Wahltag beschäftigt sind. »Voraussichtlich« nicht länger als sechs Monate ist ein Arbeitnehmer beschäftigt, wenn der Arbeitsvertrag entsprechend (erstmals) befristet ist. Unerheblich ist, wie lange das Arbeitsverhältnis vom Tag der Wahl an noch andauert.

In Buchstabe c) ist seit der Novelle 1994 vorgesehen, dass eine Beurlaubung ohne Dienstbezüge oder Vergütung erst dann zum Wegfall des Wahlrechts führt, wenn sie am Wahltage länger als 18 Monate besteht. Diese Regelung ermöglicht es z. B. Personen, die die Elternzeit nach dem BEEG in Anspruch nehmen, an der Personalratswahl teilzunehmen, wenn diese in den ersten 18 Monaten nach Beginn der Beurlaubung stattfindet. Inkonsequent sieht das Gesetz in § 11 Abs. 2 Buchst. c jedoch den Verlust des passiven Wahlrechts nach sechsmonatiger Beurlaubung ohne Dienstbezüge vor; Personalratsmitglieder, die Elternzeit in Anspruch nehmen, verlieren damit bereits nach sechs Monaten ihre Wählbarkeit, was gemäß § 26 Abs. 1 Buchst. f zum Erlöschen der Mitgliedschaft im Personalrat führt.[5] Neben der Elternzeit

3 EuGH 17.11.2016 – C-216/15, AuR 2017, 40; BAG 21.2.2017 – 1 ABR 62/12.
4 Durchführungserlass vom 14.3.2013, Ziff. 4.3.
5 OVG NRW 10.11.2014 – 20 A 679/14. PVL, PersV 2015, 140.

kommt eine Beurlaubung ohne Dienstbezüge nach der Sonderurlaubsverordnung (SondUrlVO) oder ein Urlaub aus familiären Gründen gemäß § 71 LBG in Betracht. Der Tatbestand der Beurlaubung nach Abs. 3c) ist erfüllt, wenn die Hauptpflichten ruhen, der Beschäftigte somit nicht mehr zur Leistung der Dienste und die Dienststelle nicht mehr zur Zahlung des Entgelts verpflichtet ist; zudem ruht das Weisungsrecht der Dienststelle.[6]
Nicht wahlberechtigt ist nach Buchst. d) weiterhin das Leitungspersonal der Dienststelle gemäß § 8 Abs. 1 Satz 1 und 2, Abs. 2 und 3. Haben andere Beschäftigte die Befugnis zur selbständigen Entscheidung in personellen Einzelmaßnahmen (sonstige Beauftragte im Sinne des § 8 Abs. 1 Satz 3), so behalten sie zwar das aktive, ggf. jedoch nicht das passive Wahlrecht (§ 11 Abs. 2 Buchst. b).
Nach Buchst. e) führt bei Altersteilzeit im Blockmodell der Beginn der sog. Freistellungsphase zum Verlust der Wahlberechtigung. Diese Regelung, die im Rahmen der Novelle 2007 eingefügt wurde, entspricht der bereits bis dahin geltenden Rechtsprechung.[7]

Abs. 4: Auszubildende sind in der jeweiligen Dienststelle wahlberechtigt, die 5
zur Stammdienststelle bestimmt worden ist. Die Bestimmung wird von der Stelle vorgenommen, die die Ausbildung leitet. Gemäß § 55 Abs. 1 Satz 2 gilt diese Festlegung auch für die Wahl zur Jugend- und Auszubildendenvertretung.

Abs. 5: Absatz 5 stellt gegen die frühere Rechtsprechung der Verwaltungsge- 6
richte klar, dass die Beamten der Schulaufsicht bei den Bezirksregierungen zu dem jeweiligen Personalrat ihrer Beschäftigungsdienststelle wahlberechtigt sind. Beamte der Schulaufsicht bei den Schulämtern sowie im Landesdienst beschäftigtes Verwaltungspersonal an Schulen sind zu dem bei der jeweiligen Bezirksregierung gebildeten Personalrat wahlberechtigt.

§ 11

(1) Wählbar sind alle Wahlberechtigten, die am Wahltage seit sechs Monaten derselben Körperschaft, Anstalt oder Stiftung angehören.

(2) Nicht wählbar sind Beschäftigte, die

a) infolge Richterspruch die Fähigkeit, Rechte aus öffentlichen Wahlen zu erlangen, nicht besitzen,

b) zu selbständigen Entscheidungen in Personalangelegenheiten der Dienststelle befugt sind sowie die in § 8 Abs. 1 Satz 3 genannten sonstigen Beauftragten, sofern diese nach einer Wahl die mit der Beauftragung eingeräumten Befugnisse weiter ausüben,

6 Durchführungserlass vom 14.3.2013, Ziff. 4.2.

7 BVerwG 15.5.2002 – 6 P 8.01, PersR 2002, 434; 15.5.2002 – 6 P 18.01, PersR 2002, 438.

c) am Wahltag seit mehr als sechs Monaten unter Wegfall der Bezüge beurlaubt sind,

d) nach der Wahl Aufgaben einer Gleichstellungsbeauftragten der Dienststelle wahrnehmen.

(3) Nicht wählbar sind Arbeitnehmerinnen und Arbeitnehmer der Gemeinden und der Gemeindeverbände, die dem in deren Verfassung vorgesehenen obersten Organ angehören.

1 Die Vorschriften über die Wählbarkeit legen die persönlichen Voraussetzungen fest, die eine Kandidatur zum Personalrat – also die Ausübung des passiven Wahlrechts – erlauben oder verbieten. Die Vorschrift ist abschließend, es gibt keine weiteren Voraussetzungen der Wählbarkeit. Die Kandidatur zum Personalrat ist daher mit der gleichzeitigen Tätigkeit als Mitglied des Wahlvorstands und des amtierenden Personalrats vereinbar. Auch ein Ausschluss aus dem Personalrat gemäß § 25 hindert an einer erneuten Kandidatur für die folgende Amtszeit nicht.

Abs. 1: Wählbarkeit setzt zunächst voraus, dass der Beschäftigte wahlberechtigt im Sinne des § 10 ist und am Tage der Wahl sechs Monate derselben Körperschaft, Anstalt oder Stiftung angehört. Voraussetzung für die Wählbarkeit ist also das Bestehen eines Beschäftigungsverhältnisses (siehe Kommentierung zu § 5) zu einem Arbeitgeber bzw. Dienstherrn im Lande NRW bzw. zu einer sonstigen Körperschaft, z. B. einem Kreis, einer Stadt oder einer Anstalt öffentlichen Rechts oder einer Stiftung für die Dauer von sechs Monaten. Auch gestelltes Personal ist nach sechs Monaten in der aufnehmenden Dienststelle wahlberechtigt (vgl. § 10 Rn. 2a), mithin ab diesem Moment auch wählbar (mit Ausnahme der Polizeivollzugsbeamtinnen und Polizeivollzugsbeamten, siehe § 83). Leiharbeitnehmer (vgl. § 10 Rn. 2) haben das aktive Wahlrecht, wenn sie am Tage der Wahl in der Dienststelle beschäftigt sind. Sind sie zu diesem Zeitpunkt bereits seit sechs Monaten Beschäftigte der Körperschaft, Anstalt oder Stiftung, sind somit auch Leiharbeitnehmer wählbar. Die Frist von sechs Monaten ist nach §§ 187, 188 BGB zu berechnen und muss am – letzten – Tag der Wahl erreicht sein. Gleichgültig ist, ob innerhalb dieser sechs Monate Zeiten der Beurlaubung (mit oder ohne Dienstbezüge), Krankheit oder Abordnung lagen. Ein gekündigter Arbeitnehmer bleibt für die Dauer des Kündigungsrechtsstreits wählbar, damit ausgeschlossen wird, dass durch eine Kündigung die Kandidatur eines unliebsamen Bewerbers verhindert wird. Der Gekündigte, der gegen die Kündigung eine Kündigungsschutzklage erhoben hat, ist hinsichtlich seiner Wählbarkeit wie ein Betriebsangehöriger zu behandeln.[8]

8 Vgl. zum BetrVG: BAG 14. 5. 1997 – 7 ABR 26/96, NZA 1997, 1245.

Abs. 2: Von der Wählbarkeit ausgeschlossen sind gemäß Buchstabe a) zunächst Beschäftigte, denen durch strafgerichtliche Verurteilung die Amtsfähigkeit aberkannt wurde (§ 45 StGB). Nach Abs. 2 Buchst. b) ist infolge der Novelle 2007 der Ausschluss von der Wählbarkeit auf Beschäftigte, die zu selbständigen Entscheidungen »in Personalangelegenheiten« der Dienststelle befugt sind, ausgedehnt worden. Bis dahin galt dieser Ausschluss nur, wenn sich die Befugnis auf die in § 72 Abs. 1 Satz 1 genannten Personalangelegenheiten bezog. Diese Ausweitung ist damit begründet worden,[9] dass »bedeutsame« Personalangelegenheiten auch in anderen Mitbestimmungsbereichen getroffen würden und vergleichbare Interessenkonflikte zur Folge haben könnten. Die Regelung entspreche im Übrigen der des BPersVG. Die Regelung betrifft nicht das Leitungspersonal der Dienststelle, da die Personen des § 8 Abs. 1–3 bereits keine Wahlberechtigung haben (§ 10 Abs. 3 Buchst. d). Es ist nicht erforderlich, dass über alle in § 72 Abs. 1 Satz 1 genannten Angelegenheiten oder für sämtliche Beschäftigte der Dienststelle die Entscheidungsbefugnis besteht.[10] Voraussetzung ist jedoch das durch Stellenplan oder Verwaltungsorganisation (Zeichnungsbefugnis) übertragene Recht des Beschäftigten, in eigener Verantwortung endgültige Entscheidungen treffen zu können.[11] Darüber hinaus muss es sich um Personalangelegenheiten handeln, die die Dienststelle betreffen, vornehmlich also die Beschäftigten der Dienststelle. Aufgrund der Gesetzesbegründung ist unklar, unter welchen Voraussetzungen die Wählbarkeit entfällt. Bedeutsame Personalangelegenheiten in »anderen Mitbestimmungsbereichen« können neben den Personalangelegenheiten des § 72 Abs. 1 Satz 1 auch soziale Angelegenheiten im Sinne des § 72 Abs. 2, z. B. bei der Gewährung und Versagung von Leistungen im Sinne des § 72 Abs. 2 Nr. 1–5 sein. In Betracht kommen auch Personalangelegenheiten nach § 72 Abs. 4, wie die Festsetzung der zeitlichen Lage eines strittigen Erholungsurlaubes (Nr. 4), die Regelung von Fragen der Entgeltgestaltung (Nr. 5), die Bestellung von Vertrauens- und Betriebsärzten (Nr. 6), die Festlegung von Prämien im Rahmen des betrieblichen Vorschlagswesens (Nr. 8), der Erlass von Regelungen zum Ordnungsverhalten (Nr. 9) oder die Geltendmachung von Ersatzansprüchen gegen Beschäftigte (Nr. 11). In Betracht kommt der Ausschluss der Wählbarkeit auch, wenn einem Beschäftigten die selbständige Entscheidung zum Ausspruch von Kündigungen und Entlassungen oder die Befugnis zum selbstständigen Abschluss von Aufhebungs- oder Beendigungsverträgen übertragen wurde. Nicht zum Ausschluss der Wählbarkeit führt hingegen die Übertragung der Entscheidungsbefugnis zu anderen Personalangelegenheiten, wie die Befug- 2

9 Gesetzesbegründung, LT-Drucks. 14/4239, 89.
10 OVG NRW 22.5.1996 – 1 A 3651/92.PVL, n.v.; 17.4.1997 – 1 A 2306/94.PVL, n.v.
11 OVG NRW 22.5.1996, a.a.O.

nis zum Ausspruch von Abmahnungen, Ermahnungen u. Ä. Für den Ausschluss der Wählbarkeit ist auf die planmäßige Ausübung solcher Befugnisse im Rahmen der regulären Dienstaufgaben abzustellen. Die nur vertretungsweise Tätigkeit – auch wenn diese Vertretung dauerhaft übertragen ist – reicht nicht aus.[12] Beschäftigte in Orchesterbetrieben, die zugleich in den Orchestervorstand nach dem TV-K gewählt werden, verlieren ihre Wählbarkeit zum Personalrat dadurch nicht. Die Befugnisse eines Orchestervorstandes leitet dieser nicht aus einer irgendwie gearteten Dienstherrneigenschaft ab, sondern aus einem tariflich verliehenen Selbstorganisationsrecht des Orchesters. Die Mitglieder des Orchestervorstandes fallen damit nicht unter Abs. 2 Buchstabe b).[13]

3 Nach Buchstabe b) tritt der Verlust der Wählbarkeit ebenfalls bei den sonstigen Beauftragten im Sinne des § 8 Abs. 1 Satz 3 ein, soweit diese die mit der Beauftragung verbundenen Befugnisse nach einer Personalratswahl weiter ausüben. Diese Beauftragten können[14] in einen Interessenkonflikt geraten, wenn sie gleichzeitig als Personalratsmitglied tätig sind. Diese Vorschrift ist unklar. Der Verlust der Wählbarkeit soll offenbar erst dann eintreten, wenn feststeht, dass der sonstige Beauftragte die übertragenen Befugnisse nach der Wahl weiterhin ausübt. Das steht im Widerspruch zu der Regelung über den Ausschluss der Wählbarkeit bei den Beschäftigten, die zu selbständigen Entscheidungen in Personalangelegenheiten der Dienststelle befugt sind. Bei diesen tritt der Verlust der Wählbarkeit bereits mit der Übertragung und nicht erst mit der Ausübung dieser Befugnisse ein. Zudem muss die Wählbarkeit zwar zum Zeitpunkt der Wahl, jedoch nach Sachverhalten festgestellt werden, die erst nach dieser Wahl feststehen. Um eine rechtssichere Wahl zu gewährleisten, hat der Wahlvorstand daher sowohl Erkundigungen einzuholen, als auch eine Prognose zu stellen. Ist die sonstige Beauftragung mit Einverständnis des Personalrats dauerhaft und ohne zeitliche Einschränkung erfolgt, tritt der Verlust der Wählbarkeit ein. Ansonsten treten der Verlust der Wählbarkeit und damit das Erlöschen der Mitgliedschaft im Personalrat gemäß § 26 Abs. 1 Buchst. f) dann ein, wenn der sonstige Beauftragte nach der Wahl die mit der Beauftragung eingeräumten Befugnisse tatsächlich – und sei es nur im Einzelfall – ausübt.

3a Nach Buchstabe c) sind zudem Beschäftigte nicht wählbar, die am (letzten) Tag der Wahl seit mehr als sechs Monaten unter Wegfall der Bezüge beurlaubt sind. In Betracht kommt hier die Inanspruchnahme von Elternzeit nach dem BEEG, eine Beurlaubung ohne Dienstbezüge nach der Sonderurlaubsverordnung (SondUrlVG) oder der Urlaub aus familiären Gründen nach § 71 LBG (vgl. § 10 Rn. 4). Maßgebend für die Erfüllung des Tatbe-

12 BVerwG 6.9.2005 – 6 PB 13.05, PersR 2006, 37.
13 VG Düsseldorf 24.3.2017 – 34 K 7252/16.PVL.
14 So die Gesetzesbegründung, LT-Drucks. 14/4239, 89.

stands des Buchstaben c) ist, dass die gegenseitigen Hauptpflichten aus dem Arbeits- bzw. Dienstverhältnis ruhen.[15] Gesetzgeberisch inkonsequent ist, dass die beurlaubten Beschäftigten das passive Wahlrecht bereits nach sechs Monaten, das aktive Wahlrecht gemäß § 10 Abs. 3c) hingegen erst nach 18 Monaten verlieren.

Seit der Novelle 2007 ist auch die Gleichstellungsbeauftragte von der Wähl- 4
barkeit ausgeschlossen (Buchstabe d), weil sie – so die Gesetzesbegründung[16] – bei gleichzeitiger Tätigkeit als Personalratsmitglied und Gleichstellungsbeauftragte in einen Interessenkonflikt geraten kann.[17] Das entspricht auch der Regelung in § 16 Abs. 1 Landesgleichstellungsgesetz. Die Vorschrift führt dazu, dass – ebenso wie bei den Beauftragten im Sinne des § 8 Abs. 1 Satz 3 – allein die Innehaltung des Amts oder die Bestellung zur Gleichstellungsbeauftragten der Wählbarkeit noch nicht entgegensteht. Erst dann, wenn diese Aufgabe nach der Wahl wahrgenommen wird bzw. auch nach der Wahl in den Personalrat an dem Amt der Gleichstellungsbeauftragten festgehalten wird, tritt der Verlust der Wählbarkeit ein. Der Verlust der Wählbarkeit und damit des Personalratsamtes tritt gemäß § 26 Abs. 1 Buchstabe f) auch dann ein, wenn ein Personalratsmitglied zur Gleichstellungsbeauftragten bestellt wird. Die Vorschrift kann nicht auf die stellvertretende Gleichstellungsbeauftragte und auf die schulfachlichen Gleichstellungsbeauftragten – soweit sie zur Personalvertretung der allgemeinen Verwaltung kandidieren – angewandt werden.

Abs. 3: Nach der Vorschrift waren ehemals Arbeiter in Gemeinden und Ge- 5
meindeverbänden von der Wählbarkeit ausgeschlossen, die zugleich dem obersten Organ – also dem Rat, Kreistag oder der Verbandsversammlung – ihres Arbeitgebers angehörten. Der Begriff »Arbeiter« wurde in Anknüpfung an § 13 Kommunalwahlgesetz durch »Arbeitnehmerinnen und Arbeitnehmer« ersetzt. Die Gesetzesänderung soll jedoch nichts an der Möglichkeit ändern, dass »Arbeiter« dem verfassungsmäßig vorgesehenen obersten Organ angehören können, weil Interessenkonflikte oder Kollisionen zwischen diesem Wahlamt und der Personalratstätigkeit aufgrund ihrer beruflichen Tätigkeit nicht entstehen können. Es bleibt daher nach wie vor die Wählbarkeit in den Personalrat für diejenigen Arbeitnehmer erhalten, die als »Arbeiter« in das in der Verfassung vorgesehene oberste Organ der Gemeinde oder des Gemeindeverbandes gewählt werden können. Für Angestellte und Beamte bleibt der Ausschluss von der Wählbarkeit in diese obersten Organe bestehen.

---

15 Durchführungserlass v. 14.3.2013, Ziff. 4.2.

16 LT-Drucks. 14/4239, 90.

17 So bereits zum alten Recht: VG Gelsenkirchen 20.7.2004 – 12 L 933/04, NWVBl. 2005, 152.

§ 12

Besteht die Körperschaft, Anstalt oder Stiftung oder in der Landesverwaltung die Dienststelle, der die oder der Beschäftigte angehört, weniger als sechs Monate, so bedarf es für die Wählbarkeit nicht der Voraussetzungen des § 11 Abs. 1.

1 Besteht eine Dienststelle am Tage der Personalratswahl noch nicht sechs Monate, so bedarf es für die Wählbarkeit nicht der sechsmonatigen Dienstzugehörigkeit. Das ist bei Neugründung einer Dienststelle ebenso der Fall wie bei Zusammenlegung von Dienststellen und Dienststellenteilen (§ 1 Abs. 3) zu einer neuen Einheit. Als Übergangsregelung sieht § 44 in den Fällen der Zusammenlegung von Dienststellen die Bildung einer Personalkommission und in den Fällen der Teilung oder Umwandlung einer Dienststelle seit der Novelle 2011 ein Übergangsmandat vor.
Besteht eine neugegründete Dienststelle ausschließlich aus Beschäftigten, die dort im Wege der Abordnung, Zuweisung oder Gestellung ihren Dienst leisten, ist § 12 analog auf das aktive Wahlrecht nach § 10 anzuwenden.[18]

§ 13

(1) In allen Dienststellen mit in der Regel mindestens fünf wahlberechtigten Beschäftigten, von denen drei wählbar sind, werden Personalräte gebildet.
(2) Dienststellen des Landes, bei denen die Voraussetzungen des Absatzes 1 nicht gegeben sind, werden von der übergeordneten Dienststelle im Einvernehmen mit der Stufenvertretung einer benachbarten Dienststelle zugeteilt.
(3) Der Personalrat besteht in Dienststellen mit in der Regel
5 bis 20 wahlberechtigten Beschäftigten aus einer Person,
21 bis 50 wahlberechtigten Beschäftigten aus drei Mitgliedern,
51 bis 150 Beschäftigten aus fünf Mitgliedern,
151 bis 300 Beschäftigten aus sieben Mitgliedern,
301 bis 600 Beschäftigten aus neun Mitgliedern,
601 bis 1000 Beschäftigten aus elf Mitgliedern.
Die Zahl der Mitglieder erhöht sich in Dienststellen mit 1001 bis 5000 Beschäftigten um je zwei für je weitere angefangene 1000, mit 5001 und mehr Beschäftigten um je zwei für je weitere angefangene 2000.
(4) Die Höchstzahl der Mitglieder beträgt fünfundzwanzig.

18 Durchführungserlass vom 14.3.2013, Ziff. 4.3.

Abs. 1: Personalratsfähig ist eine Dienststelle, wenn fünf wahlberechtigte (§ 10) Beschäftigte vorhanden sind, von denen mindestens drei wählbar (§ 11) sind. 1

Diese Zahlen sind erreicht, wenn »in der Regel« so viele wahlberechtigte und wählbare Beschäftigte vorhanden sind. Die »Regelzahl« ist auch bei Ermittlung der Personalratsgröße nach Absatz 3, der Größe der Jugend- und Auszubildendenvertretung nach § 56 Abs. 1 sowie der Freistellungen nach § 42 Abs. 4 zu ermitteln.

Nach der Rechtsprechung des BVerwG[19] und des OVG NRW[20] ist in erster Linie vom Stellenplan auszugehen und sodann im Rahmen einer beschränkten Zukunftsprognose zu ermitteln, ob tatsächliche Abweichungen berücksichtigt werden müssen, um ein von zufälligen Verzerrungen freies Bild vom künftigen Personalbestand der Dienststelle zu erhalten (z. B. das Führen von zwei Halbtagskräften auf einer Haushaltsstelle; »Bodensatz« an befristeten oder ABM-Kräften). Solche Umstände dürfen nur dann berücksichtigt werden, wenn sie über mehr als die Hälfte der Amtszeit wirken und den Personalbestand mit großer Gewissheit verändern. 2

Abs. 2: Kleindienststellen mit weniger als fünf Wahlberechtigten werden in der Landesverwaltung von der übergeordneten Dienststelle einer ihr benachbarten Dienststelle zugordnet. Diese Zuordnung bedarf des Einvernehmens mit der zuständigen Personalvertretung. Es kann verweigert werden, wenn die beabsichtigte Zuordnung den Wünschen der Betroffenen widerspricht oder sonst unzweckmäßig ist. 3

Abs. 3: In Dienststellen mit in der Regel 5 bis 50 Beschäftigten wird die Größe des Personalrats nach der Zahl der wahlberechtigten Beschäftigten berechnet. In größeren Dienststellen ist die Regelzahl sämtlicher Beschäftigter ohne Rücksicht auf die Wahlberechtigung zu ermitteln. 4

In Dienststellen mit mehr als 1000 Regelbeschäftigten erhöht sich die Personalratszahl um je zwei für jede angefangene, weitere 1000 Beschäftigten. Bei 3400 Beschäftigten sind also 17 Personalratsmitglieder zu wählen (11 für die ersten 1000 Beschäftigten plus je 2 bzw. insgesamt 6 für die weiteren angefangenen 1000 Beschäftigten). Übersteigt die Beschäftigtenzahl 5000, so sind für jede angefangene 2000 je zwei weitere Personalratsmitglieder zu wählen – in keinem Fall jedoch mehr als 25 (Abs. 4).

Finden sich nicht genügend Wahlbewerber, kommt ein Personalrat mit einer geringeren Anzahl zustande. Er kann die volle Amtszeit amtieren, § 24 Abs. 1 Buchst. b) gilt nicht.

---

19 Beschluss vom 3.7.1991 – 6 P 1.89, PersR 1991, 369; 19.12.2006 – 6 PB 12.06, PersR 2007, 125.

20 Beschluss vom 20.1.1994 – 1 A 3122/93.

§ 14

(1) Sind in der Dienststelle Angehörige verschiedener Gruppen beschäftigt, so muss jede Gruppe entsprechend ihrer Stärke im Personalrat vertreten sein, wenn dieser aus mindestens drei Mitgliedern besteht. Bei gleicher Stärke der Gruppen entscheidet das Los. Macht eine Gruppe von ihrem Recht, im Personalrat vertreten zu sein, keinen Gebrauch, so verliert sie ihren Anspruch auf Vertretung.
(2) Der Wahlvorstand berechnet die Verteilung der Sitze auf die Gruppen nach den Grundsätzen der Verhältniswahl.
(3) Eine Gruppe erhält mindestens
bei weniger als 51 Gruppenangehörigen ein Mitglied,
bei 51 bis 200 Gruppenangehörigen zwei Mitglieder,
bei 201 bis 600 Gruppenangehörigen drei Mitglieder,
bei 601 bis 1000 Gruppenangehörigen vier Mitglieder,
bei 1001 bis 3000 Gruppenangehörigen fünf Mitglieder,
bei 3001 und mehr Gruppenangehörigen sechs Mitglieder.
(4) Eine Gruppe, der in der Regel nicht mehr als fünf Beschäftigte angehören, erhält nur dann eine Vertretung, wenn sie mindestens ein Zwanzigstel der Beschäftigten der Dienststelle umfasst. Erhält sie keine Vertretung und findet Gruppenwahl statt, so kann sich jede oder jeder Angehörige dieser Gruppe durch Erklärung gegenüber dem Wahlvorstand einer Gruppe anschließen.
(5) Der Personalrat soll sich aus Mitgliedern der verschiedenen Beschäftigungsarten zusammensetzen.
(6) Frauen und Männer sollen ihrem zahlenmäßigen Anteil in der Dienststelle entsprechend vertreten sein.

1 Die nach § 13 festgestellte Gesamtzahl der Personalratsmitglieder ist auf die in der Dienststelle vorhandenen Gruppen der Arbeitnehmer und Beamten unter Beachtung der Regeln zum Mehrheits- und Minderheitsschutz zu verteilen.

2 **Abs. 1 und 2:** Jede in der Dienststelle mit Beschäftigten vertretene Gruppe hat Anspruch auf Personalratssitze entsprechend ihrer Stärke, wenn sie mindestens drei Mitglieder hat. Keine Berücksichtigung finden die in der Dienststelle gar nicht Vorhandenen und die Gruppen, die keine Sitze beanspruchen – sich also mit eigenen Wahlvorschlägen an der Personalratswahl nicht beteiligen. Im letzteren Fall verteilt der Wahlvorstand die nicht in Anspruch genommenen Personalratssitze auf die übrige Gruppe – auch dann, wenn eine Gruppe weniger Wahlbewerber vorschlägt als ihr Personalratssitze zustehen.
Bei gleicher Gruppenstärke entscheidet das Los über die Zuteilung der Sitze.

Die Verteilung der nach § 13 ermittelten Sitze erfolgt nach den Grundsätzen der Verhältniswahl (siehe § 16 Rn. 7).

Abs. 3: Jede Gruppe erhält Personalratssitze gestaffelt nach der Gruppen- 3
größe, mindestens jedoch einen Vertreter bei einer Gruppenzugehörigkeit von mehr als fünf (s. auch Absatz 5) und weniger als 51 Personen.

Abs. 4: Ohne Sitze im Personalrat bleibt eine Gruppe, die 4

- nicht mehr als fünf Beschäftigte hat **und**
- weniger als ein Zwanzigstel der Dienststellenbeschäftigten

bildet.

Die Angehörigen dieser Kleingruppen können durch Erklärung gegenüber dem Wahlvorstand bei der anderen Gruppe mitwählen.

Abs. 5 und 6: Die beiden letzten Absätze sind Sollvorschriften, die sich an die 5
Wähler allgemein richten, deren Nichtbeachtung aber folgenlos bleibt. Der Personalrat soll sich zunächst aus Vertretern der verschiedenen Beschäftigungsarten zusammensetzen.

Absatz 6 enthält den »Appell«, Frauen und Männer ihrem zahlenmäßigen Anteil entsprechend zu berücksichtigen. Auch § 64 Nr. 10, das durch die Novelle 2007 geschaffene Mitbestimmungsrecht nach § 72 Abs. 4 Nr. 18 und das Gleichstellungsgesetz betonen die Verpflichtung des öffentlichen Dienstes zur Gleichstellung der Geschlechter. Die Vorschrift appelliert recht allgemein an die am Wahlgeschehen Beteiligten. Sie kann im Grunde von keinem der Beteiligten beachtet oder gar durchgesetzt werden, da Wahlvorschläge, die diesem Appell entsprechen, durch weitere Wahlvorschläge und insbesondere durch den Wählerwillen Veränderungen erfahren und weder Wahlvorstand noch Personalrat berechtigt sind, auf die Zusammensetzung der Wahlvorschläge oder der Gruppen Einfluss zu nehmen.

§ 15

(1) **Die Verteilung der Mitglieder des Personalrats auf die Gruppen kann abweichend von § 14 geordnet werden, wenn jede Gruppe dies vor der Neuwahl in getrennter geheimer Abstimmung beschließt.**

(2) **Für jede Gruppe können auch Angehörige anderer Gruppen vorgeschlagen werden. Die Gewählten sind Mitglieder derjenigen Gruppe, für die sie vorgeschlagen worden sind.**

Abs. 1: Die Beschäftigten der Dienststelle können die Verteilung der Perso- 1
nalratssitze auf die Gruppen verändern, wenn jede Gruppe dies in einer Vorabstimmung mehrheitlich beschließt. Diese Vorabstimmung muss den Regeln für die Vorabstimmung zur gemeinsamen Wahl entsprechen (siehe § 16 Abs. 2 und § 4 WO).

Abs. 2: Absatz 2 sieht vor, dass in jeder Gruppe auch gruppenfremde Vertre- 2
ter kandidieren können. Werden sie gewählt, so gelten sie im Personalrat als

Vertreter derjenigen Gruppe, für die sie kandidiert haben. Der arbeits- und dienstrechtliche Status dieses Personenkreises bleibt dadurch jedoch unberührt.

§ 16

(1) Der Personalrat wird in geheimer und unmittelbarer Wahl gewählt.
(2) Besteht der Personalrat aus mehr als einer Person, wählt jede Gruppe ihre Mitglieder (§ 14) je in getrennten Wahlgängen, es sei denn, dass die wahlberechtigten Angehörigen jeder Gruppe vor der Neuwahl in getrennten geheimen Abstimmungen die gemeinsame Wahl beschließen. Der Beschluss bedarf der Mehrheit der Stimmen aller wahlberechtigten Beschäftigten jeder Gruppe.
(3) Die Wahl wird nach den Grundsätzen der Verhältniswahl durchgeführt. Wird nur ein Wahlvorschlag eingereicht, so findet Personenwahl statt. In Dienststellen, deren Personalrat aus einer Person besteht, wird dieser mit einfacher Stimmenmehrheit gewählt. Das gleiche gilt für Gruppen, denen nur ein Mitglied im Personalrat zusteht.
(4) Zur Wahl des Personalrats können die wahlberechtigten Beschäftigten und die in der Dienststelle vertretenen Gewerkschaften Wahlvorschläge machen. Die nach § 11 Abs. 2 nicht wählbaren Beschäftigten dürfen keine Wahlvorschläge machen oder unterzeichnen. Die oder der Beschäftigte darf nur einen Wahlvorschlag unterzeichnen.
(5) Bei einer Wahl in getrennten Wahlgängen muss jeder Wahlvorschlag der Beschäftigten von mindestens einem Zwanzigstel der wahlberechtigten Gruppenangehörigen, jedoch von mindestens drei wahlberechtigten Gruppenangehörigen, unterzeichnet sein; in jedem Fall genügt die Unterzeichnung durch 100 wahlberechtigte Gruppenangehörige.
(6) Bei gemeinsamer Wahl muss jeder Wahlvorschlag der Beschäftigten von mindestens einem Zwanzigstel der wahlberechtigten Beschäftigten, jedoch von mindestens drei wahlberechtigten Beschäftigten, unterzeichnet sein; in jedem Fall genügt die Unterzeichnung durch 100 wahlberechtigte Beschäftigte. Werden bei gemeinsamer Wahl für eine Gruppe gruppenfremde Bewerberinnen und Bewerber vorgeschlagen, muss der Wahlvorschlag von mindestens einem Zwanzigstel der wahlberechtigten Angehörigen dieser Gruppe unterzeichnet sein.
(7) Jeder Wahlvorschlag einer Gewerkschaft muss von einer von ihr beauftragten Person unterzeichnet sein.
(8) Die oder der Beschäftigte darf nur auf einem Wahlvorschlag benannt werden.

Die Grundsätze für die Durchführung der Personalratswahl sind in § 16 zusammengefasst; zudem ist das Wahlvorschlagsrecht dort geregelt. Nähere Ausführungen dazu finden sich in der Wahlordnung. 1
Der formale Ablauf der Wahl richtet sich nach der gemäß § 109 erlassenen Wahlordnung. Der Text der Wahlordnung zum Landespersonalvertretungsgesetz (WO-LPVG) ist in diesem Buch im Anhang abgebildet.

Abs. 1: Die Personalratswahl muss, wie jede demokratische Wahl, geheim und unmittelbar, frei und gleich sein. Die beiden ersten Grundsätze sind in Absatz 1 niedergelegt. Der Grundsatz der geheimen Wahl soll insbesondere sicherstellen, dass der Beschäftigte seine Wahlentscheidung frei von Befürchtungen treffen kann, durch sein Abstimmungsverhalten oder durch seine Beteiligung bzw. Nichtbeteiligung an der Wahl Nachteile zu erleiden. Dazu treffen Gesetz und Wahlordnung eine Reihe von Vorkehrungen, z. B. die Sicherung der unbeobachteten Stimmabgabe im Wahlraum (Besetzung des Wahllokals, Benutzung einer Kabine, Benutzung vorgefertigter Wahlumschläge und Stimmzettel, Wahlurne) wie auch für die schriftliche Stimmabgabe in den §§ 16f. WO. Der Grundsatz der freien Wahl ist dadurch zu gewährleisten, dass der Wahlvorstand bei der Stimmabgabe Vorkehrungen gegen Beobachtung, Einflussnahme und sonstige Repressionen zu treffen hat. Bereits das subjektive Gefühl des Wählers, dass seine Stimmabgabe nicht unbeobachtet und unbeeinflusst erfolgen kann, stellt einen Verstoß gegen den Grundsatz der freien Wahl dar.[21] Wahlbeobachter können zwar zugelassen werden, die Wahl ist für jeden wahlberechtigten Beschäftigten und für Beauftragte der in der Dienststelle vertretenen Gewerkschaften öffentlich. Sog. Wahlbeobachter dürfen aber den ungestörten Ablauf der Wahlhandlung nicht stören und keine Kontrolle oder Überwachung der Wähler bei der Stimmabgabe vornehmen.[22] Auch eine gerichtliche Überprüfung des Wahlverhaltens durch Befragung der Wähler als Zeugen oder Verwertung von eidesstattlichen Versicherungen über das Wahlverhalten sind unzulässig.[23] 2

Die Unmittelbarkeit der Wahl ist von Gesetz und Wahlordnung dadurch gewährleistet, dass Wahlmänner unzulässig sind und jeder Wähler ein höchstpersönliches Stimmrecht hat, bei dem er sich nicht vertreten lassen kann. 3
Die für jede demokratische Wahl weiter geltenden Grundsätze der allgemeinen und gleichen Wahl gewährleistet das Gesetz dadurch, dass eine Gewichtung der Stimmen oder die Zuteilung mehrfachen Stimmrechtes ausgeschlossen sind und das Wahlrecht grundsätzlich allen Beschäftigten zusteht.

Abs. 2: Der Regelfall ist die getrennte Wahl (Gruppenwahl), also die Abstimmung über die Kandidaten in jeder Gruppe in getrennten Wahlgängen. 4

21 OVG NRW 31.3.2006 – 1 A 5195/04.PVL, PersV 2007, 34.
22 OVG NRW 10.11.2005 – 1 A 5076/04.PVL, PersV 2006, 138.
23 BVerwG 20.6.1990 – 6 P 2.90, PersR 1990, 291.

Diese Wahlgänge müssen jedoch zur gleichen Zeit stattfinden. Die Wahl aller Beschäftigten in einem gemeinsamen Wahlgang aufgrund gemeinsamer Wahlvorschläge kann nur dann stattfinden, wenn jede in der Dienststelle vertretene Gruppe der Beschäftigten eine solche gemeinsame Wahl mit der Mehrheit der Stimmen aller wahlberechtigten Beschäftigten ihrer Gruppe und in getrennter Abstimmung beschließt. Die Mehrheit der Abstimmungsteilnehmer genügt also nicht.

5 Für diese »Vorabstimmung« ordnet § 4 der Wahlordnung an, dass sie unter Leitung eines Vorabstimmungsvorstandes, bestehend aus mindestens drei wahlberechtigten Beschäftigten, durchgeführt und die Vorabstimmung geheim sowie nach Gruppen getrennt abgehalten werden muss. Der Wahlvorstand für die Wahl des Personalrats kann sich bereit erklären, zugleich als Vorabstimmungsvorstand tätig zu werden und diese Vorabstimmung durchzuführen. Eine Verpflichtung besteht nicht. Vielmehr können sich aus dem Kreis der wahlberechtigten Beschäftigten drei Arbeitnehmer zu einem solchen Vorabstimmungsvorstand zusammenfinden.

Die gemeinsame Wahl findet nur statt, wenn dem Wahlvorstand für die Durchführung der Personalratswahl innerhalb einer Woche nach Bekanntgabe seiner Mitglieder (§ 1 Abs. 2 WO) die erfolgreiche Durchführung einer solchen Vorabstimmung in allen in der Dienststelle vertretenen Gruppen glaubhaft gemacht wird (§ 4 Abs. 1 WO).

Eine Vorabstimmung kann innerhalb einer Gruppe im Anschluss an eine Gruppenversammlung stattfinden. Sie kann jedoch nicht im Wege einer offenen Abstimmung in dieser Versammlung durchgeführt werden, da die Wahl geheim stattfinden muss.

6 Kommt in einer Gruppe eine Mehrheit für die gemeinsame Wahl nicht zustande, so kann die Vorabstimmung wiederholt werden.

Die Vorabstimmung über die Frage der gemeinsamen Wahl muss vor jeder Personalratswahl erneut durchgeführt werden, eine erfolgreiche Vorabstimmung gilt stets nur für die jeweils bevorstehende Personalratswahl.

7 **Abs. 3:** Grundsätzlich wird die Personalratswahl nach Verhältniswahlrecht – »Listenwahl« – durchgeführt. In diesen Fällen hat der Wähler – gleichgültig ob bei getrennter oder gemeinsamer Wahl – nur eine Stimme. Er kann sich zwischen den verschiedenen Wahlvorschlägen entscheiden.

Nach Ende der Wahl wird die Sitzverteilung nach dem sog. d'Hondtschen Höchstzahlverfahren ermittelt. Die für jede Liste abgegebene Stimmenzahl wird nacheinander durch 1, 2, 3, 4, 5 usw. geteilt. Nach Durchführung dieser Berechnung werden die höchsten Zahlen ermittelt und die Personalratssitze auf diese Höchstzahlen verteilt. Dadurch wird gewährleistet, dass jede Liste so viele Sitze erhält, wie es ihrem »Verhältnis« der erreichten Stimmen an der Gesamt-Stimmenzahl entspricht.

8 Personenwahl findet statt, wenn nur ein Wahlvorschlag vorliegt oder nur ein einköpfiger Personalrat bzw. nur ein Gruppenvertreter zu wählen ist.

Findet die gemeinsame Wahl statt und liegt nur ein Wahlvorschlag vor, wird insgesamt Personenwahl durchgeführt. Bei der Gruppenwahl findet die Personenwahl in denjenigen Gruppen statt, in denen nur ein Wahlvorschlag vorliegt.

Unabhängig von der Zahl der Wahlvorschläge findet sowohl bei gemeinsamer wie bei Gruppenwahl die Personenwahl statt, wenn nur ein einköpfiger Personalrat oder für die jeweilige Gruppe nur ein Vertreter zu wählen ist. Personenwahl findet in der Form statt, dass der Wähler höchstens so viele Kandidaten auf dem Stimmzettel ankreuzen kann, wie Personalratsmitglieder zu wählen sind. Dieses Mehrheitswahlrecht ist bei den Beschäftigten beliebter, weil es aus ihrer Sicht einen größeren Einfluss auf die Zusammensetzung des Personalrats ermöglicht. Bei der Listenwahl ist die Reihenfolge der Kandidaten der jeweiligen Liste vom Wähler nicht mehr durch sein Abstimmungsverhalten beeinflussbar.

Wahlvorschläge der Beschäftigten (Abs. 4 bis 6 und 8): Zum Personalrat 9
kandidieren kann nur, wer von einer Mindestzahl von Beschäftigten oder einer Gewerkschaft dazu schriftlich vorgeschlagen wird. Diese Wahlvorschläge sind beim Wahlvorstand einzureichen und bilden die Grundlage für die Personalratswahl. Wahlvorschläge sind schriftlich unter Beifügung der Zustimmungserklärung der zur Wahl gestellten Bewerber beim Wahlvorstand einzureichen. Eine per Telefax eingereichte Zustimmungserklärung eines Wahlbewerbers genügt nicht der gesetzlichen Schriftform des § 126 Abs. 1 BGB.[24]

Bei der Gruppenwahl muss jeder Wahlvorschlag von Beschäftigten Stützunterschriften von mindestens $^{1}/_{20}$ der wahlberechtigten Gruppenangehörigen enthalten. In jedem Fall sind jedoch mindestens drei Stützunterschriften und – in großen Dienststellen – höchstens 100 Stützunterschriften erforderlich und ausreichend. Jeder Beschäftigte kann nur einen Wahlvorschlag unterstützen. Bei Unterzeichnung mehrerer Wahlvorschläge wird ihn der Wahlvorstand zur Mitteilung auffordern, welche Stützunterschrift er aufrechterhält. Teilt er dies mit, so werden alle anderen Stützunterschriften auf den weiteren Wahlvorschlägen gestrichen. Unterbleibt die Mitteilung, so bleibt seine Unterschrift nur auf dem zuerst eingegangenen Wahlvorschlag gültig (§ 9 Abs. 6 WO).

Bei gemeinsamer Wahl muss jeder Wahlvorschlag von $^{1}/_{20}$ aller wahlberechtigten Beschäftigten der Dienststelle insgesamt schriftlich unterzeichnet sein. Erforderlich und ausreichend sind jedoch mindestens drei und höchstens 100 Unterschriften.

Jeder Beschäftigte kann Wahlvorschläge nur innerhalb seiner eigenen 10
Gruppe unterzeichnen. Kandidiert ein Beschäftigter daher in der anderen

24 Zu § 9 Abs. 2 BPersVWO: OVG NRW 26.3.2013 – 20 A 2098/12.PVB, PersV 2013, 343.

Gruppe, so kann er seinen eigenen Wahlvorschlag nicht unterstützen. Wird bei gemeinsamer Wahl ein gruppenfremder Bewerber vorgeschlagen, so muss der Wahlvorschlag von mindestens $^{1}/_{20}$ der wahlberechtigten Angehörigen derjenigen Gruppe, für die kandidiert wird, unterzeichnet sein. Eine Mehrfachkandidatur ist nicht möglich. Jeder Wahlbewerber kann nur auf einem Wahlvorschlag kandidieren (Abs. 8). Bei Doppelkandidatur muss sich der Wahlbewerber nach Aufforderung durch den Wahlvorstand erklären, auf welchem Wahlvorschlag er benannt bleiben will. Erklärt er sich nicht, so wird er auf allen Wahlvorschlägen gestrichen (§ 9 Abs. 3 WO).
Keine Wahlvorschläge können diejenigen wahlberechtigten Beschäftigten machen, die nach § 11 Abs. 2 nicht wählbar sind, was sich vornehmlich auf den Personenkreis des § 11 Abs. 2 Buchst. b) beziehen dürfte, der zu selbständigen Entscheidungen in Personalangelegenheiten der Dienststelle befugt ist.
Wird auf einem Wahlvorschlag ein Bewerber vorgeschlagen, der nicht wählbar ist, hat der Wahlvorstand dessen Namen zu streichen und den zur Vertretung des Vorschlags Berechtigten hiervon zu unterrichten (§ 9 Abs. 4 WO).
Auch Stützunterschriften von Beschäftigten, die nicht wählbar sind, führen nicht zur Ungültigkeit des gesamten Wahlvorschlages. Sie werden gestrichen und bei Ermittlung der Mindestzahl von Stützunterschriften nicht berücksichtigt (§ 9 Abs. 5 WO).

11 Für die Einreichungsfrist, die Form, den Inhalt und die Behandlung der Wahlvorschläge sieht die Wahlordnung in §§ 7 bis 12 weitere Vorschriften vor.
Danach ist der Wahlvorschlag innerhalb von drei Wochen nach Erlass des Wahlausschreibens beim Wahlvorstand einzureichen. Es muss sich um ein einheitliches Dokument handeln, »fliegende Blätter« sind daher kein gültiger Wahlvorschlag. Auf dem Wahlvorschlag müssen die Angaben der Wahlbewerber mit Familiennamen, Vornamen, Geburtsdatum, Amts-, Dienst- oder Berufsbezeichnung, Beschäftigungsstelle und Gruppenzugehörigkeit aufgeführt und auf dem gleichen Dokument die ausreichende Anzahl der Stützunterschriften wahlberechtigter Beschäftigter enthalten sein. Dem Wahlvorschlag ist zudem die schriftliche Zustimmung der Bewerber zur Aufnahme in den Wahlvorschlag beizufügen (§ 8 Abs. 7 WO). Zu beachten ist, dass die Amts-, Dienst- oder Berufsbezeichnung so exakt wie möglich aufgeführt wird; allein die Angabe der Abteilung, in der der zur Wahl gestellte Bewerber tätig ist, reicht nicht aus, und kann einen Grund zur Wahlanfechtung gemäß § 22 darstellen.[25]

---

25 BVerwG 10.1.2007 – 6 PB 18.06, PersR 2007, 171; vgl. VG Aachen 27.10.2016 – 16 K 1515/16.PVL.

Der Wahlvorstand prüft die Wahlvorschläge auf ihre Gültigkeit. Bei heilbaren Mängeln – wie unvollständigen Angaben der Wahlbewerber, fehlende Zustimmungserklärung oder Fehlen von Stützunterschriften infolge nachträglicher Streichungen – gibt der Wahlvorstand den Wahlvorschlag zur Nachbesserung zurück (§ 9 Abs. 7 Satz 1 WO). Bei allen anderen Mängeln beschließt er die Ungültigkeit des Wahlvorschlages. 12
Geht für die Personalratswahl oder innerhalb einer Gruppe gar kein Wahlvorschlag ein, setzt der Wahlvorstand eine Nachfrist für die Einreichung von Wahlvorschlägen (§ 10 WO). Geht auch dann kein Wahlvorschlag ein, so findet keine Personalratswahl bzw. innerhalb der betroffenen Gruppe keine Wahl zum Personalrat statt.
Die gültigen Wahlvorschläge macht der Wahlvorstand bekannt und übernimmt sie in die Stimmzettel.

Wahlvorschläge der Gewerkschaften (Abs. 7): Neben den Beschäftigten können auch die in der Dienststelle vertretenen Gewerkschaften (zum Gewerkschaftsbegriff siehe § 2) Wahlvorschläge machen. In der Dienststelle »vertreten« ist eine Gewerkschaft dann, wenn sie über mindestens ein Mitglied in der Dienststelle verfügt. 13
Die gewerkschaftlichen Wahlvorschläge bedürfen nicht der Stützunterschriften durch Beschäftigte. Es genügt die Unterschrift eines Beauftragten der jeweiligen Gewerkschaft. Eine solche Beauftragung kann sich aus der Satzung der Gewerkschaft ergeben, oder aber durch ihre satzungsmäßigen Organe ausgesprochen worden sein.

§ 17

(1) **Spätestens drei Monate vor Ablauf der Amtszeit bestellt der Personalrat drei wahlberechtigte Beschäftigte als Wahlvorstand und eine oder einen von ihnen als vorsitzende Person. Sind in der Dienststelle Angehörige verschiedener Gruppen beschäftigt, so soll jede Gruppe im Wahlvorstand vertreten sein. Hat die Dienststelle weibliche und männliche Beschäftigte, sollen dem Wahlvorstand Frauen und Männer angehören. Für jedes Mitglied des Wahlvorstandes kann ein Ersatzmitglied benannt werden.**
(2) **Besteht zwei Monate vor Ablauf der Amtszeit des Personalrats kein Wahlvorstand, so beruft die Dienststelle auf Antrag von mindestens drei wahlberechtigten Beschäftigten oder einer in der Dienststelle vertretenen Gewerkschaft eine Personalversammlung zur Wahl des Wahlvorstandes ein. Absatz 1 Satz 2 und 3 gilt entsprechend. Die Personalversammlung wählt eine Person als Versammlungsleitung.**

Abs. 1: Der Personalrat hat durch einen gemeinsamen Beschluss (§§ 33, 34 Abs. 1) den Wahlvorstand zu bestellen. Das hat drei Monate vor Ablauf der Amtszeit zu geschehen. Die Amtszeit gemäß § 23 läuft spätestens am 30. Juni 1 (vgl. § 108) ab, so dass der Wahlvorstand im Wahljahr spätestens am 31. März bestellt sein muss.

Mitglieder des Wahlvorstandes können alle wahlberechtigten Beschäftigten der Dienststelle sein. Wählbarkeit ist nicht Voraussetzung. Sind in der Dienststelle die verschiedenen Gruppen (§ 6) vertreten, so soll jede Gruppe im Wahlvorstand vertreten sein. Nach Abs. 1 Satz 3 sollen dem Wahlvorstand Frauen und Männer angehören, soweit die Dienststelle männliche und weibliche Beschäftigte hat. Mit dieser ergänzenden Regelung, die im Zuge der Novelle 2007 eingeführt wurde, sollten die mit dem Landesgleichstellungsgesetz verfolgten Ziele unterstützt werden.[26] Diese Soll-Vorschriften können nur dann zum Tragen kommen, wenn der Personalrat aus Anlass der Bestellung genügend geeignete Kandidaten zur Verfügung hat. Der Personalrat kann und soll den Wahlvorstand nach Zweckmäßigkeitsgesichtspunkten zusammensetzen; die Soll-Vorschriften stellen dagegen nur eine schwache Bindung dar.[27]

Zugleich mit der Bestellung des Wahlvorstandes hat der Personalrat eines der Mitglieder zum Vorsitzenden des Wahlvorstandes zu bestellen. Er kann für jedes Wahlvorstandsmitglied ein persönliches Ersatzmitglied bestellen, was auf jeden Fall zweckmäßig ist, um bei zeitweiliger Verhinderung oder bei endgültigem Ausscheiden eines Mitgliedes aus dem Wahlvorstand ein Ersatzmitglied zur Verfügung zu haben.

Der Personalrat ist berechtigt, den Wahlvorstand oder einzelne seiner Mitglieder und Ersatzmitglieder abzuberufen, wenn diese sich für das Amt als ungeeignet erweisen (z.B. bei Untätigkeit). Auch die Nachbestellung einzelner Wahlvorstandsmitglieder kommt in Betracht, wenn andere aus dem Wahlvorstand ausscheiden (z.B. durch Ausscheiden aus der Dienststelle oder durch Amtsniederlegung).

Mit der Bestellung beginnt das Amt des Wahlvorstands. Es endet regelmäßig mit der Durchführung der konstituierenden Sitzung nach Abschluss der Wahl (§ 30 Abs. 1) oder mit der Neuwahl eines Wahlvorstands auf der Personalversammlung gemäß § 20 Abs. 1 bzw. aufgrund einer Ersatzbestellung durch den Dienststellenleiter gemäß §§ 20 Abs. 1 Satz 3, 19.

2 **Abs. 2:** Besteht zwei Monate vor Ende der Amtszeit des Personalrats kein Wahlvorstand, so wird er von der Personalversammlung gewählt.

Diese Personalversammlung ist auf Antrag von mindestens drei wahlberechtigten Beschäftigten oder einer in der Dienststelle vertretenen Gewerkschaft unverzüglich vom Dienststellenleiter einzuberufen.

Die Durchführung dieser Personalversammlung ist in der Regel eilig, da eine personalratslose Zeit vermieden werden soll. Das ist nur dann möglich, wenn die Personalversammlung unmittelbar nach Erreichen der Zweimo-

26 LT-Drucks. 14/4239, 90.

27 So OVG NRW 22.1.1998 – 1 A 4257/97.PVL, ZTR 1998, 336.

natsfrist durchgeführt wird. Andernfalls ist bereits wegen der Frist des § 6 Abs. 1 WO – Erlass des Wahlausschreibens sechs Wochen vor dem letzten Tag der Stimmabgabe – die Vorbereitungszeit für die Durchführung der Wahl noch vor Ablauf der Amtszeit zu kurz.

Die Personalversammlung wählt zunächst einen Versammlungsleiter. Dieser 3
muss nicht Beschäftigter oder wahlberechtigt sein, es kann z. B. auch ein Gewerkschaftssekretär gewählt werden. Bei der Wahl des Wahlvorstandes soll die Personalversammlung dafür sorgen, dass jede Gruppe, die in der Dienststelle vertreten ist, auch im Wahlvorstand vertreten ist. Sie kann dies nur sicherstellen, wenn sich aus ihrer Mitte Kandidaten für das Wahlvorstandsamt aus den verschiedenen Gruppen finden. In jedem Fall müssen drei Mitglieder gewählt werden. Die Versammlung kann – was zweckmäßig ist – persönliche Ersatzmitglieder für jedes Wahlvorstandsmitglied wählen.

§ 18

Besteht in einer Dienststelle, die die Voraussetzungen des § 13 Abs. 1 erfüllt, kein Personalrat, so beruft die Dienststelle auf Antrag von mindestens drei wahlberechtigten Beschäftigten oder einer in der Dienststelle vertretenen Gewerkschaft eine Personalversammlung zur Wahl des Wahlvorstandes ein. § 17 Abs. 2 Satz 3 gilt entsprechend.

In personalratslosen Dienststellen, welche die für die Wahl eines Personal- 1
rats erforderliche Beschäftigtenstärke des § 13 Abs. 1 aufweisen, findet eine Personalversammlung zur Wahl eines Wahlvorstandes statt. Die Einberufung dieser Personalversammlung kann von drei wahlberechtigten Beschäftigten oder einer in der Dienststelle vertretenen Gewerkschaft verlangt werden. Eine Gewerkschaft ist in der Dienststelle vertreten, sobald mindestens ein Beschäftigter der Dienststelle Mitglied in der Gewerkschaft ist.

§ 19

Findet eine Personalversammlung (§ 17 Abs. 2, § 18) nicht statt oder wählt die Personalversammlung keinen Wahlvorstand, so bestellt ihn die Dienststelle auf Antrag von mindestens drei wahlberechtigten Beschäftigten oder einer in der Dienststelle vertretenen Gewerkschaft.

Findet eine Personalversammlung nicht statt oder kommt auf einer solchen 1
Versammlung die Wahl eines Wahlvorstandes nicht zustande, so bestellt der Dienststellenleiter einen Wahlvorstand. Voraussetzung ist jedoch, dass dies von drei wahlberechtigten Beschäftigten oder einer in der Dienststelle vertretenen Gewerkschaft beantragt wird. Vertreten ist eine Gewerkschaft in der

Dienststelle, wenn mindestens ein Beschäftigter der Dienststelle Mitglied in der Gewerkschaft ist.

§ 20

(1) Der Wahlvorstand hat die Wahl fristgerecht vorzubereiten; sie soll spätestens zwei Wochen vor Ablauf der Amtszeit des Personalrats stattfinden. Kommt der Wahlvorstand dieser Verpflichtung nicht nach, so beruft die Dienststelle auf Antrag von mindestens drei wahlberechtigten Beschäftigten oder einer in der Dienststelle vertretenen Gewerkschaft eine Personalversammlung zur Wahl eines neuen Wahlvorstands ein. § 17 Abs. 2 Satz 3 und § 19 gelten entsprechend.
(2) Der Wahlvorstand hat seine Sitzungen den in der Dienststelle vertretenen Gewerkschaften bekanntzugeben. Je eine von ihnen beauftragte Person ist berechtigt, mit beratender Stimme teilzunehmen.
(3) Unverzüglich nach Abschluss der Wahl zählt der Wahlvorstand öffentlich die Stimmen, stellt das Ergebnis in einer Niederschrift fest und gibt es den Beschäftigten der Dienststelle durch Aushang bekannt. Der Dienststelle und den in der Dienststelle vertretenen Gewerkschaften ist eine Abschrift der Niederschrift zu übersenden.

1 **Abs. 1:** Aufgabe des Wahlvorstands ist die Vorbereitung und Durchführung der Personalratswahl. Sie hat spätestens zwei Wochen vor Ablauf der Amtszeit des Personalrats stattzufinden. Zur Wahrung dieser Frist und der sechswöchigen Aushangfrist für das Wahlausschreiben gemäß § 6 Abs. 1 WO ist regelmäßig die Einleitung der Wahl – also der Erlass des Wahlausschreibens – zwei Monate vor Ende der Amtszeit des Personalrats erforderlich.
Den genauen Wahltermin kann der Personalrat vor Bestellung des Wahlvorstands festlegen, ansonsten gehört auch dies zur Aufgabe des Wahlvorstands.

2 Die Aufgaben des Wahlvorstands bei Durchführung der Personalratswahl sind:
(1) Erstellung des Wählerverzeichnisses (§ 2 WO), das für die Ermittlung der Zahl der Personalratsmitglieder, für die Prüfung der Wahlberechtigung und Wählbarkeit, für die Durchführung der Briefwahl und schließlich für die Stimmabgabe (Registrierung der Wahlteilnahme) benötigt wird.
(2) Erlass des Wahlausschreibens (§ 6 WO), in dem alle wesentlichen, für die Teilnahme an der Wahl notwendigen Angaben und Einzelheiten aufgeführt sind.
(3) Entgegennahme und Prüfung von Wahlvorschlägen (§§ 7 bis 12 WO), in denen die von den Beschäftigten oder den in der Dienststelle vertretenen Gewerkschaften vorgeschlagenen Kandidaten für die Personalratswahl aufgeführt sind.

(4) Vorbereitung und Durchführung der Briefwahl (§§ 16f. WO).
(5) Durchführung der Wahlhandlung im Wahllokal (§ 15 WO).
(6) Auszählen der Stimmen, Feststellen des Wahlergebnisses und Durchführung der konstituierenden Sitzung des Personalrats (§ 19 WO, § 30 Abs. 1 LPVG NRW).

Bleibt der Wahlvorstand untätig oder ist er säumig, so können drei Wahlberechtigte oder eine in der Dienststelle vertretene Gewerkschaft die Durchführung einer Personalversammlung zur Wahl eines neuen Wahlvorstands verlangen. Sie ist vom Dienststellenleiter unverzüglich einzuberufen. Eine Gewerkschaft ist in der Dienststelle vertreten, wenn mindestens ein Beschäftigter der Dienststelle Mitglied in der Gewerkschaft ist.

Abs. 2: Die Sitzungen des Wahlvorstands sind den in der Dienststelle vertretenen Gewerkschaften bekanntzugeben. Sitzungen des Wahlvorstands sind zur Beschlussfassung erforderlich. Der Wahlvorstand hat z. B. über Einsprüche gegen das Wählerverzeichnis zu beschließen, das Wahlausschreiben zu »erlassen« (§§ 3, 6 WO) oder über die Gültigkeit bzw. Ungültigkeit von Wahlvorschlägen zu befinden (§ 9 WO). Über den Inhalt jeder Sitzung hat der Wahlvorstand eine Niederschrift anzufertigen, die von sämtlichen teilnehmenden Mitgliedern des Wahlvorstands zu unterzeichnen ist (§ 13 WO). 3

Den in der Dienststelle vertretenen Gewerkschaften steht das Recht zu, einen Beauftragten zu sämtlichen Sitzungen des Wahlvorstands zu entsenden, der eine beratende Stimme hat. Die Gewerkschaftsbeauftragten dürfen auch bei der Beschlussfassung anwesend sein, damit sie von den sie betreffenden Beschlüssen sofort Kenntnis erlangen können, z. B. über die Gültigkeit und Ungültigkeit der von ihnen eingereichten Wahlvorschläge, Rückgabe von Wahlvorschlägen unter Fristsetzung etc. Sie haben aber weder ein Antrags- noch ein Stimmrecht. Das ihnen allein gegebene Beratungsrecht erfordert keine umfassende Vorbereitung, so dass ihnen ein Anspruch auf umfängliche Einsichtnahme in entsprechende Unterlagen des Wahlvorstands nicht zusteht.[28] 4

Abs. 3: Der Wahlvorstand ist verpflichtet, unverzüglich nach Abschluss der Wahl die Stimmen öffentlich auszuzählen. Im Wahlausschreiben sind Ort und Termin der Sitzung, in der das Wahlergebnis festgestellt wird, bereits bekanntzugeben (§ 6 Abs. 2 Nr. 14 WO). Die Stimmenauszählung muss dienststellenöffentlich stattfinden, damit interessierte Beschäftigte diese beobachten können. 5

Nach Feststellung des Wahlergebnisses fertigt der Wahlvorstand eine Wahlniederschrift an (§ 20 WO), in der alle wesentlichen Ergebnisse der Personalratswahl festzuhalten sind. Das Stimmenergebnis ist durch zweiwöchigen

28 VG Düsseldorf 11. 3. 2016 – 33 L 603/16.PVB, juris.

Aushang bekanntzugeben (§ 21 Satz 3 WO). Der Dienststellenleiter und die Gewerkschaften sind mittels einer Abschrift dieser Niederschrift zu informieren.
Die Frist zur Wahlanfechtung gemäß § 22 LPVG NRW beginnt für alle Antragsberechtigten mit dem Tag, an dem der Wahlvorstand das Wahlergebnis durch Aushang bekannt gegeben hat, nicht erst mit Zugang der Niederschrift.

6 Die abschließenden Aufgaben des Wahlvorstands sind sodann die Einberufung und Durchführung der konstituierenden Sitzung des Personalrats gemäß § 30 Abs. 1 LPVG NRW und die Übergabe der Wahlunterlagen zur Aufbewahrung durch den Personalrat (§ 22 WO). Mit dem Ende der konstituierenden Sitzung des Personalrats erlischt das Amt des Wahlvorstands.

§ 21

(1) **Niemand darf die Wahl des Personalrats behindern oder in einer gegen die guten Sitten verstoßenden Weise beeinflussen. Insbesondere darf keine wahlberechtigte Person in der Ausübung des aktiven und passiven Wahlrechts beschränkt werden. § 43 gilt für Mitglieder des Wahlvorstands und für Wahlbewerberinnen und Wahlbewerber entsprechend.**
(2) **Die Kosten der Wahl trägt die Dienststelle. Notwendige Versäumnis von Arbeitszeit infolge der Ausübung des Wahlrechts, der Teilnahme an den in § 17 Abs. 2 und in den §§ 18 und 20 Abs. 1 genannten Personalversammlungen oder der Betätigung im Wahlvorstand hat keine Minderung der Bezüge oder des Arbeitsentgelts zur Folge. Für die Mitglieder des Wahlvorstands gelten § 40 Abs. 1 Satz 2 und 3 sowie § 42 Abs. 2 Satz 2 und Abs. 5 entsprechend.**

1 **Abs. 1:** Das Behinderungsverbot besteht zur Gewähr eines reibungslosen und ungestörten äußeren Ablaufs der Wahl. Das Verbot der Wahlbeeinflussung dient dem Schutz der inneren Willensbildung und Entscheidungsfreiheit der Wähler.[29] Eine Behinderung der Wahl ist nicht nur die vollständige Unterbindung, sondern bereits jede Beeinträchtigung des ordnungsgemäßen und ungestörten Ablaufs der Personalratswahl einschließlich ihrer Vorbereitungshandlungen. Die Behinderung kann durch aktives Tun, aber auch durch Unterlassen erfolgen.
Wahlbehinderung liegt vor, wenn die Dienststelle dem Wahlvorstand die erforderlichen Auskünfte, Unterlagen und sächlichen Mittel verweigert bzw. nur mit Verzögerung gibt oder wenn sie die Arbeit des Wahlvorstands kontrolliert und reglementiert – z. B. durch Verweigerung von Freistellungen

29 BVerwG 29. 8. 2000 – 6 P 7.99, PersR 2000, 513.

oder einVerbot von Wahlvorstandssitzungen. Eine Wahlbehinderung ist auch darin zu sehen, dass der Dienststellenleiter den Wahlbewerbern jegliche Wahlwerbung innerhalb der Dienststelle verbietet bzw. Vorschriften dazu macht.

Eine Behinderung bei der Ausübung des Wahlrechts kann auch dann vorliegen, wenn der Dienststellenleiter, Beschäftigte oder Gewerkschaftsvertreter vor dem Wahllokal sog. »Wahlbeobachter« aufstellen. Es kommt jedoch auf die Umstände des Einzelfalles an; zu berücksichtigen ist insoweit, dass die Wahl grundsätzlich dienststellenöffentlich ist. Die Anwesenheit von wahlberechtigten Bediensteten selbst oder von Beauftragten der in der Dienststelle vertretenen Gewerkschaften im Wahllokal kann damit regelmäßig keine sittenwidrige Behinderung der Personalratswahl darstellen.[30] Eine Wahlbehinderung seitens des Wahlvorstands stellt es dar, wenn die Zulassung zur Stimmabgabe im Wahllokal davon abhängig gemacht wird, dass zunächst die Briefwahlunterlagen gesucht werden müssten.[31]

Einflussnahmen auf die Wahlen sind natürlich nicht generell verboten. 2
Wahlwerbung ist zulässig und muss auch innerhalb der Dienststelle geduldet werden.

Eine Wahlbeeinflussung ist nur dann untersagt, wenn sie gegen die guten Sitten verstößt, wenn sie mithin das Wahlgeschehen oder das Verhalten des Wahlvorstands, der Wähler oder der Kandidaten in einer Art und Weise beeinflusst, die das Anstands- und Rechtsgefühl der billig und gerecht Denkenden verletzt.[32] So kann die Aberkennung des passiven Wahlrechts für Leiharbeitnehmer/innen zu einer Wahlanfechtung führen, bei offensichtlichen Verstößen gegen § 11 auch ausnahmsweise zu einem Wahlabbruch;[33] ohne Hinzutreten besonderer Umstände wird jedoch die Schwelle zu einer sittenwidrigen Beschränkung in der Regel nicht überschritten sein.

Eine derartige, sittenwidrige Wahlbeeinflussung liegt aber regelmäßig dann vor, wenn die Dienststelle und ihr Leitungspersonal (§ 8 Abs. 1 bis 3) auf die Wähler durch Hervorhebung einzelner oder Abwertung anderer Kandidaten bzw. Listen einwirken (»mit dem bisherigen Personalrat ist eine Zusammenarbeit nicht möglich«) oder genehmen Kandidaten mehr Möglichkeiten zur Wahlwerbung einräumen als anderen. Eine Wahl kann nicht nur durch aktives Tun, sondern auch durch Unterlassen sittenwidrig beeinflusst werden.[34] Sittenwidrige Wahlbeeinflussung sind auch Handlungen, die als Wählernötigung, Wählertäuschung und Wahlbestechung anzusehen sind (§§ 108 bis 108b StGB). Insgesamt ist eine neutrale und unbeeinflusste Wahl nur

30 OVG NRW 10.11.2005 – 1 A 5076/04.PVL, PersV 2006, 138.
31 OVG NRW 6.5.1998 – 1 A 4540/97.PVL, ZfPR 2000, 7.
32 OVG NRW 10.11.2005 – 1 A 5076/04.PVL, PersV 2006, 138.
33 Vgl. VG Düsseldorf 6.6.2016 – 34 L 1767/16.PVL, juris.
34 OVG NRW 10.11.2005 – 1 A 5067/04.PVL, PersV 2006, 68.

dann gewährleistet, wenn die Dienststelle sich bei der Durchführung der Wahl generell zurückhält und sich auf ihre Unterstützungspflicht zur Sicherung einer reibungslosen und ordnungsgemäßen Wahl beschränkt.
Sittenwidrig kann die Beeinflussung z. B. durch Verwendung irreführender Kennwörter, wie »freie« oder »nicht organisierte« Liste, sein.

3 Erlaubt ist jedoch Wahlwerbung zum Zwecke der Beeinflussung der Wahlentscheidung. Dabei darf auch Kritik an den Konkurrenten und konkurrierenden Listen geübt werden.
Keine unzulässige Wahlbeeinflussung ist das Verlangen von Gewerkschaften, dass ihre Mitglieder nicht auf konkurrierenden Listen kandidieren. Es handelt sich dabei auch nicht um eine verbotene Beschränkung des Wahlrechts im Sinne des Satzes 2. Jegliche Beschränkung des Wahlrechts durch Androhen oder Zufügen von Nachteilen ist verboten. Dieses Verbot bezieht sich sowohl auf die Ausübung des aktiven wie des passiven Wahlrechts. Es handelt sich um ein erweitertes Maßregelungsverbot in Ergänzung zu dem ohnehin bestehenden besonderen Kündigungsschutz von Wahlbewerbern und Mitgliedern des Wahlvorstands. Geschützt ist auch der einzelne Wähler.
Mitglieder des Wahlvorstands und Wahlbewerber genießen gemäß Satz 3 den gleichen Versetzungs-, Abordnungs- und Umsetzungsschutz wie Personalräte und Ersatzmitglieder (siehe Kommentierung zu § 43).

4 **Abs. 2:** Die Verpflichtung der Dienststelle, die gesamten Kosten der Wahl zu tragen, ist Ausdruck der allgemeinen Unterstützungspflicht, die die Dienststelle bei Durchführung der Wahl hat (siehe § 1 Abs. 5 WO). Die Dienststelle ist zu einer umfassenden Kooperation mit dem Wahlvorstand und dem Personalrat zur Sicherung einer ungestörten und ungehinderten Durchführung der Personalratswahl verpflichtet. Dazu gehört auch die Kostentragungspflicht, die sich auf alle Aufwendungen bezieht, die Wahlvorstand, Personalrat und Wähler im Zusammenhang mit der Wahl haben.
Die sächlichen Kosten der Durchführung der Wahl entstehen durch das Zurverfügungstellen der erforderlichen Formulare, Stimmzettel und Unterlagen einschließlich der Briefwahlunterlagen, sowie durch die Verpflichtung, dem Wahlvorstand Bürokapazität zur Verfügung zu stellen. Darüber hinaus besteht eine Kostentragungspflicht für die Zeitversäumnis, die durch Ausübung des Amtes des Wahlvorstands entsteht. Der Wähler ist vor finanziellen Nachteilen dadurch geschützt, dass ihm durch die Arbeitszeitversäumnis im Zusammenhang mit der Teilnahme an Personalversammlungen zur Wahl eines Wahlvorstands und der Teilnahme an der Wahlhandlung selbst keine Nachteile entstehen dürfen. Auch die außergerichtlichen Kosten eines Wahlanfechtungsverfahrens (Anwaltskosten) sind Kosten der Wahl.[35]

35 BVerwG 29.8.2000 – 6 P 7.99, PersR 2000, 513.

Der durch die Novelle 1994 eingefügte Satz 2 sieht vor, dass der Wahlvorstand und seine Mitglieder im gleichen Umfang Anspruch auf Vergütung ihrer notwendigen Reisen und Reisekosten haben wie Mitglieder des Personalrats. 5

Durch den Hinweis auf § 42 Abs. 2 Satz 2 und Abs. 5 ist nunmehr für die Wahlvorstandsmitglieder ein eigener Schulungsanspruch im gleichen Umfang geschaffen worden, wie ihn Personalratsmitglieder haben. Jedes Wahlvorstandsmitglied hat also Anspruch auf ein- oder mehrtägige Schulungen, um das erforderliche Wissen zur Durchführung der Wahl zu erwerben.

§ 22

(1) Mindestens drei wahlberechtigte Beschäftigte, jede in der Dienststelle vertretene Gewerkschaft oder die Dienststelle können innerhalb von zwei Wochen nach dem Tage der Bekanntgabe des Wahlergebnisses die Wahl beim Verwaltungsgericht anfechten, wenn gegen wesentliche Vorschriften über das Wahlrecht, die Wählbarkeit oder das Wahlverfahren verstoßen worden und eine Berichtigung nicht erfolgt ist, es sei denn, dass durch den Verstoß das Wahlergebnis nicht geändert oder beeinflusst werden konnte.

(2) Wird die Wahl des Personalrats oder einer Gruppe mit Erfolg angefochten, so setzt die oder der Vorsitzende der Fachkammer des Verwaltungsgerichts einen Wahlvorstand ein. Wird die Wahl einer Gruppe mit Erfolg angefochten, so ist der Wahlvorstand aus Angehörigen dieser Gruppe zu bilden. Der Wahlvorstand hat unverzüglich eine neue Wahl einzuleiten. Bis zur Neuwahl nimmt er die dem Personalrat oder der Gruppe nach diesem Gesetz zustehenden Befugnisse und Pflichten wahr.

(3) Im Falle des Absatzes 2 Satz 1 bleiben die vom Personalrat oder von der Gruppe bis zum Eintritt der Rechtskraft des die Ungültigkeit oder Nichtigkeit feststellenden Urteils gefassten Beschlüsse rechtswirksam.

Die Verwaltungsgerichte sind zur Überprüfung der Ordnungsgemäßheit der Wahl aufgerufen, wenn die Antragsbefugten eine Wahlanfechtung einleiten. Hat sie Erfolg, bestellt das Gericht einen Wahlvorstand, der die Neuwahl durchführt und bis zu ihrem Abschluss die Aufgaben und Befugnisse des Personalrats wahrnimmt. 1

Abs. 1: Die Wahl kann innerhalb von zwei Wochen ab Bekanntgabe des Wahlergebnisses angefochten werden. Die Frist beginnt mit dem Aushang gemäß § 20 Abs. 3 Satz 1 und nicht erst mit Zugang der Niederschrift gemäß § 20 Abs. 3 Satz 2. In Lauf gesetzt wird die Frist erst dann, wenn die Zahl der insgesamt abgegebenen sowie der gültigen und ungültigen Stimmen, die Zahl der auf die Listen bzw. Bewerber entfallenden Stimmen sowie die Na- 2 men der gewählten Bewerber bekanntgemacht wurden.[36] Antragsberechtigt sind entweder drei am Wahltag wahlberechtigte Beschäftigte, eine in der Dienststelle vertretene Gewerkschaft oder der Leiter der Dienststelle (§ 8 Abs. 1). Ein Berufsverband im Sinne der §§ 2 Abs. 3, 110 ist nur dann antragsbefugt, wenn er einer gewerkschaftlichen Spitzenorganisation angeschlossen ist.[37] Antragsbefugt ist auch eine nur in einer nach § 1 Abs. 3 verselbständigten Teildienststelle vertretene Gewerkschaft.[38]

Die Wahlanfechtung kann auch auf die Wahl innerhalb einer Gruppe beschränkt werden. Das kann auch durch wahlberechtigte Beschäftigte der anderen Gruppe geschehen.[39]

Erfolgt die Wahlanfechtung durch drei Wahlberechtigte, so muss diese Mindestzahl während der gesamten Dauer des Wahlanfechtungsverfahrens erhalten bleiben. Verliert einer der Antragsteller das Wahlrecht oder scheidet er durch Antragsrücknahme aus dem Verfahren aus, wird der Antrag unzulässig.

3 Die Wahl ist ungültig, wenn gegen wesentliche Vorschriften über das Wahlrecht, die Wählbarkeit oder das Wahlverfahren verstoßen worden ist und der Wahlvorstand eine Berichtigung des Verstoßes abgelehnt hat bzw. hierzu keine Möglichkeit bestand. Derartige Fehler berühren die Gültigkeit der Wahl jedoch dann nicht, wenn sie – auch theoretisch – keinen Einfluss auf das Wahlergebnis haben konnten.[40] Innerhalb der zweiwöchigen Antragsfrist ist zumindest ein Grund darzulegen, aufgrund dessen die Wahl angefochten wird.[41] Auch muss erläutert werden, in welchem Umfang die Wahl zur Anfechtung gestellt wird. Ein vollumfängliches Nachreichen der Anfechtungsgründe nach Ablauf der Frist genügt nicht.[42] Nach Ablauf der Anfechtungsfrist kann ein – z. B. auf die Wahl einer Gruppe – eingeschränkter Antrag nicht mehr erweitert werden. Es können jedoch[43] auch nachträglich vorgetragene bzw. festgestellte Anfechtungsgründe berücksichtigt werden, wenn zuvor innerhalb der Frist wenigstens ein denkbar maßgeblicher Grund genannt wurde. Nicht zulässig ist aber, dass die Gerichte ohne Anlass die Wahlunterlagen beiziehen, um nach Wahlrechtsverstößen zu forschen.[44]

Gegen zwingende und damit wesentliche Wahlvorschriften wird z. B. dann verstoßen, wenn der vom Wahlrecht allgemein vorausgesetzte Grundsatz der freien Wahl dadurch verletzt wird, dass ein Wahlbewerber (Brief-)Wahl-

36 BVerwG 23.10.2003 – 6 P 10.03, PersR 2004, 35.
37 OVG NRW 10.11.2005 – 1 A 1264/05.PVL, PersR 2006, 129.
38 OVG NRW 31.3.2006 – 1 A 5195/04.PVL, PersV 2007, 34.
39 OVG NRW 6.9.1989 – CL 55/88, PersV 1993, 31.
40 OVG NRW 31.1.2014 – 20 A 2155/12.PVL, PersV 2014, 214.
41 OVG NRW 14.8.2014 – 20 A 1888/13.PVL, PersV 2015, 58.
42 OVG NRW 26.6.1998 – 1 A 315/98.PVL, PersV 1998, 533 (Leitsatz).
43 So das BVerwG 13.5.1998 – 6 P 9.97, PersR 1998, 516.
44 BVerwG 13.5.1998, a.a.O.; 28.5.2009 – 6 PB 11.09, PersR 2009, 364.

unterlagen persönlich überbringt und Wahlberechtigte ihre Stimme in seiner Gegenwart bzw. der Gegenwart eines von ihm hinzugezogenen Dolmetschers abgeben.[45]
Für ungültig wurde z. B. auch die Wahl bei einer ARGE im Sinne des § 44b SGB II a. F. erachtet, weil sie keine Dienststelle im Sinne des § 1 sein soll.[46]
Wesentlich sind Wahlvorschriften, wenn sie zwingend sind und nicht lediglich Ordnungsvorschriften darstellen. Unter Wahlrecht ist das aktive Wahlrecht zu verstehen. Zur Wahlanfechtung kann z. B. die Zulassung Nichtwahlberechtigter oder die Nichtzulassung Wahlberechtigter führen.[47]
Gegen Vorschriften über die Wählbarkeit wird dann verstoßen, wenn wählbare Kandidaten als nicht wählbar zurückgewiesen werden, Wahlvorschläge zu Unrecht für ungültig erklärt oder ungültige Wahlvorschläge zugelassen werden. Beschäftigte in Orchesterbetrieben/Kulturorchestern verlieren ihr passives Wahlrecht nicht dadurch, dass sie zugleich Mitglied im Orchestervorstand nach dem TVK (Tarifvertrag für die Musiker in Kulturorchestern) sind. Sie werden dadurch nicht zu Beschäftigten, die im Sinne des § 11 Abs. 2 Buchst. b) zu selbständigen Entscheidungen in Personalangelegenheiten befugt sind.[48]
Die Vorschriften über das Wahlverfahren betreffen den äußeren Ablauf der Wahl, wie die Vorschrift über das Verschließen und sichere Aufbewahren der Wahlurne bei Unterbrechung der Wahlhandlung.[49] Sie beziehen sich z. B. aber auch auf die richtige Berechnung der Personalratsgröße,[50] die fehlerhafte Berechnung von Fristen, falsche Behandlung der Briefwahlunterlagen oder Fehler bei der Durchführung der Wahlhandlung, die den Grundsatz der freien und geheimen Wahl verletzen. Ist ein Beschäftigter als vermeintliches Mitglied des Wahlvorstands an der Durchführung der Personalratswahl beteiligt, ohne dazu berechtigt zu sein, stellt dies ebenfalls einen Verstoß gegen wesentliche Wahlvorschriften dar.[51] Eine fehlerhafte Gestaltung der bekanntgemachten Wahlvorschläge und der Stimmzettel kann ebenfalls einen Wahlanfechtungsgrund darstellen. Enthalten diese z. B. keine Angaben über die Amts- oder Berufsbezeichnungen der Wahlbewerber, stellt dies einen Verstoß gegen die wesentlichen Wahlvorschriften der §§ 8 Abs. 3 Satz 2, 23 Abs. 2 WO-LPVG dar.[52] Diese Angaben dienen dem Informationsbedürfnis der Wahlberechtigten; sie sollen in der Lage sein, den Kandidaten in fachli-

45 OVG NRW 31. 3. 2006 – 1 A 5195/04.PVL, PersV 2007, 34.
46 VG Arnsberg 22. 3. 2007 – 20 K 2019/06.PVL, PersR 2007, 255.
47 OVG NRW 31. 01. 2014 – 20 A 2155/12. PVR, PersV 2014, 214.
48 VG Düsseldorf 24. 3. 2017 – 34 K 7252/16.PVL.
49 OVG NRW 27. 11. 1997 – 1 A 878/97.PVB, PersV 1999, 226.
50 BVerwG 24. 2. 2015 – 5 P 7.14, PersV 2015, 264; OVG NRW 20. 1. 1994 – 1 A 3122/93, ZBR 1994, 190.
51 OVG NRW 14. 8. 2014 – 20 A 1888/13.PVL, PersV 2015, 58.
52 VG Aachen 27. 10. 2016 – 16 K 1515/16.PVL, juris.

cher Hinsicht einzuordnen. Zudem geben diese Angaben Aufschluss darüber, welchem Hierarchiebereich in der Dienststelle der Bewerber angehört.[53]

Eine Berichtigung durch den Wahlvorstand wird in aller Regel nicht möglich sein.[54]

4 Verstöße gegen wesentliche Vorschriften über das Wahlrecht, die Wählbarkeit und das Wahlverfahren führen jedoch nur dann zur Ungültigkeit der Wahl und damit zu einer erfolgreichen Wahlanfechtung, wenn sie überhaupt einen denkbaren Einfluss auf das Wahlergebnis haben konnten. Das ist nur dann der Fall, wenn wenigstens eine theoretische Möglichkeit besteht, dass der Fehler das Wahlergebnis im konkreten Fall beeinflussen konnte.

Nichtig ist eine Wahl, wenn gegen die allgemeinen Grundsätze einer ordnungsgemäßen Wahl in einem so hohen Maße verstoßen wird, dass auch der Anschein einer gesetzmäßigen Wahl nicht mehr vorliegt.[55] Dabei ist jedoch im Interesse der Rechtssicherheit ein strenger Maßstab anzulegen. Auch zahlreiche und schwerwiegende Wahlrechtsverstöße reichen dazu noch nicht aus.[56] Die Nichtigkeit einer Wahl kann außerhalb der Zweiwochenfrist und von jedermann geltend gemacht werden. Die Wahl gilt als nicht erfolgt, ein so gewählter Personalrat als nicht »existent«. Dies muss jedoch von einem Gericht rechtskräftig festgestellt werden.

Der vorzeitige Abbruch einer Personalratswahl per einstweiliger Verfügung kommt nur ausnahmsweise dann in Betracht, wenn schlechthin unzumutbare Nachteile dargelegt werden, die im Falle des Ausbleibens einer einstweiligen Verfügung drohen würden. Es muss sich um erhebliche Mängel des Wahlverfahrens handeln, die bereits bei summarischer Prüfung offensichtlich eine Anfechtung der Wahl rechtfertigen würden.[57] Ein vorzeitiger Abbruch der Wahl scheidet demgemäß in der Regel aus.

5 **Abs. 2:** Wird die Wahl eines Personalrats oder einer Gruppe mit Erfolg angefochten und wird die gerichtliche Entscheidung rechtskräftig, so bestellt das Verwaltungsgericht den Wahlvorstand. Dieser hat die Neuwahl unverzüglich einzuleiten und nimmt bis zur konstituierenden Sitzung des neu zu wählenden Personalrats die Rechte und Pflichten des durch die Wahlanfechtung abgelösten Personalrats wahr.

Ist nur in einer Gruppe aufgrund einer erfolgreichen Wahlanfechtung neu zu wählen, so nimmt der Wahlvorstand innerhalb des Personalrats bis zur

---

53 VG Aachen 27.10.2016 – 16 K 1515/16.PVL, juris.

54 OVG NRW 20.1.1994 – 1 A 3698/93.PVL, PersR 1994, 232.

55 Vgl. VG Berlin 19.5.2014 – UG 71 L 6.14.PVB, n.v.

56 OVG NRW 10.2.1999 – 1 A 3656/97.PVL, PersR 1999, 313.

57 VG Düsseldorf 6.6.2016 – 34 L 1767/16.PVL, juris.

Gruppen-Neuwahl die Rechte des Personalrats und die Befugnisse dieser Gruppe wahr.
Im Interesse einer kontinuierlichen Personalratsarbeit empfiehlt es sich daher regelmäßig, vor Rechtskraft von Beschlüssen der Verwaltungsgerichte über eine Wahlanfechtung gemäß § 24 Abs. 1 Buchst. c mit Mehrheit zurückzutreten. Das hat zum einen den Vorteil, dass der Personalrat den Wahlvorstand bestellen kann und dies nicht dem Verwaltungsgericht überlassen bleibt. Zum anderen kann der Personalrat unverändert bis zur Neuwahl des Personalrats im Amt bleiben (§ 24 Abs. 2). Beschließt der Personalrat während eines Wahlanfechtungsverfahrens seinen Rücktritt, ist dem Wahlanfechtungsverfahren der Boden entzogen, es ist wegen Wegfalls des Rechtsschutzinteresses zu beenden.

Abs. 3: Die Beschlüsse des Personalrats, die dieser von Beginn seiner Tätig- 6
keit bis zum Eintritt der Rechtskraft des verwaltungsgerichtlichen Beschlusses über die Wahlanfechtung gefasst hat, bleiben wirksam. Das bedeutet zugleich, dass der Personalrat während der Dauer des Wahlanfechtungsverfahrens uneingeschränkt im Amt ist und seine Rechte nicht etwa im Hinblick auf die demnächst ggf. eintretende Ungültigkeit der Wahl eingeschränkt werden dürfen.

Zweiter Abschnitt
Amtszeit

§ 23

(1) **Die regelmäßige Amtszeit des Personalrats beginnt und endet mit der jeweiligen Wahlperiode. Sie beträgt vier Jahre.**
(2) **Wird ein Personalrat während einer Wahlperiode gewählt, so beginnt seine Amtszeit mit dem Tage der Wahl. Sie endet mit Ablauf der laufenden Wahlperiode, wenn bis dahin mehr als ein Jahr verstrichen ist, sonst mit Ablauf der folgenden Wahlperiode. Entsprechendes gilt für die Gruppe, wenn die Mitglieder einer Gruppe während einer Wahlperiode neu gewählt werden.**
(3) **Nach Ablauf der Amtszeit des bisherigen Personalrats führt dieser die Geschäfte weiter, bis der neue Personalrat zu seiner ersten Sitzung zusammengetreten ist.**

Abs. 1: Die Wahlperiode des Personalrats ist der Vierjahreszeitraum, der ge- 1
mäß § 108 ab der ersten am 1. 7. 1975 beginnenden Wahlperiode zu berechnen ist. Die zunächst dreijährigen Wahlperioden endeten am 30. 6. 1996. Durch die Novelle 1994 ist die Verlängerung der Amtszeit von drei auf vier

Jahre in Anpassung an die bereits bestehenden Regelungen im BetrVG und BPersVG erfolgt. Die erste vierjährige Amtszeit hat daher am 1.7.1996 begonnen, so dass die letzte Amtszeit vom 1.7.2012 bis 30.6.2016 dauerte und die gegenwärtige Amtszeit vom 1.7.2016 bis 30.6.2020 läuft. Die nächste Amtszeit beginnt am 1.7.2020 und endet am 30.6.2024. Die Amtszeit ist dann mit der Wahlperiode identisch, wenn der Personalrat am Ende der jeweiligen Wahlperiode gewählt wurde und bis zum Ablauf der vierjährigen Wahlperiode am 30. Juni keine vorzeitige Wahl nach § 24 stattgefunden hat. In diesem Fall beginnt die Amtszeit des Personalrats – unabhängig vom Datum der Wahl – mit Beginn der Wahlperiode am 1. Juli.

2 **Abs. 2:** Wird der Personalrat erstmals oder nach Maßgabe des § 24 Abs. 1 während der Wahlperiode gewählt, beginnt seine Amtszeit mit dem Tag der Wahl. Sie hört mit dem Ende der jeweiligen Wahlperiode am 30.6.2020/30.6.2024 etc. auf. Liegt zwischen der Wahl eines solchen Personalrats und dem Ende der Wahlperiode mehr als ein Jahr, hat eine Neuwahl stattzufinden. Beträgt sie ein Jahr oder weniger als ein Jahr, bleibt dieser erst kürzlich gewählte Personalrat bis zum Ablauf der folgenden Wahlperiode im Amt.

Entsprechendes gilt für die Gruppenvertreter, wenn diese in einer besonderen Wahl während der Wahlperiode gewählt worden sind.

3 **Abs. 3:** Nach Ablauf der Amtszeit des Personalrats – regelmäßig also am Ende der jeweiligen Wahlperiode – hat er die Geschäfte weiterzuführen, wenn noch kein neuer Personalrat besteht. Das kommt bei verspäteter Neuwahl und in den Fällen des § 24 Abs. 1 Buchst. a bis c in Betracht (§ 24 Abs. 2).

Im Falle der Wahlanfechtung oder der Auflösung des Personalrats durch gerichtliche Entscheidung (§§ 22, 25) besteht keine Befugnis zur Weiterführung der Geschäfte (vgl. hierzu § 22 Rn. 5).

Die Weiterführung der Geschäfte bedeutet, dass der Personalrat einerseits uneingeschränkt tätig sein kann, andererseits aber alles zu tun hat, um diesen vorübergehenden Zustand zu beenden, z.B. durch Einwirken auf den Wahlvorstand.

§ 24

(1) **Der Personalrat ist neu zu wählen, wenn**

a) **mit Ablauf von vierundzwanzig Monaten nach dem Tage der Wahl die Zahl der regelmäßig Beschäftigten um die Hälfte, mindestens aber um 50 gestiegen oder gesunken ist oder**

b) **die Gesamtzahl der Mitglieder des Personalrats auch nach Eintreten sämtlicher Ersatzmitglieder um mehr als ein Viertel der vorgeschriebenen Zahl gesunken ist oder**

c) der Personalrat mit der Mehrheit seiner Mitglieder seinen Rücktritt beschlossen hat oder

d) die Wahl des Personalrats mit Erfolg angefochten worden ist oder

e) der Personalrat durch gerichtliche Entscheidung aufgelöst worden ist.

Satz 1 Buchstabe b gilt nicht, wenn es sich bei den dort bezeichneten Mitgliedern des Personalrats ausschließlich um Mitglieder einer Gruppe handelt.

(2) In den Fällen des Absatzes 1 Buchstabe a bis c führt der Personalrat die Geschäfte weiter, bis der neue Personalrat zu seiner ersten Sitzung zusammengetreten ist.

(3) Die Mitglieder einer Gruppe sind neu zu wählen, wenn die Gesamtzahl der Mitglieder dieser Gruppe auch nach Eintreten sämtlicher Ersatzmitglieder um mehr als ein Viertel der vorgeschriebenen Zahl gesunken ist. Absatz 2 gilt entsprechend.

Außerhalb des vierjährigen Wahlrhythmus ist der Personalrat bei Veränderung der Beschäftigtenzahl, Absinken der Zahl der Personalratsmitglieder, Rücktritt, Wahlanfechtung und Auflösung des Personalrats vorzeitig neu zu wählen. 1

Abs. 1: Eine vorzeitige Personalratsneuwahl hat stattzufinden, wenn am Stichtag – nämlich exakt am Tage des Ablaufs von 24 Monaten nach dem (letzten) Tag der Wahl – die Zahl der »regelmäßig« Beschäftigten um die Hälfte, mindestens aber um 50, gestiegen oder gesunken ist. Veränderungen der Beschäftigtenzahl vor und nach diesem Zeitpunkt führen nicht zur Neuwahl. 2

Eine Neuwahl findet auch dann statt, wenn die Gesamtzahl der Personalratsmitglieder um mehr als ein Viertel der vorgeschriebenen Zahl gesunken ist und alle Ersatzmitglieder bereits gemäß § 28 eingetreten sind, § 24 Abs. 1 Buchst. b). Dies gilt nach der Rechtsprechung auch dann, wenn sämtliche Mitglieder lediglich einer Liste einschließlich der über diese Liste gewählten Ersatzmitglieder ihr Amt niederlegen, soweit diese Liste mehr als ein Viertel der Personalratsmandate in sich vereint – selbst dann, wenn dies offensichtlich allein in dem Bestreben geschieht, eine Neuwahl zu erzwingen.[58] Diese Rechtsprechung ist abzulehnen – hat sie doch zur Folge, dass es eine Minderheit im Gremium jederzeit in der Hand hat, eine Neuwahl zu erzwingen, wenn ihr die anlässlich einer demokratischen Wahl gebildeten Mehrheitsverhältnisse im Personalrat nicht mehr genehm sind. Selbiges gilt jedoch dann nicht, wenn das Absinken der Zahl der Personalratsmitglieder nur innerhalb einer Gruppe stattfindet (Satz 2). In diesem Fall sind lediglich die Mitglieder der betreffenden Gruppe neu zu wählen (Absatz 3). Beschließt 3

58 VG Köln 29.4.2015 – 34 L 662/15.PVL, n.v.; BVerwG 30.11.2010 – 6 PB 16.10, PersR 2011, 73; OVG NRW 9.12.1982 – CL 15/82, PersV 1986, 478.

der Personalrat mit der Mehrheit seiner Mitglieder den Rücktritt, ist ebenfalls eine vorzeitige Neuwahl durchzuführen. Darunter ist ein Beschluss des Personalrats zum gemeinsamen Rücktritt gemäß § 26 Abs. 1 Buchst. c und nicht die persönliche Entscheidung eines Personalratsmitglieds zum »Rücktritt« – also der Niederlegung seines persönlichen Amtes – zu verstehen. Vorzeitige Neuwahlen finden auch bei erfolgreicher Wahlanfechtung und bei gerichtlicher Auflösung des Personalrats gemäß §§ 22 und 25 statt.

4 **Abs. 2:** Bei Absinken der Beschäftigtenzahl oder der Zahl der Personalratsmitglieder sowie im Falle des Rücktritts des Personalrats ist der betroffene Personalrat bis zur Neuwahl berechtigt und verpflichtet, die Geschäfte weiterzuführen. Er ist verpflichtet, einen Wahlvorstand zu bestellen, damit die vom Gesetz vorgesehene Neuwahl auch stattfinden kann.
Im Falle der Wahlanfechtung und der gerichtlichen Auflösung des Personalrats erlischt das Amt mit Rechtskraft der jeweiligen Gerichtsentscheidung. Eine Befugnis zur Fortführung der Geschäfte besteht nicht, das ist Aufgabe des vom Gericht eingesetzten Wahlvorstandes (§§ 22 Abs. 2, 25 Abs. 2).

5 **Abs. 3:** Innerhalb einer Gruppe hat eine gesonderte Neuwahl stattzufinden, wenn die Gesamtzahl der Vertreter dieser Gruppe um mehr als ein Viertel gesunken ist, nachdem alle Ersatzmitglieder eingetreten sind. Der Personalrat hat in diesem Falle einen Wahlvorstand zur Neuwahl in dieser Gruppe zu bestellen, die betroffene Gruppe bleibt bis zu dieser Neuwahl im Amt.

§ 25

(1) **Auf Antrag eines Viertels der wahlberechtigten Beschäftigten oder einer in der Dienststelle vertretenen Gewerkschaft kann das Verwaltungsgericht den Ausschluss eines Mitglieds aus dem Personalrat oder die Auflösung des Personalrats wegen grober Vernachlässigung seiner gesetzlichen Befugnisse oder wegen grober Verletzung seiner Pflichten nach diesem Gesetz beschließen. Der Personalrat kann aus den gleichen Gründen den Ausschluss eines Mitglieds beantragen. Die Dienststelle kann den Ausschluss eines Mitgliedes aus dem Personalrat oder die Auflösung des Personalrats wegen grober Verletzung seiner gesetzlichen Pflichten beantragen.**
(2) **Ist der Personalrat aufgelöst, so gilt § 22 Abs. 2 entsprechend.**

1 Zur Sicherung der unabhängigen Amtsführung des Personalrats und seiner Mitglieder ordnet das Gesetz an, dass ein Ausschluss eines einzelnen Mitglieds aus dem Personalrat oder die Auflösung des gesamten Personalrats nur durch gerichtliche Entscheidung möglich ist.

2 **Abs. 1:** Ein Viertel der wahlberechtigten Beschäftigten oder eine in der Dienststelle vertretene Gewerkschaft kann bei grober Vernachlässigung der gesetzlichen Befugnisse oder bei grober Verletzung der Pflichten den Aus-

schluss eines Mitglieds aus dem Personalrat oder die Auflösung des gesamten Personalrats beim Verwaltungsgericht beantragen.

Besonders ärgerlich für Beschäftigte sowie Gewerkschaften ist die Vernachlässigung der gesetzlichen Befugnisse eines Personalratsmitglieds oder gar des gesamten Personalrats. Darunter ist die Nichtausübung der im Gesetz zugunsten der Beschäftigten vorgesehenen Rechte und Pflichten zu verstehen, wie die anhaltende Nichtteilnahme an Personalratssitzungen, die Nichtwahrnehmung von Mitbestimmungsrechten (z. B. durch Verstreichenlassen der Äußerungsfristen) oder die Nichtdurchführung gesetzlich vorgesehener Veranstaltungen (Personalversammlung, Vierteljahresgespräch, Erörterungen). Ein Ausschluss aus dem Personalrat und eine Auflösung des Personalrats sind dann begründet, wenn eine solche Vernachlässigung »grob«, also entweder von besonderem Gewicht ist und/oder anhaltend und wiederholt, also beharrlich, vorkommt. 3

In Abs. 1 Satz 3 wird dem Dienststellenleiter seit der Novelle 2007 wiederum ein eigenes Antragsrecht eingeräumt. Er kann den Ausschluss eines einzelnen Mitglieds aus dem Personalrat oder die Auflösung des gesamten Personalrats ausschließlich wegen grober Verletzung der Pflichten nach dem Gesetz beantragen. Ein auf die grobe Vernachlässigung der gesetzlichen Befugnisse gestützter Antrag ist dem Dienststellenleiter nicht eröffnet. Die Novelle 2007 hat dieses – 1984 abgeschaffte – Antragsrecht des Dienststellenleiters mit der Erwägung eingeführt, eine solche Erweiterung des Kreises der Antragsbefugten sei in Anbetracht der Schwere der insoweit zugrunde zu legenden Verstöße gerechtfertigt; ein solches Antragsrecht existiere auch im BPersVG.[59] Im Zuge der Novelle 2011 wurde darüber diskutiert[60], das Antragsrecht des Dienststellenleiters wieder zu streichen. Letztlich wurde dieses jedoch beibehalten; zur Begründung wurde ausgeführt, mit Blick auf die Einführung des neuen § 79 Abs. 3 erscheine es angemessen, auch der Dienststelle Sanktionsmöglichkeiten einzuräumen. Dies überzeugt nicht, da sich ein Vergleich dieser beiden Regelungen mit Blick auf Zielsetzung und Rechtsfolgen verbietet. Ein praktisches Bedürfnis für ein Antragsrecht des Dienststellenleiters besteht nach wie vor nicht.

Pflichtverletzungen werden von der Rechtsprechung zumeist unter dem Gesichtspunkt des Nichtbeachtens von Rahmenpflichten behandelt (z. B. Verstöße gegen die Schweigepflicht, Friedenspflicht, Neutralitätspflicht). Derartige Pflichtverletzungen sind nur dann »grob«, wenn die fragliche Verfehlung die Tätigkeit des Personalrats nachhaltig stört bzw. behindert oder die Rechte und Ansprüche der Beschäftigten beeinträchtigt oder schädigt. So ist z. B. ein Streikaufruf eines Beamten unter ausdrücklichem Hinweis auf seine 4

59 Vgl. Gesetzesbegründung, LT-Drucks. 14/4239, 90.
60 LT-Drucks. 15/1644.

Gewerkschaftsmitgliedschaft[61] keine grobe Pflichtverletzung, weil dieses Verhalten weder die Personalratsarbeit noch die Rechte der Beschäftigten beeinträchtigt. Keine grobe Verletzung der Pflichten des Personalrats oder eines Personalratsmitglieds stellt eine angeblich mangelnde Kompromissbereitschaft dar oder das Ausschöpfen der Befugnisse sowie auf der Personalversammlung geäußerte Kritik. Das Eintreten und die Tätigkeit für eine Gewerkschaft ist ebenfalls im Hinblick auf das Recht des Personalratsmitglieds zur gewerkschaftlichen Betätigung gemäß § 3 Abs. 2 kein Grund für einen Ausschluss.

5 Zu unterscheiden von der Vernachlässigung gesetzlicher Befugnisse oder der Verletzung gesetzlicher Pflichten sind Verstöße gegen dienst- oder arbeitsvertragliche Pflichten. Diese können nur dann Gegenstand eines solchen Verfahrens sein, wenn sie zugleich Pflichtwidrigkeiten mit Bezug zu den Aufgaben und Befugnissen nach dem LPVG beinhalten.

Über den Antrag hat das zuständige Verwaltungsgericht zu entscheiden. Während der Dauer des Verfahrens sind die Rechte des Personalratsmitglieds und des Personalrats nicht eingeschränkt. Auch ein vorläufiger Ausschluss oder eine Suspendierung eines Personalratsmitglieds für die Dauer eines solchen Ausschlussverfahrens ist unzulässig. Der Amtsverlust bzw. die Auflösung des Personalrats tritt erst nach Rechtskraft eines verwaltungsgerichtlichen Beschlusses über den Ausschluss eines Personalratsmitglieds bzw. die Auflösung des Personalrats ein.

Auf Verstöße aus der vorherigen Amtszeit kann ein Verfahren regelmäßig nicht gestützt werden. Ein Ausschluss- oder Auflösungsverfahren kann nach Ende der Amtszeit bzw. der Wahlperiode nicht mit Wirkung für die kommende Amtszeit weitergeführt werden.[62] Ein Ausschluss aus dem Personalrat wirkt nur für die jeweilige Amtszeit, eine erneute Kandidatur bei der nächsten Personalratswahl ist zulässig. Es besteht kein rechtliches Interesse der Dienststelle an der Feststellung, dass der Personalrat durch ein in der Vergangenheit liegendes Verhalten gegen gesetzliche Pflichten verstoßen hat.[63]

6 **Abs. 2:** Wird ein Personalratsmitglied durch rechtskräftigen verwaltungsgerichtlichen Beschluss aus dem Personalrat ausgeschlossen, erlischt gemäß § 26 Abs. 1 Buchstabe g) die Mitgliedschaft im Personalrat. Für das ausgeschlossene Personalratsmitglied tritt gemäß § 28 ein Ersatzmitglied ein. Im Falle der Auflösung des Personalrats durch einen rechtskräftigen Beschluss des Verwaltungsgerichts hat gemäß § 24 Abs. 1 Buchst. e eine Neuwahl durch einen vom Verwaltungsgericht zu bestellenden Wahlvorstand stattzufinden. Der durch gerichtlichen Beschluss aufgelöste Personalrat hat keine Befugnis

61 BVerwG 23.2.1994 – 1 D 65.91, PersR 1994, 515.
62 BVerwG 23.8.1988 – 6 O 5.87, PersR 1988, 268.
63 BVerwG 12.11.2002 – 6 P 2.02, PersR 2003, 152.

zur Fortführung der Amtsgeschäfte nach § 24 Abs. 2. Das ist Aufgabe des eingesetzten Wahlvorstandes gemäß § 22 Abs. 2.

§ 26

(1) Die Mitgliedschaft im Personalrat erlischt durch
a) Ablauf der Amtszeit,
b) erfolgreiche Anfechtung der Wahl,
c) Niederlegung des Amtes,
d) Beendigung des Dienstverhältnisses,
e) Ausscheiden aus der Dienststelle,
f) Verlust der Wählbarkeit,
g) gerichtliche Entscheidung nach § 25 Abs. 1,
h) Feststellung nach Ablauf der in § 22 Abs. 1 bezeichneten Frist, dass die oder der Gewählte nicht wählbar war.
(2) Die Mitgliedschaft im Personalrat erlischt ferner, wenn eine Beurlaubung ohne Besoldung oder Arbeitsentgelt während der Amtszeit des Personalrats länger als sechs Monate andauert.
(3) Die Mitgliedschaft im Personalrat wird durch einen Wechsel der Gruppenzugehörigkeit eines Mitglieds nicht berührt; dieses bleibt Mitglied der Gruppe, für die es gewählt wurde.

Während § 24 die Tatbestände regelt, die zu einer Neuwahl des gesamten Personalrats führen, werden in dieser Vorschrift die Tatbestände aufgeführt, die zu einem Erlöschen des persönlichen Amtes – also der Mitgliedschaft im Personalrat – führen. **1**

Abs. 1: Das einzelne Personalratsmitglied verliert sein Amt gemäß Buchstabe a) zunächst durch Ablauf der Amtszeit. Das ist entweder das Erreichen der vierjährigen Wahlperiode regelmäßig am 30. Juni (2020, 2024, 2028 usw.) oder das vorzeitige Ende der Amtszeit in den Fällen des § 24 Abs. 1 Buchst. a) bis c). In diesen Fällen hat eine vorzeitige Neuwahl des Personalrats stattzufinden, mit deren erfolgreichem Abschluss – Tag der konstituierenden Sitzung des neugewählten Personalrats – die Amtszeit des bisherigen Personalrats und damit die Mitgliedschaft jedes einzelnen Personalratsangehörigen erlischt. **2**

Das persönliche Amt endet gemäß Buchst. b) und g) auch durch gerichtliche Entscheidung, also mit Eintritt der Rechtskraft einer Anfechtung der Wahl des gesamten Personalrats oder der Gruppe sowie bei Ausschluss des betroffenen Mitglieds aus dem Personalrat und schließlich im Falle der Auflösung des gesamten Personalrats gemäß § 25 Abs. 1.

Die Mitgliedschaft im Personalrat endet auch durch persönlichen Rücktritt, also die Niederlegung des Amtes gemäß Buchst. c, die jederzeit und ohne Begründung möglich ist, jedoch auch nicht widerrufen werden kann. Bei einer **3** solchen Amtsniederlegung endet das Amt in dem Augenblick, in dem dem Personalratsvorsitzenden die Erklärung des einzelnen Personalratsmitglieds über seinen »Rücktritt« zugeht.

4 Endet das Dienstverhältnis des Personalratsmitglieds, so wird dadurch auch die Personalratsmitgliedschaft beendet. Bei Beamten geschieht das mit Wirksamwerden einer Entlassung oder einer Verfügung auf Entfernung aus dem Dienst oder altershalbem Ausscheiden. Bei Arbeitnehmern endet das Dienstverhältnis durch Kündigung, Erreichen einer Befristung, Aufhebungsvereinbarung oder altershalbes Ausscheiden.

Ist ein Personalratsmitglied zugleich Mitglied im Gesamtpersonalrat, und nimmt es für seine Tätigkeit im Gesamtpersonalrat eine Vollfreistellung in Anspruch, scheidet es nicht im Sinne des § 26 Abs. 1 Buchst. e aus der Dienststelle aus; die Mitgliedschaft im Personalrat erlischt aus diesem Grunde nicht.[64]

Die Wählbarkeit eines Personalratsmitglieds kann während der Dauer der Amtszeit dadurch verlorengehen, dass es eines der Merkmale des § 11 verliert, z. B. durch Aberkennung des Wahlrechts, Erlangung der Eigenschaft der §§ 8 Abs. 1 bis 3, 11 Abs. 2 oder durch Wahl eines Personalratsmitglieds als »Arbeiter« in das oberste Verfassungsorgan einer Gemeinde oder eines Gemeindeverbandes (§ 11 Abs. 3). Auch die Inanspruchnahme von Elternzeit für einen Zeitraum von mehr als sechs Monaten führt zum Verlust der Wählbarkeit nach § 11 Abs. 2 Buchst. c, und damit zum Erlöschen der Mitgliedschaft im Personalrat.[65]

Beschäftigte, die zu einer anderen Dienststelle abgeordnet oder dieser zugewiesen werden, verlieren gemäß §§ 11 Abs. 1, 10 Abs. 2 2. Halbsatz nach sechs Monaten ihr aktives und passives Wahlrecht in der bisherigen Dienststelle, so dass auch deren Mitgliedschaft im Personalrat erlischt. Dies gilt nicht im Falle der Gestellung, da insoweit § 10 Abs. 2 2. Halbsatz eine Sonderregelung vorsieht.

Die Amtszeit erlischt schließlich nach Buchstabe h), wenn durch gerichtliche Entscheidung außerhalb eines Wahlanfechtungsverfahrens festgestellt wird, dass der Gewählte nicht wählbar war.

5 **Abs. 2:** Personalratsmitglieder, deren Beurlaubung ohne Bezüge innerhalb der Amtszeit des Personalrats länger als sechs Monate andauert, verlieren ihre Mitgliedschaft ebenfalls. Nach der Rechtsprechung des OVG NRW stellt die Inanspruchnahme von Elternzeit auch eine Beurlaubung ohne Besoldung im Sinne des § 26 Abs. 2 dar, so dass nach sechs Monaten auch unter diesem Gesichtspunkt die Mitgliedschaft im Personalrat erlischt.[66] Zur Begründung wird insoweit angeführt, dass der Beschäftigte nach sechs Mona-

64 Vgl. VGH Baden-Württemberg 21. 9. 2016 – PL 15 S 689/15, juris.
65 OVG NRW 10. 11. 2014 – 20 A 679/14.PVL, PersR 4/2015, 50.
66 OVG NRW 10. 11. 2014 – 20 A 679/14.PVL, PersR 4/2015, 50.

ten derart den Kontakt zur Dienststelle und zu den anderen Beschäftigten verliere, dass er dauerhaft nicht mehr in der Lage sei, das Personalratsamt sinnvoll auszuüben.

Abs. 3: Ein Wechsel der Gruppenzugehörigkeit während der Amtszeit berührt das Personalratsamt nicht. Jedoch bleibt das gewählte Personalratsmitglied stets Vertreter derjenigen Gruppe, für die es gewählt wurde. Bei der Wahl wird die Gruppenzugehörigkeit jedenfalls hinsichtlich des Personalratsamts endgültig festgelegt. 6

§ 27

(1) **Die Mitgliedschaft einer Beamtin oder eines Beamten im Personalrat ruht, solange ihr oder ihm die Führung der Dienstgeschäfte verboten oder sie oder er wegen eines gegen sie oder ihn schwebenden Disziplinarverfahrens vorläufig des Dienstes enthoben ist.**

(2) **In den Fällen des § 26 Abs. 1 Buchstaben d und e ruht die Mitgliedschaft im Personalrat bis zur Rechtskraft der Entscheidung.**

Abs. 1: Wird einem verbeamteten Personalratsmitglied die Führung der Dienstgeschäfte verboten (§ 39 BeamtStG), so ruht sein Personalratsamt. Die gleiche Rechtsfolge tritt ein, wenn ein verbeamtetes Personalratsmitglied im Zusammenhang mit einem Disziplinarverfahren gemäß § 38 LDG NRW vorläufig des Dienstes enthoben wird. 1

Ruht das Personalratsamt nach dieser Vorschrift, kann der Beamte so lange sein Personalratsamt nicht ausüben, wie das Verbot der Führung der Dienstgeschäfte bzw. die vorläufige Dienstenthebung andauert. Endet die jeweilige Maßnahme und besteht das Dienstverhältnis danach fort, so lebt das Personalratsamt wieder auf. Während der Zeit ist ein Ersatzmitglied zu bestellen.

Abs. 2: Absatz 2 ordnet an, dass die Mitgliedschaft im Personalrat bis zur Rechtskraft gerichtlicher Entscheidungen, die über den Bestand des Arbeitsverhältnisses (z. B. über Kündigung, Befristung, Anfechtung) geführt werden, ruht. Eine Kündigung, Anfechtung und Befristung führt daher zunächst ab dem Zeitpunkt ihrer Wirksamkeit bzw. ab Bekanntgabe der Maßnahme gegenüber dem Personalratsmitglied (Zugang der Kündigung, Zugang der Anfechtungserklärung, vereinbartes Ende der Befristung) dazu, dass das Personalratsamt nicht ausgeübt werden kann. Obsiegt das Personalratsmitglied in dem Rechtsstreit, kann es sein Amt wieder aufnehmen. 2

§ 28

(1) **Scheidet ein Mitglied aus dem Personalrat aus, so tritt ein Ersatzmitglied ein. Ist ein Mitglied zeitweilig verhindert oder ruht seine Mitglied-**

schaft, so tritt ein Ersatzmitglied für die Zeit der Verhinderung oder des Ruhens ein.
(2) Die Ersatzmitglieder werden der Reihe nach aus den nicht gewählten Beschäftigten derjenigen Vorschlagslisten entnommen, denen die zu ersetzenden Mitglieder angehören. Ist das zu ersetzende Mitglied mit einfacher Stimmenmehrheit gewählt, so tritt die oder der nicht gewählte Beschäftigte mit der nächsthöheren Stimmenzahl als Ersatzmitglied ein.
(3) § 26 Abs. 3 gilt entsprechend bei einem Wechsel der Gruppenzugehörigkeit vor dem Eintritt des Ersatzmitglieds in den Personalrat.
(4) Im Falle des § 24 Abs. 1 Satz 1 Buchstaben d und e treten Ersatzmitglieder nicht ein.

1 Zur Erhaltung der Beschlussfähigkeit und Vollständigkeit des Personalrats werden auf den Wahlvorschlägen regelmäßig mehr Kandidaten aufgeführt als Personalratsmitglieder zu wählen sind. Die nicht gewählten Bewerber sind Ersatzmitglieder. Es handelt sich dabei um kein eigentliches Amt, obgleich das Gesetz den Ersatzmitgliedern bestimmte Rechte zuweist (§§ 42 Abs. 5, 43 Abs. 1 Satz 2).
Für die Dauer der vorübergehenden (Vertretungs-)Tätigkeit des Ersatzmitglieds im Personalrat erwirbt es alle Rechte und Pflichten eines ordentlichen Personalratsmitglieds. Diese Rechtsstellung erstreckt sich jedoch nicht auf die persönlichen Ämter des Vertretenen, wie den Vorsitz oder die Stellvertretung oder eine Freistellung. Das Ersatzmitglied tritt bereits ab Beginn der Verhinderung und nicht erst mit Benachrichtigung in den Personalrat ein und ist dementsprechend von diesem Zeitpunkt an für die gesamte Dauer der Verhinderung von den besonderen Schutzvorschriften zugunsten von Personalratsmitgliedern (§ 15 KSchG, § 43) umfasst. Nach Beendigung des Vertretungsfalles genießt das Ersatzmitglied den nachwirkenden Kündigungsschutz des § 15 Abs. 2 Satz 2 KSchG für die Dauer von einem Jahr. Die außerordentliche Kündigung eines Ersatzmitglieds im nachwirkenden Kündigungsschutz bedarf aber nicht mehr der Zustimmung des Personalrats nach § 43 Abs. 2.[67]

2 **Abs. 1:** Ein Ersatzmitglied kann zeitweilig oder endgültig in den Personalrat eintreten. Es ersetzt ein zeitweilig verhindertes Personalratsmitglied für die Dauer seiner Verhinderung. Eine solche liegt bei Krankheit, Urlaub, vorübergehender Abwesenheit von der Dienststelle (z. B. Abordnung), Zeiten gemäß §§ 3, 6 MuSchG oder im Falle des Ruhens der Mitgliedschaft nach § 27 vor. Das Ersatzmitglied tritt endgültig in den Personalrat ein, wenn das bisherige Personalratsmitglied gemäß § 26 Abs. 1, 2 aus dem Personalrat ausgeschieden ist.

67 VG Düsseldorf 10.4.2006 – 34 K 783/06.PVL, juris.

Abs. 2: Ist ein Personalratsmitglied verhindert oder scheidet es aus dem Personalrat endgültig aus, wird der erste nicht gewählte Bewerber aus der Liste entnommen, der das verhinderte oder ausscheidende Personalratsmitglied angehörte. Selbst in Fällen, in denen sämtliche aus der Liste nachrückenden Ersatzmitglieder die Amtsniederlegung erklären und dadurch die Gesamtzahl der Personalratsmitglieder unter die vorgeschriebene Zahl absinkt, ist ein Rückgriff auf andere Vorschlagslisten unzulässig.[68] Sind im Personalrat beide Gruppen (§ 6) vertreten, bestimmt zudem die Gruppenzugehörigkeit des zu ersetzenden Mitglieds die Reihenfolge der nachrückenden Bewerber. 3
Hat Personenwahl stattgefunden, so richtet sich die Reihenfolge des Nachrückens der Ersatzmitglieder nach der Höhe der bei der Personalratswahl erreichten Stimmenzahl.

Abs. 3: Wechselt ein Ersatzmitglied während der Amtszeit des Gremiums und vor Eintritt in den Personalrat seine Gruppenzugehörigkeit, bleibt es Vertreter der Gruppe, für die es gewählt worden ist. 4

Abs. 4: Ist die Personalratswahl durch rechtskräftige Entscheidung des Gerichtes erfolgreich angefochten oder der Personalrat aufgelöst worden, treten die Ersatzmitglieder nicht ein. In diesem Fall findet Neuwahl durch einen gerichtlich bestellten Wahlvorstand statt. 5

Dritter Abschnitt
Geschäftsführung

§ 29

(1) **Der Personalrat wählt aus seiner Mitte die vorsitzende Person und Stellvertreterinnen oder Stellvertreter. Die Reihenfolge der Stellvertretung bestimmt der Personalrat. Sofern im Personalrat Beamtinnen und Beamte sowie Arbeitnehmerinnen und Arbeitnehmer vertreten sind, darf die erste Stellvertreterin oder der erste Stellvertreter nicht derselben Gruppe angehören wie die vorsitzende Person.**
(2) **Die vorsitzende Person führt die laufenden Geschäfte und vertritt den Personalrat im Rahmen der von diesem gefassten Beschlüsse.**

Mittels einer kompletten Neufassung des § 29 im Rahmen der Novelle 2011 hat der Gesetzgeber im Wesentlichen an die Rechtslage bis zur Novelle 2007 angeknüpft. 1

68 BVerwG 30.11.2010 – 6 PB 16.10, PersR 2011, 73; VG Köln 29.4.2015 – 34 L 662/15.PVL, n.v.

2 **Abs. 1:** In der konstituierenden Sitzung des Personalrats gemäß § 30 Abs. 1 wird aus der Mitte des Gremiums die vorsitzende Person gewählt. Die Wahl wird durch die vorsitzende Person des für die Personalratswahl gebildeten Wahlvorstands geleitet.

Es handelt sich nicht um eine Wahl im eigentlichen Sinne, sondern um einen Akt der Geschäftsführung. Die »Wahl« findet daher in Form einer Beschlussfassung statt. § 33 gilt entsprechend. Bei Stimmengleichheit entscheidet das Los.[69]

3 Nachdem die vorsitzende Person gewählt wurde, sind die Stellvertreterinnen oder Stellvertreter zu wählen. Insoweit gelten dieselben Grundsätze wie für die Wahl der vorsitzenden Person. Anders als bis zur Novelle 2007 ist die Zahl der Stellvertreterinnen oder Stellvertreter nicht mehr vorgegeben. Der Wortlaut des Abs. 1 geht jedoch davon aus, dass mehrere Stellvertreterinnen oder Stellvertreter gewählt werden. Die Stellvertreterinnen und Stellvertreter können in einem einheitlichen Wahlgang gewählt werden. In diesem Fall ist die Reihenfolge der Stellvertretung in einem weiteren »Wahlgang« durch den Personalrat zu beschließen. Für die Bestimmung der Reihenfolge der Stellvertretung enthält Satz 3 eine Bindung dahingehend, dass für den Fall, dass im Personalrat beide Gruppen (§ 6) vertreten sind, die erste Stellvertreterin bzw. der erste Stellvertreter nicht derselben Gruppe angehören darf wie die vorsitzende Person. Im Übrigen ist der Personalrat aber bei der Bestimmung der Reihenfolge der weiteren Stellvertretung frei in seiner Entscheidung.

Die vorsitzende Person und die Stellvertreterinnen bzw. Stellvertreter können jederzeit durch Mehrheitsbeschluss abberufen werden.[70] Die Abberufung muss nicht besonders begründet werden; die Entziehung des Vertrauens genügt.[71]

4 **Abs. 2:** Die vorsitzende Person vertritt den Personalrat im Rahmen der von diesem gefassten Beschlüsse. Sie vertritt den Personalrat in der Erklärung, aber nicht in der Willensbildung.[72] Die vorsitzende Person ist also Vollzugsorgan des Personalrats ohne eigene Entscheidungsrechte. Sie kann nur im Rahmen vorheriger Beschlüsse des Gremiums tätig werden. Zudem vertritt sie den Personalrat nicht nur bei der Abgabe von Erklärungen, sie ist auch Erklärungsempfänger. Eine gegenüber dem Personalrat abzugebende Erklärung geht dem Personalrat erst zu, wenn diese bei der vorsitzenden Person oder im Verhinderungsfall bei der Stellvertreterin oder dem Stellvertreter

---

69 Vgl. OVG NRW 12.7.2010 – 16 A 3259/08.PVL, PersV 2011, 23.

70 vgl. Hess. VGH 10.11.1982 – HPV TL 21/81, PersV 1983, 283.

71 Vgl. zur Abberufung eines Personalratsmitglieds aus dem Verwaltungsrat OVG NRW 3.11.1993 – 1 B 2321/93.PVL, PersV 1995, 500

72 BVerwG 21.7.1982 – 6 P 14.79, PersV 1983, 316.

eingeht. Die Übergabe eines Antrags oder einer Vorlage an ein beliebiges Personalratsmitglied genügt damit nicht, um Fristen in Gang zu setzen. Zu beachten ist aber, dass der Dienststelle nicht die Befugnis zusteht, das ordnungsgemäße Zustandekommen eines Beschlusses des Personalrats zu überprüfen. Der Dienststellenleiter darf deshalb regelmäßig von der Wirksamkeit der Beschlussfassung ausgehen, wenn ihm der für die Außenvertretung des Personalrats zuständige Personalratsvorsitzende mitgeteilt hat, die Zustimmung sei erteilt.[73] Auf die Wirksamkeit der Beschlussfassung darf der Dienststellenleiter aber nur vertrauen, wenn ihm die Rechtsfehlerhaftigkeit der Beschlussfassung nicht bekannt war oder zumindest zweifelhaft war, ob der Erklärung des Personalratsvorsitzenden ein entsprechender Beschluss des Personalrats zugrunde liegt.[74]

Zudem führt die vorsitzende Person die laufenden Geschäfte des Personal- 5
rats. Das Gesetz definiert nicht, was unter laufenden Geschäften zu verstehen ist. Es ist deshalb vom Sinn und Zweck der Vorschrift, den Personalrat von alltäglichen Aufgaben zu entlasten, auszugehen. Deshalb gehört zu den laufenden Geschäften all das, was an technischer, organisatorischer und büromäßiger Arbeit regelmäßig zur Vorbereitung und Durchführung der vom Personalrat zu fassenden und gefassten Beschlüsse notwendig ist. Hierzu gehört die Vorbereitung von Personalratssitzungen, das Führen des Schriftverkehrs, Informationsbeschaffung etc. Nicht zu den laufenden Geschäften gehören vor allem alle Beteiligungsangelegenheiten, über die der Personalrat durch Beschluss zu entscheiden hat, insbesondere die Ausübung der gesetzlichen Mitbestimmungs- und Mitwirkungsrechte. Auch die Einleitung von gerichtlichen Beschlussverfahren oder das Führen der Quartalsgespräche nach § 63 gehören im Sinne einer Negativabgrenzung nicht zu den laufenden Geschäften.

Die Stellvertreterinnen und Stellvertreter nehmen die Aufgaben und Funk- 6
tionen der vorsitzenden Person nur dann wahr, wenn diese verhindert ist.

§ 30

(1) Spätestens eine Woche nach dem Wahltag hat der Wahlvorstand die Mitglieder des Personalrats zur Vornahme der vorgeschriebenen Wahlen einzuberufen und die Sitzung zu leiten.
(2) Die weiteren Sitzungen beraumt die vorsitzende Person des Personalrats an. Sie setzt die Tagesordnung fest und leitet die Verhandlung. Die vorsitzende Person hat die Mitglieder des Personalrats und die in § 36 genannten Personen zu den Sitzungen rechtzeitig unter Mitteilung der Tagesordnung zu laden.

---

73 Vgl. BAG 18.4.2007 – 7 AZR 293/06, PersV 2008, 108.
74 OVG NRW 14.10.1991 – CL 57/90, PersR 1992, 158.

(3) Auf Antrag eines Viertels der Mitglieder des Personalrats, der Mehrheit der Mitglieder einer Gruppe, der Dienststelle, in Angelegenheiten, die besonders schwerbehinderte Beschäftigte betreffen, der Schwerbehindertenvertretung oder in Angelegenheiten, die besonders Beschäftigte im Sinne von § 55 Abs. 1 betreffen, der Mehrheit der Mitglieder der Jugend- und Auszubildendenvertretung, hat die vorsitzende Person eine Sitzung anzuberaumen und den Gegenstand, dessen Beratung beantragt ist, auf die Tagesordnung zu setzen.

(4) Die Dienststelle nimmt an den Sitzungen teil, die auf ihren Antrag anberaumt sind oder zu denen sie ausdrücklich eingeladen ist. Sie kann ein Mitglied der Arbeitgebervereinigung, der die Dienststelle angehört, hinzuziehen.

1 Das wesentliche Personalratsgeschehen spielt sich in der Personalratssitzung ab. Der Personalrat kann nur tätig werden, wenn er zuvor auf einer Sitzung einen entsprechenden, wirksamen Beschluss gefasst hat.

2 **Abs. 1:** Die erste Sitzung (sog. konstituierende Sitzung) nach der Neuwahl beruft der Wahlvorstand ein und leitet sie. In dieser Sitzung können nur die Wahlen der vorsitzenden Person und ihrer Stellvertreter gemäß § 29 Abs. 1 vorgenommen werden. Im zeitlich unmittelbaren Anschluss an diese Sitzung kann im Einverständnis aller Personalratsmitglieder eine außerordentliche Sitzung zur Beschlussfassung über die Freistellungen nach § 42 Abs. 4 durchgeführt werden.

3 **Abs. 2:** Die Einladung, Anberaumung und Durchführung der Personalratssitzungen ist eines der wichtigsten laufenden Geschäfte (§ 29 Abs. 2) der vorsitzenden Person. Sie hat die Sitzungstermine anzuberaumen, für eine rechtzeitige Einladung zu sorgen und den Dienststellenleiter zu benachrichtigen (§ 31 Abs. 1 Satz 3). Zu ihren Aufgaben gehört es weiter, die Tagesordnung festzusetzen. Dabei ist sie nicht vollständig frei. Sie ist vielmehr verpflichtet, diejenigen Angelegenheiten auf die Tagesordnung zu setzen, in denen – häufig fristgebundene – Beschlüsse des Personalrats zu fassen sind, wie z. B. Anträge auf Zustimmung gemäß § 66 Abs. 2.

Aus der Tagesordnung muss für das einzelne Personalratsmitglied erkennbar sein, über welche Angelegenheiten Beschlüsse gefasst werden sollen. Das Recht der Personalratsmitglieder auf Information vor der Personalratssitzung beschränkt sich auf die Mitteilung der Tagesordnung. Weitergehende Rechte, insbesondere solche auf eine umfassendere Information oder Aushändigung von Unterlagen vor der Sitzung, stehen dem Personalratsmitglied nicht zu. Deshalb muss die Tagesordnung selbst es den Personalratsmitgliedern ermöglichen, sich ein Bild über die zur Beschlussfassung anstehenden Angelegenheiten zu machen, damit sie sich hinreichend und sinnvoll vorbereiten können.

Es genügt z. B. nicht der Tagesordnungspunkt »Personalangelegenheiten«. Vielmehr ist die einzelne Personalangelegenheit (»Höhergruppierung Meier«) möglichst konkret mitzuteilen. Geschieht das nicht, konnte nach bisheriger Rechtsprechung des OVG NRW eine Beratung und Beschlussfassung nur erfolgen, wenn der Personalrat vollständig erschienen und alle Anwesenden mit einer Behandlung des Tagesordnungspunktes einverstanden waren.[75] Diese Rechtsprechung hat das OVG NRW in Anlehnung an die Rechtsprechung des BAG zum BetrVG im Jahre 2015 aufgegeben. Seither kann die Tagesordnung noch auf der Personalratssitzung ergänzt oder korrigiert werden, wenn der Personalrat beschlussfähig erschienen ist und alle anwesenden Personalratsmitglieder mit der Behandlung des Tagesordnungspunktes einstimmig einverstanden sind.[76] Voraussetzung ist, dass die Personalratsmitglieder im Übrigen ordnungsgemäß geladen waren. Ein vollständiges Erscheinen aller Personalratsmitglieder ist damit nicht mehr erforderlich. Im Sinne einer auch kurzfristigen Handlungsfähigkeit des Personalrats ist dies sicher begrüßenswert. Das BAG hatte dies zum BetrVG bereits im Jahre 2014 entsprechend entschieden.[77]
Eine Verpflichtung zur Rückgabe von Einladung und Tagesordnung ist mit den Rechten des Personalratsmitglieds unvereinbar und besteht nicht.

Die vorsitzende Person hat schließlich die Sitzung des Personalrats zu leiten, 4
also dafür zu sorgen, dass die einzelnen Tagesordnungspunkte beraten und über sie beschlossen wird, sowie die Diskussionsleitung zu übernehmen. Ihr steht das Hausrecht zu. Nur die vorsitzende Person und bei Verhinderung ihre Stellvertreter können zur Personalratssitzung einladen. Ein einzelnes Personalratsmitglied kann die Einberufung einer Sitzung weder verlangen, noch anstelle des Vorsitzenden einladen. »Rechtzeitig« ist die Einladung, wenn die Personalratsmitglieder ausreichend Zeit haben, sich auf die Sitzung durch Kenntnisnahme der Tagesordnung und ggf. Einholung ergänzender Auskünfte vorzubereiten.[78] Zu den Sitzungen hat die vorsitzende Person alle Mitglieder des Personalrats einzuladen. Das sind zunächst seine ordentlichen Mitglieder. Ist dem Vorsitzenden eine Verhinderung eines ordentlichen Mitglieds bekannt, so lädt er unter Beachtung von § 28 Abs. 2 das jeweilige Ersatzmitglied. Eine »Selbsteinladung« durch Weitergabe der Einladung an das jeweilige Ersatzmitglied ist nicht zulässig. Vielmehr hat das eingeladene, jedoch verhinderte Personalratsmitglied dem Personalratsvorsitzenden unverzüglich seine Verhinderung mitzuteilen, damit dieser das in Betracht kommende Ersatzmitglied laden kann.

75 OVG NRW 13.12.2011 – 20 A 10/10.PVL, PersR 2012, 262.
76 OVG NRW 27.4.2015 – 20 A 122/14.PVB, PersR 12/2015, 54.
77 BAG 22.1.2014 – 7 AS 6/13, PersR 2014, 267.
78 OVG NRW 13.12.2011 – 20 A 10/10.PVL, PersR 2012, 262.

Darüber hinaus sind die in § 36 genannten Personen zu den Sitzungen zu einzuladen, also ein Mitglied der Jugend- und Auszubildendenvertretung sowie die Schwerbehindertenvertretung. Die gesamte Jugend- und Auszubildendenvertretung ist einzuladen, wenn in der Personalratssitzung Angelegenheiten behandelt werden, die besonders die von ihr vertretenen Beschäftigten betreffen (§ 36 Abs. 2).

Hat der Personalrat zuvor die Teilnahme sachkundiger Personen (§ 31 Abs. 2 Satz 2), von Gewerkschaftsbeauftragten oder Mitgliedern der Stufenvertretung bzw. des Gesamtpersonalrats (§ 32) oder des Dienststellenleiters (§ 30 Abs. 4) beschlossen, sind diese ebenfalls einzuladen. Weitere Personen haben kein Teilnahmerecht, weshalb Vertreter von Gewerkschaften, die zwar in der Dienststelle, nicht aber im Personalrat vertreten sind, aufgrund eines Antrages nach § 32 Abs. 1 nicht zu Personalratssitzungen zugelassen werden können. Auch die Gleichstellungsbeauftragte hat kein Teilnahmerecht an den Personalratssitzungen, kann jedoch fallweise als sachkundige Person hinzugezogen werden.

5 **Abs. 3:** Der Personalratsvorsitzende ist verpflichtet, eine Sitzung anzuberaumen und einen bestimmten Tagesordnungspunkt zur Beratung und zur Beschlussfassung auf die Tagesordnung zu setzen, wenn dies beantragt wird. Bleibt er dennoch untätig, verstößt er gegen seine gesetzlichen Pflichten im Sinne des § 25 Abs. 1. Liegt ein solcher Antrag vor, hat der Personalrat die Angelegenheit entweder auf einer besonderen Personalratssitzung zu behandeln oder auf die Tagesordnung der nächsten ordentlichen Sitzung zu setzen. Es besteht kein Rechtsanspruch auf Einberufung einer besonderen Sitzung, in der nur der beantragte Tagesordnungspunkt behandelt wird.

Antragsbefugt ist ein Viertel der Mitglieder des gesamten Personalrats, die Mehrheit einer Gruppe und der Dienststellenleiter uneingeschränkt. Beantragt der Dienststellenleiter die Behandlung eines Tagesordnungspunktes, so kann er auf der Sitzung nur an der Beratung über den Tagesordnungspunkt teilnehmen, zu dem er einen entsprechenden Antrag gestellt hat.

Die Jugend- und Auszubildendenvertretung kann die Behandlung eines Beratungsgegenstandes nur dann verlangen, wenn es sich um eine Angelegenheit handelt, die »besonders« jugendliche Beschäftigte betrifft, wenn es sich also um eine Angelegenheit aus dem Aufgabenbereich des § 61 handelt. Durch die Novelle 2007 ist zudem ein entsprechendes Antragsrecht der Schwerbehindertenvertretung eingefügt worden und zwar in Angelegenheiten, die besonders schwerbehinderte Beschäftigte betreffen. Das Antragsrecht ist daher auf die Angelegenheiten im Sinne des § 95 (ab 1.1.2018: § 178) SGB IX beschränkt, soweit der Personalrat zuständig ist. Ein einzelnes Personalratsmitglied oder ein Mitglied der Jugend- und Auszubildendenvertretung kann nicht verlangen, dass ein von ihm gewünschter Tagesordnungspunkt behandelt wird, jedoch kann natürlich die oder der Vorsitzende einer solchen Anregung entsprechen.

Abs. 4: Der Dienststellenleiter nimmt grundsätzlich an der Sitzung des Personalrats nicht teil. Vielmehr beschränkt sich sein Teilnahmerecht auf diejenigen Sitzungen, zu denen er vom Personalrat durch Beschluss ausdrücklich eingeladen worden ist oder die er gemäß Absatz 3 ausdrücklich beantragt hat. 6
Der Dienststellenleiter kann in diesen Fällen nicht den in §§ 63, 66 Abs. 3 Satz 5 genannten Personenkreis entsenden. Er kann sich regelmäßig auch nicht von seinen in § 8 Abs. 1 genannten Vertretern vertreten lassen, wenn er die Sitzung selbst beantragt hat und der Sitzungstermin mit ihm abgestimmt ist. Erscheint der Dienststellenleiter nicht, findet die Sitzung nicht statt bzw. der beantragte Beratungsgegenstand wird von der Tagesordnung abgesetzt.
Der Dienststellenleiter kann einen Vertreter der Arbeitgebervereinigung, bei der Tarifbindung besteht, zu dieser Sitzung hinzuziehen.

§ 31

(1) Die Sitzungen des Personalrats finden in der Regel während der Arbeitszeit statt. Der Personalrat hat bei der Anberaumung seiner Sitzungen die dienstlichen Erfordernisse zu berücksichtigen. Die Dienststelle ist vom Zeitpunkt der Sitzung rechtzeitig zu verständigen.
(2) Die Sitzungen des Personalrats sind nicht öffentlich. Der Personalrat kann die Teilnahme des ihm nach § 40 Abs. 3 zur Verfügung gestellten Büropersonals sowie sachkundiger Personen gestatten.

Personalratsarbeit ist der dienstlichen Tätigkeit gleichgestellt. Sie findet daher grundsätzlich während der Arbeitszeit statt, die Sitzungen des Personalrats sind in diese Zeit zu legen. 1

Abs. 1: Die Personalratssitzungen sind vom Personalratsvorsitzenden in der Regel so anzuberaumen, dass sie vollständig während der dienststellenüblichen Arbeitszeit stattfinden können. Die Personalratsmitglieder sind für die Teilnahme an der Sitzung gemäß § 42 Abs. 2 in dem Augenblick dienstbefreit, in dem der Personalratsvorsitzende den Dienststellenleiter über den Sitzungstermin verständigt. Findet die Sitzung immer am gleichen Wochentag statt, genügt eine einmalige Mitteilung zu Beginn der Amtszeit. 2
Bei der Festlegung der zeitlichen Lage der Sitzungen innerhalb der Arbeitszeit ist auf dienstliche Erfordernisse Rücksicht zu nehmen. Dazu gehört zunächst die Beachtung der persönlichen Arbeitszeiten der Personalratsmitglieder, weshalb bei Festlegung der zeitlichen Lage der Personalratssitzung auf Beschäftigte in Schichtarbeit und Teilzeit Rücksicht zu nehmen ist. Der Personalratsvorsitzende hat bei der Terminierung der Personalratssitzung weiter zu berücksichtigen, dass der Dienstablauf nicht mehr gestört wird als nötig. Es kann also geboten sein, die Personalratssitzungen außerhalb der

Zeiten des Publikumsverkehrs oder zu Zeiten mit nur geringer dienstlicher Inanspruchnahme durchzuführen. Es kann aber nicht etwa verlangt werden, dass Personalratssitzungen außerhalb der Arbeitszeit stattfinden. Vielmehr ist bei Festsetzung der zeitlichen Lage innerhalb der Arbeitszeit darauf Rücksicht zu nehmen, dass zum einen die Dienststelle nicht vermeidbar belastet wird, zum anderen der Personalrat möglichst vollzählig tagen kann.
Der Dienststellenleiter ist vom Zeitpunkt der Sitzung lediglich so rechtzeitig zu verständigen, dass er für eine Freistellung der Personalratsmitglieder sorgen kann. Es bedarf keiner Genehmigung oder Zustimmung des Dienststellenleiters zum Zeitpunkt der Sitzung. Er hat auch keinen Einfluss darauf, wie oft der Personalrat Sitzungen abhält.

3 **Abs. 2:** Die Personalratssitzungen finden grundsätzlich nicht öffentlich statt. Es dürfen also nur die im Gesetz ausdrücklich aufgeführten Personen an der Sitzung teilnehmen.
Jedoch kann der Personalrat sowohl dem Büropersonal (zur Anfertigung des Sitzungsprotokolls) als auch sachkundigen Personen die Teilnahme an der Sitzung gestatten. Sachkundige Personen können dienststellenangehörige Beschäftigte, aber auch dienststellenfremde Personen sein. Die vom OVG NRW[79] für erforderlich gehaltene Mitbeurteilung des Dienststellenleiters bei Hinzuziehung von sachkundigen Mitarbeitern der Dienststelle widerspricht dem Gesetzeswortlaut und dem Recht des Personalrats auf Selbstinformation. Eine Verletzung des Grundsatzes der Nichtöffentlichkeit der Personalratssitzungen kann jedoch dazu führen, dass Personalratsbeschlüsse unwirksam sind.

§ 32

(1) **Auf Antrag von einem Viertel der Mitglieder oder der Mehrheit einer Gruppe des Personalrats können Beauftragte einer im Personalrat vertretenen Gewerkschaft an den Sitzungen beratend teilnehmen.**
(2) **Der Personalrat kann beschließen, dass beauftragte Mitglieder der Stufenvertretungen, die bei übergeordneten Dienststellen bestehen, sowie des Gesamtpersonalrats berechtigt sind, mit beratender Stimme an seinen Sitzungen teilzunehmen.**

1 Dem Gebot des Zusammenwirkens mit den in der Dienststelle vertretenen Gewerkschaften gemäß § 2 Abs. 1 entspricht es, dass der Personalrat Gewerkschaftsbeauftragten die Möglichkeit geben kann, an Personalratssitzungen beratend teilzunehmen.

79 Entscheidung vom 13. 8. 1996 – 1 A 91/95.PVL, PersR 1997, 173.

Den im Personalrat vertretenen Gewerkschaften kann – z. B. durch einen generellen Beschluss oder in der Geschäftsordnung – für alle Personalratssitzungen der Amtszeit ein Teilnahmerecht eingeräumt werden.[80]

Abs. 1: Das Antragsrecht bezieht sich nur auf Vertreter einer im Personalrat vertretenen Gewerkschaft; die Gewerkschaft muss also mit mindestens einem Mitglied im Personalrat vertreten sein. Diesen muss eine beratende Teilnahme gestattet werden, wenn dies ein Viertel der Personalratsmitglieder oder die Mehrheit einer Gruppe beantragt. Ein ordnungsgemäßer Antrag kann vom Personalrat nicht mit Stimmenmehrheit abgelehnt werden.[81] Wird dieser Antrag gestellt, so hat der Personalrat die beratende Teilnahme zu gestatten und der Vorsitzende den benannten Beauftragten zur nächsten Sitzung einzuladen. Das Teilnahmerecht bezieht sich auf die gesamte Sitzung einschließlich der Abstimmung. Die Dienststelle hat gemäß § 3 Abs. 4 dem Beauftragten Zutritt zur Dienststelle zu gewähren. Einer Gewerkschaft, die zwar in der Dienststelle, nicht aber im Personalrat vertreten ist, kann auch fallweise die beratende Teilnahme an der Personalratssitzung oder aus Anlass eines Tagesordnungspunktes gestattet werden, die Teilnahme kann aber nicht mit einem Antrag nach Absatz 1 erzwungen werden. 2

Abs. 2: Mitglieder der Stufenvertretungen sowie Mitglieder des Gesamtpersonalrats können auf Beschluss des Personalrats mit beratender Stimme an den Sitzungen teilnehmen. Eine solche Hinzuziehung steht im Ermessen des Personalrats, der auch über die Zahl der einzuladenden Mitglieder der Stufenvertretung und des Gesamtpersonalrats zu entscheiden hat. 3

§ 33

(1) Die Beschlüsse des Personalrats werden mit einfacher Stimmenmehrheit der anwesenden Mitglieder gefasst. Stimmenthaltungen bleiben bei der Ermittlung der Mehrheit außer Betracht. Bei Stimmengleichheit ist ein Antrag abgelehnt.

(2) Der Personalrat ist nur beschlussfähig, wenn mindestens die Hälfte seiner Mitglieder anwesend ist; Stellvertretung durch Ersatzmitglieder ist zulässig.

Die Meinungs- und Willensbildung des Personalrats findet ausschließlich durch Beschlüsse statt, die in der Sitzung zu fassen sind. Durch sie äußert sich der Personalrat gegenüber Dienststelle und Beschäftigten. 1

Abs. 1: Beschlüsse des Personalrats werden mit einfacher Stimmenmehrheit gefasst. Für die Durchführung der Beschlussfassung gibt es keine Formvorschriften, jedoch kann die Geschäftsordnung (§ 38) für die geheime Abstim- 2

80 Vgl. BAG 28.2.1990 – 7 ABR 22/89, NZA 1990, 660.
81 OVG NRW 8.5.1995 – 1 A 146/92.PVL, PersR 1996, 202.

mung Formalien vorsehen. Der Personalrat kann zudem mit der Mehrheit der Anwesenden besondere Formvorschriften für die Abstimmung im Einzelfall beschließen.

Ein Beschluss ist gefasst, wenn er die Stimmenmehrheit der anwesenden Personalratsmitglieder erreicht. Es muss nach Absatz 2 mindestens die Hälfte der Mitglieder anwesend sein, ansonsten ist der Personalrat nicht beschlussfähig.

In Gruppenangelegenheiten ist § 34 zu beachten.

Abstimmungsteilnehmer sind die anwesenden ordentlichen Mitglieder des Personalrats und die für verhinderte Mitglieder hinzugezogenen Ersatzmitglieder sowie in den Fällen des § 36 Abs. 2 die gesamte Jugend- und Auszubildendenvertretung.

Beschlüsse können nur auf einer Sitzung gefasst werden, eine Beschlussfassung im Umlaufverfahren oder durch telefonische Abfrage ist nichtig.

3 Zur Gültigkeit von Beschlüssen des Personalrats ist erforderlich, dass zu der Sitzung rechtzeitig unter Angabe der Tagesordnung eingeladen worden ist. Erfolgt keine Bekanntgabe der Tagesordnungspunkte, so kann nur abgestimmt und wirksam beschlossen werden, wenn der Personalrat beschlussfähig erschienen ist und alle anwesenden Personalratsmitglieder vorab einstimmig ihr Einverständnis zur Beratung und Beschlussfassung über diesen Tagesordnungspunkt erklärt haben.[82]

Die Stimmen von Personalratsmitgliedern, die sich der Stimme enthalten – also weder mit Ja noch mit Nein stimmen – sind so zu behandeln, als wären sie gar nicht abgegeben worden. Sie bleiben bei der Ermittlung der Mehrheit außer Betracht.

Anwesenheit bei der Abstimmung darf demjenigen Personenkreis erlaubt werden, der entweder abstimmungsberechtigt ist – ordentliche Personalratsmitglieder, Ersatzmitglieder, die Jugend- und Auszubildendenvertretung (JAV) gemäß § 36 Abs. 2 – oder denen eine beratende Teilnahme an der Personalratssitzung im Einzelfall zusteht (ein Vertreter der JAV und die Vertrauensperson der Schwerbehindertenvertretung gemäß § 36 Abs. 1, Gewerkschaftsbeauftragte gemäß § 32 Abs. 1). Anderen, wie z. B. sachkundigen Personen (§ 31 Abs. 2), dem Dienststellenleiter oder Arbeitgeberverbandsvertretern (§ 30 Abs. 4), ist die Teilnahme nicht zu gestatten. Ein Verstoß gegen die Nichtöffentlichkeit macht einen Personalratsbeschluss nur dann unwirksam, wenn durch die unberechtigte Anwesenheit ein Einfluss auf den Inhalt des zustande gekommenen Beschlusses nicht auszuschließen ist.

4 Personalratsmitglieder, die ein eigenes Interesse an dem Beschluss haben und unmittelbar[83] betroffen sind, sind aufgrund Befangenheit aus rechtli-

---

82 OVG NRW 27.4.2015 – 20 A 122/14.PVB, PersR 12/2015, 54; vgl. zum BetrVG: BAG 22.1.2014 – 7 AS 6/13, PersR 2014, 267.

83 Vgl. BAG 24.4.2013 – 7 ABR 82/11, ZTR 2013, 523.

chen Gründen daran gehindert, an der Beschlussfassung teilzunehmen (vgl. § 43 Rn. 4). An der Teilnahme an einer Beschlussfassung des Personalrats über die Besetzung einer Stelle ist ein Personalratsmitglied auch dann gehindert, wenn es sich selbst um diese Stelle beworben hatte, aber nicht ausgewählt wurde. Wirkt das Mitglied dennoch an der Beschlussfassung mit, ist der Personalratsbeschluss unwirksam.[84]

Beschlüsse des Personalrats können abgeändert werden, solange sie noch keine Außenwirkung erlangt haben. Ist jedoch ein Beschluss des Personalrats – z. B. in einer mitbestimmungspflichtigen Angelegenheit – dem Dienststellenleiter bereits mitgeteilt worden, so ist ein Abänderungsbeschluss nicht mehr möglich. Allerdings können Beschlüsse, mit denen die Zustimmung zu einer mitbestimmungspflichtigen Angelegenheit verweigert worden ist, durch einen späteren Beschluss über die Zustimmung korrigiert werden. Beschlüsse des Personalrats können im Falle ihrer Ungültigkeit oder Nichtigkeit gerichtlich angefochten werden. 5

Abs. 2: Der Personalrat kann Abstimmungen nur wirksam durchführen, wenn mindestens die Hälfte seiner gesetzlich vorgesehenen Mitgliederzahl (§ 13 Abs. 3) bei der Abstimmung anwesend ist. Für verhinderte Personalratsmitglieder können Ersatzmitglieder geladen werden. 6

§ 34

(1) Über die gemeinsamen Angelegenheiten der Gruppen wird vom Personalrat gemeinsam beraten und beschlossen. Die in § 72 Absatz 2 bezeichneten Angelegenheiten gelten auch dann als gemeinsame Angelegenheiten, wenn sie nur einzelne Beschäftigte betreffen.

(2) Über Angelegenheiten, die lediglich die Angehörigen einer Gruppe betreffen, wird nach gemeinsamer Beratung vom Personalrat beschlossen, sofern die Mehrheit der Mitglieder der betreffenden Gruppe nicht widerspricht; bei Widerspruch beschließen nur die Mitglieder der Gruppe. Satz 1 gilt entsprechend für Angelegenheiten, die lediglich die Angehörigen von zwei Gruppen betreffen.

Grundsätzlich berät und beschließt der Personalrat als Gremium über Angelegenheiten, die Beschlüsse erfordern; dies ist Ausdruck der gemeinsamen Verantwortung durch einheitlichen Beschluss aller Personalratsmitglieder. 1

Abs. 1: Einer Abstimmung im Personalrat hat stets eine Beratung der Angelegenheit vorauszugehen. Diese hat bei allen Tagesordnungspunkten ein- 2

84 BVerwG 19. 10. 2015 – 5 P 11.14, PersV 2016, 137.

heitlich innerhalb der Sitzung durch Rede und Gegenrede stattzufinden. Nach Gruppen getrennte Beratungen sieht das Gesetz nicht vor.
Als gemeinsame Angelegenheiten gelten die in § 72 Abs. 2 bezeichneten sozialen Angelegenheiten auch dann, wenn sie einen einzelnen Beschäftigten betreffen, also z. B. ein Beschluss über die Zustimmung zur Gewährung eines Darlehens, Zuweisung und Kündigung einer Dienstwohnung oder von Dienst- und Pachtland.

3 **Abs. 2:** Gruppenangelegenheiten sind nur solche außerhalb des Kataloges des § 72 Abs. 2, die für einen Gruppenangehörigen einer im Personalrat vertretenen Gruppe von unmittelbarem und materiellem Interesse sind. Keine Gruppenangelegenheiten sind daher die Angelegenheiten der Gruppenvertreter im Personalrat, organisatorische Angelegenheiten und solche, die die Beschäftigten der Gruppe nur formal berühren oder für ihre Rechtsstellung gegenüber Arbeitgeber und Dienstherrn von keiner oder nur geringer Bedeutung sind. Angelegenheiten sind im Übrigen nur solche, die unter den beteiligungspflichtigen Angelegenheiten der §§ 72–77 aufgeführt sind.
Gruppenangelegenheiten in diesem Sinne können daher nur dann vorliegen, wenn es sich um unmittelbare Interessen von Beschäftigten im Sinne von §§ 72 Abs. 1, 74 handelt.[85] Die übrigen in Betracht kommenden Beteiligungsangelegenheiten berühren die Rechtsstellung von Gruppenangehörigen jedenfalls nicht unmittelbar. Nach Satz 2 gelten die in § 72 Abs. 2 benannten sozialen Angelegenheiten auch dann als gemeinsame Angelegenheiten, wenn sie nur einen einzelnen Beschäftigten betreffen. Daraus folgt zugleich, dass Gruppenangelegenheiten nur solche sein können, die einen einzelnen Beschäftigten in seinen Rechten betreffen können.
In Gruppenangelegenheiten wird zunächst – wie in allen anderen Angelegenheiten auch – gemeinsam beraten und beschlossen. Ein Gruppenbeschluss über die Angelegenheit ist nur dann zu treffen, wenn die Mehrheit der Gruppe in Bezug auf die zu beratende Angelegenheit widerspricht. Vorrats- oder generelle Beschlüsse sind unwirksam. Der Widerspruch ist gegenüber dem Personalrat zu erklären, Gruppenmitteilungen an den Dienststellenleiter sind unbeachtlich. Hat die gemeinsame Beratung und Beschlussfassung stattgefunden, ist ein nachträglicher Widerspruch nicht mehr möglich.[86] Bei Widerspruch beschließen nur die Vertreter der Gruppe, ihr Beschluss gilt als Personalratsbeschluss. Der Gruppenbeschluss über das Verlangen der getrennten Abstimmung muss – ebenso wie die Beschlussfassung über die Gruppenangelegenheit selbst – auf der Personalratssitzung gefasst werden. Gruppensitzungen sieht das Gesetz nicht vor, sie sind unzulässig. Die Beschlussfähigkeit des Personalrats gemäß § 33 Abs. 2 muss auch während des Gruppenbeschlusses vorhanden sein.

---

85 Vgl. OVG NRW 14. 10. 1991 – CL 14/89, PersR 1992, 160.
86 OVG NRW 10. 2. 1999 – 1 A 800/97.PVL, PersR 1999, 316.

Eine Gruppenangelegenheit kann auch die Angehörigen beider Gruppen betreffen, wobei Voraussetzung ist, dass – wie oben geschildert – beide in der gleichen unmittelbaren und materiellen Form betroffen sind.

§ 35

(1) Erachtet die Mehrheit der Mitglieder einer Gruppe oder der Jugend- und Auszubildendenvertretung einen Beschluss des Personalrats als eine erhebliche Beeinträchtigung wichtiger Interessen der durch sie vertretenen Beschäftigten, so ist auf ihren Antrag der Beschluss auf die Dauer einer Woche vom Zeitpunkt der Beschlussfassung an auszusetzen. In dieser Frist soll, gegebenenfalls mit Hilfe der unter den Mitgliedern des Personalrats oder der Jugend- und Auszubildendenvertretung vertretenen Gewerkschaften, eine Verständigung versucht werden.
(2) Die Antragsteller können verlangen, dass an der nach Ablauf der Aussetzungsfrist stattfindenden Sitzung des Personalrats, in der über die Angelegenheit neu zu beschließen ist, eine beauftragte Person der von ihnen benannten und unter den Mitgliedern des Personalrats vertretenen Gewerkschaft mit beratender Stimme teilnimmt. Wird der erste Beschluss bestätigt, so kann der Antrag auf Aussetzung nicht wiederholt werden.
(3) Die Absätze 1 und 2 gelten entsprechend, wenn die Schwerbehindertenvertretung einen Beschluss des Personalrats als eine erhebliche Beeinträchtigung wichtiger Interessen der schwerbehinderten Beschäftigten erachtet.

Die Aussetzung eines Personalratsbeschlusses ermöglicht es, die Interessen 1
einer Gruppe gegenüber dem Personalrat – auch mit Hilfe von Gewerkschaftsbeauftragten – zur Geltung zu bringen und diesen zu neuem Nachdenken und erneuter Beschlussfassung zu zwingen.

Abs. 1: Ein Antrag auf Aussetzung eines gefassten Personalratsbeschlusses 2
kann von der Mehrheit einer Gruppe, von der Jugend- und Auszubildendenvertretung oder von der Schwerbehindertenvertretung (§ 35 Abs. 3) gestellt werden.

Voraussetzung ist, dass eine erhebliche Beeinträchtigung wichtiger Interessen der durch die Antragsteller vertretenen Beschäftigten geltend gemacht wird. Welche wichtigen Interessen durch den beanstandeten Beschluss berührt werden, muss wenigstens stichwortartig begründet werden. Es genügt im Übrigen die Behauptung, dass eine erhebliche Beeinträchtigung solcher Interessen vorliegt.

Ein solcher Aussetzungsantrag kann sich auf gemeinsame wie auf Gruppenbeschlüsse des Personalrats beziehen. Eine Gruppe kann jedoch nicht einen eigenen Gruppenbeschluss beanstanden. Allerdings kann bei Gruppenbe-

schlüssen die andere Gruppe Aussetzungsanträge in Bezug auf diesen Gruppenbeschluss stellen.
Mit Blick darauf, dass ein Beschluss lediglich für die Dauer von einer Woche ab Beschlussfassung auszusetzen ist, empfiehlt es sich, dass die Antragsberechtigten den Aussetzungsantrag frühzeitig, möglichst noch in der betreffenden Personalratssitzung stellen. Nach Ablauf der Wochenfrist wäre eine Aussetzung des Personalratsbeschlusses nicht mehr möglich. Die Beschlussfassung der Gruppe kann nur in der Personalratssitzung erfolgen, Gruppensitzungen sind im Gesetz nicht vorgesehen und unzulässig. Die Beschlussfähigkeit des Personalrats nach § 33 Abs. 2 muss auch bei solchen Gruppenbeschlüssen vorhanden sein.

3 Der Antrag auf Aussetzung bewirkt die Verpflichtung des Personalrats, den Vollzug des beanstandeten Beschlusses für eine Woche auszusetzen. Ein Nachprüfungsrecht, ob die Voraussetzungen des Absatzes 1 vorliegen, hat der Personalrat nicht. Innerhalb dieser Woche ist zwischen Personalrat und Antragstellern ein Verständigungsversuch zu unternehmen. Dazu kann die Hilfe der unter den Mitgliedern des Personalrats bzw. der Jugend- und Auszubildendenvertretung vertretenen Gewerkschaft in Anspruch genommen werden. Sowohl Antragsteller wie Personalrat können die Hilfe und Vermittlung eines Gewerkschaftsbeauftragten erbitten. Es muss sich allerdings um eine Gewerkschaft handeln, die im Personalrat bzw. der Jugend- und Auszubildendenvertretung – wenn diese die Aussetzung veranlasst hatte – vertreten ist (§ 35 Abs. 1 Satz 2). Durch die Novelle 2011 wurde in § 66 Abs. 2 Satz 4 die Verlängerung der Stellungnahmefrist für den Personalrat in Mitbestimmungsangelegenheiten um eine Woche im Falle eines Aussetzungsantrages wieder eingeführt.

4 **Abs. 2:** Bleibt der Verständigungsversuch ergebnislos, ist die vorsitzende Person des Personalrats gehalten, unmittelbar nach Ablauf der Aussetzungsfrist eine Personalratssitzung durchzuführen und neu über die Angelegenheit beschließen zu lassen. Sinnvoll ist, unmittelbar bei Bekanntgabe der Aussetzung des Beschlusses eine Personalratssitzung für den Tag nach Ablauf der Frist des Abs. 1 anzuberaumen. Dazu kann von den Antragstellern die beratende Teilnahme eines Gewerkschaftsbeauftragten verlangt werden. Es muss sich um einen Vertreter einer Gewerkschaft handeln, die im Personalrat vertreten ist.
Beschließt der Personalrat erneut und bestätigt seinen ersten Beschluss, kann ein Aussetzungsantrag nicht wiederholt werden. Jedoch kann ein abgeänderter Beschluss erneut Gegenstand eines Aussetzungsantrages sein.

5 **Abs. 3:** Die Schwerbehindertenvertretung, die nach § 36 mit beratender Stimme aber ohne Stimmrecht an allen Sitzungen des Personalrats teilnehmen kann, ist ebenfalls berechtigt, Aussetzungsanträge zu stellen, wenn der von ihr beanstandete Beschluss nach ihrer Auffassung eine erhebliche Beeinträchtigung wichtiger Interessen der durch sie vertretenen schwerbehinder-

ten Beschäftigten darstellt. Die Vorschrift gibt § 95 (ab 1.1.2018: § 178) Abs. 4 Satz 2 SGB IX wortgleich wieder.
Personalrat Sitzungen abhält.

Abs. 2: Die Personalratssitzungen finden grundsätzlich nicht öffentlich statt. 3
Es dürfen also nur die im Gesetz ausdrücklich aufgeführten Personen an der Sitzung teilnehmen.

Jedoch kann der Personalrat sowohl dem Büropersonal (zur Anfertigung des Sitzungsprotokolls) als auch sachkundigen Personen die Teilnahme an der Sitzung gestatten. Sachkundige Personen können dienststellenangehörige Beschäftigte, aber auch dienststellenfremde Personen sein. Die vom OVG NRW[87] für erforderlich gehaltene Mitbeurteilung des Dienststellenleiters bei Hinzuziehung von sachkundigen Mitarbeitern der Dienststelle widerspricht dem Gesetzeswortlaut und dem Recht des Personalrats auf Selbstinformation. Eine Verletzung des Grundsatzes der Nichtöffentlichkeit der Personalratssitzungen kann jedoch dazu führen, dass Personalratsbeschlüsse unwirksam sind.

§ 36

(1) Ein Mitglied der Jugend- und Auszubildendenvertretung, das von dieser benannt wird, und die Schwerbehindertenvertretung können an allen Sitzungen des Personalrats beratend teilnehmen; auf Beschluss des Personalrats können weitere Mitglieder teilnehmen. Der Vertrauensmann der Zivildienstleistenden kann an Sitzungen beratend teilnehmen, wenn Angelegenheiten behandelt werden, die auch die Dienstleistenden betreffen.
(2) Die gesamte Jugend- und Auszubildendenvertretung kann an Sitzungen des Personalrats, in denen Angelegenheiten behandelt werden, die besonders Beschäftigte im Sinne von § 55 Abs. 1 betreffen, teilnehmen und bei Beschlüssen mitstimmen.

Die Rechte der Jugend- und Auszubildendenvertretung und der Schwerbe- 1
hindertenvertretung gegenüber dem Personalrat hängen in ihrer Reichweite davon ab, ob der Personalrat sich mit Fragen gerade desjenigen Personenkreises befasst, deren Rechte diese Vertreter im Personalrat zur Geltung zu bringen haben. Mit Aussetzung der Wehrpflicht zum 1.7.2011 endeten auch die letzten – freiwillig verlängerten – Zivildienstverhältnisse am 31.12.2011. Stattdessen trat am 28.4.2011 das Bundesfreiwilligendienstgesetz (BFDG) in Kraft; es folgte die Bundesverordnung über die Wahl der Sprecherinnen und Sprecher der Freiwilligen des Bundesfreiwilligendienstes (BFD-WahlV) vom 19.3.2013. Satz 2 ist damit obsolet.

87 Entscheidung vom 13.8.1996 – 1 A 91/95.PVL, PersR 1997, 173.

2 **Abs. 1:** Ein Mitglied der Jugend- und Auszubildendenvertretung und der Schwerbehindertenvertretung bzw. die Vertrauensperson der schwerbehinderten Menschen haben ein Teilnahme- und Beratungsrecht an sämtlichen Sitzungen des Personalrats. Dementsprechend hat der Personalratsvorsitzende beide zu allen Sitzungen einzuladen und ihnen die Teilnahme und die Beratung zu sämtlichen Tagesordnungspunkten zu gestatten. Sie haben auch ein Anwesenheitsrecht bei Abstimmungen.

Die Jugend- und Auszubildendenvertretung kann frei entscheiden, welches ihrer Mitglieder sie als Vertreter zur Personalratssitzung entsendet, der Beschluss ist dem Personalratsvorsitzenden mitzuteilen.

3 Durch Beschluss des Personalrats können weitere Jugend- und Auszubildendenvertretungsmitglieder zur Sitzung des Personalrats zugelassen werden. Der Beschluss steht im freien Ermessen des Personalrats. Eine solche Teilnahme weiterer JAV-Mitglieder ist dann zweckmäßig, wenn Angelegenheiten vom Personalrat beraten werden, die nicht unter Absatz 2 fallen, aber gleichwohl mittelbare Auswirkungen von Gewicht auf die jugendlichen Beschäftigten haben können (z. B. wenn die Stellenplanberatungen sich unmittelbar auf die Chance zur Einstellung von Auszubildenden bzw. für ihre Übernahme nach Ende der Ausbildung auswirken).

Der Vertrauensmann der Zivildienstleistenden hatte ein nur eingeschränktes Teilnahmerecht. Die Freiwilligen gemäß BFDG wählen Sprecherinnen und Sprecher nach Maßgabe der BFD-WahlV, die ihre Interessen gegenüber den Einsatzstellen u. a. vertreten (§ 10 BFDG). Diesen dürfte ein solches Teilnahmerecht an den Sitzungen des Personalrats nicht zustehen.

4 **Abs. 2:** Die gesamte Jugend- und Auszubildendenvertretung hat ein Teilnahme- und Stimmrecht, wenn der Personalrat Angelegenheiten behandelt, die »besonders« Beschäftigte im Sinne des § 55 Abs. 1 betreffen. Das ist der Personenkreis, der zur Jugend- und Auszubildendenvertretung wahlberechtigt ist, nämlich jugendliche Beschäftigte bis zur Vollendung des 18. Lebensjahres sowie Auszubildende, Beamtenanwärter und Praktikanten ohne Rücksicht auf ihr persönliches Alter.

»Besonders« dieser Personenkreis ist betroffen, wenn der Personalrat über Angelegenheiten beschließt, die in § 61 Abs. 2 Satz 2 genannt sind, also über beteiligungspflichtige Angelegenheiten des vorgenannten Personenkreises aus den §§ 72 bis 75. Dazu zählen auch beteiligungspflichtige Angelegenheiten bezüglich der Ausbildung und der Ausbilder.

§ 37

(1) Über jede Verhandlung des Personalrats ist eine Niederschrift aufzunehmen, die mindestens den Wortlaut der Beschlüsse und die Stimmenmehrheit, mit der sie gefaßt sind, enthält. Die Niederschrift ist von der vorsitzenden Person und einem weiteren Mitglied zu unterzeichnen und

dem Personalrat in der nächsten Sitzung zur Genehmigung vorzulegen. Der Niederschrift ist eine Anwesenheitsliste beizufügen, in die sich jede Teilnehmerin und jeder Teilnehmer eigenhändig einzutragen hat.

(2) Hat die Dienststelle an der Sitzung teilgenommen, so ist ihr der entsprechende Teil der Niederschrift in Abschrift zuzuleiten. Das gleiche gilt für Beauftragte von Gewerkschaften, die an der Sitzung teilgenommen haben. Einwendungen gegen die Niederschrift sind unverzüglich schriftlich zu erheben und der Niederschrift beizufügen.

Das Protokoll der Sitzung des Personalrats ist dasjenige Dokument, aus dem 1 sich ergibt, worüber der Personalrat beraten und abgestimmt hat und wie das Abstimmungsergebnis lautet. Zugleich und insbesondere dient es dem Nachweis, dass eine ordnungsgemäße Beschlussfassung stattgefunden hat.

Abs. 1: Das Personalratsprotokoll muss über jede »Verhandlung« des Personalrats angefertigt werden. Trotz dieses abweichenden Wortlauts bezieht sich die Vorschrift jedoch nur auf die Sitzungen des Personalrats, da in anderen Verhandlungen, wie z.B. im Vierteljahresgespräch gemäß § 63 oder bei Erörterungen gemäß §§ 66 Abs. 3 und 69 Abs. 1 keine Beschlüsse zu fassen sind.

Das Gesetz sieht ein bloßes Ergebnisprotokoll vor. Der Mindestinhalt einer solchen Niederschrift ist der Wortlaut der Beschlüsse und die Stimmenmehrheit, mit der sie gefasst sind. Der Personalrat kann jedoch im Einzelfall oder durch Geschäftsordnung (§ 38) beschließen, dass über den bloßen Wortlaut der Beschlüsse hinaus der Verlauf der Beratung mit aufgenommen wird. In einem gewissen Widerspruch zu dieser Vorschrift steht das Verlangen des OVG NRW[88], dass im Falle eines Übergehens der stärksten Liste bei Freistellungsentscheidungen im Sinne des § 42 Abs. 3 zu protokollieren sei, dass den Personalratsmitgliedern die Gründe dafür bekanntgegeben wurden und auch Gegenstand der Abstimmung gewesen sind.

Der Personalrat kann entweder aus seinen Reihen einen Schriftführer bestel- 2 len, der während der Sitzung die Protokollierung vornimmt und anschließend eine Verhandlungsniederschrift verfasst. Das kann aber auch durch das Büropersonal geschehen, das gemäß § 31 Abs. 2 zu diesem Zwecke an der gesamten Sitzung teilnehmen kann.

Die Unterzeichnung des Sitzungsprotokolls hat durch die vorsitzende Person und ein weiteres Personalratsmitglied zu erfolgen. Beizufügen ist der Niederschrift eine Anwesenheitsliste, in die sich alle Teilnehmer – gleichgültig ob Personalratsmitglieder, Jugend- und Auszubildendenvertreter, die Vertrauensperson der schwerbehinderten Menschen, Gewerkschaftsbeauf-

88 OVG NRW 7.8.1998 – 1 A 6489/96.PVL, PersR 1999, 307.

tragte, Dienststellenleiter oder Vertreter sowie Arbeitgeberverbandsvertreter – eigenhändig einzutragen haben.
Die so gefertigte Niederschrift ist dem Personalrat in der jeweils nächsten Sitzung zur Genehmigung vorzulegen. Bei dieser Gelegenheit können Einwendungen gegen die Richtigkeit des Protokolls von den anwesenden Personalratsmitgliedern sogleich erhoben werden. Die Protokolle werden sodann vom Personalratsvorsitzenden im Rahmen der laufenden Geschäfte aufbewahrt. Die Geschäftsordnung kann vorsehen, dass auf Antrag Personalratsmitglieder Ablichtungen von Sitzungsprotokollen erhalten. Datenschutzrechtliche Bedenken stehen dem nicht im Wege. Ein Rechtsanspruch darauf besteht ohne Regelung in der Geschäftsordnung jedoch nicht.[89]

3 **Abs. 2:** Soweit der Dienststellenleiter oder Gewerkschaftsbeauftragte an der Sitzung teilgenommen hat bzw. haben, erhalten sie den entsprechenden Teil der Niederschrift abschriftlich.
Einwendungen gegen die Richtigkeit der Niederschrift können sowohl vom Dienststellenleiter wie vom Gewerkschaftsbeauftragten, aber auch von allen anderen Sitzungsteilnehmern beim Personalrat erhoben werden. Das hat unverzüglich und schriftlich zu geschehen. Dem Personalrat ist es freigestellt, ob er diese Einwendungen beraten und ihnen entsprechen will oder ob er diese Einwendungen ohne weitere Beratung der Sitzungsniederschrift beifügt.

§ 38

Sonstige Bestimmungen über die Geschäftsführung können in einer Geschäftsordnung getroffen werden, die der Personalrat mit der Mehrheit der Stimmen seiner Mitglieder beschließt.

1 Die Geschäftsordnung soll die Personalratstätigkeit besser organisieren und erleichtern helfen. Es können jedoch keine vom Gesetz abweichenden Regelungen getroffen werden. Eine Verpflichtung des Personalrats, eine Geschäftsordnung zu beschließen, besteht nicht. Die Beschlussfassung über eine Geschäftsordnung ist eine gemeinsame Angelegenheit im Sinne des § 34 Abs. 1.

1a In Abweichung zu § 33 Abs. 1 bedarf es für den Erlass einer Geschäftsordnung der Mehrheit der Stimmen der Personalratsmitglieder, mithin einer »absoluten Mehrheit«. Auf die Anzahl der anwesenden Mitglieder kommt es nicht an.

---

89 VG Düsseldorf 10.6.1999 – 34 K 2286/99.PVL, PersR 2000, 521.

Eine einmal beschlossene Geschäftsordnung gilt nur für die jeweilige Amtszeit, sie muss bei Beginn der Amtsperiode jeweils neu beraten und beschlossen werden. 2

Die beschlossene Geschäftsordnung bindet Personalrat wie Personalratsmitglieder. Im Innenverhältnis besteht ein Anspruch auf Einhaltung der Geschäftsordnung, so dass sowohl der Personalrat als auch einzelne seiner Mitglieder die Einhaltung der Geschäftsordnung ggf. gerichtlich geltend machen können. 3

§ 39

(1) Der Personalrat kann Sprechstunden während der Arbeitszeit einrichten. Die Zeit und den Ort bestimmt er im Benehmen mit der Dienststelle.
(2) Versäumnis von Arbeitszeit, die zur Inanspruchnahme des Personalrats erforderlich ist, hat keine Minderung der Bezüge oder des Arbeitsentgelts zur Folge.

Die Sprechstunde ist der Ort und die Gelegenheit, bei der der einzelne Beschäftigte sich beim Personalrat über ihn interessierende und ihn betreffende Fragen unterrichten und beraten lassen kann. 1

Abs. 1: Ob überhaupt und in welchem Umfang Sprechstunden eingerichtet werden, liegt im freien Ermessen des Personalrats. Darüber ist durch Beschluss zu entscheiden. 1a

Der Personalrat kann regelmäßige und feste Sprechstunden vorsehen, aber auch statt oder neben diesen bedarfsweise Sprechstunden – auch für bestimmte Beschäftigtengruppen oder aus besonderen Anlässen – einrichten.

Dem Ermessen des Personalrats unterliegt auch die Entscheidung, welches seiner Mitglieder die Sprechstunden abhält.

Zeit und Ort der Sprechstunde bestimmt der Personalrat. Zwar sind nach Satz 2 die Zeit und der Ort der Sprechstunden im »Benehmen« mit der Dienststelle zu bestimmen. Dies bedeutet jedoch nicht, dass der Beschluss des Personalrats an die Zustimmung der Dienststelle gebunden ist. Der Personalrat muss sich vielmehr nur mit dem Dienststellenleiter abstimmen.[90] Der Personalrat soll also die Belange des Dienstbetriebs bei der Festsetzung der Zeiten und des Ortes der Sprechstunden im Auge haben. Kommt dennoch ein Konsens nicht zustande, kann der Personalrat an seinem Beschluss festhalten und die Sprechstunde wie vorgesehen durchführen. Es wäre dann Sache des Dienststellenleiters, die aus seiner Sicht dem gewählten Ort oder 1b

90 BVerwG 12.12.2005 – 6 P 7.05, PersV 2006, 145.

der gewählten Zeit entgegenstehenden dienstlichen Belange im Rahmen eines gerichtlichen Beschlussverfahrens zur Geltung zu bringen.[91] Es ist gerade kein »Einvernehmen«, mithin keine Zustimmung der Dienststelle, erforderlich.

Über die Einzelheiten der Durchführung von Sprechstunden ist der Abschluss einer Dienstvereinbarung nach § 70 Abs. 1 zulässig. Infolge der Änderung des § 70 Abs. 4 Satz 2 hat eine solche Dienstvereinbarung nach Ablauf infolge Befristung und Kündigung keine Nachwirkung.

2 **Abs. 2:** Die Sprechstunden werden während der dienststellenüblichen Arbeitszeit abgehalten. Die Beschäftigten, die die Sprechstunden während ihrer persönlichen Arbeitszeit aufsuchen, dürfen dadurch keine Nachteile erleiden. Finanzielle Nachteile sind durch die gesetzliche Anordnung ausgeschlossen, dass die Teilnahme an der Sprechstunde keine Minderung der Bezüge oder des Arbeitsentgelts zur Folge haben darf. Eine Behinderung (§ 7 Abs. 1) der Personalratsarbeit wäre der Versuch des Dienststellenleiters, die Teilnahme an der Sprechstunde zu überwachen, registrieren zu lassen oder dazu aufzurufen, die Sprechstunden nicht in Anspruch zu nehmen.

§ 40

(1) Die durch die Tätigkeit des Personalrats entstehenden Kosten trägt die Dienststelle. Reisen, die zur Erfüllung von Aufgaben des Personalrats notwendig sind, sind der Dienststelle rechtzeitig vorher anzuzeigen. Mitglieder des Personalrats erhalten bei solchen Reisen Reisekostenvergütungen nach dem Landesreisekostengesetz. Bei Fahrten zu der Stelle, bei der der Personalrat gebildet worden ist, und bei Fahrten zu regelmäßigen Sitzungen bei einer anderen Stelle und täglicher Rückkehr zum Wohnort finden die Bestimmungen des Trennungsentschädigungsrechts keine Anwendung. Dienststelle und Personalrat können sich im Rahmen eines Budgets über die voraussichtlich anfallenden notwendigen Kosten verständigen; der Personalrat entscheidet im Rahmen des Budgets eigenverantwortlich.

(2) Zur Deckung der dem Personalrat als Aufwand entstehenden Kosten sind ihm Haushaltsmittel zur Verfügung zu stellen. Ihre Höhe ist unter Berücksichtigung der Zahl der in der Regel vorhandenen Beschäftigten zu bemessen; sie wird durch Rechtsverordnung der Landesregierung festgesetzt. Über die Verwendung der Mittel beschließt der Personalrat. Er hat sie auf Verlangen gegenüber der für die Rechnungsprüfung zuständigen Stelle nachzuweisen.

91 BVerwG 12.12.2005, a.a.O.

(3) Für die Sitzungen, die Sprechstunden und die laufende Geschäftsführung hat die Dienststelle im erforderlichen Umfang Räume, den Geschäftsbedarf und Büropersonal zur Verfügung zu stellen.
(4) Der Personalrat ist im Rahmen seiner Aufgaben nach diesem Gesetz berechtigt, die Beschäftigten über Angelegenheiten, die sie unmittelbar betreffen, schriftlich oder elektronisch zu unterrichten. Ihm sind in allen Dienststellen geeignete Plätze für Bekanntmachungen zur Verfügung zu stellen und die Möglichkeit einer elektronischen Bekanntmachung zu eröffnen.

Die Dienststelle hat generell alle durch die Personalratstätigkeit entstehenden Kosten zu tragen. Neben der Generalvorschrift in Absatz 1 Satz 1 finden sich Sondervorschriften über Reisen in Absatz 1 Satz 2–4, Sachmittel in Absatz 3 und Veröffentlichungsmöglichkeiten in Absatz 4. Die Verpflichtung, Bezüge und Löhne für die Zeit zu zahlen, in der Personalratsarbeit geleistet wird, ist in § 42 Abs. 2 besonders geregelt. 1

Abs. 1 Satz 1: Satz 1 sieht vor, dass die durch die Tätigkeit des Personalrats entstehenden Kosten von der Dienststelle zu tragen sind. Es findet sich zwar im Wortlaut keine Beschränkung auf die »notwendigen« Kosten. Jedoch besteht eine Kostentragungspflicht nur dann, wenn die vom Personalrat verursachten bzw. beabsichtigten Ausgaben einen Bezug zu den ihm vom LPVG zugewiesenen Aufgaben und Befugnissen haben. Die Kosten können also im Rahmen der durch Rechtsstellung und Geschäftsführung zugewiesenen Aufgaben entstehen sowie durch Wahrnehmung der Beteiligungsrechte der §§ 62 ff. 2

Darüber hinaus muss es sich um Ausgaben handeln, die der Personalrat für geboten, also für »erforderlich« erachten darf. Dabei hat der Personalrat ein eingeschränktes Ermessen.

Der Personalrat soll bei Verursachung von Kosten an das Gebot der Sparsamkeit bei der Verausgabung öffentlicher Mittel und den Grundsatz der Verhältnismäßigkeit gebunden sein, und darüber hinaus auf die Ansätze des Haushaltsplans Rücksicht nehmen.[92] Gleichwohl ist der Dienststellenleiter verpflichtet, sich um die Beschaffung ausreichender Mittel für den Personalrat zu bemühen und unter Beachtung des Grundsatzes des Gebots der Sparsamkeit dafür zu sorgen, dass die Arbeit des Personalrats nicht behindert wird.[93] Dadurch ist der Personalrat gehalten, der Dienststelle gegenüber vor Aufstellung des Haushaltsplans und Feststellung des für das folgende Haushaltsjahr benötigten Finanzbedarfs darzulegen, welche Finanzmittel benö- 3

92 So BVerwG 24.11.1986 – 6 P 3.85, PersR 1987, 84; 9.3.1992 – 6 P 11.90, PersR 1992, 243.
93 Vgl. BVerwG 26.2.2003 – 6 P 10.02, PersV 2003, 351; 29.6.1988 – 6 P 18.86, PersV 1988, 394.

tigt werden.[94] Außerdem nötigt die Rechtsprechung des BVerwG dazu, bei nicht vorhersehbaren Ausgaben der Dienststelle den unvorhersehbaren Mittelbedarf so rechtzeitig anzuzeigen, dass die dafür benötigten zusätzlichen Mittel nachbewilligt werden können. Das darf jedoch nicht dazu führen, dass dem Personalrat die Erledigung gesetzlich vorgesehener und vorgeschriebener Aufgaben unmöglich gemacht wird. Die Kostentragungspflicht ist weder davon abhängig, dass Haushaltsmittel vorhanden sind, noch endet sie bereits dann, wenn Haushaltsmittel erschöpft sind. Die Dienststelle muss auch ohne Antrag dafür Sorge tragen bzw. gewährleisten, dass für vorhersehbare und selbstverständliche Aufwendungen die entsprechenden Mittel vorhanden sind.[95]

4 Die Anordnung, dass die Personalratskosten von der Dienststelle zu »tragen« sind, bedeutet, dass eine Vorlage- und Vorschusspflicht des Personalrats nicht besteht und eine vorherige Genehmigung der Dienststelle vor Ausgaben verursachenden Beschlüssen nicht eingeholt werden muss.

Zu den zu tragenden Kosten zählen sowohl Kosten des einzelnen Personalratsmitgliedes wie Kosten des gesamten Gremiums. Von der Kostentragungspflicht umfasst sind auch Kosten der Personalversammlung (z. B. Raummieten, Druck des schriftlichen Tätigkeitsberichtes, Referate). Auch die dem Personalrat entstehenden Kosten durch Einigungsstellenverfahren (z. B. die Reisekosten externer Beisitzer) unterfallen grundsätzlich der Kostentragungspflicht.

5 Die Dienststelle hat außerdem die Kosten der Teilnahme von Personalratsmitgliedern an erforderlichen Schulungsveranstaltungen im Sinne des § 42 Abs. 5 zu tragen. Zu den zu tragenden Kosten zählen sämtliche im Zusammenhang mit derartigen Veranstaltungen anfallende Kosten, also die Dienstbezüge, Löhne und Gehälter, Reisekosten, Veranstaltungs-, Verpflegungs- und Übernachtungskosten.

Die Besuche erkrankter Beschäftigter oder die Teilnahme an Beisetzungen lösen dann die Kostentragungspflicht aus, wenn sie im Zusammenhang mit der Behandlung einer Beschwerde, der Übermittlung einer Benachrichtigung oder einer Unterlage (Lohnabrechnung) oder des Einholens einer Erkundigung im Namen eines Unfallberichtsbogens erfolgen, also einen Bezug zu den gesetzlichen Aufgaben des Personalrats haben.

Der Personalrat hat auch Anspruch darauf, dass die Kosten der Hinzuziehung eines Sachverständigen zur Vorbereitung und Durchführung seiner Aufgaben von der Dienststelle getragen werden, wenn dies für die Wahrnehmung insbesondere von Mitbestimmungsrechten unverzichtbar ist und der besondere Sachverstand des Sachverständigen mangels eigener Sachkunde

94 BVerwG 26. 2. 2003 – 6 P 10.02, PersR 2003, 276.

95 So VG Köln 8. 1. 1998 – 33 L 4426/97.PVB, PersR 1998, 32 für die Freistellung von Personalratsmitgliedern zur erstmaligen Teilnahme an Einführungsseminaren.

benötigt wird.[96] Allerdings verpflichten der Grundsatz der vertrauensvollen Zusammenarbeit und das auch für den Personalrat als Teil der Dienststelle geltende Gebot der sparsamen Haushaltsführung den Personalrat, die jeweils kostengünstigste Möglichkeit zu suchen. Der Personalrat muss bei pflichtgemäßer Würdigung der Umstände dazu kommen, dass der entstehende Aufwand zur Erfüllung seiner gesetzlichen Aufgaben erforderlich ist, wenn er eine sachverständige Person beauftragen will.[97]

Zu den von der Dienststelle zu tragenden Kosten gehören auch diejenigen, 6 die dem Personalrat zur Rechtsdurchsetzung entstehen. Das sind zunächst solche Kosten, die dadurch hervorgerufen werden, dass der Personalrat sich über die Rechtslage informiert und prüfen lässt, ob zur Wahrung seiner Rechte die Einleitung gerichtlicher Schritte erforderlich und erfolgversprechend ist. Die Einholung eines – z. B. anwaltlichen – Rates oder einer Auskunft gehört im Rahmen des Rechtes des Personalrats auf Selbstinformation zu den Befugnissen des Personalrats.[98] Die genannten Grundsätze zur Übernahme von Sachverständigenkosten (Rn. 5) sind aber auch in den Fällen anzuwenden, in denen der Personalrat außerhalb von gerichtlichen Beschlussverfahren den Rat einer Rechtsanwältin oder eines Rechtsanwalts in Anspruch nimmt.[99]

Auch die Kosten eines Verfahrensbevollmächtigten im Rahmen eines gerichtlichen Verfahrens zählen zu den von der Dienststelle zu erstattenden Kosten. Das gilt sowohl für solche Prozesse, die der Personalrat selbst aktiv führt, wie für Verfahren, an denen er passiv beteiligt ist. Diese Kostentragungspflicht gilt sowohl für Streitigkeiten zwischen Dienststelle und Personalrat, als auch für gerichtliche Streitigkeiten zwischen einzelnen Personalratsmitgliedern und dem Personalrat oder im Rahmen von Wahlanfechtungsverfahren, Ausschluss- oder Auflösungsanträgen gemäß § 25. Ausgeschlossen von der Kostentragungspflicht sind nur solche Verfahren, die mutwillig oder aus haltlosen Gründen in Gang gesetzt wurden.[100] Unerheblich ist, wie das Verfahren ausgeht.

Der Personalrat kann nicht auf die Möglichkeit einer Vertretung durch einen Gewerkschaftssekretär als kostengünstigere Alternative verwiesen werden. Die Erstattungspflicht besteht auch für die durch Erstattung einer Strafanzeige oder Erwirkung einer presserechtlichen Gegendarstellung entstehenden Anwaltskosten sowie für die Kosten der Teilnahme eines Personalrats-

96 BVerwG 8. 11. 1989 – 6 P 7.87, PersR 1990, 102; Welkoborsky, PersR 1991, 210.
97 Durchführungserlass vom 14. 3. 2013, Ziff. 5.
98 BVerwG 8. 11. 1989 – 6 P 7.87, PersR 1990, 102; OVG NRW 4. 3. 1993 – CL 25/89, PersR 1993, 400.
99 Durchführungserlass vom 14. 3. 2013, Ziff. 5.
100 Durchführungserlass vom 14. 3. 2013, Ziff. 5; OVG NRW 29. 11. 2000 – 1 A 5863/98.PVL, PersR 2001, 214.

mitglieds an einem Gerichtstermin. Auch die einem einzelnen Personalratsmitglied im Rahmen eines Beschlussverfahrens erwachsenen Kosten sind erstattungspflichtig.

7 **Abs. 1 Sätze 2 bis 5:** Reisen des Personalrats können aus zahlreichen Gründen erforderlich werden. Zur Erfüllung von Aufgaben des Personalrats notwendig sind solche Reisen, die einen Bezug zur gesetzlichen Tätigkeit des Personalrats haben, wie die Teilnahme an Schulungs- und Bildungsveranstaltungen, an Personalrätekonferenzen, Besprechungen mit Gewerkschaftsbeauftragten, den Aufsichtsbehörden für den Arbeits- und Gesundheitsschutz, die Durchführung von Sprechstunden, das Aufsuchen einer Stufenvertretung oder des Gesamtpersonalrates u. Ä. In Betracht kommen z. B. auch werktägliche Reisen des freigestellten Personalratsvorsitzenden von seiner Stammdienststelle zum Sitz des Personalrats oder zu unterschiedlichen Stellen im Bereich der Dienststelle.[101] Hinsichtlich der Art und Weise, wie der Personalrat oder das betreffende Personalratsmitglied eine ihm obliegende Aufgabe wahrnehmen will, insbesondere, ob zu ihrer Erfüllung eine Reise für erforderlich gehalten werden darf, besteht ein – wenn auch begrenzter – Beurteilungsspielraum. Dieser erstreckt sich auf die Ausführung der Reise, also insbesondere auf die Frage, ob nicht auf andere, kostensparendere Weise die Aufgaben des Personalrats hätten erfüllt werden können.[102] Daraus folgt, dass ein Personalratsmitglied bei seiner Entscheidung über die Durchführung einer Dienstreise das »Ob« und das »Wie« sorgfältig abzuwägen hat, sich aber letztlich dazu entschließen darf, was bei pflichtgemäßer Beurteilung der Sachlage erforderlich und vertretbar war. Das Personalratsmitglied hat den Standpunkt eines vernünftigen Dritten einzunehmen und die Interessen der Dienststelle auf der einen und die Interessen des Personalrats sowie seine eigenen Interessen auf der anderen Seite gegenüberzustellen.[103]

Solche Reisen sind dem Leiter der Dienststelle vorher rechtzeitig anzuzeigen.[104] Eine Genehmigungspflicht bzw. Anordnungspflicht, wie sie sonst für Reisen nach dem Landesreisekostengesetz erforderlich ist (§ 2 LRKG), entfällt. Die Höhe der Reisekosten bemisst sich nicht mehr nach der Höhe der Besoldungsgruppe, weshalb die Anknüpfung an die Reisevergütung für Beamte der Besoldungsgruppe A 15 entfallen ist. Es gelten die allgemeinen Bestimmungen des LRKG.

---

101 OVG NRW 9.6.2004 – 1 A 898/02.PVL, PersR 2004, 400; dazu auch BVerwG 21.5.2007 – 6 P 5.06, PersR 2007, 387.

102 Zu § 44 Abs. 1 BPersVG: OVG NRW 26.3.2013 – 20 A 878/12.PVB, PersV 2013, 345.

103 OVG NRW 26.3.2013, a. a. O.

104 Durchführungserlass vom 14.3.2013, Ziff. 6.1.

Nach Satz 4 erhält das Personalratsmitglied unabhängig davon, ob es vollumfänglich, teilweise oder gar nicht freigestellt ist, Reisekosten zu der Stelle, bei der der Personalrat gebildet ist.[105] Auch für Fahrten zu regelmäßigen Sitzungen bei einer anderen Stelle und täglicher Rückkehr zum Wohnort sind Reisekosten zu zahlen, aber keine Trennungsentschädigung. Die Vorschrift ist so zu verstehen, dass zwar keine Trennungsentschädigung beansprucht werden kann, jedoch die dem Personalratsmitglied durch diese Reisen entstehenden Kosten im Übrigen nach den Regeln des Landesreisekostengesetzes durch Erstattung von Reisekostenvergütung und Wegstreckenentschädigung zu zahlen sind.[106] 8

Durch die Novelle 2007 ist in Satz 5 neu vorgesehen, dass sich Dienststelle und Personalrat im Rahmen eines Budgets über die voraussichtlich anfallenden notwendigen Kosten verständigen können und der Personalrat sodann im Rahmen diese Budgets eigenverantwortlich entscheidet. Dadurch sollen[107] die Handlungsspielräume in den Dienststellen erweitert werden. Nach den Vorstellungen des Gesetzgebers soll dem Personalrat ein Budget zur Verfügung gestellt werden, »dem aufgrund einer prognostischen Beurteilung die notwendigen Kosten zugrunde liegen«. Dabei dürfte in erster Linie auf den finanziellen Aufwand in den vergangenen Jahren abzustellen sein. Eine Prüfung einer Kostenübernahme im Einzelfall soll dadurch entbehrlich und die Eigenverantwortlichkeit des Personalrats gestärkt werden.

Aus der Gesetzesbegründung ist zu entnehmen, dass für die Budgetierung nur solche Kosten in Betracht kommen, bei denen eine Kostenübernahme im Einzelfall überhaupt nötig ist. Laufende Kosten, z. B. für Bürobedarf, Büropersonal, Räume, sind daher einer Budgetierung nicht zugänglich. Sie wäre auch unzweckmäßig. Im Vordergrund dürften daher Reisekosten, Kosten für Seminarteilnahmen nach § 42 Abs. 5, fallweise entstehende sächliche Kosten sowie Kosten für Sachverständige stehen. In Betracht kommt jedoch auch, mit dem Personalrat per Dienstvereinbarung festzulegen, dass diesem die Verwaltung und der Betrieb einer Sozialeinrichtung im Sinne des § 72 Abs. 2 Nr. 5, wie der Kantine oder von Verpflegungsautomaten, überlassen wird. Hinsichtlich der dadurch entstehenden Kosten kann ebenfalls eine Budgetierung vereinbart werden, die es dem Personalrat erlaubt, eigenständig zu wirtschaften.

Bei der prognostischen Beurteilung der künftig benötigten und von der Dienststelle zur Verfügung zu stellenden Mittel dürfte allein der finanzielle Aufwand der vergangenen Jahre für eine Prognose noch nicht ausreichend sein. Als Maßstab hat die künftige Personalratstätigkeit zu dienen, wozu auch beabsichtigte Aktivitäten und Initiativen des Personalrats gehören,

---

105 Durchführungserlass vom 14. 3. 2013, Ziff. 6.3.

106 OVG NRW 9. 6. 2004 – 1 A 898/02.PVL, PersR 2004, 400.

107 So LT-Drucks. 14/4239, 91.

durch die Kosten entstehen können. Bezüglich der Kosten der Seminarteilnahme und der Reisekosten ist insbesondere zu berücksichtigen, dass der Aufwand nach einer Neuwahl deutlich höher ist als im letzten abgelaufenen Jahr der Amtszeit des Gremiums, und dass höhere Kosten für eine Seminarteilnahme auch dann entstehen, wenn Um- und Neustrukturierungen der Dienststelle bevorstehen, ein neues Tarifrecht oder wesentliche neue Gesetze in Kraft getreten sind. Die Verständigung über eine solche Budgetierung setzt voraus, dass eine genaue Bezeichnung der Gegenstände und Kosten, die vom Budget zu bestreiten sind, erfolgt sowie die genaue Höhe des zur Verfügung stehenden Betrages festgelegt wird. Dem Personalrat muss außerdem ein Nachbewilligungsanspruch für die Fälle zugebilligt werden, dass notwendige Kosten, für die keinerlei Voraussicht bestand, vom Budget nicht bestritten werden können. Eine Budgetierung darf nicht erfolgen, wenn Kosten nicht präzise ermittelt werden können. Diese kann sich stets nur auf das bevorstehende Haushaltsjahr erstrecken.

Kommt eine Budgetierung zustande, so entscheidet der Personalrat im Rahmen des Budgets eigenverantwortlich. Wird ihm ein Gesamtbudget zur Verfügung gestellt, kann er die bewilligten Gelder auch innerhalb der für die Budgetierung kalkulierten Einzelpositionen verändern und verschieben, also z. B. für Seminarteilnahmen mehr als prognostiziert ausgeben und die Mehrausgaben an anderer Stelle einzusparen suchen.

Im Falle einer Budgetierung ist es nicht zulässig, dass die Dienststelle eine nachträgliche Kontrolle der Einzelausgaben dadurch vornimmt, dass sie die tatsächliche Bereitstellung der Mittel überprüft und von entsprechenden Begründungen abhängig macht.

Allerdings hat der Personalrat durch entsprechende Rechenschaftslegung sicherzustellen, dass die ihm durch Budgetierung pauschal zur Verfügung gestellten Mittel nur für notwendige Kosten im Sinne des Absatzes 1 und nur für Aufgaben des Personalrats verausgabt werden.

Bestehende Regeln für die Verausgabung und Rechnungslegung sind auch für den Personalrat verbindlich und bei der Vereinbarung über die Budgetierung festzulegen.

9 **Abs. 2:** Dem Personalrat sind Aufwandsdeckungsmittel zur Verfügung zu stellen, deren Höhe nach der Zahl der Regelbeschäftigten zu bemessen ist (§ 1 Aufwandsdeckungsverordnung vom 28.4.2015, GV NRW 430). Die stattdessen auf den Stellenplan abstellende, ehemalige Regelung des § 1 Satz 2 AufwDeckV NRW a. F. wurde für rechtsunwirksam erklärt.[108] So betragen nunmehr die Aufwandsdeckungsmittel z. B. in Dienststellen zwischen 20 und 100 Beschäftigten 76,70 Euro jährlich (§ 1 Nr. 2 AufwDeckV NRW).

108 BVerwG 3.7.2013 – 6 P 2.13, ZTR 2013, 579.

Diese Mittel sollen den Aufwand des Personalrats für Repräsentation abdecken. Als Beispiele sind kleinere Geschenke oder Aufmerksamkeiten bei Gratulationen des Personalrats zu Dienstjubiläen oder herausgehobenen persönlichen Anlässen von Beschäftigten, kleinere Geschenke oder Aufmerksamkeiten bei Krankenbesuchen, Kranz- oder Blumenspenden im Todesfalle, Bewirtungen von Besprechungsteilnehmern mit Mitgliedern der Stufenvertretung oder Gewerkschaftsvertretern zu nennen. Diese Aufwandsdeckungsmittel werden nach Feststellung des Haushaltsplanes dem Personalrat ausgezahlt, er hat eine Nachweispflicht durch prüffähige Unterlagen bereitzuhalten und der für die Rechnungsprüfung zuständigen Stelle vorzulegen.[109]

Abs. 3: Geschäftsbedarf und Büropersonal ist dem Personalrat für seine Sitzungen, die Sprechstunden und die laufende Geschäftsführung zur Verfügung zu stellen. **10**

Der Begriff »Geschäftsbedarf« umfasst alle sächlichen Mittel, also insbesondere

- Räume für die Erledigung der laufenden Arbeiten des Personalrats, die Durchführung von Sitzungen, Sprechstunden und Personalversammlungen,[110]
- die Ausstattung dieser Räume mit Büromöbeln, Beleuchtung, Belüftung, Beheizung,
- Bereitstellung von Büromaterial, schreibtechnischer Ausrüstung, Briefpapier, Porto,
- Gesetzestexte, Kommentare und Fachzeitschriften,
- IT-Ausstattung bestehend aus Telefon (eigener Anschluss/Anrufbeantworter/Mailbox) und Telefax sowie PC mit entsprechender Software,
- ein Internet-Zugang mit E-Mail-Adresse und ein Intranet-Zugang sind zu eröffnen, wenn sie in der Dienststelle allgemein genutzt werden.[111]

Ein PC gehört zur Normalausstattung eines jeden Arbeitsplatzes und steht daher auch dem Personalrat und seinem Büropersonal zu. Der Umfang (Vernetzung) und die Ausstattung mit Hardware-Komponenten (Plotter, Scanner, CD-Rom-Laufwerk, ZIP-Laufwerk) und der entsprechenden Software hängen von den Arbeitserfordernissen des Personalrats ab. Maßgebend wird auch regelmäßig sein, welche Ausstattung die Dienststelle insoweit nutzt. Zur Auslegung kann auch der 2001 geänderte § 40 BetrVG herangezogen werden, der dem Betriebsrat nunmehr ausdrücklich »Informations- und Kommunikationstechnik« zubilligt.[112]

---

109 Durchführungserlass vom 14. 3. 2013, Ziff. 7.

110 Durchführungserlass vom 14. 3. 2013, Ziff. 8.

111 LAG Baden-Württemberg 26. 9. 1997 – 5 TaBV 1/97, AiB 1998, 521.

112 Zur Anwendbarkeit der BetrVG-Novelle: Welkoborsky, PersR 2002, 51.

Ebenso ist die Dienststelle nicht befugt, vom Personalrat versandte E-Mails einer Inhaltskontrolle zu unterziehen.[113]

11 Die Regelung des § 65 Abs. 4, der dem Personalrat die Einhaltung des Datenschutzes bei eigenen Dateien auferlegt, geht richtigerweise davon aus, dass dem Personalrat zur Aufgabenerledigung eine EDV-Anlage zur Verfügung steht.

12 Zu den vom Personalrat zu beanspruchenden Sachmitteln gehören auch kommentierte Ausgaben von Gesetzen und Tarifverträgen, die von ihm in der täglichen Arbeit benötigt werden, insbesondere mindestens zwei verschiedene kommentierte Ausgaben zum Landespersonalvertretungsgesetz sowie kurz kommentierte Gesetzestexte für jedes Personalratsmitglied. Neben dem Bezug einer Fachzeitschrift zum Personalvertretungsrecht gehören auch amtliche Verkündungsblätter zum Geschäftsbedarf des Personalrats, unabhängig von der Größe der Dienststelle und der Zahl der Beschäftigten.[114] Bezieht die Dienststelle noch keine Fachzeitschrift, kann der Personalrat die für ihn in Betracht kommende Zeitschrift aussuchen.

13 Dem Personalrat ist weiterhin Büropersonal zur Verfügung zu stellen, welches im Rahmen der laufenden Geschäftsführung, zur Erledigung von Schreib- und Registraturarbeiten herangezogen werden darf.[115] Die Änderung des Begriffs von »Schreibpersonal« im Landespersonalvertretungsgesetz von 1958 zu »Büropersonal« trägt dem Umstand Rechnung, dass der freigestellte Vorsitzende regelmäßig nicht zu Büro- und Schreibarbeiten verpflichtet ist und dass es aufgrund der Organisation eines Personalrats regelmäßig geboten ist, dieses Personal nicht nur für die schreibtechnische Erledigung, sondern auch für einfache, sachbearbeitende Aufgaben innerhalb der laufenden Geschäftsführung heranzuziehen. Insbesondere die Bedienung des Telefons, Terminabsprachen, Aktenführung, Einsortieren von Loseblattausgaben etc.

Dem Büropersonal kann auch ein separater Raum zur Verfügung zu stellen sein – jedenfalls dann, wenn der Personalrat über Freistellungen gemäß § 42 Abs. 3 verfügt.

14 **Abs. 4:** Der Personalrat kann die Beschäftigten über Angelegenheiten schriftlich unterrichten. Bei der Gestaltung solcher schriftlicher Unterrichtungen steht ihm ein Ermessensspielraum zu.[116] Dazu kann er auch elektronische Medien (Serienbrief, E-Mail etc.) benutzen. Die Dienststelle kann derartige Veröffentlichungen nicht unter Hinweis auf ihr nicht genehme Artikel oder vermeintlich »überflüssige« Ausführungen ablehnen oder die Kos-

---

113 BVerwG 27.10.2009 – 6 P 11.08, PersR 2010, 74.

114 Durchführungserlass vom 14.3.2013, Ziff. 8; BVerwG 30.1.1991 – 6 P 7.89, PersR 1991, 213.

115 Durchführungserlass vom 14.3.2013, Ziff. 8.

116 Durchführungserlass vom 14.3.2013, Ziff. 8.

tentragungspflicht verweigern. Die Dienststelle trägt stets die Kosten der Mitteilungen des Personalrats an die Beschäftigten in Angelegenheiten, die diese unmittelbar betreffen.[117] Geschieht dies gleichwohl, ist der Personalrat befugt, den Druck seiner Informationsschrift extern zu veranlassen und die dadurch entstehenden Kosten sodann gegenüber der Dienststelle geltend zu machen.[118] Die Personalräte einer Hochschule können solche Informationsschriften auch gemeinsam erstellen und die dafür entstehenden Kosten gemeinsam gegenüber der Dienststelle geltend machen.[119]
Durch die Novelle 2007 ist in Satz 1 eingefügt worden, dass der Personalrat auch das Recht zur elektronischen Unterrichtung der Beschäftigten hat und ihm im Übrigen die Möglichkeit einer elektronischen Bekanntmachung zu eröffnen ist. Er ist seitdem dazu berechtigt, die Beschäftigten über die in der Dienststelle vorhandenen oder ihm sonst zugänglichen elektronischen Kommunikationswege über die sie betreffenden Personalratsangelegenheiten zu unterrichten. Dazu können der E-Mail-Anschluss des Personalrats, die E-Mail-Anschlüsse der Beschäftigten, aber auch die privaten E-Mail-Anschlüsse der Beschäftigten – wenn diese das wünschen – genutzt werden. Satz 2 verpflichtet die Dienststelle nunmehr, dem Personalrat die Möglichkeit einer elektronischen Bekanntmachung zu eröffnen. Besteht ein Intranet, hat der Personalrat künftig Anspruch darauf, dieses für Personalratsangelegenheiten und für die Unterrichtung der Arbeitnehmer oder für die Einladung zu bzw. für die Vorbereitung von Personalversammlungen zu nutzen. Die Dienststelle hat im Übrigen dem Personalrat eine eigene E-Mail-Adresse zur Verfügung zu stellen und/oder einzurichten, damit er diese neue gesetzliche Möglichkeit nutzen kann.
Daneben sind dem Personalrat geeignete Plätze für Bekanntmachungen (Schwarzes Brett) zur Verfügung zu stellen. Sie sind nur dann geeignet, wenn sie vom größten Teil der Beschäftigten bemerkt und zur Kenntnis genommen werden können (Kantine, Aufenthaltsräume, Flure, Ein- und Ausgänge).

§ 41

Der Personalrat darf für seine Zwecke von den Beschäftigten keine Beiträge erheben oder annehmen.

Der Personalrat darf, was selbstverständlich ist, für die Erledigung seiner 1
Aufgaben von den Beschäftigten keine Beiträge (Geld- oder sonstige Unterstützungsleistungen) verlangen oder entgegennehmen. Die Vorschrift wird –

117 Durchführungserlass vom 14.3.2013, Ziff. 8.
118 OVG NRW 11.3.1994 – 1 A 1423/91.PVL, PersR 1994, 429.
119 OVG NRW 26.6.1998 – 1 A 123/96.PVL, PersR 1998, 479.

entgegen Wortlaut und Zielsetzung – auf personalratsinterne Umlagen, z. B. Tragung von Druckkosten einer Informationsschrift, ausgedehnt.

2 Keine Einwände sind gegen Sammlungen für soziale Zwecke oder das Führen und die Verwaltung von Gemeinschaftseinrichtungen im Rahmen des § 72 Abs. 2 Nr. 4 zu erheben.

Vierter Abschnitt
Rechtsstellung der Mitglieder

§ 42

(1) Die Mitglieder des Personalrats führen ihr Amt unentgeltlich als Ehrenamt.
(2) Versäumnis von Arbeitszeit, die zur ordnungsgemäßen Durchführung der Aufgaben des Personalrats erforderlich ist, hat keine Minderung der Bezüge oder des Arbeitsentgelts zur Folge. Werden Personalratsmitglieder durch die Erfüllung ihrer Aufgaben über ihre individuelle Arbeitszeit hinaus beansprucht, so ist ihnen Dienstbefreiung in entsprechendem Umfang zu gewähren.
(3) Mitglieder des Personalrats sind durch die Dienststelle von ihrer dienstlichen Tätigkeit ganz oder teilweise freizustellen, wenn und soweit es nach Umfang und Art der Dienststelle zur ordnungsgemäßen Durchführung ihrer Aufgaben erforderlich ist und der Personalrat die Freistellung beschließt. Dabei ist zunächst die vorsitzende Person und sodann je ein Mitglied der Gruppe, der die vorsitzende Person nicht angehört, unter Beachtung der in dieser Gruppe am stärksten vertretenen Liste zu berücksichtigen. Die übrigen Freistellungen richten sich nach der Gruppenstärke; Gewerkschaften, die zur selben Spitzenorganisation gehören sowie freie Listen können sich hierfür gruppenübergreifend zusammenschließen. Die Freistellung hat keine Minderung der Besoldung oder des Arbeitsentgelts zur Folge und darf nicht zur Beeinträchtigung des beruflichen Werdegangs führen.
(4) Von ihrer dienstlichen Tätigkeit sind nach Absatz 3 freizustellen in Dienststellen mit in der Regel 100 bis 199 Beschäftigten ein Mitglied für 12 Arbeitsstunden in der Woche. Im Einvernehmen zwischen Personalrat und Dienststelle kann bei außergewöhnlichem, anlassbezogenen Bedarf vorübergehend abgewichen werden.
Von ihrer dienstlichen Tätigkeit sind nach Absatz 3 ganz freizustellen in Dienststellen mit in der Regel
200 bis 500 Beschäftigten ein Mitglied,
501 bis 900 Beschäftigten zwei Mitglieder,

901 bis 1500 Beschäftigten drei Mitglieder,
1501 bis 2000 Beschäftigten vier Mitglieder,
2001 bis 3000 Beschäftigten fünf Mitglieder,
3001 bis 4000 Beschäftigten sechs Mitglieder,
4001 bis 5000 Beschäftigten sieben Mitglieder,
5001 bis 6000 Beschäftigten acht Mitglieder,
6001 bis 7000 Beschäftigten neun Mitglieder,
7001 bis 8000 Beschäftigten zehn Mitglieder,
8001 bis 9000 Beschäftigten elf Mitglieder,
9001 bis 10 000 Beschäftigten zwölf Mitglieder.
In Dienststellen mit mehr als 10 000 Beschäftigten ist für je angefangene weitere 2000 Beschäftigte ein weiteres Mitglied freizustellen. Von den Sätzen 3 und 4 kann im Einvernehmen zwischen Personalrat und Dienststelle abgewichen werden. Auf Antrag des Personalrats können mehrere Mitglieder anteilig freigestellt werden.

(5) Die Mitglieder des Personalrats und Ersatzmitglieder, die regelmäßig zu Sitzungen des Personalrats herangezogen werden, sind unter Fortzahlung der Bezüge und Erstattung der angemessenen Kosten für die Teilnahme an Schulungs- und Bildungsveranstaltungen vom Dienst freizustellen, soweit diese Kenntnisse vermitteln, die für die Tätigkeit im Personalrat erforderlich sind. Dienststelle und Personalrat können sich im Rahmen eines Budgets über die voraussichtlich anfallenden notwendigen Kosten verständigen; der Personalrat entscheidet im Rahmen des Budgets eigenverantwortlich.

(6) Erleidet eine Beamtin oder ein Beamter anlässlich der Wahrnehmung von Rechten oder der Erfüllung von Pflichten nach diesem Gesetz einen Unfall, der im Sinne der beamtenrechtlichen Unfallfürsorgevorschriften ein Dienstunfall wäre, so finden diese Vorschriften entsprechende Anwendung.

Die besondere Rechtsstellung der Personalratsmitglieder ist dadurch charakterisiert, dass ihnen die zur Ausfüllung des Amtes nötige Zeit und Unabhängigkeit durch bezahlte Freistellung für die Personalratstätigkeit zu gewähren ist. 1

Abs. 1: Dass das Personalratsmitglied ein Ehrenamt ausübt und dies unentgeltlich tut, gibt ihm die nötige Unabhängigkeit sowie Freiheit zur Wahrnehmung seiner Aufgaben und stellt zugleich sicher, dass die Amtsausübung neutral erfolgt. Jegliches Entgelt für die Personalratsarbeit (oder für ihr Unterlassen) ist unzulässig. Diese Grundsätze finden ihre Entsprechung in zahlreichen Schutzvorschriften, die die äußere und innere Unabhängigkeit des Personalrats und seiner Mitglieder sichern sollen, wie z. B. das Verbot der Beitragserhebung in § 41, der Umsetzungs- und Versetzungsschutz in § 43 Abs. 1, der Ausschluss der ordentlichen und die Erschwerung der außer- 2 ordentlichen Kündigung (§ 43 Abs. 2, § 15 KSchG) und schließlich das allgemeine Benachteiligungs- und Begünstigungsverbot (§ 7 Abs. 1). Dementsprechend darf die Personalratstätigkeit im Zeugnis des Arbeitgebers keine Erwähnung finden.[120]

3 **Abs. 2:** Arbeitszeit, die für die Erledigung von Personalratstätigkeit vom einzelnen Personalratsmitglied aufgewandt wird, führt nicht zur Minderung der Bezüge oder des Arbeitsentgelts. Es gilt das Lohnausfallprinzip, d. h. das freigestellte Personalratsmitglied ist so zu stellen, als hätte es gearbeitet.[121]

Der Zusatz, dass ein Anspruch auf Dienstbefreiung für die Erfüllung von Personalratsangelegenheiten besteht, die über die »individuelle« Arbeitszeit des einzelnen Personalratsmitglieds hinausgeht, dient der Klarstellung, dass unter der regelmäßigen Arbeitszeit die für das betreffende Personalratsmitglied geltende Arbeitszeit zu verstehen ist. Dadurch wird Teilzeitbeschäftigten die Personalratsarbeit erleichtert.

Findet die Personalratsarbeit ganz oder teilweise außerhalb der Arbeitszeit statt, z. B. bei einer länger dauernden Personalratssitzung oder Personalversammlung, so besteht Anspruch auf Dienstbefreiung in dem entsprechenden Umfang; ein Vergütungsanspruch besteht insoweit nicht.[122] Es ist so viel Freizeit zu gewähren, wie Personalratsarbeit außerhalb der Arbeitszeit geleistet wird. Unberücksichtigt bleiben Reisezeiten.

4 Soweit das einzelne Personalratsmitglied Aufgaben des gesamten Personalrats wahrnimmt, bedarf es eines besonderen Beschlusses oder einer entsprechenden Festlegung in der Geschäftsordnung. Das ist nicht erforderlich, wenn das Personalratsmitglied Zeit für die Wahrnehmung persönlicher Rechte, wie die Vorbereitung der Personalratssitzung, die Einholung einer Auskunft, das Aufsuchen eines Arbeitsplatzes oder die Erkundigung bei Beschäftigten, aufwendet.

Erforderlich ist das Versäumnis von Arbeitszeit zur Aufgabenwahrnehmung dann, wenn die verbrauchte Zeit in einem angemessenen Verhältnis zu der wahrgenommenen Aufgabe steht.

5 Soweit das einzelne Personalratsmitglied an den Sitzungen teilnimmt, Sprechstunden wahrnimmt, Vorstellungs- und Eignungsgesprächen gemäß § 65 Abs. 2 beiwohnt oder auf Wunsch eines Beschäftigten zu Besprechungen mit der Dienststelle hinzugezogen wird (§ 65 Abs. 3 Satz 3), bedarf es einer Abmeldung vor Aufnahme dieser Tätigkeiten beim Dienststellenleiter nicht, weil dieser bereits durch die entsprechenden Erklärungen des Personalratsvorsitzenden von diesen Tätigkeiten unterrichtet ist.

---

120 BAG 19.8.1992 – 7 AZR 262/91, NZA 1993, 222.

121 Durchführungserlass vom 14.3.2013, Ziff. 9; vgl. OVG NRW 29.7.2014 – 1 A 2885/12 zu § 46 Abs. 2 BPersVG, juris.

122 Durchführungserlass vom 14.3.2013, Ziff. 9.

Ansonsten hat sich das Personalratsmitglied bei Aufnahme einer solchen Tätigkeit beim Dienststellenleiter bzw. beim unmittelbaren Dienstvorgesetzten unter stichwortartiger Angabe des Grundes und der voraussichtlichen Dauer der Personalratstätigkeit abzumelden. Die Angaben müssen es der Dienststelle ermöglichen, zu erkennen, ob bei der beabsichtigten Tätigkeit ein Bezug zu dem gesetzlichen Aufgaben- und Pflichtenkreis des Personalrats vorliegt. Es bedarf jedoch nicht einer Genehmigung des Dienststellenleiters vor Aufnahme von Personalratstätigkeit.

Abs. 3: Neben der Dienstbefreiung gemäß Absatz 2 im Einzelfall und für bestimmte Anlässe besteht die Möglichkeit, Personalratsmitglieder vollständig von ihrer dienstlichen Tätigkeit freizustellen, und zwar entweder für die gesamte Dauer ihrer Arbeitszeit oder für bestimmte Teile davon. 6

Die Freistellung von der dienstlichen Tätigkeit zur Durchführung von Personalratsaufgaben bedeutet zunächst, dass der Dienststellenleiter dem jeweiligen Personalratsmitglied die Erledigung von Personalratstätigkeit während der Dienst- oder Arbeitszeit zu ermöglichen hat. Diese Verpflichtung der Dienststelle erschöpft sich nicht darin, dem Personalratsmitglied zu erlauben, die dienstliche Tätigkeit für die Personalratsarbeit zu unterbrechen. Freistellung meint vielmehr »die generelle (vollständige oder teilweise) Entbindung von der Pflicht, im Rahmen des Dienstverhältnisses weisungsgebundene Aufgaben zu erledigen, die der Dienststelle zur Aufgabenerfüllung zugewiesen sind«.[123] Das Personalratsmitglied ist also von seiner Arbeit, die es wegen der Personalratstätigkeit nicht erledigen kann, zu entlasten, ggf. durch Zuweisung eines geringeren Arbeitspensums oder Vertretung.

Voraussetzung für eine Freistellung von der Dienstpflicht ist, dass das Personalratsmitglied im Rahmen der ordnungsgemäßen Durchführung der Aufgaben des Personalrats handelt und die Arbeitszeitversäumnis erforderlich ist.

Das ist zunächst dann der Fall, wenn die Personalratstätigkeit des Einzelnen einen Bezug zum gesetzlichen Aufgaben- und Pflichtenkreis des Personalrats hat. Dazu gehört auf jeden Fall die Teilnahme an den gesetzlich vorgesehenen Sitzungen, Besprechungen, Erörterungen und Sprechstunden einschließlich der Zeit zur Vor- und Nachbereitung dieser Veranstaltungen. Auch Arbeitsplatzbegehungen, die Entgegennahme von Anregungen und Beschwerden der Beschäftigten oder das Führen von Gesprächen mit Gewerkschaften und außenstehenden Stellen im Zusammenhang mit der Wahrnehmung von Beteiligungsrechten haben den erforderlichen Bezug zum Aufgaben- und Pflichtenkreis des Personalrats. Der ordnungsgemäßen Durchführung der Personalratsaufgaben dient auch diejenige Zeit, die zur Vorbereitung von Initiativen des Personalrats aufgewandt wird.

123 OVG NRW 28.5.2003 – 1 B 646/03, PersV 2004, 66.

Satz 1 legt den Grundsatz fest, dass für Personalratsarbeit ein Anspruch auf Freistellung von der dienstlichen Tätigkeit besteht, wenn es die Aufgabenstellung des Personalrats erfordert und der Personalrat die Freistellung beschließt. Eine Genehmigung des Dienststellenleiters ist nicht erforderlich. »Umfang und Art« der Freistellung spielen nur bei kleinen Dienststellen mit weniger als 100 Beschäftigten eine Rolle, denen keine Regelfreistellungen nach Absatz 4 zustehen. In diesen Fällen hängt der Umfang der Freistellung von den einzelnen Umständen sowohl der Personalratstätigkeit, wie der Aufgabenstellung der Dienststelle ab.

6a Durch Abs. 3 Satz 2 wird dem Personalrat eine gewisse Reihenfolge bei der Auswahl der freizustellenden Personalratsmitglieder vorgegeben.
Danach ist zunächst zwingend die vorsitzende Person des Personalrats zu berücksichtigen. Sodann ist ein Mitglied der Gruppe, der die vorsitzende Person nicht angehört, freizustellen. Maßgebend ist allein die Gruppenstärke.[124] Das Gesetz benennt an dieser Stelle die stellvertretenden Vorsitzenden nicht als vorrangig zu berücksichtigende Personalratsmitglieder; diese dürfen aber dennoch nicht willkürlich übergangen werden.[125]
Für die Auswahl der Freistellung innerhalb der Gruppe ist die am stärksten vertretene Liste zu berücksichtigen, wobei auf die Zahl der über die jeweilige Liste gewählten Mitglieder und nicht auf die für die jeweilige Liste abgegebenen Stimmen abzustellen ist.[126] Das OVG NRW hat zuletzt – allerdings zu § 46 Abs. 3 BPersVG – einen Ermessensspielraum des Personalrats bei der Entscheidung über die ersten beiden Freistellungen grundsätzlich nicht zugelassen, wenn es nicht konkrete, stichhaltige Gründe hierfür gibt.[127] Ein solcher Grund kann z. B. das Bestehen eines weiteren Amts (z. B. JAV-Vorsitz)[128] oder die fehlende persönliche Eignung[129] sein.
Mit der Novelle 2011 wurde in das Gesetz neu eingefügt, dass sich für die übrigen Freistellungen nach Satz 3 Gewerkschaften, die zur selben Spitzenorganisation gehören sowie freie Listen gruppenübergreifend zusammenschließen können. Hierdurch sollte erreicht werden, dass »nicht zwingend« Vertreter der stärksten Listen alle Freistellungen erhalten. So können »durch Zusammenschluss von Listen auch für kleinere Gewerkschaften Freistellungen erreicht werden«.[130]

---

124 OVG NRW 25. 8. 2006 – 1 A 3619/05.PVL, juris.
125 OVG NRW 7. 8. 1998 – 1 A 6489/96.PVL, PersR 1999, 307.
126 VG Gelsenkirchen 29. 11. 2016 – 12c K 5552/16.PVL, juris; OVG NRW 16. 12. 1993 – 1 B 2477/93.PVL, PersV 1996, 377.
127 Zu § 46 Abs. 3 BPersVG: OVG NRW 29. 4. 2014 – 20 B 55/14.PVB, PersV 2014, 318; vgl. BVerwG 12. 1. 2009 – 6 PB 24.08, PersR 2009, 126.
128 OVG NRW 19. 2. 1997 – 1 B 2237/96.PVL.
129 OVG NRW 4. 8. 1997 – 1 B 2954/96.PVL.
130 LT-Drucks. 14/4239, 92.

Eine solche Regelung fand sich weder im alten LPVG vor der Novelle 2011, noch bis heute im BPersVG. Sinn und Wirkungsweise der Vorschrift erschließen sich nicht ohne Weiteres. Mit »Gewerkschaften« sowie »freien Listen« sind offensichtlich Wahlvorschläge im Sinne des § 16 gemeint. Wahlvorschläge der Gewerkschaften bedürfen gemäß § 16 Abs. 7 der Unterzeichnung eines Beauftragten, Wahlvorschläge der Beschäftigten im Unterschied dazu gemäß § 16 Abs. 5 der Stützunterschriften. Der Begriff der »freien« Listen wird im LPVG und in der Wahlordnung nicht gebraucht. Es ist anzunehmen, dass sämtliche Wahlvorschläge »frei« in dem Sinne sind, dass Wahlvorschlag wie Kandidatur ohne Zwang und Druck zustande gekommen sind. Gemeint sind Wahlvorschläge der Beschäftigten nach § 16 Abs. 5.
Die Vorschrift des Satzes 3 2. Halbs. kann nur angewandt werden, wenn die Personalrats- bzw. Gruppenwahl aufgrund mehrerer Wahlvorschläge – also nach Listen – durchgeführt wurde.
Satz 3 erlaubt einen gruppenübergreifenden Zusammenschluss von Listen, so dass sich die Gruppenstärke verändert, mithin in einer Gruppe mit Hilfe der Listenstärke die Gruppenstärke erhöht werden kann. Erlaubt sind ein Zusammenschluss von Gewerkschaften, die zur selben Spitzenorganisation gehören, und ein Zusammenschluss freier Listen. Gewerkschaften, die zur selben Spitzenorganisation gehören, sind solche im Sinne des § 2 Abs. 2 TVG. Fraglich ist, ob sich Gewerkschaften, die verschiedenen Spitzenorganisationen angehören, gruppenübergreifend zusammenschließen können und ob diese Möglichkeit auch zwischen freien Listen und einer Gewerkschaft – die ggf. keiner Spitzenorganisation angehört – bestehen soll. Der Wortlaut der Vorschrift spricht eher dagegen, weil Gewerkschaften und freie Listen durch das »sowie« gegenübergestellt werden. Ist eine Gewerkschaft aufgrund ihrer Listen in beiden Gruppen vertreten, so kann sie diese Listen miteinander zusammenschließen. Freie Listen dagegen können mit anderen freien Listen aus der eigenen wie aus der anderen Personengruppe einen solchen Zusammenschluss eingehen. Listen in einer Gruppe mit geringerer Beschäftigtenzahl können durch einen solchen Zusammenschluss mit – auch gewerkschaftlichen – Listen der größeren Gruppe majorisiert werden.
Für die Stärke der Listen ist auf die Anzahl der Personalratssitze, nicht auf die bei der Personalratswahl jeweils erreichte Stimmenzahl abzustellen.[131]
Nach Beschlussfassung durch den Personalrat ist die Freistellung vom Dienststellenleiter vorzunehmen. Es besteht jedoch eine Bindung an die Anzahl und die ausgewählten Personen sowie an die Reihenfolge der Freistel-

131 VG Gelsenkirchen 29.11.2016 – 12c K 5552/16.PVL, juris; OVG NRW 16.12.1993 – 1 B 2477/93.PVL, PersV 1996, 377.

lungsvorschläge. Der Personalrat ist nicht berechtigt, auf mögliche Freistellungen zu verzichten.[132]

7 Die ganze oder teilweise Freistellung von der dienstlichen Tätigkeit hat keine Minderung der Besoldung oder des Arbeitsentgelts zur Folge. Auch hier gilt wie bei der Bedarfsfreistellung das Lohnausfallprinzip: Der Beschäftigte ist so zu stellen, als hätte er gearbeitet.[133] So ist z. B. eine Erschwerniszulage für Dienst zu ungünstigen Zeiten fortzugewähren.[134] Auch die Zulage für freiwillige, erhöhte wöchentliche Regelarbeitszeit im feuerwehrtechnischen Dienst ist ggf. zu zahlen, auch wenn das Personalratsmitglied aufgrund seiner Freistellung tatsächlich keine freiwillige, erhöhte wöchentliche Arbeitszeit leistet.[135] Lediglich solche Vergütungsbestandteile, die einen besonderen Aufwand oder konkrete Erschwernisse abgelten (Schmutzzulagen, Auslösen, Fahrtkosten etc.) müssen nicht gezahlt werden, wenn sie wegen der Personalratstätigkeit nicht anfallen. Durch die Freistellung darf auch eine Beeinträchtigung des beruflichen Werdegangs nicht eintreten. Das freigestellte Personalratsmitglied ist bezüglich Beförderung, Höhergruppierung, Bewährungsaufstieg etc. so zu stellen und zu behandeln, als wäre es nicht freigestellt (vgl. § 7 Rn. 15). Das ist entweder durch Nachzeichnung des beruflichen Werdegangs[136] oder durch die Bildung einer Vergleichsgruppe mit Personen, deren beruflicher Werdegang und Leistungsbild mit demjenigen des freigestellten Personalratsmitglied vergleichbar ist.[137] Mit welcher Methode die fiktive Nachzeichnung des Werdegangs erfolgt, liegt zwar im pflichtgemäßen Ermessen des Dienstherrn. Es ist jedoch von den konkreten Verhältnissen der Dienststelle auszugehen. Es ist allgemein anerkannt, dass die Bildung einer Vergleichsgruppe ein geeignetes Mittel zur fiktiven Nachzeichnung darstellt. Der Dienstherr verstößt aber gegen das personalvertretungsrechtliche Benachteiligungsverbot, wenn er die Vergleichsgruppe so zusammenstellt, dass das berufliche Fortkommen des Personalratsmitglieds von vornherein ausgeschlossen ist.[138]

Dem langjährig freigestellten Personalratsmitglied dürfen das Fehlen aktuellen beruflichen Wissens und fehlende Erfahrung nicht angelastet werden,[139] bei Fortschreibung der dienstlichen Beurteilung muss eine durchschnittlich zu erwartende Leistungssteigerung berücksichtigt werden.[140] Das

---

132 So BVerwG 11. 7. 1996 – 6 P 4.95, PersR 1997, 22 unter Hinweis auf den Gruppen- und Listenschutz.

133 Durchführungserlass vom 14. 3. 2013, Ziff. 9.

134 BVerwG 13. 9. 2001 – 2 C 34.00, PersR 2002, 162.

135 OVG NRW 12. 6. 2014 – 3 A 235/11, juris.

136 Siehe BAG 27. 6. 2001 – 7 AZR 496/99, PersR 2002, 39.

137 BVerwG 30. 6. 2014 – 2 B 11.14, juris.

138 BVerwG 30. 6. 2014 – 2 B 11.14, juris.

139 LAG Köln 28. 8. 1996 – 2 Sa 551/96, PersR 1997, 178.

140 BVerwG 10. 4. 1997 – 2 C 38.95, PersR 1997, 533.

freigestellte Personalratsmitglied hat während der Freistellung auch Anspruch auf betriebliche Fortbildung – ggf. ist dazu kurzzeitig die Freistellung zu unterbrechen. Eine Befreiung von einem für einen Laufbahnwechsel erforderlichen Lehrgang beinhaltet die Freistellung aufgrund der Personalratstätigkeit dementsprechend nicht.[141] Nach Ende der Freistellung hat das Personalratsmitglied einen Anspruch darauf, dasjenige Wissen nachträglich zu erwerben, das es infolge der Freistellung im Zusammenhang mit der Berufstätigkeit nicht erwerben konnte.

Eine fiktive Laufbahnnachzeichnung ist auch dann möglich, wenn vor Beförderungen laufbahnrechtliche Erprobungen notwendig sind. Das Personalratsmitglied kann aber freiwillig auf die fiktive Nachzeichnung verzichten und die Erprobung tatsächlich durchlaufen. Entscheidet sich das Personalratsmitglied hierzu, sind jedoch die laufbahnrechtlichen Regelungen einzuhalten, auch wenn dies ggf. zu einem Verlust der Mitgliedschaft im Personalrat nach § 26 Abs. 1 f) führt.[142] Die Regelung des Satz 6, wonach statt eines Mitglieds mehrere Mitglieder anteilig freigestellt werden können, ist auch für Dienststellen mit 100–199 Beschäftigten anzuwenden. Zulässig ist also, eine Aufteilung der zwölf Arbeitsstunden pro Woche auf mehrere Personalratsmitglieder vorzunehmen.

Abs. 4: Satz 1 enthält eine pauschale Freistellungsstaffel für Dienststellen mit 100 bis 199 Beschäftigten. In diesen Dienststellen kann ein Mitglied des Personalrats für zwölf Arbeitsstunden in der Woche freigestellt werden. Nach Satz 2 kann bei außergewöhnlichem, anlassbezogenem Bedarf im Einvernehmen zwischen Personalrat und Dienststelle vorübergehend davon abgewichen, die Stundenzahl also erhöht werden. Die Gesetzesbegründung betont, dass »nur« bei Vorliegen solch außergewöhnlicher Ereignisse vorübergehend abgewichen werden kann und nennt als Beispiel »die Neubildung von Behörden oder die Umsetzung besonders bedeutsamer Projekte«. Nur in diesen Fällen und nur für einen vorübergehenden Zeitraum soll die Befugnis bestehen, eine darüber hinausgehende Freistellungsregelung zu treffen. Zu beachten ist jedoch, dass es dem Personalrat nach wie vor unbenommen ist, neben der pauschalen Freistellung nach Abs. 1 Satz 4 die Bedarfsfreistellung nach Abs. 3 Satz 1 in Anspruch zu nehmen. Der Anspruch auf eine Bedarfsfreistellung nach Abs. 3 Satz 1 besteht zusätzlich immer dann, wenn die Wahrnehmung der Personalratsaufgaben eine über die pauschale Freistellung von zwölf Arbeitsstunden hinausgehende Freistellung eines anderen Personalratsmitglieds erfordert. Im Rahmen der Novelle 2011 wurden die Mitbestimmungs-, Mitwirkungs- und Anhörungsrechte des Personalrats erheblich erweitert. Dem damit entstehenden, erhöhten Freistellungsbedarf wurde Rechnung getragen, indem die Zahl der dem Personalrat zu- 8

141 BVerwG 23.12.2015 – 2 B 40.14, PersR 5/2016, 54.

142 Durchführungserlass vom 14.3.2013, Ziff. 10.

stehenden Freistellungen erhöht wurde.[143] Nach Satz 3 »sind« die entsprechenden Mitglieder von ihrer dienstlichen Tätigkeit freizustellen. Die Dienststelle ist mithin verpflichtet, mindestens die der Freistellungsstaffel entsprechende Zahl von Personalratsmitgliedern freizustellen. Es handelt sich um Mindestzahlen, deren Unterschreitung auch für den Personalrat nicht zulässig ist. Die Freistellungen nach Satz 3 sind unabhängig von einem konkreten Bedarf in der Dienststelle; der Dienststelle ist damit verweigert, eine Freistellung im Rahmen der Freistellungsstaffel mit der Begründung zu verweigern, aufgrund bestehender Besonderheiten der Dienststelle seien Freistellungen in dem geltend gemachten Umfang nicht erforderlich.

8a Darüber hinaus kann von den Sätzen 3 und 4 im Einvernehmen zwischen Personalrat und Dienststelle abgewichen werden (Satz 5). Besteht also vorübergehender oder dauerhafter Bedarf an zusätzlichen Freistellungen, können weitere Freistellungen bewilligt werden. Kann ein Einvernehmen hierüber nicht hergestellt werden, ist der Personalrat befugt, im Rahmen eines gerichtlichen Beschlussverfahrens klären zu lassen, ob weitere Freistellungen erforderlich sind.

8b In Satz 6 wird dem Personalrat die Möglichkeit eröffnet, statt der kompletten Freistellung eines Mitglieds des Personalrats die teilweise Freistellung mehrerer Personalratsmitglieder zu beschließen. Insoweit steht dem Personalrat ein Ermessensspielraum zu, an den die Dienststelle gebunden ist. Ein eigenes Ermessen bei Beurteilung der Zweckmäßigkeit der Teilung hat die Dienststelle nicht.[144]

9 Zu beachten ist, dass die Teilnahme an Personalratssitzungen nicht vom Freistellungskontingent eines teilweise freigestellten Personalratsmitglieds umfasst ist. Zusätzlich zu der teilweisen Regelfreistellung ist den Mitgliedern demgemäß für die Teilnahme an Personalratssitzungen eine Bedarfsfreistellung nach § 42 Abs. 2 zu gewähren.[145]

10 **Abs. 5:** Wesentliches Instrument zur Schaffung gleichberechtigter Verhältnisse in der Dienststelle (»Waffengleichheit«) und zur Qualifizierung der Personalratsmitglieder ist der Anspruch auf Teilnahme an Schulungs- und Bildungsveranstaltungen. Diese Teilnahme ist nicht nur Vorbereitung auf Personalratsarbeit, sondern stellt selbst Personalratstätigkeit dar. Es besteht ein Anspruch auf Freistellung von allen im Zusammenhang mit diesen Veranstaltungen entstehenden Kosten sowie auf Fortzahlung von Lohn und Gehalt.

Der Anspruch auf Teilnahme an Schulungs- und Bildungsveranstaltungen steht dem Personalrat als Organ zu, weshalb zur Entsendung einzelner Personalratsmitglieder ein Beschluss des Personalrats erforderlich ist. Dieser

143 LT-Drucks. 15/1644, 78.
144 Teilweise anders: OVG NRW 11. 11. 1994 – 1 A 1409/94.PVL, juris.
145 OVG NRW 24. 8. 2009 – 16 B 1796/08.PVL, juris.

Beschluss muss über die teilnehmenden Personalratsmitglieder, die Dauer und das Thema der Schulungsveranstaltung einschließlich des Themenplans sowie über die entstehenden Kosten Auskunft geben. Der Beschluss des Personalrats ist für das einzelne Personalratsmitglied verpflichtend. Die Dienststelle hat es zur Teilnahme freizustellen.

Anspruchsberechtigt sind sowohl die Mitglieder des Personalrats wie diejenigen Ersatzmitglieder, die regelmäßig – also nicht nur ganz gelegentlich – zu Sitzungen des Personalrats herangezogen werden.[146] Ebenso sind Mitglieder des Wirtschaftsausschusses (§ 65a) berechtigt, an erforderlichen Schulungs- und Bildungsveranstaltungen teilzunehmen.[147] Selbiges gilt sinngemäß für Mitglieder der Jugend- und Auszubildendenvertretung.[148] 11

Ein Teilnahmeanspruch besteht nur bezüglich solcher Veranstaltungen, die »erforderliche« Kenntnisse vermitteln. Was erforderlich ist, bestimmt sich sachlich nach dem Aufgabenbereich des Personalrats, objektiv nach dem Kenntnisstand des Personalrats und subjektiv nach der Schulungsbedürftigkeit des einzelnen Personalratsmitglieds. Deshalb ist die Einführung in das Personalvertretungsrecht für alle Personalratsmitglieder, die daran noch nicht teilgenommen haben – gleichgültig ob erstmals oder wiederholt gewählt –, stets erforderlich, da ohne Einführungs- und Grundwissen im Personalvertretungsrecht eine angemessene Beteiligung am Personalratsgeschehen für das einzelne Personalratsmitglied unmöglich ist. Die Teilnahme an solchen Grundschulungen kann nicht wegen angeblich fehlender Haushaltsmittel verweigert werden.[149] Dementsprechend muss jedem Personalratsmitglied auch ermöglicht werden, an Schulungsveranstaltungen teilzunehmen, die die jeweils aktuellen Entwicklungen in Rechtsprechung oder durch Gesetzesänderungen vermitteln und zugleich Basiswissen auffrischen. Aufbauseminare sind ebenfalls in regelmäßigen Abständen erforderlich, um vertiefte Kenntnisse im Personalvertretungsrecht zu gewährleisten. Ein Grundwissen über die in der Dienststelle geltenden arbeitsrechtlichen Bestimmungen ist für jedes Personalratsmitglied weiter erforderlich und rechtfertigt für neu gewählte Personalratsmitglieder regelmäßig die Teilnahme an einer einwöchigen Schulungsveranstaltung zur Einführung in das Arbeitsrecht.[150] Auch Grundkenntnisse im Tarifrecht werden für jedes Personalratsmitglied als erforderlich angesehen.[151]

146 Durchführungserlass vom 14.3.2013, Ziff. 11.2.
147 Durchführungserlass vom 14.3.2013, Ziff. 11.8.
148 Durchführungserlass vom 14.3.2013, Ziff. 11.7.
149 So VG Köln 8.1.1998 – 33 L 4426/97.PVB, PersR 1998, 32.
150 BVerwG 14.6.2006 – 6 P 13.05, PersR 2006, 468.
151 Durchführungserlass vom 14.3.2013, Ziff. 11.1; OVG NRW 16.4.2008 – 1 A 4630/06.PVB, PersR 2009, 174.

Spezielle Seminare zu speziellen Themen oder für bestimmte Personalratsmitglieder gehören dann zu den »erforderlichen« Kenntnissen, wenn das vermittelte Wissen einen konkreten Bezug zu den Aufgaben des Personalrats oder des bestimmten Personalratsmitglieds hat.[152] Auf dieser Grundlage besteht Anspruch auf Teilnahme z. B. an Seminaren zur Arbeitssicherheit, zum Eingruppierungsrecht, zur Personaldatenverarbeitung, zur EDV im Personalratsbüro.

Die erforderliche Dauer einer Schulungs- und Bildungsveranstaltung richtet sich nach Umfang und Schwierigkeitsgrad des Gegenstandes; dabei ist grundsätzlich davon auszugehen, dass auch bei schwierigen Themen die Dauer einer Veranstaltung fünf Arbeitstage nicht überschreitet.[153] Als Träger der Veranstaltung kommen die Gewerkschaften in Betracht, die im Rahmen ihrer Unterstützungsaufgaben solche Schulungen regelmäßig anbieten. Die Auswahl von Veranstalter und Veranstaltung liegt im Ermessen des Personalrats. Die Dienststelle kann nicht die Bevorzugung bestimmter – arbeitgebernaher – Veranstalter verlangen.

12 Die Teilnehmer an Schulungsveranstaltungen haben Anspruch auf vollständigen Ersatz der durch die Teilnahme entstehenden Kosten. Dazu gehören die Reisekosten, die entsprechend § 40 Abs. 1 Satz 3 nach den allgemeinen Bestimmungen des LRKG zu erstatten sind.[154] Eine Pauschalierung, wie sie der Runderlass des Innenministers in Höhe von 225 % des Tagesgeldsatzes der Reisekostenstufe B vorsah, ist nicht zulässig.[155] Vielmehr sind die tatsächlichen Kosten zu erstatten. Der Personalrat wird bei seiner Entscheidung über die Teilnahme den Grundsatz der Sparsamkeit der öffentlichen Verwaltung ebenso zu beachten haben wie die effektive Aufgabenerfüllung des Personalrats, die ohne Qualifizierung seiner Mitglieder unmöglich ist.

13 Die Dienststelle hat das vom Personalrat zur Teilnahme an einer erforderlichen Schulungs- und Bildungsveranstaltung ausgewählte Personalratsmitglied freizustellen. Zu beachten ist jedoch, dass kein Recht auf »Selbstbeurlaubung« besteht; im Falle der Verweigerung der Freistellung – gleich ob rechtmäßig oder nicht – ist deshalb das betroffene Personalratsmitglied nicht berechtigt, eigenmächtig dem Dienst fernzubleiben.[156] In diesem Fall ist es Sache des Personalrats, im Vorfeld der Seminarveranstaltung mittels eines personalvertretungsrechtlichen Beschlussverfahrens feststellen zu lassen, dass das betreffende Personalratsmitglied freizustellen ist.[157] Im Aus-

---

152 Durchführungserlass vom 14. 3. 2013, Ziff. 11.1.
153 Durchführungserlass vom 14. 3. 2013, Ziff. 11.3.
154 Durchführungserlass vom 14. 3. 2013, Ziff. 11.6.
155 OVG NRW 5. 2. 1997 – 1 A 3978/95.PVL, PersR 1997, 313 unter Hinweis auf die Rspr. des BVerwG.
156 OVG NRW 4. 3. 1993 – CL 33/89, PersV 1995, 463.
157 OVG NRW 4. 3. 1993, a. a. O.

nahmefall kann der Erlass einer einstweiligen Verfügung in Betracht kommen. Sollte sich eine Schulungsteilnahme während eines personalvertretungsrechtlichen Beschlussverfahrens durch Zeitablauf erledigen, entfällt hierdurch nicht das Rechtsschutzbedürfnis bezüglich der Klärung der Frage, ob das geltend gemachte Teilnahmerecht für vergleichbare Schulungen besteht.[158]

Absatz 5 Satz 2 sieht seit der Novelle 2007 für Personalrat und Dienststelle **14**
die Möglichkeit vor, sich im Rahmen eines Budgets über die voraussichtlich anfallenden notwendigen Kosten für die Teilnahme der Personalrats- und Ersatzmitglieder an Schulungs- und Bildungsveranstaltungen zu einigen. Selbiges wird gelten bezüglich der Kosten der Teilnahme von Mitgliedern des Wirtschaftsausschusses oder der Jugend- und Auszubildendenvertretung an Schulungs- und Bildungsveranstaltungen. Eine solche Budgetierung wird wortgleich auch in § 40 Abs. 1 Satz 5 in Bezug auf die voraussichtlich anfallenden notwendigen Kosten für die Personalratstätigkeit allgemein ermöglicht. Ist ein Budget vereinbart, entscheidet der Personalrat im Rahmen des Budgets eigenverantwortlich. Gerade für die Schulungs- und Bildungsveranstaltungen bietet sich eine Budgetierung an, um die zahlreichen Streitigkeiten und Einzelfallprüfungen über Erforderlichkeit und Anzahl solcher Veranstaltungen zu vermeiden. Im Übrigen siehe zur Budgetierung § 40 Rn. 8.

Abs. 6: Durch die Novelle 2007 ist ein neuer Absatz 6 angefügt worden, der **15**
die unfallrechtlichen Folgen regelt, wenn ein Beamter bei Wahrnehmung von Rechten oder Erfüllung von Pflichten nach dem LPVG einen Unfall erleidet. Die Vorschrift war bisher in § 109 BPersVG als unmittelbar für die Länder geltende Vorschrift enthalten. Durch die Föderalismusreform und den damit verbundenen Wegfall der konkurrierenden Gesetzgebung des Bundes gelten die §§ 107, 109 BPersVG nach Art. 125a GG nur solange fort, wie sie nicht durch Landesrecht ersetzt sind. Dementsprechend ist § 109 BPersVG inhaltsgleich mit dieser Vorschrift in das LPVG übernommen worden.

Abs. 6 entspricht im Übrigen § 11 BPersVG. Die Vorschrift ist deshalb erforderlich, weil Personalratstätigkeit nicht Dienst im Sinne des Beamtenrechts ist.

Von der Vorschrift werden alle Beamten geschützt, die Rechte und Pflichten nach dem LPVG wahrnehmen, wie Wahlbewerber, Wahlvorstandsmitglieder, Wahlhelfer, Wähler, Personalratsmitglieder, Teilnehmer an Personalversammlungen, Mitglieder von Einigungsstellen, Mitglieder des Wirtschaftsausschusses und der Jugend- und Auszubildendenvertretung (§ 58). Erleiden diese beamteten Beschäftigten bei Wahrnehmung dieser Rechte und

158 Vgl. BVerwG 9.7.2007 – 6 P 9.06, PersR 2007, 434.

Aufgaben einen Unfall, so sind die entsprechenden beamtenrechtlichen Unfallfürsorgevorschriften anzuwenden. Voraussetzung ist, dass der Unfall als Dienstunfall im Sinne des § 31 Beamtenversorgungsgesetz anzuerkennen ist.
Für Arbeitnehmer ist eine solche Vorschrift nicht erforderlich, da Dienst- und Arbeitsunfälle bei Gelegenheit der Tätigkeit als Personalratsmitglied u. Ä. nach diesem Gesetz der Arbeitsleistung gleichstehen.

§ 43

(1) **Eine Versetzung, Abordnung, Umsetzung nach § 72 Absatz 1 Satz 1 Nummer 5, Zuweisung oder Gestellung darf gegen den Willen des Mitglieds des Personalrats nur erfolgen, wenn dies auch unter Berücksichtigung der Mitgliedschaft im Personalrat aus wichtigen dienstlichen Gründen unvermeidbar ist, und der Personalrat, dem das Mitglied angehört, zustimmt. Dies gilt entsprechend für Ersatzmitglieder, solange sie gemäß § 28 Abs. 1 in den Personalrat eingetreten sind.**
(2) **Die außerordentliche Kündigung von Mitgliedern des Personalrats, die in einem Arbeitsverhältnis stehen, bedarf der Zustimmung des Personalrats. Verweigert der Personalrat seine Zustimmung oder äußert er sich nicht innerhalb von drei Arbeitstagen nach Eingang des Antrags, so kann das Verwaltungsgericht sie auf Antrag der Dienststelle ersetzen, wenn die außerordentliche Kündigung unter Berücksichtigung aller Umstände gerechtfertigt ist. In dem Verfahren vor dem Verwaltungsgericht ist die betroffene Arbeitnehmerin oder der betroffene Arbeitnehmer Beteiligte oder Beteiligter.**

1 Die Unabhängigkeit der Amtsführung des Personalrats und seiner Mitglieder erfordert wirksamen Schutz vor unmittelbaren und mittelbaren Nachteilen und Benachteiligungen. Zahlreiche gesetzliche Vorschriften tragen dem Rechnung: § 7 Abs. 1 verbietet generell jede Behinderung, Benachteiligung oder Begünstigung von Personalratsmitgliedern. § 15 KSchG und § 43 Abs. 2 schaffen einen besonderen Kündigungsschutz für Personalratsmitglieder. Ordentliche Kündigungen sind für die Dauer der Amtszeit generell ausgeschlossen und die außerordentliche Kündigung ist nur mit Zustimmung des Personalrats bzw. deren Ersetzung durch das Verwaltungsgericht zulässig. § 7 Abs. 2–6 schließlich schützen die Mitglieder der Jugend- und Auszubildendenvertretung nach Ende ihres Ausbildungsverhältnisses gegen Benachteiligungen. Die Schwerbehindertenvertretung ist durch § 96 Abs. 2 SGB IX wie ein Personalratsmitglied vor Benachteiligung geschützt. Sie hat gemäß § 96 (ab 1. 1. 2018: § 179) Abs. 3 SGB IX den gleichen Kündigungs-, Versetzungs- und Abordnungsschutz wie ein Mitglied des Personalrats.

Durch die Novelle 2007 ist § 43 um Abs. 2 ergänzt worden, der den Schutz der Personalratsmitglieder vor außerordentlichen Kündigungen vorsieht. Dies war bis dahin in § 108 Abs. 1 BPersVG geregelt. Mit der Föderalismus-Reform und dem Wegfall der Rahmengesetzgebung des Bundes waren die unmittelbar für die Länder geltenden Vorschriften (§§ 107–109 BPersVG) außer Kraft getreten und galten nach Art. 125a GG nur solange weiter, bis sie in das Landesrecht aufgenommen wurden. Das ist durch die Regelung in § 43 Abs. 2 erfolgt. Die Vorschrift entspricht der Regelung für Personalräte des Bundes in § 47 Abs. 1 BPersVG.

Abs. 1: § 43 Abs. 1 regelt den Schutz der Personalratsmitglieder bei Versetzungen, Abordnungen und Umsetzungen im Sinne des § 72 Abs. 1 Satz 1 Nr. 5 und 6. Seit der LPVG-Novelle 2011 ist der Schutz auf Zuweisungen (§ 72 Abs. 1 Satz 1 Nr. 6) und Gestellungen (§ 4 Abs. 2 TVöD/TV-L) erweitert. Dieser besondere Schutz der Personalratsmitglieder besteht unabhängig von und neben den Mitbestimmungsrechten des Personalrats bei Versetzungen und Umsetzungen nach § 72 Abs. 1 Nr. 5 sowie Abordnungen und Zuweisungen nach § 72 Abs. 1 Nr. 6. Anders als die Versetzung, Umsetzung, Abordnung und Zuweisung ist ist die einzelne Gestellung für den »abgebenden« Personalrat außerhalb des Anwendungsbereichs von § 43 Abs. 1 nicht mitbestimmungspflichtig. Gemäß § 72 Abs. 4 Satz 1 Nr. 20 ist nur der Abschluss von Gestellungsverträgen mit Dritten außerhalb der Dienststelle mitbestimmungspflichtig. 2

Der Schutz der Personalratsmitglieder vor Versetzung, Abordnung, Umsetzung, Zuweisung und Gestellung soll den Verlust des Personalratsamtes durch einseitige Maßnahmen der Dienststelle verhindern. Maßnahmen, die mit einem Wechsel des Dienstortes verbunden sind, führen zum Ausscheiden aus der Dienststelle, wodurch gemäß § 26 Abs. 1 Buchst. e das Personalratsamt endet. Bei solchen personellen Maßnahmen gegenüber Personalratsmitgliedern, hegt der Gesetzgeber die generelle Besorgnis, dass sie nicht allein aus dienstlichen, dem Allgemeinwohl verpflichteten Gründen ergehen, sondern dass sie das jeweilige Personalratsmitglied in Anknüpfung an die Wahrnehmung seines Mandats und damit aus unsachlichen Gründen treffen sollen oder doch können.[159] Die Ergänzung der Vorschrift im LPVG 2011 um Zuweisung und Gestellung trägt dem Umstand Rechnung, dass diese Maßnahmen dieselben Auswirkungen für die Personalratsmitglieder haben. Die Vorschrift will sowohl das einzelne Personalratsmitglied vor dem Verlust des Amtes schützen, als auch den Personalrat vor Eingriffen in seine Zusammensetzung durch einseitige Maßnahmen der Dienststelle. Darüber hinaus dient die Vorschrift dazu, die ungestörte Amtsausübung sowohl des Gremiums wie auch des einzelnen Personalratsmitgliedes zu sichern.

---

159 OVG NRW 12.2.2007 – 1 A 2358/05.PVL, PersR 2007, 317 im Anschluss an BVerwG 15.7.2004 – 6 P 15.03, PersV 2004, 427.

3 Wenn das betroffene Personalratsmitglied mit der Maßnahme einverstanden ist und ihr zustimmt, so richtet sich die Beteiligung des Personalrats bei der Versetzung bzw. Abordnung, Umsetzung oder Zuweisung nach den allgemeinen Vorschriften der §§ 72 Abs. 1 und 66. Das gesonderte Verfahren gemäß § 43 Abs. 1 findet dann nicht statt.
Deshalb hat die Dienststelle bei beabsichtigter Versetzung, Umsetzung, Abordnung, Zuweisung bzw. Gestellung eines Personalratsmitglieds vor Einleitung des Mitbestimmungsverfahrens das Personalratsmitglied um sein Einverständnis mit der beabsichtigten Maßnahme zu bitten. Stimmt das Personalratsmitglied zu, so kann es sich nach Bekanntgabe der Versetzungs-, Abordnungs-, Umsetzungs-, Zuweisungs- oder Gestellungsverfügung hiervon nicht mehr durch einseitige Erklärung lösen.[160] Das Einverständnis ist jedoch dann nicht bindend, wenn die verfügte Maßnahme nicht identisch ist mit derjenigen, der das Personalratsmitglied zugestimmt hat. In diesen Fällen ist sein Einverständnis zu der geänderten Maßnahme erneut zu erfragen.
Äußert sich das Personalratsmitglied nicht oder verweigert es seine Zustimmung, so ist das besondere Mitbestimmungsverfahren nach § 43 durchzuführen. Die Dienststelle hat beim Personalrat die Zustimmung zu der Maßnahme zu beantragen. Dabei ist darzulegen, dass ein dienstliches Bedürfnis besteht und die Versetzung, Abordnung, Umsetzung, Zuweisung oder Gestellung unter Berücksichtigung sowohl der Rücksichtsnahmepflicht des Arbeitgebers, wie auch der Interessen des Arbeitnehmers rechtmäßig und geboten ist. Darüber hinaus ist dem Personalrat darzulegen, dass und warum die Maßnahme auch angesichts der Mitgliedschaft im Personalrat »aus wichtigen dienstlichen Gründen unvermeidbar ist«. Es hat also eine Abwägung zwischen dem Interesse des Personalrats an einer dem Wählerwillen entsprechenden Zusammensetzung für die Dauer der Amtszeit sowie dem Interesse des Personalratsmitgliedes am Erhalt und Fortbestand des Wahlamtes einerseits und wichtigen dienstlichen Gründen andererseits stattzufinden. Hierbei reicht der Verweis auf die tarifliche bzw. beamtenrechtliche Möglichkeit der Versetzung, Abordnung, Umsetzung, Zuweisung oder Gestellung von Beschäftigten nicht aus. Die Maßnahme muss vielmehr aus dienstlichen oder betrieblichen – nicht in der Person des Personalratsmitglieds – liegenden Gründen unabwendbar sein. Diese unabwendbaren dienstlichen Bedürfnisse müssen von solchem Gewicht sein, dass ihnen zum einen nur durch Durchführung der Maßnahme gerade gegenüber dem betroffenen Personalratsmitglied Rechnung getragen werden kann. Zum anderen ist erforderlich, dass eine Bewertung und Abwägung der Gründe ergibt, dass die dienstlichen Interessen dem Interesse des Personalrats am Erhalt des

160 BVerwG 12.4.2000 – 1 WB 7.00, PersV 2000, 557.

Amtes und der ungestörten Amtsausübung zwingend vorgehen. Diese Abwägung ist vom Personalrat vorzunehmen.

Über die Zustimmung des Personalrats ist durch Beschluss gemäß § 33 zu entscheiden, das betroffene Personalratsmitglied ist anzuhören, kann jedoch an der Abstimmung nicht teilnehmen, es ist verhindert im Sinne von § 28 Abs. 1. Insoweit ist ein Ersatzmitglied heranzuziehen. Der Personalrat ist in seiner Entscheidung frei, ob er der beabsichtigten Personalmaßnahme zustimmt oder nicht. Er darf die Zustimmung jedoch nur erteilen, wenn die von ihm vorgenommene Abwägung ergibt, dass die Personalmaßnahme auch unter Berücksichtigung der Mitgliedschaft im Personalrat aus den vorgebrachten wichtigen dienstlichen Gründen unvermeidbar ist. Erteilt der Personalrat seine Zustimmung, obwohl solche wichtigen dienstlichen Gründe nicht vorhanden sind bzw. die Personalmaßnahme vermeidbar erscheint, ist die erteilte Zustimmung des Personalrats unwirksam. Diese Unwirksamkeit kann von dem betroffenen Personalratsmitglied gerichtlich geltend gemacht und zur Überprüfung gestellt werden.

Hat der Personalrat die Zustimmung verweigert, so findet ein Zustimmungsersetzungsverfahren etwa durch Anrufung der Einigungsstelle oder des Verwaltungsgerichts nicht statt. Die Entscheidung des Personalrats ist endgültig, so dass die beabsichtigte Maßnahme nicht durchgeführt werden kann. Das Demokratieprinzip steht dieser weitreichenden Befugnis des Personalrats nicht entgegen, da sich der Schutzzweck der Norm ausschließlich auf die Funktionsfähigkeit des Personalrats richtet und keine Auswirkungen auf die Wahrnehmung des Amtsauftrags der Dienststelle hat. Verfassungsrechtliche Bedenken gegen diese Schutznorm zugunsten von Personalratsmitgliedern bestehen daher nicht.[161]

Der besondere Versetzungsschutz des Satzes 1 ist auch dann zu beachten, wenn die Versetzung eines Personalratsmitglieds vor Ablauf des Amtes verfügt und erst nach dessen Ende wirksam wird.[162]

Nach Satz 2 gilt der Versetzungsschutz entsprechend für Ersatzmitglieder solange sie gemäß § 28 Abs. 1 in den Personalrat eingetreten sind. Der Schutz erstreckt sich also sowohl auf das endgültig für ein ausgeschiedenes Personalratsmitglied in den Personalrat nachrückende Ersatzmitglied als auch auf diejenigen Ersatzmitglieder, die nur für die Dauer der zeitweiligen Verhinderung eines Personalratsmitglieds in den Personalrat eintreten. In diesem Fall besteht der besondere Schutz nach Satz 1 »solange« das Ersatzmitglied als Personalratsmitglied tätig ist.

Der besondere Schutz vor Versetzung, Abordnung, Umsetzung, Zuweisung und Gestellung nach Satz 1 gilt gemäß § 21 Abs. 1 Satz 2 auch für Mitglieder des Wahlvorstands und für Wahlbewerber, für Mitglieder von Personalkom-

161 OVG NRW 12.2.2007 – 1 A 2358/05.PVL, PersR 2007, 317.

162 BVerwG 18.5.2004 – 1 WDS-VR 1.04, PersR 2005, 322.

missionen gemäß § 44 Abs. 3, für Mitglieder von Stufenvertretungen gemäß § 51 Satz 1, für Mitglieder des Gesamtpersonalrats gemäß § 53, für die Mitglieder der Jugend- und Auszubildendenvertretung sowie der Stufen- und Gesamtjugend-Auszubildendenvertretung gemäß §§ 60 Abs. 1 Satz 2, 58. Mitglieder des Wirtschaftsausschusses gemäß § 65a genießen diesen Schutz ebenso wenig (vgl. Kommentierung zu § 65a) wie Kandidaten für das Amt des Wahlvorstands.[163]

4 **Abs. 2:** Die bis 2011 unmittelbar für die Länder geltenden Rahmenregelungen in §§ 107–109 BPersVG sind infolge der Föderalismusreform außer Kraft getreten. Der Schutz von Personalratsmitgliedern bei außerordentlichen Kündigungen ist durch wortgleiche Übernahme des früheren § 108 Abs. 1 BPersVG in § 43 Abs. 2 erfolgt.

Personalratsmitglieder sind durch § 15 Abs. 2 KSchG vor jeder ordentlichen Kündigung aus personen-, verhaltens- oder betriebsbedingten Gründen geschützt. Solche Kündigungen sind generell unzulässig. Außerordentliche Kündigungen von Mitgliedern des Personalrats bedürfen der Zustimmung des Gremiums. Dies gilt auch für Änderungskündigungen.[164] Diese Zustimmung muss vor Ausspruch der Kündigung vorliegen. Stimmt der Personalrat nicht zu, so darf die Kündigung nur ausgesprochen werden, wenn die Zustimmung rechtskräftig von der Verwaltungsgerichtsbarkeit ersetzt worden ist. Auch für solche Kündigungen gilt § 74 Abs. 3, wonach eine Kündigung unwirksam ist, wenn der Personalrat nicht ordnungsgemäß beteiligt wurde.

§ 15 Abs. 3 KSchG schützt neben Personalratsmitgliedern bereits Mitglieder des Wahlvorstands und Wahlbewerber. Auch für deren außerordentliche Kündigungen aus wichtigem Grund ohne Einhaltung einer Kündigungsfrist ist die Zustimmung des Personalrats oder im Verweigerungsfall eine gerichtliche Entscheidung erforderlich. Der nachwirkende Kündigungsschutz nach Ende der Tätigkeit als Wahlvorstand oder nach Bekanntgabe des Wahlergebnisses verbietet für die Dauer von sechs Monaten Kündigungen mit Ausnahme von Kündigungen aus wichtigem Grund ohne Einhaltung einer Kündigungsfrist. Der besondere Kündigungsschutz gilt nicht für Kandidaten für das Amt des Wahlvorstands[165] und für Mitglieder des Wirtschaftsausschusses.

Eine außerordentliche Kündigung kann gemäß § 626 Abs. 1 BGB nur aus wichtigem Grund ausgesprochen werden, d.h. wenn Tatsachen vorliegen, aufgrund derer dem Kündigenden unter Berücksichtigung aller Umstände des Einzelfalls und unter Abwägung der Interessen beider Vertragsteile die Fortsetzung des Dienstverhältnisses bis zum Ablauf der Kündigungsfrist, die

163 BAG 31.7.2014 – 2 AZR 505/13.
164 BAG 21.6.2012 – 2 AZR 343/11, PersR 2013, 5.
165 BAG 31.7.2014 – 2 AZR 505/13.

gelten würde, wenn eine fristgerechte Kündigung möglich wäre, oder bis zu der vereinbarten Beendigung des Dienstverhältnisses nicht zugemutet werden kann. Der Begriff des wichtigen Grundes ist gesetzlich definiert und unabänderlich. An ihn sind nicht etwa geringere Anforderungen deshalb zu stellen, weil das Personalratsmitglied ordentlich nicht gekündigt werden kann und für die Dauer von vier Jahren gewählt ist. Der Schutz nach Satz 1 erstreckt sich auf alle Arten der außerordentlichen Kündigung, also auch auf die außerordentlichen Kündigungen von tariflich unkündbaren Beschäftigten mit sozialer Auslauffrist sowie auf außerordentliche Änderungskündigungen. Die außerordentliche Kündigung mit sozialer Auslauffrist kommt gegenüber einem Amtsinhaber/einer Amtsinhaberin grundsätzlich nicht in Betracht.[166]

Die Dienststelle hat die Zustimmung bei dem zuständigen Personalrat zu beantragen. Diesem ist darzulegen, welche Tatsachen es dem Arbeitgeber nach seiner Auffassung unzumutbar machen, das Arbeitsverhältnis bis zum Ablauf der Kündigungsfrist fortzusetzen und eine sofortige Beendigung des Arbeitsverhältnisses erfordern. Dem Personalrat sind auch die Umstände und Tatsachen mitzuteilen, die zugunsten des betroffenen Personalratmitglieds sprechen, damit der Personalrat bei seiner Entscheidung überprüfen kann, ob die Dienststelle die bei jeder Kündigung vorzunehmende Interessenabwägung durchgeführt hat. Dabei ist zu beachten, dass nicht etwa die noch verbleibende Amtszeit, sondern ausschließlich die für den betroffenen Arbeitnehmer fiktiv geltende Kündigungsfrist als Maßstab für die Unzumutbarkeit zu dienen hat. Ansonsten wäre das Personalratsmitglied durch das Personalratsamt benachteiligt. Der Ausspruch einer außerordentlichen Kündigung würde allein wegen der bis zum Ablauf der Amtszeit ausgeschlossenen ordentlichen Kündigung erleichtert.

Der Personalrat hat das betroffene Personalratsmitglied zu den Kündigungsgründen anzuhören. Bei der Beschlussfassung des Personalrats über die beantragte Zustimmung zur außerordentlichen Kündigung des Personalratsmitgliedes, ist der Betroffene aufgrund Befangenheit gemäß § 28 Abs. 1 Satz 2 verhindert. Für ihn ist zu diesem Tagesordnungspunkt ein Ersatzmitglied hinzuzuziehen.

Der Personalrat kann aufgrund des Antrags der Dienststelle die verlangte Zustimmung erteilen, sie verweigern oder von einer Mitteilung absehen. Eine Verpflichtung, sich in jedem Falle zu äußern, besteht nicht. Das ergibt sich aus Satz 2, demzufolge die Dienststelle das Verwaltungsgericht anrufen kann, wenn der Personalrat seine Zustimmung verweigert oder sich nicht innerhalb von drei Arbeitstagen äußert. Die Berechnung der Frist erfolgt gemäß § 187 Abs. 1 BGB, weshalb der Tag des Eingangs des Zustimmungsan-

166 BAG 12.5.2010 – 2 AZR 587/08.

trags beim Personalrat bei Berechnung der Frist nicht mit zählt. Unter Arbeitstagen sind diejenigen zu verstehen, an denen in der Dienststelle betriebsüblich gearbeitet wird. Es muss sich um die für die Kerntätigkeit der Dienststelle typischen Arbeitstage handeln; so ist etwa für ein Krankenhaus üblich, dass an jedem Kalendertag des Jahres gearbeitet wird, während für eine Verwaltung montags bis freitags als Arbeitstage typisch sind – auch wenn einige Mitarbeiter regelmäßig am Wochenende entweder Überstunden oder Bereitschaftsdienste ableisten. Die Frist ist gesetzlich zwingend, sie kann weder verkürzt, noch verlängert werden.
Die Nichtäußerung des Personalrats gilt nicht als Zustimmung.
Verweigert der Personalrat die Zustimmung oder äußert er sich nicht innerhalb der drei Arbeitstage, so kann der Dienststellenleiter einen Antrag an das Verwaltungsgericht stellen, die vom Personalrat verweigerte Zustimmung zur außerordentlichen Kündigung des Personalratsmitglieds zu ersetzen. Ein vom Dienststellenleiter vor Ablauf der Dreitagesfrist beim Verwaltungsgericht eingeleiteter Antrag ist unzulässig. In diesem Beschlussverfahren ist der Dienststellenleiter Antragsteller, der Personalrat Antragsgegner, das betroffene Personalratsmitglied ist gemäß Satz 3 Beteiligter in diesem Verfahren mit eigenen Rechten.
Der Antrag auf gerichtliche Zustimmung zu der außerordentlichen Kündigung des Personalratsmitglieds muss innerhalb von zwei Wochen ab dem Zeitpunkt, zu dem der Dienststellenleiter von dem Kündigungsgrund Kenntnis erlangt hat, bei dem Verwaltungsgericht eingehen. Diese Frist ergibt sich aus § 626 Abs. 2 BGB. Innerhalb dieser Frist muss sowohl der Antrag auf Zustimmung bei dem Personalrat als auch der Zustimmungsersetzungsantrag im Falle der Zustimmungsverweigerung oder der Nichtäußerung des Personalrats bei dem Verwaltungsgericht gestellt werden.
Der Antrag des Dienststellenleiters an das Verwaltungsgericht kann nur auf diejenigen Gründe gestützt werden, die in dem Antrag auf Zustimmung an den Personalrat ausdrücklich genannt worden sind und auf die er sein Kündigungsbegehren stützt. Das Verwaltungsgericht kann nur darüber entscheiden, ob diese Gründe eine Kündigung rechtfertigen. Weitere und zusätzliche Gründe und Tatsachen können nur nach erneuter Durchführung des Zustimmungsverfahrens beim Personalrat in das Verfahren eingeführt werden.
Das Verwaltungsgericht hat nach Satz 2 zu überprüfen, ob die verweigerte Zustimmung des Personalrats zu ersetzen ist, weil die außerordentliche Kündigung unter Berücksichtigung aller Umstände gerechtfertigt ist. Dafür sind zunächst Tatsachen erforderlich, die an und für sich geeignet sind, einen wichtigen Grund im Sinne des § 626 Abs. 1 BGB zu bilden. Sodann ist auch unter Berücksichtigung aller Umstände wie Verschulden, Maß der Störung des Vertrauens, Höhe eines Schadens, Umfang der betrieblichen Störung zu prüfen, ob die konkret beabsichtigte außerordentliche Kündigung

gerechtfertigt erscheint. Vor allem bei Sachverhalten, die einen Bezug zur Personalratstätigkeit haben, ist ein besonders strenger Maßstab anzulegen, damit ausgeschlossen wird, dass mit Hilfe einer außerordentlichen Kündigung dem Arbeitgeber missfallendes Personalratsverhalten sanktioniert wird.
Gibt das Verwaltungsgericht dem Antrag der Dienststelle statt, können Personalrat und Betroffener unabhängig voneinander Beschwerde zum OVG NRW und sodann – bei entsprechender Zulassung – Rechtsbeschwerde zum Bundesverwaltungsgericht einlegen. Wird die vom Personalrat verweigerte Zustimmung zur außerordentlichen Kündigung rechtskräftig ersetzt, so ist die Kündigung unverzüglich auszusprechen. Gegen die Kündigung kann der Arbeitnehmer Kündigungsschutzklage erheben. Er muss jedoch diejenigen Tatsachen, die das Verwaltungsgericht als erwiesen betrachtet hat, gegen sich gelten lassen (sog. Präklusion).
Endet die Amtszeit des Personalratsmitglieds während des Verfahrens, egal, ob wegen Endes der Wahlperiode oder aufgrund persönlichen Amtsverlusts, entfällt das Zustimmungserfordernis nach Absatz 2, das gerichtliche Zustimmungsersetzungsverfahren erledigt sich und ist einzustellen. Dies gilt nicht, wenn sich an das Ende der Amtszeit ohne Unterbrechung eine neue Amtszeit anschließt.[167]
Während der Dauer des Gerichtsverfahrens besteht das Arbeitsverhältnis des Personalratsmitglieds fort, das Personalratsamt kann uneingeschränkt ausgeübt werden. Grundsätzlich besteht während der Dauer des Zustimmungsersetzungsverfahrens auch der Anspruch auf vertragsgemäße Beschäftigung. Stellt der Arbeitgeber das Personalratsmitglied, aus besonderen Gründen berechtigt, für die Dauer des Verfahrens von der Arbeitsleistung frei, behält es gleichwohl das uneingeschränkte Recht zur weiteren Ausübung seines Personalratsamts. Ein Hausverbot ist daher grundsätzlich unzulässig.[168]

Drittes Kapitel
Personalkommission

§ 44

(1) Wird in der Landesverwaltung durch Zusammenlegung von Dienststellen oder von Teilen von Dienststellen eine neue Dienststelle gebildet, die die Voraussetzungen des § 13 Abs. 1 erfüllt, so werden die Rechte des

167 BAG 27.1.2011 – 2 ABR 114/09.
168 VG Mainz 14.10.2016 – 5 L 989/16.Mz.

bei der neuen Dienststelle zu wählenden Personalrats von einer Personalkommission wahrgenommen, bis der Personalrat zu seiner ersten Sitzung zusammengetreten ist. Das gilt auch für die Umbildung von Gemeinden, Gemeindeverbänden und sonstigen Körperschaften, Anstalten oder Stiftungen des öffentlichen Rechts, wenn im Zusammenhang mit der Umbildung keine besonderen personalvertretungsrechtlichen Vorschriften erlassen werden.

(2) Die Mitglieder der Personalkommission müssen für den Personalrat der neuen Dienststelle wählbar sein. § 13 Abs. 3 und 4 gilt entsprechend. Die Mitglieder sind von den Personalräten der von der Organisationsmaßnahme betroffenen Dienststellen zu bestellen; die anteilige Zahl der Mitglieder wird entsprechend dem Verhältnis der von der Organisationsmaßnahmen betroffenen wahlberechtigten Beschäftigten der bisherigen Dienststellen an der Gesamtzahl der wahlberechtigten Beschäftigten der neuen Dienststelle nach dem d'Hondt'schen Höchstzahlenverfahren ermittelt. Sind in der neuen Dienststelle Angehörige verschiedener Gruppen beschäftigt, so soll jede Gruppe entsprechend ihrer Stärke vertreten sein.

(3) Für die Geschäftsführung der Personalkommission und die Rechtsstellung ihrer Mitglieder gelten die §§ 29 bis 43 entsprechend.

(4) Die Personalkommission hat spätestens zwei Monate nach Wirksamwerden der Organisationsmaßnahmen einen Wahlvorstand für die Wahl des Personalrats zu bestellen. Die §§ 17 und 19 gelten entsprechend.

(5) Wird durch eine Organisationsmaßnahme im Sinne des Absatzes 1 eine Dienststelle betroffen, bei der eine Stufenvertretung besteht, so werden auch die Rechte der bei der neuen Dienststelle zu wählenden Stufenvertretung von einer Personalkommission wahrgenommen, bis die Stufenvertretung zu ihrer ersten Sitzung zusammengetreten ist. Die Absätze 2 bis 4 gelten entsprechend.

(6) Wird eine Dienststelle geteilt, umgewandelt oder aufgelöst, so bleibt deren Personalrat im Amt und führt die Geschäfte für die ihm bislang zugeordneten Dienststellenteile weiter, die die Voraussetzungen des § 13 Absatz 1 erfüllen und nicht in eine Dienststelle eingegliedert werden, in der ein Personalrat besteht (Übergangsmandat). Absatz 4 gilt entsprechend. Das Übergangsmandat endet, sobald ein neuer Personalrat zu seiner ersten Sitzung zusammengetreten ist, spätestens jedoch sechs Monate nach der Teilung. Ist eine Dienststelle betroffen, in der eine Stufenvertretung besteht, gelten Satz 1 bis 3 entsprechend.

1 § 44 regelt zwei Arten von organisatorischen Veränderungen: Zum einen befasst sich Absatz 1 mit der Bildung einer neuen Dienststelle durch Zusammenlegung von bisher getrennten Dienststellen oder von Teilen aus verschiedenen Dienststellen. In diesen Fällen ist eine Personalkommission zu

bilden. Die Absätze 2 bis 5 regeln die Einzelheiten der Bildung und der Aufgaben der Personalkommission. Die zweite Fallkonstellation ist in Absatz 6 durch die Novelle 2011 hinzugefügt worden und sieht für die Fälle der Teilung, Umwandlung oder Auflösung einer Dienststelle ein Übergangsmandat des bisher zuständigen Personalrats vor. § 44 Abs. 1 gilt gemäß Satz 1 für die Landesverwaltung und gemäß Satz 2 für Gemeinden, Gemeindeverbände, sonstige Körperschaften, Anstalten und Stiftungen des öffentlichen Rechts, es sei denn, eine andere Personalvertretungskonstellation ist für deren Umbildung in Spezialvorschriften vorgesehen. Die Fälle des vollständigen oder teilweisen Übergangs von Dienststellen auf Arbeitgeber des privaten Rechts oder die räumliche Veränderung von Dienststellen sind von der Vorschrift nicht erfasst. Insbesondere gibt es keine Regelung der Beteiligung des Personalrats bei diesen Vorgängen, die – wie z. B. §§ 111ff., BetrVG – die Möglichkeit zur Herbeiführung von Regelungen zur Vermeidung oder zum Ausgleich von Nachteilen der Beschäftigten beinhaltet. Schließlich fehlt dem LPVG eine dem Konzernbetriebsrat entsprechende Institution, die die Rechte der Arbeitnehmer bei Unternehmen wie dem »Konzern Stadt«, der sich sowohl auf Dienststellen wie auf Betriebe im Sinne des BetrVG erstreckt, wahrnimmt. Zur Gewährleistung eines Mindestmaßes an personalrätlichem Schutz ist in diesen Fällen in entsprechender Anwendung der Rechtsprechung des BAG und der Regeln des BetrVG ebenfalls ein Übergangsmandat zu bejahen.[1]

Abs. 1: Wird eine Dienststelle im Sinne von § 13 Abs. 1 durch Zusammenlegung von Dienststellen oder Teilen verschiedener Dienststellen neu gebildet, so ist für diese Dienststelle ein neuer Personalrat zu wählen. Für die Zeit bis zur ersten Sitzung dieses Personalrats nimmt eine zum Zeitpunkt der Bildung der Dienststelle zu installierende Personalkommission die Rechte des Personalrats wahr, um eine personalratslose Zeit zu vermeiden.

Abs. 2: Die Personalkommission wird von den Personalräten der Dienststel- 2
len bestellt, die zusammengelegt oder aus denen Teile ausgegliedert und zusammengelegt werden. Sie besteht aus derselben Anzahl von Mitgliedern wie der neu zu wählende Personalrat. Die Mitglieder müssen in der neuen Dienststelle zum Personalrat wählbar sein. Sie müssen nicht dem Personalrat der bisherigen Dienststelle angehören.

Abs. 3: Geschäftsführung und Rechtsstellung der Personalkommission und 3
ihrer Mitglieder richten sich nach den allgemeinen für den Personalrat geltenden Vorschriften in §§ 29 bis 43.

1 So h. M.: Altvater-Kröll, § 26 Rn. 9; Fischer/Goeres/Gronimus, BPersVG, § 26 Rn. 26; Ilbertz/Widmaier/Sommer, BPersVG, § 26 Rn. 12; a. A. LAG Köln 10. 2. 2000 – 4 TaBV 2/00 und 10. 3. 2000 – 13 TaBV 9/00, PersR 2000, 378 und 380.

4 **Abs. 4:** Die Personalkommission hat unverzüglich nach ihrer Errichtung, spätestens jedoch zwei Monate nach Bildung der neuen Dienststelle einen Wahlvorstand zur Durchführung der Wahl des Personalrats zu bestellen.

5 **Abs. 5:** Wenn durch die in § 44 Abs. 1 beschriebenen Maßnahmen Dienststellen betroffen sind, bei der eine Stufenvertretung besteht bzw. zu bilden ist, so werden auch deren Rechte von einer Personalkommission so lange wahrgenommen, bis die Stufenvertretung gewählt ist. Die Personalkommission gemäß Abs. 5 wird ebenfalls von den Personalräten der von der Organisationsmaßnahme betroffenen Dienststellen nach den Vorgaben des § 44 Abs. 2 gewählt, ihre Geschäftsführung und ihre Aufgaben richten sich nach Abs. 3 und Abs. 4. In der Fallkonstellation des Abs. 5 sind also zwei Personalkommissionen zu bilden.

6 **Abs. 6:** Zur Verhinderung personalratsloser Zeiten und Zustände besteht gemäß § 44 Abs. 6 ein Übergangsmandat des Personalrats. Es gilt für die Fälle der Teilung, Umwandlung oder Auflösung der Dienststelle. Die Vorschrift entspricht im Wesentlichen dem § 21a BetrVG, die dort schon seit 2001 besteht. Allerdings wird in § 44 nicht zwischen einem Übergangsmandat oder einem Restmandat unterschieden, wobei im Falle der Auflösung der Dienststelle materiell von einem Restmandat auszugehen ist.

Von einer Teilung einer Dienststelle ist auszugehen, wenn Teile einer Dienststelle ausgegliedert werden, ohne dass die Teile mit Teilen einer anderen Dienststelle zusammengelegt bzw. in eine andere Dienststelle eingegliedert werden. Von einer Teilung ist auch auszugehen, wenn im Sinne von § 1 Abs. 3 Nebenstellen oder Teile einer Dienststelle verselbstständigt werden.[2] Dies entspricht sowohl dem Wortlaut, als auch dem Sinn und Zweck des in Abs. 6 geregelten Übergangsmandats.

Der Begriff der Umwandlung ist in § 44 Abs. 6 nicht definiert. Die Umwandlung wurde in die Vorschrift aufgenommen, um zum Schutz der Beschäftigten bei Betriebsänderungen die Aufrechterhaltung der kollektiven Vertretung zu gewährleisten. Der Begriff der Umwandlung ist nicht nach den Vorschriften des Umwandlungsgesetzes (UmwG) zu definieren. Umstrukturierungen im Bereich des öffentlichen Rechts sind nicht Gegenstand des Umwandlungsgesetzes.[3] Der Begriff der Umwandlung ist weit auszulegen. Es fallen hierunter alle Maßnahmen, die die Organisation der Dienststelle so verändern, dass das Amt des bestehenden Personalrats erlischt und keine andere personalvertretungsrechtliche Vertretung an seine Stelle tritt. Als Beispiel kann die in § 114a Abs. 1 GO NW geregelte Möglichkeit von Gemeinden, Unternehmen und Einrichtungen in der Form einer Anstalt des öffentlichen Rechts zu errichten oder bestehende Regie- und Eigenbetriebe sowie

2 Anderer Auffassung Cecior/Lechtermann, § 44 Rn. 46.

3 BAG 2.3.2006 – 8 AZR 124/05, PersR 2006, 374; 18.12.2008 – 8 AZR 666/07, PersR 2009, 426.

eigenbetriebsähnliche Einrichtungen in rechtsfähige Anstalten des öffentlichen Rechts umzuwandeln, herangezogen werden. Im Übrigen können unter diesen Begriff alle die organisatorischen Maßnahmen gefasst werden, die nicht unter die Abs. 1 bis 5 fallen und den Wegfall des Personalrats zur Folge haben.

Eine Dienststelle wird aufgelöst, wenn sie vollständig und ersatzlos beseitigt wird (vgl. § 73 Nr. 3). Eine Auflösung durch Zusammenlegung bzw. Aufteilung mit der Folge der Bildung neuer Dienststellen fällt unter Abs. 1. Die Auflösung und Eingliederung in eine andere Dienststelle, in der bereits ein Personalrat besteht, fällt weder unter Abs. 6 noch unter Abs. 1, da der Personalrat der aufnehmenden Dienststelle insgesamt zuständig wird und eventuell gemäß § 24 Abs. 1a neu zu wählen ist.

Wenn aufgrund einer Teilung oder Umwandlung eine neue Dienststelle ge- 7
bildet wird, für die gemäß § 13 Abs. 1 ein Personalrat gewählt werden kann, so bleibt der Personalrat der bisherigen Dienststelle auch für diese neue Dienststelle im Amt und führt im Rahmen seines Übergangsmandats die Personalratsgeschäfte weiter. Das Übergangsmandat umfasst alle Rechte und Pflichten der Personalratstätigkeit. Es besteht keineswegs nur in der im Gesetz durch Verweis auf Abs. 4 geregelten Verpflichtung innerhalb der Frist von zwei Monaten einen Wahlvorstand für die Wahl des Personalrats zu bestellen. Das Vollmandat endet erst mit der konstituierenden Sitzung des neu gewählten Personalrats. Allerdings dauert das Übergangsmandat längstens sechs Monate ab dem Zeitpunkt der Teilung bzw. Umwandlung. Der Personalrat im Übergangsmandat besteht in seiner ursprünglichen personellen Zusammensetzung fort. Ihm gehören auch die Personalratsmitglieder weiterhin an, die mit der Teilung oder Umwandlung auf die neue Dienststelle übergegangen sind. Deren Personalratsamt endet also nicht mit dem Ausscheiden aus der bisherigen Dienststelle, § 26 Abs. 1d bis f finden insoweit keine Anwendung, da die Vorschrift betreffend das Übergangsmandat eine Sonderregelung enthält.[4]

Ist bis zum Ablauf der Sechsmonatsfrist ein neuer Personalrat nicht gewählt, so entsteht in der neuen Dienststelle wegen der Beendigung des Übergangsmandats eine personalratslose Zeit, die es durch Einhaltung der Fristen in § 44 Abs. 6 zu vermeiden gilt.

§ 44 Abs. 6 bezeichnet auch für den Fall der Auflösung der Dienststelle das 8
fortbestehende Amt als Übergangsmandat. Es handelt sich allerdings eher um ein Restmandat, wie es z.B. in § 21b BetrVG vorgesehen ist. Wird eine Dienststelle aufgelöst, so kann es nicht mehr Aufgabe des Personalrats sein, einen Wahlvorstand zu bestellen, der eine Neuwahl durchzuführen hat. Es besteht keine personalratsfähige Dienststelle mehr. Aufgabe des Personalrats

4 DKKW-Buschmann, § 21a Rn. 35.

ist es, in dieser Fallkonstellation die Mitwirkungs- und Mitbestimmungsrechte auszuüben, die im Zusammenhang mit der Auflösung der Dienststelle bestehen bzw. zuvor begonnene Angelegenheiten zu Ende zu bringen. Zu diesen Aufgaben gehört in jedem Fall die Wahrnehmung des Mitbestimmungsrechts gemäß § 74 bei eventuellen Kündigungen.

9 § 44 Abs. 6 lässt sich nicht eindeutig entnehmen, wann das Übergangsmandat im Falle einer Auflösung der Dienststelle endet. Dem Wortlaut nach bezieht sich die Dauer von sechs Monaten nur auf den Tatbestand der Teilung. Es ist nicht als zwingend anzusehen, dass auch für das »Restmandat« bei Auflösung einer Dienststelle diese Befristung zu gelten hat. Im Falle der Teilung und der Umwandlung besteht die Möglichkeit und Verpflichtung innerhalb kurzer Zeit die Neuwahl eines Personalrats zu veranlassen, der nach seiner Wahl dann alle personalvertretungsrechtlichen Aufgaben wahrnimmt. Im Falle der Auflösung würde bei Anwendung der Sechsmonatsfrist das Amt des Personalrats ersatzlos enden und eventuell noch anfallende Aufgaben nicht mehr wahrgenommenen werden können, die Beschäftigten wären dann nicht geschützt. Es ist davon auszugehen, dass die Personalratsaufgaben im Laufe der Zeit nach der Auflösung immer weniger werden. Deshalb gibt es allen Anlass dafür, das Restmandat so lange bestehen zu lassen, wie Aufgaben anfallen. Auch das Restmandat gemäß § 21b BetrVG besteht unbefristet.

10 Gemäß § 46 Abs. 6 letzter Satz besteht für eine Stufenvertretung im Falle der Teilung, Umwandlung oder Auflösung ebenfalls das Übergangs-/Restmandat mit den entsprechenden Rechten.

Viertes Kapitel
Personalversammlung

§ 45

(1) Die Personalversammlung besteht aus den Beschäftigten der Dienststelle. Sie wird von der vorsitzenden Person des Personalrats geleitet. Sie ist nicht öffentlich.

(2) Kann nach den dienstlichen Verhältnissen eine gemeinsame Versammlung aller Beschäftigten nicht stattfinden, so sind Teilversammlungen abzuhalten. Das Gleiche gilt, wenn dies zur Erörterung der besonderen Belange eines Teils der Beschäftigten erforderlich ist.

Die Personalversammlung ist das demokratische Forum der Beschäftigten, der Ort der Aussprache, Meinungsbildung und Unterrichtung.[1] Sie ist Organ der Personalvertretung und besteht aus allen Beschäftigten der Dienststelle (vgl. § 5) – gleichgültig, ob wahlberechtigt oder nicht. An der Personalversammlung können alle Beschäftigten der Dienststelle im Sinne von § 5 ohne Rücksicht auf den Umfang ihrer Beschäftigung oder die Wahlberechtigung teilnehmen, so dass auch Beschäftigte mit einem ruhenden Arbeitsverhältnis teilnahmeberechtigt sind. Sie ist jedoch kein Beschlussgremium. Sie kann zu der Tätigkeit des Personalrats Stellung nehmen, ihm Anträge unterbreiten (vgl. § 48), aber keine bindenden Beschlüsse fassen und den Personalrat weder abwählen noch zu bestimmten Handlungen anweisen. 1

Abs. 1: Die Leitung und Durchführung der Personalversammlung obliegt der vorsitzenden Person des Personalrats. 2

Die gesamte organisatorische Vorbereitung der Personalversammlung ist jedoch Sache des Personalrats insgesamt. Dazu gehört insbesondere die Beschlussfassung über die zeitliche Lage und Dauer der Personalversammlung, ihren inhaltlichen und organisatorischen Ablauf sowie über den Tätigkeitsbericht.

Während der Personalversammlung ist die vorsitzende Person Inhaberin des Hausrechts. Sie leitet die Sitzung, erteilt das Wort und sorgt für eine Behandlung aller vorgesehenen Tagesordnungspunkte.

Die Personalversammlung ist zum Schutze der freien Aussprache nicht öffentlich. Auskunftspersonen, dienststellenfremde sachkundige Personen (§ 49 Satz 4) sowie Vortragende und Redner dürfen vom Personalrat jedoch zugelassen werden. Nicht zulässig sind jedoch z. B. allgemeine Einladungen an Ratsmitglieder.[2] Aus dem gleichen Grund sind Mitschriften von Vertretern der Dienststelle sowie Bild- und Tonbandaufnahmen ebenso unzulässig wie Videoaufzeichnungen.

Äußerungen auf der Personalversammlung sind vom Grundrecht der freien Meinungsäußerung gedeckt, sie können nicht Gegenstand von Abmahnungen o. Ä. sein.

Abs. 2: Personalversammlungen finden ausschließlich auf der Ebene des örtlichen Personalrats statt. Die §§ 45ff. sind in den Vorschriften über die Stufenvertretung und den Gesamtpersonalrat nicht als entsprechend anwendbar aufgeführt. Regelmäßig findet die Personalversammlung für alle Beschäftigten gleichzeitig statt. Teilversammlungen sind die Ausnahme und dürfen nur stattfinden, wenn eine Versammlung aller Beschäftigten »nach den dienstlichen Verhältnissen« nicht möglich ist. Das kann z. B. bei Schichtarbeit oder dann der Fall sein, wenn nicht alle Beschäftigten gleichzeitig abkömmlich sind, beispielsweise weil Überwachungseinrichtungen nicht ver- 3

1 Vgl. allgemein Roggenkamp, PersR 2005, 315; Welkoborsky, PersR 2013, 431.
2 Siehe OVG NRW 23. 2. 1994 – 1 A 35/94.PVL.

lassen werden können. Nicht ausreichend sind höhere Kosten oder weitere Reisen sowie dienstliche Störungen.
Der Personalrat kann darüber hinaus Teilversammlungen zur Erörterung besonderer Belange eines Teils der Beschäftigten durchführen. Das bietet sich z. B. dann an, wenn die Dienststelle Maßnahmen plant, die eine bestimmte Gruppe von Beschäftigten besonders betreffen. An den Hochschulen und Fachhochschulen können die Personalräte – wenn sie es für zweckmäßig erachten – gemeinsame Personalversammlungen für die nichtwissenschaftlichen und die wissenschaftlich/künstlerisch Beschäftigten abhalten.[3]
Die Teilversammlungen sowie die Versammlungen zur Erörterung der besonderen Belange eines Teils der Beschäftigten finden – wie alle anderen Personalversammlungen – während der Arbeitszeit statt. Dies wurde durch die Novelle 2011 in § 47 Satz 1 klargestellt. Das ist auch interessengerecht, da es sich um ordentliche Personalversammlungen handelt, die nur deshalb abzuhalten sind, weil nach den dienstlichen Verhältnissen eine gemeinsame Versammlung im Sinne des § 46 Abs. 1 nicht stattfinden kann. Für die Teilnehmer der Teilversammlungen nach Satz 1 und 2 ist in aller Regel die Teilnahme an der kalenderjährlich stattfindenden ordentlichen Personalversammlung nach § 46 Abs. 1 nicht möglich. Schon um insoweit eine Benachteiligung zu verhindern, ist die Durchführung der Teilversammlungen während der Arbeitszeit zwingend. Zusätzliche Kosten für die Teilnahme der Mitarbeiter dürften – sieht man von den sächlichen Kosten einer solchen Teilversammlung ab – nicht entstehen (vgl. im Übrigen § 47 Rn. 1).

§ 46

(1) Der Personalrat hat einmal in jedem Kalenderjahr in einer Personalversammlung über seine Tätigkeit zu berichten.
(2) Der Personalrat ist berechtigt und auf Antrag der Dienststelle oder eines Viertels der wahlberechtigten Beschäftigten verpflichtet, zusätzliche Personalversammlungen einzuberufen und den Gegenstand, dessen Beratung beantragt ist, auf die Tagesordnung zu setzen.
(3) Auf Antrag einer in der Dienststelle vertretenen Gewerkschaft muss der Personalrat vor Ablauf von zwölf Arbeitstagen nach Eingang des Antrags eine Personalversammlung einberufen, wenn im vorhergegangenen Kalenderjahr keine Personalversammlung und keine Teilversammlung durchgeführt worden ist.

---

3 VG Düsseldorf 29. 9. 1997 – 34 K 13091/96.PVL, PersR 1998, 203.

Der Personalrat hat mindestens einmal im Jahr auf einer ordentlichen Personalversammlung einen Tätigkeitsbericht zu erstatten (Abs. 1). Er kann bei Bedarf zusätzliche Personalversammlungen abhalten, wozu er auf Antrag der Dienststelle oder eines Viertels der wahlberechtigten Beschäftigten sogar verpflichtet ist (Abs. 2). Hat der Personalrat entgegen § 46 Abs. 1 es versäumt, in einem Jahr eine Personalversammlung durchzuführen, so muss er dies auf Antrag einer in der Dienststelle vertretenen Gewerkschaft innerhalb von zwölf Arbeitstagen im Folgejahr nachholen (Abs. 3). 1

Abs. 1: Der Tätigkeitsbericht wird grundsätzlich von der vorsitzenden Person des Personalrats vorgetragen, inhaltlich jedoch vom Personalrat insgesamt vorbereitet. In ihm soll für die Beschäftigten – in verständlicher Form – dargestellt werden, womit sich der Personalrat seit dem letzten Tätigkeitsbericht befasst hat. Eine bloße Aufzählung der in der Vergangenheit angefallenen Mitbestimmungsfälle wird dieser Verpflichtung nicht gerecht. Vielmehr müssen die sachlichen Zusammenhänge und Entwicklungen in der Dienststelle dargestellt werden. Es kann sinnvoll sein, dass der Personalrat den Tätigkeitsbericht den Teilnehmern der Personalversammlung in schriftlicher Form zumindest stichwortartig zur Verfügung stellt und den Vortrag dadurch anschaulicher und lebendiger macht, dass die einzelnen Personalratsmitglieder die in ihr Ressort fallenden Teile des Tätigkeitsberichts vortragen und erläutern. Sowohl auf der Personalversammlung allgemein wie im Tätigkeitsbericht kann der Personalrat auch Themen behandeln, die gemäß § 9 der Schweigepflicht unterliegen. Die Teilnehmer der Personalversammlung sind ebenfalls zum Schweigen verpflichtete Personen im Sinne des § 9 Abs. 1, so dass auch diese der Schweigepflicht unterliegen. Die Persönlichkeitsrechte der Beschäftigten sind stets zu beachten, weshalb bei personenbezogenen Angelegenheiten eine Individualisierung nur dann in Betracht kommen dürfte, wenn anderenfalls ein aussagekräftiger Tätigkeitsbericht zu diesen Punkten nicht möglich ist. 2

Im Anschluss an diesen Tätigkeitsbericht ist entsprechend der Aufgabenstellung der Personalversammlung Gelegenheit zur Aussprache, Nachfrage und Meinungsbildung sowie ggf. Beschlussfassung gemäß § 48 zu geben.

Abs. 2: Zusätzliche Personalversammlungen kann der Personalrat bei Bedarf neben der ordentlichen Personalversammlung einberufen. Das ist dann zweckmäßig, wenn die ordentliche Personalversammlung mit der Erstattung und Diskussion des Tätigkeitsberichts zeitlich bereits ausgefüllt ist und weitere Themen aus Sicht des Personalrats mit den Beschäftigten erörtert werden sollen. Diese weiteren Personalversammlungen können jederzeit und nicht erst dann abgehalten werden, wenn eine besondere Dringlichkeit oder Wichtigkeit dargelegt wird. 3

Verpflichtet ist der Personalrat zur Durchführung zusätzlicher Personalversammlungen, wenn der Dienststellenleiter oder ein Viertel der wahlberechtigten Beschäftigten einen darauf gerichteten Antrag stellen und zusammen mit dem Antrag die Behandlung eines bestimmten Beratungsgegenstandes verlangen, der auf die Tagesordnung gesetzt werden soll. Die Behandlung solcher Anträge kann jedoch mit der nächsten Personalversammlung verbunden werden, wenn diese zeitnah stattfinden kann.

4 **Abs. 3:** Führt der Personalrat entgegen seiner Verpflichtung aus Absatz 1 die jährliche Personalversammlung nicht durch, so kann dies von einer in der Dienststelle vertretenen Gewerkschaft erzwungen werden. Wird ein solcher Antrag gestellt, so ist der Personalrat verpflichtet, innerhalb von zwölf Arbeitstagen nach Eingang eines solchen Antrags eine Personalversammlung einzuberufen. Das gewerkschaftliche Antragsrecht besteht aufgrund der mit der Novelle 2007 eingeführten und unverändert fortgeltenden Formulierung in Abs. 3 jedoch nur dann, wenn innerhalb des letzten Kalenderjahres weder eine Personalversammlung, noch eine Teilversammlung stattgefunden hat.

5 Zur Einberufung von Personalversammlungen jeder Art ist nur der Personalrat berechtigt. Die Dienststelle sowie die in Abs. 2 und 3 benannten Stellen können den Personalrat nur verpflichten, die Personalversammlungen anzuberaumen und durchzuführen, ein eigenes Einberufungsrecht haben sie nicht.

§ 47

Personalversammlungen finden während der Arbeitszeit statt, soweit nicht die dienstlichen Verhältnisse eine andere Regelung erfordern. Die Teilnahme an der Personalversammlung hat keine Minderung der Bezüge oder des Arbeitsentgelts zur Folge. Soweit in den Fällen des Satzes 1 Personalversammlungen aus dienstlichen Gründen außerhalb der Arbeitszeit stattfinden müssen, ist den Teilnehmerinnen und Teilnehmern Dienstbefreiung in entsprechendem Umfang zu gewähren. Fahrtkosten, die den Beschäftigten durch die Teilnahme an einer Personalversammlung nach Satz 1 entstehen, sind von der Dienststelle in entsprechender Anwendung des Landesreisekostengesetzes zu erstatten.

1 § 47 Satz 1 stellt in Abänderung der Vorgängerregelung von 2007 klar, dass sämtliche Personalversammlungen, d. h. ordentliche gemäß § 46 Abs. 1, Teilversammlungen gemäß § 45 Abs. 2 sowie zusätzliche Personalversammlungen, gleichgültig von wem sie veranlasst sind, während der Arbeitszeit stattfinden. Dies trägt dem Grundsatz Rechnung, dass von den Beschäftigten für die Teilnahme an der Personalversammlung als »demokratischem Forum« (vgl. § 45) kein Arbeitszeitopfer verlangt werden darf. Eine Zustimmung der Dienststelle zur Teilnahme an der Personalversammlung während ihrer Arbeitszeit benötigen die Beschäftigten nicht. Die Teilnahme darf ihnen also weder untersagt noch auch nur erschwert werden.

Die Entscheidung über die zeitliche Lage der Personalversammlung trifft der Personalrat durch Beschluss, eine Zustimmung der Dienststelle oder gar eine Erlaubnis ist nicht erforderlich. Der Personalrat hat die zeitliche Lage der Personalversammlung so zu wählen, dass Beginn und Ende der Personalversammlung in die Arbeitszeit fallen. Damit die Personalversammlung von ihrem Recht auf Aussprache und Behandlung aller Tagesordnungspunkte auch Gebrauch machen kann, wird es regelmäßig geboten sein, sie an den Beginn der Arbeitszeit eines Tages zu legen. Zwingende dienstliche Besonderheiten können unter engen Voraussetzungen dazu führen, dass die Durchführung der Personalversammlung während der Arbeitszeit nicht möglich ist. Ob dies der Fall ist, und wie diesem Umstand Rechnung getragen werden kann, entscheidet allein der Personalrat im Rahmen des ihm zustehenden Ermessens. Er kann z. B., um die Teilnahme während der Arbeitszeit zu ermöglichen, zeitlich versetzte Teilversammlungen gemäß § 45 Abs. 2 für Gruppen von Beschäftigten durchführen. Da jede Personalversammlung gemäß Satz 1 grundsätzlich während der Arbeitszeit stattzufinden hat, kann die dadurch regelmäßig verursachte Störung des normalen Betriebsablaufs oder die zeitweise Schließung der Dienststelle für sich allein nicht als »dienstlicher Grund« im Sinne von Satz 3 anerkannt werden. Hinzu kommen müssen besondere Umstände etwa aufgrund der Aufgabenstellung der Dienststelle und drohender etwa nicht wieder gut zu machender Schäden. 2

Die Beschäftigten, die an der Personalversammlung teilnehmen, erhalten diejenigen Dienstbezüge, die sie ohne Teilnahme an der Personalversammlung zu beanspruchen hätten. Findet die Personalversammlung außerhalb der dienststellenüblichen Arbeitszeit oder außerhalb der persönlichen Arbeitszeit statt, so ist den Beschäftigten zum Ausgleich Dienstbefreiung unter Fortzahlung der Bezüge in entsprechendem Umfang zu gewähren. 3

Fahrtkosten, die durch die Teilnahme an der Personalversammlung entstehen, werden von der Dienststelle entsprechend den Vorschriften des Landesreisekostengesetzes erstattet. 4

§ 48

Die Personalversammlung kann dem Personalrat Anträge unterbreiten und zu seinen Beschlüssen Stellung nehmen. Sie darf alle Angelegenheiten behandeln, die die Dienststelle oder ihre Beschäftigten unmittelbar betreffen, insbesondere Tarif-, Besoldungs- und Sozialangelegenheiten, Fragen der Förderung der Gleichstellung von Frauen und Männern und der Vereinbarkeit von Familie und Beruf. § 2 Abs. 2 und § 3 Abs. 1 gelten für die Personalversammlung entsprechend.

Die Personalversammlung kann sich mit allen Themen befassen, die einen 1
Bezug zur Dienststelle, zur Arbeit des Personalrats oder zu dienst- und ar-

beitsrechtlichen sowie sozialen Belangen und Problemen der Beschäftigten haben. Die Personalversammlung kann dem Personalrat Anträge unterbreiten. In der Personalversammlung kann daher über Entschließungen zur Arbeit des Personalrats abgestimmt werden. Auch zu Beschlüssen des Personalrats kann durch Abstimmung in der Personalversammlung Stellung genommen werden. Solche Anträge und Stellungnahmen der Personalversammlung haben zwar keine bindende Wirkung, sie sind vom Personalrat jedoch auf der nächsten Personalratssitzung zu beraten, damit auf der nächsten Personalversammlung Rechenschaft darüber abgelegt werden kann, was der Personalrat zur Durchführung der Entscheidungen der Personalversammlung unternommen hat.

2 Die möglichen Themen der Personalversammlung sind in Satz 2 beispielhaft aufgeführt. Dieser Katalog der »insbesondere« von der Personalversammlung zulässigerweise zu behandelnden Themen ist durch die Novelle 2007 um Fragen der Förderung der Gleichstellung von Frauen und Männern und der Vereinbarkeit von Familie und Beruf ergänzt worden. Damit wird ein bereits nach bisheriger Rechtslage zulässiges und auch regelmäßig auf der Personalversammlung behandeltes Thema im Hinblick auf die Zielsetzung des Gesetzes zur Gleichstellung von Frauen und Männern hervorgehoben. Zu den Angelegenheiten, die die Dienststelle unmittelbar betreffen, gehören nicht nur personalvertretungsrechtliche Themen, sondern z. B. auch in der Öffentlichkeit bekannt gewordene Kritik am Verhalten der Dienststellenleitung u. Ä. Behandelt werden dürfen auch solche Angelegenheiten, die die Beschäftigten unmittelbar betreffen, worunter alle Tarif-, Besoldungs- und Sozialangelegenheiten gehören, ohne dass ein unmittelbarer Dienststellenbezug erforderlich wäre. Die Unterrichtung und Diskussion über die Forderungen der Gewerkschaften in der jeweils laufenden Tarifrunde, die Belastungen von Arbeitnehmern mit zusätzlichen Abgaben gehören ebenso zu den zulässigen Themen einer Personalversammlung wie die im Zusammenhang mit der Tätigkeit des Personalrats stehenden Angelegenheiten, die sich aus dem Tätigkeitsbericht und den Vorschriften des LPVG ergeben.

3 Auch für die Personalversammlung gelten die Friedenspflicht und das Gebot der parteipolitischen Neutralität. Arbeitskampf- und politische Wahlaufrufe können daher nicht Gegenstand von Diskussionsbeiträgen sein. Jedoch muss der Personalrat nicht jedes Wort auf die »Goldwaage« legen. Nicht jede überspitzte Formulierung ist bereits geeignet, den Frieden in der Dienststelle zu beeinträchtigen, auch scharfe Kritik sowie Polemik müssen hingenommen werden. Eine gewerkschaftspolitische Neutralität wird von der Personalversammlung nicht verlangt.

§ 49

Die Dienststelle, Beauftragte aller in der Dienststelle vertretenen Gewerkschaften, eine beauftragte Person der Arbeitgebervereinigung, der die Dienststelle angehört, je ein beauftragtes Mitglied der Stufenvertretungen oder des Gesamtpersonalrats sowie je eine beauftragte Person der Dienststellen, bei denen die Stufenvertretungen bestehen, sind berechtigt, mit beratender Stimme an der Personalversammlung teilzunehmen. Der Personalrat hat die Einberufung der Personalversammlung der Dienststelle und den in Satz 1 genannten Gewerkschaften mitzuteilen. An Versammlungen, die auf Antrag der Dienststelle einberufen sind oder zu denen sie ausdrücklich eingeladen ist, hat sie teilzunehmen. Der Personalrat kann sachkundigen Personen die Teilnahme an der Personalversammlung gestatten.

Der Dienststellenleiter ist vom Personalrat über die Einberufung sowie Zeit- 1
punkt und Ort der Personalversammlung zu unterrichten, damit er sein Recht auf beratende Teilnahme wahrnehmen kann.
Auch sämtliche in der Dienststelle durch Mitglieder vertretene Gewerkschaften muss der Personalrat über den Zeitpunkt und den Ort der Personalversammlung unterrichten, damit diese einen Beauftragten ihrer Wahl zur beratenden Teilnahme an der Personalversammlung entsenden können.
Ein Teilnahmerecht mit beratender Stimme hat auch ein Beauftragter der Arbeitgebervereinigung, wenn die Dienststelle tarifgebunden ist, dieser ist jedoch ggf. von der Dienststelle zu unterrichten

Je ein beauftragtes Mitglied der Stufenvertretungen oder des Gesamtperso- 2
nalrats hat ein beratendes Teilnahmerecht, es kann also sowohl der Bezirks- als auch der Hauptpersonalrat ein beauftragtes Mitglied seines Gremiums zur Personalversammlung der örtlichen Dienststelle entsenden. Die Vorschrift ist weitgehend wortgleich mit § 52 Abs. 1 Satz 3 BPersVG. Dazu hat das BVerwG entschieden, dass die Formulierung betreffend das Teilnahmerecht der Stufenvertretungen oder des Gesamtpersonalrats nicht im Sinne eines strengen »entweder-oder«, also nicht alternativ zu verstehen sei. Teilnahmeberechtigt seien sowohl ein Mitglied der Stufenvertretung als auch des Gesamtpersonalrats.[4]
Beruft der Personalrat eine Personalversammlung auf Antrag des Dienststellenleiters ein (§ 46 Abs. 2) oder wird dieser vom Personalrat nicht nur über die Personalversammlung informiert sondern ausdrücklich eingeladen, so ist der Dienststellenleiter verpflichtet an der Versammlung auch tatsächlich teilzunehmen.

---

4 BVerwG 30.7.2010 – 6 P 11.09, PersR 2010, 400ff.

3 Der Personalrat ist berechtigt, sachkundigen Personen die Teilnahme an der Personalversammlung zu gestatten, er kann also Beschäftigte anderer Dienststellen, bestimmte Gewerkschaftsbeauftragte oder andere Sachkundige und Sachverständige bitten, an der Personalversammlung teilzunehmen, damit sie in Referaten, Vorträgen oder Diskussionsbeiträgen zu bestimmten Themen Stellung nehmen können. Ihre Teilnahme ist nicht auf die Dauer ihres Diskussionsbeitrages beschränkt. Sie unterliegen der allgemeinen Verschwiegenheitspflicht des § 9 Abs. 1.

Fünftes Kapitel
Stufenvertretung

§ 50

(1) In der Landesverwaltung werden für den Geschäftsbereich mehrstufiger Verwaltungen bei den Mittelbehörden Bezirkspersonalräte und bei den obersten Landesbehörden Hauptpersonalräte gebildet.
(2) Die Mitglieder des Bezirkspersonalrats werden von den zum Geschäftsbereich der Mittelbehörde, die Mitglieder des Hauptpersonalrats von den zum Geschäftsbereich der obersten Landesbehörde gehörenden Beschäftigten gewählt. Soweit bei Mittelbehörden die Personalangelegenheiten der Beschäftigten zum Geschäftsbereich verschiedener oberster Landesbehörden gehören, sind diese Beschäftigten für den Hauptpersonalrat bei der jeweils zuständigen obersten Landesbehörde wahlberechtigt.
(3) Die §§ 10 bis 12, 13 Abs. 3, 14 Abs. 1, 2, 5 und 6, §§ 15 bis 18 und 20 bis 22 gelten entsprechend. Die in § 10 Abs. 4 genannten Beschäftigten sind nicht wählbar. § 11 Abs. 2 Buchstabe b gilt nur für die Beschäftigten der Dienststelle, bei der die Stufenvertretung zu errichten ist. Die Stufenvertretung hat höchstens fünfzehn Mitglieder. Eine Personalversammlung zur Bestellung des Bezirks- oder Hauptwahlvorstands findet nicht statt. An ihrer Stelle übt die Dienststelle, bei der die Stufenvertretung zu errichten ist, die Befugnis zur Bestellung des Wahlvorstands nach § 17 Abs. 2, §§ 18 und 20 Abs. 1 aus.
(4) Werden in einer Verwaltung die Personalräte und die Stufenvertretungen gleichzeitig gewählt, so führen die bei den Dienststellen bestehenden Wahlvorstände die Wahlen der Stufenvertretungen im Auftrag des Bezirks- oder Hauptwahlvorstands durch; andernfalls bestellen auf sein Ersuchen die Personalräte oder, wenn solche nicht bestehen, die Dienststellen die örtlichen Wahlvorstände für die Wahl der Stufenvertretungen.

(5) **In den Stufenvertretungen erhält jede Gruppe mindestens ein Mitglied.**

Die Errichtung von Stufenvertretungen ist Folge des hierarchischen Aufbaus der Landesverwaltung. 1
Abs. 1: Nur in den Landesverwaltungen und dort nur für den Geschäftsbereich mehrstufiger Verwaltungen werden Stufenvertretungen gebildet; bei den Mittelbehörden Bezirkspersonalräte und bei den obersten Landesbehörden Hauptpersonalräte. Mehrstufig ist eine Verwaltung, die innerhalb eines Geschäftsbereichs Verwaltungen im Über- und Unterordnungsverhältnis hat. Die Einteilung in untere, mittlere und oberste Landesbehörden geht von der Dreistufigkeit der Verwaltung aus, die in der Landesverwaltung zumeist auch vorhanden ist (Ausnahme: zweistufiger Aufbau Universität/Wissenschaftsministerium sowie vierstufiger Aufbau Amtsgericht/Landgericht/Oberlandesgericht/Justizministerium).

Abs. 2 und 3: Wahlberechtigt zur Wahl des Bezirkspersonalrats sind die Beschäftigten, die zum Geschäftsbereich der Mittelbehörde gehören. Wahlberechtigt zur Wahl des Hauptpersonalrats sind alle Beschäftigten, die zum Geschäftsbereich der obersten Landesbehörde gehören. Soweit bei den Mittelbehörden – z. B. den Bezirksregierungen – die Personalangelegenheiten der Beschäftigten zum Geschäftsbereich verschiedener oberster Landesbehörden gehören, sind diese Beschäftigten für den Hauptpersonalrat der jeweils zuständigen obersten Landesbehörde wahlberechtigt. 2
Die Wahlvorschriften der §§ 10 bis 22 gelten für die Wahlen der Stufenvertretungen mit einigen Einschränkungen und Besonderheiten.
Die Stufenvertretung hat höchstens fünfzehn Mitglieder.

Abs. 4: Aufgrund der gleichen Amtszeit und Wahlperiode werden die Wahlen zu den örtlichen Personalräten und zu den Stufenvertretungen regelmäßig gleichzeitig stattfinden und dementsprechend von den bei den örtlichen Dienststellen bestehenden Wahlvorständen durchgeführt. Es ist dann die Bestellung zusätzlicher, örtlicher Wahlvorstände zur Wahl der Stufenvertretungen entbehrlich. 3

Abs. 5: In den Stufenvertretungen erhält jede Gruppe (§ 6) mindestens ein Mitglied; durch diese Regelung wird der Minderheitenschutz der Gruppe mit geringerer Beschäftigtenzahl gestärkt. Zugleich schließt der Gesetzgeber hierdurch eine nur aus einer Person bestehende Stufenvertretung aus. 4

§ 51

Für die Amtszeit und die Geschäftsführung der Stufenvertretungen sowie für die Rechtsstellung ihrer Mitglieder gelten §§ 23, 24 Abs. 1 Satz 1 Buchstaben b bis e und Satz 2, Abs. 2 und 3, §§ 25 bis 38, 40, 41, 42 Absatz 1 bis 3, 5 und 6 und § 43 entsprechend. § 42 Abs. 3 Satz 1 findet mit der Maßgabe

Anwendung, dass höchstens fünf Mitglieder freigestellt werden dürfen. In begründeten Fällen kann im Einvernehmen zwischen Dienststelle und Stufenvertretung von Satz 2 abgewichen werden, um die ordnungsgemäße Wahrnehmung der Aufgaben durch die Stufenvertretung zu gewährleisten. § 30 Abs. 1 gilt mit der Maßgabe, dass die Mitglieder der Stufenvertretung spätestens zwei Wochen nach dem Wahltag einzuberufen sind.

1 Für die Amtszeit, die Geschäftsführung und die Rechtsstellung der Stufenvertretungen gelten – mit wenigen Ausnahmen – die §§ 23 bis 43. Abweichend davon hat keine Neuwahl stattzufinden, wenn während der laufenden Amtszeit die Zahl der Beschäftigten steigt oder absinkt, da § 51 nicht auf die Vorschrift des § 24 Abs. 1 Satz 1 Buchst. a) verweist. Die Stufenvertretungen können keine besonderen Sprechstunden gemäß § 39 einrichten.

2 Bezüglich des Umfangs der Freistellungen gilt aufgrund der Novelle 2007 der neu eingefügte Satz 2. Danach findet die Freistellungsstaffel in § 42 Abs. 3 Satz 1 »mit der Maßgabe« Anwendung, dass höchstens fünf Mitglieder der Stufenvertretung freigestellt werden dürfen. Regelfreistellungen nach § 42 Abs. 4 können nach wie vor nicht beansprucht werden. Der Gesetzesbegründung ist zu entnehmen, dass mit der Neuregelung »eine gleichmäßigere Freistellungspraxis ermöglicht«[1] und eine vertretbare Begrenzung der Freistellungen auch bei den Stufenvertretungen erreicht werden soll. Es wird darüber hinaus betont, dass mit der Neuregelung nicht ermöglicht werden sollte, bei allen Stufenvertretungen die Höchstzahl von fünf Freistellungen auszuschöpfen; es müsse insoweit auch die Zahl der von der Stufenvertretung vertretenen Beschäftigten berücksichtigt werden. Nur in Ausnahmefällen kann davon abgewichen werden.

3 Von Satz 2 kann seit der Novelle 2011 in begründeten Fällen im Einvernehmen zwischen Dienststelle und Stufenvertretung abgewichen werden (Satz 3). Hierdurch soll die ordnungsgemäße Wahrnehmung der Aufgaben durch die Stufenvertretung gewährleistet werden. Im Zusammenhang mit Satz 2 bedeutet dies, dass seit der Novelle 2011 für die Stufenvertretungen unter den Voraussetzungen des Satz 3 mehr als fünf Freistellungen möglich sind.[2] Dies entspricht der Regelung des § 42 Abs. 4 Satz 5. Die konstituierende Sitzung der Stufenvertretungen findet abweichend von § 30 Abs. 1 spätestens zwei Wochen nach dem Wahltag statt.

---

1 Gesetzesentwurf, LT-Drucks. 14/4239, 93.
2 Vgl. LT-Drucks. 15/1644, 80.

Sechstes Kapitel
Gesamtpersonalrat

§ 52

In den Fällen des § 1 Absatz 2 Halbsatz 2 und Absatz 3 ist neben den einzelnen Personalräten ein Gesamtpersonalrat zu errichten. Die Gesamtpersonalräte der Landschaftsverbände, des Landesbetriebs Straßenbau NRW und des Bau- und Liegenschaftsbetriebs NRW nehmen die Aufgaben des Hauptpersonalrates wahr.

Gesamtpersonalräte sind zu bilden, wenn bei einer Dienststelle im Sinne 1
des § 1 Abs. 3 infolge Verselbständigung von Nebenstellen oder Teilen einer Dienststelle mehrere Personalräte nebeneinander existieren. Die Verselbständigungserklärung bedarf der Zustimmung des Personalrats gemäß § 72 Abs. 4 Satz 1 Nr. 12. Im Rahmen der Novelle 2011 wurde die Möglichkeit zur Errichtung eines Gesamtpersonalrats auf die Fälle des § 1 Abs. 2 2. Halbsatz erweitert; danach sind auch bei den Gemeinden, den Gemeindeverbänden und den sonstigen der Aufsicht des Landes unterstehenden Körperschaften, Anstalten und Stiftungen des öffentlichen Rechts Gesamtpersonalräte zu bilden.[1] Seitdem kommt die Bildung eines Gesamtpersonalrats z.B. auch dann in Betracht, wenn Aufgaben einer Gemeinde auf Eigenbetriebe oder öffentlich-rechtliche Körperschaften bzw. Anstalten ausgelagert werden, soweit dort ebenfalls Personalvertretungen bestehen. Dann ist neben den Personalräten ein Gesamtpersonalrat zu errichten. Durch die Errichtung von Gesamtpersonalräten wird sichergestellt, dass keine mitbestimmungsfreien Räume entstehen.

Ebenfalls im Rahmen der Novelle 2011 neu eingefügt wurde Satz 2. Hier- 2
durch wird klargestellt, dass die Gesamtpersonalräte der Landschaftsverbände, des Landesbetriebs Straßen NRW und des Bau- und Liegenschaftsbetriebs NRW die Aufgaben des Hauptpersonalrats wahrnehmen. Zur Begründung wurde ausgeführt, dass sich dieser Zustand, der bezüglich der Gesamtpersonalräte der Landesbetriebe bereits zuvor durch Zusatzgesetz gebildet worden war, in der Praxis bewährt habe und deshalb in das neue LPVG übernommen werden müsse. Diese Aufgabenübertragung müsse auch für die Gesamtpersonalräte der Landschaftsverbände erfolgen, und dürfe auch für diese nicht wie bisher von einer Benehmensherstellung mit der Dienststelle abhängen.[2]

---

1 Vgl. LT-Drucks. 15/2218, 37a.
2 LT-Drucks. 15/2218, 37a.

§ 53

Für die Wahl, die Amtszeit und die Geschäftsführung des Gesamtpersonalrats sowie für die Rechtsstellung seiner Mitglieder gelten § 50 Abs. 2 bis 5 und § 51 entsprechend.

1 Für die Wahl, Amtszeit, Geschäftsführung und Rechtsstellung des Gesamtpersonalrats und seiner Mitglieder gelten die Vorschriften über die Stufenvertretung aus § 50 Abs. 2 bis 5 und § 51.
Durch Verweis auf § 51, der seinerseits auf § 42 Abs. 1 bis 3, 5 und 6 verweist, wird klargestellt, dass bezüglich der Freistellung von Mitgliedern des Gesamtpersonalrats diese Vorschriften entsprechend gelten. Ist ein Beschäftigter zugleich Mitglied eines örtlichen Personalrats und des Gesamtpersonalrats, führt eine Vollfreistellung für seine Tätigkeit im Gesamtpersonalrat allein nicht dazu, dass dessen Mitgliedschaft im örtlichen Personalrat erlischt.[3]
Im Übrigen wird auf die Kommentierung zu den §§ 50, 51 verwiesen.

Siebtes Kapitel
Jugend- und Auszubildendenvertretung

§ 54

In Dienststellen mit in der Regel mindestens fünf zur Jugend- und Auszubildendenvertretung wahlberechtigten Beschäftigten werden Jugend- und Auszubildendenvertretungen gebildet.

1 Die Errichtung von Jugend- und Auszubildendenvertretungen hat den Sinn, den besonderen Belangen und Interessen der jugendlichen Beschäftigten Raum zu geben und sie zur Geltung zu bringen.
Die Jugendvertretung ist jedoch kein gegenüber der Dienststelle selbständig wirkendes Vertretungsorgan. Vielmehr bestehen unmittelbare Rechte und Pflichten ausschließlich im Verhältnis zum Personalrat (siehe die Aufgabenstellung in § 61).

2 Jugend- und Auszubildendenvertretungen können gewählt werden, wenn in der Dienststelle mindestens fünf wahlberechtigte Beschäftigte im Sinne des § 55 Abs. 1 vorhanden sind.

3 Die Amtszeit der Jugend- und Auszubildendenvertretung beträgt zwei Jahre.

3 Vgl. VGH Baden-Württemberg 21.9.2016 – PL 15 S 689/15, juris.

§ 55

(1) Wahlberechtigt sind alle jugendlichen Beschäftigten, die das 18. Lebensjahr noch nicht vollendet haben, sowie Auszubildende, Beamtenanwärterinnen und Beamtenanwärter und Praktikantinnen und Praktikanten. § 10 Abs. 2 bis 4 gilt entsprechend.
(2) Wählbar sind Beschäftigte, die am Wahltag noch nicht das 27. Lebensjahr vollendet haben, sowie Auszubildende, Beamtenanwärterinnen und Beamtenanwärter und Praktikantinnen und Praktikanten. §§ 11 und 12 gelten entsprechend.

Abs. 1: Durch die Novelle 1994 ist die Wahlberechtigung zur Wahl der Jugend- und Auszubildendenvertretung erheblich erweitert worden. Bis dahin hatten Auszubildende, Beamtenanwärter und Praktikanten ihr Wahlrecht nur bis zum 25. Lebensjahr. Diese Altersbegrenzung ist entfallen. Wahlberechtigt sind nunmehr 1

- jugendliche Beschäftigte (ohne Ausbildungsverhältnis) bis zum vollendeten 18. Lebensjahr sowie
- Auszubildende, Beamtenanwärter und Praktikanten ohne Rücksicht auf ihr Lebensalter.

Die Einschränkungen der Wählbarkeit durch § 10 Abs. 2 bis 4 gelten entsprechend auch für die Wahlberechtigung jugendlicher Beschäftigter.
Auszubildende, Beamtenanwärter und Praktikanten, die älter als 18 Jahre sind, haben also ein doppeltes Wahlrecht sowohl zur Jugend- und Auszubildendenvertretung als auch zum Personalrat (siehe § 10 Abs. 1), wenn sie die übrigen Voraussetzungen der §§ 10, 5 erfüllen.
Abs. 2: Wählbar zur Jugend- und Auszubildendenvertretung sind 2

- alle Beschäftigten, die am Wahltag noch nicht das 27. Lebensjahr vollendet haben sowie
- Auszubildende, Beamtenanwärter und Praktikanten ohne Rücksicht auf ihr Lebensalter.

Die Vorschriften über den Verlust der Wählbarkeit in §§ 11 und 12 gelten entsprechend.
Die Wählbarkeit ist durch die Novelle 1994 auf das 27. Lebensjahr erstreckt worden und betrifft Beschäftigte, die nach beendeter Ausbildung noch in der Jugend- und Auszubildendenvertretung mitarbeiten möchten. Außerdem wird den jugendlichen Beschäftigten mehr als eine Amtszeit ermöglicht.
Anders als bei den Wahlvorschriften zum Personalrat kann in die Jugend- und Auszubildendenvertretung daher auch ein Beschäftigter gewählt werden, der nach Absatz 1 nicht wahlberechtigt ist, weil er bereits das 18. Lebensjahr vollendet hat.

§ 56

(1) Die Jugend- und Auszubildendenvertretung besteht in Dienststellen mit in der Regel

5 bis 20	**wahlberechtigten Beschäftigten aus einer Person,**
21 bis 50	**wahlberechtigten Beschäftigten aus drei Mitgliedern,**
51 bis 200	**wahlberechtigten Beschäftigten aus fünf Mitgliedern,**
201 bis 300	**wahlberechtigten Beschäftigten aus sieben Mitgliedern,**
301 bis 500	**wahlberechtigten Beschäftigten aus elf Mitgliedern,**
501 bis 1000	**wahlberechtigten Beschäftigten aus dreizehn Mitgliedern,**
mehr als 1000	**wahlberechtigten Beschäftigten aus fünfzehn Mitgliedern.**

(2) § 14 Abs. 5 und 6 gelten entsprechend.

1 **Abs. 1:** Die Größe der Jugend- und Auszubildendenvertretung hängt allein von der Regelzahl der zur Jugend- und Auszubildendenvertretung wahlberechtigten Beschäftigten ab. Durch die Gesetzesnovelle 2007 ist die Staffelung an diejenige des BPersVG angepasst worden. Zur Begründung wurde hervorgehoben, dass die Jugend- und Auszubildendenvertretung keine so umfassenden Befugnisse wie die Personalvertretung hat und es oft Schwierigkeiten bereite, in ausreichender Zahl Kandidaten für die JAV zu finden.[1] Seitdem ist die Staffelung weitgehend unverändert geblieben; im Jahre 2011 wurde lediglich die Zahl der Mitglieder der JAV in Dienststellen mit 501 bis 1000 wahlberechtigten Beschäftigten von bisher elf auf dreizehn Mitglieder erhöht.

2 **Abs. 2:** Die Vorschriften über die Zusammensetzung des Personalrats nach Gruppen gelten für die Jugend- und Auszubildendenvertretung nicht. Es wird lediglich durch Verweis auf § 14 Abs. 5 und 6 empfohlen, dass sich die Jugend- und Auszubildendenvertretung aus den Vertretern der verschiedenen Beschäftigungsarten zusammensetzen und Frauen und Männer ihrem zahlenmäßigen Anteil unter den jugendlichen Beschäftigten entsprechend auch in der Jugend- und Auszubildendenvertretung vertreten sein sollen.

1 LT-Drucks. 14/4239, 93.

§ 57

(1) Der Personalrat bestimmt den Wahlvorstand und seine vorsitzende Person. Für die Wahl der Jugend- und Auszubildendenvertretung gelten § 16 Abs. 1, 3, 4, 6 Satz 1, Abs. 7 und 8, § 20 Abs. 2, §§ 21 und 22 entsprechend.
(2) Die regelmäßige Amtszeit der Jugend- und Auszubildendenvertretung beginnt und endet mit der jeweiligen Wahlperiode. Sie beträgt zwei Jahre. Im übrigen gelten für die Amtszeit der Jugend- und Auszubildendenvertretung § 23 Abs. 2 und 3, § 24 Abs. 1 Satz 1 Buchstaben b bis e und Abs. 2 und §§ 25, 26 Abs. 1 und 2 sowie §§ 27 und 28 Abs. 1, 2 und 4 entsprechend. Die Mitgliedschaft in der Jugend- und Auszubildendenvertretung erlischt nicht dadurch, dass ein Mitglied während der Amtszeit das 27. Lebensjahr vollendet.
(3) Besteht die Jugend- und Auszubildendenvertretung aus drei oder mehr Mitgliedern, so wählt sie aus ihrer Mitte eine vorsitzende Person und deren Stellvertreterin oder Stellvertreter. Im Übrigen gelten für die Geschäftsführung die §§ 30 bis 33 und 37 bis 39, § 40 Abs. 1, 3 und 4 und § 41 entsprechend. An den Sitzungen der Jugend- und Auszubildendenvertretung kann ein vom Personalrat beauftragtes Mitglied des Personalrats teilnehmen.

Abs. 1: Die Wahl zur Jugend- und Auszubildendenvertretung wird von einem durch den Personalrat bestimmten Wahlvorstand durchgeführt. Dazu ist ein Beschluss des Personalrats erforderlich. Mitglieder des Wahlvorstands können sowohl jugendliche Beschäftigte als auch lebensältere, nicht mehr zur Jugend- und Auszubildendenvertretung wahlberechtigte oder wählbare Beschäftigte sein. 1
Die für die Wahl des Personalrats maßgebenden Vorschriften über Wahlverfahren, Teilnahme von Gewerkschaftsbeauftragten an Wahlvorstandssitzungen, Wahlschutz, Wahlkosten und Wahlanfechtung gelten entsprechend.

Abs. 2: Die Amtszeit der Jugend- und Auszubildendenvertretung beginnt mit der Wahlperiode des Personalrats, die Amtsdauer beträgt jedoch nur zwei Jahre. Eine Neuwahl bei Absinken oder Steigen der Beschäftigtenzahlen ist nicht vorgesehen, da § 57 Abs. 2 Satz 3 nicht auf die Vorschrift des § 24 Abs. 1 Satz 1 Buchst. a verweist. Erreicht ein Mitglied der Jugend- und Auszubildendenvertretung während der laufenden Amtszeit das Höchstalter des § 55 Abs. 2, kann er noch bis zum Ende der Amtszeit weiter amtieren. 2

Abs. 3: Ist eine mehrköpfige Jugend- und Auszubildendenvertretung gewählt worden, so wählt sie aus ihrer Mitte einen Vorsitzenden und dessen Stellvertreter. Für die Geschäftsführung der Jugend- und Auszubildendenvertretung gelten die Vorschriften für den Personalrat mit Ausnahme der die Gruppenrechte betreffenden Vorschriften der §§ 34 bis 36. Der Jugend- und 3

Auszubildendenvertretung stehen darüber hinaus die Aufwandsdeckungsmittel des § 40 Abs. 2 nicht zu.
Der Personalrat kann eines seiner Mitglieder zur Teilnahme an den Sitzungen entsenden.

§ 58

Für die Rechtsstellung der Mitglieder der Jugend- und Auszubildendenvertretung gelten § 42 Abs. 1, 2, 3 Satz 1 und 4, Abs. 5 und 6 und § 43 entsprechend.

1 Die Rechtsstellung der Mitglieder der Jugend- und Auszubildendenvertretung entspricht derjenigen von Personalratsmitgliedern. Für sie gilt, dass sie ihr Amt unentgeltlich als Ehrenamt führen (§ 42 Abs. 1). Die Vorschriften des § 42 Abs. 2 und 3 über das Verbot der Minderung von Dienstbezügen bei Verrichtung von gesetzlichen Aufgaben und die Bedarfsfreistellung im Umfange der Erforderlichkeit gelten auch für die Mitglieder der Jugend- und Auszubildendenvertretung. Es steht ihnen darüber hinaus – analog zu den Personalratsmitgliedern – die Freistellung zur Teilnahme an erforderlichen Schulungs- und Bildungsveranstaltungen auf Kosten der Dienststelle zu.[2] Beamtete Mitglieder der Jugend- und Auszubildendenvertretung haben bei Unfällen aus Anlass der Wahrnehmung des Amtes Anspruch auf beamtenrechtliche Unfallfürsorge gemäß § 42 Abs. 6.

2 Der Versetzungs-, Abordnungs- und Umsetzungsschutz des § 43 Abs. 1 gilt auch für die Mitglieder der Jugend- und Auszubildendenvertretung uneingeschränkt. Die ordentliche, fristgerechte Kündigung von Mitgliedern der JAV ist unzulässig (§ 15 Abs. 1 Satz 1 KSchG); die außerordentliche Kündigung von Jugend- und Auszubildendenvertretern bedarf gemäß § 43 Abs. 2 der Zustimmung nicht des eigenen Gremiums, sondern des Personalrats.

3 Darüber hinaus gilt für die Mitglieder der Jugend- und Auszubildendenvertretung die besondere Schutzvorschrift des § 7 Abs. 2–6, der auf Verlangen des Auszubildenden die Übernahme in ein Arbeitsverhältnis im Anschluss an die erfolgreiche Beendigung des Ausbildungsverhältnisses bewirkt. Insoweit wird auf die Kommentierung zu § 7 verwiesen.

§ 59

Die Jugend- und Auszubildendenvertretung hat einmal in jedem Kalenderjahr eine Jugend- und Auszubildendenversammlung durchzuführen, die von der vorsitzenden Person der Jugend- und Auszubildendenvertre-

2 Durchführungserlass vom 14.3.2013, Ziff. 11.7.

tung geleitet wird. Außer dieser kann eine weitere Jugend- und Auszubildendenversammlung während der Arbeitszeit stattfinden. Die vorsitzende Person des Personalrats oder ein vom Personalrat beauftragtes anderes Mitglied soll an der Jugend- und Auszubildendenversammlung teilnehmen. Im Übrigen sind die Vorschriften des Vierten Kapitels auf die Jugend- und Auszubildendenversammlung entsprechend anzuwenden.

Die Jugend- und Auszubildendenvertretung muss mindestens einmal und kann höchstens zweimal pro Jahr eine Jugend- und Auszubildendenversammlung während der Arbeitszeit durchführen. Weitere Versammlungen oder Teilversammlungen sind zwar statthaft, können aber nicht während der Arbeitszeit stattfinden. Jedoch kann der Personalrat auf Antrag der Jugend- und Auszubildendenvertretung eine Teilversammlung gemäß § 45 Abs. 2 Satz 2 für alle oder Teile der jugendlichen Beschäftigten und Auszubildenden neben der Jugend- und Auszubildendenversammlung einberufen. 1

Teilnahmeberechtigt sind alle Wahlberechtigten im Sinne des § 55 Abs. 1, also alle jugendlichen Beschäftigten bis zur Vollendung des 18. Lebensjahres sowie – ohne Rücksicht auf ihr Alter – die Auszubildenden, Beamtenanwärter und Praktikanten. 2

Die Rechte der Jugend- und Auszubildendenversammlung entsprechen denjenigen der Personalversammlung, weshalb zweckmäßigerweise ein Tätigkeitsbericht zu erstellen sowie Gelegenheit zur Aussprache, Diskussion und zur Stellung von Anträgen zu geben ist (§§ 46, 48). Teilnahmeberechtigt sind neben den jugendlichen Beschäftigten und Auszubildenden der Vorsitzende des Personalrats oder ein vom Personalrat beauftragtes anderes Mitglied sowie der in § 49 genannte Personenkreis. 3

§ 60

(1) **In der Landesverwaltung werden für den Geschäftsbereich mehrstufiger Verwaltungen, in denen Stufenvertretungen bestehen, bei den Mittelbehörden Bezirksjugend- und Auszubildendenvertretungen und bei den obersten Landesbehörden Hauptjugend- und Auszubildendenvertretungen gebildet. Für sie gelten § 50 Abs. 2 und 4, §§ 55, 56, 58 und 61 entsprechend, ferner § 57 mit der Maßgabe, dass die Einrichtung von Sprechstunden entfällt. Die Jugend- und Auszubildendenstufenvertretung hat höchstens fünf Mitglieder.**

(2) **Bestehen in Fällen des § 1 Abs. 3 mehrere Jugend- und Auszubildendenvertretungen, so ist neben diesen eine Gesamtjugend- und Auszubildendenvertretung zu errichten. Für sie gilt Absatz 1 Satz 2 und 3 entsprechend.**

1 **Abs. 1:** In den Landesverwaltungen werden dort, wo Stufenvertretungen bestehen, Bezirks- und Hauptjugend- und Auszubildendenvertretungen gebildet. Bei den Mittelbehörden also Bezirksjugend- und Auszubildendenvertretungen und bei den obersten Landesbehörden Hauptjugend- und Auszubildendenvertretungen. Diese Gremien sind zugleich mit den Stufenvertretungen zu wählen, für die Wahlberechtigung gilt § 50 Abs. 2 entsprechend. Gemäß § 57 obliegt die Durchführung dieser Wahl dem jeweils örtlichen Personalrat. Die Dauer der Amtszeit und die Geschäftsführungsrechte entsprechen denjenigen der örtlichen Jugend- und Auszubildendenvertretungen, allerdings können Sprechstunden von den Bezirks- bzw. Hauptjugend- und Auszubildendenvertretungen nicht abgehalten werden. Sie bestehen aus höchstens fünf Mitgliedern.

2 **Abs. 2:** Bestehen in Nebenstellen oder Teilen einer Dienststelle (§ 1 Abs. 3), die verselbständigt worden sind, mehrere Jugend- und Auszubildendenvertretungen, wird neben diesen eine Gesamtjugend- und Auszubildendenvertretung errichtet. Ihre Errichtung ist – anders als in der Landesverwaltung im Geschäftsbereich mehrstufiger Verwaltungen – nicht davon abhängig, dass auch ein Gesamtpersonalrat besteht. Für die Geschäftsführung der Gesamtjugend- und Auszubildendenvertretung gelten die Vorschriften der Jugendstufenvertretungen entsprechend.

§ 61

(1) Die Jugend- und Auszubildendenvertretung hat folgende allgemeine Aufgaben:

1. **Maßnahmen, die den Beschäftigten im Sinne von § 55 Abs. 1 dienen, insbesondere in Fragen der Berufsbildung und der Entscheidung über die Übernahme der Auszubildenden in ein Beschäftigungsverhältnis, beim Personalrat zu beantragen,**
2. **darüber zu wachen, dass die zugunsten der Beschäftigten im Sinne von § 55 Abs. 1 geltenden Gesetze, Verordnungen, Unfallverhütungsvorschriften, Tarifverträge, Dienstvereinbarungen und Verwaltungsanordnungen durchgeführt werden,**
3. **Anregungen und Beschwerden von Beschäftigten im Sinne von § 55 Abs. 1, insbesondere in Fragen der Berufsbildung, entgegenzunehmen und, falls sie berechtigt erscheinen, beim Personalrat auf eine Erledigung hinzuwirken; die Jugend- und Auszubildendenvertretung hat die betroffenen Beschäftigten im Sinne von § 55 Abs. 1 über den Stand und das Ergebnis der Verhandlungen zu informieren.**

(2) Die Befugnisse der Jugend- und Auszubildendenvertretung gegenüber dem Personalrat bestimmen sich nach § 30 Abs. 3, § 35 Abs. 1 und 2 und § 36. Sie beziehen sich auf die in den §§ 72 bis 75 genannten betei-

ligungspflichtigen Angelegenheiten der Beschäftigten im Sinne von § 55 Abs. 1.
(3) Zur Durchführung ihrer Aufgaben ist die Jugend- und Auszubildendenvertretung durch den Personalrat rechtzeitig und umfassend zu unterrichten. Die Jugend- und Auszubildendenvertretung kann verlangen, dass ihr der Personalrat die zur Durchführung ihrer Aufgaben erforderlichen Unterlagen zur Verfügung stellt.
(4) Der Personalrat hat die Jugend- und Auszubildendenvertretung zu den Besprechungen zwischen Dienststelle und Personalrat nach § 63 beizuziehen, wenn Angelegenheiten behandelt werden, die besonders Beschäftigte im Sinne von § 55 Abs. 1 betreffen. Im Übrigen kann ein Mitglied der Jugend- und Auszubildendenvertretung, das von dieser benannt wird, an Besprechungen nach § 63 beratend teilnehmen.
(5) An der Auswahl der ausbildenden Personen, soweit eigene Ausbildungsbezirke in den Dienststellen existieren, und an der Auswahl der Ausbildungsleiterin oder des Ausbildungsleiters nimmt ein Mitglied der Jugend- und Auszubildendenvertretung teil. Hierzu ist die Jugend- und Auszubildendenvertretung frühzeitig und fortlaufend zu informieren.

Die Jugend- und Auszubildendenvertretung hat Aufgaben und Befugnisse nur gegenüber dem Personalrat, nicht unmittelbar gegenüber der Dienststelle. Eine vertrauensvolle Zusammenarbeit mit dem Personalrat ist damit für die JAV unerlässlich. Die Vorschrift zählt die Aufgaben und Befugnisse der Jugend- und Auszubildendenvertretung gegenüber dem Personalrat vollständig und abschließend auf. Im Wesentlichen bestehen sie aus Antrags-, Anregungs- und Überwachungsrechten (Abs. 1 Nr. 1 bis 3), dem Recht auf Teilnahme an Sitzungen und Abstimmungen des Personalrats, dem Recht auf Aussetzungsanträge (Abs. 2) sowie Unterrichtungsansprüchen (Abs. 3) und der Hinzuziehung zur Quartalsbesprechung zwischen Dienststelle und Personalrat (Abs. 4). Nach Abs. 5 muss die Jugend- und Auszubildendenvertretung zudem in die Auswahl der ausbildenden Personen sowie der Ausbildungsleiter einbezogen werden. 1

Die allgemeinen Aufgaben der Jugend- und Auszubildendenvertretung sind den in § 64 Nr. 1, 2 und 5 genannten allgemeinen Aufgaben des Personalrats nachgebildet. Förmliche Mitbestimmungs- oder Beteiligungsverfahren kann die Jugend- und Auszubildendenvertretung für sich nicht in Anspruch nehmen, jedoch ergibt die Aufgabenstellung der Nr. 1 bis 3 die Allzuständigkeit für sämtliche Angelegenheiten der von der Jugend- und Auszubildendenvertretung vertretenen Beschäftigten. Zuständig ist die Jugend- und Auszubildendenvertretung für diejenigen Beschäftigten, die sie haben wählen können, also 2

- jugendliche Beschäftigte, die das 18. Lebensjahr noch nicht vollendet haben,

- Auszubildende (auch Anlernlinge und Umschüler),
- Beamtenanwärter und
- Praktikanten, jeweils ohne Rücksicht auf ihr Alter.

(Zu den Begriffen siehe Kommentierung zu § 55.)

3 Durch die Gesetzesnovelle 1994 ist der Zuständigkeitsbereich für die Jugend- und Auszubildendenvertretung beschnitten worden. Bis dahin war sie für den gesamten Personenkreis des § 55 a. F., also auch für die Wählbaren (das waren seinerzeit Beschäftigte, die am Wahltag noch nicht das 25. Lebensjahr vollendet hatten), zuständig. Seit 1994 wird – offenbar wegen der Erhöhung des Höchstalters der Wählbarkeit in § 55 Abs. 2 – die Zuständigkeit der Jugend- und Auszubildendenvertretung auf die wahlberechtigten Beschäftigten des § 55 Abs. 1 beschränkt. Sie ist also nicht mehr für jugendliche Beschäftigte zuständig, die älter als 18 Jahre sind. Weiterhin zuständig ist die Jugend- und Auszubildendenvertretung aber für Auszubildende, Beamtenanwärterinnen und Beamtenanwärter sowie Praktikantinnen und Praktikanten, unabhängig von deren Lebensalter (§ 55 Abs. 1 Satz 1 2. Halbsatz).

4 **Abs. 1:** Zu den allgemeinen Aufgaben gehört zunächst, Maßnahmen zu beantragen, die den vertretenen Beschäftigten dienen. Beispielhaft werden Fragen der Berufsausbildung und der Entscheidung über die Übernahme der Auszubildenden in ein Beschäftigungsverhältnis genannt. Solche, aber auch weitere Maßnahmen – soweit sie nicht zu den Angelegenheiten aus §§ 72 bis 75 zählen (siehe Abs. 2) – kann die Jugend- und Auszubildendenvertretung beim Personalrat beantragen. Dieser hat darüber unter Teilnahme der Jugend- und Auszubildendenvertretung gemäß §§ 33, 36 Abs. 2 zu beschließen und die beschlossenen Maßnahmen ihrerseits bei der Dienststelle zu beantragen.

5 Nr. 2 überträgt der Jugend- und Auszubildendenvertretung die Überwachung der zugunsten ihrer wahlberechtigten Beschäftigten geltenden Vorschriften. Dazu zählen zum einen die Vorschriften, die nur und ausschließlich einen Bezug zu dem vertretenen Personenkreis haben, aber auch alle anderen in der Dienststelle geltenden Gesetze, Verordnungen, Unfallverhütungsvorschriften, Tarifverträge, Dienstvereinbarungen und Verwaltungsanordnungen, die auf die Beschäftigten im Sinne des § 55 Abs. 1 gleichermaßen angewandt werden. Um dieses Recht ausüben zu können, hat die Jugend- und Auszubildendenvertretung in Absprache mit dem Personalrat ein Recht, die Arbeitsplätze jugendlicher Beschäftigter und Auszubildender aufzusuchen und sich von der Einhaltung der einschlägigen Bestimmungen zu überzeugen.

6 Schließlich sind gemäß Nr. 3 von der Jugend- und Auszubildendenvertretung Anregungen und Beschwerden der von ihr vertretenen Beschäftigten entgegenzunehmen und, falls sie berechtigt erscheinen, beim Personalrat auf eine Erledigung hinzuwirken. Solche Anregungen und Beschwerden können

sich auf die Durchführung der Berufsausbildung, aber auch auf alle anderen Arbeitsumstände beziehen, die die Beschäftigten im Sinne des § 55 Abs. 1 betreffen. Die Jugend- und Auszubildendenvertretung hat – bevor sie sich damit an den Personalrat wendet – darüber zu beraten, ob die Anregungen und Beschwerden berechtigt »erscheinen«. Es genügt, wenn die Berechtigung als möglich erscheint. Ist das der Fall, so hat die Jugend- und Auszubildendenvertretung beim Personalrat auf eine Erledigung hinzuwirken und diesen zu veranlassen, sich seinerseits mit der jeweiligen Anregung oder Beschwerde auf einer Personalratssitzung zu befassen, ihre Berechtigung zu überprüfen und gegebenenfalls sodann beim Dienststellenleiter – am besten im Vierteljahresgespräch unter Beteiligung der Jugend- und Auszubildendenvertretung (Abs. 4) – auf Erledigung hinzuwirken. Es besteht weder seitens der Jugend- und Auszubildendenvertretung noch seitens des Personalrats eine Verpflichtung, die Namen eines einzelnen Beschwerdeführers der Dienststelle bekanntzugeben.

Pflicht der Jugend- und Auszubildendenvertretung ist es, die Beschäftigten, **7**
die mit einer Anregung oder Beschwerde an sie herangetreten sind, über den Stand und das Ergebnis der Verhandlungen mit dem Personalrat bzw. das Ergebnis der Bemühungen des Personalrats gegenüber der Dienststelle zu informieren. Das kann durch Aufsuchen am Arbeitsplatz, Einrichten einer Sprechstunde oder durch Behandlung auf der Jugend- und Auszubildendenversammlung (§ 59) geschehen.

Abs. 2: Der Personalrat hat umfassende Kooperations- und Unterstützungs- **8**
pflichten gegenüber der Jugend- und Auszubildendenvertretung, da er deren Ansprechpartner in allen beteiligungspflichtigen, die Beschäftigten im Sinne des § 55 Abs. 1 betreffenden Angelegenheiten ist. Diese umfassende Verpflichtung ergibt sich zum einen aus den in § 61 der Jugend- und Auszubildendenvertretung zugewiesenen Aufgaben und wird zum anderen durch § 64 Nr. 9 besonders hervorgehoben. Diese Vorschrift weist dem Personalrat als allgemeine Aufgabe die enge Zusammenarbeit mit der Jugend- und Auszubildendenvertretung zur Förderung der Belange der von dieser vertretenen Beschäftigten zu. Der Personalrat ist daher als alleiniger Ansprech- und Verhandlungspartner der Jugend- und Auszubildendenvertretung besonders verpflichtet und gehalten, auf die Einhaltung der Rechte, Pflichten und Aufgaben der Jugend- und Auszubildendenvertretung zu achten und ihr – auch durch Gewährung der entsprechenden Räume, Geschäftsbedarf und Büropersonal – Gelegenheit für die Erledigung ihrer gesetzlichen Aufgaben zu geben. Missachtet der Personalrat diese gesetzliche Aufgabe, verstößt er gegen seine Pflichten aus diesem Gesetz, was in groben – also beharrlichen – Fällen zu einer Auflösung des Personalrats nach § 25 Abs. 1 führen kann.

Beteiligungspflichtige Angelegenheiten der zur Jugend- und Auszubilden- **9**
denvertretung wahlberechtigten Beschäftigten gemäß §§ 72 bis 75 unterliegen zunächst der Mitbestimmung oder sonstigen Beteiligung des Perso-

nalrats. Die Jugend- und Auszubildendenvertretung kann das Mitbestimmungsrecht nicht anstelle des Personalrats ausüben; sie wird vielmehr an der Willensbildung des Personalrats durch Einräumung von Beratungs- und Abstimmungsrechten beteiligt. Soweit in den §§ 30, 35 und 36 solche Rechte eingeräumt sind, können sie von der Jugend- und Auszubildendenvertretung nur ausgeübt werden, wenn sie sich auf beteiligungspflichtige Angelegenheiten der §§ 72 bis 75 beziehen. Andere Angelegenheiten sind im Rahmen der nach Abs. 1 zugewiesenen allgemeinen Aufgaben zu behandeln. Eine formelle Unterscheidung verbietet sich jedoch, da es für die Befassung des Personalrats nicht darauf ankommt, ob die Behandlung einer Angelegenheit aufgrund eines Antrags nach § 61 Abs. 1 oder nach § 30 Abs. 3 erfolgt.

In beteiligungspflichtigen Angelegenheiten der §§ 72 bis 75 kann die Jugend- und Auszubildendenvertretung verlangen, dass der Personalrat eine Sitzung anberaumt und einen bestimmten Beratungsgegenstand auf die Tagesordnung setzt, damit dieser behandelt werden kann (§ 30 Abs. 3). Dieses Verlangen setzt den Beschluss der Mehrheit der Mitglieder der Jugend- und Auszubildendenvertretung voraus. Der Personalratsvorsitzende muss sodann entweder eine eigene Sitzung anberaumen oder den gewünschten Tagesordnungspunkt auf der nächsten, zeitnah anzuberaumenden Sitzung mitbehandeln. Betrifft die beteiligungspflichtige Angelegenheit ausschließlich einen oder mehrere Beschäftigte im Sinne des § 55 Abs. 1, ist davon auszugehen, dass es sich um eine Angelegenheit handelt, die »besonders« diese Beschäftigten betrifft. In diesem Fall hat die gesamte Jugend- und Auszubildendenvertretung sowohl das Recht, an der Sitzung des Personalrats, in der diese Angelegenheit behandelt wird, teilzunehmen, als auch das Recht, bei Beschlüssen darüber mitzustimmen (§ 36 Abs. 2).

Ist die Jugend- und Auszubildendenvertretung der Auffassung, dass ein Beschluss des Personalrats eine erhebliche Beeinträchtigung wichtiger Interessen der durch sie vertretenen Beschäftigten darstellt (zum Begriff siehe Kommentierung zu § 35 Abs. 1), so kann sie den Beschluss des Personalrats beanstanden und verlangen, dass er für die Dauer von einer Woche ab Beschlussfassung ausgesetzt wird. Innerhalb dieser Frist ist eine Verständigung zwischen Personalrat und Jugend- und Auszubildendenvertretung – ggf. unter Hinzuziehung von Gewerkschaftsbeauftragten – zu versuchen. Am Ende der Wochenfrist ist vom Personalrat über die Angelegenheit erneut zu beraten und zu beschließen.

10 Die Jugend- und Auszubildendenvertretung kann dem Personalrat ein Mitglied benennen, das sodann an allen Sitzungen des Personalrats beratend teilnehmen kann. Die Auswahl dieses Mitglieds ist Sache der Jugend- und Auszubildendenvertretung. Dem Vertreter der Jugend- und Auszubildendenvertretung ist in der Personalratssitzung Gelegenheit zur Wortmeldung und Stellungnahme zu geben. Dieses Recht kann nicht auf die Tagesord-

nungspunkte mit einem Bezug zu den Beschäftigten im Sinne des § 55 Abs. 1 beschränkt werden. Eine Abstimmungsteilnahme ist jedoch nicht möglich. Das sieht das Gesetz nur dann vor, wenn »besonders« Belange der Beschäftigten im Sinne des § 55 Abs. 1 vom Personalrat behandelt werden und die gesamte Jugend- und Auszubildendenvertretung an der Sitzung teilnimmt.

Abs. 3: Entsprechend der Verpflichtung der Dienststelle gemäß § 65 Abs. 1 **11**
zur rechtzeitigen und umfassenden Unterrichtung des Personalrats zur Durchführung seiner Aufgaben ist der Personalrat seinerseits verpflichtet, die Jugend- und Auszubildendenvertretung zur Durchführung ihrer Aufgaben ebenso rechtzeitig und ebenso umfassend zu unterrichten. Der Personalrat ist also gehalten, von sich aus und ohne Aufforderung dasjenige Wissen und diejenigen Unterlagen der Jugend- und Auszubildendenvertretung weiterzugeben, die die Beschäftigten im Sinne des § 55 Abs. 1 betreffen. Das kann sich auf Angelegenheiten beziehen, die diesen Personenkreis ausschließlich oder besonders betreffen, erstreckt sich aber auch auf solche Angelegenheiten, die alle Beschäftigten unter Einschluss der jugendlichen Beschäftigten des § 55 Abs. 1 angehen.

Satz 2 sieht zwar vor, dass der Jugend- und Auszubildendenvertretung dem **12**
Personalrat vorliegende Unterlagen nur auf Verlangen zur Verfügung gestellt werden müssen. Damit dieses Recht ausgeübt werden kann, ist der Jugend- und Auszubildendenvertretung vom Personalrat jedoch in der Regel mitzuteilen, ob und ggf. welche Unterlagen ihm von der Dienststelle zugänglich gemacht wurden. Erfordert die ordnungsgemäße Durchführung der Aufgaben der Jugend- und Auszubildendenvertretung, dass Angaben gemacht oder Unterlagen zur Verfügung gestellt werden, über die der Personalrat selbst nicht verfügt, so ist dieser gehalten, diese bei der Dienststelle unter Hinweis auf die Aufgabenstellung der Jugend- und Auszubildendenvertretung oder gegebenenfalls auch auf eigene Rechte abzuverlangen.

Der Personalrat ist nicht berechtigt, der Jugend- und Auszubildendenvertretung die begehrte Einsichtnahme in Unterlagen zu verweigern. Eine Einsichtnahme in die Personalakten, Sammlungen von Personaldaten oder dienstliche Beurteilungen ist jedoch wegen der Sondervorschrift des § 65 Abs. 3 durch die Jugend- und Auszubildendenvertretung unmittelbar nicht möglich. Diese regelt, dass nur von dem Beschäftigten bestimmte Mitglieder des Personalrats Einsicht nehmen dürfen. Zwar ist das Personalratsmitglied grundsätzlich nicht im Verhältnis zur Jugend- und Auszubildendenvertretung zur Verschwiegenheit verpflichtet; § 9 Abs. 2 Satz 3 nimmt hiervon jedoch die Fälle des § 65 Abs. 3 ausdrücklich aus. Deshalb wird nur mit ausdrücklicher Zustimmung des Beschäftigten die Weitergabe von Informationen aus der Personalakte oder sonstigen Sammlungen von Personaldaten an die Jungend- und Auszubildendenvertretung möglich sein.

13 **Abs. 4:** Die Jugend- und Auszubildendenvertretung kann – wie zur Personalratssitzung auch – zu sämtlichen Quartalsbesprechungen im Sinne des § 63 einen von ihr benannten Vertreter zur beratenden Teilnahme entsenden. Werden im Vierteljahresgespräch Angelegenheiten behandelt, die die von ihr vertretenen Beschäftigten »besonders« betreffen (zum Begriff siehe Kommentierung zu § 36 Abs. 2), so hat die gesamte Jugend- und Auszubildendenvertretung ein Teilnahme- und Beratungsrecht.

14 **Abs. 5:** Soweit eigene Ausbildungsbezirke in den Dienststellen existieren, ist die Jugend- und Auszubildendenvertretung an der Auswahl der ausbildenden Personen sowie an der Auswahl der Ausbildungsleiterin oder des Ausbildungsleiters zu beteiligen. Bei Letzteren handelt es sich um die in der Dienststelle für die Ausbildung letztverantwortlichen Personen im Sinne der Ausbilder-Eignungsverordnung (AEVO). Die Jugend- und Auszubildendenvertretung hat ein Recht auf »Teilnahme« an dem Auswahlverfahren. Zu diesem Zwecke steht der Jugend- und Auszubildendenvertretung zudem ein Anspruch auf frühzeitige und fortlaufende Unterrichtung zu. Die Jugend- und Auszubildendenvertretung ist bereits über die Grundentscheidung der Dienststelle zu unterrichten, überhaupt ein Auswahlverfahren einzuleiten; darüber hinaus ist sie während des gesamten Auswahlverfahrens stets auf dem aktuellen Stand zu halten. Sämtliche auswahlrelevante Informationen sind ihr bekannt zu geben und diesbezügliche Unterlagen, insbesondere Bewerbungsunterlagen, vorzulegen. In analoger Anwendung des § 65 Abs. 2 besteht zudem ein Recht zur Teilnahme an Vorstellungsgesprächen.

Achtes Kapitel
Beteiligung der Personalvertretung

Erster Abschnitt
Allgemeines

§ 62

Dienststelle und Personalvertretung haben darüber zu wachen, dass alle Angehörigen der Dienststelle nach Recht und Billigkeit behandelt werden, insbesondere, dass jede Benachteiligung von Personen aus Gründen ihrer Rasse oder wegen ihrer ethnischen Herkunft, ihrer Abstammung oder sonstigen Herkunft, ihrer Nationalität, ihrer Religion oder Weltanschauung, ihrer Behinderung, ihres Alters, ihrer politischen oder gewerkschaftlichen Betätigung oder Einstellung oder wegen ihres Geschlechts oder ihrer sexuellen Identität unterbleibt.

Die sowohl der Dienststelle wie dem Personalrat auferlegte Überwachungspflicht erstreckt sich sowohl auf die jeweils andere Seite als auch auf beliebige Dritte. Dienststelle und Personalrat sollen verhindern, dass die Beschäftigten – gleichgültig durch wen – ungerecht und unbillig behandelt werden. Verpflichtet sind alle »Personalvertretungen«, also alle örtlichen Personalräte und Gesamtpersonalräte sowie die Stufenvertretungen und nach § 85 Abs. 2 Satz 1 ebenfalls die Lehrerräte. 1

§ 62 enthält eine Zusammenfassung aller im Grundgesetz und der Landesverfassung verankerten, grundlegenden Menschenrechte, die bekanntlich auch innerhalb der Dienststelle gelten. Die Verpflichtung des Personalrats auf diese grundlegenden Normen zeigt zugleich, dass die Wahrnehmung von Rechten nach dem LPVG stets die Geltendmachung von Verfassungsrechten der Beschäftigten ist. Die Beteiligungsrechte des Personalrats wurzeln im Sozialstaatsgedanken und gehen auf Vorstellungen zurück, die auch den Grundrechtsverbürgungen der Art. 1, 2 und 5 Abs. 1 GG zugrunde liegen.[1] Der Personalrat nimmt Mitbestimmungsrechte daher nicht aus eigenem Recht wahr, sondern bringt mit ihrer Ausübung die Rechte der Beschäftigten gegenüber der Dienststelle zur Geltung. Weil der einzelne Beschäftigte das aufgrund seiner abhängigen Stellung im Arbeits- und Dienstverhältnis nicht kann, ist es Aufgabe des – auch arbeitsrechtlich durch das KSchG etc. besser geschützten – Personalrats, durch Ausübung seiner Beteiligungsrechte zur Grundrechtsverwirklichung der Beschäftigten in der Dienststelle beizutragen.

Zugleich wird durch die Betonung des Grundrechtsbezugs deutlich, dass die auf diese Weise vom Gesetzgeber dem Personalrat anvertrauten (Grund- und) Mitbestimmungsrechte nicht zu seiner Disposition stehen und ein Verzicht nicht möglich ist, da es sich nicht um »seine« Rechte, sondern um diejenigen der Beschäftigten handelt.

Durch das Gesetz zur Umsetzung europäischer Richtlinien zur Verwirklichung des Grundsatzes der Gleichbehandlung vom 14. 8. 2006,[2] mit dem das Allgemeine Gleichbehandlungsgesetz (AGG) in Kraft gesetzt wurde, sind zugleich die § 62 entsprechenden Bestimmungen in § 75 Abs. 1 BetrVG und § 67 Abs. 1 BPersVG geändert worden und um die Diskriminierungsmerkmale des § 1 AGG ergänzt worden – soweit sie noch nicht in der Vorschrift enthalten waren. Das hat der Landesgesetzgeber nachvollzogen.[3] Nunmehr enthält der Katalog neben den bisherigen die sämtlichen Diskriminierungsmerkmale von § 1 AGG und die nach § 19 Abs. 6 Satz 1 LBG NRW bei Beförderungen zu beachtenden Kriterien des § 9 BeamtStG. § 62 ist weiter gefasst und überantwortet Dienststelle und Personalrat einen umfassenderen

1 So BVerwG 28. 7. 2006 – 6 P 3.06, PersR 2006, 519.
2 BGBl. I 1897.
3 Gesetzesbegründung, LT-Drucks. 14/4239, 94.

Aufgabenkatalog als das AGG. Es ist zu überwachen, dass alle Angehörigen der Dienststelle nach Recht und Billigkeit behandelt werden und jede Benachteiligung unterbleibt. Das ist auch daran zu erkennen, dass nach der Neufassung des § 62 zu überwachen ist, dass jede Benachteiligung »von Personen« unterbleibt, während sich nach altem Recht die Überwachung auf »alle Beschäftigten« beschränkte. Entsprechend den Begriffsbestimmungen des AGG erstreckt sich daher die Überwachung nach § 62 nicht nur auf die Beschäftigten im Sinne des § 5, sondern darüber hinaus auf arbeitnehmerähnliche Personen im Sinne des § 6 Abs. 1 Nr. 3 AGG, auf Mitarbeiter von Drittunternehmen, die als Leiharbeitnehmer oder gestellte Arbeitnehmer im Sinne des § 4 TVöD/TV-L in die Dienststelle eingegliedert sind und weisungsabhängige Tätigkeiten verrichten – soweit sie nicht bereits von § 5 erfasst sind –, sowie auf Bewerberinnen und Bewerber und frühere Beschäftigte im Sinne des § 6 Abs. 1 Satz 2 AGG.
Zu überwachen ist, dass jegliche Benachteiligungen aufgrund der einzelnen Merkmale unterbleiben:

- Der Begriff **Rasse** wird in Ablehnung aller rassistischen Theorien verwendet und stellt keine biologische Tatsache dar. Er umfasst Benachteiligungen aufgrund der Hautfarbe, des nationalen Ursprungs oder der kulturellen Herkunft.
- **Ethnische Herkunft**, **Abstammung** oder **sonstige Herkunft** bezieht sich auf Menschengruppen, die kulturell, sozial und historisch oder aufgrund gemeinsamer Sprache eine Einheit bilden.
- **Sonstige Herkunft** ist diejenige aus einem bestimmten Gebiet oder die Abstammung aus einer bestimmten – auch sozialen – Schicht.
- Unter **Nationalität** ist die Staatsangehörigkeit zu verstehen. Der Personalrat hat nach § 64 Nr. 8 die Eingliederung ausländischer Mitarbeiter besonders zu fördern.
- **Religion** ist die »Sinndeutung von Welt und Mensch«.[4] Geschützt wird die Freiheit, eine jegliche Weltanschauung frei zu entwickeln, nach außen zu verwirklichen und zu bekennen.
- Unter **Weltanschauung** wird ein umfassendes, konkretes Wertesystem verstanden, das nicht an ein religiöses Glaubensbekenntnis gebunden ist (z. B. Gewissensfreiheit). Nicht davon erfasst sind politische Meinungen.
- **Behindert** ist ein Mensch, wenn seine körperliche Funktion, geistige Fähigkeit oder seelische Gesundheit mit hoher Wahrscheinlichkeit länger als sechs Monate von dem für das Lebensalter typischen Zustand abweicht und daher seine Teilhabe am Leben in der Gesellschaft beeinträchtigt ist (vgl. § 2 Abs. 1 Satz 1 SGB IX). Nicht erforderlich ist das Vorliegen einer

4 BVerwG 19.2.1992 – 6 C 5.91, NVwZ 1992, 1192.

Schwerbehinderung, also das Erreichen eines Grades der Behinderung von 50 und mehr.

- Der Begriff **Alter** knüpft an das jeweilige Lebensalter an. Benachteiligungen wegen des Alters können sowohl gegenüber älteren im Verhältnis zu den jüngeren als auch gegenüber jüngeren im Verhältnis zu den älteren Menschen entstehen.
- Der Schutz der **politischen sowie gewerkschaftlichen Betätigung und Einstellung** ist eines derjenigen Merkmale, die weder in § 1 AGG und nur z. T. in § 9 BeamtStG enthalten sind. Auch insoweit ist die gemeinsame Verpflichtung von Dienststelle und Personalvertretung weiter gefasst. Dieser Schutz bezieht sich sowohl auf die Zugehörigkeit wie auch auf die Betätigung in oder für eine Partei bzw. Gewerkschaft und schützt sowohl das bloße Haben bzw. Äußern politischer und gewerkschaftlicher Überzeugungen als auch die Betätigung in und für eine Partei oder Gewerkschaft. Zu unterscheiden ist dabei das Verbot der parteipolitischen Betätigung von Dienststellenleiter und Personalvertretung gemäß § 3 Abs. 1 und die Betätigung der von § 62 geschützten Personen, also der Beschäftigten insgesamt. Das Verbot, Personen und Beschäftigte wegen ihrer politischen Betätigung oder Einstellung zu benachteiligen, besagt nichts über das Recht, sich in der Dienststelle politisch zu betätigen. Dafür sieht § 56 LBG die Pflicht zur Mäßigung und Zurückhaltung bei politischer Betätigung vor, für Angestellte soll aufgrund der Treuepflicht Entsprechendes gelten. Die gewerkschaftliche Einstellung und Betätigung dagegen ist aufgrund von Art. 9 Abs. 3 GG auch in der Dienststelle ausdrücklich garantiert. Es findet sich darüber hinaus eine Betätigungsgarantie von Personalratsmitgliedern in und für ihre Gewerkschaft innerhalb der Dienststelle in § 3 Abs. 2 und darüber hinaus die allgemeine Aufgabe des Personalrats, sich nach § 64 Nr. 3 für die Vereinigungsfreiheit der Beschäftigten einzusetzen. Unter »gewerkschaftlicher« Betätigung ist auch eine Tätigkeit für einen nach § 110 gleichgestellten Berufsverband zu verstehen, der einer gewerkschaftlichen Spitzenorganisation angeschlossen ist.
- Vom Merkmal **Geschlecht** werden Ungleichbehandlungen von Männern und Frauen, aber auch Benachteiligungen von intersexuellen und transsexuellen Menschen erfasst.
- Das Merkmal der **sexuellen Identität** bezieht sich auf die heterosexuelle, homosexuelle oder bisexuelle Orientierung eines Menschen.

Die Beachtung von »Recht und Billigkeit« bedeutet, dass nicht nur das geltende Recht und die sich daraus ergebenden Rechtsansprüche zugunsten der Beschäftigten einzuhalten und zu beachten sind. Darüber hinaus ist insbesondere die Dienststelle gehalten, die sozialen und persönlichen Belange der Beschäftigten zu beachten, vor allem die Grundsätze der materiellen Gerechtigkeit, von Treu und Glauben (§ 242 BGB) und billigem Ermessen (§ 315 BGB) z. B. bei der Ausübung von Ermessen sowie des Direktionsrechtes und in allen übrigen die Beschäftigten betreffenden Angelegenheiten. Das Verbot unterschiedlicher Behandlung ist Ausprägung des Gleichheitsgrundsatzes des Art. 3 GG. Die beispielhaft aufgeführten Verletzungstatbestände werden ergänzt durch zahlreiche weitere Anti-Diskriminierungs-Vorschriften, z. B. im AGG, TzBfG, SGB IX und im Gleichstellungsgesetz NRW. Während bislang zu überwachen war, dass »jede unterschiedliche Behandlung« unterbleibt, formuliert das Gesetz nunmehr in Anlehnung an das AGG, dass jede »Benachteiligung« zu unterbleiben hat. Dementsprechend kann für den Begriff auf § 3 AGG zurückgegriffen werden. Danach liegt eine unmittelbare Benachteiligung vor, wenn eine Person wegen eines in § 62 genannten Grundes eine weniger günstige Behandlung erfährt, als eine andere Person in einer vergleichbaren Situation erfährt, erfahren hat oder erfahren würde. Eine mittelbare Benachteiligung liegt vor, wenn dem Anschein nach neutrale Vorschriften, Kriterien oder Verfahren, Personen wegen eines in § 62 genannten Grundes gegenüber anderen Personen in besonderer Weise benachteiligen können, es sei denn, die betreffenden Vorschriften, Kriterien oder Verfahren sind durch ein rechtmäßiges Ziel sachlich gerechtfertigt und die Mittel zur Erreichung dieses Ziels angemessen und erforderlich. Eine Benachteiligung kann auch in einer Belästigung liegen, worunter unerwünschte Verhaltensweisen zu verstehen sind, die mit einem in § 62 genannten Grund im Zusammenhang stehen und bezwecken oder bewirken, dass die Würde der betreffenden Person verletzt und ein von Einschüchterungen, Anfeindungen, Erniedrigungen, Entwürdigungen oder Beleidigungen gekennzeichnetes Umfeld geschaffen wird.

2 Sowohl § 62 als auch die besonderen Diskriminierungsverbote des AGG haben Einfluss auf Inhalt und Umfang der Beteiligungsrechte des Personalrats:
§ 62 erstreckt die Überwachung von Dienststelle und Personalrat auf Benachteiligungen »von Personen«. Diese durch die Novelle 2007 geänderte Formulierung ist ein Hinweis darauf, dass sich die Zuständigkeiten des Personalrats auf den in § 6 AGG genannten Personenkreis erweitert haben. Er ist also künftig sowohl für die Beschäftigten im Sinne von § 5 als auch für arbeitnehmerähnliche Personen, Leiharbeitnehmer und die gestellten Mitarbeiter fremder Arbeitgeber, Bewerber und frühere Beschäftigte im Rahmen der von § 62 definierten Aufgaben zuständig, sofern diese durch die Novellierung 2011 nicht ohnehin bereits von § 5 erfasst werden. Die mit den Themen des § 62 verbundenen Beteiligungsrechte, insbesondere § 64 Nr. 10 (Förderung der Verwirklichung des Grundrechts der Gleichberechtigung von Frauen und Männern) und das Mitbestimmungsrecht nach § 72 Abs. 4 Nr. 18 (Maßnahmen zur Durchsetzung der tatsächlichen Gleichberechtigung von Frauen und Männern) können dem Personalrat darüber hinaus erweiterte Kompetenzen und Aufgaben sowie zusätzliche Zustimmungsverweigerungsrechte nach § 66 Abs. 3 zuweisen. Der Personalrat kann nämlich

seine Zustimmung dann verweigern, wenn die durch Tatsachen begründete Besorgnis besteht, dass betroffene oder andere Beschäftigte benachteiligt werden. Aufgrund der Beweislastregelung in § 22 AGG muss der Personalrat eine solche Benachteiligung zur Wirksamkeit einer Zustimmungsverweigerung nach § 66 Abs. 3 Nr. 2 nicht mehr vollständig durch Tatsachen belegen und einen geschehenen Verstoß darlegen. Es kann genügen, wenn er Umstände vorbringt, aus denen sich ein solcher Verstoß ergeben könnte, z. B. eine entgegen § 11 AGG unterlassene Ausschreibung oder die Missachtung der Handlungspflichten des Dienststellenleiters nach § 12 AGG.

§ 63

Die Dienststelle und der Personalrat müssen mindestens einmal im Vierteljahr zu gemeinschaftlichen Besprechungen zusammentreten. In ihnen soll auch die Gestaltung des Dienstbetriebs behandelt werden, insbesondere alle Vorgänge, die die Beschäftigten wesentlich berühren. Sie haben über strittige Fragen mit dem ernsten Willen zur Einigung zu verhandeln und Vorschläge für die Beilegung von Meinungsverschiedenheiten zu machen. Im Rahmen der Besprechungen unterrichtet die Dienststelle den Personalrat zweimal im Jahr über die Haushaltsplanung und die wirtschaftliche Entwicklung, sofern kein Wirtschaftsausschuss nach § 65a besteht. Die Dienststelle ist berechtigt, zu der Besprechung für Personal- und Organisationsangelegenheiten zuständige Beschäftigte hinzuzuziehen.

Dienststelle und Personalrat sind zwingend verpflichtet (»müssen«), einmal im Vierteljahr zu einer gemeinschaftlichen Besprechung zusammenzutreffen. Diese Verpflichtung ist Ausprägung der vertrauensvollen Zusammenarbeit. Es sollen alle gegenseitig interessierenden Fragen außerhalb von Beteiligungsverfahren und abseits des Tagesgeschäftes im Gespräch behandelt und erörtert werden. Das Entscheidende ist, dass Dienststelle und Personalrat im unmittelbaren und persönlichen Gespräch und nicht auf administrativem Wege miteinander umgehen und dieser Gesprächskontakt regelmäßig – mindestens viermal im Jahr außerhalb von Beteiligungsverfahren – stattfindet. 1

Gegenstand des Quartalsgespräches können alle den Dienstbetrieb, die Beschäftigten, den Personalrat und den Dienststellenleiter interessierenden und betreffenden Angelegenheiten sein. Satz 2 führt beispielhaft auf, dass »auch« die Gestaltung des Dienstbetriebes behandelt werden soll und insbesondere alle Vorgänge, die die Beschäftigten wesentlich berühren. Der Themenkreis ist daher nicht auf die Zuständigkeiten und Aufgaben der Personalvertretung beschränkt, sondern ähnlich weit gefasst wie das Themenspektrum der Personalversammlung, die nach § 48 Satz 2 alles behandeln 2 kann, was die Dienststelle oder ihre Beschäftigten »unmittelbar betreffen« (vgl. § 48 Rn. 2).

3 Durch die Novelle 2011 wurde die Verpflichtung der Dienststelle aufgenommen, den Personalrat zweimal im Jahr über die Haushaltsplanung und die wirtschaftliche Entwicklung zu unterrichten, sofern kein Wirtschaftsausschuss nach § 65a besteht. Sofern ein solcher besteht, wird dem Unterrichtungsanspruch des Personalrates bei wirtschaftlichen Angelegenheiten durch die Unterrichtung des Wirtschaftsausschusses und die Weitergabe der Informationen an den Personalrat Genüge getan.

Unter Haushaltsplanung ist die Feststellung und Deckung des Finanzbedarfs, der zur Erfüllung der Aufgaben der Dienststelle voraussichtlich notwendig ist, zu verstehen (vgl. § 2 LHO). Zum Haushaltsplan und damit zum Unterrichtungsanspruch des Personalrates gehören die Darstellung der Einnahmen und Ausgaben, eine Übersicht über die den Haushalt in Einnahmen und Ausgaben durchlaufenden Posten sowie eine Übersicht über die Planstellen der Beamtinnen und Beamten und die Arbeitnehmerinnen und Arbeitnehmer (vgl. § 14 LHO). Darüber hinaus ist der Personalrat zu unterrichten über die Notwendigkeit der im Haushaltsplan aufgeführten Ausgaben zur Erfüllung der Aufgaben der Dienststelle sowie die Einhaltung der Grundsätze der Wirtschaftlichkeit und Sparsamkeit (vgl. §§ 6, 7 LHO). Die Unterrichtung über die wirtschaftliche Entwicklung der Dienststelle ist weitgehend deckungsgleich mit dem Unterrichtungsanspruch des Wirtschaftsausschusses über die wirtschaftliche und finanzielle Lage der Dienststelle (§ 65a Abs. 3 Nr. 1; siehe auch § 65a Rn. 4).

Der Funktion des Vierteljahresgesprächs entsprechend ist weder eine Tagesordnung noch ein Protokoll vorgeschrieben. Es kann jedoch zweckmäßig sein, dass Themenwünsche zuvor gegenseitig bekannt gegeben werden und dass die wesentlichen Ergebnisse der Besprechung schriftlich festgehalten werden. Die zeitliche Lage des Vierteljahresgesprächs ist zwischen Dienststelle und Personalrat abzusprechen. Es handelt sich nicht um eine Personalratssitzung.[5]

4 Teilnahmeberechtigt und -verpflichtet ist der gesamte Personalrat einerseits, der Dienststellenleiter in Person andererseits. Eine Vertretung des Dienststellenleiters nach § 8 Abs. 1 Satz 2 kommt wegen der Funktion des Quartalsgesprächs nicht in Betracht.

Teilnahmeberechtigt sind weiter Vertreter der Jugend- und Auszubildendenvertretung oder das gesamte Gremium nach Maßgabe des § 61 Abs. 4. Die Schwerbehindertenvertrauensperson und der Vertrauensmann der Zivildienstleistenden haben gemäß § 95 (ab 1. 1. 2018: § 178) Abs. 5 SGB IX bzw. § 37 Zivildienstgesetz ein Teilnahmerecht. Durch die Novelle 1994 ist hinzu-

5 Siehe OVG NRW 4. 10. 1990 – CL 42/88, PersR 1991, 95.

gefügt worden, dass der Dienststellenleiter berechtigt ist, »für Personal- und Organisationsangelegenheiten zuständige Beschäftigte« hinzuzuziehen. Die Einräumung dieses Rechts ist damit begründet worden, dass es einer geübten Praxis entspreche. Eine sachliche Änderung der Rechtslage ist daher nicht eingetreten. Solche Beschäftigte können nach der Entscheidung des OVG NRW vom 22. 1. 1986[6] hinzugezogen werden, wenn der Personalrat dazu sein Einvernehmen erklärt. Diese Handhabung entspricht auch der Praxis.
Gemäß § 18 Abs. 4 LGG hat die Gleichstellungsbeauftragte ein Teilnahmerecht, wenn Angelegenheiten ihres Aufgabenkreises besprochen werden sollen.
Auch der Personalrat kann die Hinzuziehung weiterer Beschäftigter oder Gewerkschaftsbeauftragter verlangen, was – wenn es bei der Behandlung von Themen sachgerecht ist – von der Dienststelle nicht grundlos verweigert werden kann.

§ 64

Der Personalrat hat folgende allgemeine Aufgaben:

1. **Maßnahmen, die der Dienststelle, ihren Angehörigen oder im Rahmen der Aufgabenerledigung der Dienststelle der Förderung des Gemeinwohls dienen, zu beantragen,**
2. **darüber zu wachen, dass die zugunsten der Beschäftigten geltenden Gesetze, Verordnungen, Tarifverträge, Dienstvereinbarungen und Verwaltungsanordnungen durchgeführt werden,**
3. **sich für die Wahrung der Vereinigungsfreiheit der Beschäftigten einzusetzen,**
4. **auf die Verhütung von Unfall- und Gesundheitsgefahren zu achten, die für den Arbeitsschutz zuständigen Stellen durch Anregung, Beratung und Auskunft zu unterstützen und sich für die Durchführung gesundheitsfördernder Maßnahmen und des Arbeitsschutzes einzusetzen,**
5. **Anregungen und Beschwerden von Beschäftigten entgegenzunehmen und, falls sie berechtigt erscheinen, durch Verhandlung mit der Dienststelle auf ihre Erledigung hinzuwirken,**
6. **die Eingliederung und berufliche Entwicklung schwerbehinderter Beschäftigter und sonstiger schutzbedürftiger, insbesondere älterer Personen, zu fördern,**
7. **Maßnahmen zur beruflichen Förderung schwerbehinderter Beschäftigter zu beantragen,**
8. **an der Entwicklung der interkulturellen Öffnung der Verwaltung mitzuwirken und die Eingliederung von Beschäftigten mit Migrations-**

6 CL 42/83, PersV 1987, 162.

hintergrund in die Dienststelle sowie das Verständnis zwischen Beschäftigten unterschiedlicher Herkunft zu fördern,

9. mit der Jugend- und Auszubildendenvertretung zur Förderung der Belange der von ihr vertretenen Beschäftigten eng zusammenzuarbeiten,

10. die Verwirklichung des Grundrechts der Gleichberechtigung von Frauen und Männern zu fördern,

11. Maßnahmen, die dem Umweltschutz in der Dienststelle dienen, anzuregen.

1 Die dem Personalrat zugewiesenen »allgemeinen« Aufgaben erstrecken sich auf das gesamte Geschehen der Dienststelle und alle Interessen, Anliegen sowie Rechte und Pflichten der Beschäftigten. Sie begründen die Allzuständigkeit des Personalrats ohne förmliche Durchsetzungsrechte wie z. B. in Mitbestimmungsangelegenheiten. Die allgemeinen Aufgaben gehören wie die förmlichen Beteiligungsrechte des Personalrats der §§ 72 bis 75 zum Rechts- und Pflichtenkreis des Personalrats und sind nicht lediglich allgemeine Leitlinien. Ihre Anwendung im 8. Kapitel unter dem Begriff »Beteiligung der Personalvertretung« zeigt, dass § 64 konkrete Aufgaben und Zuständigkeiten enthält. Über Angelegenheiten des § 64 kann also z. B.

- in der Personalratssitzung beraten und beschlossen werden,
- Dienstbefreiung gemäß § 42 Abs. 2 für ihre Erledigung beansprucht werden,
- der Unterrichtungsanspruch gemäß § 65 geltend gemacht werden,
- Beschäftigte befragt und am Arbeitsplatz aufgesucht werden.

Die Handlungsmöglichkeiten des Personalrats wären ohne diese umfassende und weitgehende Formulierung der Aufgaben auf die wesentlich enger zugeschnittenen Beteiligungstatbestände der §§ 72 bis 75 beschränkt. Der thematisch umfassende Zuschnitt der Aufgaben und Rechte des § 64 weist dem Personalrat eine Allzuständigkeit für alle dienstlichen Angelegenheiten zu, die die Beschäftigten berühren.

2 **Nr. 1** weist dem Personalrat ganz allgemein die Aufgabe zu, Maßnahmen zu beantragen, die der Dienststelle bzw. ihren Angehörigen dienen. Durch die Novelle 2011 wurden die Aufgaben des Personalrates auf die Beantragung solcher Maßnahmen erstreckt, die im Rahmen der Aufgabenwahrnehmung der Dienststelle der Förderung des Gemeinwohls dienen. Damit wird die gesellschaftliche Verantwortung der Personalräte betont. Nach der Gesetzesbegründung soll der Personalrat seine Aufgaben nicht isoliert, sondern unter Beachtung der bürgerorientierten Aufgabenerfüllung der Dienststelle wahrnehmen, um gesellschaftlichen Entwicklungen und den damit verbundenen Auswirkungen auf die Aufgabenerfüllung besser Rechnung tragen zu können. Die Aufgaben des Personalrates sind damit nicht auf die Wahrnehmung der Rechte einzelner Beschäftigter oder der Dienststelle beschränkt, sondern

dienststellenübergreifend, sofern ein Bezug zu den Aufgaben der Dienststelle besteht. Hat die Dienststelle z. B. die Aufgabe, die medizinische Versorgung der Bevölkerung sicherzustellen, so kann der Personalrat Maßnahmen beantragen, die auf die Verbesserung der Versorgungsleistung gerichtet sind. Auch im kommunalen Bereich kommen Anträge des Personalrats in Betracht, welche die Aufgabenerfüllung der Gemeinde gegenüber Einwohnern und Bürgern im Sinne der §§ 3, 22 GO NW betreffen. In diesem Rahmen wird der Personalrat auch geltend machen könne, dass die Beschäftigtenzahl der Dienststelle nicht ausreichend ist, um die der Dienststelle zugewiesenen Aufgaben ordnungsgemäß wahrnehmen zu können. Die Neufassung soll im Übrigen »der umfassenden Wahrnehmung der Beschäftigtenbelange« dienen.[7]

Die allgemeinen Aufgaben des Personalrats umfassen sowohl beteiligungspflichtige Angelegenheiten, als auch solche, die nicht der besonderen Beteiligung nach den nachfolgenden Vorschriften unterfallen. Bereits durch die Novelle 1994 ist klargestellt worden, dass die vom Personalrat beantragten Maßnahmen entweder der Dienststelle »oder« ihren Angehörigen dienen können. Gleiches gilt für Maßnahmen, die dem Gemeinwohl dienen. Es müssen nicht kumulativ alle angeführten Zwecke mit der vom Personalrat angestrebten Maßnahme erreicht werden.

Nr. 2 verpflichtet den Personalrat, alle zugunsten der Beschäftigten gelten- 3
den Vorschriften aus Gesetzen, Verordnungen, Tarifverträgen, Dienstvereinbarungen und Verwaltungsanordnungen auf ihre Einhaltung und Durchführung hin zu überwachen. Das geschieht zum einen laufend, kann zum anderen aber auch dadurch erfolgen, dass der Personalrat sich mit entsprechenden Auskunftsersuchen oder Fragestellungen an die Dienststelle wendet. Der Personalrat bedarf nicht eines irgendwie gearteten Verdachtes, um überwachend tätig zu werden.

Nr. 3 weist dem Personalrat – wie schon in § 62 – die Aufgabe zu, sich für 4
die Wahrung der Vereinigungsfreiheit der Beschäftigten einzusetzen, also die ungehinderte Ausübung gewerkschaftlicher Betätigung im Betrieb durch die Beschäftigten zu ermöglichen und Behinderungen entgegenzutreten.

Nr. 4 überträgt dem Personalrat die Verpflichtung, auf die Verhütung von 5
Unfall- und Gesundheitsgefahren zu achten und sich mit den für den Arbeitsschutz zuständigen Stellen in Verbindung zu setzen und aktiv auf die Durchführung gesundheitsfördernder Maßnahmen sowie Maßnahmen des Arbeitsschutzes hinzuwirken. Diese Verpflichtung wird in § 77 Abs. 1 fast wortgleich wiederholt und damit unterstrichen; es besteht darüber hinaus ein Mitbestimmungsrecht des Personalrats bei Maßnahmen zur Verhütung von Dienst- und Arbeitsunfällen und sonstigen Gesundheitsstörungen nach

7 LT-Drucks. 15/1644, 80.

§ 72 Abs. 4 Nr. 7, bei der Bestellung und Abberufung von Vertrauens- oder Betriebsärzten nach § 72 Abs. 4 Nr. 6. Auch das Mitbestimmungsrecht bei Gestaltung der Arbeitsplätze gemäß § 72 Abs. 4 Nr. 10 hat einen Bezug zum Gesundheits- und Arbeitsschutz, Zuständigkeiten in diesem Themenbereich ergeben sich weiter aus § 77 Abs. 2 bis 5.

6 Die Hervorhebung der Zusammenarbeit mit den zuständigen Stellen sowohl in Nr. 4 wie in § 77 Abs. 1 stellt klar, dass der Personalrat in Angelegenheiten des Arbeits- und Gesundheitsschutzes außenstehende Stellen im Sinne des § 2 Abs. 3 auch bereits dann einschalten kann, wenn noch keine Einigung in der Dienststelle erzielt worden ist. Dieser zeitraubende Weg verbietet sich bereits wegen der Bedeutung der Schutzrechte der Beschäftigten auf körperliche Unversehrtheit.

7 Nach **Nr. 5** hat der Personalrat Anregungen und Beschwerden von Beschäftigten zunächst entgegenzunehmen. Es kann sich dabei um die Anregung oder Beschwerde eines einzelnen Beschäftigten oder von Gruppen von Beschäftigten handeln. Nach dieser Vorschrift ist der Personalrat zur Entgegennahme und Behandlung von Mobbingbeschwerden über Vorgesetzte, einzelne oder Gruppen von Beschäftigten zuständig.[8] Der Personalrat kann auch Anregungen und Beschwerden von betrieblichen Gruppierungen der in der Dienststelle vertretenen Gewerkschaften nach dieser Vorschrift entgegennehmen und behandeln. Solche Anregungen und Beschwerden sind vom Personalrat auf einer Sitzung zu beraten und daraufhin zu überprüfen, ob sie berechtigt »erscheinen«. Das ist der Fall, wenn es sich nach Meinung des Personalrats um ein Anliegen handelt, dem weiter nachgegangen oder das gefördert werden soll. Hält der Personalrat die Anregung oder Beschwerde für berechtigt, so hat er durch Verhandlung mit dem Dienststellenleiter auf Erledigung hinzuwirken.

Der Personalrat ist weder berechtigt noch verpflichtet, der Dienststelle die Namen von Beschäftigten bekanntzugeben, die eine solche Anregung oder Beschwerde an den Personalrat gerichtet haben. Die Benachteiligung solcher Beschäftigter verbietet § 612a BGB ausdrücklich.

8 **Nr. 6** verpflichtet den Personalrat, die Eingliederung und berufliche Entwicklung schwerbehinderter Beschäftigter und sonstiger Schutzbedürftiger – insbesondere älterer Mitarbeiter – zu fördern. Die Vorschrift steht im Zusammenhang mit den vom Personalrat ebenfalls zu beachtenden Aufgaben nach dem SGB IX – Rehabilitation und Teilhabe behinderter Menschen – (siehe § 93 [ab 1.1.2018: § 176] SGB IX) sowie den Rechten und Pflichten der Schwerbehindertenvertrauensperson gemäß §§ 93ff. (ab 1.1.2018: §§ 176ff.) SGB IX. Sonstige schutzbedürftige Personen sind neben den ausdrücklich genannten älteren Beschäftigten z. B. weibliche Beschäftigte, ju-

8 Zum Mobbingbegriff siehe LAG Thüringen 10.4.2001 – 5 Sa 403/00, PersR 2001, 532.

gendliche Beschäftigte, Beschäftigte mit ruhenden Arbeitsverhältnissen (Elternzeit/Erziehungsurlaub), neu eingestellte Beschäftigte nach längerer Arbeitslosigkeit etc.

Gemäß **Nr. 7** hat der Personalrat Maßnahmen zur beruflichen Förderung schwerbehinderter Beschäftigter, z. B. auf Einrichtung von Schwerbehinderten-Arbeitsplätzen, die Unterstützung bei Zustandekommen einer Inklusionsvereinbarung gemäß § 83 (ab 1. 1. 2018: § 166) Abs. 1 SGB IX oder die Beschaffung von Mitteln für besondere Fortbildungslehrgänge etc. zu beantragen. 9

Die Aufgaben des Personalrats im Zusammenhang mit der Eingliederung ausländischer Beschäftigter nach **Nr. 8** wurde durch die Novelle 2011 umfassender formuliert. Danach hat der Personalrat an der Entwicklung der interkulturellen Öffnung der Verwaltung mitzuwirken und die Eingliederung von Beschäftigten mit Migrationshintergrund in die Dienststelle sowie das Verständnis zwischen Beschäftigten unterschiedlicher Herkunft zu fördern. 10

Die interkulturelle Öffnung der Verwaltung ist dabei als Ausrichtung der öffentlichen Institutionen auf die Anforderungen der Einwanderungsgesellschaft zu verstehen. Ziel dieses Prozesses ist es, Zugangshemmnisse zu öffentlichen Dienststellen abzubauen, die auf den kulturellen Hintergründen oder der besonderen sozialen und rechtlichen Situation von Migranten beruhen. Die Landesregierung verfolgt das Ziel, den Anteil der Menschen mit Migrationshintergrund im öffentlichen Dienst zu erhöhen. Dadurch soll die Leistungsfähigkeit von Behörden, der kompetente Umgang mit Vielfalt und die Identifikation der Menschen mit Migrationshintergrund mit staatlichen Stellen mittelbar erhöht werden.[9] Mit der Verwendung des Begriffs »Mitwirkung« wird zwar kein neuer Beteiligungstatbestand ergänzend zu § 73 geschaffen. Der Gesetzgeber will aber dadurch offensichtlich darauf hinweisen, dass dem Personalrat bei der interkulturellen Öffnung eine eigene gestaltende Rolle zugewiesen werden soll, die sich nicht in formlosen Bitten und Anregungen erschöpfen soll. Eine eingehende Erörterung der Anträge des Personalrats analog § 69 Abs. 1 sowie eine ausdrückliche Einbeziehung in die Integrationsstrategien der Dienststelle entsprechen wohl mehr den gesetzgeberischen Vorstellungen.

Sofern nunmehr statt von ausländischen Beschäftigten von Beschäftigten mit Migrationshintergrund die Rede ist, handelt es sich um eine Anpassung an die in der Integrationspolitik verwendete Sprachregelung.[10]

Eine Diskriminierung ausländischer Beschäftigter verbietet § 62 ausdrücklich. Unter Eingliederung ist die Einstellung, Einarbeitung und das Vertrautmachen mit der Arbeitsumgebung zu verstehen. Der Personalrat kann bei-

9 Vgl. die Presseerklärung des MAIS zum Entwurf des Gesetzes zur Förderung der gesellschaftlichen Teilhabe und Integration in NRW vom 16. 8. 2011.

10 LT-Drucks. 15/1644, 80.

spielsweise durch Übersetzung seiner Bekanntmachungen zur Überwindung von Sprachproblemen beitragen. Die Novelle des BetrVG 2001 hat den vergleichbaren § 80 dahingehend ergänzt, dass zu den Aufgaben des Betriebsrats die Bekämpfung von Fremdenfeindlichkeit und Rassismus gehört.
Die Vorschrift erhält vor dem Hintergrund der Flüchtlingszuwanderung besondere Bedeutung. Das Recht des Personalrats, an der Eingliederung auch von Flüchtlingen mitzuwirken, braucht sich nicht auf Maßnahmen zur Erhöhung des Migrantenanteils im öffentlichen Dienst zu beschränken. Vielmehr ist der Personalrat berechtigt, Programme und Maßnahmen anzustoßen und die Beschäftigten zur Teilnahme aufzurufen, die eine Integration von Flüchtlingen in die Zivilgesellschaft beinhalten.

11 Die Zusammenarbeit mit der Jugend- und Auszubildendenvertretung und die Förderung der Belange der von dieser vertretenen Beschäftigten ist dem Personalrat nach **Nr. 9** zugewiesen. Diese enge Zusammenarbeit ergibt sich bereits aus der besonderen Rechtsstellung, die die Jugend- und Auszubildendenvertretung gegenüber dem Personalrat nach den Vorschriften des 7. Kapitels, insbesondere der Aufgabenstellung des § 61, hat.

12 **Nr. 10:** Die Novelle 2007 hat anstelle der Aufgabe, die Verwirklichung des Grundrechts der Gleichberechtigung von Frauen und Männern zu fördern, nunmehr formuliert, dass der Personalrat auf die Gleichstellung von Frau und Mann hinzuwirken habe. Damit solle[11] die Zielsetzung des § 1 LGG aufgegriffen und der Grundrechtsbezug der Gleichberechtigung von Frauen und Männern verdeutlicht werden. Die Vorschrift hat einen engen Bezug zu der allgemeinen Verpflichtung in § 62, darüber zu wachen, dass jede Benachteiligung u. a. wegen des Geschlechts unterbleibt sowie zu dem ebenfalls durch die Novelle 2007 neu geschaffenen Mitbestimmungsrecht nach § 72 Abs. 4 Nr. 18 bei Maßnahmen, die der Durchsetzung der tatsächlichen Gleichberechtigung von Frauen und Männern dienen. Der Personalrat ist damit aufgefordert, an der Verwirklichung der Grundsätze des Landesgleichstellungsgesetzes mitzuwirken[12] und entsprechend dem Appell des § 17 Abs. 1 AGG zur Verwirklichung des in § 1 AGG genannten Ziels zur Verhinderung oder Beseitigung jeglicher Benachteiligungen beizutragen.

13 **Nr. 11:** Die durch die Novelle 2011 eingeführten Aufgaben im Zusammenhang mit dem betrieblichen Umweltschutz sind angelehnt an die §§ 80 Abs. 1 Nr. 9, 89 Abs. 3 BetrVG. In der Gesetzesbegründung heißt es, dass dem Personalrat ein allgemeines Initiativrecht zukommen soll, um der wichtigen Aufgabe »Umweltschutz« gerecht zu werden.[13]

---

11 Gesetzesentwurf, LT-Drucks. 14/4239, 94.

12 Gesetz zur Gleichstellung von Frauen und Männern i. d. F. vom 6. 12. 2016 (GV.NRW 1052).

13 LT-Drucks. 15/1644, 80.

Die Aufgaben des Personalrats sind insofern eingeschränkt, als es sich um Umweltschutz »in der Dienststelle« handeln muss. Es besteht kein allgemeines umweltpolitisches Mandat. Angelehnt an die Definition in § 89 Abs. 3 BetrVG sind danach alle personellen und organisatorischen Maßnahmen sowie alle die dienstlichen Bauten, Räume, technischen Anlagen, Arbeitsverfahren, Arbeitsabläufe und Arbeitsplätze betreffenden Maßnahmen von der Vorschrift erfasst, die dem Umweltschutz dienen. Erfasst werden alle von der Dienststelle und deren Organisation ausgehenden Auswirkungen auf die Umwelt. Dementsprechend kann sich die Förderungspflicht des Personalrates beispielsweise auf Maßnahmen zur Abfallverminderung, zur Energieeinsparung und zur Verwendung umweltschonender Materialien beziehen.[14]

§ 65

(1) Der Personalrat ist zur Durchführung seiner Aufgaben rechtzeitig und umfassend zu unterrichten. Ihm sind die dafür erforderlichen Unterlagen vorzulegen. Vor Organisationsentscheidungen der Dienststelle, die beteiligungspflichtige Maßnahmen zur Folge haben, ist der Personalrat frühzeitig und fortlaufend zu informieren. An Arbeitsgruppen, die der Vorbereitung derartiger Entscheidungen dienen, kann der Personalrat beratend teilnehmen.

(2) Bei Einstellungen sind ihm auf Verlangen die Unterlagen aller Bewerberinnen und Bewerber vorzulegen. An Gesprächen, die im Rahmen geregelter oder auf Übung beruhender Vorstellungsverfahren zur Auswahl unter mehreren dienststelleninternen oder dienststellenexternen Bewerberinnen und Bewerbern von der Dienststelle geführt werden, kann ein Mitglied des Personalrats teilnehmen; dies gilt nicht in den Fällen des § 72 Abs. 1 Satz 2. Ein Mitglied der Jugend- und Auszubildendenvertretung kann zusätzlich teilnehmen, wenn zu den Gesprächen Beschäftigte im Sinne des § 55 Absatz 1 eingeladen sind.

(3) Personalakten oder Sammlungen von Personaldaten dürfen nur mit Zustimmung der oder des Beschäftigten und nur von den von ihr oder ihm bestimmten Mitgliedern des Personalrats eingesehen werden; dies gilt nicht für listenmäßig aufgeführte Personaldaten, die regelmäßig Entscheidungsgrundlage in beteiligungspflichtigen Angelegenheiten sind. Dienstliche Beurteilungen sind auf Verlangen der oder des Beschäftigten dem Personalrat zur Kenntnis zu bringen. Ein Mitglied des Personalrats kann auf Wunsch der oder des Beschäftigten an Besprechungen mit entscheidungsbefugten Personen der Dienststelle teilnehmen, soweit dabei beteiligungspflichtige Angelegenheiten berührt werden. Das Gleiche gilt

14 Vgl. Fitting u. a., BetrVG, § 80 Rn. 47 zu § 80 Abs. 1 Nr. 9 BetrVG.

für ein Mitglied der Jugend- und Auszubildendenvertretung soweit es um beteiligungspflichtige Angelegenheiten der von ihr vertretenen Beschäftigten geht.

(4) Die Einhaltung des Datenschutzes obliegt dem Personalrat. Der Dienststelle sind die getroffenen Maßnahmen mitzuteilen.

1 Der Personalrat kann die ihm vom Gesetz übertragenen Aufgaben nur dann erfüllen, wenn die Dienststelle ihn rechtzeitig und umfassend unterrichtet und er bei Wahrnehmung seiner Aufgaben zeitgleich und im gleichen Umfang wie die Dienststelle über alle Angelegenheiten und Tatsachen unterrichtet ist.

1a **Abs. 1 Satz 1:** Der Unterrichtungsanspruch des Personalrats erstreckt sich auf die Durchführung seiner Aufgaben, also auf sämtliche im Personalvertretungsgesetz aufgeführten Rechte und Pflichten, insbesondere die im Achten Kapitel unter »Beteiligung der Personalvertretung« zusammengefassten Beteiligungsrechte des Personalrats. Darüber hinaus sind besondere Informationsrechte des Personalrats (siehe z. B.: § 7 Abs. 3, § 20 TzBfG bzgl. der Anzahl von befristeten und in Teilzeit Beschäftigten; § 21 Gefahrstoffverordnung oder EG-Richtlinie 2001/23/EG zur Unterrichtung bei Privatisierungen) zu beachten. Die Überwachung des AGG und die Bedeutung dieses Gesetzes sowie die von § 62 geschützten Rechtsgüter der Beschäftigten und im Zusammenhang damit dem Personalrat nach §§ 64 Nr. 10, 72 Abs. 4 Nr. 18 übertragenen Aufgaben erweitern den Unterrichtungsanspruch auf alle Angelegenheiten, die mit einer Benachteiligung oder Diskriminierung nicht nur der Beschäftigten im Sinne des § 5, sondern aller »Personen« (§ 62) einhergehen. Der Personalrat ist insoweit auch für die Verhinderung und Beseitigung von Benachteiligungen von arbeitnehmerähnlichen Personen, von Leiharbeitnehmern und gestellten Arbeitnehmern von Dritt-Arbeitgebern, Bewerberinnen und Bewerbern sowie früheren Beschäftigten zuständig. Dem Personalrat ist darüber hinaus künftig ein Überblick über alle Fälle einer möglichen Benachteiligung und über alle Beschwerden, die im Rahmen des AGG an die Dienststelle gelangen, zu geben.[15]

Die Unterrichtung darf sich nicht auf diejenigen Angelegenheiten beschränken, die die Dienststelle beabsichtigt, sondern hat sich auch auf Angelegenheiten zu erstrecken, die vom Personalrat verlangt oder beabsichtigt werden. Sowohl zur Erfüllung der allgemeinen Aufgaben des § 64 als auch zur Vorbereitung von Initiativanträgen im Rahmen von mitbestimmungspflichtigen Angelegenheiten besteht daher ein uneingeschränkter Unterrichtungsanspruch. Aus den allgemeinen Aufgaben des Personalrats kann sich auch außerhalb konkreter Beteiligungsverfahren die Verpflichtung des Dienststel-

15 Vogelsang, PersV 2007, 231, 238 f.

lenleiters zur Vorlage von Unterlagen ergeben.[16] Der Personalrat ist auch nicht darauf beschränkt, auf Missstände, Unterlassungssünden u. Ä. hinzuweisen, um ein Recht auf Information zu erhalten. Macht der Personalrat geltend, es bestünden Dienstvereinbarungen mit einem von Gesetz oder Tarifvertrag abweichenden Inhalt, sind ihm sämtliche Dienstanweisungen vorzulegen.[17]

Der Unterrichtungsanspruch soll es dem Personalrat ermöglichen, die ihm obliegenden Aufgaben »effektiv« zu bewältigen.[18] Dabei stehen die verschiedenen Aufgaben des Personalrats im Grundsatz gleichwertig nebeneinander. Für sämtliche in den §§ 62–78 genannten Aufgaben hat der Personalrat einen inhaltlich und qualitativ gleichen Unterrichtungsanspruch. Das vermeintlich unterschiedliche Gewicht der verschiedenen Aufgabenstellungen rechtfertig es nicht, je nach Reichweite des Beteiligungsrechtes einen geringeren Unterrichtungsanspruch anzunehmen oder dem Personalrat bei der Wahrnehmung der allgemeinen Aufgaben nach § 64 weniger Unterrichtungsrechte zu geben, als bei der Wahrnehmung von Mitbestimmungsrechten des § 72.[19] Im Gegenteil legt es – so das OVG – die systematische Stellung insbesondere der Überwachungstatbestände der §§ 62 Satz 1 und 64 Nr. 2 nahe, die Unterrichtungsansprüche des Personalrats als »eine Art der nicht förmlichen Beteiligung zu verstehen«,[20] also ein Beteiligungsrecht eigener Art.

Der Personalrat muss nicht die Besorgnis einer Rechtsverletzung darlegen, um Informationen beanspruchen zu können.[21] Die vom Personalrat begehrte Information muss jedoch stets einen Bezug zu den Aufgaben der Personalvertretungen und ihrer Wahrnehmung haben (»untrennbare Beziehung«).[22] Der erforderliche Bezug darf nicht ein völlig abstrakter sein, sondern muss an einen bestimmten, sachlich gerechtfertigten Anlass anknüpfen. Das – so das OVG NRW[23] – bedeutet aber nicht, dass der Personalrat nur in Einzelfällen tätig werden darf. Lediglich ein von seinen konkreten Aufgaben losgelöster, umfassender Informationsanspruch besteht nicht. Es kann jedoch nur eine sehr lockere Bindung an eine dem Personalrat übertragene Aufgabe verlangt werden. Ohnehin stehen dem Personalrat bei ständig wie-

16 So OVG NRW 11.9.1997 – 1 A 650/95.PVL, PersR 1998, 250 unter Hinweis auf BVerwG 22.12.1993 – 6 P 34.92, juris.
17 OVG NRW 27.10.1999 – 1 A 5223/97.PVL, PersR 2000, 112.
18 So OVG NRW 20.9.2002 – 1 A 1061/01.PVB, PersR 2003, 161; 4.11.2005 – 1 A 4935/04.PVB, PersR 2006, 522.
19 So ausdrücklich: OVG NRW 20.9.2002 – 1 A 1061/01.PVB, PersR 2003, 161.
20 So OVG NRW 20.9.2002 – 1 A 1061/01.PVB, PersR 2003, 161.
21 So BVerwG 27.2.1985 – 6 P 9.84, PersR 1985, 124; 22.12.1993 – 6 P 15.92, ZfPR 1994, 41; OVG NRW 20.9.2002 – 1 A 1061/01.PVB, PersR 2003, 161.
22 OVG NRW 22.5.1996 – 1 A 1864/93.PVL, PersV 1998, 517.
23 Beschluss vom 4.11.2005 – 1 A 4935/04.PVB, PersR 2006, 522.

derkehrenden Beteiligungsangelegenheiten bestimmte, dauerhaft zu überlassene Basis- und Grundinformationen zu.[24]
Die Unterrichtungspflicht des Dienststellenleiters soll dem Personalrat den gleichen Informationsstand sichern, wie ihn der Dienststellenleiter selbst hat.
Datenschutzrechtliche Erwägungen allgemeiner Art können dem Unterrichtungsanspruch des Personalrates nicht entgegengehalten werden, da der Personalrat nicht »Dritter« im Sinne des Datenschutzes ist.[25]
Auch das Recht betroffener Beschäftigter auf informationelle Selbstbestimmung gemäß Art. 2 Abs. 1 GG steht einem Unterrichtungsanspruch des Personalrates nicht zwingend entgegen. Zwar umfasst das Persönlichkeitsrecht die Befugnis des Einzelnen, grundsätzlich selbst zu bestimmen, wann und innerhalb welcher Grenzen persönliche Lebenssachverhalte offenbart werden. Dieses Recht ist aber nicht schrankenlos gewährleistet, sondern muss sich Einschränkungen im überwiegenden Allgemeininteresse gefallen lassen. Ein solches überwiegendes Allgemeininteresse kann vorliegen, wenn der Personalrat die Informationen benötigt, um die ihm gesetzlich zugewiesenen Aufgaben erfüllen zu können.[26] Nur bei höchstpersönlichen und besonders schützenswerten Daten, wie etwa dem Bestehen einer Schwangerschaft, geht das Recht auf informationelle Selbstbestimmung der grundsätzlich bestehenden Informationspflicht der Dienststelle vor.[27] Das dürfte für die privaten Telefonnummern und privaten E-Mail-Adressen der Beschäftigten nicht zutreffen, wenn der Personalrat sie anlässlich einer konkreten Mitbestimmungsvorlage verlangt. Soweit die Dienststelle über diese Daten verfügt und dementsprechend die betroffenen Lehrkräfte sie der Dienststelle bereits offenbart haben, ist ein Informationsanspruch des Personalrats zu bejahen und muss nicht hinter den Persönlichkeitsrechten der Beschäftigten nach Art. 2 Abs. 1 i. V. m. Art. 1 GG zurücktreten.[28]

2 **Rechtzeitige Unterrichtung** bedeutet, dass die Dienststelle den Personalrat so frühzeitig über alle beabsichtigten Maßnahmen informieren muss, dass die Maßnahme noch gestaltungsfähig ist, keine vollendeten Tatsachen geschaffen worden sind und dem Personalrat zeitlich und inhaltlich durch Ausübung der gesetzlichen Beteiligungsrechte die Möglichkeit einer Mitgestaltung im Interesse der Beschäftigten offensteht. Die Unterrichtung muss

24 OVG NRW 24. 11. 2005 – 1 A 2562/04.PVL.
25 BVerwG 9. 10. 1996 – 6 P 1.94, PersR 1997, 116.
26 Vgl. BVerwG 23. 6. 2010 – 6 P 8.09; 4. 9. 2012 – 6 P 5.11, PersR 2012, 508; BayVGH 14. 3. 2016 – 17 P 14.2689, PersR 10/2016, 46; Düwell, PersR 10/2016, 36 zum Informationsrecht des Personalrats beim betrieblichen Eingliederungsmanagement.
27 BVerwG 29. 8. 1990 – 6 P 30.87, PersR 1990, 301; VG Münster 11. 3. 2016 – 22 K 660/15.PVL (n. rkr.).
28 So aber: OVG NRW 3. 4. 2017 – 20 A 628/16:PVL, juris.

so rechtzeitig erfolgen, dass der Personalrat sich äußern kann, um »vor Schaffung vollendeter Tatsachen tätig werden zu können und ggf. bei nur durch die Dienststellenleitung aufklärbaren Unklarheiten oder bei Einwänden substantiierter Art eine Erklärung bzw. Begründung der beabsichtigten Maßnahme durch die Dienststellenleitung zu erhalten und sich auch nach Abgabe dieser Begründung erneut äußern zu können.«[29]

Der Zeitpunkt der Unterrichtung des Personalrats über eine beteiligungspflichtige Angelegenheit muss deutlich vor dem Zeitpunkt liegen, zu dem die Einleitung eines Mitbestimmungsverfahrens nach § 66 Abs. 2 angezeigt ist. Ein Mitbestimmungsverfahren ist einzuleiten, wenn die Überlegungen der Dienststelle in einer mitbestimmungspflichtigen Angelegenheit zu einem vorläufigen Abschluss gekommen sind. Die Unterrichtung hat zu einem wesentlich früheren Zeitpunkt zu beginnen, wenn nämlich die Dienststelle die ersten Planungsschritte abgeschlossen hat und Lösungswege für die vorgestellte Maßnahme entwickelt. Bei Organisationsentscheidungen hat die Unterrichtung zu einem noch früheren Zeitpunkt zu erfolgen (siehe Rn. 7).

Die Unterrichtung des Personalrats hat auch **umfassend** zu sein. Dem Personalrat sind alle Unterlagen zur Verfügung zu stellen, die der Dienststelle bei ihrer Entscheidungsfindung zur Verfügung gestanden haben.[30] Der Personalrat ist darüber hinaus so zu unterrichten, dass er 3

- »alle entscheidenden Gesichtspunkte kennt, die für die Ausübung des Mitbestimmungsrechtes von Bedeutung sein können«;[31]
- feststellen kann, »ob ihm ein Mitbestimmungsrecht zusteht und ob er davon Gebrauch machen soll, sofern nicht ein Mitbestimmungsrecht offensichtlich nicht in Betracht kommt«;[32]
- »in die Lage versetzt wird, zu prüfen, ob ein bestimmter Mitbestimmungstatbestand vorliegt«.[33]

Die Dienststelle kann sich daher nicht damit begnügen, die beabsichtigte Maßnahme aus ihrer Sicht darzustellen. Vielmehr muss auch auf die Mitbestimmungsrechte des Personalrats Rücksicht genommen werden und die Unterrichtung muss so gestaltet werden, dass der Personalrat erkennen kann, welche Mitbestimmungsrechte überhaupt in Betracht kommen und welche Bedenken bestehen können. Bei personellen Einzelmaßnahmen wird also die Unterrichtung insbesondere sicherzustellen haben, dass der Personalrat erkennen kann, ob Einwendungen in Betracht kommen, die zum Schutze der Belegschaft oder eines einzelnen Beschäftigten oder Bewerbers

29 OVG NRW 20.9.2002 – 1 A 1061/01.PVB, PersR 2003, 161.
30 Siehe Welkoborsky, PersR 1989, 220.
31 OVG NRW 11.10.1988 – CL 23/86, PersV 1990, 79.
32 OVG NRW 11.10.1988, a.a.O.
33 OVG NRW 11.10.1988, a.a.O.

erforderlich sind. Dazu bedarf es einer Darstellung der Konkurrenzsituation, unter Umständen des Geschlechts der Mitbewerberinnen und -bewerber sowie der Stellungnahme der Gleichstellungsbeauftragten. Bei Stellungsbesetzungsvorgängen hat der Personalrat Anspruch darauf, dass ihm sämtliche Bewerbungsunterlagen sämtlicher Bewerber einschließlich der Eignungsgutachten, Ergebnisse von Assessment-Centern, anderen Auswahlverfahren und -gesprächen vollständig zur Verfügung gestellt werden.[34]

4 **Abs. 1 Satz 2: Unterlagen**, die zur Durchführung der Arbeit des Personalrats erforderlich sind, sind von der Dienststelle unaufgefordert vorzulegen. Einfachere Unterlagen – wie Übersichten, Auflistungen, Statistiken – sind zur Erfüllung von Informationspflichten von der Dienststelle eigens zu erstellen.[35] Unter Vorlage ist zu verstehen, dass die Unterlagen dem Personalrat als Organ dann zur Verfügung stehen, zugänglich sind und eingesehen werden können, wenn eine Entscheidung zu treffen ist. Die Unterlagen müssen also auf der Personalratssitzung vorhanden sein. Beschränkungen im Einsichtnahmerecht darf die Dienststelle nicht vornehmen. Ständig benötigte Unterlagen – wie z. B. Personalbedarfsrechnung oder Stellenplan – sind auf Dauer in Kopie zu überlassen.[36] Der Personalrat hat Anspruch auf diejenigen Unterlagen, die bei generalisierender Betrachtung regelmäßig für die Entscheidungsfindung in beteiligungspflichtigen Angelegenheiten von Bedeutung sind, also absehbar deren »Basismaterial« darstellen. Der Personalrat muss nicht »einem Bittsteller ähnlich« in jedem Einzelfall wegen derselben Schriftstücke immer wieder erneut vorstellig werden.[37] Zu solchen Unterlagen, die dem Personalrat auf Dauer zur Verfügung zu stellen sind, zählen insbesondere

- Bruttolohn- und Gehaltslisten,[38] § 65 bildet eine bereichsspezifische Rechtsgrundlage für die Einsichtnahme des Personalrats in die Bruttolohn- und Gehaltslisten, die zu einem entsprechenden Eingriff in das Grundrecht des einzelnen Beschäftigten auf informationelle Selbstbestimmung ermächtigt und insoweit den verfassungsrechtlichen Bestimmtheitsanforderungen genügt.[39]
- Personalmesszahlen zur Errechnung des künftig benötigten Personals,[40]
- eine aktuelle Beschäftigtenliste gegliedert nach Beamten und Arbeitnehmern, Frauen und Männern, ATZ, Inanspruchnahme von Elternzeit nach

34 BVerwG 11.2.1981, PersV 1981, 320; so auch: VG Münster 11.3.2016 – 22 K 660/15.PVL (n. rkr.).

35 OVG NRW 27.10.1999, a. a. O.

36 So OVG NRW 24.1.2001 – 1 A 1538/99.PVB, PersR 2001, 391 sowie BVerwG 23.1.2002 – 6 P 5.01, PersR 2002, 201.

37 So OVG NRW 24.11.2005 – 1 A 2562/04.PVL.

38 BVerwG 16.2.2010 – 6 P 5.09, PersR 2010, 204.

39 BVerwG 16.5.2012 – 6 PB 2.12, PersV 2013, 353.

40 OVG NRW 24.11.2005 – 1 A 2562/04.PVL, juris.

Maßgabe der EZVO bzw. dem BEEG[41] unter Angabe der Eintrittsdaten und des Geburtsdatums/Lebensalters,

- § 7 Abs. 3 TzBfG verpflichtet die Dienststelle, den Personalrat über Teilzeitarbeit zu informieren, insbesondere über vorhandene oder geplante Teilzeitarbeitsplätze und über die Umwandlung von Teilzeitarbeitsplätzen in Vollzeitarbeitsplätze und umgekehrt. Auf Verlangen des Personalrats sind ihm die erforderlichen Unterlagen zur Verfügung zu stellen (§ 7 Abs. 3 Satz 2 TzBfG).
- Beschäftigtenscharfe und periodenübergreifende Listen abgeleisteter Mehrarbeit und Überstunden aller betroffenen Beschäftigten,
- Kopie der Personalbedarfsberechnung und des Stellenplans,[42]
- im Rahmen des Überwachungsrechts des Personalrats nach § 84 (ab 1. 1. 2018: § 167) Abs. 2 Satz 7 SGB IX hat die Dienststelle dem Personalrat bzw. einem Mitglied des Personalrats regelmäßig die Namen derjenigen Beschäftigten mitzuteilen, denen ein betriebliches Eingliederungsmanagement anzubieten ist, und Einsicht in das Hinweisschreiben an die betroffenen Beschäftigten zu gewähren.[43]

Die Dienststelle kann sich nicht darauf berufen, dass die vom Personalrat verlangten Unterlagen entweder nicht oder nicht in der gewünschten Form vorlägen. Das steht dem Bestehen eines entsprechenden Unterrichtungsanspruchs prinzipiell nicht entgegen.[44]

5 Der Personalrat hat neben dem Recht, von der Dienststelle alle Angaben und Unterlagen zu erhalten, auch das Recht zur Eigenunterrichtung.[45] Das kann durch Anhörung und Befragung von Beschäftigten, Hinzuziehung von Gewerkschaftsbeauftragten, sachkundigen Personen und Sachverständigen auf Personalratssitzungen erfolgen. Der Personalrat hat auch das Recht, die Beschäftigten zum Zwecke der Informationsbeschaffung am Arbeitsplatz aufzusuchen. Er hat dazu jedoch zuvor das Einvernehmen mit der Dienststelle herbeizuführen,[46] das allerdings nur aus triftigem Grund verweigert werden darf.

6 Der Personalrat kann Sachverständige hinzuziehen. Dazu muss in dem Beschluss des Personalrats zum Ausdruck kommen, dass eine Willensbildung über Erforderlichkeit und Umfang des Gutachtenauftrages stattgefunden hat. Der Auftrag an den Gutachter muss genau bezeichnet, die voraussichtlich entstehenden Kosten begründet und in einer Vereinbarung mit dem Sachverständigen festgelegt werden. Ein Sachverständigengutachten kann

41 VG Düsseldorf 16. 12. 2010 – 34 K 2416/10.PVL.
42 OVG NRW 24. 1. 2001 – 1 A 1538/99.PVB, PersR 2001, 391.
43 BVerwG 4. 9. 2012 – 6 P 5.11, PersR 2012, 508.
44 OVG NRW 4. 11. 2005 – 1 A 4935/04.PVL, PersR 2006, 522.
45 So zutreffend OVG NRW vom 4. 3. 1993 – CL 25/89, PersR 1993, 401.
46 BVerwG 9. 3. 1990 – 6 P 15.88, PersR 1990, 177.

nur im Rahmen der gesetzlichen Aufgabenstellung des Personalrats – regelmäßig im Zusammenhang mit der Ausübung von Mitbestimmungsrechten – verlangt werden.[47] Es muss ein konkreter Bezug zu einer bestimmten Aufgabenstellung vorhanden sein.[48]

In mitbestimmungspflichtigen Angelegenheiten trägt der Dienststellenleiter die Beweislast dafür, dass er den Personalrat ordnungsgemäß unterrichtet hat;[49] unvollständige Unterrichtung hat zur Folge, dass die Erklärungsfristen des Personalrats in mitbestimmungspflichtigen Angelegenheiten nicht in Lauf gesetzt sind.[50] Der Personalrat muss jedoch innerhalb der Erklärungsfristen darauf hinweisen, dass er sich nicht als ausreichend unterrichtet ansieht.

7 **Abs. 1 Satz 3 und 4:** Durch die Novelle 2011 wurde in Abs. 1 Satz 3 und 4 ein neuartiger Unterrichtungsanspruch geschaffen. Danach ist der Personalrat vor Organisationsentscheidungen der Dienststelle, die beteiligungspflichtige Maßnahmen zur Folge haben, frühzeitig und fortlaufend zu unterrichten. An Arbeitsgruppen, die der Vorbereitung derartiger Maßnahmen dienen, kann der Personalrat beratend teilnehmen.

Eingeführt wurde der neuartige Unterrichtungsanspruch mit der Begründung, bei Organisationsentscheidungen, wie beispielsweise der Auflösung oder Neubildung von Behörden, müsse eine Information des Personalrates möglichst frühzeitig vor diesen Entscheidungen erfolgen, um die kollektiven Interessen, insbesondere die Gleichbehandlung der betroffenen Beschäftigten, effektiver sicherstellen zu können. Bislang war der Personalrat in derartigen Fällen darauf beschränkt, abzuwarten, ob die Organisationsentscheidung beteiligungspflichtige Maßnahmen, wie z. B. Versetzungen oder Kündigungen nach sich zog. Aufgrund des bisher an die Beteiligungspflichtigkeit geknüpften Unterrichtungsanspruchs des Personalrates erfolgte erst zu diesem – oft zu späten – Zeitpunkt eine Unterrichtung des Personalrates, ohne dass dieser noch auf die zugrunde liegende Organisationsentscheidung einwirken konnte. Dem soll künftig durch den neuartigen Unterrichtungsanspruch entgegengewirkt werden.[51] Durch die Einführung des neuen Unterrichtungsanspruchs ist damit – neben der Einführung der Unterrichtungsansprüche nach § 65a (vgl. die Kommentierung dort) – auch ein weiterer Schritt zur Umsetzung der Richtlinie 2002/14/EG vom 11. 3. 2002 zur Festlegung eines allgemeinen Rahmens für die Unterrichtung und Anhörung

47 Siehe BVerwG 8. 11. 1989 – 6 P 6.87, PersR 1990, 102; zum Sachverständigen im Übrigen: Welkoborsky, PersR 1987, 162 und PersR 1991, 210.

48 Keine Unterrichtung über denkbare Problemfälle: OVG NRW 8. 11. 2000 – 1 A 5943/98.PVL, PersR 2001, 211.

49 OVG NRW 11. 10. 1988, – CL 23/86, PersV 1990, 79.

50 OVG NRW 11. 10. 1988, a. a. O.

51 LT-Drucks. 15/1644, 81.

der Arbeitnehmer in der europäischen Gemeinschaft gemacht. Die Richtlinie statuiert Unterrichtungsansprüche, die keinen konkreten Bezug oder Anlass voraussetzen und gebietet, dass eine regelmäßige Unterrichtung des Personalrates über Beschäftigungssituation, Beschäftigtenstruktur und wahrscheinliche Beschäftigungsentwicklung erfolgt. Diesem Unterrichtungsanspruch kann, ebenso wenig wie dem neuartig geschaffenen Unterrichtungsanspruch in Abs. 1 Satz 3 und 4, entgegengehalten werden, dass dem Personalrat in Bezug auf die Organisationsentscheidung keine ausdrücklich im Gesetz genannten Aufgaben zugewiesen sind.

Organisationsentscheidungen sind Maßnahmen, die die Bildung, Änderung oder Auflösung der Dienststelle und ihre Stellung in der Verwaltung betreffen. Diese grundlegenden Entscheidungen sind zwar wegen ihrer Auswirkungen auf das Gemeinwesen wesentlicher Bestandteil der Regierungsgewalt und damit einer Beteiligung des Personalrates weitgehend entzogen (vgl. § 104 Satz 3 BPersVG, von dem allerdings seit der Föderalismusreform 2006 durch Landesgesetz abgewichen werden kann). Durch die Neuregelung in Abs. 1 Satz 3 und 4 wird aufgrund der weit reichenden Bedeutung solcher Organisationsmaßnahmen für die betroffenen Beschäftigten aber erstmals ein umfassender Unterrichtungsanspruch geschaffen. 8

Die Unterrichtung muss »frühzeitig« erfolgen, d. h., sobald die Dienststelle beabsichtigt, eine Organisationsentscheidung zu treffen und in konkrete Planungen[52] eintritt. Die Unterrichtung hat zu erfolgen, noch bevor erste Planungsschritte abgeschlossen sind. Der Zeitpunkt der Unterrichtung bei Organisationsentscheidungen liegt damit noch vor dem Zeitpunkt der Unterrichtung nach Abs. 1 Satz 1 (vgl. Rn. 2). Durch die frühzeitige Unterrichtung soll der Personalrat in die Lage versetzt werden, den gesamten Planungsprozess der Organisationsentscheidung von Beginn an zu begleiten, um die Rechte der von ihr betroffenen Beschäftigten effektiv wahrnehmen zu können. Der Informationsanspruch nach Satz 3 findet auch auf solche Organisationsentscheidungen Anwendung, die endgültig vom Rat als verfassungsmäßig zuständigem obersten Organ oder von einem von diesem bestimmten Ausschuss zu treffen sind.[53] 9

Darüber hinaus ist der Personalrat »fortlaufend« zu unterrichten. Durch diese Regelung soll – korrespondierend mit der Legaldefinition des Maßnahmebegriffs in § 66 Abs. 1 Satz 2 – erstmals ein Anspruch auf eine prozessbegleitende Unterrichtung geschaffen werden. Der Personalrat ist während des gesamten Entscheidungsprozesses – von dessen Einleitung bis zur endgültigen Festlegung der Organisationsentscheidung – über den jeweils aktuellen Stand der Willensbildung und Planung der Dienststelle zu unterrichten. Nach der Gesetzesbegründung soll dies dazu dienen, dass der Personal- 10

52 So: OVG NRW 20.8.2013 – 20 B 585/13.PVL, PersR 2013, 467.
53 OVG NRW 20.8.2013 – 20 B 585/13.PVL, PersR 2013, 467.

rat in die Entscheidungsfindung der Dienststelle »einbezogen« und nicht lediglich informiert wird.[54] Den Personalräten wird im Sinne eines »Co-Managements« also die Rolle eines Mitgestalters zugewiesen, der aktiv an Organisationsentscheidungen der Dienststelle gestaltend mitwirkt, statt nur die von der Dienststelle vorgelegten Pläne zu beurteilen und im Rahmen der Beteiligungsrechte zu behandeln (vgl. auch die Kommentierung zu § 66 Abs. 1 Satz 2).

11 An Arbeitsgruppen, die Organisationsentscheidungen vorbereiten, kann der Personalrat beratend teilnehmen. Nach dem Wortlaut der Vorschrift steht dem Personalrat als Gremium das Teilnahmerecht zu. Aus Zweckmäßigkeitserwägungen wird es aber zulässig sein, dass der Personalrat sein Teilnahmerecht durch Beschluss auf eines oder mehrere Personalratsmitglieder überträgt. Der Personalrat hat das Recht, an sämtlichen Sitzungen der Arbeitsgruppe teilzunehmen sowie Einsicht in sämtliche der Arbeitsgruppe vorliegenden Unterlagen zu nehmen. Im Rahmen der beratenden Teilnahme ist der Personalrat berechtigt, Vorschläge zu unterbreiten. Eine förmliche Beteiligung ist nicht vorgesehen. Durch die Teilnahme an den Sitzungen der Arbeitsgruppen werden weder der Unterrichtungsanspruch noch die Beteiligungsrechte des Personalrats berührt.

12 **Abs. 2:** Im Zusammenhang mit der Ausübung des Mitbestimmungsrechtes bei Einstellungen gemäß § 72 Abs. 1 Nr. 1 sind dem Personalrat – wenn er es verlangt – alle Unterlagen sämtlicher Bewerber vorzulegen. Die Dienststelle ist nicht berechtigt, die Bewerber »vorzusortieren« und nur einen Teil der Bewerber dem Personalrat bekannt zu geben.

Durch die Novelle 1994 ist der Satz 2 dieser Vorschrift geändert worden. Das **Teilnahmerecht an Vorstellungs- oder Eignungsgesprächen** ist durch die Novelle 1994 auf Vorstellungsverfahren zur Auswahl unter mehreren dienststelleninternen oder -externen Bewerbern erstreckt worden. Bis dahin hatte die Rechtsprechung aufgrund des Bezugs zu Satz 1 auf dem Standpunkt gestanden,[55] dass der Personalrat nur an solchen Gesprächen teilnehmen kann, die aus Anlass einer beabsichtigten Einstellung geführt wurden; Vorstellungsgespräche mit internen Bewerbern konnten daher ohne Beteiligung des Personalrats stattfinden.

Allerdings kann der Personalrat nach der Neufassung nur an solchen Vorstellungsgesprächen teilnehmen, die im Rahmen geregelter oder auf Übung beruhender Vorstellungsverfahren durchgeführt werden. Als Vorstellungsverfahren sind – entsprechend § 9 VwVfG NW – alle solche Bewerbergespräche und Bewerberanhörungen zu verstehen, die auf die Vorbereitung einer Entscheidung (z. B. Einstellung, Umsetzung, Versetzung, Höhergruppie-

54 LT-Drucks. 15/2218, 53.
55 OVG NRW 13. 12. 1989 – CL 46/87, PersV 1991, 172.

rung, Übertragung einer höherwertigen Tätigkeit) abzielen.[56] Auf die Dienststellenzugehörigkeit des Bewerbers, der einem Vorstellungsgespräch unterzogen wird, kommt es daher nicht mehr an. Zu Auswahlgesprächen zählen auch solche mit mehreren Bewerbern, z. B. um den Aufstieg in eine höhere Laufbahngruppe. Nicht dazu zählen Gespräche im Rahmen von Beurteilungsverfahren, wie sie z. B. in den »Richtlinien für die dienstliche Beurteilung« des Kultusministers vom 25. 2. 1992 enthalten sind. Ebenfalls nicht zu diesen Vorstellungsgesprächen zählen die Prüfungen im Rahmen von Auswahlverfahren durch Dritte im Auftrag der Dienststelle. Finden Assessment-Center statt, so kann der Personalrat an den Gesprächen und Übungen teilnehmen, die mit den Bewerbern veranstaltet werden. An der Prüfung und Beratung der Ergebnisse besteht zwar kein Teilnahmerecht, jedoch sind Verlauf und Ergebnisse bei Begründung der Auswahlentscheidung bekanntzugeben.[57] Teilnahmeberechtigt ist ein Personalratsmitglied, das aufgrund eines gemeinsamen Beschlusses des Personalrats (§ 34) entsandt wird.

Nach Satz 2, 2. Halbsatz besteht kein Recht des Personalrats auf Teilnahme 13
an Auswahlgesprächen in den Fällen des § 72 Abs. 1 Satz 2. Es handelt sich dabei um eine Formulierungspanne des Gesetzgebers. § 72 Abs. 1 Satz 2 sieht vor, dass für bestimmte Beschäftigte die Mitbestimmungsrechte in personellen Einzelmaßnahmen vom Personalrat nur ausgeübt werden können, wenn diese Personen es beantragen. Wird ein solcher Antrag gestellt, so ist dem Personalrat – entgegen dem missverständlichen Wortlaut von Abs. 2 Satz 2, 2. Halbsatz – auch ein Teilnahmerecht an dem Auswahlgespräch mit diesem Personenkreis einzuräumen.

Durch die Novelle 2011 wurde zusätzlich ein Teilnahmerecht an Vorstel- 14
lungsgesprächen für die JAV eingeführt. Das Teilnahmerecht besteht nur dann, wenn zu den Gesprächen Beschäftigte im Sinne des § 55 Abs. 1 eingeladen sind, also solche, die das 18. Lebensjahr noch nicht vollendet haben, sowie Auszubildende, Beamtenanwärter und Praktikanten ohne Rücksicht auf das Lebensalter. Sofern ein Beschäftigter im Sinne des § 55 Abs. 1 zu den Gesprächen eingeladen ist, besteht ein Teilnahmerecht der JAV an sämtlichen Gesprächen, die im Rahmen des konkreten Auswahlverfahrens geführt werden, d. h., auch bei solchen Gesprächen, die nicht mit Beschäftigten im Sinne des § 55 Abs. 1 geführt werden.

Nach § 17 Abs. 2, 3. Spiegelstrich hat auch die Gleichstellungsbeauftragte ein Recht zur Teilnahme an Bewerbungsgesprächen.

Abs. 3: Einsichtnahme in Personalakten (zum Begriff siehe § 84 LBG) be- 15
darf der Zustimmung des einzelnen Beschäftigten. Absatz 3 bestimmt auch, welches Personalratsmitglied die Einsichtnahme vornehmen kann. Die Re-

56 BVerwG 2. 6. 1993 – 6 P 23.91, PersR 1993, 444.
57 OVG NRW 22. 3. 2000 – 1 A 4382/98.PVL.

gelung gilt ebenfalls für Sammlungen von Personaldaten, worunter das Ergebnis einer zielgerichteten Sammlung von Einzelangaben über persönliche und sachliche Verhältnisse einer bestimmten oder bestimmbaren natürlichen Person verstanden wird.[58] Sammlungen von Personaldaten sind richtigerweise jedoch nur solche, die anstelle von Personalakten geführt werden und z. B. nicht mehr in herkömmlicher Form in Akten, sondern nur noch per EDV vorhanden sind. Dem Schutz des Gesetzes unterstehen nur solche Sammlungen, die Daten über eine bestimmte Person zusammenfassen. Sammlungen von Personaldaten, in denen – wie in Lohnlisten – einzelne Personaldaten eines Beschäftigten mit gleichartigen Personaldaten der übrigen Beschäftigten zusammengestellt werden, unterliegen nicht dem Schutze des Abs. 3 Satz 1.[59] Etwas anderes gilt dann, wenn eine Mehrzahl von Personaldaten über einen Beschäftigten, die bereits für sich eine Sammlung von Personaldaten bilden würde, mit gleichartigen Daten anderer Beschäftigter zusammengefasst wird. In diesen Fällen führt die listenmäßige Zusammenstellung nicht zu einem Verlust des Schutzes gemäß Abs. 3 Satz 1.

16 Seit der Novelle 1994 sind von der Beschränkung des Einsichtnahmerechts listenmäßig aufgeführte Personaldaten, die regelmäßig Entscheidungsgrundlage in beteiligungspflichtigen Angelegenheiten sind, ausgenommen worden. »Hierzu gehören folgende listenmäßig aufgeführte Personaldaten: Name, Vorname, Geburtsjahr, Hinweis auf Ausbildung (z. B. Dipl.-Volkswirt), Eintritt in den Vorbereitungsdienst, Ernennungsdaten, Abteilungs-, Dezernatszugehörigkeit, Beurlaubung und Ermäßigung der Arbeitszeit (von – bis); zusätzlich bei Arbeitnehmern: Datum der letzten Eingruppierung, Vergütungs- bzw. Lohngruppe und Fallgruppe, feste Zulagen. Beurteilungsdaten werden hiervon nicht erfasst.«[60] Es handelt sich dabei um die üblicherweise geführten Beförderungslisten u. Ä., die dem Personalrat aus Anlass von Mitbestimmungsverfahren üblicherweise vorgelegt werden.

17 **Dienstliche Beurteilungen** werden dem Personalrat nur dann zur Kenntnis gebracht, wenn der betroffene Beschäftigte es verlangt.

Der Personalrat kann bei **Gesprächen zwischen Beschäftigten und entscheidungsbefugten Personen** auf Wunsch der/des Beschäftigten teilnehmen. Das Teilnahmerecht besteht an solchen Gesprächen, bei denen »beteiligungspflichtige Angelegenheiten berührt werden«.

Beteiligungspflichtige Angelegenheiten werden dann berührt, wenn entweder eine der in den §§ 64 bis 77 aufgeführten Angelegenheiten Gegenstand des Gesprächs ist oder das Gespräch der Prüfung dient, ob derartige Maßnahmen ergriffen werden. Dazu zählen mitbestimmungspflichtige Angelegenheiten, insbesondere aus dem Absatz 1 des § 72, aber auch die Erörterung

---

58 So OVG NRW 6. 12. 1990 – CL 61/88, PersR 1991, 175.
59 Vgl. OVG NRW 25. 3. 1992 – CL 83/88, PersR 93, 129.
60 LT-Drucks. 11/5258, 38.

von Eignung, Leistung und Befähigung aus Anlass einer dienstlichen Beurteilung (§ 65 Abs. 3) oder einer vom Personalrat gemäß § 64 Nr. 5 der Dienststelle übermittelten Beschwerde. Ausreichend ist es, dass in dem Gespräch *voraussichtlich* beteiligungspflichtige Angelegenheiten zur Sprache kommen.
Es kann sich auch um Gespräche und Erörterungen handeln, die auf Wunsch des Beschäftigten zustande gekommen sind.
Entscheidungsbefugte Personen sind diejenigen, die in § 8 sowie in § 11 Abs. 2c aufgeführt sind. Darüber hinaus können auch andere Personen »entscheidungsbefugt« im Sinne der Vorschrift sein. Entscheidend ist, ob der jeweiligen Person eine Entscheidungsbefugnis gerade für die Angelegenheit eingeräumt wurde, die Gegenstand der Besprechung ist. Sofern dienststellenfremde Dritte, z. B. Revisoren, im Auftrag der Dienststelle ein Gespräch mit Beschäftigten führen, besteht kein Teilnahmerecht.[61]
Durch die Novelle 2011 wurde ein Teilnahmerecht der JAV an Gesprächen eingeführt, die beteiligungspflichtige Angelegenheiten betreffen. Voraussetzung ist, dass es sich um eine beteiligungspflichtige Angelegenheit eines gemäß § 55 Abs. 1 von der JAV vertretenen Beschäftigten handelt.
Abs. 4: Der seit 1994 bestehende Absatz dient der Klarstellung, dass der Personalrat als Teil der Dienststelle verpflichtet ist, im Rahmen der ihm zugegangenen Informationen die Belange des Datenschutzes zu beachten.[62] Bereits bis dahin war anerkannt, dass der Personalrat die Regeln des Datenschutzes zu beachten hat, wie sie sich im Datenschutzgesetz NW finden. Die in Satz 2 vorgesehene Verpflichtung, den Dienststellenleiter über die »getroffenen Maßnahmen« zu unterrichten, soll dem Dienststellenleiter eine Überprüfung der Einhaltung des Datenschutzes beim Personalrat ermöglichen. Damit ist der Dienststellenleiter auf eine Überprüfung derjenigen Angaben beschränkt, die er von dem Personalrat erhält. Eine eigene Überprüfung der vom Personalrat unterhaltenen Dateien ist ihm nicht gestattet. Weder Dienststellenleiter noch Datenschutzbeauftragter sind der »datenschutzrechtliche Vorgesetzte« des Personalrats; entsprechende Weisungen sind unzulässig. 18
Die Vorschrift geht – was richtig ist – davon aus, dass der Personalrat regelmäßig zur Aufgabenerledigung EDV-gestützte Dateien unterhält und pflegt. Indirekt hat damit der Gesetzgeber zum Ausdruck gebracht, dass er es für erforderlich und zweckmäßig hält, dem Personalrat im Rahmen des § 40 Abs. 2 eine EDV-Anlage zur Verfügung zu stellen. Das Vorhandensein einer solchen EDV-Anlage beim Personalrat ist »Geschäftsgrundlage« für die Einfügung dieses Absatz 4 (siehe zur PC-Ausrüstung auch § 42 Rn. 6).

61 Vgl. OVG NRW 24. 2. 2010 – 16 A 566/08.PVL, ZfPR 2010, 71.
62 So Regierungsentwurf, LT-Drucks. 11/5258, 38.

§ 65a

(1) In Dienststellen mit in der Regel mehr als einhundert ständig Beschäftigten soll auf Antrag des Personalrats ein Wirtschaftsausschuss gebildet werden. Der Wirtschaftsausschuss hat die Aufgabe, wirtschaftliche Angelegenheiten der Dienststelle im Sinne des Absatzes 3 zu beraten und den Personalrat zu unterrichten.
(2) Die Dienststelle hat den Wirtschaftsausschuss rechtzeitig und umfassend über die wirtschaftlichen Angelegenheiten unter Vorlage der erforderlichen Unterlagen zu unterrichten – soweit dadurch nicht die Betriebs- und Geschäftsgeheimnisse oder Dienstgeheimnisse gefährdet werden – sowie die sich daraus ergebenden Auswirkungen auf die Personalplanung darzustellen.
(3) Zu den wirtschaftlichen Angelegenheiten im Sinne des Absatzes 1 Satz 2 gehören insbesondere
1. die wirtschaftliche und finanzielle Lage der Dienststelle,
2. Veränderungen der Produktpläne,
3. beabsichtigte Investitionen,
4. beabsichtigte Partnerschaften mit Privaten,
5. Stellung der Dienststelle in der Gesamtdienststelle,
6. Rationalisierungsvorhaben,
7. Einführung neuer Arbeits- und Managementmethoden,
8. Fragen des betrieblichen Umweltschutzes,
9. Verlegung von Dienststellen oder Dienststellenteilen,
10. Neugründung, Zusammenlegung oder Teilung der Dienststelle oder von Dienststellenteilen,
11. Kooperation mit anderen Dienststellen im Rahmen interadministrativer Zusammenarbeit,
12. sonstige Vorgänge und Vorhaben, welche die Interessen der Beschäftigten der Dienststelle wesentlich berühren können.

(4) Der Wirtschaftsausschuss besteht aus mindestens drei und höchstens sieben Mitgliedern, die der Dienststelle angehören müssen, darunter mindestens einem Personalratsmitglied. Die Mitglieder sollen die zur Erfüllung ihrer Aufgaben erforderliche fachliche und persönliche Eignung besitzen. Sie werden vom Personalrat für die Dauer seiner Amtszeit bestimmt.
(5) Der Wirtschaftsausschuss soll vierteljährlich einmal zusammentreten. Er hat über jede Sitzung dem Personalrat unverzüglich und vollständig zu berichten.
(6) An den Sitzungen des Wirtschaftsausschusses hat die Dienststelle teilzunehmen. Sie kann weitere sachkundige Beschäftigte hinzuziehen.

1 Mit der Novelle 2011 wurden erstmals Bestimmungen zu einem Wirtschaftsausschuss in ein Personalvertretungsgesetz in Deutschland aufgenommen. § 65a orientiert sich weitgehend an den Vorschriften zum Wirtschaftsausschuss in den §§ 106–108 BetrVG. Die Begründung für die Einführung des Wirtschaftsausschusses lautete, dass in Teilen der öffentlichen Verwaltung eine zunehmende wirtschaftliche Betätigung zu verzeichnen sei. In einem ursprünglichen Gesetzentwurf war noch eine einschränkende Formulierung aufgenommen worden, wonach die Gründung eines Wirtschaftsausschusses nur dann möglich sein sollte, wenn die Aufgaben der Dienststelle »überwiegend auf die Ausübung einer wirtschaftlichen Tätigkeit gerichtet sind«. Diese Einschränkung ist jedoch gestrichen worden, so dass unter den Voraussetzungen des Absatz 1 in allen Dienststellen ein Wirtschaftsausschuss gebildet werden kann. Für Hochschulen und Universitätskliniken findet sich eine Sonderregelung in § 105b (siehe die dortige Kommentierung).
Durch den Wirtschaftsausschuss als Informations- und Beratungsgremium des Personalrats soll dieser in die Lage versetzt werden, die teilweise komplexen wirtschaftlichen Zusammenhänge in der Dienststelle nachzuvollziehen und durch regelmäßige Befassung mit wirtschaftlichen Themen Informationen angemessen prüfen und bewerten zu können. Der Wirtschaftsausschuss ist ein Hilfsorgan des Personalrats.[63] Über dieses Hilfsorgan wird der Personalrat nunmehr über Angelegenheiten informiert, deren Kenntnis bislang alleine der Dienststellenleitung oder den politischen Gremien vorbehalten war.

2 **Abs. 1:** In Dienststellen mit in der Regel mehr als 100 ständig Beschäftigten soll auf Antrag des Personalrats ein Wirtschaftsausschuss gebildet werden. Durch die Formulierung »soll auf Antrag« wird deutlich, dass die Errichtung eines Wirtschaftsausschusses anders als im BetrVG nicht zwingend ist und nur auf Antrag des Personalrats erfolgt.[64] Die Bildung eines Wirtschaftsausschusses liegt damit im Ermessen des Personalrats; ein irgendwie gearteter Ermessensspielraum der Dienststelle, den diese der Ermessensentscheidung des Personalrats entgegenstellen könnte, besteht nicht. Erforderlich ist jedoch, dass neben einem Beschluss des Personalrats zur Bildung des Wirtschaftsausschusses auch die materiellen Voraussetzungen des § 65a Abs. 1 Satz 1 erfüllt sind.[65] Die Bildung eines Wirtschaftsausschusses ist damit nur in Dienststellen möglich, in denen »in der Regel mehr als 100 ständig Beschäftigte« vorhanden sind. Insoweit kann nicht ohne Weiteres auf das Merkmal des »in der Regel Beschäftigten« zurückgegriffen werden, wie es

63 Durchführungserlass vom 14. 3. 2013, Ziff. 15; vgl. Welkoborsky/Baumgarten, ZTR 2014, 520.

64 Durchführungserlass vom 14. 3. 2013, Ziff. 15.

65 OVG NRW 11. 7. 2014 – 20 B 236/14.PVL, PersR 2014, 51.

z. B. in § 13 Abs. 1, § 14 Abs. 4 oder § 42 Abs. 4 zu finden ist. Den dortigen Wendungen fehlt es an dem Zusatz »ständig«. »Ständig« beschäftigt sind nur solche Mitarbeiter, die auf unbestimmte Zeit in der Dienststelle tätig sind.[66]

Als Hilfsorgan des Personalrats verfügt der Wirtschaftsausschuss nicht über eigene Mitbestimmungsrechte. Allgemeine Aufgabe des Wirtschaftsausschusses ist es vielmehr, die Zusammenarbeit und den Informationsfluss zwischen der Dienststelle und dem Personalrat in wirtschaftlichen Angelegenheiten zu fördern. Der Wirtschaftsausschuss berät mit der Dienststelle über deren wirtschaftliche Angelegenheiten und unterrichtet den Personalrat über jede Beratung unverzüglich und vollständig. Der Wirtschaftsausschuss hat also ein eigenständiges Unterrichtungs- und Beratungsrecht in den wirtschaftlichen Angelegenheiten nach Absatz 3. Die Beratung der Dienststelle mit dem Wirtschaftsausschuss ersetzt die Unterrichtungspflicht der Dienststelle nach § 63 dem Personalrat gegenüber.[67]

3 **Abs. 2:** Die Dienststelle hat den Wirtschaftsausschuss rechtzeitig und umfassend über die wirtschaftlichen Angelegenheiten unter Vorlage der erforderlichen Unterlagen zu unterrichten sowie die sich daraus ergebenden Auswirkungen auf die Personalplanung darzustellen. Im Unterschied zu den Informationsrechten des Personalrats aus § 65 Abs. 1–3 LPVG NW ist der Wirtschaftsausschuss nicht nur »zur Durchführung seiner Aufgaben« (vgl. Kommentierung zu § 65) zu unterrichten. Die »Aufgabe« des Wirtschaftsausschusses besteht nämlich gerade darin, über sämtliche wirtschaftlichen Angelegenheiten unterrichtet zu werden. Dementsprechend ist der Unterrichtungsanspruch des Wirtschaftsausschusses weitgehender als derjenige des Personalrats. Es ergeben sich aus dem Gesetzeswortlaut keinerlei Einschränkungen bezüglich des Umfangs der Unterrichtungspflicht der Dienststelle.

Die Unterrichtung des Wirtschaftsausschusses ist eine »Bringschuld« der Dienststelle; sie setzt kein vorheriges Verlangen des Personalrats oder des Wirtschaftsausschusses voraus. Die Unterrichtung hat unaufgefordert zu erfolgen.

Rechtzeitig erfolgt die Unterrichtung, wenn der Wirtschaftsausschuss noch vor der endgültigen Entscheidung der Dienststelle und auch vor einer Beschlussfassung im Personalrat unterrichtet wird, denn nur dann kann er seiner Beratungsfunktion gegenüber dem Personalrat gerecht werden.[68] Daraus folgt, dass die Unterrichtung des und die Beratung mit dem Wirtschaftsausschuss zeitlich vor der Unterrichtung des Personalrats stattzufinden haben.

---

66 Vgl. OVG NRW 11.7.2014 – 20 B 236/14.PVL, PersR 2014, 51.

67 Durchführungserlass vom 14.3.2013, Ziff. 15.

68 Durchführungserlass vom 14.3.2013, Ziff. 15.

Eine umfassende Unterrichtung des Wirtschaftsausschusses setzt voraus, dass alle der Dienststelle vorliegenden Informationen auch dem Wirtschaftsausschuss vorgelegt werden.[69] Hierzu gehört auch die Aufbereitung der Informationen in überschaubarer Form.[70] Der Wirtschaftsausschuss ist erst dann ordnungsgemäß unterrichtet, wenn er genauso viel weiß wie die Dienststelle und er über die gleichen Unterlagen verfügt wie diese.[71]
Der Wirtschaftsausschuss hat zudem einen Anspruch auf Vorlage von Unterlagen. Er hat einen Anspruch darauf, dass ihm die Unterlagen grundsätzlich vor den Sitzungen mit der Dienststelle, in denen über wirtschaftliche Angelegenheiten beraten werden soll, zur Verfügung gestellt werden. Je nach Art und Umfang der Informationen reicht eine bloße Einsichtnahme in Unterlagen nicht aus; der Wirtschaftsausschuss hat dann einen Anspruch darauf, dass ihm Unterlagen in Schriftform überlassen werden.[72] Zu den »erforderlichen Unterlagen« gehören beispielsweise Organisations- oder Rationalisierungspläne, Bilanzen, Berichte von Wirtschaftsprüfern, Investitionspläne, Personalentwicklungspläne usw. Die Dienststelle kann in gewissem Umfang sogar verpflichtet sein, Unterlagen herzustellen, die der Wirtschaftsausschuss zur Unterrichtung benötigt.[73] Dies insbesondere bezüglich solcher Unterlagen, ohne die eine sinnvolle Unterrichtung des Wirtschaftsausschusses nicht möglich wäre. Eine Pflicht zur Anfertigung von Unterlagen seitens der Dienststelle besteht zudem, wenn Unterlagen, z. B. die Aufbereitung von Personaldaten nach bestimmten Kriterien, ohne Weiteres angefertigt werden können, z. B. durch bloßes Ausdrucken bestimmter Dateien oder durch Anfertigung von Auszügen. Nur bei unverhältnismäßig großem Kosten- oder Zeitaufwand kann die Dienststelle die Anfertigung und Bereitstellung von Unterlagen verweigern.
Die Unterrichtung des Wirtschaftsausschusses hat nur zu erfolgen, soweit dadurch nicht Betriebs- und Geschäftsgeheimnisse oder Dienstgeheimnisse gefährdet werden. Diese Einschränkung, die wörtlich aus § 106 Abs. 2 Satz 1 BetrVG übernommen wurde, hat nur eine geringe Bedeutung. Gemäß § 9 Abs. 1 sind alle Personen, die Aufgaben nach diesem Gesetz wahrnehmen – also auch Mitglieder des Wirtschaftsausschusses – verpflichtet, über sämtliche bei Gelegenheit der Tätigkeit bekannt gewordenen Angelegenheiten und Tatsachen zu schweigen. Die Mitglieder des Wirtschaftsausschusses unterliegen damit einer umfassenden, uneingeschränkten Schweigepflicht. Mit Blick

69 Durchführungserlass vom 14. 3. 2013, Ziff. 15; vgl. Welkoborsky/Baumgarten, ZTR 2014, 520.
70 BAG 17. 3. 1987 – 1 ABR 59/85, PersR 1988, 73.
71 Vgl. LAG Baden-Württemberg 9. 10. 2013 – 10 TaBV 2/13, juris.
72 Vgl. BAG 20. 11. 1984 – 1 ABR 64/82, NZA 1985, 432.
73 Vgl. LAG Baden-Württemberg 9. 10. 2013 – 10 TaBV 2/13, juris; Welkoborsky/Baumgarten, ZTR 2014, 520.

auf diese Schweigepflicht kann daher eine Unterrichtung nach § 65a nur schwerlich verweigert werden. Das Zurückhalten von Informationen oder Unterlagen aufgrund der Gefährdung von Betriebs- und Geschäftsgeheimnissen oder Dienstgeheimnissen ist deshalb nur in objektiv begründeten Ausnahmefällen zulässig.[74] Ein solcher Ausnahmefall wäre z. B. denkbar, wenn eine Angelegenheit aufgrund subjektiver Umstände, die in der Person eines oder mehrerer Mitglieder des Wirtschaftsausschusses liegen, einer besonderen Geheimhaltungsbedürftigkeit unterliegt.[75]

4 **Abs. 3:** Die Unterrichtungspflicht der Dienststelle bezieht sich auf alle wirtschaftlichen Angelegenheiten, die in Absatz 3 beispielhaft aufgeführt sind. Der Katalog ist nicht abschließend, wie aus der Formulierung »insbesondere« hervorgeht.

Die in Absatz 3 beispielhaft aufgezählten wirtschaftlichen Angelegenheiten decken sich weitgehend mit den in Art. 4 Abs. 2 der Richtlinie 2003/14/EG des Europäischen Parlaments und des Rats zur Festlegung eines allgemeinen Rahmens für die Unterrichtung und Anhörung der Arbeitnehmer in der Europäischen Gemeinschaft vom 11. 3. 2002 aufgeführten Unterrichtungsansprüchen. Damit wurde dieser Richtlinie mit der Novelle 2011 erstmals hinreichend Rechnung getragen. Schon in der Richtlinie 2002/14/EG war normiert worden, dass die Unterrichtung folgende Themen zu umfassen habe:

a) Die jüngste Entwicklung und die wahrscheinliche Weiterentwicklung der Tätigkeit und der wirtschaftlichen Situation des Unternehmens oder des Betriebs;
b) Beschäftigungssituation, Beschäftigungsstruktur und wahrscheinliche Beschäftigungsentwicklung im Unternehmen oder Betrieb, geplante antizipative Maßnahmen, insbesondere bei einer Bedrohung für die Beschäftigung;
c) Entscheidungen, die wesentliche Veränderungen der Arbeitsorganisation oder der Arbeitsverträge mit sich bringen können.

Diese bereits im Jahre 2002 normierten Unterrichtungsansprüche wurden durch die Novelle 2011 im Wesentlichen in das LPVG eingegliedert und ergänzt. Danach ist der Wirtschaftsausschuss zu unterrichten über:

- **Nr. 1:** Die wirtschaftliche und finanzielle Lage der Dienststelle: Zur wirtschaftlichen und finanziellen Lage der Dienststelle gehören alle Informationen, die für die Aufgabenerfüllung und deren Planung der Dienststelle von Bedeutung sein können, soweit sie wirtschaftliche und finanzielle Auswirkungen haben. Hierzu gehören sowohl die Haushaltspläne als auch die Haushaltsentwicklungspläne, wobei zum Haushaltsplan die

74 Durchführungserlass vom 14. 3. 2013, Ziff. 15; vgl. Welkoborsky/Baumgarten, a. a. O.

75 Durchführungserlass vom 14. 3. 2014, Ziff. 15.

Darstellung der Einnahmen und Ausgaben, eine Übersicht über die den Haushalt in Einnahmen und Ausgaben durchlaufenden Posten sowie eine Übersicht über die Planstellen der Beamtinnen und Beamten und der Arbeitnehmerinnen und Arbeitnehmer gehören (vgl. § 14 LHO). Auch Informationen über eventuelle Unterdeckungen oder »Haushaltslöcher« werden hiervon erfasst. Weiterhin gehören hierzu Zahlenwerte, wie sie aus der Bilanz oder der Gewinn- und Verlustrechnung abzuleiten sind. Zu nennen wären die Eigen- und Fremdkapitalstruktur, die Liquiditätslage, Rückstellungen und Rücklagen, Verwaltungs- und Vertriebskosten, Personalkosten etc. Zur ordnungsgemäßen Unterrichtung gehören auch Angaben zur Auftragslage, Marktanalysen oder zum Rating sog. Ratingagenturen. Zudem sind dem Wirtschaftsausschuss die Auswirkungen der finanziellen Ausstattung der Dienststelle auf die Personalplanung darzustellen. Auch über die wirtschaftliche und finanzielle Lage von Dienststellenteilen (§ 1 Abs. 3) ist der Wirtschaftsausschuss zu unterrichten.

- **Nr. 2:** Veränderungen der Produktpläne: Hierunter sind sämtliche Änderungen der Aufgabenstellung der Dienststelle zu verstehen, die Auswirkungen auf die Aufgabenerledigung der Dienststelle haben. Dies kann z. B. das Setzen von anderen Schwerpunkten der Erledigung sein. Nach dem kommunalen Finanzmanagement (NKF) sind unter Produktplänen die im Haushaltsplan vorzunehmenden Unterteilungen nach Leistungen und Gruppen von Leistungen (Produkten) zu verstehen. Es geht mithin um die veränderte Art oder Form der Leistungserbringung durch die Dienststelle.
- **Nr. 3:** Beabsichtigte Investitionen: Hier geht es um Investitionsprojekte oder Einzelinvestitionen, die der Aufgabenerledigung der Dienststelle dienen sollen (z. B. das Bereitstellen finanzieller Mittel für einen geplanten Neubau). Der Wirtschaftsausschuss ist auch darüber zu unterrichten, wie die Finanzierung des Projektes geplant ist.
- **Nr. 4:** Beabsichtigte Partnerschaften mit Privaten: Gemeint sind insbesondere die Fälle der sog. »Public Private Partnership (PPP)«, in denen öffentlich-rechtliche Träger Kooperationen mit privaten Unternehmen eingehen, um ihre staatlichen Aufgaben zu erfüllen (z. B. im Rahmen des Baus eines Parkhauses oder einer Schule). Die öffentliche Hand bezieht private Investoren bei der Errichtung und Bewirtschaftung öffentlicher Infrastruktureinrichtungen ein. Anders als bei Privatisierungen verbleibt jedoch die Erfüllung der jeweiligen öffentlichen Aufgabe in der Verantwortung des öffentlichen Trägers. Die Unterrichtung des Wirtschaftsausschusses hat schon im Planungsstadium zu erfolgen, wenn Kooperationen mit Privatunternehmen eingegangen werden sollen, um mit deren Hilfe die öffentlichen Aufgaben zu erfüllen.
- **Nr. 5:** Stellung der Dienststelle in der Gesamtdienststelle: Der Begriff der »Gesamtdienststelle« findet sich im LPVG eigentlich nicht. Gemeint sein

dürften damit die Mittelbehörden und obersten Landesbehörden, bei denen Stufenvertretungen zu bilden sind, sowie Dienststellen, bei denen wegen des Bestehens von Nebenstellen oder Teildienststellen ein Gesamtpersonalrat (§ 52) zu bilden ist. Der Wirtschaftsausschuss soll Informationen über die Wertigkeit der Dienststelle im Gefüge der Gesamtdienststelle erlangen, da diese auch Auswirkungen auf die Personalplanung haben kann. Darzustellen sind deshalb z. B. die im Rahmen der Gesamtdienststelle zur Verfügung stehenden Haushaltsmittel, Haushaltspläne etc.

- **Nr. 6:** Rationalisierungsvorhaben: Unter Rationalisierungsvorhaben sind alle Vorhaben der Dienststelle zu verstehen, die darauf ausgerichtet sind, die Wirtschaftlichkeit der Dienststelle zu steigern, z. B. durch Umgestaltung von Arbeitsvorgängen oder das sog. Outsourcing. Die Unterrichtung muss sich auf den Umfang der Rationalisierungsvorhaben, den wirtschaftlichen Nutzen und insbesondere die personellen Auswirkungen erstrecken.
- **Nr. 7:** Einführung neuer Arbeits- und Managementmethoden: Unter dem Begriff der Arbeitsmethode ist das entwickelte Modell des Ablaufs derjenigen Arbeit, die zur Erfüllung der gestellten Aufgabe geleistet werden muss, zu verstehen. Sie ist das Leitbild für die Organisation und die technische Ausgestaltung des Arbeitsablaufs. Managementmethoden sind Maßnahmen, die sich auf die Systematisierung der Führung der Dienststelle beziehen, z. B. die Festlegung von Entscheidungsbefugnissen oder der Abschluss von Zielvereinbarungen. Sowohl zu Arbeits- und Managementmethoden hat sich die Unterrichtung über Art und Umfang der geplanten Maßnahme sowie die Auswirkungen auf die Arbeitsplätze zu verhalten.
- **Nr. 8:** Fragen des betrieblichen Umweltschutzes: In Anlehnung an § 64 Nr. 11 sind hierunter alle personellen und organisatorischen Maßnahmen sowie alle die dienstlichen Bauten, Räume, technischen Anlagen, Arbeitsverfahren, Arbeitsabläufe und Arbeitsplätze betreffenden Maßnahmen, die dem Umweltschutz dienen, erfasst (vgl. hierzu § 64 Rn. 13). Hierzu gehören auch die Aufstellung eines innerbetrieblichen Umweltschutzkonzepts oder Maßnahmen zur Einhaltung der Vorschriften des BImSchG. Dem Wirtschaftsausschuss sind die Kosten der Maßnahme sowie die Auswirkungen auf die Arbeitsplätze darzustellen.
- **Nr. 9:** Verlegung von Dienststellen oder Dienststellenteilen: Wenn sich die örtliche Lage der Dienststelle oder eines Dienststellenteils (§ 1) verändert, muss der Wirtschaftsausschuss insbesondere über die Auswirkungen auf die Dienstverhältnisse (Anfahrtswege, Erreichbarkeit der Dienststelle, ...) unterrichtet werden. Zudem sind dem Wirtschaftsausschuss Informationen über die örtlichen Gegebenheiten am neuen Standort zugänglich zu machen.

- **Nr. 10:** Neugründung, Zusammenlegung oder Teilung von Dienststellen oder Dienststellenteilen: Die Neugründung, Zusammenlegung oder Teilung von Dienststellen kann erhebliche Auswirkungen auf die betroffenen Arbeitsplätze haben. Die Neugründung einer Dienststelle ist auch dann gegeben, wenn durch die Verselbständigung einer Nebenstelle oder einer Teildienststelle (§ 1 Abs. 3) eine neue Dienststelle entsteht; zugleich ist dies auch eine Teilung der Dienststelle. Die Zusammenlegung von Dienststellen ist gegeben, wenn mehrere, zuvor selbständige Dienststellen miteinander verschmolzen werden oder eine zuvor selbständige Dienststelle in eine andere Dienststelle eingegliedert wird. Im Rahmen der Unterrichtung sind auch etwaige Konsequenzen für die betroffenen Personalräte zu offenbaren.
- **Nr. 11:** Kooperation mit anderen Dienststellen im Rahmen interadministrativer Zusammenarbeit: Im Geltungsbereich des LPVG kommt es zunehmend zu dienststellenübergreifender Zusammenarbeit. Sinn und Zweck ist es in der Regel, die Aufgabenerfüllung zu bündeln. Beispielhaft sei die Bildung gemeinsamer Einrichtungen von kommunalen Trägern und der Bundesagentur für Arbeit (§ 44b SGB II) genannt. Der Wirtschaftsausschuss ist in diesen Fällen insbesondere über die Auswirkungen auf die betroffenen Arbeitsverhältnisse sowie auf die Organisation der Dienststelle und über die zu erwartenden Kosten zu unterrichten.
- **Nr. 12:** Über die in Ziff. 1–11 genannten Themen hinaus ist der Wirtschaftsausschuss über alle weiteren Angelegenheiten zu informieren, die die Dienststelle und/oder ihre Beschäftigten betreffen und die mit der Aufgabenerledigung der Dienststelle zu tun haben. Es handelt sich um eine – sehr weitgehende – Generalklausel. Die einzige inhaltliche Einschränkung des Informationsanspruchs des Wirtschaftsausschusses ist, dass die begehrten Informationen sich auf die Dienststelle zu beziehen haben. Das Informationsbegehren des Wirtschaftsausschusses darf sich daher auf alle Umstände, Angelegenheiten, finanzielle Mittel oder die Personal-, Büro- und EDV-Ausstattung der Dezernate einschließlich der darauf bezogenen Verträge und eingegangenen Verpflichtungen oder vorhandenen Kalkulationen, Kostenvoranschläge, Pflichten- und Lastenhefte etc. beziehen. Zudem ist der Wirtschaftsausschuss darüber zu unterrichten, mit welchem Personal, welchen Sach- und finanziellen Mitteln und auf welche Art und Weise die einzelnen Dezernate/Abteilungen/Bereiche die ihnen zugewiesenen Aufgaben erledigen sowie über existierende Planungen, wie dies auch in Zukunft sichergestellt werden soll. Es ist Sache der Dienststelle, im Einzelfall zu belegen, dass es sich nicht um eine die Dienststelle betreffende, wirtschaftliche Angelegenheit handelt.

Abs. 4: Der Wirtschaftsausschuss besteht aus mindestens drei und höchstens 5
sieben Mitgliedern, die der Dienststelle angehören müssen; darunter muss mindestens ein Personalratsmitglied sein. Die Größe des Wirtschaftsaus-

schusses ist nicht abhängig von der Größe der Dienststelle. Sie wird allein vom Personalrat festgelegt. Die Mitglieder des Wirtschaftsausschusses werden jeweils durch Beschluss des Personalrats bestimmt. Nicht ausgeschlossen ist, dass der Wirtschaftsausschuss ausschließlich aus Personalratsmitgliedern besteht. Es wird sich jedoch häufig empfehlen, auch Beschäftigte außerhalb des Personalrats in den Wirtschaftsausschuss zu berufen. Eine Verpflichtung zur Übernahme eines Mandates im Wirtschaftsausschuss besteht jedoch nicht.[76] Im Vordergrund der Erwägungen, wer in den Wirtschaftsausschuss berufen wird, sollte der wirtschaftliche Sachverstand des oder der Betreffenden stehen. So sollen die Mitglieder des Wirtschaftsausschusses die zur Erfüllung ihrer Aufgaben erforderliche »fachliche und persönliche Eignung« besitzen. Unter der »fachlichen Eignung« muss die Fähigkeit verstanden werden, gegebene Informationen in ihrem wirtschaftlichen Zusammenhang zu verstehen, um im Wirtschaftsausschuss sinnvoll mitarbeiten zu können. Wirtschaftliche Grundkenntnisse dürften hierfür zu fordern sein. Bei der »persönlichen Eignung« ist primär auf Loyalität und Diskretion sowie auf die Fähigkeit, sich bei Beratungen von sachlichen Erwägungen leiten zu lassen, abzustellen. Die Mitglieder des Wirtschaftsausschusses werden für die Dauer der Amtszeit des Personalrats bestimmt. Die Amtszeit des Wirtschaftsausschusses endet zudem, wenn die Voraussetzungen für die Errichtung eines Wirtschaftsausschusses nach § 65a Abs. 1 Satz 1 entfallen, insbesondere wenn die Zahl der in der Regel in der Dienststelle ständig Beschäftigten auf 100 oder weniger absinkt.[77] Die Amtszeit einzelner Mitglieder kann jederzeit durch Rücktritt enden.[78] Zudem kann der Personalrat einzelne Mitglieder des Wirtschaftsausschusses jederzeit durch Beschluss abberufen. Auch kann der Personalrat den Wirtschaftsausschuss insgesamt jederzeit per Beschluss auflösen.

Die Rechtsstellung der Mitglieder des Wirtschaftsausschusses entspricht teilweise derjenigen der Personalratsmitglieder. Für die Mitglieder des Wirtschaftsausschusses gilt § 42 Abs. 1, 2 und 5 entsprechend.[79] Folgerichtig ist insbesondere, dass auch die Mitglieder des Wirtschaftsausschusses einen Schulungsanspruch nach § 42 Abs. 5 analog haben. Immerhin fordert bereits das Gesetz, dass die Mitglieder die zur Erfüllung ihrer Aufgaben erforderliche fachliche Eignung besitzen müssen. Die notwendige Sachkunde kann auch durch entsprechende Fort- und Weiterbildungsmaßnahmen erlangt werden. Der besondere Kündigungsschutz des § 15 KSchG und des § 43 Abs. 2 steht den Mitgliedern des Wirtschaftsausschusses, die nicht zugleich Personalratsmitglied sind, jedoch nicht zu. Entsprechendes gilt für den

76 Durchführungserlass vom 14. 3. 2013, Ziff. 15.
77 Durchführungserlass vom 14. 3. 2013, Ziff. 15.
78 Durchführungserlass vom 14. 3. 2013, Ziff. 15.
79 Durchführungserlass vom 14. 3. 2013, Ziff. 15.

Schutz des § 43 Abs. 1. Die Mitglieder des Wirtschaftsausschusses, die nicht zugleich Personalratsmitglied sind, unterliegen lediglich einem relativen Kündigungsschutz durch den allgemeinen Schutz vor Benachteiligungen nach § 7. Danach dürfen auch Mitglieder des Wirtschaftsausschusses nicht wegen ihrer Tätigkeit benachteiligt werden. Daraus folgt, dass eine Kündigung unwirksam ist, wenn sie »wegen« der Tätigkeit im Wirtschaftsausschuss erfolgt. Einen weitergehenden Kündigungsschutz haben diese Mitglieder jedoch nicht. Die Mitglieder des Wirtschaftsausschusses unterliegen auch der Schweigepflicht des § 9 Abs. 1.[80] Die Kosten des Wirtschaftsausschusses trägt in entsprechender Anwendung des § 40 Abs. 1 die Dienststelle.

Abs. 5: Der Wirtschaftsausschuss »soll« vierteljährlich tagen. Durch die For- 6
mulierung »soll« wird deutlich, dass das Gesetz bezüglich der Häufigkeit der Sitzungen und der Zeitspanne zwischen den Sitzungen keine verbindlichen Vorgaben tätigt. Der Wirtschaftsausschuss kann bei Notwendigkeit auch häufiger tagen; umgekehrt ist auch eine längere Zeitspanne zwischen zwei Sitzungen möglich, wenn es keine Veranlassung für eine Sitzung gibt. Die Sitzungen finden – wie auch die Sitzungen des Personalrats – grundsätzlich während der Arbeitszeit der Mitglieder statt. Die Ladung zu den Sitzungen erfolgt durch den Vorsitzenden des Wirtschaftsausschusses, welcher in der ersten, konstituierenden Sitzung aus der Mitte der Mitglieder gewählt werden sollte. Das Amt des Vorsitzenden ist zwar im Gesetz nicht vorgesehen; es macht aber Sinn, damit ein Mitglied die organisatorischen Abläufe verantwortlich führen kann. Für die Sitzungen sind die Mitglieder analog § 42 Abs. 2 freizustellen, auch wenn sie nicht zugleich Mitglied im Personalrat sind. Über jede Sitzung des Wirtschaftsausschusses sollte ein Protokoll über die wesentlichen Beschlüsse erstellt werden. Sodann hat der Wirtschaftsausschuss unverzüglich, d. h. ohne schuldhaftes Zögern, den Personalrat vollständig über das Ergebnis der jeweiligen Sitzung zu unterrichten. Eine Schweigepflicht zwischen Wirtschaftsausschuss und Personalrat besteht nicht.

Abs. 6: Die Sitzungen des Wirtschaftsausschusses sind grundsätzlich nicht 7
öffentlich. Da die Dienststelle an den Sitzungen des Wirtschaftsausschusses teilzunehmen hat, ist die Terminierung mit der Dienststellenleitung abzustimmen. Die Dienststelle kann zudem weitere »sachkundige Beschäftigte« hinzuziehen. Hier wäre z. B. an einen in der Dienststelle beschäftigten Bilanzbuchhalter o. Ä. zu denken, der den Jahresabschluss erläutert. Demgegenüber ist die Berechtigung des Wirtschaftsausschusses, ebenfalls sachkundige Beschäftigte oder Vertreter der im Personalrat vertretenen Gewerkschaften zu den Sitzungen einzuladen, nicht gesetzlich normiert. In analoger

80 Durchführungserlass vom 14. 3. 2013, Ziff. 15.

Anwendung des § 32 Abs. 1 ist es jedoch sachgerecht, dies dem Wirtschaftsausschuss zu gestatten.[81] Zudem hat gemäß § 95 (ab 1.1.2018: § 178) Abs. 4 Satz 1 SGB IX die Schwerbehindertenvertretung das Recht, an allen Sitzungen des Personalrats »und dessen Ausschüssen« beratend teilzunehmen. Insoweit ist anerkannt, dass sich dieses Teilnahmerecht auch auf die Sitzungen des Wirtschaftsausschusses bezieht.[82]

Zweiter Abschnitt
Formen und Verfahren

§ 66

(1) Soweit eine Maßnahme der Mitbestimmung des Personalrats unterliegt, kann sie nur mit seiner Zustimmung getroffen werden. Eine Maßnahme im Sinne des Satzes 1 liegt bereits dann vor, wenn durch eine Handlung eine mitbestimmungspflichtige Maßnahme vorweggenommen oder festgelegt wird.
(2) Die Dienststelle unterrichtet den Personalrat von der beabsichtigten Maßnahme und beantragt seine Zustimmung. Der Personalrat kann verlangen, dass die Dienststelle die beabsichtigte Maßnahme begründet; der Personalrat kann außer in Personalangelegenheiten auch eine schriftliche Begründung verlangen. Der Beschluss des Personalrats über die beantragte Zustimmung ist der Dienststelle innerhalb von zwei Wochen mitzuteilen; in dringenden Fällen kann die Dienststelle diese Frist auf eine Woche verkürzen. In den Fällen des § 35 verlängert sich die Frist um eine Woche. Die Maßnahme gilt als gebilligt, wenn nicht der Personalrat innerhalb der genannten Frist die Zustimmung unter Angabe der Gründe schriftlich verweigert.
(3) Sofern der Personalrat beabsichtigt, der Maßnahme nicht zuzustimmen, hat er dies nach Zugang des Antrags innerhalb der Fristen des Absatzes 2 Satz 3 oder Satz 4 der Dienststelle mitzuteilen; in diesen Fällen ist die Maßnahme mit dem Ziel einer Verständigung zwischen der Dienststelle und dem Personalrat innerhalb von zwei Wochen zu erörtern; die Frist kann im Einvernehmen zwischen der Dienststelle und dem Personalrat verlängert werden. In dringenden Fällen kann die Dienststelle verlangen, dass die Erörterung innerhalb einer Frist von einer Woche durchzuführen ist. In den Fällen einer Erörterung beginnt die Frist des Absatzes 2 Satz 3 und 4 mit dem Tag der Erörterung. Absatz 2 Satz 5 gilt entsprechend. Die

---

81 Vgl. zum BetrVG: BAG 11.7.2000 – 1 ABR 43/99, NZA 2001, 402.
82 Vgl. zum BetrVG: BAG 4.6.1987 – 6 ABR 70/85, ZTR 1987, 254.

Dienststelle ist berechtigt, zu der Erörterung für Personal- und Organisationsangelegenheiten zuständige Beschäftigte hinzuzuziehen. Soweit Beschwerden oder Behauptungen tatsächlicher Art vorgetragen werden, die für eine Beschäftigte oder einen Beschäftigten ungünstig sind oder ihr oder ihm nachteilig werden können, ist der oder dem Beschäftigten Gelegenheit zur Äußerung zu geben; die Äußerung ist aktenkundig zu machen. Soweit anstelle der Dienststelle das verfassungsmäßig zuständige oberste Organ oder ein von diesem bestimmter Ausschuss über eine beabsichtigte Maßnahme zu entscheiden hat, ist der Personalrat so rechtzeitig zu unterrichten, dass seine Stellungnahme bei der Entscheidung von dem zuständigen Organ oder Ausschuss berücksichtigt werden kann. Die vorsitzende Person der zuständigen Personalvertretung und ein Mitglied der betreffenden Gruppe sind berechtigt, an den Sitzungen des verfassungsmäßig zuständigen obersten Organs oder des von ihm bestimmten Ausschusses mit Ausnahme der Beschlussfassung teilzunehmen und die Auffassung der Personalvertretung darzulegen, sofern personelle oder soziale Angelegenheiten der Angehörigen der Dienststelle behandelt werden. Termin und Tagesordnung sind der Personalvertretung rechtzeitig bekannt zu geben.

(4) Im Rahmen seiner Aufgaben nach § 72 kann der Personalrat in allen personellen, sozialen, organisatorischen und sonstigen innerdienstlichen Angelegenheiten Maßnahmen bei der Dienststelle beantragen, die die Beschäftigten der Dienststelle insgesamt, Gruppen von ihnen oder einzelne Beschäftigte betreffen oder sich auf sie auswirken. Der Personalrat hat die Maßnahme schriftlich vorzuschlagen und zu begründen. Die Entscheidung über seinen Vorschlag ist dem Personalrat innerhalb von zwei Wochen nach Zugang des Vorschlags bei der Dienststelle mitzuteilen. Sofern beabsichtigt ist, dem Vorschlag nicht zu entsprechen, hat die Dienststelle dies innerhalb der Frist des Satzes 3 nach Zugang des Vorschlags dem Personalrat mitzuteilen; in diesen Fällen gelten Absatz 3 Satz 1 Halbsatz 2 und 3 und Satz 2 und 3 entsprechend. Bei einer Ablehnung des Vorschlags sind die Gründe anzugeben.

(5) Kommt eine Einigung über eine von der Dienststelle beabsichtigte Maßnahme nicht zustande, so kann sie innerhalb von zwei Wochen die Angelegenheit der im Verwaltungsaufbau übergeordneten Stelle, bei der eine Stufenvertretung besteht, vorlegen. Für das Stufenverfahren gelten die Absätze 2 und 3 entsprechend. Kommt eine Einigung über eine vom Personalrat beantragte Maßnahme nicht zustande oder trifft die Dienststelle innerhalb der in Absatz 4 Satz 3 genannten Frist keine Entscheidung, so kann der Personalrat innerhalb von zwei Wochen nach Ablauf der in Absatz 3 genannten Frist die Angelegenheit der Stufenvertretung, die bei der im Verwaltungsaufbau übergeordneten Stelle besteht, vorlegen. Für das Stufenverfahren gilt Absatz 4 entsprechend. Die Dienststelle

und der Personalrat unterrichten sich gegenseitig, wenn sie die Angelegenheit der übergeordneten Stelle oder der bei ihr bestehenden Stufenvertretung vorlegen.

(6) Bei Anträgen des Personalrats nach Absatz 4, die Maßnahmen nach § 72 Abs. 1 zum Gegenstand haben, entscheidet in der Landesverwaltung die oberste Landesbehörde und bei den Gemeinden, den Gemeindeverbänden und den sonstigen der Aufsicht des Landes unterstehenden Körperschaften, Anstalten und Stiftungen des öffentlichen Rechts die Dienststelle (§ 1 Abs. 2 Halbsatz 2) endgültig.

(7) Ergibt sich bei Maßnahmen, die von der Dienststelle beabsichtigt sind, und bei den vom Personalrat beantragten Maßnahmen, die nach § 72 Abs. 2 bis 4 seiner Mitbestimmung unterliegen,

a) in der Landesverwaltung zwischen der obersten Landesbehörde,
b) bei den Gemeinden, den Gemeindeverbänden und den sonstigen der Aufsicht des Landes unterstehenden Körperschaften, Anstalten und Stiftungen des öffentlichen Rechts zwischen der Dienststelle (§ 1 Abs. 2 Halbsatz 2 und Abs. 3)

und der dort bestehenden zuständigen Personalvertretung keine Einigung, so entscheidet auf Antrag der Dienststelle (§ 1 Abs. 2 Halbsatz 2) oder der Personalvertretung die Einigungsstelle (§ 67). Die Personalvertretung kann die Entscheidung der Einigungsstelle auch dann beantragen, wenn die Dienststelle über einen Antrag nach Absatz 4 nicht innerhalb der in Absatz 4 Satz 3 vorgesehenen Frist entscheidet. In den Fällen des § 72 Absatz 1, 3 und 4 Satz 1 Nummer 2, 6, 11, 12, 14 bis 17, 19 bis 22 und des § 74 Absatz 1 beschließt die Einigungsstelle eine Empfehlung an die in diesen Fällen endgültig entscheidende Stelle (§ 68). Wurde über eine Maßnahme nach Satz 1, die wegen ihrer Auswirkungen auf das Gemeinwohl wesentlicher Bestandteil der Regierungsgewalt sein kann, durch bindenden Beschluss der Einigungsstelle entschieden, können die beteiligten Dienststellen innerhalb eines Monats nach Zustellung des Beschlusses auf dem Dienstweg die nach § 68 zuständige Stelle anrufen. Den beteiligten Personalräten ist von dieser Stelle Gelegenheit zur Stellungnahme zu geben; hierfür kann eine Frist gesetzt werden. Die nach § 68 zuständige Stelle stellt fest, ob der Beschluss der Einigungsstelle wegen der Maßnahme, die aufgrund ihrer Auswirkungen auf das Gemeinwohl wesentlicher Bestandteil der Regierungsgewalt ist, nur empfehlenden Charakter hat und entscheidet über die Maßnahme abschließend. Die Entscheidung ist zu begründen. Liegen diese Voraussetzungen nicht vor, verbleibt es beim Beschluss der Einigungsstelle. Die vorsitzende Person der Einigungsstelle sowie die am Einigungsverfahren beteiligten Dienststellen und Personalvertretungen sind unverzüglich über die Entscheidung und deren Gründe schriftlich zu informieren.

(8) Die Dienststelle kann bei Maßnahmen, die der Natur der Sache nach keinen Aufschub dulden, bis zur endgültigen Entscheidung vorläufige Regelungen treffen. Sie hat dem Personalrat die vorläufige Regelung mitzuteilen und zu begründen und unverzüglich das Verfahren nach den Absätzen 2, 3, 5 und 7 einzuleiten oder fortzusetzen.

Durch die Novelle 2011 wurde das Mitbestimmungsverfahren aufgewertet. 1
Dazu ist der Begriff der »Maßnahme«, die Gegenstand der Mitbestimmung ist, in Abs. 1 Satz 2 definiert worden. Durch den dort geregelten Maßnahmebegriff soll, so die Gesetzesbegründung,[83] eine »prozessbegleitende Mitbestimmung« eingeführt werden, die durch das Informationsrecht bei Organisationsentscheidungen gemäß § 65 Abs. 1 Satz 3 und 4 ergänzt und begleitet wird (vgl. dazu Rn. 4). Darüber hinaus wurde die durch die Novelle 2007 auf zehn Arbeitstage verkürzte Erörterungsfrist wieder auf zwei Wochen verlängert. Künftig hat die Personalvertretung nach Abs. 3 Satz 8 und 9 das Recht, soweit Entscheidungen nicht von der Dienststelle, sondern von dem verfassungsmäßig zuständigen obersten Organ getroffen werden, diesem Gremium ihren Standpunkt vor der Beschlussfassung in geeigneter Weise darzulegen. Der durch die Novelle 2007 eingeführte Katalog der Zustimmungsverweigerungsgründe ist entfallen, weil – so die Gesetzesbegründung – durch die Rechtsprechung geklärt ist, dass die Ablehnung der Zustimmung nur aus Gründen erfolgen kann, die nicht willkürlich sind und im Rahmen des Mitbestimmungstatbestandes liegen.[84] Auch das durch die Novelle 2007 eingeführte Evokationsrecht wurde eingeschränkt. Es besteht künftig in der Form, dass das verfassungsmäßig zuständige oberste Organ feststellen kann, ob der Beschluss der Einigungsstelle nur empfehlenden Charakter haben soll. In diesem Fall entscheidet das verfassungsmäßig zuständige oberste Organ endgültig.

Grundsätzlich kann eine Maßnahme nur getroffen werden, wenn zuvor die 2
Zustimmung des Personalrats eingeholt wurde und sie nach ordnungsgemäßem Abschluss des Mitbestimmungsverfahrens in Form der Zustimmung des Personalrats, Ersetzung der Zustimmung durch die Einigungsstelle oder Entscheidung der nach § 68 endgültig entscheidenden Stelle vorliegt. Diese Zustimmung muss vorliegen, wenn die Maßnahme getroffen wird, eine nachträgliche Genehmigung ist unzulässig. Bezüglich der Rechtsfolgen der Nichtbeachtung von Mitbestimmungsrechten besagt die Theorie der Wirksamkeitsvoraussetzung:

- Rechtsgeschäftliches Handeln des Arbeitgebers, das er unter Verletzung des Mitbestimmungsrechts vorgenommen hat, ist unwirksam.

83 LT-Drucks. 15/2218, 53.
84 LT-Drucks. 15/1644, 82.

- Verfügungen im Beamtenrecht, die unter Verletzung von Mitbestimmungsrechten erfolgen, sind anfechtbar.
- Der Arbeitgeber soll keinen Rechtsvorteil aus personalvertretungsrechtlichem Unterlassen ziehen dürfen.
- Der Arbeitnehmer darf aufgrund einer Pflichtwidrigkeit des Arbeitgebers keine Nachteile erleiden.

Daraus folgt:

- Wird der Personalrat an einer beteiligungspflichtigen Maßnahme gar nicht beteiligt, ist die gleichwohl getroffene Maßnahme unwirksam und anfechtbar.
- Wird der Personalrat fehlerhaft beteiligt, z. B. durch fehlerhafte Einleitung eines Mitbestimmungsverfahrens durch einen Unzuständigen, falsche oder unvollständige Unterrichtung oder unrechtmäßigen Abbruch des Mitbestimmungsverfahrens, so führen solche Fehler im Verantwortungsbereich der Dienststelle ebenfalls zur Unwirksamkeit und Anfechtbarkeit der Maßnahmen.
- Fehler, die im Verantwortungsbereich des Personalrats liegen – z. B. Beschlussfassung ohne Sitzung, Entscheidung durch den Personalratsvorsitzenden allein, Teilnahme eines befangenen Personalratsmitgliedes an der Abstimmung –, haben grundsätzlich keinen Einfluss auf die Wirksamkeit. Wegen der Bindung an Recht und Gesetz muss sich die Dienststelle jedoch solche im Bereich des Personalrats entstandenen Fehler anrechnen lassen, an denen sie beteiligt war oder die offenkundig sind.[85]
- Damit der Arbeitnehmer infolge Pflichtwidrigkeiten des Arbeitgebers keine Nachteile erleidet, trifft die Unwirksamkeitsfolge nur solche Maßnahmen, die für den Arbeitnehmer ungünstig oder belastend sind. Deshalb bleibt eine ohne den Personalrat vorgenommene Einstellung, Beförderung, Höhergruppierung oder die Gewährung einer Unterstützung bzw. Zuweisung einer Wohnung wirksam. Belastende Maßnahmen – wie Versetzung, Umsetzung, Abordnung, Versagung einer Nebentätigkeit oder die Geltendmachung von Ersatzansprüchen – sind unwirksam. Diese Maßnahmen sind rückgängig zu machen, wenn der Betroffene oder der Personalrat das verlangt oder gerichtlich durchsetzt. Für Kündigungen findet sich diese Rechtsfolge ausdrücklich in § 74 Abs. 3. Die Vorschrift erklärt, dass eine Kündigung oder ein Aufhebungs- oder Beendigungsvertrag unwirksam ist, wenn der Personalrat nicht beteiligt worden ist.

Die Dienststelle ist jedoch nicht gehindert, die Maßnahme nach ordnungsgemäßer Durchführung des Mitbestimmungsverfahrens und Vorliegen der

85 BVerwG 13. 10. 1986 – 6 P 14.84, PersR 1987, 40.

Zustimmung des Personalrats, der Einigungsstelle oder des Letztentscheidungsgremiums erneut durchzuführen.

- Maßnahmen kollektiver Art, an denen der Personalrat nicht beteiligt war, z. B. die Veränderung der regelmäßigen Arbeitszeit, die Anordnung von Überstunden oder eine Regelung betreffend die Ordnung in der Dienststelle (z. B. Anordnung von Taschenkontrollen), müssen von den Beschäftigten nicht befolgt werden. Sie können die Überschreitung des Direktions- bzw. Weisungsrechts durch Gegenvorstellung, Remonstration oder im Wege einer gerichtlichen Klage geltend machen. Der Personalrat kann die Rückgängigmachung der Maßnahmen verlangen sowie das Nachholen des unterbliebenen Mitbestimmungsverfahrens (vgl. § 79 Rn. 11).
- Maßnahmen gegenüber Beamten, an denen der Personalrat nicht oder nicht ordnungsgemäß beteiligt war, sind zunächst stets anfechtbar. Ein entsprechendes Rechtsmittel kann jedoch nur von den betroffenen Beamten eingelegt werden und nur dann, wenn die Maßnahme für ihn belastend, also nachteilig ist. Bei anderen Maßnahmen besteht eine Verpflichtung der Dienststelle, sie – soweit möglich[86] – rückgängig zu machen, wenn auf Antrag des Personalrats die Missachtung seiner Mitbestimmungsrechte gerichtlich festgestellt wird. Beförderungen können allerdings – anders als Umsetzungen, Versetzungen und Abordnungen[87] – nicht rückgängig gemacht werden.

Der von der Rechtsprechung eingeräumten Möglichkeit, dass die Zustimmung des Personalrats bis zum Abschluss des beamtenrechtlichen Widerspruchsverfahrens nachgeholt werden kann, solange die Maßnahme noch nicht vollzogen ist – etwa bei einer fristgerechten, nicht jedoch bei fristloser Entlassung eines Beamten –, ist durch Wegfall des beamtenrechtlichen Vorverfahrens in NRW (vgl. § 104 LBG) weitgehend der Boden entzogen. Die Zustimmung des Personalrats muss daher in den Fällen, in denen das Vorverfahren weggefallen ist, vor Durchführung einer Maßnahme vorliegen, so dass bei der entsprechenden Ausübung des Direktions- oder Weisungsrechts oder der Bekanntmachung einer entsprechenden Verfügung die Zustimmung des Personalrats vorliegen und das Mitbestimmungsverfahren ordnungsgemäß durchgeführt sein muss.

Ist die Dienststelle durch gerichtliche Entscheidung verpflichtet worden, über eine beamtenrechtliche Auswahlentscheidung unter Beachtung der Rechtsauffassung des Gerichts erneut zu entscheiden, ist grundsätzlich die erneute Beteiligung des Personalrats erforderlich.[88] Dieser ist verpflichtet, sich auch ohne Änderung der Sach- und Rechtslage mit einer erneuten Vor-

86 BVerwG 15. 12. 1978 – 6 P 13.78, PersR 1980, 145.

87 BVerwG 19. 7. 1994 – 6 P 33.92, PersR 1995, 128.

88 OVG NRW 22. 6. 2012 – 6 B 588/12, juris.

lage im Rahmen des Mitbestimmungsverfahrens zu befassen.[89] Diese Pflicht besteht auch in den Fällen, in denen die Dienststelle nach Abschluss des Mitbestimmungsverfahrens den ursprünglichen Antrag an den Personalrat wiederholt und die Anrufung der Einigungsstelle unterlässt.

3 **Abs. 1 Satz 1:** Die Vorschrift formuliert das der Mitbestimmung zugrundeliegende Prinzip: Beabsichtigt die Dienststelle eine nach § 72 der Mitbestimmung unterworfene Maßnahme, bedarf sie dazu der ausdrücklichen und vorherigen Zustimmung des Personalrats. In den nachfolgenden Absätzen finden sich sodann die Regeln, nach denen diese Zustimmung zu beantragen ist, wann und in welchen Formen sie erteilt und verweigert werden kann und darf und schließlich, welche Konfliktlösungs-Mechanismen zur Verfügung stehen, wenn sich zwischen Dienststelle und Personalrat keine Einigung ergibt.

Unter Zustimmung ist die vorherige Einwilligung zu verstehen, die nachträgliche Genehmigung sieht das Gesetz nicht vor. Jedoch gebietet der Grundsatz der vertrauensvollen Zusammenarbeit, dass das Mitbestimmungsverfahren nachgeholt wird, wenn gerichtlich die Verletzung eines Mitbestimmungsrechtes festgestellt wird.[90]

Eine Maßnahme im personalvertretungsrechtlichen Sinne ist prinzipiell jede Handlung oder Entscheidung des Dienststellenleiters, mit der dieser in eigener Zuständigkeit eine Angelegenheit der Dienststelle regelt, sofern hierdurch der Rechtsstand der Beschäftigten oder eines einzelnen Beschäftigten berührt wird. Ihrem Inhalt nach muss die Maßnahme auf eine Veränderung des bestehenden Zustandes abzielen, nach ihrer Durchführung müssen das Beschäftigungsverhältnis oder die Arbeitsbedingungen eine Veränderung erfahren haben.[91]

Der Vorschrift ist zu entnehmen, dass sämtliche mitbestimmungspflichtigen Maßnahmen der Dienststelle – unabhängig davon, ob sie angeordnet, geduldet, billigend zur Kenntnis genommen werden oder überhaupt bekannt sind – nur mit vorheriger Zustimmung des Personalrats getroffen, also durchgeführt werden dürfen. »Daraus folgt, dass der Leiter der Dienststelle mitbestimmungspflichtige Maßnahmen, die ohne seine Kenntnisse in Teilbereichen der Dienststelle getroffen werden, entweder verhindern oder aber sie sich dergestalt zu eigen machen muss, dass er sie wie eine eigene Maßnahme dem bei ihm gebildeten Personalrat gegenüber vertritt«.[92] Durch

89 Hess. VGH 21.9.2016 – 1 A 2101/14, NZA-RR 2017, 160.

90 BVerwG 15.3.1995 – 6 P 28.93, n.v.; 15.3.1995 – 6 P 31.93, PersR 1995, 423; 17.2.2010 – 6 PB 43.09, PersR 2010, 208.

91 Vgl. BVerwG 25.4.2014 – 6 P 17.13, ZTR 2014, 434; OVG NRW 2.4.2008 – 1 A 3615/06.PVL, juris.

92 So OVG NRW 20.3.1997 – 1 A 3755/94.PVL, PersR 1997, 253; 20.1.2000 – 1 A 128/98.PVL, PersR 2000, 456.

eine – auch stillschweigende – Delegation von Zuständigkeiten dürfen keine Beteiligungslücken entstehen.[93] Ist die Dienststelle jedoch lediglich rechtlich oder tatsächlich in Sachzusammenhänge einbezogen, ohne selbst handelnd einzugreifen, liegt keine Maßnahme vor.[94] Auch beabsichtigte Maßnahmen, die rechtswidrig oder nichtig sind, lassen das Mitbestimmungsrecht des Personalrats nicht entfallen.[95]

Im Übrigen ist die Zuständigkeitsverteilung durch das »Prinzip der partnerschaftlichen Zuordnung von Dienststelle und Personalvertretung« geprägt. Dieses besagt, dass sich die Beteiligung des Personalrats auf die Maßnahmen erstreckt und beschränkt, die der Leiter der Dienststelle, der er zugeordnet ist, in eigener Verantwortung zu treffen beabsichtigt.[96] Kommt es z. B. durch eine Gestellung von Personal gemäß § 4 Abs. 3 TVöD/TV-L zu einer »doppelten Dienststellenzugehörigkeit« in der Form, dass auch dem Dienststellenleiter der aufnehmende Dienststelle ein Weisungsrecht gegenüber dem gestellten Personal eingeräumt wird, so ist stets der Personalrat zu beteiligen, dessen Dienststellenleiter über die beabsichtigte Maßnahme eigenverantwortlich entscheidet.[97] Gleiches gilt für die Abgrenzung der Zuständigkeiten in mehrstufigen Verwaltungen. Hier ist der Personalrat der Stufe zu beteiligen, dessen Dienststellenleiter die maßgebliche Entscheidung eigenverantwortlich trifft.[98] Von dieser Zuständigkeitsverteilung sind auch die allgemeinen Aufgaben des Personalrats gemäß § 64 erfasst.[99] Eine die Mitbestimmung des örtlichen Personalrats ausschließende gestaltende Anordnung der übergeordneten Dienststelle liegt allerdings nicht vor, wenn diese generelle Weisungen für Personalangelegenheiten erlässt, die von den nachgeordneten Dienststellen im Wege personeller Einzelmaßnahmen mit oder ohne Entscheidungsspielraum umzusetzen sind. In diesen Fällen ist der örtliche Personalrat zu beteiligen.[100] In Dienststellen, in denen ein Gesamtpersonalrat gebildet wurde, ist dieser zu beteiligen, wenn der Leiter der Hauptdienststelle Maßnahmen beabsichtigt, die alle Beschäftigten der Gesamtdienststelle betreffen.[101]

---

93 OVG NRW 20. 1. 2000, a. a. O.

94 OVG NRW 3. 2. 2000 – 1 A 4968/98.PVL, PersR 2000, 519; 20. 5. 2010 – 16 A 276/09.PVL, PersV 2010, 391; BVerwG 9. 9. 2010 – 6 PB 12.10, PersR 2010, 459.

95 OVG NRW 6. 10. 2010 – 16 A 1539/09.PVL, PersV 2011, 147.

96 OVG NRW 26. 2. 1996 – 1 A 4141/92.PVL, PersV 1998, 527; VG Münster 3. 3. 2010 – 22 K 531/09.PVL, juris.

97 Vgl. auch OVG NRW 23. 3. 2010 – 16 A 2423/08.PVL, PersR 2010, 358; 2. 4. 2008 – 1 A 3615/06.PVL, juris.

98 OVG NRW 17. 11. 2009 – 16 A 3277/07.PVB, juris.

99 BVerwG 12. 8. 2009 – 6 PB 18.09, PersR 2009, 416.

100 BVerwG 30. 3. 2009 – 6 PB 29.08, PersR 2009, 332; 2. 9. 2009 – 6 PB 22.09, PersR 2009, 458.

101 BVerwG 26. 11. 2008 – 6 P 7.08, PersR 2009, 267.

4 **Abs. 1 Satz 2:** Mit der Novelle 2011 soll nach der Gesetzesbegründung durch die Einfügung des **Satzes 2** eine »prozessbegleitende Mitbestimmung« ergänzt durch das Informationsrecht bei Organisationsentscheidungen gemäß § 65 Abs. 1 Satz 3 und 4 (vgl. die Kommentierung dort) eingeführt werden. Nach der Legaldefinition in Absatz 1 Satz 2 liegt eine Maßnahme bereits dann vor, wenn durch eine Handlung eine mitbestimmungspflichtige Maßnahme vorweggenommen oder festgelegt wird. Durch die Formulierung soll – so die Gesetzesbegründung – gewährleistet sein, dass der Personalrat »nicht nur informiert, sondern auch einbezogen wird«. Lediglich vorbereitende Handlungen sollen nicht unter den Maßnahmenbegriff fallen.[102] Die vorstehende Gesetzesbegründung ist offenkundig angelehnt an die Rechtsprechung des BVerwG zum Maßnahmebegriff. So heißt es in dem Beschluss des BVerwG vom 14.10.2002:[103] »Lediglich der Vorbereitung einer Maßnahme dienende Handlungen der Dienststelle sind, wenn sie nicht bereits eine beabsichtigte Maßnahme vorwegnehmen oder unmittelbar festlegen, keine Maßnahmen.«[104] Aus dem Umkehrschluss ergibt sich, dass Handlungen, die eine beabsichtigte Maßnahme vorwegnehmen oder unmittelbar festlegen, Maßnahmen im personalvertretungsrechtlichen Sinne sind. Daraus folgt, dass die Dienststelle, soweit sie Organisationsentscheidungen wie z.B. eine Privatisierung (§ 72 Abs. 4 Satz 1 Nr. 22) oder die Einschränkung der Dienststelle (§ 73 Nr. 3) beabsichtigt, diese erst dann umsetzen darf, wenn der Personalrat an den daraus folgenden Maßnahmen ebenfalls beteiligt wurde. Wird durch die Organisationsentscheidung z.B. festgelegt, dass Beschäftigte versetzt (§ 72 Abs. 1 Satz 1 Nr. 5) oder ordentlich gekündigt (§ 74 Abs. 1) werden müssen, so sind vor Umsetzung der Organisationsmaßnahme zunächst die Mitbestimmungsverfahren hinsichtlich der personellen Einzelmaßnahmen durchzuführen und abzuschließen. Erst wenn das geschehen ist, kann die beabsichtigte Organisationsmaßnahme umgesetzt werden. Die Dienststelle kann nicht zunächst isoliert die Organisationsmaßnahme festlegen und umsetzten und erst im Anschluss daran – wenn deren Folgen bereits feststehen – die durch die Organisationsmaßnahme festgelegten Maßnahmen zum Gegenstand weiterer Mitbestimmungsverfahren machen.

Diese »prozessbegleitende Mitbestimmung« findet auch Ausdruck in § 65 Abs. 1 Satz 2 (frühzeitige und fortlaufende Unterrichtung), den prozesshaft ausgestalteten Mitbestimmungstatbeständen in § 72 Abs. 3 Nr. 1, 2 und 5 sowie in der Mitbestimmung bei nur probeweise oder befristet durchgeführten Maßnahmen gemäß § 72 Abs. 5. Durch diese, auch in der Gesetzes-

102 LT-Drucks. 15/2218, 53.

103 6 P 7.01, PersR 2003, 113.

104 So auch BVerwG 25.4.2014 – 6 P 17.13, ZTR 2014, 434.

begründung[105] erwähnte »Einbeziehung« der Personalräte in die Entscheidungsprozesse der Dienststelle wird die Rolle der Personalräte im Mitbestimmungsverfahren wesentlich gestärkt. Statt die Personalräte lediglich über beabsichtigte Maßnahmen zu unterrichten und diese zur Zustimmung vorzulegen, haben die Dienststellen die Personalräte in die Entscheidungsprozesse der Dienststelle einzubeziehen. Die Personalräte sind dazu aufgerufen, sich in die Entscheidungsprozesse einzubringen und diese aktiv mitzugestalten.

Abs. 2: Nach **Satz 1** hat der Dienststellenleiter den Personalrat von einer bevorstehenden Maßnahme zu unterrichten und seine Zustimmung dazu zu beantragen. Dazu ist er verpflichtet, wenn er sich zu ihrer Durchführung entschlossen hat und die Willensbildung zu einem vorläufigen Abschluss gekommen ist. Zu beachten ist dabei, dass der Maßnahmebegriff durch die Einfügung des Abs. 1 Satz 2 erweitert wurde, so dass auch die Beteiligung bereits zu einem früheren Zeitpunkt zu erfolgen hat, wenn durch eine Handlung eine Maßnahme vorweggenommen oder unmittelbar festgelegt wird (vgl. Rn. 1, 4). Von dem Zeitpunkt der Beteiligung zu unterscheiden ist der Beginn der Unterrichtung des Personalrats nach § 65 Abs. 1. In mitbestimmungspflichtigen Angelegenheiten, denen eine gewisse Vorüberlegung und Planung vorausgeht, hat die Unterrichtung des Personalrats nicht erst stattzufinden, wenn die Maßnahme bereits beabsichtigt ist, sie hat vielmehr in der Planungsphase einzusetzen (siehe § 65 Rn. 2). Bei Organisationsentscheidungen wurde der Zeitpunkt der Unterrichtung des Personalrats durch die Novelle 2011 noch weiter vorverlagert (vgl. § 65 Rn. 9). In den Fällen des § 65a Abs. 3 ist der Wirtschaftsausschuss in der Regel noch vor dem Personalrat zu unterrichten, damit der Wirtschaftsausschuss seiner Beratungsfunktion gegenüber dem Personalrat gerecht werden kann. In Gemeinden und Gemeindeverbänden ist zu beachten, dass eine Maßnahme dann beabsichtigt ist, wenn der Bürgermeister vorhat, sie dem Entscheidungsorgan (Rat oder Kreistag) vorzuschlagen. Die Zuleitung einer Rats- oder Kreistagsvorlage an das Beschlussgremium oder den von diesem bestellten Ausschuss ist daher erst nach Beendigung des Mitbestimmungsverfahrens zulässig. Wird zwischen Dienststelle und Personalrat längere Zeit verhandelt, so muss der Dienststellenleiter den Personalrat ausdrücklich darauf aufmerksam machen, wenn nach seiner Auffassung die Frist des Absatzes 2 in Lauf gesetzt wird. Formvorschriften für den Zustimmungsantrag bestehen nicht, jedoch muss ein ausdrücklicher und unmissverständlicher Antrag auf Erteilung der Zustimmung gestellt werden. 5

Welche Maßnahme Gegenstand des Mitbestimmungsverfahrens sein soll, unterliegt der Organisationshoheit des Dienststellenleiters, so dass nicht nur

105 LT-Drucks. 15/2218, 53.

Einzelfälle, sondern auch künftige Fallgestaltungen (z. B. sukzessive Privatisierung der städtischen Reinigungsarbeiten[106] Gegenstand eines Mitbestimmungsverfahrens sein können, solange für den Personalrat die Maßnahme bestimmt genug erläutert und begründet wird.
Wirksam eingeleitet ist das Verfahren nur dann, wenn der Dienststellenleiter den Antrag stellt. Zur Unwirksamkeit der Maßnahme – z. B. einer Kündigung – führt der Antrag eines personalvertretungsrechtlich unzuständigen Vertreters allerdings nur dann, wenn der Personalrat den Fehler innerhalb der Erklärungsfrist rügt.[107]
Die Stellungnahmefristen der Absätze 2, 3 und 5 werden nur in Lauf gesetzt, wenn der Personalrat zugleich mit dem Zustimmungsantrag ordnungsgemäß unterrichtet wird, also die Einzelheiten der Maßnahme dargelegt werden, bei mehreren Alternativen eine Begründung für die getroffene Entscheidung abgegeben wird und die für die Ausübung der Mitbestimmungsrechte maßgebenden Gesichtspunkte genannt werden (siehe § 65 Rn. 3). Ohne ausreichende Unterrichtung beginnt der Fristenlauf nicht, kann die Billigungsfiktion des Satzes 5 nicht eintreten.[108] Der Personalrat muss innerhalb der Erklärungsfrist des Absatzes 2 jedoch ausdrücklich die mangelhafte Unterrichtung rügen und angeben, welche zusätzlichen Informationen er benötigt.[109] Erklärt er seine endgültige Zustimmungsverweigerung im Sinne des Satzes 3, so kann er sich nachträglich nicht mehr auf unzureichende Unterrichtung berufen.[110]
Die Berechnung der Fristen erfolgt nach den allgemeinen Regeln der §§ 187 bis 193 BGB. Da für den Anfang der Fristen ein Ereignis, nämlich der Antrag der Dienststelle bzw. das letzte Erörterungsgespräch maßgeblich ist, zählt der Tag dieses Ereignisses gemäß § 187 Abs. 1 BGB für die Berechnung der Frist nicht mit. Weil es sich um eine nach Wochen berechnete Frist handelt, endet diese gemäß § 188 Abs. 2 BGB mit Ablauf desjenigen Tages der letzten Woche der Frist, welcher durch seine Benennung dem Tage entspricht, in den das Ereignis fällt. Wird die Erörterung z. B. am 2. 8. 2011 beendet, beginnt der Lauf der zweiwöchigen Frist am 3. 8. 2011 (§ 187 Abs. 1 BGB) und endet mit Ablauf des 16. 8. 2011 (§ 188 Abs. 2 BGB).

6 Nach **Satz 2** kann der Personalrat verlangen, dass der Dienststellenleiter die beabsichtigte Maßnahme begründet. Durch die Novelle 2007 ist hinzugefügt worden, dass der Personalrat außer in Personalangelegenheiten auch eine

---

106 OVG NRW 25. 3. 1999 – 1 A 4469/98.PVL, PersR 2000, 81.
107 BAG 25. 2. 1998 – 2 AZR 226/97, PersR 1998, 298.
108 BVerwG 7. 4. 2010 – 6 P 6.09, PersR 2010, 312; OVG NRW 21. 12. 2015 – 20 A 643/14.PVB, NZA-RR 2016, 279; 19. 4. 1993 – CL 59/89, PersV 1995, 493; 27. 3. 1998 – 1 A 5737/95.PVL, PersR 1999, 170.
109 OVG NRW 27. 3. 1998 – 1 A 7537/95.PVL, PersR 1999, 170.
110 OVG NRW 31. 5. 2001 – 1 A 2277/99.PVL, PersR 2002, 215.

schriftliche Begründung verlangen kann. Damit entspricht die Regelung der vergleichbaren Vorschrift in § 69 Abs. 2 Satz 2 BPersVG. Einen sachlichen Unterschied zwischen der Unterrichtung im Sinne des Satzes 1 und der vom Personalrat einzufordernden Begründung im Sinne des Satzes 2 gibt es nicht. Der Personalrat kann eine Begründung verlangen. Dieses Verlangen ändert jedoch nichts am Lauf der Frist, so dass von einem solchen Verlangen regelmäßig abzuraten ist. Innerhalb der Stellungnahmefristen nach Abs. 2 und 3 wird es dem Personalrat selten gelingen, zweimal zu tagen und nach Beschluss des Begründungsverlangens und Zugang dieser Begründung erneut eine Stellungnahme zu beschließen.

Durch die Novelle 2011 wurde die Frist in **Satz 3 1. Halbs.** innerhalb derer 7
der Personalrat der Dienststelle den Beschluss über die beantragte Zustimmung mitzuteilen hat, auf zwei Wochen verlängert. Es wurde damit die vor der Novelle 2007 geltende Rechtslage wieder hergestellt. Begründet wurde dies damit, dass sich in der Praxis herausgestellt habe, dass gerade bei komplexen Sach- und Rechtslagen die Frist von zehn Tagen zu kurz sei.[111]

Nach **Satz 3 2. Halbs.** kann die Frist von der Dienststelle in dringenden Fällen auf eine Woche (nicht wie bisher auf drei Arbeitstage) abgekürzt werden.

Dringende Fälle liegen nur vor, wenn die Einhaltung der Zweiwochenfrist schlechterdings unzumutbar ist oder zu einer erheblichen Beeinträchtigung öffentlicher Belange führt.[112] Die Beachtung der Beratungsrechte des Personalrats ist abzuwägen gegen die aus Sicht der Dienststelle bestehende Dringlichkeit.

Neu eingefügt wurde durch die Novelle 2011 die Regelung in **Satz 4**, wonach 8
sich in den Fällen des § 35 die Frist um eine Woche verlängert. Gemeint sind die Fälle der Aussetzung eines Beschlusses des Personalrats auf Antrag einer Gruppe, der JAV oder der Schwerbehindertenvertretung für eine Woche. Dem Personalrat ist es in diesen Fällen nicht möglich, in der gesetzlichen Zustimmungs- und Erörterungsfrist den internen Meinungsbildungsprozess abzuschließen, so dass eine Verlängerung der Frist erforderlich war. Die Fristverlängerung von einer Woche ist nach der Gesetzesbegründung bei den Fristberechnungen des Abs. 2 und 3 zu berücksichtigen.[113]

Die Maßnahme gilt gemäß **Satz 5** als gebilligt und die Zustimmung zu dem 9
Antrag des Dienststellenleiters als erteilt, wenn nicht der Personalrat seine Ablehnung unter Wahrung von drei Formerfordernissen erklärt. Eine Zustimmungsverweigerung ist nur wirksam, wenn sie innerhalb der genannten Frist von zwei Wochen bzw. einer Woche erklärt wird, unter Angabe der Gründe und schriftlich erfolgt. Will der Personalrat die Maßnahme ab-

111 LT-Drucks. 15/1644, 81.
112 BVerwG 15.11.1995 – 6 P 4.94, PersR 1996, 157.
113 LT-Drucks. 15/1644, 81.

lehnen, so muss er dies innerhalb der Zweiwochenfrist unter Angabe der Gründe und schriftlich mitteilen. Wird eines dieser Formerfordernisse nicht beachtet, gilt die Maßnahme als gebilligt. Hat der Personalrat also die Frist versäumt und/oder keine Gründe angegeben und/oder dies nicht schriftlich getan, so hat er der Maßnahme nach der Gesetzesfiktion des Satzes 5 zugestimmt. Fristwahrend ist die Übergabe der schriftlichen Zustimmungsverweigerung an die Vertretungsberechtigten im Sinne des § 8 Abs. 1 und 2.[114] Die Maßnahme gilt jedoch nicht schon dann als gebilligt, wenn der Personalrat vor Ablauf der Zweiwochenfrist erklärt, er enthalte sich einer Stellungnahme, er stimme weder zu, noch widerspreche er.[115]
Zur Erfüllung des Schriftformerfordernisses bedarf es nicht der Schriftform des § 126 BGB, der eigenhändige Namensunterschrift verlangt. Vielmehr genügt Textform im Sinne des § 126b BGB, also eine lesbare Erklärung auf einem dauerhaften Datenträger, in der die Person des Erklärenden genannt ist. Ausreichend ist daher die Übermittlung der Zustimmungsverweigerung in einem eingescannten Schreiben, das als Anhang zu einer E-Mail der Dienststelle übersandt wird.[116]
Durch die Novelle 2011 wurde der erst durch die Novelle 2007 in § 66 Abs. 3 a. F. eingefügte Katalog von Zustimmungsverweigerungsgründen wieder gestrichen. Begründet wurde dies damit, dass der Zustimmungsverweigerungskatalog entfallen könne, da durch die Rechtsprechung geklärt sei, dass die Ablehnung der Zustimmung nur aus Gründen erfolgen könne, die nicht willkürlich seien und im Rahmen des Mitbestimmungstatbestandes lägen.[117] Dementsprechend gibt es keine gesetzlich ausdrücklich erlaubten oder verbotenen Zustimmungsverweigerungsgründe, jedoch müssen sich die Erklärungen des Personalrats auf eine bestimmte Maßnahme beziehen und einen Bezug zum jeweiligen Mitbestimmungstatbestand haben. Ansonsten ist der Personalrat in seinen Ablehnungsgründen frei.[118] Das OVG NRW hat allerdings zum alten (und neuen) Recht, das einen Zustimmungsverweigerungskatalog wie in § 66 Abs. 3 a. F. nicht kannte, in einer ausufernden Rechtsprechung die Rechtsfigur der »Beachtlichkeit« der Zustimmungsverweigerung entwickelt und so eine Kontrolle und Überprüfung der Zustimmungsverweigerungsgründe des Personalrats eingeführt.[119] Das ist jedoch Sache der Einigungsstelle. Weder die Rechtsprechung noch der Dienst-

114 OVG NRW 10. 2. 1999 – 1 A 800/97.PVL, PersR 1999, 316.
115 LAG Hamm 13. 11. 2014 – 17 Sa 1123/14, juris.
116 OVG NRW 1. 9. 2015, 20 A 1868/14.PVB, PersR 2/2016, 52.
117 LT-Drucks. 15/1644, 82.
118 Dazu: OVG NRW 3. 4. 2017 – 20 A 2696/15.PVL, juris.
119 Siehe OVG NRW 29. 1. 1999 – 1 A 6324/96.PVL, PersR 1999, 538 unter Hinweis auf seine frühere Rspr.; zur Personalauswahlentscheidung vgl. vom 24. 11. 1999 – 1 A 3563/97.PVL, PersR 2000, 288.

stellenleiter sind nach § 66 berufen und befugt, die sachliche Richtigkeit der Zustimmungsverweigerungen zu überprüfen. Der Personalrat ist verpflichtet, im Falle einer Zustimmungsverweigerung eine sachliche Begründung abzugeben, die einen Bezug zur konkreten Maßnahme haben muss und sich auch dem jeweiligen Mitbestimmungsrecht zuordnen lässt.[120] Die vom Personalrat angegebenen Gründe zur Zustimmungsverweigerung sind bereits dann beachtlich, wenn sie möglicherweise noch innerhalb der eingeräumten Mitbestimmung liegen. An die Zustimmungsverweigerung dürfen daher keine allzu hohen Anforderungen gestellt werden.[121] Nur wenn dies offensichtlich nicht der Fall ist, fehlt es der gegebenen Begründung an ihrer Beachtlichkeit mit der Folge, dass sie wie eine nicht gegebene Begründung zur Fiktion der Billigung der Maßnahme nach Satz 5 führt.[122] Das Merkmal der »Offensichtlichkeit« soll dabei sicherstellen, dass sich der Abbruch des Mitbestimmungsverfahrens durch den Dienststellenleiter trotz rechtzeitiger formgerechter Zustimmungsverweigerung des Personalrats auf Fälle beschränkt, in denen der Personalrat seine durch den jeweiligen Mitbestimmungstatbestand begrenzten Kompetenzen eindeutig überschreitet.[123] In allen anderen Fällen ist die Dienststelle nicht befugt, das Mitbestimmungsverfahren von sich aus abzubrechen, sondern muss die Einigungsstelle anrufen, die dann über die Beachtlichkeit der vom Personalrat angegebenen Zustimmungsverweigerungsgründe zu beschließen hat. Trägt der Personalrat Bedenken vor, so hat die Dienststelle ggf. zu überprüfen, ob diese Bedenken eine Korrektur der getroffenen Auswahlentscheidung erforderlich machen und in Verhandlungen mit dem Personalrat vor Anrufung der Einigungsstelle den Versuch zu unternehmen, eine Einigung herbeizuführen.[124] Da keine Frist zur Anrufung der Einigungsstelle besteht, ist die Dienststelle auch verpflichtet, diesen Versuch zu unternehmen, bevor die Einigungsstelle angerufen wird. Ein in der Erörterung vorgebrachter Einwand verliert seine Beachtlichkeit nicht dadurch, dass der Personalrat ihn in der schriftlichen Zustimmungsverweigerung wiederholt.[125]

Abs. 3: Der Personalrat hat drei Möglichkeiten der Reaktion auf einen Antrag auf die beantragte Zustimmung: Er kann der Maßnahme zustimmen, wofür ein bestimmtes Formerfordernis nicht vorgeschrieben ist. Er kann die Maßnahme auch sogleich ablehnen, was neben der Beachtung der Stellung- 10

120 In diese Richtung weisen die Entscheidungen des OVG NRW, z.B. vom 10.3.1999 – 1 A 1083/97.PVL, PersR 2000, 79; 24.11.1999 – 1 A 3563/97.PVL, PersR 2000, 288; 21.6.2001 – 1 A 5600/99.PVL, PersR 2001, 527.

121 OVG NRW 25.8.2011 – 16 A 783/10.PVB, PersR 2012, 229.

122 OVG NRW 3.2.2005 – 1 A 1994/03.PVL, PersV 2006, 29.

123 BVerwG 30.4.2001 – 6 P 9.00, PersR 2001, 382.

124 BVerwG 20.6.1986 – 6 P 4.83, PersR 1986, 197.

125 OVG NRW 21.6.2001 – 1 A 5600/99.PVL, PersR 2001, 527.

nahmefrist von zwei Wochen nach Abs. 2 Satz 5 die Angabe der Gründe und die Schriftform verlangt. Der Personalrat ist nicht verpflichtet, im Falle einer beabsichtigten Ablehnung zunächst in eine Erörterung einzutreten, sondern kann ohne Erörterung ablehnen.[126]

11 Nach **Satz 1** kann der Personalrat die vorläufige Mitteilung abgeben, dass er beabsichtige, nicht zuzustimmen, wenn er aufgrund der Erstunterrichtung und des Zustimmungsantrags des Dienststellenleiters keine Möglichkeit sieht, zuzustimmen. Er muss dies innerhalb der Zweiwochenfrist nach Abs. 2 Satz 3 oder im Falle der Abkürzung der Frist innerhalb der Wochenfrist nach Abs. 2 Satz 4 tun. Die Erklärung der beabsichtigten Zustimmungsverweigerung ist im Regelfall auch zweckmäßig, jedoch nicht verpflichtend, um Gelegenheit zur Erörterung zu haben. Ist aus Sicht des Personalrats nach dem Antrag der Dienststelle für ein solches Einigungsgespräch kein Raum – z. B. bei Wiederholung eines vom Personalrat bereits mit eingehender Begründung abgelehnten Antrags – so kann er sogleich gemäß Abs. 2 Satz 3 seine endgültige Ablehnung erklären.[127] Die Mitteilung, dass beabsichtigt ist, nicht zuzustimmen, bedarf lediglich der Beschlussfassung des Personalrats, eine Begründung oder Schriftform ist nicht erforderlich.

Die Erörterung kommt auf Initiative des Dienststellenleiters zustande. Verlangt dieser keine Erörterung, so findet kein weiteres Mitbestimmungsverfahren statt. Der Dienststellenleiter muss dann jedoch von der beabsichtigten Maßnahme Abstand nehmen. Im Falle von Initiativanträgen des Personalrats nach Abs. 6 wird die Erörterung auf Veranlassung des Personalrats eingeleitet. Unter Erörterung ist grundsätzlich die Durchführung eines Gesprächs zwischen den im Gesetz genannten Beteiligten – also dem Personalrat und der Dienststelle – zu verstehen. Der Austausch von Schriftsätzen ersetzt dieses zwingend erforderliche Gespräch nicht.[128] An dem Gespräch nimmt der gesamte Personalrat und nicht nur die vorsitzende Person teil. Die Erörterung ist kein laufendes Geschäft im Sinne des § 29 Abs. 2.

12 Nach **Satz 1 Halbs. 2** ist die Erörterung mit dem Ziel einer Verständigung innerhalb von zwei Wochen ab Mitteilung des Personalrats durchzuführen. Findet innerhalb dieser Frist keine Erörterung statt, ist das Mitbestimmungsverfahren beendet. Der Dienststellenleiter ist jedoch berechtigt, einen erneuten Antrag auf Zustimmung zu stellen. Verweigert der Personalrat eine Erörterung, so beginnt seine Frist zur endgültigen Stellungnahme nach Abs. 1 Satz 3 mit Erklärung einer solchen endgültigen Verweigerung.

Bislang war die Frist, innerhalb derer die Erörterung stattzufinden hatte, zwingend. Durch den durch die Novelle 2011 eingefügten **Satz 1 Halbs. 3**

---

126 Vgl. OVG NRW 29.1.1999 – 1 A 6324/96, PersR 1999, 538.

127 OVG NRW 29.1.1999, a.a.O.

128 BAG 15.8.2006 – 9 AZR 571/05, PersR 2007, 164, im Anschluss an BVerwG 27.1.1995 – 6 P 22.92, PersR 1995, 185.

wurde erstmals die Möglichkeit geschaffen, die Frist im Einvernehmen zwischen Dienststelle und Personalrat zu verlängern. Eine Verkürzung der Frist ist nicht möglich. Sofern kein Einvernehmen über eine Fristverlängerung oder den zeitlichen Rahmen der Fristverlängerung herbeigeführt werden kann, verbleibt es bei der gesetzlichen Frist von zwei Wochen. In der Gesetzesbegründung heißt es weiter, »dass in diesem Falle auch die Zustimmungsfiktion eintritt, sofern die gesetzlichen Voraussetzungen vorliegen«.[129] Der Sinn dieser Gesetzesbegründung erschließt sich nicht. Hat der Personalrat erklärt, er beabsichtige der Maßnahme nicht zuzustimmen und ist deshalb eine Erörterung gemäß Abs. 3 Satz 1 2. Halbs. erforderlich, findet diese jedoch nicht innerhalb der Zweiwochenfrist oder der einvernehmlich verlängerten Frist statt, kann eine Zustimmungsfiktion aufgrund der gesetzlich vorgeschriebenen aber nicht durchgeführten Erörterung nicht eintreten. Findet innerhalb der Zweiwochenfrist oder der einvernehmlich verlängerten Frist keine Erörterung statt, ist das Mitbestimmungsverfahren vielmehr beendet. Will die Dienststelle die Maßnahme dennoch umsetzen, ist sie gehalten, einen erneuten Antrag auf Zustimmung zu stellen und im Falle der erneuten beabsichtigten Ablehnung durch den Personalrat fristgerecht zu erörtern.

Nach **Satz 2** kann der Dienststellenleiter in dringenden Fällen verlangen, **13** dass die Erörterung innerhalb einer Frist von einer Woche durchzuführen ist. Der Begriff der »Dringlichkeit« ist ebenso auszulegen, wie in Abs. 2 Satz 3 2. Halbs. (siehe Rn. 7). Nach **Satz 3** beginnen die Fristen für die Stellungnahme des Personalrats zur beantragten Zustimmung des Dienststellenleiters im Falle der Durchführung einer Erörterung nicht mit dem Zugang des Zustimmungsantrages, sondern mit der Erörterung. Finden mehrere Erörterungsgespräche statt oder wird die Erörterung einvernehmlich unterbrochen – z. B. um dem Personalrat weitere Informationen zukommen zu lassen –, beginnt die Frist des Abs. 2 Satz 3 und 4 erst mit der letzten Erörterung bzw. nach Ende der Unterbrechung und Abschluss der Erörterung.[130] In jedem Fall laufen die Fristen zur Stellungnahme des Personalrats erst nach Wiederaufnahme der Erörterung und nicht etwa nach Zugang fehlender Informationen oder Wegfall eines Hindernisses, deretwegen die Erörterung unterbrochen wurde. Für den Fall, dass die Dienststelle die Erörterung einseitig für beendet erklärt, der Personalrat diese Auffassung jedoch nicht teilt, sollte der Personalrat innerhalb der Frist des Abs. 2 Satz 3 und 4 erklären, dass er die Erörterung nicht für beendet hält und aus welchen Gründen dies der Fall ist. Darüber hinaus sollte der Personalrat innerhalb der Frist vorsorglich die Zustimmung zu der Maßnahme unter Angabe von Gründen endgültig verweigern. Tut der Personalrat dies nicht, läuft er Gefahr, dass

---

129 LT-Drucks. 15/1644, 81.

130 OVG NRW 18.10.2000 – 1 A 4961/98.PVL, PersR 2001, 159.

das Gericht feststellt, dass die Erörterung tatsächlich mit der Erklärung der Dienststelle beendet war. Hat der Personalrat die Zustimmung in diesen Fällen nicht gemäß Abs. 2 Satz 3 und 4 fristgemäß endgültig verweigert, tritt gemäß **Satz 4** die Zustimmungsfiktion des Abs. 2 Satz 5 ein.

14 Durch die Novelle 2011 wurde in **Satz 5** die vor der Novelle 2007 geltende Rechtslage wieder eingeführt, wonach die Dienststelle die für Personal- und Organisationsangelegenheiten zuständigen Beschäftigten zur Erörterung hinzuziehen kann.[131] Auch zur bisherigen Rechtslage hat das OVG NRW ein Recht zur Hinzuziehung der für Personal- und Organisationsangelegenheiten zuständigen Beschäftigten bejaht und zwar mit der wenig überzeugenden Begründung, dass der Personalrat nach dem Gebot der vertrauensvollen Zusammenarbeit dazu verpflichtet sei, die Hinzuziehung zu dulden.[132] Werden in der Zustimmungsverweigerung des Personalrats Beschwerden oder Behauptungen tatsächlicher Art vorgetragen, die für einen Beschäftigten ungünstig sind oder ihm nachteilig werden können, so verpflichtet **Satz 6** den Personalrat, dem Beschäftigten Gelegenheit zur Äußerung zu geben und diese Äußerung aktenkundig zu machen. Die Vorschrift bezieht sich auf den Inhalt einer vom Personalrat in einer mitbestimmungspflichtigen Angelegenheit abgegebenen Zustimmungsverweigerung. Die Vorschrift hat eine Parallele zu § 85 LBG, wonach Beamte zu hören sind, wenn Beschwerden, Behauptungen oder Bewertungen, die für diese ungünstig sind oder werden können, zur Personalakte genommen werden sollen. Enthält also die Zustimmungsverweigerung des Personalrats Nachteiliges über Beschäftigte und können diese Tatsachen, Umstände oder Bewertungen für das berufliche Fortkommen ungünstige Folgen haben, muss der Personalrat den betroffenen Beschäftigten hören und Gelegenheit zur Stellungnahme geben. Die Äußerung des Beschäftigten ist sodann »aktenkundig zu machen«, also der Zustimmungsverweigerung beizufügen. Eine Aufnahme ist nicht zwingend.

15 Nach **Satz 7** entfällt die Erörterung in Angelegenheiten, in denen nicht der Dienststellenleiter, sondern nur das verfassungsmäßig oberste Organ über eine mitbestimmungspflichtige Maßnahme zu entscheiden hat. In diesen Fällen ist dem Personalrat vom Dienststellenleiter Gelegenheit zu geben, eine Stellungnahme zur Vorlage bei dem zuständigen Organ oder Ausschuss abzugeben. Es ist jedoch zu beachten, dass nur die Erörterung entfällt und nicht etwa das gesamte Mitbestimmungsverfahren gegenstandslos wird.[133] Das Absehen von der Erörterung hat der Gesetzgeber deshalb vorgenommen, weil der nicht entscheidungsbefugte Dienststellenleiter ein Erörte-

131 Vgl. LT-Drucks. 15/1644, 82.
132 OVG NRW 21.12.2009 – 16 A 1340/08.PVL, juris.
133 OVG NRW 9.11.2001 – 1 B 1146/01, PersR 2002, 257.

rungsgespräch mit dem Ziel einer Einigung mangels Entscheidungsbefugnis nicht sinnvoll führen kann.

Die Dienststelle hat zunächst beim Personalrat die Zustimmung zu beantragen. Teilt dieser gemäß Satz 1 mit, dass er beabsichtige, nicht zuzustimmen, so hat der Dienststellenleiter dem Personalrat Gelegenheit zur Stellungnahme zu geben. Die Erörterung wird also durch diese Stellungnahme des Personalrats gegenüber dem verfassungsmäßig zuständigen Organ oder dem entsprechenden Ausschuss ersetzt. Dem Personalrat muss dabei eine angemessene Frist – entsprechend Abs. 2 Satz 3 in der Regel zwei Wochen – eingeräumt werden und zugleich bekanntgegeben werden, wann das Entscheidungsgremium tagt. Die Dienststelle hat dafür zu sorgen, dass die Stellungnahme des Personalrats so rechtzeitig erfolgt, dass sie dem Entscheidungsträger bei seiner Beschlussfassung vorliegt. Die Stellungnahme des Personalrats hat der Dienststellenleiter in vollständiger Form dem zur Entscheidung berufenen Gremium vorzulegen. Der Personalrat ist auch berechtigt, seine Stellungnahme unmittelbar dem verfassungsmäßig zuständigen Organ zuzuleiten. Entscheidet sich das verfassungsmäßig zuständige Gremium für die beabsichtigte Maßnahme – wobei diese Entscheidung unter dem Vorbehalt der Zustimmung des Personalrats steht –, nimmt das Mitbestimmungsverfahren seinen Fortgang. Das OVG NRW[134] verneint eine Verpflichtung der Dienststelle, das vollständige Mitbestimmungsverfahren noch vor dieser Entscheidung durchzuführen, weil die Entscheidung des verfassungsmäßig zuständigen Organs erst diejenige Entschließung sein soll, die dem Ende der – nicht vorgesehenen – Erörterung gleichsteht. Dementsprechend beginnt die Frist des Satz 3 in diesem Fall mit der Unterrichtung des Personalrats seitens der Dienststelle über den Beschluss des Entscheidungsgremiums. Verweigert der Personalrat seine Zustimmung, ist die Entscheidung der Einigungsstelle herbeizuführen.[135] Bis zur abschließenden Entscheidung der Einigungsstelle bzw. des verfassungsmäßig zuständigen Gremiums über eine Empfehlung der Einigungsstelle darf der Dienststellenleiter die Maßnahmen nicht durchführen. 16

Neu eingefügt wurden durch die Novelle 2011 die **Sätze 8 und 9**. Dadurch soll, so die Gesetzesbegründung, eine Regelungslücke im Sinne der Rechtsprechung geschlossen werden. Bei Körperschaften, in denen personalvertretungsrelevante Entscheidungen nicht von der Dienststelle, sondern von dem zuständigen obersten Organ getroffen werden, solle zukünftig die Personalvertretung das Recht haben, ihren Standpunkt vor der Beschlussfassung auch an geeigneter Stelle darzulegen.[136] Abgestellt wird auf die Rechtsprechung des OVG NRW zu § 66 Abs. 2 Satz 10 a. F. (entspricht Abs. 3 Satz 7 17

134 Entscheidung vom 30. 10. 2002 – 1 A 1149/00.PVL, juris.
135 Siehe zum gesamten Verfahren: OVG NRW 30. 10. 2002 – 1 A 1149/00.PVL, juris.
136 LT-Drucks. 15/1644, 82.

n. F.). In seiner Entscheidung vom 2.4.2008[137] hat das OVG NRW festgestellt, dass es sich bei dieser Vorschrift um eine Bestimmung mit Ausnahmecharakter handelt, welche allein den kommunalen Bereich betrifft. Für andere Dienststellen, beispielsweise den Hochschulbereich, habe der Landesgesetzgeber die verschiedensten Gelegenheiten nicht wahrgenommen, diesen Bereich in die betreffende Sonderregelung einzubeziehen. Dadurch kam es zu einer personalvertretungsrechtlichen Beteiligungslücke, wenn eine an sich beteiligungspflichtige Maßnahme nicht vom Dienststellenleiter, sondern von einem anderen, zuständigen Organ/Gremium (außerhalb des kommunalen Bereichs) getroffen wurde. Mangels Entscheidungskompetenz des Dienststellenleiters liegt in diesen Fällen keine Maßnahme der Dienststelle im Sinne des Absatz 1 vor, so dass auch eine Beteiligung des Personalrats nicht in Betracht kommt. Um diese Beteiligungslücke zu schließen, wird der vorsitzenden Person der zuständigen Personalvertretung sowie einem Mitglied der betroffenen Gruppe das Recht eingeräumt, an den Sitzungen des verfassungsmäßig zuständigen obersten Organs oder des von ihm bestimmten Ausschusses mit Ausnahme der Beschlussfassung teilzunehmen und die Auffassung der Personalvertretung darzulegen. Dies gilt in allen personellen oder sozialen Angelegenheiten der Angehörigen der Dienststelle, also in den Fällen des § 72 Abs. 1, 2 und 4 Nr. 6, 11 bis 20. Der Termin und die Tagesordnung der Sitzung des verfassungsmäßig zuständigen obersten Organs oder des von ihm bestimmten Ausschusses sind der Personalvertretung rechtzeitig bekanntzugeben, um die Teilnahmemöglichkeit sicherzustellen. Erst nach Durchführung des vorgeschriebenen Verfahrens kann das verfassungsmäßig zuständige oberste Organ die Maßnahmen beschließen.

18 **Abs. 4:** Die Vorschrift räumt dem Personalrat in sämtlichen mitbestimmungspflichtigen Angelegenheiten des § 72 ein uneingeschränktes Initiativ-Mitbestimmungsrecht ein, d. h., dass der Personalrat die in § 72 aufgeführten Angelegenheiten auch selbst initiativ bei der Dienststelle beantragen kann und in einem solchen Fall ein im Einzelnen geregeltes Mitbestimmungsverfahren stattzufinden hat.

Der Gesetzgeber unternahm mit der Neufassung von Satz 1 dieser Vorschrift durch die Novelle 1994 bereits den dritten Versuch, das Initiativrecht des Personalrats umfassend und auch für die personellen Einzelmaßnahmen »gerichtsfest« zu regeln. Die 1985 – auch damals bereits im Hinblick auf die restriktive Rechtsprechung – vorgenommene Neufassung war vom OVG NRW[138] für unklar gehalten worden, der gesetzgeberische Wille sei angeblich nicht deutlich genug geworden. Mit der Neufassung ist dieser Recht-

137 1 A 278/06.PVL, juris.

138 Entscheidungen vom 8.3.1988 – CL 19/87, PersR 88, 329, und vom 5.8.1991 – CL 24/89, PersV 1993, 41.

sprechung über das »Wesen der Mitbestimmung« der Boden entzogen und klargestellt, dass der Personalrat in Nordrhein-Westfalen ein Initiativrecht in sämtlichen Angelegenheiten hat, die § 72 aufführt – und zwar auch dann, wenn sie nur Gruppen oder gar einen Einzelnen betreffen, sich auf ihn auswirken oder er in der Angelegenheit selbst Rechtsmittel in Anspruch nehmen könnte.[139]

Das Initiativ-Mitbestimmungsrecht wird nach Satz 2 durch einen schriftli- **19**
chen und begründeten Antrag des Personalrats gegenüber der Dienststelle eingeleitet. Diese hat nach dem durch die Novelle 2011 neu gefassten Satz 3 innerhalb von zwei Wochen mitzuteilen, ob dem Vorschlag entsprochen werden soll oder nicht. Will der Dienststellenleiter dem Initiativantrag nicht entsprechen, hat er dies gemäß Satz 4 innerhalb der gleichen Frist von zwei Wochen nach Zugang des Vorschlags mitzuteilen und den Vorschlag sodann mit dem Personalrat mit dem ernsten Willen zur Einigung zu erörtern. Für die Erörterung und das Erörterungsverfahren gelten die Vorschriften aus Absatzes 3 Satz 1 Halbsatz 2 und 3 entsprechend. Die Erörterung muss also innerhalb von zwei Wochen, in dringenden Fällen innerhalb von einer Woche durchgeführt werden. Die zweiwöchige Frist nach Satz 3, binnen derer der Dienststellenleiter über den Vorschlag des Personalrats zu entscheiden hat, beginnt in diesen Fällen mit dem Abschluss der Erörterung. Nach Satz 6 hat der Dienststellenleiter dem Personalrat bei einer endgültigen Ablehnung des Initiativantrages »die Gründe« anzugeben. Dafür ist keine Schriftform vorgesehen und auch für Inhalt und Umfang der anzugebenden Gründe gibt es keine Vorschriften. Jedoch muss die Begründung so vollständig sein, dass der Personalrat eine ausreichende Beratungsgrundlage zur Prüfung der Frage hat, ob er den Antrag nach Absatz 6 und 7 weiterverfolgt. Nach Absatz 7 Satz 2 kann die Personalvertretung die Einigungsstelle unter den Voraussetzungen des Absatzes 7 Satz 1 auch dann anrufen, wenn der Dienststellenleiter über einen Initiativantrag des Personalrats entgegen Absatz 4 Satz 3 nicht innerhalb der zweiwöchigen Frist nach Antragsstellung bzw. nach Erörterung entschieden hat.

Abs. 4 und 6 gelten aufgrund § 74 Abs. 8 auch für Initiativanträge des Personalrats, die eine ordentliche Kündigung nach § 74 Abs. 1 zum Gegenstand haben.

Abs. 5: Das Stufenverfahren ist durch die Novelle 2011 im Wesentlichen **20**
unverändert geblieben. Lediglich die für die Anrufung der übergeordneten Stellen zu beachtenden Fristen sind geändert worden. Beabsichtigt der Dienststellenleiter eine Maßnahme und verweigert der Personalrat seine Zustimmung, so kann der Dienststellenleiter nach Satz 1 innerhalb von zwei Wochen nach Erhalt der Zustimmungsverweigerung die Angelegenheit der

139 So ausdrücklich bezüglich im Initiativantrag namentlich benannter Beschäftigter: BVerwG 24.10.2001 – 6 P 13.00, PersR 2002, 21.

dem Verwaltungsaufbau übergeordneten Stelle, bei der eine Stufenvertretung besteht, vorlegen. Die Vorschrift ist nur in Verwaltungen anwendbar, die eine Stufenvertretung im Sinne des § 50 (siehe die Kommentierung dort) haben. In einstufigen Verwaltungen sowie in Dienststellen und Verwaltungen mit einem Gesamtpersonalrat kann diese Vorschrift nicht angewandt werden, vielmehr ist in diesen Fällen nach Zustimmungsverweigerung des Personalrats unmittelbar nach Absatz 7 zu verfahren. Eine Ausnahme bilden die Landschaftsverbände, der Landesbetrieb Straßenbau NRW sowie der Bau- und Liegenschaftsbetrieb NRW, deren Gesamtpersonalräte nach § 52 Satz 2 die Aufgaben des Hauptpersonalrats wahrnnehmen (vgl. die Kommentierung dort). Zwischen Stufenvertretung und Stufendienststelle hat erneut eine Unterrichtung über die Maßnahme und Erörterung nach Absatz 3 stattzufinden. Kommt eine Einigung nicht zustande, so wird das Mitbestimmungsverfahren nach Absatz 6 bzw. 7 fortgesetzt. Wird das Stufenverfahren von der übergeordneten Dienststelle mit der Begründung abgebrochen, ein Mitbestimmungsrecht des Personalrats bestehe nicht, so bindet das weder den örtlichen Personalrat noch den Dienststellenleiter. Dieser ist vielmehr nach wie vor zur Beachtung des Mitbestimmungsrechts verpflichtet.[140]
Hat der Personalrat einen Initiativantrag gestellt und kommt in der Stufenvertretung entweder eine Einigung nicht zustande oder trifft der Dienststellenleiter keinerlei Entscheidung, kann der Personalrat nach dem insoweit durch die Novelle 2011 geänderten Satz 3 binnen einer Frist von zwei Wochen die Angelegenheit der nächsthöheren Stufenvertretung erneut vorlegen. In diesen Fällen ist nach Satz 4 auf das Stufenverfahren Absatz 4 entsprechend anwendbar, so dass die Regeln über die vom Dienststellenleiter zu beachtenden Fristen bei Eingang eines Initiativantrages sowie diejenigen über die Erörterung des Abs. 3 Satz 1 bis 3 einschließlich der Verpflichtung zur Begründung der Ablehnung eines Vorschlages zur Anwendung kommen.
Ruft der Dienststellenleiter die Stufenverwaltung oder der Personalrat die Stufenvertretung an, so soll nach Satz 5 eine gegenseitige Unterrichtung über diesen Schritt erfolgen.

21 **Abs. 6:** Hat der Personalrat einen Initiativantrag nach Absatz 4 gestellt, der sich auf eine personelle Einzelmaßnahme nach § 72 Abs. 1 bezieht, so ist das Einigungsstellenverfahren nicht eröffnet. Vielmehr entscheidet

- in der Landesverwaltung die oberste Landesbehörde,
- bei den Gemeinden, den Gemeindeverbänden und den sonstigen der Aufsicht des Landes unterstehenden Körperschaften, Anstalten und Stiftungen des öffentlichen Rechts die Dienststelle,

endgültig und damit verfahrensbeendend.

---

140 OVG NRW 9.12.1995 – 1 A 2005/92.PVL, PersR 1995, 304.

Das Verfahren nach Absatz 6 gilt für sämtliche Maßnahmen des § 72 Abs. 1 und daher auch in den Fällen der antragsabhängigen Mitbestimmung in personellen Einzelmaßnahmen nach § 72 Abs. 1 Satz 2.
Das Initiativmitbestimmungsrecht führt in personellen Einzelmaßnahmen, also nach schriftlicher Antragstellung, Beratung, Erörterung und Entscheidung des Dienststellenleiters lediglich zu einer neuen endgültigen Entscheidung der Dienststelle. Nur in der Landesverwaltung entscheidet anstelle der Dienststelle die oberste Landesbehörde.

Abs. 7: Die Gesetzesnovelle 2007 hat das Verfahren vor der Einigungsstelle **22** wesentlich umgestaltet. Unter Berufung auf die Entscheidung des BVerfG zum schleswig-holsteinischen Mitbestimmungsgesetz[141] kommt eine endgültige Entscheidung der Einigungsstelle in personellen Angelegenheiten insgesamt nicht mehr in Betracht, sondern nur noch eine Empfehlung an das verfassungsmäßig zuständige, oberste Organ im Sinne des § 68. Die Einigungsstelle (§ 67) kann von der Dienststelle und dem Personalrat angerufen werden, damit diese in einer streitigen Mitbestimmungsangelegenheit eine Entscheidung trifft. Die Einigungsstelle kann entweder durch Beschluss verbindlich entscheiden (§ 67 Abs. 6 Satz 2) oder durch eine Empfehlung an die erst danach endgültig entscheidende Stelle (§ 68).
Nach Satz 1 kann die Einigungsstelle in allen Maßnahmen, die von der Dienststelle beabsichtigt und vom Personalrat abgelehnt worden sind, angerufen werden sowie bei den vom Personalrat im Wege des Initiativrechtes beantragten Maßnahmen, soweit diese nach § 72 Abs. 2–4 seiner Mitbestimmung unterliegen. Die Anrufung der Einigungsstelle ist daher dann nicht möglich, wenn sich das Initiativrecht des Personalrats auf Personalangelegenheiten des § 72 Abs. 1 erstreckte. In diesen Fällen gilt Absatz 6.
Die Anrufung der Einigungsstelle setzt voraus, dass in der Landesverwaltung zwischen dem Leiter der obersten Landesbehörde und der dort bestehenden zuständigen Personalvertretung keine Einigung erzielt worden ist. Bei den Gemeinden, Gemeindeverbänden und den sonstigen der Aufsicht des Landes unterstehenden Körperschaften, Anstalten und Stiftungen des öffentlichen Rechtes muss eine Nichteinigung zwischen der Dienststelle im Sinne des § 1 Abs. 2 Halbsatz 2 und Abs. 3 bestehen. Dieser Klammerzusatz und der Verweis auf § 1 Abs. 2 soll – ebenso wie der nachfolgende Hinweis auf den »Antrag der Dienststelle« (§ 1 Halbsatz 2) sicherstellen, dass der Gesamtpersonalrat nicht als Stufenvertretung angesehen werden kann. Damit soll eine im kommunalen Bereich aufgetretene Rechtsunsicherheit beseitigt werden.[142]
Die Anrufung der Einigungsstelle ist unter der Voraussetzung zulässig, dass sich keine Einigung zwischen Dienststelle und Personalrat ergeben hat und

141 BVerfG 24.5.1995 – 2 BvF 1/92, PersR 1995, 483.
142 Gesetzesentwurf, LT-Drucks. 14/4239, 95.

dementsprechend die Verfahren nach Abs. 2–5 bei Maßnahmen, die die Dienststelle beabsichtigt hat, sowie bei Initiativanträgen des Personalrats vollständig durchgeführt und abgeschlossen sind. Die bis zur Novelle 2007 für die Anrufung der Einigungsstelle vorgesehene Frist von 14 Tagen nach Zugang des ablehnenden Beschlusses der Personalvertretung oder der ablehnenden Mitteilung des Dienststellenleiters ist entfallen. Für eine solche Frist gebe es – so der Gesetzesentwurf[143] – kein praktisches Bedürfnis: »Ein am zügigen Fortgang des Verfahrens interessierter Leiter der Dienststelle wird die Einigungsstelle schnellstmöglich befassen.« Die Regelung entspreche auch Bundesrecht. Nach Satz 2 – eingefügt durch die Novelle 2007 – kann der Personalrat die Entscheidung der Einigungsstelle auch dann beantragen, wenn der Dienststellenleiter entgegen Absatz 4 Satz 3 eine Entscheidung über den Vorschlag des Personalrats nicht oder nicht innerhalb von zwei Wochen nach Zugang des Antrags oder nach Abschluss der Erörterung getroffen hat. Damit ist – so der Gesetzesentwurf[144] – eine Regelungslücke für den Fall geschlossen worden, dass der Leiter der Dienststelle über einen Initiativantrag nicht fristgerecht entscheidet.

Satz 3 schränkt die der Einigungsstelle in Satz 1 zugewiesene Kompetenz zur Entscheidung der Angelegenheit in den dort vorgesehenen Fällen ein. Die Vorschrift ist durch die Gesetzesnovelle 2007 geändert und damit die Letztentscheidungskompetenz der Einigungsstelle nachhaltig eingeschränkt worden. Durch die Novelle 2011 wurde der Katalog der Mitbestimmungsangelegenheiten, in denen die Einigungsstelle eine Empfehlung beschließt, geändert. Der Katalog wurde an die erweiterten Mitbestimmungstatbestände gemäß § 72 Abs. 4 angepasst. Darüber hinaus wurde § 74 Abs. 1 in die Aufzählung aufgenommen, da nach der Novelle 2011 der Personalrat auch bei ordentlichen Kündigungen mitzubestimmen hat. In der Gesetzesbegründung wird darauf hingewiesen, dass die neu aufgenommenen Tatbestände und die ordentliche Kündigung im Hinblick auf die Entscheidung des BVerfG vom 24.5.1995 zum schleswig-holsteinischen Personalvertretungsgesetz[145] der Letztentscheidung der Einigungsstelle nicht zugänglich sind. Eine endgültige Entscheidung kann die Einigungsstelle nur noch in den Fällen beschließen, die nicht in Satz 3 aufgeführt sind. Dementsprechend entscheidet die Einigungsstelle endgültig in den Mitbestimmungsangelegenheiten von §§ 72 Abs. 2, 4 Satz 1 Nr. 1, 3–5, 7–10, 13, 18.

Im Übrigen kann die Einigungsstelle in folgenden Fällen eine Empfehlung beschließen: §§ 72 Abs. 1, 3 und 4 Satz 1 Nr. 2, 6, 11, 12, 14–17, 19–22, 74 Abs. 1.

143 LT-Drucks. 14/4239, 95.
144 LT-Drucks. 14/4239, 95.
145 BVerfG 24.5.1995, a.a.O.

Ist der Einigungsstelle nur die Kompetenz einer Empfehlung zugewiesen, so hat sie diese Empfehlung an die in diesen Fällen endgültig entscheidende Stelle zu richten. Das ist gemäß § 68 bei den Beschäftigten des Landes nunmehr erneut, wie bereits vor der Novelle 2007, die Landesregierung und nicht mehr die oberste Dienstbehörde, bei Beschäftigten der Gemeinden, der Gemeindeverbände und der sonstigen der Aufsicht des Landes unterstehenden Körperschaften, Anstalten und Stiftungen des öffentlichen Rechtes deren verfassungsmäßig zuständiges oberstes Organ oder der von ihm bestimmte Ausschuss. Diese Zuständigkeit ergibt sich aus dem jeweiligen Gesetzes- oder Satzungsrecht.

Das Zustandekommen der Einigungsstelle und das von ihr zu beachtende Verfahren ergibt sich aus § 67.

Das durch die Novelle 2007 eingeführte Evokationsrecht wurde durch die Novelle 2011 eingeschränkt. Bisher gab es für das zuständige oberste Organ im Sinne des § 68 die Möglichkeit, einen bindenden Beschluss der Einigungsstelle innerhalb eines Monats ganz oder teilweise aufzuheben und *abweichend* selbst zu entscheiden, wenn ein Beschluss im Einzelfall wegen seiner Auswirkungen auf das Gemeinwohl wesentlicher Bestandteil der Regierungsgewalt war. Dieses Evokationsrecht besteht künftig in der Form, dass die beteiligten Dienststellen auf dem Dienstweg die nach § 68 entscheidende Stelle – das verfassungsmäßig zuständige oberste Organ – anrufen können und dieses feststellen kann, ob der Beschluss der Einigungsstelle nur empfehlenden Charakter hat. In diesem Fall entscheidet das verfassungsmäßig zuständige oberste Organ *abschließend*. Die Einschränkung besteht darin, dass nunmehr keine vollständig abweichende Entscheidung mehr getroffen werden kann. Das zuständige oberste Organ kann lediglich im Rahmen der im Einigungsstellenverfahren gestellten Anträge entscheiden und keine vollständige eigenständige abweichende Entscheidung treffen, wie dies bisher möglich war. Liegen die Voraussetzungen für die Evokation nicht vor, verbleibt es beim verbindlichen Beschluss der Einigungsstelle. Begründet wurde die Neuregelung des Evokationsrechtes damit, dass aufgrund der Entscheidung des BVerfG vom 24.5.1995 zum schleswig-holsteinischen Personalvertretungsgesetz[146] zwar Maßnahmen, die im Einzelfall wegen ihrer Auswirkungen auf das Gemeinwesen wesentlicher Bestandteil der Regierungsgewalt sind, der endgültigen Entscheidung der Einigungsstelle nicht zugänglich sein dürfen. Zu der Art und Weise, wie dieses Letztentscheidungsrecht der demokratisch-legitimierten Entscheidungsträger sicherzustellen ist, habe das Urteil allerdings keine Vorgaben gemacht. Auch nach der Rechtsprechung des BVerwG – die Gesetzesbegründung verweist beispielhaft auf den Beschluss des BVerwG vom 4.6.2010[147] – obliegt die Ausgestal- 23

146 BVerfG 24.5.1995 – 2 BvF 1/92, PersR 1995, 483.
147 6 PB 4.10, PersR 2010, 361.

tung der vom BVerfG vorgegebenen Grundsätze dem Gesetzgeber, die dann durch die Gerichte zu beachten ist.

Das Evokationsrecht besteht in den Fällen, in denen die Einigungsstelle nach Satz 1 einen bindenden Beschluss gefasst hat. Die Ausübung des Evokationsrechtes kommt nur in Betracht, wenn der fragliche Einigungsstellenbeschluss im Einzelfall wegen seiner Auswirkungen auf das Gemeinwesen wesentlicher Bestandteil der Regierungsgewalt ist. Diese dem rheinland-pfälzischen Personalvertretungsgesetz entnommene Formulierung entspricht dem Postulat der rahmenrechtlichen Vorschrift des § 104 Satz 3 BPersVG. Danach dürfen Entscheidungen, die wegen ihrer Auswirkung auf das Gemeinwesen wesentlicher Bestandteil der Regierungsgewalt sind, nicht den Stellen entzogen werden, die der Volksvertretung verantwortlich sind. Die Vorschrift gab den Ländern vor, den »unabhängigen Stellen« in bestimmten Angelegenheiten keine Letztentscheidung zu übertragen. Als Beispiele werden personelle Angelegenheiten der Beamten, die Gestaltung von Lehrveranstaltungen im Rahmen des Vorbereitungsdienstes einschließlich der Auswahl der Lehrpersonen sowie organisatorische Angelegenheiten genannt. Da diese Vorgaben bereits durch die Beschränkung der Letztentscheidung der Einigungsstelle erfüllt sind, ist äußerst fraglich, unter welchen Voraussetzungen für die Evokation noch Raum sein könnte. Das BVerfG hat in der Entscheidung vom 24.5.1995[148] auch nicht verlangt, dass ein Evokationsrecht kumulativ neben die Beschränkung und Beschneidung der Letztentscheidungsbefugnis der Einigungsstelle treten müsse. Unter dieser Voraussetzung kommt eine Evokation von Einigungsstellenbeschlüssen zunächst nur in Betracht, wenn das im Einzelfall erforderlich und unabweisbar ist. Darüber hinaus muss der Einigungsstellenbeschluss Auswirkungen auf das Gemeinwohl haben, so dass Einigungsstellenbeschlüsse in den sozialen Angelegenheiten z. B. nach § 72 Abs. 2 nur dann der Evokation zugänglich sein dürften, wenn durch die Gewährung der dort genannten Leistungen Verfassungsgrundsätze verletzt werden oder durch die bei Erfüllung eines Einigungsstellenspruches notwendigen Ausgaben ein Haushaltsnotstand eintreten würde. Selbst wenn solche Auswirkungen auf das Gemeinwesen eintreten könnten – zu denken wäre etwa an die Einschränkung von Öffnungszeiten öffentlicher Einrichtungen durch Beschluss der Einigungsstelle zu Arbeitszeiten oder die Verweigerung von Überstunden an Samstagen und Sonntagen – ist darüber hinaus zu verlangen, dass das jeweils zu schützende Rechtsgut als wesentlicher Bestandteil der Regierungsgewalt anzusehen ist und einen Eingriff in den Kernbereich der gemeindlichen Selbstverwaltung darstellt. Nicht jede Einschränkung, z. B. von Öffnungszeiten von Museen,

148 BVerfG 24.5.1995, a.a.O.

Theatern oder Schwimmbädern, stellt jedoch bereits einen Eingriff in den Kernbereich der gemeindlichen Selbstverwaltung dar.

Liegen die Voraussetzungen vor, können die beteiligten Dienststellen inner- 24
halb einer Frist von einem Monat nach Zustellung des Beschlusses der Einigungsstelle auf dem Dienstweg die nach § 68 zuständige Stelle anrufen.

Das Antragsrecht steht nur der beteiligten Dienststelle zu. Dem beteiligten Personalrat ist lediglich Gelegenheit zur Stellungnahme zu geben. Hierfür kann dem Personalrat durch die nach § 68 zuständige Stelle eine angemessene Frist gesetzt werden. Das Recht zur Stellungnahme durch den Personalrat wurde durch die Novelle 2011 neu eingefügt.

Die nach § 68 zuständige Stelle hat sodann festzustellen, ob die Voraussetzungen des Satz 4 vorliegen, d. h., ob es sich um einen bindenden Beschluss handelt und ob die Maßnahme aufgrund ihrer Auswirkungen auf das Gemeinwohl wesentlicher Bestandteil der Regierungsgewalt ist. Ist dies der Fall, stellt die zuständige Stelle fest, dass der Beschluss der Einigungsstelle nur empfehlenden Charakter hat. An die Stelle der Entscheidung der Einigungsstelle tritt sodann die abschließende Entscheidung der nach § 68 zuständigen Stelle. Nach Satz 7 ist die Entscheidung zu begründen.

Liegen die genannten Voraussetzungen nicht vor, verbleibt es nach Satz 8 25
beim Beschluss der Einigungsstelle.

Nach Satz 9 sind die vorsitzende Person der Einigungsstelle sowie die am Einigungsstellenverfahren beteiligte Dienststelle und der Personalrat unverzüglich, d. h. ohne schuldhaftes Zögern, über die Entscheidung der nach § 68 zuständigen Stelle und deren Gründe in Schriftform zu informieren.

Da es sich bei der Evokation um eine Entscheidung des zuständigen obersten 26
Organs nach § 68 handelt, ist eine gerichtliche Überprüfung der Entscheidung im personalvertretungsrechtlichen Beschlussverfahren ausgeschlossen, da das personalvertretungsrechtliche Verfahren mit der Beschlussfassung der Einigungsstelle endet und die Entscheidung der zuständigen Stelle nach § 68 der Einflussnahme der Personalvertretung entzogen ist.[149]

Abs. 8: Die Dienststelle kann bei Maßnahmen, die keinen Aufschub dulden, 27
bis zur endgültigen Entscheidung eine vorläufige Regelung, also eine Eilmaßnahme treffen. Unaufschiebbar ist eine Angelegenheit nicht bereits dann, wenn sie eilbedürftig ist. Vielmehr bedarf es einer größeren Dringlichkeit.[150] Bei bloßer Eilbedürftigkeit genügt es, von der Möglichkeit zur Abkürzung der Fristen in § 66 Abs. 2 und 3 Gebrauch zu machen.[151] Es muss

149 Vgl. BVerwG 31. 8. 2009 – 6 PB 21.09, PersR 2009, 510.

150 OVG NRW 15. 3. 1988 – CL 44/87, PersR 1989, 28; bejaht z. B. bei vorläufiger Versetzung auf einen Arbeitsplatz ohne berufliche Außenkontakte nach Verurteilung wegen Vorteilsnahme: OVG NRW 25. 8. 2005 – 1 A 4779/03.PVL, PersV 2006, 184.

151 OVG NRW 15. 3. 1988, a. a. O.

ein Sachzwang zum sofortigen Handeln bestehen, wobei ein strenger Maßstab zur Beurteilung anzulegen ist. Das Merkmal der Unaufschiebbarkeit ist deshalb eng auszulegen, weil der Dienststellenleiter nur ausnahmsweise eine vorläufige Regelung treffen darf. In der Regel sind die vorherige Beteiligung des Personalrats und der Abschluss des Mitbestimmungsverfahrens erforderlich, bevor die Maßnahme getroffen werden kann.

Es ist daher eine Abwägung zwischen der Erfüllung der Aufgaben der Dienststelle einerseits und der Wahrnehmung der Interessen der Beschäftigten durch den Personalrat andererseits erforderlich. Nur wenn bei Unterlassung der alsbaldigen Durchführung

- der Erfolg vereitelt würde,
- einem durch die Unterlassung Betroffenen ein Schaden entstehen würde, der in keinem Verhältnis zum Nutzen und Zweck der Mitbestimmung steht,
- weitere Verzögerungen die Erfüllung der der Dienststelle obliegenden Aufgaben in Frage stellen würden,
- keine andere Möglichkeit besteht, durch sonstige organisatorische Maßnahmen den Notfall abzuwenden,[152]

darf eine vorläufige Regelung getroffen werden. Das OVG NRW[153] lässt eine vorläufige Maßnahme auch bei selbstverschuldeter Dringlichkeit zu.

Auch in einem solchen Fall darf die vorläufige Maßnahme die endgültige nicht vorwegnehmen. Sie muss in ihrer Wirkung, Dauer oder Reichweite so weit hinter der beabsichtigten Maßnahme zurückbleiben, dass eine wirksame Ausübung des Mitbestimmungsrechts möglich bleibt.[154] An Stelle einer endgültigen Versetzung hat sich die Dienststelle auf eine Abordnung zu beschränken.[155] Die zeitliche Festlegung von Überstunden im Wege einer vorläufigen Regelung ist in der Regel schon deswegen unzulässig, weil sie einen nicht mehr rückgängig zu machenden Tatbestand schafft.[156]

Zur Beurteilung der Dringlichkeit ist auf den Bereich der gesamten Dienststelle, nicht auf die Verhältnisse in einer Abteilung oder eines einzelnen Lehrstuhls an einer Universität abzustellen.[157]

Der Personalrat kann die Zulässigkeit einer Eilmaßnahme im Wege der einstweiligen Verfügung feststellen lassen. Allerdings sind besonders strenge Anforderungen an den Verfügungsgrund – die Eilbedürftigkeit des Verfah-

---

152 OVG NRW 15. 3. 1988, a. a. O.; 23. 9. 1993 – 1 A 557/91, PersR 1993, 567.

153 Entscheidungen vom 27. 10. 1999 – 1 A 3216/97.PVL, PersR 2000, 168; 28. 1. 2003 – 1 B 1681/02.PVL, PersR 2004, 64.

154 OVG NRW 6. 3. 1997 – 1 A 3910/93.PVL, PersR 1997, 454.

155 Siehe OVG NRW 12. 6. 1997 – 1 A 4174/94.PVL, PersR 1998, 34; 27. 10. 1999 – 1 A 3216/97.PVL, PersR 2000, 168.

156 OVG NRW 9. 8. 1999 – CB 29/87, PersR 1990, 29.

157 OVG NRW 23. 9. 1993 – 1 A 557/93, PersR 1993, 567.

rens – zu stellen. Der Erlass einer solchen einstweiligen Verfügung wird nur dann in Betracht kommen, wenn dessen Versagung zu einem endgültigen Rechtsverlust oder sonstigen irreparablen Zustand führen würde.[158]
Die Eilmaßnahme ist dem Personalrat mitzuteilen und zu begründen. Darüber hinaus ist unverzüglich das reguläre Mitbestimmungsverfahren nach den Abs. 2, 3, 5 und 7 einzuleiten. Leitet die Dienststelle das Mitbestimmungsverfahren nicht ein, so kann sie im Wege der einstweiligen Verfügung angehalten werden, dass Mitbestimmungsverfahren einzuleiten oder fortzusetzen.[159]

§ 67

(1) Bei jeder obersten Dienstbehörde wird für die Dauer der Wahlperiode der Personalvertretung eine Einigungsstelle gebildet. Sie besteht aus einer unparteiischen vorsitzenden Person, ihrer Stellvertreterin oder ihrem Stellvertreter und Beisitzerinnen und Beisitzern. Auf die vorsitzende Person und deren Stellvertreterin oder Stellvertreter haben sich die oberste Dienstbehörde und die bei ihr bestehende Personalvertretung innerhalb von zwei Monaten nach Beginn der Wahlperiode zu einigen. Kommt eine Einigung nicht zustande, so entscheidet auf Antrag der obersten Dienstbehörde oder der Personalvertretung die Präsidentin oder der Präsident des Oberverwaltungsgerichts. Die Beisitzerinnen und Beisitzer werden für das jeweilige Einigungsstellenverfahren benannt; sie müssen Beschäftigte im Geltungsbereich eines Personalvertretungsgesetzes sein.
(2) Die Mitglieder der Einigungsstelle sind unabhängig und üben ihre Tätigkeit als Ehrenamt in eigener Verantwortung aus. Für sie gilt § 40 Abs. 1 Sätze 1 bis 4 und Abs. 3 und, soweit sie Beschäftigte im Geltungsbereich dieses Gesetzes sind, § 42 Abs. 2 entsprechend. Der vorsitzenden Person kann eine Entschädigung für Zeitaufwand gewährt werden. Die Mitglieder scheiden aus der Einigungsstelle außer durch Zeitablauf (Absatz 1 Satz 1) oder Niederlegung des Amtes nur unter den in § 50 Abs. 1 Nr. 1 und 2 des Landesdisziplinargesetzes bezeichneten Voraussetzungen aus, die Beisitzerinnen und Beisitzer ferner bei Beendigung des Dienst- oder Arbeitsverhältnisses im Geltungsbereich eines Personalvertretungsgesetzes.
(3) Die Einigungsstelle wird tätig in der Besetzung mit der vorsitzenden Person oder, falls sie verhindert ist, der Stellvertreterin oder dem Stellvertreter und sechs Beisitzerinnen und Beisitzern, die auf Vorschlag der

158 OVG NRW 28.1.2003 – 1 B 1681/02.PVL, PersR 2004, 64.
159 Vgl. Lechtermann, PersV 2006, 1 ff.

obersten Dienstbehörde und der Personalvertretung je zur Hälfte benannt werden.
(4) Die Sitzungen der Einigungsstelle sind nicht öffentlich. Den Beteiligten ist die Anwesenheit nur bei der Verhandlung zu gestatten; sachverständigen Personen kann die Teilnahme gestattet werden. Den Beteiligten ist Gelegenheit zur mündlichen Äußerung zu geben, die mit ihrem Einverständnis auch schriftlich erfolgen kann.
(5) Die Einigungsstelle entscheidet durch Beschluss über die Anträge der Beteiligten, sie kann den Anträgen auch teilweise entsprechen. Die Einigungsstelle soll binnen zwei Monaten nach der Erklärung einer oder eines Beteiligten, die Entscheidung der Einigungsstelle herbeiführen zu wollen, entscheiden. Der Beschluss muss sich im Rahmen der geltenden Rechtsvorschriften, insbesondere des Haushaltsgesetzes, halten. Der Beschluss wird mit Stimmenmehrheit gefasst.
(6) Der Beschluss der Einigungsstelle ist zu begründen und den Beteiligten zuzustellen. Er bindet diese, soweit er eine Entscheidung im Sinne des Absatzes 5 enthält; § 66 Abs. 7 Satz 4 bleibt unberührt. Eine Bindung besteht nicht in den Fällen des § 66 Abs. 7 Satz 3.
(7) Für die Geschäftsführung der Einigungsstelle gilt § 40 Abs. 1 Sätze 1 bis 4 und Abs. 3 entsprechend.
(8) Besteht bei einer obersten Dienstbehörde ein Hauptpersonalrat oder ein Gesamtpersonalrat, so nimmt dieser die Befugnisse der Personalvertretung nach Absatz 1 Satz 3 und 4 und Absatz 3 wahr.
(9) In den Fällen des § 84, des § 89 Absatz 1 Satz 2 Nummer 2, § 94 Absatz 1 Nummer 3 und des § 94b Absatz 1 ist die Einigung nach Absatz 1 Satz 3 zwischen der obersten Dienstbehörde und allen Hauptpersonalräten des Geschäftsbereichs herbeizuführen. Bei der Verhandlung von Angelegenheiten aus dem Zuständigkeitsbereich der Hauptpersonalräte nach § 84, § 89 Absatz 1 Satz 2 Nummer 2, § 94 Absatz 1 Nummer 3 und § 94b Absatz 1 üben diese Hauptpersonalräte das Vorschlagsrecht nach Absatz 3 aus.

1 Durch die Novelle 2011 wurde das Teilnahmerecht von sachverständigen Personen an den Einigungsstellensitzungen wieder eingeführt. Darüber hinaus sind die Beisitzer, abweichend von der bisherigen Regelung, nicht mehr für die gesamte Wahlperiode, sondern für jedes einzelne Einigungsstellenverfahren zu benennen. Weitere inhaltliche Änderungen hat das Einigungsstellenverfahren durch die Novelle 2011 nicht erfahren.

2 **Abs. 1:** Eine Einigungsstelle wird bei jeder obersten Dienstbehörde für die Dauer der gesamten Wahlperiode gebildet. Ihre Einrichtung ist zwingend. Oberste Dienstbehörde ist im Bereich der Landesverwaltung die oberste Landesbehörde, bei der gemäß § 50 Abs. 1 ein Hauptpersonalrat zu bilden ist. In dem Bereich der Gemeinden und der Gemeindeverbände sowie der

sonstigen der Aufsicht des Landes unterstehenden Körperschaften, Anstalten und Stiftungen des öffentlichen Rechtes bestehen keine Hauptpersonalräte, so dass die Einigungsstelle auf der Ebene des Leiters der Dienststelle bzw. der Gesamtdienststelle – beim Bestehen von Gesamtpersonalräten – zu bilden ist. Durch die Gesetzesänderung in § 52 Satz 1, wonach nunmehr auch bei Gemeinden und von ihr errichteten Anstalten, Körperschaften und Stiftungen Gesamtpersonalräte zu bilden sind, ist es nunmehr möglich, eine gemeinsame Einigungsstelle für Gemeinden und von ihnen errichtete Anstalten, Körperschaften oder Stiftungen zu bilden. Es ist bei jeder obersten Dienstbehörde eine Einigungsstelle zu bilden. Die Bildung gemeinsamer Einigungsstellen für mehrere oberste Dienstbehörden ist nicht möglich. In Stufenverwaltungen ist die Einigungsstelle für alle Angelegenheiten zuständig, die von den örtlichen Personalräten über die Stufenvertretungen zur obersten Dienstbehörde gelangen.

Die Einigungsstelle besteht nach Satz 2 aus der vorsitzenden Person, ihrem Stellvertreter und einer gleichen Zahl von Beisitzern. Auf die Person des Vorsitzenden und des Stellvertreters haben sich Dienststelle und Personalvertretung gemäß Satz 3 innerhalb von zwei Monaten nach Beginn der Wahlperiode – sie beginnt jeweils am 1. Juli eines Wahljahres (vgl. § 23 Abs. 1) – zu einigen. Kommt eine Einigung zustande, so amtieren die vorsitzende Person sowie ihr Stellvertreter für die gesamte Wahlperiode des Personalrats. Seit der Novelle 2011 gilt dies nicht mehr für die Beisitzer. Diese werden nicht mehr wie bisher für die gesamte Wahlperiode, sondern nur für das jeweilige Einigungsstellenverfahren benannt. Dies soll eine sachkundige Besetzung der Einigungsstelle gewährleisten, was bislang nicht der Fall war, da alle Beisitzerinnen und Beisitzer am Anfang der Amtszeit des Personalrates bestimmt werden mussten. Die Beisitzerinnen und Beisitzer sollen daher nur noch anlassbezogen bestellt werden.[160] Die Aufstellung einer Liste ist nicht mehr erforderlich. Die Benennung der Beisitzer auf Seiten des Personalrates erfolgt durch Beschluss des Personalrates. Die Bestellung der vorsitzenden Person für die gesamte Amtsperiode wurde beibehalten, um eine Kontinuität der Entscheidungspraxis zu gewährleisten.[161] 3

Kommt eine Einigung über die vorsitzende Person und ihren Stellvertreter innerhalb der Zweimonatsfrist bis zum 31. August des Wahljahres nicht zustande, entscheidet gemäß Satz 4 der Präsident des Oberverwaltungsgerichts auf Antrag entweder der Dienststelle oder der Personalvertretung. Da erfahrungsgemäß eine Berücksichtigung von personellen Vorschlägen durch den OVG-Präsidenten nicht erfolgt, eine mündliche Anhörung und Rechtsmittel gegen diese Entscheidung nicht vorgesehen sind, empfiehlt sich eine Einigung innerhalb der Dienststelle. Sie kann darin bestehen, dass in einer Wahl-

160 LT-Drucks. 15/1644, 83.
161 LT-Drucks. 15/1644, 83.

periode der von der Dienststelle Vorgeschlagene als Vorsitzender und der vom Personalrat Vorgeschlagene als Stellvertreter amtiert und umgekehrt in der folgenden Amtszeit verfahren wird.

4 Die Beisitzer müssen gemäß Satz 5 2. Halbsatz Beschäftigte aus dem Geltungsbereich eines Personalvertretungsgesetzes sein, können also sowohl im Bereich des BPersVG wie im Bereich eines Personalvertretungsgesetzes der Länder beschäftigt sein. Sie müssen der Dienststelle nicht angehören. Für die Personalvertretungen ist das eine Gelegenheit, Sachverstand und Argumentationskraft innerhalb der Einigungsstelle zu verstärken und die durch die Novelle 2007 verschlechterte »intellektuelle Waffengleichheit« wieder herzustellen. So ist es z. B. der Personalvertretung gestattet, Vertreter von Personalräten anderer Dienststellen – auch aus anderen Bundesländern oder aus Bundesverwaltungen – zu Beisitzern zu bestellen und darüber hinaus auch Beschäftigte aus solchen Dienststellen ohne Personalratsamt.
Wird die Einigungsstelle angerufen und nach Absatz 3 tätig, so sind die Beisitzer sowohl von Dienststelle wie Personalvertretung dem Einigungsstellenvorsitzenden namentlich zu benennen. Die Benennung durch den Personalrat bedarf eines entsprechenden Beschlusses.

5 **Abs. 2:** Ebenso wie das Personalratsamt gemäß § 42 Abs. 1 ist die Tätigkeit als Einigungsstellenmitglied ein Ehrenamt, das unabhängig und in eigener Verantwortung – also ohne Weisungen oder imperatives Mandant – auszuüben ist. Die Mitglieder der Einigungsstelle haben Anspruch auf Erstattung der ihnen erwachsenen Kosten, die durch das Amt entstehen, insbesondere auf Reisekosten nach den reisekostenrechtlichen Bestimmungen. Für Beisitzer, die in einer Dienststelle im Sinne des § 1 beschäftigt sind, gilt außerdem § 42 Abs. 2, demzufolge Versäumnis von Arbeitszeit, die durch die Tätigkeit in der Einigungsstelle verursacht wird, nicht zur Minderung der Bezüge des Arbeitsentgeltes führt sowie, dass bei Beanspruchung mit Einigungsstellentätigkeit außerhalb der regelmäßigen Arbeitszeit Dienstbefreiung in entsprechendem Umfang zu gewähren ist. Der Vorsitzende hat nach Satz 3 Anspruch auf eine Entschädigung nach Zeitaufwand. Dazu kann als Stundensatz der Richtwert für die Berücksichtigung des Verwaltungsaufwandes bei der Festlegungder nach dem Gebührengesetz für das Land NRW zu erhebenden Verwaltungsgebühren[162] oder das Justizvergütungs- und -entschädigungsgesetz[163] sinngemäß herangezogen oder eine Pauschalvereinbarung getroffen werden.

162 So Runderlass des Ministeriums für Inneres und Kommunales zur Durchführung des Landespersonalvertretungsgesetzes (MBl. NRW 2013, 116).

163 Gesetz vom 5. 4. 2002, BGBl. I 718, 776, geändert durch Gesetz vom 11. 10. 2016, BGBl. I 2222.

Die durch die Novelle 2007 geschaffene Möglichkeit der Budgetierung von Personalratskosten ist nicht auf das Einigungsstellenverfahren entsprechend anzuwenden.

Das Mandat der Beisitzer endet mit Abschluss des Einigungsstellenverfahrens, für das sie bestellt wurden. Die Einigungsstellenmitglieder scheiden darüber hinaus aus der Einigungsstelle aus 6

- durch Zeitablauf, also mit Ablauf der Wahlperiode des Personalrats,
- durch Niederlegung des Amtes,
- unter den Voraussetzungen des § 50 Abs. 1 Nr. 1 und 2 LDG (Verurteilung zu einer Freiheitsstrafe in Strafverfahren oder Verhängung einer Disziplinarmaßnahme mit Ausnahme des Verweises),
- im Falle der Beendigung des Dienst- oder Arbeitsverhältnisses zu einem Arbeitgeber oder Dienstherrn im Geltungsbereich eines Personalvertretungsgesetzes.
- Eine Abberufung eines Beisitzers kann dadurch erfolgen, dass Dienststelle bzw. Personalrat dem Einigungsstellenvorsitzenden einen anderen Beisitzer anstelle eines bereits Benannten benennen, z. B. bei längerer Verhinderung oder Störung des Vertrauensverhältnisses.

Abs. 3: Die Einigungsstelle wird auf Antrag gemäß § 66 Abs. 7 tätig. Die Anträge sind an den Vorsitzenden zu richten. Dieser – im Verhinderungsfalle sein Stellvertreter – fordert zur Benennung der Beisitzer auf, leitet Anträge und Stellungnahmen weiter, setzt einen Verhandlungstermin fest und leitet die Verhandlung der Einigungsstelle. Die Einigungsstellensitzung findet unter Teilnahme des Vorsitzenden und von je drei Beisitzern beider Seiten statt. Sowohl Dienststelle als auch Personalrat steht es frei, die Beisitzer für jede Sitzung gesondert zu bestellen oder fallweise – um eine gewisse Kontinuität zu gewährleisten – für sämtliche Sitzungen in einer Angelegenheit, über die die Einigungsstelle zu entscheiden hat. 7

Abs. 4: Die Sitzungen der Einigungsstelle sind nicht öffentlich. Den Beteiligten, also Dienststelle und Personalrat, ist die Anwesenheit zu gestatten, jedoch nur bei der Verhandlung – also der Erörterung der Angelegenheit –, nicht auch bei der Beratung und Entscheidungsfindung. Die Beteiligten können sich in der Verhandlung vor der Einigungsstelle durch Verfahrensbevollmächtigte – Vertreter von Gewerkschaften oder Arbeitgeberverbänden und von Rechtsanwälten – vertreten lassen bzw. diese zu der Verhandlung mitbringen. Durch die Novelle 2011 wurde die erst durch die Novelle 2007 abgeschaffte Möglichkeit der Hinzuziehung von sachverständigen Personen wieder eingeführt. Aufgrund der in den Einigungsstellenverfahren häufig diskutierten sehr komplexen Fragestellungen soll sachverständigen Personen wieder die Teilnahme an den Sitzungen (nicht bei der Beratung 8 und Beschlussfassung) gestattet werden. Über die Teilnahme sachverständiger Personen hat die Einigungsstelle zu entscheiden.[164]

Werden von der Einigungsstelle zur Beratung oder Beschlussfassung nicht der Einigungsstelle angehörige Dritte zugelassen, so stellt dies einen schwerwiegenden Verstoß gegen Verfahrensvorschriften dar, der zur Unwirksamkeit des Einigungsstellenbeschlusses führt. Gleiches gilt für einen Verstoß gegen den Grundsatz der Nichtöffentlichkeit bei der Verhandlung der Einigungsstelle.[165]

Abgeschafft wurde durch die Novelle 2007 das Recht der Personalvertretung, Beauftragte einer in der Personalvertretung vertretenen Gewerkschaft zu den Verhandlungen hinzuzuziehen. Die Streichung der entsprechenden Vorschriften wurde damit begründet, dass für eine Teilnahme dieses Personenkreises kein Bedürfnis bestehe und das BPersVG solche Möglichkeiten ebenfalls nicht vorsehe. Durch die Novelle 2011 wurde diese verschlechternde Regelung nicht zurückgenommen. Mit der Abschaffung dieser Beteiligungsrechte ist die Transparenz des Einigungsstellenverfahrens geringer geworden und die Möglichkeiten des Personalrats, sich zur Unterstützung seiner Anliegen vor der Einigungsstelle externer Hilfe zu bedienen, beschränkt worden. Die »intellektuelle Waffengleichheit« ist daher zu Ungunsten des Personalrats verändert und verschlechtert worden. Die verbliebenen Rechte zur Anhörung sowie die sich aus allgemeinem Verfahrensrecht ergebenden Ansprüche und Gewährleistungen auf rechtliches Gehör erhalten daher besondere Bedeutung.

9 Für das Verfahren vor der Einigungsstelle finden sich im Gesetz keine ausdrücklichen Vorschriften. Jedoch sind die grundlegenden Regelungen des Prozessrechts der ZPO einzuhalten. Der Vorsitzende der Einigungsstelle hat also den Beteiligten rechtliches Gehör zu gewähren, indem die jeweiligen Anträge den Parteien zugeleitet werden und ihnen Gelegenheit zur Stellungnahme und zur Antragsstellung gegeben wird. Der Vorsitzende kann vorbereitende Verfügungen erlassen, z. B. die Beiziehung der Akten anordnen, die Ladung von Zeugen und Auskunftspersonen veranlassen. Zur Einberufung der Einigungsstelle sind die Ladungsfristen einzuhalten. Die Ladungen erfolgen durch den Vorsitzenden, der sich dazu der Organisation der Dienststelle bedienen kann. Mit Anberaumung eines Termins zur Verhandlung vor der Einigungsstelle hat der Vorsitzende Dienststelle und Personalrat aufzufordern, die drei Beisitzer je zur Hälfte zu benennen. Diese sind dann vom Vorsitzenden zum Sitzungstermin zu laden.

Absatz 4 ist obligatorisch, weshalb von einer Sitzung der Einigungsstelle nicht abgesehen werden kann und die Durchführung eines schriftlichen Verfahrens unzulässig ist.

---

164 LT-Drucks. 15/1644, 83.

165 OVG NRW 20.5.2010 – 16 A 296/09.PVL, PersR 2010, 502.

Abs. 5: Nach **Satz 1** entscheidet die Einigungsstelle durch Beschluss über die Anträge der Beteiligten. Der Beschluss kann in einer Empfehlung an das verfassungsmäßig zuständige oberste Organ im Sinne des § 68 bestehen (§ 66 Abs. 7 Satz 3). In den übrigen der Einigungsstelle zur verbindlichen Entscheidung übertragenen Mitbestimmungsangelegenheiten trifft die Einigungsstelle einen die Beteiligten bindenden und das Mitbestimmungsverfahren beendenden Beschluss. Die Beteiligten haben dementsprechend in der Sitzung der Einigungsstelle Anträge zu stellen, die sich auf das streitgegenständliche Mitbestimmungsverfahren beziehen. Es können in der Einigungsstelle keine Anträge gestellt werden, die nicht bereits zuvor im Mitbestimmungsverfahren von der Dienststelle gemäß § 66 Abs. 2 und vom Personalrat gemäß § 66 Abs. 4 beantragt oder vorgeschlagen worden sind. Die Einigungsstelle ist ausschließlich dafür zuständig, über die vom Personalrat verweigerte Zustimmung zu einer ganz bestimmten Maßnahme bzw. über die dem Dienststellenleiter vom Personalrat vorgeschlagene und von ihm abgelehnte Maßnahme zu entscheiden. Im Rahmen dieser Zuständigkeit haben sich auch die Anträge von Dienststellenleiter und Personalrat zu bewegen. Die Einigungsstelle kann den gestellten Anträgen auch teilweise entsprechen, ist also nicht gezwungen, den gestellten Anträgen entweder zu entsprechen oder sie vollständig abzulehnen, was z. B. bei der Gestaltung der Arbeitszeit in Betracht kommt, nicht jedoch bei einem Antrag auf Höhergruppierung. 10

Nach dem durch die Novelle 2007 neu gefassten **Satz 2** soll die Einigungsstelle binnen zwei Monaten nach der Erklärung eines Beteiligten, die Entscheidung der Einigungsstelle herbeiführen zu wollen, entscheiden. Die Frist beginnt mit Anrufung der Einigungsstelle gemäß § 66 Abs. 7 Satz 1 und 2. Entscheidet die Einigungsstelle nicht innerhalb dieser Frist, kann unter Hinweis auf dieses Versäumnis zunächst der Vorsitzende und bei andauernder Untätigkeit der gemäß Absatz 1 bestellte Vertreter des Vorsitzenden zur unverzüglichen Anberaumung einer Sitzung der Einigungsstelle aufgefordert werden. Die Versäumung der Frist führt jedoch nicht zur Beendigung des Mitbestimmungsverfahrens.

Zur Ordnungsgemäßheit der Beschlüsse gehört außerdem, dass eine ordnungsgemäß anberaumte Sitzung mit Anhörung der Beteiligten stattgefunden hat. Die Beschlussfähigkeit setzt allerdings seit der Novelle 2007 nicht mehr die vollständige Besetzung der Einigungsstelle voraus. Erscheinen die Beisitzer einer Seite nicht, kann die Einigungsstelle dennoch mit Stimmenmehrheit einen Beschluss fassen.

Der Beschluss der Einigungsstelle muss sich im Rahmen der geltenden Rechtsvorschriften halten, insbesondere des Haushaltsgesetzes. Dieser Vorbehalt soll darauf hinweisen, dass die Einigungsstelle nicht Maßnahmen beschließen kann, für deren Durchführung die Dienststelle aus Gründen des Haushaltsgesetzes keine Mittel bereitstellen darf. Noch kein Verstoß gegen 11 das Haushaltsgesetz liegt vor, wenn der Einigungsstellenbeschluss Kosten auslöst, die im Haushaltsplan nicht vorgesehen sind, gleichwohl durch Mittelumschichtung oder Nachbewilligung bereitgestellt werden können. Es besteht eine Bindung an das Haushaltsgesetz, nicht an den jeweiligen Haushaltsplan.

12 **Abs. 6:** Der Beschluss der Einigungsstelle ist schriftlich zu begründen und den Beteiligten zuzustellen. Dazu ist die Unterschrift sowohl des Vorsitzenden wie aller Beisitzer unter den vollständigen, vom Vorsitzenden abgefassten, Beschluss erforderlich.[166] Die Unterschriften können nachgeholt werden. Das personalvertretungsrechtliche Beteiligungsverfahren hat durch den Beschluss der Einigungsstelle sein Ende gefunden. Die Dienststelle ist deswegen berechtigt, z. B. nach Beschluss der Einigungsstelle und vor Zugang des vollständig begründeten und von allen Seiten unterschriebenen Beschlusses eine Kündigung, zu der die Einigungsstelle ihre Zustimmung erteilt hat, auszusprechen.[167]

Der Einigungsstellenspruch ist für die Beteiligten verbindlich, wenn er sich im Rahmen der geltenden Rechtsvorschriften, insbesondere des Haushaltsgesetzes, hält. Diese Verbindlichkeit besteht so lange, bis auf Antrag einer der Beteiligten das Verwaltungsgericht gemäß § 79 Abs. 1 Nr. 6 rechtskräftig festgestellt hat, dass der Einigungsstellenspruch nicht rechtmäßig ist bzw. die Beteiligten nicht bindet. Durch die Novelle 2007 ist daher hinzugefügt worden, dass § 66 Abs. 7 Satz 4 unberührt bleibt und eine Bindung an Einigungsstellensprüche in den Fällen des § 66 Abs. 7 Satz 3 nicht eintritt. Die Vorschriften haben nur klarstellende Bedeutung. Jedoch hat die Einigungsstelle kein Wahlrecht,[168] ob sie einen die Beteiligten bindenden Beschluss trifft oder eine Empfehlung. Vielmehr hat die Entscheidung entsprechend § 66 Abs. 7 Satz 3 zu ergehen. Ist danach nur eine Empfehlung zulässig, muss die Einigungsstelle sich an diese Schranke halten. Umgekehrt kann keine Empfehlung ergehen, wenn nach § 66 Abs. 7 Satz 3 ein verbindlicher Beschluss der Einigungsstelle vorgesehen ist. Verkennt die Einigungsstelle ihre Kompetenzen, so kann im gerichtlichen Verfahren nach § 79 Abs. 1 Nr. 6 geklärt werden, ob der strittige Beschluss der Einigungsstelle – unabhängig von seiner Formulierung oder seinem Inhalt – die Beteiligten im Sinne des Satz 2 bindet.

In den Fällen der Ausübung des Evokationsrechtes durch die nach § 68 endgültig entscheidende Stelle tritt eine Bindung an einen verbindlichen Einigungsstellenbeschluss nicht ein, da dieser im Falle der Evokation in einen empfehlenden Beschluss umgestaltet wird. Ebenfalls fehlt es an einer Bin-

166 BVerwG 20.12.1988 – 6 P 34.85, PersR 1989, 49; OVG NRW 20.12.1989 – CL 28/87, PersV 1991, 177.

167 BAG 23.1.2014 – 2 AZR 638/13, DB 2014, 1873.

168 OVG NRW 12.3.2007 – 1 A 4523/05.PVL, PersV 2007, 481.

dung, wenn die Einigungsstelle nur eine Empfehlung an das verfassungsmäßig zuständige oberste Organ ausspricht, da diese Empfehlung die nach § 68 endgültig entscheidende Stelle nicht bindet.

Abs. 7: Ebenso wie die durch die Tätigkeit des Personalrats entstehenden Kosten trägt die Dienststelle nach Satz 1 die Kosten der Einigungsstelle und sorgt für die Bereitstellung der sächlichen Mittel, insbesondere für die Sitzungen, die laufende Geschäftsführung – soweit erforderlich –, den Geschäftsbedarf und im Einzelfall auch für Büropersonal. 13

In diesem Rahmen gehört es ggf. auch zu den Befugnissen der Einigungsstelle, sich externer Sachverständiger zu bedienen.

Die Vorschrift des § 40 über den Geschäftsbedarf und die Kosten des Personalrats sind teilweise auf die Einigungsstelle entsprechend anwendbar. Nicht anzuwenden sind die Möglichkeiten einer Budgetierung der Kosten der Einigungsstelle. Ebenso wenig kommen Aufwandsdeckungsmittel nach § 40 Abs. 2 für die Einigungsstelle in Betracht.

Abs. 8: Nach Absatz 1 wird die Einigungsstelle bei der obersten Dienstbehörde gebildet. Besteht bei dieser obersten Dienstbehörde ein Haupt- oder Gesamtpersonalrat, so übt dieser die in Absatz 1 bezeichneten Rechte zur Einigung über die Person des Vorsitzenden und des Stellvertreters sowie der Beisitzerzahl der Einigungsstelle und ggf. zur Anrufung des Präsidenten des OVG NRW aus. 14

Die Vorschrift macht deutlich – was sich auch aus § 66 Abs. 7 ergibt –, dass die bei der obersten Dienstbehörde gebildete Einigungsstelle für alle Angelegenheiten aller Stufen und Bereiche des Geschäftsbereichs zuständig ist – also z. B. die bei einem Ministerium gebildete Einigungsstelle für alle Streitigkeiten aus dem Geschäftsbereich, die bei einer Stadt gebildete Einigungsstelle für alle Streitigkeiten der Gesamt- wie der Teildienststellen.

Abs. 9: In den Geschäftsbereichen des Innenministeriums, innerhalb des Geschäftsbereichs des Schulministeriums sowie im Geschäftsbereich des Justizministeriums bestehen mehrere Hauptpersonalräte. Um das Prinzip aufrechtzuerhalten, dass je Geschäftsbereich und damit auch je Ministerium nur eine Einigungsstelle besteht, sieht die Vorschrift ein Abweichen von dem Grundsatz vor, dass jeder Hauptpersonalrat eine Einigungsstelle bildet. Vielmehr sollen sich der Polizeihauptpersonalrat und der ansonsten beim Innenministerium gebildete Hauptpersonalrat, die Lehrerhauptpersonalräte sowie der Hauptpersonalrat Justiz und der ansonsten beim Justizministerium gebildete Personalrat auf die Person des Vorsitzenden und seines Stellvertreters einigen. Nach Satz 2 besteht das Recht dieser in §§ 84, 89 Abs. 1 Satz 2 Nr. 2, 94 Satz 1 Nr. 2 genannten Hauptpersonalräte im Falle einer Verhandlung vor der Einigungsstelle über Angelegenheiten aus ihrem Zuständigkeitsbereich das Vorschlagsrecht für die drei Beisitzer des Personalrats, die zur Einigungsstellensitzung herangezogen werden sollen, auszuüben. 15

§ 68

In den in § 66 Abs. 7 Satz 3 bezeichneten Fällen entscheidet

1. **bei Beschäftigten des Landes die Landesregierung,**
2. **bei Beschäftigten der Gemeinden, der Gemeindeverbände und der sonstigen der Aufsicht des Landes unterstehenden Körperschaften, Anstalten und Stiftungen des öffentlichen Rechts deren verfassungsmäßig zuständiges oberstes Organ oder der von ihm bestimmte Ausschuss**

endgültig. Bei Maßnahmen im Bereich der Verwaltung des Landtags tritt an die Stelle der Landesregierung die Präsidentin oder der Präsident des Landtags im Benehmen mit dem Präsidium, im Geschäftsbereich des Landesrechnungshofs die Präsidentin oder der Präsident des Landesrechnungshofs und im Bereich des Landesbeauftragten für Datenschutz und Informationsfreiheit die oder der Landesbeauftragte für Datenschutz und Informationsfreiheit.

1 Das in § 68 definierte verfassungsmäßig zuständige oberste Organ ist durch die Novelle 2007 aufgewertet worden, indem ihm neben der endgültigen Entscheidung in den Empfehlungsangelegenheiten der Einigungsstelle nach § 66 Abs. 7 Satz 3 auch das Evokationsrecht gemäß § 66 Abs. 7 Satz 4–9 übertragen worden ist. Durch die Novelle 2011 wurde bei Beschäftigten des Landes wiederum – wie vor der Novelle 2007 – die Landesregierung als zuständiges oberstes Organ benannt. Hierdurch soll, so die Gesetzesbegründung, die Empfehlung der Einigungsstelle aufgewertet werden, da die abschließende Entscheidung nicht mehr wie bisher die oberste Dienstbehörde, sondern die Landesregierung trifft.[169]

2 Nach § 66 Abs. 7 Satz 3 entscheidet die Einigungsstelle in den Personalangelegenheiten des § 72 Abs. 1 sowie in den Fällen des Abs. 3 und 4 Satz 1 Nr. 2, 6, 11, 12, 14–17, 19–22 und des § 74 Abs. 1 nicht endgültig, sondern beschließt eine Empfehlung an die in diesen Fällen endgültig entscheidende Stelle. Diese endgültig entscheidende Stelle ist in Satz 1 definiert. Für die Beschäftigten des Landes ist dies nach der Novelle 2011 wiederum die Landesregierung.

Bei den Beschäftigten der Gemeinden, der Gemeindeverbände und der sonstigen der Aufsicht des Landes unterstehenden Körperschaften, Anstalten und Stiftungen des öffentlichen Rechts ist die Letztentscheidung dem verfassungsmäßig zuständigen obersten Organ bzw. dem von ihm bestimmten Ausschuss übertragen. Welches Gremium zur Letztentscheidung berufen ist, ergibt sich aus den jeweiligen Zuständigkeitsregeln der Gemeinden, der Gemeindeverbände sowie der Körperschaften, Anstalten und Stiftun-

169 LT-Drucks. 15/1644, 83.

gen. Es ist also auf das jeweilige Gesetzes- oder Satzungsrecht abzustellen. Diese organisationsrechtlichen Fragen können daher nicht im Wege eines personalvertretungsrechtlichen Beschlussverfahrens nach § 79 geklärt werden.[170]

In der Landtagsverwaltung trifft nach Satz 2 anstelle der Landesregierung der Präsident des Landtages im Benehmen mit dem Präsidium die endgültige Entscheidung über eine Empfehlung der Einigungsstelle. Im Geschäftsbereich des Landesrechnungshofes trifft der Präsident des Landesrechnungshofes und im Bereich des Landesbeauftragten für Datenschutz und Informationsfreiheit der Landesbeauftragte für Datenschutz und Informationsfreiheit die Entscheidung. 3

Einer erneuten Anhörung des Personalrats vor einer endgültigen Entscheidung bedarf es nicht; die Möglichkeit kann jedoch eingeräumt werden. Eine Bindung an die Empfehlung der Einigungsstelle besteht nicht. Die Ausübung des Letztentscheidungsrechts setzt jedoch voraus, dass zuvor das Mitbestimmungsverfahren ordnungsgemäß durchgeführt wurde. Wurde der Personalrat etwa im Mitbestimmungsverfahren nicht ordnungsgemäß unterrichtet, darf das Letztentscheidungsrecht nicht ausgeübt werden.[171]

Soweit die oberste Dienstbehörde bzw. das verfassungsmäßig zuständige oberste Organ von dem Evokationsrecht Gebrauch macht, richtet sich das Verfahren nach § 66 Abs. 7 Satz 4–9 (vgl. dort).

§ 69

(1) Soweit der Personalrat an Entscheidungen mitwirkt, ist die beabsichtigte Maßnahme vor der Durchführung mit dem Ziel einer Verständigung rechtzeitig und eingehend mit ihm zu erörtern. § 66 Absatz 3 Satz 7 bis 9 gilt entsprechend.

(2) Äußert sich der Personalrat nicht innerhalb von zwei Wochen oder hält er bei Erörterung seine Einwendungen oder Vorschläge nicht aufrecht, so gilt die beabsichtigte Maßnahme als gebilligt. Erhebt der Personalrat Einwendungen, so hat er der Dienststelle die Gründe mitzuteilen. § 66 Absatz 3 Satz 6 gilt entsprechend. Entspricht die Dienststelle den Einwendungen des Personalrats nicht oder nicht in vollem Umfang, so teilt sie dem Personalrat ihre Entscheidung unter Angabe der Gründe schriftlich mit.

(3) Der Personalrat einer nachgeordneten Behörde kann innerhalb von zwei Wochen nach Zugang der Mitteilung (Absatz 2 Satz 4) die Entscheidung der im Verwaltungsaufbau übergeordneten Stelle, bei der eine Stufenvertretung besteht, beantragen. Diese entscheidet nach Verhandlung

---

170 So OVG NRW 25.8.2006 – 1 A 1724.PVL, juris.

171 Vgl. BVerwG 10.2.2009 – 6 PB 25.08, PersR 2009, 203.

mit der bei ihr bestehenden Stufenvertretung. Eine Abschrift des Antrags leitet der Personalrat seiner Dienststelle zu.

(4) Ist ein Antrag nach Absatz 3 Satz 1 gestellt, so ist eine beabsichtigte Maßnahme bis zur Entscheidung der angerufenen Stelle auszusetzen.

(5) § 66 Abs. 8 gilt entsprechend.

(6) In den Fällen des Absatzes 2 Satz 4 kann der Personalrat einer Gemeinde, eines Gemeindeverbandes oder einer sonstigen der Aufsicht des Landes unterstehenden Körperschaft, Anstalt oder Stiftung des öffentlichen Rechts die Entscheidung des verfassungsmäßig zuständigen obersten Organs oder des von ihm bestimmten Ausschusses beantragen. Die Absätze 3 bis 5 gelten entsprechend.

1 In den Mitwirkungsangelegenheiten des § 73 findet das besondere Mitwirkungsverfahren statt, das eine schwächere Beteiligung als die Mitbestimmung nach §§ 66, 72, 74 Abs. 1 darstellt. Durch die Novelle 2011 wurde der Ablauf des Mitwirkungsverfahrens nicht wesentlich geändert. Es erfolgte lediglich eine Anpassung an die Änderungen in § 66, was vor allem die maßgeblichen Fristen betrifft. Im Übrigen wurden durch die Novelle 2011 in § 73 eine Reihe neuer Mitwirkungstatbestände eingefügt (vgl. die Kommentierung dort). Das Mitwirkungsverfahren kann für die Mitwirkung des Personalrats an der Entwicklung der interkulturellen Öffnung der Verwaltung nach § 64 Nr. 8 sinngemaß angewendet werden.

1a **Abs. 1:** Das Mitwirkungsverfahren ist in analoger Anwendung des § 66 Abs. 2 Satz 1 durch eine ordnungsgemäße Unterrichtung des Personalrates durch die Dienststelle einzuleiten. Für den Umfang der Unterrichtung gilt § 65.
Der Leiter der Dienststelle hat die Mitwirkung des Personalrates an der beabsichtigten Maßnahme zu beantragen und diese zu begründen.

1b **Satz 1** sieht vor, dass die beabsichtigte Maßnahme vor ihrer Durchführung mit dem Ziel einer Verständigung rechtzeitig und eingehend mit dem Personalrat zu erörtern ist. Über Inhalt und Zeitpunkt der Erörterung schweigt das Gesetz.

Eine Erörterung ist grundsätzlich ein Gespräch zwischen Dienststelle und Personalrat. Der Austausch von Schriftsätzen ist nicht ausreichend.[172] Die Erörterung findet zwischen Dienststellenleiter und dem gesamten Personalrat und nicht lediglich der vorsitzenden Person statt. Die Erörterung ist kein laufendes Geschäft im Sinne des § 29 Abs. 2.

Die Erörterung ist mit dem Ziel einer Verständigung durchzuführen, sie sollte daher von beiden Seiten ergebnisoffen geführt werden. Zu verlangen

172 BAG 15.8.2006 – 9 AZR 571/05, PersR 2007, 164 im Anschluss an BVerwG 27.1.1995 – 6 P 22.92, PersR 1995, 185.

ist eine ernsthafte Auseinandersetzung mit der Position der jeweils anderen Seite.[173]

Der genaue Zeitpunkt der Erörterung wird durch das Gesetz nicht festgelegt. Aus Satz 1 ergibt sich lediglich, dass die beabsichtigte Maßnahme »vor der Durchführung der Maßnahme mit dem Ziel einer Verständigung« zu erörtern ist. Ziel dieser Regelung ist es, dem Personalrat die Möglichkeit zu geben, auf den Entscheidungsprozess der Dienststelle Einfluss zu nehmen.[174] Da dem Personalrat im Mitwirkungsverfahren nicht die Möglichkeit offen steht, die Einigungsstelle anzurufen, kommt der Erörterung im Mitwirkungsverfahren eine erhöhte Bedeutung zu. Der Austausch von Argumenten anlässlich der Erörterung ist für den Personalrat die einzige Möglichkeit, die Entscheidung der Dienststelle zu beeinflussen. Deshalb muss die Erörterung der Umsetzung der Maßnahme vorausgehen. Um den Zeitpunkt der Erörterung weiter einzugrenzen, kann auf Abs. 2 Satz 1 zurückgegriffen werden. Danach gilt die beabsichtigte Maßnahme als gebilligt, wenn sich der Personalrat nicht innerhalb von zwei Wochen äußert oder »er bei Erörterung seine Einwendungen oder Vorschläge nicht aufrecht« erhält. Das Gesetz geht also offenbar davon aus, dass die Einwendungen oder Vorschläge des Personalrates dem Dienststellenleiter bei der Erörterung bereits bekannt sind. Grundsätzlich wird die Erörterung daher nach erfolgter Stellungnahme im Sinne des Abs. 2 Satz 1 zu erfolgen haben. Sinn und Zweck dieser zeitlichen Abfolge ist es, sicherzustellen, dass zum Zeitpunkt der Erörterung sowohl dem Personalrat die Argumente der Dienststelle aufgrund der erfolgten Unterrichtung bekannt sind, als auch dem Leiter der Dienststelle die Einwendungen oder Vorschläge des Personalrates.

Zusammenfassend lässt sich also folgender Verfahrensablauf festhalten:

- Zunächst ist der Personalrat vom Dienststellenleiter über die beabsichtigte Maßnahme rechtzeitig und umfassend zu unterrichten (§ 65 Abs. 1).
- Sodann besteht für den Personalrat die Möglichkeit, Einwendungen zu erheben oder Vorschläge zu unterbreiten (Abs. 2 Satz 2).
- Im Anschluss daran ist die beabsichtigte Maßnahme vor ihrer Umsetzung zu erörtern (Abs. 1 Satz 1). Eine Frist ist hierfür nicht vorgesehen.

Nach **Satz 2** gilt § 66 Abs. 3 Satz 7 bis 9 entsprechend. Unterliegt die mitwirkungspflichtige Maßnahme nicht dem Letztentscheidungsrecht des Dienststellenleiters selbst, sondern der Landesregierung oder dem verfassungsmäßigen obersten Organ einer Gemeinde, eines Gemeindeverbandes oder einer Körperschaft, Anstalt bzw. Stiftung, findet eine Erörterung nicht statt. In diesen Fällen hat der Dienststellenleiter den Personalrat von der beabsichtigten Maßnahme zu unterrichten und ihm Gelegenheit zu geben, eine Stel- 2

173 BVerwG 27.1.1995 – 6 P 22.92, PersR 1995, 185.
174 BVerwG 27.1.1995, a.a.O.

lungnahme abzugeben, die dem verfassungsmäßig zuständigen obersten Organ zuzuleiten ist.
Damit ist das Mitwirkungsverfahren in diesen Fällen jedoch nicht beendet. Vielmehr ist vor Zuleitung der Angelegenheit an das verfassungsmäßig oberste Organ das gesamte Mitwirkungsverfahren des § 69 abzuschließen. Lediglich die Erörterung entfällt. Bei Körperschaften, in denen personalvertretungsrelevante Entscheidungen nicht von der Dienststelle, sondern von dem obersten zuständigen Organ getroffen werden, soll zukünftig die Personalvertretung das Recht haben, ihren Standpunkt vor der Beschlussfassung dem obersten Organ darzulegen (vgl. die Kommentierung zu § 66 Abs. 3 Satz 8 und 9).

3 **Abs. 2:** Stimmt der Personalrat der beabsichtigten Maßnahme nicht zu, so muss er dem Dienststellenleiter innerhalb von zwei Wochen seine Einwendungen mitteilen. Zum Zeitpunkt des Fristbeginns schweigt das Gesetz. Der Wortlaut des Gesetzestextes spricht allerdings für einen mit der ordnungsgemäßen Unterrichtung beginnenden Lauf der Frist. Da das Gesetz offenbar davon ausgeht, dass die Einwendungen oder Vorschläge des Personalrates bei Erörterung bereits vorliegen (vgl. Rn. 1a) kommt die Erörterung als maßgeblicher Zeitpunkt für den Fristbeginn nicht in Betracht. Es spricht also vieles dafür, den Fristbeginn mit der ordnungsgemäßen Unterrichtung des Personalrates und nicht mit der Erörterung zu verknüpfen.[175]
Die zweiwöchige Frist beginnt also mit der ordnungsgemäßen Unterrichtung des Personalrates. Bei nicht erfolgter oder unvollständiger Unterrichtung beginnt der Fristlauf hingegen nicht. Hält der Personalrat sich nicht für ausreichend unterrichtet, so muss er dies der Dienststelle innerhalb der zweiwöchigen Frist mitteilen.
Erhebt der Personalrat keine Einwendungen oder tut er dies nicht fristgerecht, gilt die Maßnahme als gebilligt. Schriftform ist für die Einwendungen nicht vorgesehen. Die Billigungsfiktion lässt das OVG NRW[176] auch dann eintreten, wenn der Personalrat innerhalb der Frist keine oder außerhalb des Mitwirkungsrechts liegende Einwendungen erhebt. Die Maßnahme gilt auch dann als gebilligt, wenn der Personalrat bei der Erörterung seine Einwendungen oder Vorschläge nicht aufrechterhält.

4 Erhebt der Personalrat Einwendungen, hat er gemäß Satz 2 die Gründe dafür mitzuteilen, damit der Dienststellenleiter ersehen kann, was der Personalrat gegen die beabsichtigte Maßnahme vorzubringen hat. Die Einwendungen können sich gegen die Maßnahme insgesamt richten – also ihr Unterbleiben verlangen –, aber auch gegen Einzelheiten der Maßnahme, wie z. B. bestimmte Vorschriften und Regelungen innerhalb einer Verwaltungsanord-

175 So auch BVerwG 27. 1. 1995, a. a. O.; BAG 14. 1. 1993 – 2 AZR 387/92, PersR 1993, 406 ff.
176 Entscheidung vom 18. 10. 2000 – 1 A 5334/98.PVL, PersR 2001, 163.

nung gemäß § 73 Nr. 1 oder die Aufnahme ergänzender Angaben in einer Stellenausschreibung gemäß § 73 Nr. 2. Nach Satz 2 gilt § 66 Abs. 3 Satz 6 entsprechend. Dementsprechend hat der Personalrat in den Fällen, in denen bei seinen Stellungnahmen oder Einwendungen für einen Beschäftigten ungünstige oder nachteilige Beschwerden oder Behauptungen tatsächlicher Art vorgetragen werden, dem Beschäftigten Gelegenheit zur Äußerung zu geben. Diese Äußerungen sind dann aktenkundig zu machen.

Entspricht die Dienststelle den Einwendungen des Personalrats, unterbleibt die Maßnahme entweder oder wird mit den vom Personalrat verlangten Änderungen durchgeführt. Entspricht die Dienststelle den Einwendungen des Personalrats nicht oder nicht vollständig, so hat sie ihm ihre Entscheidung unter Angabe der Gründe schriftlich mitzuteilen. Eine Frist ist für diese Entscheidung nicht vorgesehen. Die Begründung muss so abgefasst sein, dass der Personalrat beurteilen kann, ob er von seinem Recht zur Anrufung der übergeordneten Stelle gemäß Absatz 3 Gebrauch machen will.[177]

Abs. 3: Trifft die Dienststelle in einer mitwirkungspflichtigen Angelegenheit die Entscheidung, den Einwendungen des Personalrats gar nicht oder nicht vollständig zu entsprechen, hat der Personalrat einer nachgeordneten Behörde die Möglichkeit, innerhalb von zwei Wochen nach Mitteilung der schriftlichen Entscheidung unter Angabe der Gründe die Entscheidung der im Verwaltungsaufbau übergeordneten Stelle, bei der eine Stufenvertretung besteht, zu beantragen. Den Antrag auf Entscheidung durch die übergeordnete Verwaltungsbehörde hat der Personalrat dem Dienststellenleiter zuzuleiten. Die Stufenverwaltung wird sodann mit der Stufenvertretung über die mitwirkungspflichtige Angelegenheit verhandeln, was gleichbedeutend mit der in Absatz 1 vorgeschriebenen Erörterung zwischen Dienststelle und Personalrat ist. Nach dieser Verhandlung trifft die Stufenverwaltung eine Entscheidung. 5

Abs. 4: Ruft der örtliche Personalrat bei Uneinigkeit zwischen ihm und dem Dienststellenleiter über eine mitwirkungspflichtige Maßnahme die im Verwaltungsaufbau übergeordnete Stelle zur Entscheidung an, darf die beabsichtigte Maßnahme bis zur Entscheidung dieser Stelle nicht durchgeführt werden. Sie ist auszusetzen. 6

Abs. 5: Ausnahmsweise kann die Dienststelle schon vor Beendigung des Mitwirkungsverfahrens vorläufige Regelungen treffen, wenn es sich um Maßnahmen handelt, die der Natur der Sache nach unaufschiebbar im Sinne des § 66 Abs. 8 sind (siehe die Kommentierung dort). 7

Abs. 6: In Gemeinden, Gemeindeverbänden oder sonstigen der Aufsicht des Landes unterstehenden Körperschaften, Anstalten oder Stiftungen des öffentlichen Rechts entscheidet anstelle der nicht vorhandenen übergeordne- 8

177 BVerwG 10.11.2010 – 6 PB 13.10, PersR 2011, 28.

ten Stelle das verfassungsmäßig zuständige oberste Organ oder der von ihm bestimmte Ausschuss. Welches Organ das jeweils ist, ergibt sich aus dem Satzungs- und Organisationsrecht der jeweiligen Dienststelle (siehe hierzu die Kommentierung zu § 68). Das gilt auch bei Bestehen eines Gesamtpersonalrats. Der Landrat, so das OVG NRW, ist das verfassungsgemäß zuständige oberste Organ des Kreises.[178]

9 Die Anordnung gemäß Satz 2, dass auch in diesem Fall die Absätze 3 bis 5 entsprechend gelten, bedeutet, dass das verfassungsmäßig zuständige oberste Organ eine Entscheidung erst treffen darf, wenn eine »Verhandlung« mit dem Personalrat stattgefunden hat. Diese Verhandlung tritt an die Stelle der nach Absatz 1 Satz 2 ausgeschlossenen Erörterung. Diese Verhandlung hat zwischen der im Verwaltungsaufbau übergeordneten Dienststelle und der bei ihr gebildeten Stufenvertretung stattzufinden – nicht zwischen dem Gesamtpersonalrat und dem verfassungsmäßig zuständigen obersten Organ. Dieses entscheidet vielmehr ohne erneute Beteiligung eines Personalrats.[179]

§ 70

(1) Dienstvereinbarungen sind zulässig, soweit nicht gesetzliche oder tarifliche Regelungen entgegenstehen. Sie sind unzulässig, soweit sie Arbeitsentgelte oder sonstige Arbeitsbedingungen betreffen, die durch Tarifvertrag geregelt sind oder üblicherweise geregelt werden; dies gilt nicht, wenn ein Tarifvertrag ergänzend Dienstvereinbarungen zulässt.
(2) Dienstvereinbarungen, die für einen größeren Bereich gelten, gehen den Dienstvereinbarungen für einen kleineren Bereich vor.
(3) Dienstvereinbarungen bedürfen der Schriftform, sie sind von beiden Seiten zu unterzeichnen und von der Dienststelle in geeigneter Weise bekanntzumachen.
(4) Dienstvereinbarungen können, soweit nichts anderes vereinbart ist, mit einer Frist von drei Monaten gekündigt werden. Nach Kündigung oder Ablauf einer Dienstvereinbarung gelten ihre Regelungen in Angelegenheiten, in denen der Spruch der Einigungsstelle die Einigung zwischen Dienststelle und Personalrat ersetzen kann, weiter, bis sie durch eine neue Dienstvereinbarung ersetzt wird. Die Nachwirkung kann ausgeschlossen werden.

1 Durch die Novelle 2011 wird das durch die Novelle 2007 in Bezug auf Dienstvereinbarungen eingeführte Evokationsrecht wieder abgeschafft. Im

178 OVG NRW 12.7.2010 – 16 A 109/09.PVL, juris.
179 OVG NRW 11.1.2013 – 20 A 298/12.PVL, PersV 2013, 188.

Übrigen hat die Vorschrift durch die Novelle 2011 keine Änderungen erfahren.

Abs. 1: Dienstvereinbarungen sind im Bereich des Landespersonalvertretungsgesetzes – anders als nach dem Bundespersonalvertretungsgesetz, das die Möglichkeit von Dienstvereinbarungen auf bestimmte Mitbestimmungstatbestände beschränkt (vgl. §§ 73 Abs. 1, 75 Abs. 3, 76 Abs. 2 BPersVG) – generell zulässig. Es können sämtliche Themen, Angelegenheiten und Maßnahmen, soweit sie zum gesetzlichen Aufgabenkatalog des Personalrats gehören, zum Gegenstand von Dienstvereinbarungen gemacht werden. Das kann sich sowohl auf Sachverhalte erstrecken, die der Beteiligung des Personalrats unterliegen, wie auf Angelegenheiten aus dem Bereich der Rechtsstellung und Geschäftsführung des Personalrats. Auch die Budgetierung der Kosten des Personalrats in § 40 Abs. 1 Satz 5 sowie der Kosten für die Teilnahme an Schulungs- und Bildungsveranstaltungen gemäß § 42 Abs. 5 Satz 2 können durch Dienstvereinbarung geregelt werden. Regelungen in Dienstvereinbarungen haben unmittelbare normative Wirkungen auf die Ordnung in der Dienststelle und die Beziehungen zwischen Personalvertretung und Dienststelle.[180] 1a

Unzulässig sind Dienstvereinbarungen, soweit gesetzliche oder tarifliche Regelungen entgegenstehen. Das ist dann der Fall, wenn es sich um zwingendes, nicht nachgiebiges Recht handelt, das Gesetz oder der Tarifvertrag eine erschöpfende, jegliche betriebliche Regelung ausschließende und vollständige Regelung getroffen hat.[181] Schweigt das Gesetz oder der Tarifvertrag zu bestimmten Themen, liegt eine den Abschluss einer Dienstvereinbarung ausschließende Regelung nur dann vor, wenn Gesetz oder Tarifvertragsparteien bewusst eine solche Regelung ausgeschlossen bzw. abgelehnt haben. 2

Das OVG NRW steht auf dem Standpunkt, dass der Gesetzes- und Tarifvorbehalt auf dem Vorrang von Gesetzes- und Tarifnormen innerhalb der Rangordnung der Rechtsquellen beruht.[182] Dieses hierarchische Denkmodell ist jedoch im Arbeitsrecht – und darum handelt es sich – fehl am Platze und ist zur Beurteilung der Frage, ob eine tarifliche oder gesetzliche Regelung vollständig und abschließend ist, ungeeignet. Zwingendes staatliches Recht haben die Betriebsparteien stets zu beachten, so dass sich z. B. Dienstvereinbarungen zur außerbetrieblichen, privaten Lebensführung aufgrund der grundrechtlich geschützten Persönlichkeitsrechte verbieten.[183]

---

180 OVG NRW 17.12.2003 – 1 A 1008/01.PVL, PersV 2004, 379.

181 OVG NRW 9.11.1987 – CL 11/87, PersV 1988, 316; 17.12.2003, a.a.O.; BVerwG 2.2.2009 – 6 P 2.08, PersR 2009, 164.

182 OVG NRW 2.12.1993 – 1 A 6/91.

183 Vgl. BAG 18.7.2006 – 1 AZR 578/05, NZA 2007, 462 zur Unzulässigkeit einer Regelung über Bearbeitungsgebühren für Lohnpfändungen.

Der Vorrang tariflicher Regelungen hat seinen Grund in der Sicherung der ausgeübten Tarifautonomie und der Erhaltung der Funktionsfähigkeit der Koalitionen. Ein das Mitbestimmungsrecht verdrängender Tarifvertrag liegt nur vor, wenn die Dienststelle vom räumlichen, betrieblichen und persönlichen Geltungsbereich des Tarifvertrages erfasst ist und Tarifbindung besteht.[184] Auch das Günstigkeitsprinzip in § 4 Abs. 3 TVG tritt insoweit zurück.[185] Das Mitbestimmungsrecht des Personalrats ist ferner nur dann ausgeschlossen, wenn in dem Tarifvertrag ein Sachverhalt unmittelbar geregelt ist, es also zum Vollzug keines Ausführungsaktes bedarf,[186] oder ein Entscheidungsspielraum verbleibt.[187] Ein nur nachwirkender Tarifvertrag führt nicht zur Unzulässigkeit einer betrieblichen Regelung.[188]

3 Dienstvereinbarungen sind nach Satz 2 ferner dann unzulässig, wenn sie sich auf Arbeitsentgelte – also Vergütung und Vergütungsbestandteile – oder sonstige Arbeitsbedingungen materieller Art beziehen, die tarifvertraglich entweder geregelt sind oder normalerweise geregelt werden. Üblicherweise sind solche Themen dann tariflich geregelt, wenn eine tarifliche Regelung existierte, diese gegenwärtig außer Kraft ist und aufgrund Verhandlungen der Tarifvertragsparteien mit einer erneuten Regelung gerechnet werden kann. Satz 2 gilt ausschliesslich für Dienstvereinbarungen, die Mitbestimmungsrechte nach § 72 stehen ausschließlich unter dem Vorbehalt, dass eine entgegenstehende gesetzliche oder tarifliche Regelung ausdrücklich nicht besteht. Mitbestimmungsrechte in Bezug auf Arbeitsentgelte entfallen also nicht deswegen, weil sie üblicherweise tariflich geregelt werden.

Es ist jedoch nach Satz 2 2. Halbsatz zulässig, dass eine Dienstvereinbarung Themen betreffend Arbeitsentgelte oder sonstige Arbeitsbedingungen regelt, wenn der Tarifvertrag entsprechende Öffnungsklauseln enthält, die ergänzende betriebliche Vereinbarungen zulassen. Ein Beispiel für eine solche Öffnungsklausel stellt § 18 Abs. 6 TVöD/TV-L dar, der vorsieht, dass das jeweilige System eines leistungs- und/oder erfolgsorientierten Entgelts »betrieblich« vereinbart wird. Derartige Regeln gelten gemäß § 38 Abs. 2 TVöD/TV-L für Verwaltungen und für Parteien nach dem Personalvertretungsrecht entsprechend. Nach § 18 Abs. 6 Satz 3 TVöD/TV-L hat die Ausgestaltung durch eine einvernehmliche Dienstvereinbarung zu erfolgen. Aufgrund dieser tarifvertraglichen Öffnungsklauseln besteht eine Verpflichtung zum Abschluss einer einvernehmlichen Dienstvereinbarung, wenn ein solches System der leistungsbezogenen Bezahlung innerhalb der Dienststelle eingeführt

---

184 Vgl. zu § 70 Abs. 1 LPVG NRW: BAG 27.6.2006 – 3 AZR 255/05, PersR 2006, 443.
185 BAG 27.6.2006, a.a.O.
186 OVG NRW 3.2.2000 – 1 A 426/98.PVL, PersR 2000, 517.
187 BVerwG 18.5.2004 – 6 P 13.03, PersR 2004, 349.
188 BAG 24.2.1987 – 1 ABR 18/85, NZA 1987, 639.

werden soll. Eine einvernehmliche Dienstvereinbarung liegt nach § 38 Abs. 3 TVöD/TV-L nur ohne Entscheidung der Einigungsstelle vor.

Eine Regelungssperre für Dienstvereinbarungen stellt auch § 4 dar, der anordnet, dass durch Tarifvertrag oder Dienstvereinbarungen das Personalvertretungsgesetz nicht abweichend von diesem Gesetz geregelt werden kann (siehe die Kommentierung dort).

Unzulässige Dienstvereinbarungen sind unwirksam und entfalten keine Rechtswirkung. Die Unwirksamkeit einzelner Regelungen in einer Dienstvereinbarung führt aber nicht zwangsläufig zur Unwirksamkeit der gesamten Dienstvereinbarung. Sofern der verbleibende wirksame Teil der Dienstvereinbarung eine sinnvolle und in sich geschlossene Regelung enthält, bleibt die Dienstvereinbarung im Übrigen wirksam.[189]

Abs. 2: Dienstvereinbarungen, die für einen größeren Bereich abgeschlossen worden sind – also z. B. durch den Hauptpersonalrat für den Geschäftsbereich einer obersten Dienstbehörde oder durch den Gesamtpersonalrat für die Gesamtdienststelle –, gehen den Dienstvereinbarungen für einen kleineren Bereich vor. Das gilt auch dann, wenn die Dienstvereinbarungen für den größeren Bereich später als die örtlichen Dienstvereinbarungen abgeschlossen wurden. Die Anordnung dieser Rangfolge bewirkt auch, dass ungünstigere Dienstvereinbarungen für einen größeren Bereich günstigere Dienstvereinbarungen eines Teilbereichs verdrängen und außer Kraft setzen. 4

Abs. 3: Das Gesetz äußert sich über das Zustandekommen einer Dienstvereinbarung nicht. 5

Dienstvereinbarungen werden zumeist in Bezug auf beteiligungspflichtige, insbesondere mitbestimmungspflichtige Angelegenheiten geschlossen. Solche Dienstvereinbarungen sind Ergebnis des Mitbestimmungsverfahrens nach § 66 und stellen die schriftliche Einigung über die mitbestimmungspflichtige Angelegenheit dar.

Der Personalrat kann im Rahmen eines Mitbestimmungsverfahrens seine Zustimmung vom Abschluss einer Dienstvereinbarung abhängig machen.[190] Er kann aber auch selbst im Rahmen seines Initiativrechtes gemäß § 66 Abs. 4 der Dienststelle den Abschluss einer Dienstvereinbarung in einer Angelegenheit, über die die Betriebsparteien verhandeln, vorschlagen. Kommt eine Einigung über die von der Dienststelle gewünschte Angelegenheit wegen des Verlangens einer Dienstvereinbarung nicht zustande oder lehnt die Dienststelle die Initiative des Personalrats auf Abschluss einer Dienstvereinbarung ab, so entscheidet die Einigungsstelle. Diese kann in den Fällen der erzwingbaren Mitbestimmung auch eine von einer der Parteien verlangten Dienstvereinbarung beschließen. Soweit mitbestimmungspflichtige Angelegenheiten Gegenstand eines Einigungsstellenverfahrens sein können und 6

189 BAG 10.2.2009 – 3 AZR 653/07, NZA 2009, 796.
190 Insoweit bedenklich: OVG NRW 24.11.1999 – 1 A 5595/97.PVL, juris.

Dienstvereinbarungen nach Abs. 1 zulässig sind, erstreckt sich die Kompetenz der Einigungsstelle zur verbindlichen Entscheidung – so das BVerwG[191] – auch auf die Form der Dienstvereinbarung. Die Vorschrift des § 67 Abs. 6 Satz 1, derzufolge der Beschluss der Einigungsstelle zu begründen und den Beteiligten zuzustellen ist, enthält – so das BVerwG – eine im Verhältnis zu Abs. 3 »gleichwertige formelle Regelung«.[192] Insoweit kann auch der Personalrat eine Dienstvereinbarung in der Einigungsstelle erzwingen.

7 In dem vorbeschriebenen Rahmen ist der Abschluss einer Dienstvereinbarung auch erzwingbar. In Mitbestimmungsangelegenheiten ist das dann der Fall, wenn die Ausübung von Mitbestimmungsrechten normative Bedeutung hat, also die Rechtsstellung und der Pflichtenkreis der Beschäftigten durch Ausübung von Mitbestimmung unmittelbar berührt oder verändert wird. Dies kommt z. B. bei Arbeitszeitregelungen, Fragen der Lohngestaltung sowie in den Fällen des § 72 Abs. 4 Nr. 8, 13 bis 17 und 18 in Betracht.

8 In Angelegenheiten, in denen der Dienststellenleiter keine abschließende Entscheidung treffen kann, kann eine Dienstvereinbarung auch dadurch zustande kommen, dass die Einigungsstelle dem verfassungsmäßig zuständigen Organ empfiehlt, in der mitbestimmungspflichtigen Angelegenheit eine Dienstvereinbarung dadurch in Kraft zu setzen, dass sie den Dienststellenleiter anweist, mit dem Personalrat eine bestimmte Dienstvereinbarung abzuschließen.

9 Ist eine Dienstvereinbarung durch betriebliche Verhandlung zwischen Dienststelle und Personalrat, durch Spruch der Einigungsstelle oder Entscheidung des verfassungsmäßig zuständigen Organs zustande gekommen, so ist sie schriftlich niederzulegen, von Dienststelle und Personalrat zu unterzeichnen und in geeigneter Weise bekanntzumachen. Die Bekanntmachung einer Dienstvereinbarung ist Sache der Dienststelle. Der Personalrat kann die Dienstvereinbarung auf den durch § 40 Abs. 4 vorgezeichneten Wegen bekannt machen, also die Dienstvereinbarung schriftlich oder elektronisch den Beschäftigten übermitteln. Zur Bekanntmachung können auch die Stellen genutzt werden, an denen der Personalrat im Übrigen Veröffentlichungen und Aushänge bekannt macht – auch die elektronische Bekanntmachung z. B. im behördeneigenen Intranet kann erfolgen.
Unmittelbare normative – also verpflichtende – Wirkungen für und gegen die Beschäftigten haben Dienstvereinbarungen nur, wenn sie in dieser Form niedergelegt und unterzeichnet worden sind. Die Bekanntmachung, bei der es sich um eine Verpflichtung der Dienststelle handelt, ist keine Wirksamkeitsvoraussetzung für eine Dienstvereinbarung.[193]

---

191 BVerwG 17. 12. 2003 – 6 P 7.03, PersR 2004, 106.
192 BVerwG 17. 12. 2003, a. a. O.
193 BVerwG 9. 3. 2012 – 6 P 27.10, PersR 2012, 265.

Abs. 4: Dienstvereinbarungen gelten zunächst für den Zeitraum, für den ihre Gültigkeit ausdrücklich in der Dienstvereinbarung vereinbart ist. Fehlt es an einer solchen Regelung, gelten Dienstvereinbarungen auf Dauer, sind jedoch mit einer Frist von drei Monaten kündbar. Die Vereinbarung einer anderen Kündigungsfrist ist zulässig. Die Frist wird nach § 187 Abs. 1 BGB berechnet. Eine nicht fristgerechte Kündigung ist in eine Kündigung zum nächstzulässigen, fristgerechten Termin umzudeuten. Hinsichtlich der Kündigungsfrist kann jedoch »anderes« vereinbart werden, also eine befristete Geltung der Dienstvereinbarung ohne zwischenzeitliche Kündigungsmöglichkeiten, z. B. durch die Formulierung: »Die Dienstvereinbarung endet, ohne dass es einer Kündigung bedarf mit Ablauf des 31. 12. 2020« Zulässig sind auch längere Kündigungsfristen oder die Beschränkung der Kündigungsmöglichkeit auf bestimmte Termine. Z. B.: »Die Dienstvereinbarung kann mit einer Frist von drei Monaten zum Ende eines Kalenderjahres gekündigt werden, die Kündigungsfrist beträgt sechs Monate und ist erstmals zum 30. 6. 2020 zulässig.« 10

Durch die Neuregelung in **Satz 2** ist die Nachwirkung von Dienstvereinbarungen beschränkt worden. Unter »Nachwirkung« wird – entsprechend § 4 Abs. 5 TVG – verstanden, dass die Rechtsnormen der Dienstvereinbarung nach Ablauf durch Befristung oder Kündigung solange weitergelten, bis sie durch eine andere Abmachung ersetzt worden sind. Eine Nachwirkung ist nur noch in den Fällen möglich, in denen der Spruch der Einigungsstelle die Einigung zwischen Dienststelle und Personalrat ersetzen kann. § 66 Abs. 7 Satz 3 definiert negativ, in welchen Fällen die Einigungsstelle eine solche die Beteiligten bindende Entscheidung **nicht** treffen kann, indem aufgezählt wird, in welchen Fällen die Einigungsstelle nur eine Empfehlung an die in diesen Fällen endgültig entscheidende Stelle des § 68 richten kann. Daraus folgt, dass eine Nachwirkung von Dienstvereinbarungen nur in folgenden Angelegenheiten möglich ist: 11

- in allen sozialen Angelegenheiten des § 72 Abs. 2,
- in den Angelegenheiten des § 72 Abs. 4 Nr. 1, 3–5, 7–10, 13 und 18.

Sind in einer Dienstvereinbarung Angelegenheiten geregelt, die nach mehreren Mitbestimmungstatbeständen der Mitbestimmung unterliegen und handelt es sich dabei sowohl um Fälle der Letztentscheidung der Einigungsstelle wie um Fälle der nur empfehlenden Entscheidung der Einigungsstelle, so hängt die Nachwirkung davon ab, ob nach Ablauf der Dienstvereinbarung die Regelungen aus dem Bereich der erzwingbaren Mitbestimmung für sich genommen noch sinnvoll sind und anwendbar bleiben. Ist das der Fall, tritt die Nachwirkung des erzwingbaren Teils ein, der übrige Teil tritt außer Kraft. Haben jedoch die Parteien erkennbar eine Gesamtregelung getroffen, tritt die Dienstvereinbarung mit ihrem Ablauf insgesamt außer Kraft.

Nach § 111 findet Satz 2 keine Anwendung auf Dienstvereinbarungen, die vor Inkrafttreten des Gesetzes beschlossen worden sind. Die Vorschrift ist unverändert aus dem alten Gesetz (§ 126a) übernommen worden, weshalb fraglich ist, auf welches Gesetz sich die Regelung bezieht. Aufgrund der unveränderten Übernahme spricht einiges dafür, dass das Inkrafttreten der Gesetzesnovelle 1984 gemeint ist und nicht das Inkrafttreten der Novelle 2007. Den Gesetzesmaterialien[194] lässt sich nichts darüber entnehmen, dass die mit der Novelle 2007 eingeführte begrenzte Nachwirkung von Dienstvereinbarungen nur auf solche angewandt werden soll, die nach Inkrafttreten der Novelle 2007 abgeschlossen worden sind.

12 Nach **Satz 3** kann die Nachwirkung ausgeschlossen werden, d. h., die an sich nach Satz 2 mögliche Nachwirkung kann in der Dienstvereinbarung durch eine entsprechende Regelung (»diese Dienstvereinbarung wirkt nach ihrem Ablauf nicht nach«) ausgeschlossen werden.

Wird eine gekündigte Dienstvereinbarung, der keine Nachwirkung zukommt, weiterhin angewandt und praktiziert, so nimmt die ältere Rechtsprechung eine Nachwirkung aufgrund betrieblicher Übung bzw. konkludenter Dienstanweisung an.[195]

13 Dass durch die Novelle 2007 eingeführte Evokationsrecht wurde durch die Novelle 2011 ersatzlos gestrichen. Das Evokationsrecht für Dienstvereinbarungen ist – so die Gesetzesbegründung – verzichtbar, da dem Erfordernis demokratischer Legitimation in diesem Zusammenhang bereits durch ein nicht kodifiziertes außerordentliches Kündigungsrecht Rechnung getragen wird. Die außerordentliche Kündigung einer Dienstvereinbarung setzt allerdings voraus, dass ein wichtiger Grund für die Kündigung vorliegt. Ein solcher ist dann gegeben, wenn unter Berücksichtigung aller Umstände des Einzelfalls ein Festhalten an der Dienstvereinbarung nicht zugemutet werden kann. Diese Voraussetzung wiederum ist gegeben, wenn die Dienstvereinbarung wegen ihrer Auswirkungen auf das Gemeinwesen wesentlicher Bestandteil der Regierungsgewalt ist (vgl. dazu die Kommentierung zu § 66 Abs. 7). Bei außerordentlichen Kündigungen ist auch eine Nachwirkung ausgeschlossen, da die gesetzliche Anordnung oder Nachwirkung auf die Fälle einer ordentlichen Kündigung oder des Ablaufs einer Dienstvereinbarung beschränkt ist, so die Gesetzesbegründung.[196]

---

194 LT-Drucks. 14/4239 und LT-Drucks. 14/5034.

195 OVG NRW 1.4.1992 – CL 22/89, PersR 1993, 240 (Leitsatz), NWVBl. 1993, 36.

196 LT-Drucks. 15/2218, 54.

§ 71

(1) Entscheidungen, an denen der Personalrat beteiligt war, führt die Dienststelle durch, es sei denn, dass im Einzelfall etwas anderes vereinbart ist.
(2) Wird eine Maßnahme, der der Personalrat zugestimmt hat, von der Dienststelle nicht unverzüglich durchgeführt, so hat diese den Personalrat unter Angabe von Gründen zu unterrichten.

Abs. 1: Die Durchführung von Maßnahmen, die einer Beteiligung des Personalrats bedurft haben, ist Sache des Dienststellenleiters. Im Regelfall wird er die beteiligungspflichtigen Maßnahmen so durchführen, wie mit dem Personalrat im Einzelfall verabredet. Die Dienststelle ist jedoch berechtigt, von der Durchführung einer Maßnahme abzusehen, selbst wenn das entsprechende Beteiligungsverfahren durchgeführt worden ist. Eine Verpflichtung zur Durchführung von Maßnahmen hat die Dienststelle jedoch dann, wenn die Einigungsstelle die Maßnahme mit Verbindlichkeit für die Beteiligten beschlossen hat oder aufgrund einer Einigung zwischen Stufenvertretung bzw. Gesamtpersonalrat und übergeordneter Dienststelle eine Maßnahme durchgeführt werden soll. Im Einzelfall kann jedoch etwas anderes vereinbart werden. Zulässig ist es z. B., dass dem Personalrat die Verwaltung und der Betrieb einer Sozialeinrichtung (Kantine, Getränkeautomaten, Freud- und Leidkasse etc.) im Sinne des § 72 Abs. 2 Nr. 5 teilweise oder vollständig überlassen wird.[197] Auch in diesen Fällen kann der Personalrat in jedem Fall im Wege der Dienstaufsicht durchsetzen, dass die fragliche Maßnahme durchgeführt wird. Ob § 79 einen gerichtlich durchsetzbaren Anspruch auf Durchführung einer Maßnahme, zu der der Personalrat seine Zustimmung gegeben hat, begründet, erscheint fraglich. Absatz 1 enthält keine Verpflichtung der Dienststelle, sondern wohl nur eine Zuständigkeitsregelung. Anderes gilt jedoch für die Erzwingbarkeit und Durchführung geschlossener Dienstvereinbarungen. Für sie ergibt sich aus Absatz 1 eine Anspruchsgrundlage für einen entsprechenden Verpflichtungsantrag nach § 79 Abs. 3. 1

Abs. 2: Absatz 2 will erreichen, dass der Personalrat nachvollziehen kann, weshalb eine Maßnahme trotz erklärter Zustimmung nicht – unverzüglich – durchgeführt werden kann. 2

Diese Unterrichtungspflicht erhöht die Transparenz des behördlichen Handelns sowie des Mitbestimmungsverfahrens. Der Personalrat muss darüber unterrichtet werden, warum Maßnahmen, die die Dienststelle zunächst beabsichtigt hat und denen der Personalrat seine Zustimmung erteilt hat, nun doch nicht – oder nicht unverzüglich – durchgeführt werden sollen. Die Be-

197 So zutreffend: Lorenzen u. a., BPersVG, § 75 Rn. 148c.

schäftigten dürfen – vor allem bei für sie günstigen Maßnahmen – erwarten, dass sie das behördliche Handeln verstehen und nachvollziehen können. Der Personalrat hat Anspruch auf eine Unterrichtung unter Angabe von Gründen. Die Gründe müssen sich auf die Ursache für die Verzögerung bzw. darauf beziehen, warum die Maßnahme überhaupt nicht mehr durchgeführt werden soll.

Dritter Abschnitt
Beteiligungspflichtige Angelegenheiten

§ 72

(1) Der Personalrat hat mitzubestimmen in Personalangelegenheiten bei

1. **Einstellung, Nebenabreden zum Arbeitsvertrag, erneuter Zuweisung eines Arbeitsplatzes gemäß Arbeitsplatzsicherungsvorschriften sowie nach Beendigung eines Urlaubs ohne Dienstbezüge nach § 70 und § 71 des Landesbeamtengesetzes und nach Beendigung der Jahresfreistellung nach § 64 des Landesbeamtengesetzes bzw. den entsprechenden Regelungen für Arbeitnehmerinnen und Arbeitnehmer und nach der Rückkehr aus der Elternzeit ohne gleichzeitige Teilzeit, Verlängerung der Probezeit, Befristung von Arbeitsverträgen,**
2. **Beförderung, Zulassung zum Aufstieg, Übertragung eines anderen Amtes mit niedrigerem Endgrundgehalt,**
3. **Laufbahnwechsel,**
4. **Eingruppierung, Höhergruppierung, Herabgruppierung, Übertragung einer höher oder niedriger zu bewertenden Tätigkeit, Stufenzuordnung und Verkürzung und Verlängerung der Stufenlaufzeit gemäß Entgeltgrundsätzen, Bestimmung der Fallgruppen innerhalb einer Entgeltgruppe, wesentliche Änderung von Arbeitsverträgen,**
5. **Versetzung zu einer anderen Dienststelle, Umsetzung innerhalb der Dienststelle für eine Dauer von mehr als drei Monaten, Umsetzung innerhalb der Dienststelle, die mit einem Wechsel des Dienstortes verbunden ist, wobei das Einzugsgebiet im Sinne des Umzugskostenrechts zum Dienstort gehört,**
6. **Abordnung, Zuweisung von Beamtinnen und Beamten gemäß § 20 des Beamtenstatusgesetzes, Zuweisung von Arbeitnehmerinnen und Arbeitnehmern gemäß tarifrechtlicher Vorschriften, für eine Dauer von mehr als drei Monaten und ihrer Aufhebung,**
7. **Kürzung der Anwärterbezüge oder der Unterhaltsbeihilfe,**

8. Entlassung von Beamtinnen und Beamten auf Lebenszeit, auf Probe oder Widerruf oder Entlassung aus einem öffentlich-rechtlichen Ausbildungsverhältnis, wenn die Entlassung nicht selbst beantragt wurde,
9. vorzeitiger Versetzung in den Ruhestand, Feststellung der begrenzten Dienstfähigkeit und der Polizeidienstunfähigkeit, wenn die Maßnahme nicht selbst beantragt wurde,
10. Weiterbeschäftigung von Beamtinnen und Beamten und Arbeitnehmerinnen und Arbeitnehmern über die Altersgrenze hinaus,
11. Anordnungen, welche die Freiheit in der Wahl der Wohnung beschränken,
12. Versagung, Untersagung oder Widerruf der Genehmigung einer Nebentätigkeit,
13. Ablehnung eines Antrags auf Teilzeitbeschäftigung oder Urlaub gemäß §§ 63 bis 67 oder §§ 70, 71 des Landesbeamtengesetzes sowie Ablehnung einer entsprechenden Arbeitsvertragsänderung bei Arbeitnehmerinnen und Arbeitnehmern,
14. Ablehnung eines Antrags auf Einrichtung eines Arbeitsplatzes außerhalb der Dienststelle.

Satz 1 gilt für die in § 8 Absatz 1 bis 3 und § 11 Absatz 2 Buchstabe b bezeichneten Beschäftigten und für Dozentinnen und Dozenten gemäß § 20 Fachhochschulgesetz öffentlicher Dienst nur, wenn sie es beantragen; er gilt nicht

1. für die in § 37 des Landesbeamtengesetzes bezeichneten Beamtinnen und Beamten,
2. für Beamtenstellen von der Besoldungsgruppe B 3 an aufwärts sowie für Arbeitnehmerinnen und Arbeitnehmer, die ein der Besoldungsgruppe B 3 an aufwärts vergleichbares Entgelt erhalten,
3. für überwiegend und unmittelbar künstlerisch tätige Beschäftigte an Theatern, die unter den Geltungsbereich des Normalvertrages (NV) Bühne fallen,
4. für kommunale Wahlbeamtinnen und Wahlbeamte,
5. für Leiterinnen und Leiter von öffentlichen Betrieben in den Gemeinden, den Gemeindeverbänden und den sonstigen der Aufsicht des Landes unterstehenden Körperschaften, Anstalten und Stiftungen des öffentlichen Rechts.

Satz 1 Nr. 5 gilt nicht für Beschäftigte in der Berufsausbildung.

(2) Der Personalrat hat mitzubestimmen in sozialen Angelegenheiten bei

1. Gewährung und Versagung von Unterstützungen, Vorschüssen, Darlehen und entsprechenden Zuwendungen,

2. Zuweisung und Kündigung von Wohnungen, über die die Beschäftigungsdienststelle verfügt, und Ausübung eines Vorschlagsrechts sowie der allgemeinen Festsetzung der Nutzungsbedingungen,
3. Zuweisung von Dienst- und Pachtland und Ausübung eines Vorschlagsrechts sowie Festsetzung der Nutzungsbedingungen,
4. Errichtung, Verwaltung und Auflösung von Sozialeinrichtungen ohne Rücksicht auf ihre Rechtsform,
5. Aufstellung von Sozialplänen einschließlich Plänen für Umschulungen zum Ausgleich von Härtefällen sowie Milderung wirtschaftlicher Nachteile infolge von Rationalisierungsmaßnahmen.

(3) Der Personalrat hat, soweit eine gesetzliche oder tarifliche Regelung nicht besteht, mitzubestimmen in Rationalisierungs-, Technologie- und Organisationsangelegenheiten bei

1. Einführung, Anwendung, wesentlicher Änderung oder wesentlicher Erweiterung von automatisierter Verarbeitung personenbezogener Daten der Beschäftigten außerhalb von Besoldungs-, Gehalts-, Lohn-, Versorgungs- und Beihilfeleistungen sowie Jubiläumszuwendungen,
2. Einführung, Anwendung und Erweiterung technischer Einrichtungen, es sei denn, dass deren Eignung zur Überwachung des Verhaltens oder der Leistung der Beschäftigten ausgeschlossen ist,
3. Einführung grundlegend neuer, wesentlicher Änderung und wesentlicher Ausweitung von Arbeitsmethoden,
4. Maßnahmen, die die Hebung der Arbeitsleistung oder Erleichterungen des Arbeitsablaufs zur Folge haben sowie Maßnahmen der Änderung der Arbeitsorganisation,
5. Einführung, wesentlicher Änderung oder wesentlicher Ausweitung betrieblicher Informations- und Kommunikationsnetze,
6. Einrichtung von Arbeitsplätzen außerhalb der Dienststelle.

(4) Der Personalrat hat, soweit eine gesetzliche oder tarifliche Regelung nicht besteht, mitzubestimmen über

1. Beginn und Ende der täglichen Arbeitszeit und der Pausen sowie Verteilung der Arbeitszeit auf die einzelnen Wochentage, Einführung, Ausgestaltung und Aufhebung der gleitenden Arbeitszeit,
2. Anordnung von Überstunden oder Mehrarbeit, soweit sie vorauszusehen oder nicht durch Erfordernisse des Betriebsablaufs oder der öffentlichen Sicherheit und Ordnung bedingt sind, sowie allgemeine Regelung des Ausgleichs von Mehrarbeit,
3. Zeit, Ort und Art der Auszahlung der Dienstbezüge und Arbeitsentgelte,
4. Aufstellung des Urlaubsplans, Festsetzung der zeitlichen Lage des Erholungsurlaubs für einzelne Beschäftigte, wenn zwischen der Dienststelle und der oder dem beteiligten Beschäftigten kein Einverständnis erzielt wird,

5. Fragen der Gestaltung des Entgelts innerhalb der Dienststelle, insbesondere die Aufstellung von Entgeltgrundsätzen, die Einführung und Anwendung von neuen Entgeltmethoden und deren Änderung sowie die Festsetzung der Akkord- und Prämiensätze und vergleichbarer leistungsbezogener Entgelte, einschließlich der Geldfaktoren, sowie entsprechende Regelungen für Beamtinnen und Beamte,
6. Bestellung und Abberufung von Vertrauens- und Betriebsärztinnen und Vertrauens- und Betriebsärzten sowie Sicherheitsfachkräften und Bestellung der oder des Datenschutzbeauftragten,
7. Maßnahmen zur Verhütung von Dienst- und Arbeitsunfällen und sonstigen Gesundheitsschädigungen einschließlich Maßnahmen vorbereitender und präventiver Art,
8. Grundsätze über die Prämierung von anerkannten Vorschlägen im Rahmen des behördlichen und betrieblichen Vorschlagswesens,
9. Regelung der Ordnung in der Dienststelle und des Verhaltens der Beschäftigten,
10. Gestaltung der Arbeitsplätze,
11. Geltendmachung von Ersatzansprüchen gegen eine oder einen Beschäftigten,
12. Maßnahmen nach § 1 Abs. 3,
13. Grundsätze über die Durchführung der Berufsausbildung der Beschäftigten,
14. Richtlinien für die personelle Auswahl bei Einstellungen, bei Versetzungen, bei Höhergruppierungen und bei Kündigungen,
15. Beurteilungsrichtlinien,
16. allgemeine Fragen der Fortbildung der Beschäftigten, Auswahl der Teilnehmerinnen und Teilnehmer an Fortbildungsveranstaltungen,
17. Inhalt von Personalfragebogen,
18. Maßnahmen, die der Durchsetzung der tatsächlichen Gleichberechtigung von Frauen und Männern, insbesondere bei der Einstellung, Beschäftigung, Aus-, Fort- und Weiterbildung und dem beruflichen Aufstieg dienen,
19. Grundsätze der Arbeitsplatz- und Dienstpostenbewertung in der Dienststelle,
20. Abschluss von Arbeitnehmerüberlassungs- oder Gestellungsverträgen,
21. Aufstellung von Grundsätzen zu Arbeitszeitmodellen und erstmalige Einführung grundlegend neuer Formen der Arbeitsorganisation,
22. Übertragung von Arbeiten der Dienststelle, die üblicherweise von ihren Beschäftigten vorgenommen werden, auf Dauer an Privatpersonen oder auf Dritte in jeglicher Rechtsform (Privatisierung).

In den Fällen des Satzes 1 Nr. 11 bestimmt der Personalrat nur auf Antrag der oder des Beschäftigten mit; diese oder dieser ist von der beabsichtig-

ten Maßnahme rechtzeitig vorher in Kenntnis zu setzen. Satz 1 Nr. 17 gilt nicht für den Inhalt von Personalfragebogen, die der Finanzkontrolle durch den Landesrechnungshof dienen.
(5) Der Personalrat hat in den Fällen der Absätze 3 und 4 auch mitzubestimmen, wenn eine Maßnahme probeweise oder befristet durchgeführt werden soll.

Vorbemerkungen

1 § 72 und § 74 Abs. 1 enthalten sämtliche Angelegenheiten, bei denen der Personalrat ein Mitbestimmungsrecht hat.
Nach den Einschränkungen der Mitbestimmungstatbestände durch die Novelle 2007 (vgl. § 72 Rn. 1 ff., 4. Aufl.) ist der Katalog der mitbestimmungspflichtigen Maßnahmen durch das Gesetz von 2011 wieder ausgeweitet worden. Die 2007 beseitigten Beteiligungsrechte sind durchweg wieder aufgenommen worden, zum Teil mit Änderungen, Ergänzungen und Verbesserungen.

2 Die Mitbestimmung in Personalangelegenheiten ist erheblich ausgedehnt worden und zwar wie folgt:

- In Satz 1 Nr. 1 wurden die Nebenabreden zum Arbeitsvertrag, die erneute Zuweisung eines Arbeitsplatzes gemäß Arbeitsplatzsicherungsvorschriften sowie nach Beendigung eines Urlaubs ohne Dienstbezüge und nach Beendigung der Jahresfreistellung bei Beamten bzw. gemäß den entsprechenden Regelungen für Arbeitnehmerinnen und Arbeitnehmer wieder aufgenommen. Auch die Verlängerung der Probezeit und die Befristung von Arbeitsverträgen unterliegen wieder der Mitbestimmung. Neu aufgenommen wurde die erneute Zuweisung eines Arbeitsplatzes nach Rückkehr aus der Elternzeit ohne gleichzeitige Teilzeit.
- Nach Nr. 2 unterliegen die Zulassung zum Aufstieg und die Übertragung eines anderen Amtes mit niedrigerem Endgrundgehalt der Mitbestimmung.
- Nr. 4 ist um die Stufenzuordnung und Verkürzung sowie Verlängerung der Stufenlaufzeit gemäß Entgeltgrundsätzen, der Bestimmung der Fallgruppen innerhalb einer Entgeltgruppe ergänzt worden; wieder mitbestimmungspflichtig ist die wesentliche Änderung von Arbeitsverträgen.
- Nach Nr. 5 ist die Umsetzung innerhalb der Dienststelle für eine Dauer von mehr als drei Monaten wieder mitbestimmungspflichtig.
- Nr. 7 führt wieder die Kürzung der Anwärterbezüge oder der Unterhaltsbeihilfe auf.
- Nach Nr. 8 ist die Entlassung von Beamtinnen und Beamten auf Lebenszeit, auf Probe oder Widerruf oder die Entlassung aus einem öffentlich-rechtlichen Ausbildungsverhältnis mitbestimmungspflichtig, soweit die Entlassung nicht selbst beantragt wurde.

- Nach Nr. 9 ist wieder mitbestimmungspflichtig die vorzeitige Versetzung in den Ruhestand, die Feststellung der begrenzten Dienstfähigkeit und der Polizeidienstunfähigkeit – soweit die Maßnahme nicht selbst beantragt wurde.
- Die Weiterbeschäftigung von Beamtinnen und Beamten sowie Arbeitnehmerinnen und Arbeitnehmern über die Altersgrenze hinaus unterliegt nach Nr. 10 der Mitbestimmung.
- Die Ablehnung einer Arbeitsvertragsänderung, gerichtet auf Teilzeitbeschäftigung oder Beurlaubung ist gemäß Nr. 13 mitbestimmungspflichtig.
- Nr. 14 sieht neu die Ablehnung eines Antrags auf Einrichtung eines Arbeitsplatzes außerhalb der Dienststelle vor.

Die Bereichsausnahme des § 72 Abs. 1 Satz 2 wurde eingeschränkt. In Nr. 2 ist nunmehr vorgesehen, dass die Mitbestimmung bei personellen Einzelmaßnahmen nicht für Beamtenstellen von der Besoldungsgruppe B 3 an aufwärts gilt sowie nicht für Arbeitnehmer und Arbeitnehmerinnen, die ein der Besoldungsgruppe B 3 aufwärts vergleichbares Entgelt erhalten.

Nr. 3 nimmt Beschäftigte an Theatern, die unter den Geltungsbereich des Normalvertrages (NV) Bühne fallen, nur noch dann von der Mitbestimmung bei personellen Einzelmaßnahmen aus, wenn sie überwiegend und unmittelbar künstlerisch tätig sind.

In Absatz 2 sind die Mitbestimmungsrechte bei den sozialen Angelegenheiten unverändert geblieben. 3

In Absatz 3 sind zum Teil – in Anlehnung an den Rechtszustand vor 2007 – Änderungen, teilweise Neuerungen vorgenommen worden: 4

- Die Überschrift, nach der Mitbestimmungsrechte in Rationalisierungs-, Technologie- und Organisationsangelegenheiten geregelt werden, ist aufgenommen worden.
- Nr. 1 ordnet unverändert gegenüber dem seit 1984 geltenden Rechtszustand ein Mitbestimmungsrecht bei der Personaldatenverarbeitung an.
- Nr. 2 eröffnet ein Mitbestimmungsrecht bei technischen Einrichtungen, »es sei denn«, deren Eignung zur Überwachung des Verhaltens oder der Leistung der Beschäftigten ist ausgeschlossen.
- Nr. 3 enthält ein neu formuliertes Mitbestimmungsrecht bei grundlegend neuen Arbeitsmethoden, ihrer wesentlichen Änderung und wesentlichen Ausweitung.
- Nr. 4 enthält – ebenfalls neu formuliert – ein Mitbestimmungsrecht betreffend Maßnahmen, die die Hebung der Arbeitsleistung oder Erleichterung des Arbeitsablaufs zur Folge haben sowie Maßnahmen der Änderung der Arbeitsorganisation.
- Nr. 5 führt wieder das Mitbestimmungsrecht bei Informations- und Kommunikationsnetzen in der unveränderten, seit 1984 geltenden Form ein.

- In Nr. 6 ist ein neues Mitbestimmungsrecht bei der Einrichtung von Arbeitsplätzen außerhalb der Dienststelle geschaffen worden.

5 In Absatz 4 hat die Novelle 2011 Folgendes geändert:

- Nr. 1 wurde ergänzt um die Einführung, Ausgestaltung und Aufhebung der gleitenden Arbeitszeit.
- Nr. 2 ist ergänzt worden um die allgemeine Regelung des Ausgleichs von Mehrarbeit.
- Nr. 5 erstreckt die Mitbestimmung bei Gestaltung von Entgelten sowie Entgeltgrundsätzen usw. auf die entsprechenden Regelungen für Beamtinnen und Beamte.
- Nr. 6 ordnet an, dass neben der Bestellung auch die Abberufung von Vertrauens- und Betriebsärztinnen und Betriebsärzten mitbestimmungspflichtig ist, was auch für Sicherheitsfachkräfte gilt; die Bestellung der/des Datenschutzbeauftragten ist hinzugekommen.
- Nr. 7 ergänzt die Mitbestimmung bei Maßnahmen zur Verhütung von Dienst- und Arbeitsunfällen um Maßnahmen vorbereitender und präventiver Art.
- Die Beteiligungsrechte nach Nr. 8 bis 18 sind unverändert geblieben.
- Nr. 19 schafft wieder das Mitbestimmungsrecht bei den Grundsätzen der Arbeitsplatz- und Dienstpostenbewertung.
- Nr. 20 führt das Mitbestimmungsrecht bei Arbeitnehmerüberlassungs- oder Gestellungsverträgen wieder ein.
- Nr. 21 sieht ein neu formuliertes Mitbestimmungsrecht bei Grundsätzen zu Arbeitszeitmodellen sowie bei der erstmaligen Einführung grundlegend neuer Formen der Arbeitsorganisation.
- Nr. 22 enthält wieder das Mitbestimmungsrecht bei der Privatisierung, jedoch erstreckt auf die Übertragung von Arbeiten auf Dritte »in jeglicher Rechtsform«.

6 Mitbestimmung ist die effektivste und am weitesten reichende Beteiligung des Personalrats. Allerdings reicht das Mitbestimmungsrecht bei den verschiedenen Maßnahmen verschieden weit. So endet es in personellen Angelegenheiten nach Absatz 1 und § 74 Abs. 1 mit einer Empfehlung an das Letztentscheidungsorgan im Sinne § 68. Übt der Personalrat in personellen Angelegenheiten des Absatzes 1 sowie nach § 74 Abs. 1 sein Initiativmitbestimmungsrecht aus, so trifft die Letztentscheidung der Dienststellenleiter der eigenen bzw. der obersten Dienstbehörde ohne vorherige Befassung durch die Einigungsstelle. Die Angelegenheiten des Absatzes 3 und eine Reihe von Angelegenheiten nach Absatz 4 unterfallen ebenfalls nicht der Letztentscheidung der Einigungsstelle (siehe § 66 Abs. 7 Satz 3).

Mitbestimmung und Beteiligung des Personalrats ist nicht Selbstzweck. Vielmehr dient sie der Richtigkeitskontrolle behördlichen Handelns, der Geltendmachung kollektiver Interessen gegenüber der Dienststelle, der Sicherung sozialer Teilhabe und dem Schutz des Einzelnen vor Ungerechtigkeit und Willkür sowie schließlich der Transparenz und Akzeptanz behördlichen Handelns.

Das Mitbestimmungsrecht kann sowohl dadurch ausgeübt werden, dass der Personalrat Maßnahmen der Dienststelle ablehnt, sie durch Mitbestimmung beeinflusst und verändert oder ihnen zustimmt als auch durch Ausübung des Initiativmitbestimmungsrechtes, das für sämtliche mitbestimmungspflichtigen Angelegenheiten besteht. 7

Die Ausübung der Mitbestimmung und das Verfahren richten sich nach §§ 66 bis 68.

Das Mitbestimmungsrecht kann vom Personalrat auch dadurch ausgeübt werden, dass er den Abschluss einer Dienstvereinbarung im Sinne des § 70 verlangt und seine Zustimmung von dem Abschluss einer solchen Vereinbarung abhängig macht.

Unterbleibt die Beteiligung des Personalrats oder ist sie fehlerhaft, kann die unter Verletzung des Mitbestimmungsrechts getroffene Maßnahme unwirksam sein (vgl. § 66 Rn. 2). Das gilt auch dann, wenn die Zustimmung des Personalrats aufgrund unzutreffender Unterrichtung erteilt wurde.[198]

Treffen mehrere Beteiligungstatbestände zusammen, sind dem Personalrat sämtliche Rechte nebeneinander einzuräumen, soweit sie verschiedene Zwecke haben. Nur wenn das schwächere eine wirkliche Sonderregelung gegenüber dem stärken Beteiligungsrecht darstellt, wird das Stärkere verdrängt.[199] Eine Rangordnung, derzufolge das jeweils schwächere Recht die anderen Rechte verdrängt, besteht nicht. Vielmehr hat jedes Beteiligungsrecht verschiedene Zwecke und Absichten, die dem Personalrat dementsprechend zur differenzierten Geltendmachung einzuräumen sind. Einheitliche Sachverhalte dürfen nicht in »Mitbestimmungs-Kästchen« gepresst werden, die Beteiligung des Personalrats kann von der Dienststelle daher nicht auf bestimmte Mitbestimmungstatbestände beschränkt werden.[200] Treffen Mitbestimmungsrechte bei einer Maßnahme zusammen, können diese nebeneinander ausgeübt werden. So kann z. B. der Personalrat der Einstellung einer Mitarbeiterin oder eines Mitarbeiters zustimmen, jedoch der gleichzeitigen Bestellung als Vertrauens- und Betriebsarzt nach Absatz 4 Nr. 6 die Zustimmung verweigern. Ebenso ist der Personalrat berechtigt, die Zustimmung zu einer Einstellung nach Absatz 1 Satz 1 Nr. 1 zu erteilen, sie aber bei der Eingruppierung gemäß Absatz 1 Satz 1 Nr. 4 zu verweigern.[201] 8

---

198 OVG NRW 22. 3. 1996 – 1 B 353/96.PVL, PersR 1996, 365.

199 BVerwG, Beschluss vom 19. 5. 2003 – 6 P 16.02, PersR 2003, 314 zum Verhältnis zwischen dem Mitbestimmungsrecht nach § 72 Abs. 4 Nr. 7 und dem Mitwirkungsrecht nach § 73 Nr. 1; OVG NRW 26. 9. 2003 – 1 A 3411/01.PVB, AP Nr. 83 zu § 75 BPersVG.

200 Siehe dazu Welkoborsky, PersR 1989, 220.

201 So ausdrücklich: BVerwG 22. 10. 2007 – 6 P 1.07, PersR 2008, 23.

9 **Abs. 1:** In Satz 1 dieser Vorschrift sind die Mitbestimmungsrechte bei den personellen Einzelmaßnahmen betreffend Arbeitnehmer und Beamte zusammengefasst. Das neu geschaffene Mitbestimmungsrecht bei der ordentlichen Kündigung ist in § 74 Abs. 1 enthalten. Satz 2 schränkt diese Mitbestimmungsrechte für bestimmte Personenkreise dahingehend ein, dass der Personalrat entweder nur auf ihren Antrag hin oder gar nicht beteiligt wird.

Abs. 1 Nr. 1: Einstellung

10 Eine Einstellung liegt unter folgenden Voraussetzungen vor:

1. Der Arbeitnehmer wird tatsächlich in die Dienststelle eingegliedert, d. h., die Aufnahme der vorgesehenen Arbeit (i. d. R. Wahrnehmung von Daueraufgaben)[202] wird im Rahmen der Arbeitsorganisation der Dienststelle durch Unterordnung unter das Direktionsrecht tatsächlich vollzogen.[203]
2. Für die Annahme einer Einstellung ist stets ein sog. rechtliches Band erforderlich, »durch welches ein Weisungsrecht der Dienststelle, verbunden mit entsprechenden Schutzpflichten und damit korrespondierend die Weisungsgebundenheit des Dienstleistenden, verbunden mit entsprechenden Schutzrechten, begründet« wird.[204]
3. Neben Eingliederung und dem Bestehen eines rechtlichen Bandes ist weiter Voraussetzung, dass der Beschäftigte an der Erfüllung öffentlicher Aufgaben teilnimmt.[205] Daran fehlt es z. B., wenn Strafgefangene in einer Dienststelle eine Arbeit aufnehmen, die ihnen von der Leitung der Justizvollzugsanstalt zugewiesen wurde.[206]

Das rechtliche Band kann auch durch mehrseitige Rechtsbeziehungen, z. B. durch eine Gestellungsvereinbarung,[207] durch Beauftragung eines Fremdunternehmens,[208] durch Eingliederung eines Leiharbeitnehmers aufgrund einer mit einer Zeitarbeitsfirma abgeschlossenen Arbeitnehmerüberlassungsvereinbarung oder durch Zuweisung einer Arbeitsgelegenheit in einer Eingliederungsvereinbarung[209] erfolgen. Die Anforderungen an den Nachweis und das Bestehen solcher vertraglichen Dreiecks-Beziehungen dürfen aber nicht dahingehend überspannt werden, dass ein vollständiges Vertragswerk verlangt werden müsste.[210] Das Be- und Entstehen eines Beamten- oder Ar-

---

202 So VG Münster 10. 12. 2003 – 22 K 1359/02.PVL, www.justiz.nrw.de/nrwe.
203 BVerwG 8. 1. 2003 – 6 P 8.02, PersR 2004, 148.
204 BVerwG 21. 3. 2007 – 6 P 4.06, PersR 2007, 301.
205 BVerwG 14. 8. 2013 – 6 P 8.12, PersR 2013, 464.
206 BVerwG 14. 8. 2013, a. a. O.
207 So BVerwG 18. 6. 2002 – 6 P 12.01, PersR 2002, 467.
208 Zu den Voraussetzungen: BVerwG 8. 1. 2003 – 6 P 8.02, PersR 2004, 48.
209 Dazu BVerwG 21. 3. 2007 – 6 P 4.06, PersR 2007, 309.
210 OVG NRW 12. 3. 2007 – 1 A 2037/05.PVL, PersR 2007, 393.

beitsverhältnisses im Zusammenhang mit der Einstellung ist zwar die Regel,[211] jedoch nicht zwingend. Beschäftigte im Sinne des § 5 sind neben den Beamten und Tarifbeschäftigten die arbeitnehmerähnlichen Personen (§ 12a TVG), die in der Dienststelle weisungsgebunden Tätigen (§ 5 Abs. 1) ohne Dienst- oder Arbeitsverhältnis zur Dienststelle sowie alle Beschäftigten, die nach dem für die Dienststelle maßgebenden Tarifvertrag bzw. der maßgebenden Dienstordnung oder nach ihrem Arbeitsvertrag Arbeitnehmerinnen oder Arbeitnehmer sind. Darin eingeschlossen sind die über- oder außertariflich Beschäftigten sowie die zu ihrer Berufsausbildung Beschäftigten.

Eine Einstellung kann auch in folgenden Fällen vorliegen: 11

- Beschäftigung als freier Mitarbeiter, im faktischen Arbeitsverhältnis oder aufgrund Scheinwerkvertrages,[212] tatsächlich jedoch Einbindung in den arbeitsorganisatorischen Ablauf der Dienststelle – also eine Eingliederung.[213]
- Aufnahme der Tätigkeit aufgrund einer Gestellungsvereinbarung.[214]
- Die Übernahme eines Leiharbeitnehmers zur Arbeitsleistung aufgrund eines mit einem Dritten geschlossenen (echten oder unechten) Arbeitnehmerüberlassungsvertrages ist ebenfalls eine Einstellung.[215] Zwar gilt die Sondervorschrift über das Mitbestimmungsrecht des Personal- oder Betriebsrats des aufnehmenden Betriebes in § 14 Abs. 4 AÜG dem Wortlaut nach nur für das BPersVG und im Geltungsbereich eines Landespersonalvertretungsgesetzes nur bei ausdrücklicher Bezugnahme.[216] Jedoch stellt der Vorgang der Übernahme zur Arbeitsleistung aufgrund eines Vertrages zwischen Verleiher und Entleiher unter Übertragung des Direktionsrechts in Bezug auf den Leiharbeitnehmer eine Eingliederung dar. Es besteht auch ein rechtliches Band durch Begründung mehrseitiger Rechtsbeziehungen sowohl zwischen Verleiher und Entleiher aufgrund des AÜG-Vertrages, als auch zwischen Leiharbeitnehmer und Entleiher aufgrund Bestehens des Direktionsrechtes. Da es sich bei dem Leiharbeitnehmer im Übrigen um einen weisungsgebundenen Beschäftigten im

---

211 BVerwG 18.6.2002 – 6 P 12.01, PersR 2002, 467; 8.1.2003 – 6 P 8.02, PersR 2004, 148.

212 Dazu BVerwG 6.9.1995 – 6 P 9.93, PersR 1996, 118.

213 Siehe OVG NRW 5.4.1990 – CL 54/87, PersR 1990, 335; zum Einsatz von ehrenamtlichen Angehörigen der Freiwilligen Feuerwehr in der Wachbereitschaft der Berufsfeuerwehr: OVG NRW 27.10.1999 – 1 A 5193/97.PVL, PersR 2000, 117.

214 OVG NRW 23.10.1986 – CL 15/85, PersV 1999, 30; BVerwG 18.6.2002 – 6 P 12.01, PersR 2002, 467; OVG NRW 21.6.2001 – 1 A 280/99.PVL –, PersR 2002, 122; BVerwG 13.4.2004 – 6 PB 2.04, PersR 2004, 269; BAG 21.2.2017 – 1 ABR 62/12, AuR 2017, 181.

215 Vgl. BVerwG 7.4.2010 – 6 P 6.09, PersR 2010, 312; 25.4.2012 – 6 PB 24.11, PersR 2012, 324.

216 BVerwG 25.4.2012 – 6 PB 24.11, NZA-RR 2012, 500.

Sinne des § 5 Abs. 1 Satz 2 handelt, besteht ein Mitbestimmungsrecht bei der Überlassung eines Leiharbeitnehmers zur Arbeitsleistung auch ohne ausdrückliche gesetzliche Bezugnahme auf § 14 Abs. 3 AÜG. Mitbestimmungspflichtig ist der tatsächliche Vorgang der Übernahme zur Arbeitsleistung. Das rechtliche Band zur Schaffung des Weisungsrechts und der Weisungsgebundenheit des Leiharbeitnehmers unterliegt der gesonderten Mitbestimmung nach Abs. 4 Nr. 20. Als Einstellung mitbestimmungspflichtig ist der tatsächliche Einsatz von Leiharbeitnehmern und zwar jede noch so kurze tatsächliche Beschäftigung. Bei mehreren, auch aufeinanderfolgenden befristeten Einsätzen löst jeder von ihnen das Mitbestimmungsrecht erneut aus.[217] Die Dienststelle ist verpflichtet, vor Einstellung eines Leiharbeitnehmers dessen Namen mitzuteilen.[218]

- Bei arbeitnehmerähnlichen Personen im Sinne des § 12a TVG liegt eine Einstellung dann vor, wenn aufgrund der Vertragsbeziehungen eine wirtschaftliche Abhängigkeit und die einem Arbeitnehmer vergleichbare soziale Schutzbedürftigkeit des Betreffenden besteht.[219] Diese ersetzen die »Eingliederung« eines Arbeitnehmers. Die arbeitnehmerähnlichen Personen sind Selbständige und können daher nicht einem Arbeitnehmer vergleichbar »eingegliedert« sein. Der Bestandsschutz-Tarifvertrag für arbeitnehmerähnliche Personen des WDR gilt für Beschäftigte, die »über lange oder längere Zeit« verpflichtet werden, wobei die lange/längere Zeit ab einer sechsmonatigen Tätigkeit erreicht ist. Erfolgt also ein Vertragsabschluss für mindestens sechs Monate oder dauert die Tätigkeit so lange an, liegt eine Einstellung einer arbeitnehmerähnlichen Person vor, soweit im Vertragszeitraum die Voraussetzungen der §§ 2 und 3 des Bestandsschutz-Tarifvertrages erfüllt werden.
- Die Beschäftigung erwerbsfähiger Hilfsbedürftiger (»Ein-Euro-Jobs«) gemäß § 16 Abs. 3 SGB II unterliegt ebenfalls der Mitbestimmung des Personalrats als Einstellung.[220] Die Dienststelle muss entweder zu dem Zeitpunkt, zu dem die ARGE einen Hilfebedürftigen benennt, den Personalrat beteiligen oder wenn ihr von der ARGE ein Hilfebedürftiger vorgeschlagen wird und sie diesem oder einen Ersatzteilnehmer akzeptieren will. Dem Mitbestimmungsrecht bei der Beschäftigung der sog. Ein-Euro-Kräfte steht nicht entgegen, dass mit ihnen kein Arbeitsverhältnis zum Rechtsträger der Dienststelle abgeschlossen wird. Vielmehr ist – wie bei gestellten Arbeitnehmern und Leiharbeitnehmern – ausreichend, dass ein rechtliches Band in Form einer vertraglichen Dreiecks-Beziehung

217 BVerwG 7.4.2010 – 6 P 6.09, NZA 2011, 871.
218 BAG 9.3.2011 – 7 ABR 137/09.
219 Vgl. zum BremPersVG: OVG Bremen 1.12.2015 – 6 LP 103/14, PersR 7–8/2016, 70.
220 BVerwG 21.3.2007 – 6 P 4.06, PersR 2007, 301.

besteht und die Eingliederung in die Dienststelle nicht nur ganz vorübergehend erfolgt. Jeweils vor diesen Zeitpunkten ist das Mitbestimmungsrecht des Personalrats zu beachten.

- Einstellung ist auch die Vergabe von Arbeiten in Heimarbeit und an Hausgewerbetreibende.
- Die Arbeitsaufnahme von Beschäftigten, die aufgrund einer Arbeitsbeschaffungsmaßnahme nach dem SGB III zugewiesen werden, ist ebenfalls eine mitbestimmungspflichtige Einstellung.[221]
- Eine Einstellung ist auch die Verlängerung eines befristet abgeschlossenen Arbeitsverhältnisses im unmittelbaren Anschluss an das Vertragsende. Dabei ist sowohl der Abschluss eines erneut befristeten Arbeitsverhältnisses, wie die Umwandlung in ein unbefristetes Arbeitsverhältnis als Einstellung mitbestimmungspflichtig.[222]
- Als Einstellung ist auch die Reaktivierung und Neuberufung eines bereits in den vorzeitigen Ruhestand versetzten Beamten anzusehen.[223]
- Die Aufstockung eines Teilzeitarbeitsverhältnisses – soweit die Aufstockung nicht nur ganz geringfügig ist – unterliegt ebenfalls aufgrund der veränderten Eingliederung in die Dienststelle der Mitbestimmung des Personalrats.[224] Darüber hinaus ist bezüglich der Veränderung der Arbeitszeit das Mitbestimmungsrecht nach Nr. 4 bei wesentlicher Änderung von Arbeitsverträgen zu beachten.
- Bei Abrufkräften ist sowohl die Aufnahme in eine sog. Abrufliste wie die nachfolgende Heranziehung zur Tätigkeit als Einstellung anzusehen. »Mitbestimmungspflichtige Maßnahme ist der zusammengehörige Lebensvorgang, der mit der Aufnahme der Bewerber in die Liste beginnt und alle nachfolgenden Arbeitsverhältnisse umfasst, die auf der Grundlage der Liste für ein und dieselbe Person geschlossen werden.«[225]
- Eine im Arbeitsvertrag für weniger als zwei Monate vorgesehene Beschäftigung von Vertretungslehrern unterliegt dann der Mitbestimmung, wenn die Verlängerung über die Dauer der zwei Monate wegen des Vertretungsgrundes (z. B. Mutterschutz/langfristige Erkrankung/Elternzeit) absehbar und beabsichtigt ist.[226]

Nur wenn Tätigkeiten verrichtet werden, die ersichtlich zu keiner »betrieblichen und sozialen Bindung« führen, weil sie nur geringfügig und nur vorübergehender Natur sind, wird nicht in jedem Fall eine Einstellung vorliegen. Erfolgt eine Beschäftigung für längstens zwei Monate als Aushilfe oder 12

221 Siehe dazu im Einzelnen OVG NRW 29. 7. 1980 – CL 10/80, PersV 1981, 375.
222 BVerwG 15. 11. 1995 – 6 P 2.94, PersR 1996, 278.
223 BAG 15. 8. 2012 – 7 ABR 6/11, PersV 2013, 145.
224 BVerwG 23. 3. 1999 – 6 P 10.97, PersR 1999, 396.
225 BVerwG 3. 2. 1993 – 6 P 28.91, PersR 1993, 260.
226 OVG NRW 9. 4. 2003 – 1 A 423/01.PVL, juris.

aufgrund Befristung, vorübergehende und zugleich geringfügige Beschäftigung in den Grenzen des § 8 Abs. 1 SGB IV spricht eine Vermutung gegen eine Einstellung.[227] Abwandlungen aufgrund fallspezifischer und beteiligungsrechtlich erheblicher Wertungen können jedoch die Beachtung des Mitbestimmungsrechtes des Personalrats erforderlich machen, eine Eingliederung bei einer Tätigkeit unterhalb von zwei Monaten kann nicht automatisch verneint werden.[228] Dementsprechend ist auch die Aufstockung einer Teilzeitbeschäftigung als Einstellung anzusehen.[229]

In allen Fällen, in denen eine Einstellung vorliegt, gelten die eingegliederten Mitarbeiter unabhängig von der Gestaltung ihrer Rechtsbeziehungen zur Dienststelle als Arbeitnehmer im Sinne des § 5 Abs. 3 und damit als Beschäftigte nach § 5 Abs. 1 und den übrigen Vorschriften des Gesetzes. Sie können dementsprechend vom Personalrat vertreten werden, an der Personalversammlung teilnehmen und die Sprechstunden des Personalrats aufsuchen und sind bei der Ermittlung der Regelzahlen nach §§ 13 Abs. 3, 42 Abs. 4 Satz 4 sowie der Zahlen der Gruppenangehörigen zu berücksichtigen.

Bei allen diesen Vorgängen ist der Personalrat stets bei dem frühesten Vorgang, der die Dienststelle bindet und eine tatsächliche Eingliederung bewirkt, zu beteiligen.

13 Nicht als Einstellung werden betrachtet:

- der Abschluss von Werkverträgen für abgegrenzte Aufgaben;
- der Eintritt von Mitarbeitern, die durch Zusammenlegung oder Teilung von Dienststellen oder aufgrund eines Betriebs(teil-)übergangs im Sinne des § 613a BGB eines anderen Betriebes(-teils) in die Dienststelle gelangen, ist ebenfalls keine Einstellung;
- keine Einstellung liegt vor bei Krankentransporten im Klinikgelände durch eine Fremdfirma, wenn diese Krankenwagen und Besatzungen stellt, die »Personalhoheit« von der Fremdfirma ausgeübt wird und von der Dienststelle lediglich Anordnungen im üblichen Rahmen eines Werkvertrages gegeben werden;[230]
- keine Einstellung ist ebenfalls die Umwandlung eines Vollzeitarbeitsverhältnisses in ein (Alters-)Teilzeitarbeitsverhältnis.[231] Dabei ist zu beachten, dass im Falle einer Weigerung eines vollbeschäftigten Arbeitnehmers, sein Arbeitsverhältnis auf Teilzeit zu reduzieren, § 11 TzBfG ein Kündi-

---

227 OVG NRW 27.10.1999 – 1 A 5193/97.PVL, PersR 2000, 117 unter Hinweis auf BVerwG 25.9.1995 – 6 P 44.93, PersR 1996, 147, und 21.3.2007 – 6 P 4.06, PersR 2007, 309.

228 OVG NRW 9.4.2003 – 1 A 423/01.PVL, juris.

229 BVerwG 23.3.1999 – 6 P 10.77, PersR 1999, 395.

230 BVerwG 8.1.2003 – 6 P 8.02, PersR 2004, 148; vgl. auch BAG 8.11.2016 – 1 ABR 57/14, NZA-RR 2017, 134.

231 BVerwG 12.6.2001 – 6 P 11.00, PersV 2002, 93.

gungsverbot ausspricht und § 8 TzBfG ein umfassendes Benachteiligungsverbot zugunsten von Teilzeitbeschäftigten statuiert;

- die Fortsetzung des Arbeitsverhältnisses nach Rücknahme einer Kündigung oder aufgrund Abschlusses eines gerichtlichen Vergleichs über die Fortsetzung des Arbeitsverhältnisses mit einem gekündigten Arbeitnehmer.[232]
- Die Übernahme eines Mitglieds der Jugend- und Auszubildendenvertretung in ein Arbeitsverhältnis nach § 7 Abs. 3 ist keine Einstellung, jedoch ist ein Mitbestimmungsrecht bei der Ersteingruppierung zu beachten.[233]

Bei Beamten ist unter Einstellung die Ernennung und Übernahme gemäß § 6 **14** LVO NW und die Ernennung nach § 15 LBG NW unter erstmaliger oder wiederholter Begründung eines Beamtenverhältnisses auf Widerruf, auf Probe, auf Zeit oder auf Lebenszeit zu verstehen. Diese Ernennung wird mit dem Tag der Aushändigung der Ernennungsurkunde wirksam (§ 17 Abs. 3 LBG).

Das Mitbestimmungsrecht erstreckt sich gegenständlich auf alle mit der Einstellung im Zusammenhang stehenden Einzelheiten, also auf die Person des Einzustellenden, die von ihr auszuübende Tätigkeit, die Art des Beschäftigungsverhältnisses (Arbeitnehmer, Beamte). Gegenstand des Mitbestimmungsrechts ist der Vorgang der tatsächlichen Eingliederung des Arbeitnehmers in die Dienststelle. Er bezieht sich im Schwerpunkt nicht auf Art und Inhalt des Beschäftigungsverhältnisses und die einzelnen Vertragsbedingungen. Deswegen besteht auch kein Anspruch auf Vorlage des Arbeitsvertrages aus Anlass der Einstellung. Vielmehr hat der Personalrat zu überprüfen, ob der Einzustellende zur Erfüllung der ihm zu übertragenden Tätigkeit geeignet ist und ob gesetzliche Beschäftigungsverbote oder -einschränkungen der Übertragung von Tätigkeiten entgegenstehen.[234]

Dem Mitbestimmungsrecht bei Einstellungen sind weitere Beteiligungs- **15** rechte des Personalrats vor- und nachgeordnet. Der Einstellungsentscheidung voraus geht eine Stellenausschreibung, an der der Personalrat gemäß § 73 Nr. 2 mitwirkt, und ein Auswahlverfahren, an dem der Personalrat und ggf. die JAV gemäß § 65 Abs. 2 im Falle von Vorstellungsgesprächen mit Bewerbern teilnehmen. Zusammen mit der Einstellung ist über die Eingruppierung zu entscheiden. Generell hat der Personalrat zu beachten, dass dem öffentlichen Dienstherrn ein Auswahlermessen unter Berücksichtigung von Eignung, Leistung und Befähigung zusteht und in dieses Auswahlermessen durch Mitbestimmung und durch Zustimmungsverweigerungen nicht eingegriffen werden darf. Zu beachten ist auch, dass der Dienstherr an den Grundsatz der Bestenauslese (Art. 33 Abs. 2 GG) gebunden ist.

232 BVerwG 25.8.1988 – 6 P 36.85, PersR 1988, 298.
233 BVerwG 26.5.2015 – 5 P 9.14, PersR 12/2015, 50.
234 BVerwG 21.3.2007 – 6 P 4.06, PersR 2007, 309.

In das Ermessen des Dienstherrn kann der Personalrat nicht eingreifen, so dass er seine Zustimmungsverweigerung nicht auf eine eigene, abweichende Ermessensentscheidung (»der Personalrat lehnt den Bewerber A ab, weil Bewerber B geeigneter ist«) stützen darf.[235] Der Personalrat ist allerdings berechtigt, seine Zustimmung mit der Begründung zu verweigern, ihm fehlten ausreichende Informationen, deren Vorlage es ermöglicht hätte, die getroffene Auswahl bei der Einstellung am Prinzip der Bestenauslese zu prüfen.[236] Die Überprüfung solcher Ermessensentscheidungen kann vom Betroffenen selbst im Wege der Konkurrentenklage[237] beim Arbeits- oder Verwaltungsgericht veranlasst werden. Die Nichtbeachtung von zuvor festgelegten Bedingungen und Kriterien sowie verlangten Voraussetzungen und Fähigkeiten (z. B. in einer Stellenausschreibung gemäß § 73 Nr. 2) kann der Personalrat jedoch zum Anlass einer Zustimmungsverweigerung (Verstoß gegen die Selbstbindung) nehmen.
Die Einstellung eines Beschäftigten kann der Beteiligung weiterer Gremien unterliegen. Sind Rechte oder Interessen schwerbehinderter Menschen betroffen, ist die Schwerbehindertenvertretung nach § 95 (ab 1. 1. 2018: § 178) Abs. 2 Satz 1 SGB IX vor einer Einstellung zu unterrichten und anzuhören. Bei Einstellungen, die Auswirkungen auf die Gleichstellung von Frauen und Männern haben können, ist die Gleichstellungsbeauftragte nach §§ 17 Abs. 1, 18 Abs. 1 Landesgleichstellungsgesetz zu unterrichten und anzuhören.[238]

Abs. 1 Nr. 1: Nebenabreden

16 Bei Vereinbarung und Formulierung der Hauptleistungspflichten – also bei der Arbeitspflicht des Arbeitnehmers und der Vergütungspflicht des Arbeitgebers – besteht ein Mitbestimmungsrecht nach Nr. 4 bei der wesentlichen Änderung von Arbeitsverträgen. Nebenabreden, die zwischen Arbeitgeber und Arbeitnehmer aus Anlass des Abschlusses eines Arbeitsvertrages oder später getroffen werden, beziehen sich auf Gegenstände, die weder wesensnotwendig, noch von besonderer Bedeutung sind, sondern sekundären, außergewöhnlichen Charakter haben und nicht bereits von den arbeitsvertraglichen Hauptpflichten umfasst sind.[239] Inhalt solcher Nebenabreden können z. B. betriebliche Sozialleistungen, Fahrtkostenzuschüsse, Verpflegungszu-

235 OVG NRW 22. 3. 2000 – 1 A 956/98.PVL.
236 OVG NRW 28. 2. 2001 – 1 A 55/99.PVL; 9. 4. 2003 – 1 A 423/01.PVL, juris.
237 Dazu: BVerwG 4. 11. 2010 – 2 C 16.09, PersR 2011, 178; OVG NRW 27. 4. 2010 – 1 E 404/10, NZA-RR 2010, 433.
238 Vgl. VG Gelsenkirchen 22. 6. 2012 – 6 B 588/12, juris zur Erforderlichkeit der Beteiligung der Gleichstellungsbeauftragten vor Beförderungsentscheidungen.
239 Vgl. OVG NRW 29. 1. 1996 – 1 A 3027/92.PVL, PersR 1996, 160 zur Rufbereitschaft im Sinne des § 15 Abs. 6b BAT.

schüsse, Aufwandspauschalen, Überlassung einer Dienstmietwohnung, Verpflichtung zur Rückzahlung von Ausbildungs- und Fortbildungskosten, die Abkürzung der Probezeit und die Anrechnung von Vordienstzeiten sein.[240]
In Betracht kommt auch:
- Einordnung in die Stufen nach § 16 Abs. 2 und 3 TVöD-Bund/VKA,
- Abschluss einer Qualifizierungsvereinbarung nach § 5 Abs. 5 TVöD,
- Zusage einer unentgeltlichen Beförderung.

Solche Nebenabreden sind gemäß § 2 Abs. 3 TVöD/TV-L nur wirksam, wenn sie schriftlich vereinbart werden. Sie können nur dann gesondert gekündigt werden, soweit dies einzelvertraglich – ebenfalls ausdrücklich und schriftlich – vereinbart ist (§ 2 Abs. 3 TVöD/TV-L).

Abs. 1 Nr. 1: Erneute Zuweisung eines Arbeitsplatzes gemäß Arbeitsplatzsicherungsvorschriften sowie nach Beendigung eines Urlaubs ohne Dienstbezüge nach §§ 70 und 71 des LBG und nach Beendigung der Jahresfreistellung nach § 64 des LBG bzw. den entsprechenden Regelungen für Arbeitnehmerinnen und Arbeitnehmer

Die erneute Zuweisung eines Arbeitsplatzes nach Arbeitsplatzsicherungsvorschriften kann im Anschluss an den Grundwehrdienst oder den Ersatzdienst – beides mittlerweile fortgefallen – nach § 6 des Arbeitsplatzschutzgesetzes bzw. dem Gesetz über den Zivildienst beansprucht werden. Beamten kann nach § 70 LBG aus arbeitsmarktpolitischen Gründen sowie nach § 71 LBG aus familiären Gründen Urlaub ohne Dienstbezüge für die Dauer von insgesamt höchstens sechs (§ 70 LBG) bzw. drei Jahren mit der Möglichkeit einer Verlängerung auf längstens zwölf Jahre (§ 71 LBG) gewährt werden. Nach § 64 LBG kann die vom Beamten gewünschte Teilzeitbeschäftigung auch in der Weise bewilligt werden, dass dem Beamten gestattet wird, auf die Dauer von drei bis sieben Jahren die Arbeitszeit auf ⅔ bis 6/7 der regelmäßigen Arbeitszeit mit der Maßgabe zu ermäßigen, dass er zwei bis sechs Jahre vollbeschäftigt und anschließend ein ganzes Jahr voll vom Dienst freigestellt wird. 17
In all diesen Fällen besteht ein Mitbestimmungsrecht bei der Wiedereingliederung dieses Personenkreises durch erneute Zuweisung eines Arbeitsplatzes nach Ende dieser Beurlaubungen und Freistellungen.
Für Arbeitnehmer kann das in Betracht kommen, wenn ein Langzeitkonto (§ 10 Abs. 6 TVöD/TV-L) eingerichtet ist, der Arbeitnehmer davon Gebrauch gemacht hat und in die Dienststelle zurückkehrt. Das Modell der Jahresfreistellung gemäß § 64 LBG kann unter Umständen auch im Rahmen des § 11 Abs. 2 TVöD/TV-L vereinbart werden.

240 OVG NRW 29.1.1996 – 1 A 3815/92.PVL, PersR 1996, 160.

Abs. 1 Nr. 1: Rückkehr aus der Elternzeit ohne gleichzeitige Teilzeit

18 Beamte und Arbeitnehmer, die Elternzeit nach Bundeselterngeld- und Elternzeitgesetz bzw. der Elternzeitverordnung vom1. 4. 2008[241] in Anspruch genommen haben und keinen Antrag auf Teilzeitbeschäftigung im Anschluss an die Elternzeit stellen, sind erneut in die Dienststelle einzugliedern. Bei diesem Vorgang hat der Personalrat ein Mitbestimmungsrecht, um zu gewährleisten, dass die betroffenen Arbeitnehmer auf einem Arbeitsplatz eingesetzt werden, der die Vereinbarkeit von Kinderbetreuung und Beruf gewährleistet.

Abs. 1 Nr. 1: Verlängerung der Probezeit

19 Bei Arbeitnehmern ist eine Verlängerung der Probezeit in § 2 Abs. 4 TVöD/TV-L im Unterschied zum früheren § 5 BAT nicht mehr vorgesehen. Wird eine solche Verlängerung arbeitsvertraglich vereinbart, gelten nach Ablauf der sechs Monate das Kündigungsschutzgesetz und damit die längeren Kündigungsfristen. Eine vereinfachte Kündigung, wie sie während der Probezeit möglich ist, kommt dann nicht mehr in Betracht. Vielmehr sind die Kündigungsfristen nach § 34 TVöD/TV-L zu berücksichtigen. Auf eine Kündigung nach Ablauf der sechsmonatigen Wartefrist ist das KSchG uneingeschränkt auch dann anwendbar (§ 1 Abs. 1 KSchG), wenn sie innerhalb einer verlängerten Probezeit erfolgt.
Bei Beamten kann die regelmäßig dreijährige Probezeit gemäß § 7 Abs. 6 LVO um höchstens zwei Jahre verlängert werden.
Keine Verlängerung der Probezeit, sondern eine erneute Einstellung liegt vor, wenn Beschäftigte zur Erprobung befristet eingestellt werden und sodann zur weiteren Erprobung erneut befristet beschäftigt werden sollen.

Abs. 1 Nr. 1: Befristung von Arbeitsverträgen

20 Befristung ist die Vereinbarung, dass das Arbeitsverhältnis zu einem bestimmten Zeitpunkt mit Erreichen der vereinbarten Frist ohne Kündigung endet. § 30 TVöD/TV-L verweist für die Zulässigkeit von Befristungen auf das Teilzeit- und Befristungsgesetz (TzBfG) sowie das Wissenschaftszeitvertragsgesetz (WissZeitVG).
Nach § 14 Abs. 2 TzBfG ist eine Befristung ohne Sachgrund bis zur Dauer von zwei Jahren und innerhalb dieser Zeit die höchstens dreimalige Verlängerung zulässig. Nach § 30 Abs. 4 TVöD/TV-L gelten die ersten sechs Wochen als Probezeit im Sinne von § 34 Abs. 1 Satz 1 TVöD/TV-L, innerhalb derer mit einer Frist von zwei Monaten zum Monatsschluss gekündigt wer-

241 GV.NW., 370.

den kann. Danach ist die ordentliche Kündigung – wenn sie für mindestens zwölf Monate vereinbart ist – mit besonderen Kündigungsfristen (vgl. § 30 Abs. 5 Satz 3 TVöD/TV-L) möglich.

Die Zulässigkeit von Befristungen mit Sachgrund richtet sich nach § 14 Abs. 1 Nr. 1 bis 8 TzBfG und dem Wissenschaftszeitvertragsgesetz.

Ist eine Befristung beabsichtigt, so unterliegt sie der Mitbestimmung des Personalrats zum Zeitpunkt der Einstellung. Auch hier kann der Personalrat sein Mitbestimmungsrecht bei jedem Tatbestand verschieden ausüben, also z. B. der Einstellung zustimmen und die Befristung ablehnen. Die Dienststelle hat dem Personalrat die beabsichtigte Dauer der Befristung mitzuteilen und ihm im Falle einer Befristung mit Sachgrund die Sachgründe der Befristung ihrer Art nach (z. B. »akuter Vertretungsbedarf am G-Gymnasium«) zu erläutern.[242] Eine Erläuterung im Einzelnen ist nur bei ausdrücklicher Aufforderung des Personalrats gemäß § 66 Abs. 2 Satz 2 erforderlich. Da die Schriftform gemäß § 14 Abs. 4 TzBfG Wirksamkeitserfordernis einer Befristung ist, sollte der Personalrat stets die beabsichtigten Befristungsgründe einer Inhaltskontrolle unterziehen und nachprüfen, ob der Befristung sachliche Gründe zugrunde liegen.[243] Wird eine Befristung ohne Zustimmung des Personalrats vereinbart oder weicht die Befristungsdauer von dem Zustimmungsantrag ab, ist die Befristung wegen Verletzung des Mitbestimmungsrechtes unwirksam.[244] Die Zustimmung des Personalrats muss vor Abschluss der Befristungsvereinbarung vorliegen, eine gleichwohl ohne die Zustimmung des Personalrats vereinbarte, die Privatautonomie missachtende Befristungsabrede kann keine Rechtswirksamkeit beanspruchen.[245] Nach Aufnahme der Tätigkeit kann sie nicht mehr wirksam erteilt oder durch gerichtlichen Vergleich vereinbart werden.[246] In diesen Fällen besteht das Arbeitsverhältnis fort.

Die erneute befristete Beschäftigung eines Arbeitnehmers im zeitlich unmittelbaren Anschluss an ein vorheriges, befristetes Arbeitsverhältnis unterliegt sowohl als erneute Einstellung als auch bezüglich der Befristung der erneu-

---

242 BAG 20. 2. 2002 – 7 AZR 662/00, PersR 2002, 353; 10. 3. 2004 – 7 AZR 397/03, PersR 2004, 276.

243 OVG NRW 29. 1. 1997 – 1 A 3151/93.PVL, PersR 1997, 368.

244 BAG 18. 7. 2012 – 7 AZR 443/09, PersR 2012, 343; 27. 9. 2000 – 7 AZR 412/99, PersR 2001, 125; 8. 7. 1998 – 7 AZR 308/97, PersR 1998, 483; 11. 9. 1997 – 8 AZR 4/96, PersR 1998, 39.

245 LAG Düsseldorf 30. 5. 2016 – 7 Sa 759/15, juris.

246 BAG 18. 6. 2008 – 7 AZR 214/07, NZA 2009, 35; 20. 2. 2002 – 7 AZR 707/00, PersR 2002, 355; LAG Köln 1. 8. 2000 – 13 (10) Sa 637/00, PersR 2001, 310; vor Abschluss der Befristungsvereinbarung sowie vor Arbeitsbeginn: LAG Düsseldorf 30. 5. 2016 – 7 Sa 759/15, juris; 14. 8. 2015 – 10 Sa 263/15, juris; 9. 8. 2001 – 11 Sa 559/01, PersR 2002, 522.

ten Mitbestimmung des Personalrats.[247] Als Einstellung ist auch die unbefristete Weiterbeschäftigung im zeitlich unmittelbaren Anschluss an ein befristetes Arbeitsverhältnis mitbestimmungspflichtig. Die Umwandlung eines unbefristeten in ein befristetes Arbeitsverhältnis stellt eine wesentliche Änderung des Arbeitsvertrages im Sinne von Abs. 1 Nr. 4 dar. Lehnt der Arbeitgeber die Weiterbeschäftigung über den vereinbarten Befristungszeitraum ab, so ist die Berufung auf die Befristung keine mitbestimmungsrelevante Maßnahme, insbesondere keine Kündigung.
Von den Mitbestimmungsrechten des Personalrats unberührt bleibt die Möglichkeit des Beschäftigten selbst, die Rechtmäßigkeit und Wirksamkeit der Befristung arbeitsgerichtlich überprüfen zu lassen. Dafür sieht § 17 TzBfG die Anrufung des Arbeitsgerichts innerhalb von drei Wochen nach dem vereinbarten Ende des befristeten Arbeitsverhältnisses vor.

Abs. 1 Nr. 2: Beförderung

21 Beförderung ist gemäß § 20 LBG die Verleihung eines anderen Amtes mit höherem Endgrundgehalt und anderer Amtsbezeichnung. Hierzu ist die Ernennung nach § 15 LBG notwendig. Die Mitbestimmung des Personalrats beginnt bei der Übertragung eines höherwertigen Dienstpostens, wenn dies mit dem Ziel der Beförderung bei Bewährung erfolgt. Als Beförderung anzusehen sind die ihr gleichgestellten Maßnahmen wie

- die Übertragung eines anderen Amtes mit höherem Grundgehalt ohne Änderung der Amtsbezeichnung;
- die Verleihung eines anderen Amtes mit gleichem Endgrundgehalt, jedoch anderer Amtsbezeichnung beim Wechsel der Laufbahngruppe (bei Laufbahnwechsel gilt § 72 Abs. 1 Nr. 3);
- die Übertragung eines Amtes mit Amtszulage.

Kein Mitbestimmungsrecht räumt das OVG NRW bei den – die Beförderungsentscheidungen regelmäßig prägenden – Stellenwertverlagerungsverfahren[248] sowie der Höherbewertung eines Dienstpostens[249] ein. Das Mitbestimmungsrecht entfällt nicht deshalb, weil der von der Beförderung betroffene Beamte für längere Zeit beurlaubt ist, wenn er aus Anlass seiner Rückkehr aus einer solchen Beurlaubung befördert werden soll.[250]
Der Personalrat hat aus Anlass von Beförderungsentscheidungen das Recht auf Teilnahme an den vorangehenden Auswahlentscheidungen und Aus-

247 BAG 8.7.1998 – 7 AZR 308/97, PersR 1998, 483.
248 Vom 5.2.1997 – 1 A 3104/93.PVL, PersR 1998, 33.
249 Vom 26.2.1996 – 1 A 4265/92.PVL, ZBR 1996, 404, wonach allerdings die Übertragung einer Planstelle nach vorangegangener Um- bzw. Höherbewertung eine mitbestimmungspflichtige Beförderung ist.
250 So zur Versetzung BVerwG 15.11.2006 – 6 P 1.06, PersR 2007, 119.

wahlverfahren im Rahmen des § 65 Abs. 1. Ihm sind auf Verlangen alle Unterlagen von sämtlichen Bewerbern vorzulegen – soweit es sich nicht um Personalakten handelt.

Abs. 1 Nr. 2: Zulassung zum Aufstieg

Die Zulassung zum Aufstieg, also der Übertritt von einer Laufbahn in die 22
nächsthöhere Laufbahn derselben Fachrichtung setzt i. d. R. die bestandene Aufstiegsprüfung, die der Laufbahnprüfung entsprechen soll, voraus (§ 23 Abs. 2 LBG).

Abs. 1 Nr. 2: Übertragung eines anderen Amtes mit niedrigerem Endgrundgehalt

Die Übertragung eines anderen Amtes mit geringerem Endgrundgehalt 23
kommt unter den Voraussetzungen des § 26 Abs. 2 LBG bei Auflösung oder wesentlicher Änderung des Aufbaus oder der Aufgaben einer Behörde sowie im Falle einer Verschmelzung von Behörden in Betracht. Ist aus diesen Gründen eine entsprechende Verwendung des Beamten im bisherigen Amt nicht möglich, kann er auch ohne seine Zustimmung in ein anderes Amt derselben oder einer gleichwertigen Laufbahn mit geringerem Grundgehalt im Bereich desselben oder eines anderen Dienstherrn im Land NRW versetzt werden. Das Grundgehalt – so § 26 Abs. 2 Satz 1, 2. Halbsatz LBG – muss mindestens dem desjenigen Amtes entsprechen, dass der Beamte vor seinem bisherigem Amt innehatte.
Außerhalb von § 26 LBG ist die Übertragung eines anderen Amtes mit niedrigerem Endgrundgehalt nur nach § 9 LDG nach förmlichen Disziplinarverfahren durch Urteil des Disziplinargerichts möglich.

Abs. 1 Nr. 3: Laufbahnwechsel

Laufbahnwechsel ist das Ausscheiden aus der bisherigen Laufbahn und das 24
Eintreten in eine neue Laufbahn (z. B. der Wechsel eines Polizeivollzugsbeamten in die Laufbahn der allgemeinen Verwaltung, eines Verwaltungsbeamten in die technische Laufbahn, eines Feuerwehrbeamten vom feuerwehrtechnischen Dienst in den allgemeinen Verwaltungsdienst). Auch die Eingliederung eines Regierungsschuldirektors aus der Laufbahn des Schulaufsichtsdienstes in die Laufbahn des Lehramtes am Gymnasium mit dem Amt eines Studiendirektors ist ein solcher Laufbahnwechsel.[251]

---

251 OVG NRW 6.12.1988 – CL 22/86, PersV 1990, 84.

Nach § 25 Abs. 1 LBG ist eine Versetzung ohne Zustimmung des Beamten möglich, wenn das neue Amt zum Bereich desselben Dienstherrn gehört, der bisherigen Laufbahn angehört und mindestens das gleiche Endgrundgehalt aufweist. Nach § 25 Abs. 2 LBG kann der Beamte – ebenfalls ohne seine Zustimmung – in ein Amt versetzt werden, das zwar das gleiche Endgrundgehalt aufweist, aber einer gleichwertigen anderen Laufbahn – auch im Bereich eines anderen Dienstherrn – angehört. Schließlich statuiert § 25 Abs. 3 LBG die Verpflichtung des Beamten, an Maßnahmen für den Erwerb der neuen Befähigung für die andere Laufbahn teilzunehmen.
Der Personalrat ist an der Versetzung und ggf. Abordnung zu beteiligen, aber auch bei dem unter Umständen damit verbundenen Laufbahnwechsel.

Abs. 1 Nr. 4: Eingruppierung

25 Die Eingruppierung ist die erstmalige Einreihung einer von einem Arbeitnehmer zu verrichtenden Tätigkeit in ein bestimmtes kollektives Vergütungssystem.[252] Sinn und Zweck der Mitbestimmung ist, den Personalrat in den Stand zu versetzen, »mitprüfend darauf zu achten, dass die beabsichtigte Eingruppierung mit dem Entgeltsystem in Einklang steht, auf die Wahrung des Tarifgefüges zu achten und damit zur Verwirklichung des arbeitsrechtlichen Gleichheitsgrundsatzes innerhalb der Dienststelle sowie zur Wahrung des Friedens in der Dienststelle beizutragen.«[253] Damit der Personalrat dazu imstande ist, erstreckt sich die Mitbestimmung auf »alle bedeutsamen Parameter, die für den Kernbestandteil des tariflichen Entgelts maßgeblich sind.«[254] Deshalb betrachtet das BVerwG z. B. die Stufenzuordnung als Bestandteil der Eingruppierung, die nach Nr. 4 ebenfalls gesondert der Mitbestimmung unterliegt.
Das Mitbestimmungsrecht wird regelmäßig im Zusammenhang mit der Einstellung auszuüben sein. Die Eingruppierung stellt einen eigenen und von der Einstellung zu trennenden Mitbestimmungstatbestand dar. Darin – so das BVerwG[255] – verwirklicht sich zugleich das Prinzip der Trennung von personaler Status- und Verwendungsentscheidung und tarifrechtlicher Tätigkeitszuodnung. Das bedeutet ebenfalls, dass der Personalrat die beiden Mitbestimmungsrechte unterschiedlich ausüben kann – also der Einstellung zustimmen und der Eingruppierung die Zustimmung verweigern kann. Daneben kommt die Eingruppierung dann in Betracht, wenn ein neuer Tarif-

252 So BVerwG 27. 8. 2008 – 6 P 11.08, PersR 2009, 38; 7. 3. 2011 – 6 P 15.10, PersR 2011, 210; OVG NRW 25. 2. 1998 – 1 A 2222/96.PVB, PersR 1998, 424.
253 BVerwG 27. 8. 2008 – 6 P 3.08, PersR 2009, 38.
254 BVerwG 27. 8. 2008, a. a. O.
255 BVerwG 26. 5. 2015 – 56 P 9.14, PersR 12/2015, 50; 24. 11. 2015 – 5 P 13.14, PersR 3/2016, 46.

vertrag neue Tätigkeitsmerkmale oder neue Entgeltgruppen geschaffen hat und die Beschäftigten diesen neuen Tätigkeitsmerkmalen und Entgeltgruppen zuzuordnen sind, damit ihr zutreffendes Entgelt festgestellt werden kann. Die Mitbestimmung findet auch aus Anlass der Zuweisung eines neuen Arbeitsplatzes statt, und zwar auch dann, wenn dieser Arbeitsplatz bereits einmal unter Beteiligung des Personalrats bewertet worden ist.[256]
Eine Eingruppierung liegt auch bei der Entscheidung über eine Verkürzung der Entwicklungsstufenlaufzeit nach § 19 Abs. 2 TV-BA vor.[257]
Unerheblich für das Mitbestimmungsrecht ist, ob sich Tätigkeitsmerkmale und Entgeltgruppen in einem Tarifvertrag oder einer betrieblichen Regelung finden und ob Tarifbindung besteht oder der Tarifvertrag aufgrund arbeitsvertraglicher Inbezugnahme Anwendung findet.
Die Entscheidung darüber, ob ein Arbeitnehmer einer der Berufsgruppen der sog. nachgeordneten Bühnentechniker des § 1 Abs. 3 Unterabs. 3 Normalvertrag Bühne angehört, ist eine Eingruppierung.[258]
Bei Beamten liegt eine mitbestimmungspflichtige Eingruppierung bei der Neufestsetzung der Erfahrungsstufen (§ 91 Abs. 13 Landesbesoldungsgesetz) vor.[259]

Abs. 1 Nr. 4: Höhergruppierung

Höhergruppierung ist der Wechsel der Entgeltgruppe dahingehend, dass der Arbeitnehmer eine Entgeltgruppe erhalten soll, die höhere Bezüge vorsieht als die bisher innegehaltene. Ohne Wechsel der Entgeltgruppe liegt keine Höhergruppierung vor, weshalb z. B. die Bestellung zum Vorarbeiter oder Gewährung und Entzug der Vorarbeiter- und Vorhandwerker-Zulage keine Höhergruppierung darstellt. 26
Auch in den Fällen der sog. Tarifautomatik – also dem Nachvollzug der nach dem Tarifvertrag gebotenen richtigen Eingruppierung – besteht ein Mitbestimmungsrecht des Personalrats.[260]
Ein Mitbestimmungsrecht besteht auch bei Höhergruppierungen, die nicht anhand eines Tarifvertrages, sondern aufgrund allgemeiner Grundsätze über die Vergütung und Eingruppierung erfolgen,[261] was z. B. auf die vom tariflichen Geltungsbereich ausgenommenen Arbeitnehmer zutreffen kann, die nur aufgrund von Eingruppierungserlassen eingruppiert und vergütet werden.

---

256 BVerwG 8.11.2011 – 6 P 23.10, unter teilweiser Aufgabe der bisherigen Rspr. BVerwG 8.12.1999 – 6 P 3.98, PersR 2000, 106.
257 OVG NRW 14.5.2013 – 20 A 83/12.PVB, PersR 2013, 320.
258 BAG 9.3.2011 – 7 ABR 118/09, NZA 2011, 1056.
259 BVerwG 24.11.2015 – 5 P 13.14, NZA-RR 2016, 219.
260 So OVG NRW 10.2.1993 – CL 11/90, PersR 1994, 43 (Ls.).
261 Vgl. OVG NRW 5.8.2011 – 16 A 783/10.PVB, PersR 2012, 229.

Abs. 1 Nr. 4: Herabgruppierung

27 Die Herabgruppierung ist die Einstufung eines Arbeitnehmers in eine niedrigere Lohn- bzw. Entgeltgruppe mit geringerer Vergütung. Eine solche Herabgruppierung ist entweder nur einvernehmlich durch Änderung des Arbeitsvertrages oder als sog. korrigierende Rückgruppierung möglich. Die Grundsätze dieser korrigierenden Rückgruppierung bleiben nach der Protokollerklärung zu §§ 12, 13 TVöD unberührt. Nach der Rechtsprechung des BAG[262] ist der Arbeitgeber des öffentlichen Dienstes grundsätzlich berechtigt, eine fehlerhafte Eingruppierung zu korrigieren, wenn er darlegt und ggf. beweist, dass die bisherige Vergütung fehlerhaft ist, weil es an einer der tariflichen Voraussetzungen für die mitgeteilte Eingruppierung mangelt, er unzutreffende Tatsachen zugrunde gelegt und/oder eine objektiv unzutreffende rechtliche Bewertung vorgenommen hat. Jedoch ist die Eingruppierung nicht in das Ermessen des Arbeitgebers gestellt. Erlauben die tariflichen Regelungen dem Arbeitgeber ein rechtsgestaltendes Handeln, kommt eine einseitg korrigierende Rückgruppierung oder Rückstufung jedoch nicht in Betracht. Der korrigierenden Rückgruppierung kann auch der Vertrauensschutz des Arbeitnehmers in die richtige Eingruppierung entgegenstehen.[263]

Abs. 1 Nr. 4: Übertragung einer höher oder niedriger zu bewertenden Tätigkeit

28 Das Mitbestimmungsrecht bei Übertragung einer höher bewerteten Tätigkeit gibt dem Personalrat einen Einfluss im Vorfeld der Höhergruppierung bzw. Beförderung. Ist eine höher bewertete Stelle erst einmal einem Beschäftigten übertragen, so wird er regelmäßig auch die Höhergruppierung oder Beförderung auf dieser Stelle erhalten. Die anderen Mitbewerber sind zum Zeitpunkt der Höhergruppierung/Beförderung faktisch ausgeschlossen. Die Übertragung einer Planstelle einer höheren Besoldungsgruppe an einen Beamten stellt die Übertragung einer höher zu bewertenden Tätigkeit dar, und zwar auch dann, wenn die wahrgenommene Funktion sich für den betroffenen Beamten nicht ändert.[264] Auch die Übertragung oder der Entzug einer Zusatzaufgabe, welche die Zahlung einer Funktionsstufenzulage auslöst, stellt eine solche mitbestimmungspflichtige Maßnahme dar.[265]
Höher bewertet ist eine Tätigkeit dann, wenn auf sie die Tätigkeitsmerkmale einer höheren Entgeltgruppe/Lohngruppe oder die zu besetzende Stelle

262 BAG 5.6.2014 – 6 AZR 1008/12, PersR 2014, 49.
263 BAG 14.9.2005 – 4 AZR 348/04, ZTR 2006, 253.
264 OVG NRW 5.7.2001 – 1 A 4182/99.PVB, PersR 2002, 81, unter Hinweis auf BVerwG 26.11.1979 – 6 P 6.79, ZBR 1980, 323.
265 BVerwG 27.5.2009 – 6 P 18.08, PersR 2009, 357.

nach einer höheren Besoldungsgruppe ausgewiesen ist.[266] Keine Übertragung einer höherbewerteten Tätigkeit ist daher die Bestellung zum Vorarbeiter oder Vorhandwerker. Die vertretungsweise Bearbeitung von 20 % eines unbesetzten Dezernats stellt nach Ansicht des OVG ebenfalls keine Übertragung einer niedriger bewertetenTätigkeit dar.[267]
Eine niedriger zu bewertende Tätigkeit wird dann übertragen, wenn die neue Tätigkeit einer niedrigeren Entgeltgruppe zugeordnet werden muss und deswegen niedriger zu bewerten ist. Das Mitbestimmungsrecht ist auch bei einvernehmlicher Übertragung der niedriger bewerteten Tätigkeit zu beachten. Seine Verletzung hat zur Folge, dass die Übertragung der niedriger bewerteten Tätigkeit unwirksam ist.[268] Ist der Arbeitnehmer mit der Übertragung der niedriger bewerteten Tätigkeit nicht einverstanden, so wird der Arbeitgeber diesen Tätigkeitswechsel i. d. R. nicht einseitig durch Direktionsrecht, sondern nur im Wege einer Änderungskündigung durchsetzen können. In diesem Fall ist zusätzlich das Mitwirkungsrecht bei Kündigungen nach § 74 zu beachten.
Eine niedriger zu bewertende Tätigkeit liegt bei einem Beamten dann vor, wenn ihm eine Tätigkeit übertragen werden soll, die üblicherweise einer anderen Besoldungsgruppe und damit einem anderen/niedrigeren Amt im statusrechtlichen Sinne zugeordnet wird.[269] Es genügt aber, wenn auch ohne verbindliche Zuordnung einer Planstelle mit der Übertragung eines Dienstpostens eine klar verbindliche, sich konkret abzeichnende Beförderungschance eröffnet wird. Der Personalrat soll nicht von vermeintlich beteiligungsfreien Vorentscheidungen ausgeschlossen werden.[270]
Gleichgültig für dieses Mitbestimmungsrecht bei Übertragung einer höher oder niedriger zu bewertenden Tätigkeit ist es, ob sich die Vergütung des Arbeitnehmers bzw. die Besoldung des Beamten tatsächlich ändert. Geschieht dies, handelt es sich um eine Höhergruppierung bzw. Beförderung, die der gesonderten Mitbestimmung unterliegt.
Nach § 14 TVöD/TV-L hat der Beschäftigte Anspruch auf eine persönliche Zulage ab dem ersten Tag der Übertragung einer höherwertigen Tätigkeit, wenn sie für mindestens einen Monat ausgeübt wurde.

---

266 OVG NRW 9. 11. 2001 – 1 B 1146/01, PersR 2002, 257.
267 OVG NRW 24. 3. 2015 – 20 A 97/14.PVL, PersR 4/2016, 48.
268 BAG 12. 5. 2004 – 4 AZR 338/03, PersR 2005, 289.
269 OVG NRW 9. 11. 2001, a. a. O.
270 BVerwG 28. 8. 2008 – 6 P 12.07, PersR 2008, 453.

Abs. 1 Nr. 4: Stufenzuordnung und Verkürzung oder Verlängerung der Stufenlaufzeit gemäß Entgeltgrundsätzen

29 Im Geltungsbereich des TVöD/TV-L ist neben der Eingruppierung in eine bestimmte Entgeltgruppe auch die Zuordnung in eine der sechs (EG 2–8) bzw. 5 (EG 9–15) Entgeltgruppen umfassende Stufe vorgesehen (vgl. § 16 TVöD/TV-L). Bei Einstellung in eine der Entgeltgruppen 9–15 werden die Beschäftigten »zwingend« der Stufe 1 zugeordnet. Etwas anderes gilt nach § 16 Abs. 2 Satz 2 TVöD/TV-L nur, wenn eine mindestens einjährige einschlägige Berufserfahrung aus einem bisherigen befristeten oder unbefristeten Arbeitsverhältnis zum Bund vorliegt.

Bei Einstellung in eine der Entgeltgruppen 2–8 erfolgt die Zuordnung in die Entgeltstufe 1, sofern keine einschlägige Berufserfahrung vorliegt. Eine mindestens dreijährige einschlägige Berufserfahrung rechtfertigt i. d. R. eine Zuordnung zur Stufe 3, ansonsten wird bei entsprechender Berufserfahrung von mindestens einem Jahr in die Stufe 2 zugeordnet. Der Arbeitgeber kann unabhängig davon aber auch bei Neueinstellungen »zur Deckung des Personalbedarfs« Zeiten einer vorherigen beruflichen Tätigkeit ganz oder teilweise für die Stufenzuordnung berücksichtigen, wenn diese Tätigkeit für die vorgesehene Tätigkeit förderlich ist (§ 16 Abs. 3 TVöD/TV-L).

Die Stufenzuordnung ist zwingend zusammen mit der Eingruppierung aus Anlass der Einstellung vorzunehmen und unterliegt gesondert neben der Einstellung und der Eingruppierung der Mitbestimmung des Personalrates. Er soll nachvollziehen können, ob die Voraussetzungen für die gewählte Stufenzuordnung – Berufserfahrung bzw. Deckung des Personalbedarfs – vorliegen.[271]

Soweit der Tarifvertrag dem Arbeitgeber bei der Stufenzuordnung einen Ermessensspielraum zubilligt – so »kann« er z. B. nach § 16 Abs. 2 Satz 3 TVöD(VKA) eine vorherige berufliche Tätigkeit berücksichtigen –, besteht ein Mitbestimmungsrecht nur »gemäß Entgeltgrundsätzen«.[272] Erfolgt eine Anrechnung vorheriger beruflicher Tätigkeiten, ohne dass zuvor der Personalrat bei solchen Grundsätzen nach Abs. 4 Nr. 5 mitbestimmen durfte, kann er seine Zustimmung zu der beabsichtigten Stufenzuordnung verweigern.

Die jeweils nächste Stufe wird nach § 16 Abs. 4 TVöD/TV-L nach bestimmten Zeiten einer ununterbrochenen Tätigkeit innerhalb derselben Entgeltgruppe erreicht (§ 16 Abs. 4 TVöD/TV-L, § 16 Abs. 3 TVöD-VKA).

---

271 Vgl. dazu VG Köln 10. 2. 2010 – 34 K 4350/09.PVL, ZfPR 2010, 71.

272 BVerwG 22. 9. 2011 – 6 PB 15.11, PersR 2011, 532; vgl. dazu Kaiser, PersR 2009, 66.

Allerdings soll die Vorweggewährung von Stufen als übertarifliche Maßnahme des Arbeitgebers nicht der Mitbestimmung des Personalrats unterliegen.[273]
Nach § 17 Abs. 2 TVöD/TV-L kann eine Verkürzung oder Verlängerung der regelmäßigen Stufenlaufzeiten des § 16 in Betracht kommen, wenn die Leistungen des Beschäftigten erheblich über oder unter dem Durchschnitt liegen. Beabsichtigt der Arbeitgeber eine Verlängerung der Stufenlaufzeiten, besteht ein Beschwerderecht des Beschäftigten bei einer betrieblichen Kommission (§ 17 Abs. 2 Satz 4 TVöD/TV-L). Der Arbeitgeber hat auf Vorschlag dieser Kommission darüber zu entscheiden, ob und in welchem Umfang der Beschwerde abgeholfen werden soll.
Sowohl bei der Verkürzung als auch bei der Verlängerung der Stufenlaufzeit steht dem Personalrat ein Mitbestimmungsrecht zu.

Abs. 1 Nr. 4: Bestimmung der Fallgruppen innerhalb einer Entgeltgruppe

Nach der Gesetzesbegründung[274] ist die Bestimmung der Fallgruppen des- 30
halb in das Gesetz aufgenommen worden, weil sie in der Praxis nach wie vor von Bedeutung ist. Grund dafür ist wohl, dass bislang TVöD und TV-L eine Entgeltordnung mit definierten Entgeltgruppen und Fallgruppen noch nicht geschaffen haben und insoweit immer noch BAT – allerdings ohne die Fallgruppen über den Bewährungsaufstieg – Anwendung finden.

Abs. 1 Nr. 4: Wesentliche Änderung von Arbeitsverträgen

Dieses 1985 geschaffene und 2007 wieder abgeschaffte Mitbestimmungs- 31
recht ist insbesondere auf missbräuchliche Vertragsgestaltungen bei der Erhöhung und Ermäßigung der individuellen Arbeitszeit durch arbeitsvertragliche Vereinbarungen zurückzuführen. Das Mitbestimmungsrecht soll dem Personalrat die Möglichkeit geben, derartige »einvernehmliche« Regelungen einer Rechtmäßigkeits- und Billigkeitskontrolle zu unterziehen.
Unter Arbeitsvertrag ist der zwischen Arbeitnehmer und Arbeitgeber – nach § 2 Abs. 1 TVöD/TV-L schriftlich zu schließende – Arbeitsvertrag über ein Arbeitsverhältnis zu verstehen (vgl. zum notwendigen Inhalt auch § 2 NachwG). Auch die wesentliche Änderung eines Ausbildungsverhältnisses ist von der Vorschrift umfasst.
Wesentliche Änderungen des Arbeitsvertrages sind nur solche, die durch eine Änderung der vertraglichen Beziehungen hervorgerufen werden. Bloße Änderungen des Arbeitsverhältnisses genügen nicht. Nach Auffassung des

273 BVerwG 13.10.2009 – 6 P 15.08, PersR 2009, 501; a.A. Kaiser, PersR 2009, 66.
274 LT-Drucks. 15/2218, 54.

OVG NRW[275] ist eine Änderung des Arbeitsvertrages zu verneinen, wenn eine bloße Vertragsanpassung nach Wegfall der Geschäftsgrundlage durchgeführt wird.

Die Änderungen müssen »wesentlich« sein, d. h., für eine der beiden Vertragsparteien von einigem Gewicht. Das ist stets zu bejahen, wenn der Inhalt der Hauptleistungspflichten aus dem Arbeitsverhältnis – also Inhalt und Umfang der Arbeitsleistung sowie Höhe und Bemessung der Vergütung – verändert werden. Vertragliche Vereinbarungen über »unwesentliche« Nebenleistungen aus dem Arbeitsvertrag sind regelmäßig als Nebenabreden gemäß Nr. 1 mitbestimmungspflichtig. Zu beachten ist, dass aufgrund § 3 NachwG spätestens nach einem Monat alle wesentlichen Änderungen dem Arbeitnehmer schriftlich mitzuteilen sind.

Änderungen des Arbeitsvertrages können auch nach weiteren Vorschriften der Beteiligung des Personalrats unterliegen. Es müssen dann sämtliche Beteiligungsrechte nebeneinander beachtet und eingeräumt werden. So unterliegt eine Änderungskündigung der Mitbestimmung nach § 74 und darüber hinaus unter Umständen wegen der beabsichtigten Änderung der Arbeitsvertragsbedingungen bei der Änderung von Nebenabreden, der Verlängerung der Probezeit (Nr. 1) oder der Verlängerung von Teilzeitbeschäftigung[276] sowie den in Nr. 11 bis 14 aufgeführten Tatbeständen.

Abs. 1 Nr. 5: Versetzung zu einer anderen Dienststelle

32 Der personalvertretungsrechtliche Begriff der »**Versetzung**« unterscheidet sich sowohl vom beamtenrechtlichen (§ 28 LBG) als auch vom arbeits- (§ 4 Abs. 1 TVöD/TV-L) und betriebsverfassungsrechtlichen (§ 95 Abs. 3 BetrVG) Begriff der Versetzung.

Unter Versetzung ist die auf Dauer angelegte Übertragung einer anderen Aufgabe bzw. eines anderen Amtes oder eines anderen Arbeitsplatzes bei einer Dienststelle unter Fortsetzung des bestehenden Dienst- bzw. Arbeitsverhältnisses zu verstehen. Dabei legt das BVerwG den dienstrechtlichen und nicht den personalvertretungsrechtlichen Begriff der Dienststelle zugrunde,[277] wobei beide zumeist identisch sind. Es ist daher nicht maßgeblich, ob die Versetzung dazu führt, dass der Beschäftigte bei einer anderen Behörde tätig zu sein hat. Abzustellen ist allein auf den Dienststellenwechsel,[278] der auch mit einem Wechsel der personalvertretungsrechtlichen Zuständigkeit verbunden ist. Auf die weiteren Umstände wie die Änderung von Art, Ort oder Umfang der Tätigkeit kommt es nicht an. »Dienststelle« ist

275 OVG NRW 18. 11. 1993 – CL 49/90, PersV 1995, 503.

276 OVG NRW 9. 12. 1994 – 1 A 2005/92.PVL, PersR 1995,304.

277 BVerwG 11. 11. 2009 – 6 PB 25.09, PersR 2010, 169.

278 Vgl. BVerwG 11. 11. 2009, a. a. O.

nicht im personalvertretungsrechtlichen Sinne, sondern organisationsrechtlich zu verstehen.[279] Eine Versetzung liegt daher auch dann vor, wenn ein Beschäftigter einer Dienststelle, die an mehreren Standorten Krankenhäuser betreibt, angewiesen wird, auf Dauer seine Arbeitsleistung an einem anderen Standort zu erbringen.[280]

Von der Versetzung unterscheidet sich die Abordnung dadurch, dass die Versetzung die dauerhafte Übertragung eines anderen Amtes, eines anderen Arbeitsplatzes oder einer anderen Tätigkeit ist, während die Abordnung die vorübergehende Übertragung meint.

Versetzungen sind – ebenso wie Umsetzungen und Abordnungen – wegen des kollektiven Schutzzwecks des Mitbestimmungsrechts auch dann beteiligungspflichtig, wenn der Beschäftigte der Maßnahme zustimmt und selbst dann, wenn er sie selbst beantragt hat.

Versetzungen können mit weiteren – ebenfalls beteiligungspflichtigen – Maßnahmen verbunden sein, wie der Übertragung einer höher oder niedriger bewerteten Tätigkeit, einer Änderungskündigung u. Ä.

Vom Inhalt und Umfang des Mitbestimmungsrechts zu unterscheiden ist die arbeits- und dienstrechtliche Zulässigkeit einer Versetzung. Dafür sind die gesetzlichen (§ 28 Abs. 1 und 2 LBG für Beamte), tarifvertraglichen (§ 4 Abs. 1 TVöD/TV-L) und die Regeln über die Ausübung des Direktionsrechts (insbesondere § 315 BGB, § 106 GewO) maßgebend.

Das Mitbestimmungsrecht ist nicht davon abhängig, ob der Beschäftigte mit der beabsichtigten Versetzung einverstanden ist oder nicht. Auch bei Versetzungen, die der Beschäftigte selbst wünscht, entfällt es nicht.[281]

Ein Mitbestimmungsrecht besteht auch bei der Aufhebung einer Versetzung.[282]

Nach der Rechtsprechung des BVerwG[283] hat bei einer Versetzung grund- 33
sätzlich der Personalrat sowohl der abgebenden wie der aufnehmenden Dienststelle mitzubestimmen. Bei »horizontalen« Versetzungen zwischen zwei gleichberechtigten Behörden gilt dies sowohl dann, wenn die aufnehmende Behörde ihr stillschweigendes oder ausdrückliches Einverständnis zur Aufnahme des versetzten Beschäftigten zu geben hat oder gibt. Die Feststellung eines bestimmenden Einflusses der aufnehmenden Dienststelle ist nicht mehr erforderlich. Eine Beteiligung des Personalrats der aufnehmenden Dienststelle ist in den Fällen der überwiegenden Betroffenheit der von

279 BVerwG 11.11.2009 – 6 PB 25.09, PersR 2010, 169.

280 VG Minden 27.6.2011 – 14 K 2116/10.PVL.

281 OVG NRW 25.3.1999 – 1 A 4470/98.PVL, PersR 2000, 80.

282 BVerwG 3.7.1990 – 6 P 22.87, PersR 1990, 294; OVG NRW 23.9.1993 – CL 61/90, ZTR 1994, 172.

283 Beschlüsse vom 19.7.1994 – 6 P 33.92, und 16.9.1994 – 4 P 42.92 sowie – 6 P 33.93, PersR 1995, 16 und 20.

ihr vertretenen Beschäftigten unabhängig vom Verhalten und Einfluss des Dienststellenleiters geboten.

Das Mitbestimmungsrecht bei Versetzungen entfällt nicht deshalb, weil der von der Versetzung betroffene Arbeitnehmer oder Beamte für längere Zeit beurlaubt ist. Beabsichtigt die Dienststelle, dem Arbeitnehmer oder Beamten aus Anlass seiner Rückkehr aus einer Beurlaubung eine Tätigkeit bei einer anderen Dienststelle zuzuweisen, unterliegt dies der Mitbestimmung bei Versetzungen.[284]

Kein Mitbestimmungsrecht hat der bei der aufnehmenden Schule bestehende Personalrat bei (Teil-)Versetzung eines Lehrers an eine Schule aufgrund der Sondervorschrift des § 91 Abs. 2.[285]

Solange die Zustimmung beider Personalräte nicht vorliegt, hat der betroffene Arbeitnehmer einen im Wege der einstweiligen Verfügung durchsetzbaren Anspruch auf Weiterbeschäftigung am bisherigen Arbeitsplatz der abgebenden Dienststelle.[286]

Bei vertikalen Versetzungen von »oben nach unten« und umgekehrt besteht ebenfalls ein Mitbestimmungsrecht beider Personalräte. In der Regel wird in solchen Fällen die Stufenvertretung nach § 78 Abs. 1 ersatzzuständig sein. Da es sich aber um eine bloße Ersatzzuständigkeit handelt, bleibt es bei der Zuständigkeit des örtlichen Personalrats einer Dienststelle, »die sowohl über die Versetzung entscheidet als auch gleichzeitig in ihrem Personalbestand betroffen ist«. In diesen Fällen wird die Zuständigkeit des örtlichen Personalrats nicht durch § 78 Abs. 1 verdrängt.[287]

Mitbestimmungsfrei sind nach Absatz 1 Satz 3 Versetzungen für Beschäftigte in der Berufsausbildung. Für Lehrer gilt ein besonderer Versetzungsbegriff mit verändertem Mitbestimmungsverfahren (siehe § 91 Abs. 1 und 2).

34 Die Sonderregelungen im Gesetz über das Personaleinsatzmanagement[288] gelten nach Außerkrafttreten dieses Gesetzes zum 30. 6. 2012 (vgl. § 14 PEM-Gesetz) nicht mehr.

Abs. 1 Nr. 5: Umsetzung innerhalb der Dienststelle

35 Die Novelle 2011 hat das Mitbestimmungsrecht bei Umsetzungen innerhalb der Dienststelle für eine Dauer von mehr als drei Monaten wieder eingeführt, das Mitbestimmungsrecht bei Umsetzungen mit Wechsel des Dienstortes beibehalten.

---

284 BVerwG 15. 11. 2006 – 6 P 1.06, PersR 2007, 119.

285 OVG NRW 27. 3. 1998 – 1 A 1/96.PVL, PersR 1998, 528.

286 LAG Hamm 13. 7. 1995 – 17 Sa 101/95, PersR 1995, 393.

287 BVerwG 16. 9. 1994, a. a. O.

288 PEM-Gesetz vom 19. 6. 2007, GVBl. 241.

Die Umsetzung ist die Versetzung ohne Dienststellenwechsel. Dementsprechend ist unter Umsetzung die Zuweisung einer anderen Aufgabe, eines anderen Arbeitsplatzes bzw. eines anderen Dienstpostens innerhalb der gleichen Dienststelle oder derselben Behörde zu verstehen.[289] Zwar stammt der Begriff der Umsetzung aus dem Beamtenrecht, jedoch sind die Begriffsbestimmungen und -inhalte des Beamtenrechts für das Personalvertretungsrecht weder abschließend noch verbindlich. Eine Umsetzung im personalvertretungsrechtlichen Sinne liegt stets dann vor, »wenn die Maßnahme den Beschäftigten zwingt, unter veränderten personellen Bedingungen andere Aufgaben zu erfüllen.«[290] 36

Wird ein für den Dienstposten prägender Teil der Aufgaben entzogen und erhält er dadurch eine neue Prägung, liegt eine mitbestimmungspflichtige Teilumsetzung vor.[291] Erschöpft sich die Maßnahme jedoch in einer bloßen Organisations- oder Aufgabenänderung ohne Eingriff in die individuelle Rechtssphäre des Beschäftigten, entfällt ein Mitbestimmungsrecht.[292]

Eine Umsetzung ohne Ortswechsel ist dann mitbestimmungspflichtig, wenn sie die Dauer von drei Monaten übersteigt. Das ist entweder der Fall, wenn die Umsetzung von vornherein für länger als drei Monate geplant ist, aber auch dann, wenn eine zunächst kürzer befristete Umsetzung über drei Monate hinaus aufrechterhalten wird. Das Mitbestimmungsrecht entfällt nicht dadurch, dass mehrere, unter drei Monate befristete Umsetzungen aneinandergereiht werden. Das würde eine Umgehung des Mitbestimmungsrechts darstellen. Überschreitet also die Umsetzung – auch aufgrund mehrerer Umsetzungsverfügungen – die Frist von drei Monaten, ist das Mitbestimmungsrecht zu beachten. 37

Unabhängig von der beabsichtigten Dauer einer Umsetzung besteht ein Mitbestimmungsrecht dann, wenn die Zuweisung des anderen Arbeitsplatzes zwar innerhalb der Dienststelle erfolgt, aber zu einem Wechsel des Dienstortes führt. Dienstort ist diejenige politische Gemeinde, innerhalb derer sich die Dienststelle bzw. der Dienststellenteil befindet. Bei Umsetzungen, die mit einem Wechsel der Dienststelle im personalvertretungsrechtlichen Sinne ohne Wechsel der Behörde verbunden sind, steht auch dem Personalrat der aufnehmenden Dienststelle ein Mitbestimmungsrecht zu.[293]

---

289 BVerwG 16.6.2000 – 6 P 6.99, PersR 2000, 416.

290 OVG NRW 12.2.2007 – 1 A 2358/05.PVL, PersR 2007, 317.

291 BVerwG 18.12.1996 – 6 P 8.95, PersR 1997, 364; OVG NRW 24.11.1999 – 1 A 5697/97.PVL, n.v. – und 12.2.2007 – 1 A 2358/05.PVL, PersR 2007, 317; eingehend auch VG Aachen 28.8.1997 – 16 K 1038/97.PVL, PersR 1998, 116.

292 Zur Einführung eines rollierenden Abteilungswechsels siehe VG Gelsenkirchen 23.4.1999 – 3c K 4843/96.PVL.

293 OVG NRW 29.1.1999 – 1 A 2617/97.PVL, PersR 1999, 311.

Zum Dienstort gehört auch das Einzugsgebiet im Sinne des Umzugskostenrechts. § 1 LUKG verweist dazu auf das BUKG. Nach § 3 Abs. 1 Buchst. c BUKG ist Einzugsgebiet das Gemeindegebiet, in dem sich die Wohnung befindet, die auf einer üblicherweise befahrenen Strecke nicht mehr als 30 km von der Gemeindegrenze des neuen Dienstortes entfernt liegt. Abzustellen ist also auf die Beziehung der Wohnung des Beschäftigten zum neuen Dienstort und nicht auf die räumliche Beziehung der Dienstorte zueinander. Eine mitbestimmungspflichtige Umsetzung liegt also nur dann vor, wenn der Betroffene von seiner Wohnung bis zur Gemeindegrenze des neuen Dienstortes mehr als 30 km zurücklegen muss. Ob alter und neuer Dienstort unmittelbar aneinandergrenzen, ist unerheblich.

Abs. 1 Nr. 6: Abordnung für eine Dauer von mehr als drei Monaten und ihre Aufhebung

38 Abordnung ist die vorübergehende Zuweisung einer dem bisherigen Amt bzw. der innegehaltenen Vergütungs-/Lohngruppe entsprechenden Tätigkeit an einer anderen Dienststelle (siehe § 29 LBG NW).[294] Es handelt sich also um eine Versetzung von begrenzter Dauer.

Sie ist erst dann mitbestimmungspflichtig, wenn die Dauer drei Monate überschritten wird. Wird die Abordnung jedoch nur formell auf drei Monate begrenzt und besteht die Absicht, sie länger andauern zu lassen, jedoch eine Personalratsbeteiligung zu vermeiden, so ist die Abordnung von ihrem ersten Tage an mitbestimmungspflichtig.[295] Auch die Teilabordnung, also die vorübergehende Zuweisung einer Tätigkeit bei einer anderen Dienststelle unter Aufrechterhaltung der Zugehörigkeit zur bisherigen Stammdienststelle unterliegt der Mitbestimmung.[296]

Auch die Aufhebung einer Abordnung ist mitbestimmungspflichtig. Im Hinblick auf die Rechtsprechung des BVerwG zur Versetzung (siehe Rn. 33) ist sowohl bei Abordnungen wie bei der Aufhebung einer Abordnung das Mitbestimmungsrecht sowohl des Personalrats der abgebenden wie der aufnehmenden Dienststelle zu beachten.[297]

Eine Abordnung kann auch dann vorliegen, wenn ein Bediensteter aus einer Dienststelle ausgegliedert und in eine andere eingegliedert wird, die bisherige Dienststelle für ihn jedoch weiterhin arbeitsrechtlich zuständig bleibt.[298]

---

294 Siehe auch OVG NRW 3.7.1986 – CL 46/84, PersR 1987, 87.
295 BVerwG 18.9.1984 – 6 P 19.83, PersR 1986, 37.
296 OVG NRW 3.7.1986 – CL 46/84, PersR 1987, 87.
297 OVG NRW 20.5.1998 – 1 A 3042/96.PVL, PersR 1999, 24.
298 BVerwG 2.9.1983 – 6 P 29.83, PersV 1985, 164.

Eine mitbestimmungspflichtige Abordnung kommt auch dann in Betracht, wenn durch eine entsprechende Befristung der Abordnung Mitbestimmungsrechte vereitelt werden und wenn bereits feststeht, dass die Abordnung über den Befristungszeitraum hinaus andauern soll.[299]

Abs. 1 Nr. 6: Zuweisung gemäß beamten- oder tarifrechtlicher Vorschriften und ihre Aufhebung

Beamtenrechtlich ist nach § 20 BeamtStG eine sog. »Zuweisung« möglich. **39**
Nach Absatz 1 dieser Vorschrift kann Beamtinnen und Beamten mit ihrer Zustimmung vorübergehend ganz oder teilweise eine ihrem bisherigen Amt entsprechende Tätigkeit bei einer öffentlichen Einrichtung ohne Dienstherreneigenschaft oder bei einer öffentlich-rechtlichen Religionsgemeinschaft zugewiesen werden, wenn dies im dienstlichen oder öffentlichen Interesse liegt. Eine solche Zuweisung zu einer anderen Einrichtung kommt dann in Betracht, wenn öffentliche Interessen dies erfordern. Beides bedarf jedoch der Zustimmung des Beamten. Nach § 20 Abs. 2 BeamtStG kann eine solche Zuweisung sowohl auf Dauer wie ohne Zustimmung der Beamten erfolgen, wenn sie einer Dienststelle angehören, die ganz oder teilweise in eine öffentlich-rechtlich organisierte Einrichtung ohne Dienstherreneigenschaft oder eine privatrechtlich organisierte Einrichtung der öffentlichen Hand umgewandelt wird. Ein öffentliches Interesse muss diese Maßnahme erfordern. Die Vorschrift hat Bedeutung für Privatisierungsfälle sowie für die Fälle der Verlagerung von Aufgaben unter dem Gesichtspunkt »Personal folgt der Aufgabe«.
Tarifrechtlich ist die in § 20 Abs. 1 BeamtStG definierte Zuweisung gemäß Protokollerklärung zu § 4 Abs. 2 TVöD/TV-L die vorübergehende Beschäftigung bei einem Dritten im In- und Ausland, bei dem der Allgemeine Teil des TVöD nicht zur Anwendung kommt, und zwar unter Fortsetzung des bestehenden Arbeitsverhältnisses. § 4 Abs. 2 TVöD/TV-L sieht darüber hinaus vor, dass Beschäftigten im dienstlichen/betrieblichen oder öffentlichen Interesse vorübergehend mindestens gleich vergütete Tätigkeiten bei einem Dritten zugewiesen werden können, wenn sie dem zustimmen. Die Zustimmung kann jedoch (§ 4 Abs. 2 Satz 2 TVöD) nur aus wichtigem Grund verweigert werden. Das Arbeitsverhältnis und die Rechtsstellung des Beschäftigten bleiben unverändert und unberührt.
Der Zuweisung im Sinne des § 20 Abs. 2 BeamtStG entspricht im Tarifrecht die Gestellung nach § 4 Abs. 3 TVöD.[300] Die Vorschrift sieht vor, dass im Falle der Verlagerung von Aufgaben der Beschäftigten zu einem Dritten

299 OVG NRW 27.3.2007 – 6 B 171/07, juris.
300 Vgl. dazu: Welkoborsky, Gestellung und Personalvertretung, Sozialer Dialog in der Krise – Social dialogue in crisis, 2009, 107.

diese Beschäftigten auf Verlangen des Arbeitgebers ohne ihre Zustimmung verpflichtet werden können, die bisher arbeitsvertraglich geschuldete Leistung bei einem Dritten zu erbringen. Das Arbeitsverhältnis mit dem bisherigen Arbeitgeber bleibt weiterhin bestehen, § 613a BGB sowie gesetzliche Kündigungsrechte bleiben ebenfalls unberührt. Die Protokollerklärung zu § 4 Abs. 3 TVöD/TV-L erläutert darüber hinaus, dass Personalgestellung die auf Dauer angelegte Beschäftigung bei einem Dritten unter Fortsetzung des bestehenden Arbeitsverhältnisses ist, und weist darauf hin, dass die Modalitäten der Personalgestellung zwischen dem Arbeitgeber und dem Dritten vertraglich zu regeln sind.

Da die Zuweisung gemäß § 20 BeamtStG und die Zuweisung von Arbeitnehmern gemäß tarifrechtlicher Vorschriften das gleiche Mitbestimmungsrecht auslösen, wird es sich auch auf die gleichen Tatbestände beziehen müssen. Personalvertretungsrechtlich ist daher die Zuweisung sowohl diejenige des § 20 Abs. 1 und 2 BeamtStG als auch Zuweisung wie Gestellung im Sinne der § 4 Abs. 2 und 3 TVöD/TV-L. Eine Einschränkung des Schutzbereichs dieses Mitbestimmungsrechts wegen der unterschiedlichen Wortwahl des § 4 Abs. 3 TVöD/TV-L einerseits und im BeamtStG anderseits ist im Hinblick auf die Legaldefinition in § 20 Abs. 1 und 2 BeamtStG nicht gerechtfertigt. Es besteht auch ein Bedürfnis für eine personalvertretungsrechtliche Definition der Zuweisung, weil die Protokollerklärungen Nr. 1 und 2 zu § 4 Abs. 1 TVöD/TV-L auch die Abordnung und die Versetzung als Zuweisung einer vorübergehenden bzw. auf Dauer bestimmten Beschäftigung bei einer anderen Dienststelle oder einem anderen Betrieb desselben Arbeitgebers definieren.

Die Personalräte des abgebenden Arbeitgebers und der aufnehmenden Dienststelle haben im Übrigen bei Abschluss des Gestellungsvertrages nach Abs. 4 Nr. 20 ein gesondertes Mitbestimmungsrecht. Dazu ordnet die Protokollerklärung zu § 4 Abs. 3 TVöD/TV-L an, dass die Modalitäten der Personalgestellung zwischen dem Arbeitgeber und dem Dritten – also dem Gestellungsnehmer – zu regeln sind. Der Personalrat ist berechtigt, im Falle einer Gestellung im Einzelfall seine Zustimmung von der vorherigen Durchführung des Mitbestimmungsverfahrens nach Abs. 4 Nr. 20 abhängig zu machen. Insbesondere der neu geschaffene § 66 Abs. 1 Satz 2 legt nahe, dass bei Gestellungsvorgängen die einzelnen Gestellungen von dem jeweiligen Gestellungsvertrag vorweggenommen und festgelegt werden, weil darin die Verlagerung der Aufgaben der betroffenen Beschäftigten vereinbart wird. Deshalb kann der Personalrat verlangen, dass ihm der Gestellungsvertrag vor oder zeitgleich mit den einzelnen Gestellungen zur Mitbestimmung vorgelegt wird.

Der Mitbestimmung unterliegen nur solche Zuweisungen, die eine Dauer von mehr als drei Monaten erreichen. Der Personalrat ist also zu beteiligen, wenn eine zunächst für weniger als drei Monate geplante Zuweisung länger andauern soll oder wenn die Zuweisung von vornherein auf eine Dauer von mehr als drei Monaten angelegt ist.

40 Auch die Aufhebung einer einmal verfügten Zuweisung unterliegt der Mitbestimmung. Der Personalrat hat insoweit ein Mitbestimmungsrecht bei Beschäftigten, die die Dienststelle bereits verlassen haben, jedoch zu ihr zurückkehren sollen. Gegenstand des Mitbestimmungsrechts ist – wie bei der Einstellung gemäß Nr. 1 – die Wiedereingliederung des bislang dem Dritten zugewiesenen Beschäftigten in die Dienststelle. Ob eine solche Aufhebung überhaupt in Betracht kommt, wird der Personalrat der abgebenden Dienststelle der ursprünglichen Zuweisung bzw. den Vereinbarungen und Verträgen zwischen Dienststelle und aufnehmender Behörde bzw. aufnehmendem Dritten zu entnehmen haben.

41 Der Personalrat der aufnehmenden Dienststelle hat im Falle einer Zuweisung ebenfalls ein Mitbestimmungsrecht, da es sich bei der Eingliederung eines Mitarbeiters aufgrund Zuweisung durch einen Dritten oder einer anderen Dienststelle um eine Einstellung im Sinne der Nr. 1 handelt. Soweit Beschäftigte daher zu einer öffentlichen Einrichtung oder einem Arbeitgeber oder einem Dritten zugewiesen werden sollen, der unter ein LPVG fällt, kann der Personalrat der aufnehmenden Dienststelle den Nachweis der Zustimmung des Personalrats der abgebenden Behörde verlangen.

Abs. 1 Nr. 7: Kürzung der Anwärterbezüge oder der Unterhaltsbeihilfe

42 Den Beamten auf Widerruf im Vorbereitungsdienst können gemäß § 66 BBesG die Grundbezüge herabgesetzt werden, wenn die Ausbildung sich aus einem von ihnen zu vertretenen Grund verzögert oder die vorgeschriebene Laufbahnprüfung nicht bestanden wird. Gemäß § 20 Abs. 6 Juristenausbildungsgesetz kann die den Rechtsreferendaren als Unterhaltsbeihilfe zu gewährende Vergütung bei Nichtbestehen des Examens um bis zu 15 % gekürzt werden. Bei dieser Ermessensentscheidung hat der Personalrat ein Mitbestimmungsrecht.

Abs. 1 Nr. 8: Entlassung von Beamtinnen und Beamten auf Lebenszeit

43 Lebenszeitbeamte sind nach §§ 22, 23 BeamtStG und nach §§ 27, 28 LBG unter bestimmten Voraussetzungen zu entlassen. Vor Erlass des entsprechenden Verwaltungsaktes hat der Personalrat mitzubestimmen, soweit die Beamtin/der Beamte seine Entlassung nicht selbst beantragt hat.
Die Entfernung aus dem Beamtenverhältnis nach § 10 LDG ist nur nach vorangegangenem förmlichen Disziplinarverfahren durch Urteil des Disziplinargerichts möglich. Dabei besteht kein Beteiligungsrecht des Personalrats.

Abs. 1 Nr. 8: Entlassung von Beamtinnen und Beamten auf Probe oder auf Widerruf

44 Die Beamtinnen und Beamten auf Probe (§ 10 BeamtStG, § 14 LBG, § 7 LVO) können nach § 23 Abs. 3, diejenigen auf Widerruf nach § 23 Abs. 4 BeamtStG entlassen werden. Eine Beteiligung des Personalrats erfolgt nur, wenn die Beamtin/der Beamte die Entlassung nicht selbst beantragt hat. Auf die unzureichende Unterrichtung des Personalrats bzw. der Gleichstellungsbeauftragten über die Umstände der Entlassung kann sich der betroffene Beamte nicht mit Erfolg berufen, wenn der Personalrat bzw. die Gleichstellungsbeauftragte dies nicht beanstandet.[301]

Abs. 1 Nr. 8: Entlassung aus einem öffentlich-rechtlichen Ausbildungsverhältnis

45 Als öffentlich-rechtliches Ausbildungsverhältnis bezeichnet § 14 Abs. 1 LVO den im Beamtenverhältnis auf Widerruf abzuleistenden Vorbereitungsdienst zur Erlangung der jeweiligen Laufbahnbefähigung (vgl. §§ 6, 10 LBG). Diese Widerrufsbeamten können gemäß § 23 Abs. 4 Satz 1 BeamtStG jederzeit entlassen werden, ihnen soll jedoch nach Satz 2 dieser Vorschrift die Gelegenheit zur Beendigung des Vorbereitungsdienstes und zur Ablegung der Laufbahnprüfung gegeben werden.

Abs. 1 Nr. 9: Vorzeitige Versetzung in den Ruhestand, Feststellung der begrenzten Dienstfähigkeit und der Polizeidienstunfähigkeit

46 Die vorzeitige Versetzung in den Ruhestand vor Erreichen der Altersgrenze kommt bei amtsärztlich festgestellter Dienstunfähigkeit in Betracht (§ 33 Abs. 1 LBG, § 26 Abs. 1 BeamtStG). Soll die vorzeitige Zurruhesetzung verfügt werden (§ 34 Abs. 2 LBG), hat der Personalrat mitzubestimmen.
Wird von der vorzeitigen Versetzung in den Ruhestand abgesehen, weil der Beamte unter Beibehaltung des übertragenen Amtes die Dienstpflichten noch mindestens während der Hälfte der Arbeitszeit verrichten kann (begrenzte Dienstfähigkeit), ist die Arbeitszeit entsprechend herabzusetzen (§ 27 Abs. 2 BeamtStG).
Kein Mitbestimmungsrecht besteht, soweit die Versetzung in den vorzeitigen Ruhestand bzw. die Herabsetzung der Arbeitszeit wegen begrenzter Dienstfähigkeit selbst beantragt wurde.
Entsprechendes gilt für die Feststellung der Polizeidienstunfähigkeit.

---

301 OVG NRW 3.11.2010 – 6 B 1249/10, juris.

Abs. 1 Nr. 10: Weiterbeschäftigung von Beamtinnen und Beamten und Arbeitnehmerinnen und Arbeitnehmern über die Altersgrenze hinaus

Das Mitbestimmungsrecht bei der Weiterbeschäftigung über die Altersgrenze hinaus ist ein Sonderfall der Einstellung, nämlich der erneuten Eingliederung eines Beschäftigten in die Dienststelle. 47

Für Beamtinnen und Beamte erfolgt der Eintritt in den Ruhestand mit Vollendung des 67. Lebensjahres. Für die Jahrgänge 1947 bis 1967 besteht eine Übergangsregelung, wonach die Regelaltersgrenze von 65 mit jedem Geburtsjahrgang um einen Monat steigt. Der Eintritt in den Ruhestand kann gemäß § 32 LBG auf Antrag um bis zu drei Jahre, jedoch nicht über das 70. Lebensjahr hinausgeschoben werden, wenn ein dienstliches Interesse vorliegt. Während der Verlängerungszeit kann die Beamtin/der Beamte jederzeit in den Ruhestand versetzt werden, aus zwingenden dienstlichen Gründen kann der Zeitpunkt um drei Monate hinausgeschoben werden.

Bei einer Fortsetzung des Arbeitsverhältnisses über die Altersgrenze hinaus sieht § 33 Abs. 5 TVöD/TV-L den Abschluss eines neuen schriftlichen Arbeitsvertrages mit einer besonderen, auf vier Wochen zum Monatsende verkürzten Kündigungsfrist vor. Eine solche Weiterbeschäftigung eines Arbeitnehmers kann zum einen bei Vorliegen eines dienstlichen Bedürfnisses, zum anderen aber auch dann in Betracht kommen, wenn der Arbeitnehmer die Mindestversicherungszeiten zum Bezug von Altersrente ausnahmsweise noch nicht erreicht hat. Erfolgt eine solche Weiterbeschäftigung an einem anderen Arbeitsplatz oder in einer anderen Dienststelle bzw. bei einem anderen Dienstherrn, ist die Maßnahme daneben als Einstellung mitbestimmungspflichtig. Aufgrund der Arbeitsmarktlage und der Altersteilzeitmöglichkeiten kommt eine solche Weiterbeschäftigung jedoch regelmäßig nicht in Frage.

Abs. 1 Nr. 11: Anordnungen, welche die Freiheit in der Wahl der Wohnung beschränken

Gemäß § 44 LBG kann der Beamte angewiesen werden, sich während der dienstfreien Zeit erreichbar in der Nähe seines Dienstortes aufzuhalten, wenn besondere dienstliche Verhältnisse es dringend erfordern. Eine allgemeine »Residenzpflicht« gibt es im Beamtenrecht nicht mehr. Erfolgt eine solche Anweisung ist das Mitbestimmungsrecht zu beachten. 48

Für Beschäftigte finden sich im TVöD und TV-L keine Regelungen zur Verpflichtung, eine Wohnung zu beziehen. Es wird aber wohl zulässig sein, durch arbeitsvertragliche Regelungen eine solche Verpflichtung zu schaffen und zu verlangen, dass der Arbeitnehmer eine Wohnung in der Nähe der

Dienststelle oder eine bestimmte Dienstwohnung zu beziehen hat.[302] Diese arbeitsvertragliche Regelung kann als Nebenabrede nach Abs. 1 Satz 1 Nr. 1, 2. Alternative der gesonderten Mitbestimmung des Personalrats unterliegen.

Das Mitbestimmungsrecht besteht dann, wenn im Arbeitsvertrag eine ausdrückliche Verpflichtung zum Bezug einer solchen Dienstwohnung begründet werden soll, und auch im Einzelfall, wenn der Arbeitnehmer angewiesen wird, eine bestimmte Wohnung zu beziehen.

Abs. 1 Nr. 12: Versagung, Untersagung oder Widerruf der Genehmigung einer Nebentätigkeit

49 Während die Übernahme einer Nebentätigkeit oder Nebenbeschäftigung nicht der Mitbestimmung des Personalrats unterliegt, ist die Versagung oder der Widerruf einer einmal genehmigten Tätigkeit von der Zustimmung des Personalrats abhängig. Nach § 48 LBG kann der Beamte auf Verlangen des Dienstvorgesetzten zur Übernahme einer Nebentätigkeit verpflichtet werden. Andere Nebentätigkeiten bedürfen nach § 49 LBG der vorherigen Genehmigung, insbesondere bei Übernahme einer Nebenbeschäftigung gegen Vergütung. Die Genehmigung kann bei Beeinträchtigung dienstlicher Interessen nach § 49 Abs. 2 LBG versagt werden. Insgesamt werden die Genehmigungen gemäß § 49 Abs. 3 LBG für jede Einzelnebentätigkeit auf längstens fünf Jahre erteilt und können mit Auflagen und Bedingungen versehen werden.

Wird die Zuweisung einer auf Verlangen des Dienstherrn ausgeübten Nebentätigkeit eines Beamten widerrufen, unterliegt dieser Widerruf – weil nicht eine Genehmigung, sondern eine Zuweisung widerrufen wird – nicht der Mitbestimmung.[303]

Nach § 3 Abs. 3 TVöD/TV-L müssen Arbeitnehmer Nebentätigkeiten gegen Entgelt rechtzeitig vorher schriftlich anzeigen. Der Arbeitgeber kann Nebentätigkeiten untersagen oder mit Auflagen versehen, wenn sie geeignet sind, die Erfüllung der arbeitsvertraglichen Pflichten oder berechtigte Interessen des Arbeitgebers zu beeinträchtigen.

Grundsätzlich ist der Arbeitnehmer, nicht jedoch der Beamte, berechtigt, einer Nebentätigkeit nachzugehen, solange diese keinen nachteiligen Einfluss auf die arbeitsvertraglichen Pflichten hat oder die Nebentätigkeit wesentliche Belange oder berechtigte Interessen des Arbeitgebers nicht beeinträchtigt. Einer Genehmigung bedarf es daher nicht, so dass eine Mitbestimmung des Personalrats nur bei der Versagung oder Untersagung einer beabsichtigten Nebentätigkeit in Betracht kommt. Wird dem Arbeitnehmer eine beab-

302 Vgl. BAG 7.6.2006 – 4 AZR 316/05, NZA 2007, 343.

303 OVG NRW 28.2.2002 – 1 A 149/00.PVL, PersR 2002, 481.

sichtigte Nebentätigkeit versagt oder eine ausgeübte untersagt, kann das nur mit Zustimmung des Personalrats erfolgen. Eine arbeitsgerichtliche Überprüfung ist daneben möglich.

Abs. 1 Nr. 13: Ablehnung von Teilzeitbeschäftigung oder Urlaub

Durch die Novelle 2011 ist das Mitbestimmungsrecht wieder in dem Umfang eingeräumt worden, in dem es vor 2007 bestand. 50
Nach den §§ 63 bis 67 und 70 LBG können Beamte bei Vorliegen bestimmter Voraussetzungen Teilzeitbeschäftigung, Altersteilzeit oder Urlaub ohne Dienstbezüge beantragen.
Wird der entsprechende Antrag des Beamten auf Teilzeitbeschäftigung oder Urlaub abgelehnt, so besteht ein Mitbestimmungsrecht.

§§ 63 bis 67 LBG sehen verschiedene Möglichkeiten der Teilzeitbeschäftigung vor. Nach § 63 Abs. 1 kann Teilzeitbeschäftigung bis zur Hälfte der regelmäßigen Arbeitszeit beantragt und bewilligt werden, solange dienstliche Belange nicht entgegenstehen. Nach § 64 kann Teilzeitbeschäftigung in der Weise bewilligt werden, dass dem Beamten für die Dauer von drei bis sieben Jahren die Amtszeit auf $^{2}/_{3}$ bis $^{6}/_{7}$ der regelmäßigen Arbeitszeit ermäßigt wird, mit der Maßgabe, dass er zwei bis sechs Jahre vollbeschäftigt und anschließend ein ganzes Jahr vom Dienst freigestellt wird (sog. Sabbatical). 51

§ 65 LBG betrifft die sog. Altersteilzeit. Altersteilzeit kann entweder als Teilzeitarbeit im Umfang der halben bisherigen wöchentlichen Arbeitszeit für einen bestimmten Zeitraum von maximal zehn Jahren vereinbart werden oder im Blockmodell, demzufolge die erste Zeit vollständig gearbeitet und eine gleich lange, darauffolgende Zeit Arbeitsfreistellung erfolgt – jedoch gleichbleibende Bezüge während des gesamten Altersteilzeit-Zeitraumes zu beanspruchen sind (§ 65 Abs. 2 LBG, 3 TV ATZ). 52
Bei Beamten kann gemäß § 65 Abs. 1 Nr. 1 Altersteilzeit ab dem 55. Lebensjahr bewilligt werden. Sie muss (§ 65 Abs. 1 Nr. 2) vor dem 31. Dezember 2012 beginnen. Eine Ablehnung kann nur bei dringenden dienstlichen Belangen (Abs. 1 Nr. 3 LBG) erfolgen. Arbeitnehmer ab dem 60. Lebensjahr haben Anspruch auf Altersteilzeit.
Mitbestimmungspflichtig ist die Ablehnung des Antrags auf Altersteilzeit. Dabei kommt es nicht darauf an, ob die Ablehnung nur deshalb erfolgt ist, weil der Arbeitnehmer bestimmte Bedingungen (Umfang und Dauer der Altersteilzeit) wünscht oder ob die Altersteilzeit insgesamt von der Dienststelle abgelehnt worden ist.

§ 70 LBG regelt den Urlaub aus arbeitsmarktpolitischen Gründen. Beschäftigte können unbezahlten Urlaub nehmen, wenn in ihrem Bereich ein außergewöhnlicher Bewerberüberhang besteht. Wird das abgelehnt, unterliegt die Ablehnung der Mitbestimmung. 53

§ 72 Abs. 1 Nr. 14: Ablehnung eines Antrags auf Einrichtung eines Arbeitsplatzes außerhalb der Dienststelle

53a Das Mitbestimmungsrecht besteht seit der Novelle 2011 erstmals und räumt ein Mitbestimmungsrecht ein, wenn die Dienststelle einen Antrag eines einzelnen Beschäftigten auf Einrichtung eines Arbeitsplatzes außerhalb der Dienststelle ablehnen will. Die Vorschrift korrespondiert mit dem Mitbestimmungsrecht nach Abs. 3 Nr. 6, das bei den kollektiven Regelungen zur Einrichtung von Arbeitsplätzen außerhalb der Dienststelle zu beachten ist.

Ein individueller Rechtsanspruch auf Einrichtung eines solchen Home Office oder eines Telearbeitsplatzes besteht werder arbeits- noch beamtenrechtlich. Soweit sich jedoch Dienststelle und Personalrat auf allgemeine Regeln und Voraussetzungen für die Schaffung solcher externer Arbeitsplätzes im Rahmen des Mitbestimmungsrechts nach Abs. 3 Nr. 6 geeinigt haben (vgl. Rn. 98), besteht in den Grenzen dieser Vereinbarung u. U. ein Rechtsanspruch auf Einrichtung eines Home Office oder Tele-Arbeitsplatzes.

Abs. 1 Satz 2: Ausnahmen von der Mitbestimmung

54 Die in Absatz 1 Satz 1 Nr. 1 bis 13 aufgeführten Mitbestimmungsrechte gelten nur auf Antrag

1. für den Dienststellenleiter und seine Vertreter im Sinne des § 8 Abs. 1 bis 3, für die sonstigen Beauftragten im Sinne des § 8 Abs. 1 Satz 2 sowie für die in § 11 Abs. 2 Buchst. b aufgeführten Beschäftigten, die zu selbständigen Entscheidungen von Angelegenheiten nach Absatz 1 befugt sind;
2. für Dozentinnen und Dozenten gemäß § 20 Fachhochschulgesetz öffentlicher Dienst (FHGöD).

Beabsichtigt der Arbeitgeber eine Personalmaßnahme nach § 72 Abs. 1 Satz 1 in Bezug auf diesen Personenkreis, besteht eine Hinweispflicht des Arbeitgebers auf das Bestehen des Antragsrechts – jedenfalls bei solchen Maßnahmen, die dem Beschäftigten vollkommen unbekannt sind.[304]

55 Vom Mitbestimmungsrecht in den Angelegenheiten des Absatzes 1 ganz ausgenommen sind

1. diejenigen Spitzen-Beamte, die gemäß § 37 LBG von der Landesregierung jederzeit in den einstweiligen Ruhestand versetzt werden können;
2. Personalangelegenheiten betreffend »Beamtenstellen« von der Besoldungsgruppe B3 an aufwärts – also nicht nur Beamte ab B 3, sondern alle Personalvorgänge des § 72, die Stellen betreffen, die nach B 3 und

304 Siehe die Einschränkungen des BAG 26. 8. 1993 – 2 AZR 376/93, PersR 1994, 36; 3. 11. 1999 – 7 AZR 880/98, PersR 2000, 173 und BVerwG 23. 2. 1989 – 2 C 76.86, PersR 1989, 201.

höher ausgewiesen sind. Durch die Novelle 2011 ist der vor 2007 bestehende Rechtszustand wiederhergestellt worden. Entsprechend ausgenommen sind die Stellen für Arbeitnehmerinnen und Arbeitnehmer, die ein der Besoldungsgruppe B 3 an aufwärts vergleichbares Entgelt erhalten. Damit knüpft die Bereichsausnahme für Tarifbeschäftigte nicht mehr an ein über die höchste Entgeltgruppe hinausgehendes Entgelt an, sondern an das – vielfach höhere – der Besoldungsgruppe B 3 vergleichbare Entgelt. Nach § 55 Abs. 2 WDR-Gesetz[305] gilt § 72 Abs. 1 Satz 1 ebenfalls nicht für Arbeitnehmerinnen und Arbeitnehmer, die ein Entgelt nach der höchsten Vergütungsgruppe des WDR-Vergütungstarifvertrages oder darüber hinaus erhalten. Die bisherige Ausnahme für WDR-Beschäftigte, die an der Programmgestaltung beteiligt sind, ist durch die Novelle 2011 entfallen.

3. Beschäftigte an Theatern, die unter den Geltungsbereich des Normalvertrages (NV) Bühne fallen, sind künftig nur noch eingeschränkt von der Mitbestimmung in personellen Angelegenheiten nach Absatz 1 ausgeschlossen. Die tarifvertragliche Änderung beim Bühnennormalvertrag aus dem Jahre 2006 hatte dazu geführt, dass die Bereichsausnahme nach altem Recht auch für Personen galt, die entweder nicht unmittelbar oder nicht überwiegend künstlerisch tätig sind. Es konnte im Arbeitsvertrag eine künstlerische Tätigkeit ohne Rücksicht darauf vereinbart werden, ob sie tatsächlich vorlag.[306] Deshalb wurde durch die Novelle 2011 die Ausnahme von der Mitbestimmung – so die Gesetzesbegründung[307] – auf das im Hinblick auf die Kunstfreiheit des Art. 5 Abs. 3 Satz 1 GG gebotene Maß beschränkt. Es kommt künftig nicht mehr auf die arbeitsvertraglich getroffene Vereinbarung, sondern ausschließlich auf die unmittelbar und überwiegend ausgeübte Tätigkeit an.
4. kommunale Wahlbeamtinnen und Wahlbeamte;
5. Leiterinnen und Leiter von öffentlichen Betrieben in den Gemeinden, den Gemeindeverbänden und den sonstigen der Aufsicht des Landes unterstehenden Körperschaften, Anstalten und Stiftungen des öffentlichen Rechts. Wer Leiter ist, ergibt sich aus der jeweiligen Satzung der Einrichtung.

Nach § 55 Abs. 4 WDR-Gesetz gilt § 72 Abs. 1 Satz 1 nicht für Beschäftigte, die aufgrund eines Tarifvertrags auf Produktionsdauer beschäftigt werden.

---

305 Vom 25. 4. 1998, GV.NW 265.

306 Vgl. dazu OVG NRW 27. 10. 2006 – 1 A 4733/04.PVL, PersR 2007, 174; BVerwG 7. 10. 2003 – 6 P 4.03, PersR 2004, 30.

307 LT-Drucks. 15/2218.

56 Absatz 1 Satz 3 ordnet an, dass für Beschäftigte in der Berufsausbildung das Mitbestimmungsrecht bei Versetzungen und Umsetzungen im Sinne des Absatzes 1 Nr. 5 nicht gilt.

Abs. 2: Mitbestimmung in sozialen Angelegenheiten

57 Die Mitbestimmung in den sozialen Angelegenheiten nach Absatz 2 ist der einzige Abschnitt innerhalb der Mitbestimmungsrechte des § 72, der durch die Gesetzesnovellen 2007 und 2011 nicht verändert wurde. Die unter diesem Absatz zusammengefassten Mitbestimmungstatbestände sollen als gemeinsames Thema den »sozialen« Bezug haben.

Die Rechtsprechung[308] beschränkt unter Hinweis auf diesen Begriff das Mitbestimmungsrecht auf solche Angelegenheiten, die aus sozialen Überlegungen gewährt werden und nimmt solche Leistungen von der Mitbestimmung aus, auf die ein Rechtsanspruch besteht oder die aus anderen Gründen gewährt werden. Das ist allerdings für die Abgrenzung des Mitbestimmungsrechts unbrauchbar, weil die Leistungen nach Absatz 2 Nr. 1–5 zwar im weitesten Sinne »soziale Angelegenheiten« sind, jedoch keineswegs in jedem Fall »soziale« Gesichtspunkte für ihre Gewährung maßgebend sind. In aller Regel hat die Gewährung solcher Leistungen mehrfache Zwecke. So wird z. B. die Bereitstellung von Dienstwohnungen nicht ausschließlich deswegen vorgenommen, um den Beschäftigten billigen Wohnraum zu sichern, sondern auch um die Mitarbeiter nahe an der Dienststelle unterzubringen und so leichter Bereitschaftsdienste, Überstunden u. Ä. anordnen und durchführen zu können. Das Mitbestimmungsrecht kann jedoch nicht davon abhängen, welcher Gesichtspunkt für die Bereitstellung oder Versagung solcher Leistungen im Einzelfall maßgebend war.

Die Bedeutung dieser Mitbestimmungsrechte ist jedoch – mit Ausnahme von Nr. 5 bei der Aufstellung von Sozialplänen – geringer geworden, weil solche Unterstützungsleistungen weitgehend abgeschafft worden sind und daher der Mitbestimmung nicht unterworfen werden können.

Abs. 2 Nr. 1: Gewährung und Versagung von Unterstützungen, Vorschüssen, Darlehen und entsprechenden Zuwendungen

58 Sowohl die Zubilligung einer solchen – finanziellen – Leistung als auch ihre Versagung unterliegen der Mitbestimmung des Personalrats, damit er die Anwendung gleichmäßiger Grundsätze bei solchen Leistungen umfassend durch Mitbestimmung beeinflussen kann.

---

308 BVerwG 30. 3. 1989 – 6 P 8.86, PersR 1989, 159.

Unterstützungen können nach den sog. Unterstützungsgrundsätzen – sie gelten für Beamte und durch tarifliche Verweisung auch für Arbeitnehmer – gewährt werden, wenn der Beschäftigte unverschuldet in eine Notlage geraten ist.
Vorschüsse sind sämtliche geldlichen Leistungen, die im Vorgriff und unter Anrechnung auf Lohn, Gehalt oder Besoldung gewährt werden.
Darlehen sind geldliche Leistungen an Beschäftigte, die für einen besonderen Zweck im Zusammenhang mit dem Arbeitsverhältnis unter der üblichen oder einer günstigeren Verzinsung gewährt werden.
Entsprechende Zuwendungen sind solche, die einen Unterstützungs-Charakter für die Beschäftigten haben und ohne rechtliche Verpflichtungen sowie aufgrund sozialer Überlegungen von der Dienststelle geleistet werden. Das Mitbestimmungsrecht besteht aber nicht erst dann, wenn Zuwendungen gewährt werden, die eine konkrete Bedürftigkeit im Einzelfall ausgleichen sollen. Die Inanspruchnahme solcher Leistungen kann nicht von der weiteren Voraussetzung einer »Bedürftigkeit« abhängen, weil Kategorien aus dem SGB II nicht maßgebend sind.
Soweit hinsichtlich der Gewährung und der Versagung solcher Leistungen allgemeine Richtlinien aufgestellt werden, unterliegen diese der gesonderten Mitbestimmung des Personalrats nach § 72 Abs. 4 Nr. 5.[309]

Abs. 2 Nr. 2: Zuweisung und Kündigungen von Wohnungen, Ausübung des Vorschlagsrechts, allgemeine Festsetzung der Nutzungsbedingungen

In diesem Mitbestimmungsrecht ist nunmehr präzisiert, dass es sich nur auf solche Wohnungen bezieht, über die die »Beschäftigungsdienststelle« verfügt. Dadurch sollte klargestellt werden, dass es sich bei der Wohnungsvergabe um eine innerdienstliche Maßnahme der personalführenden Dienststelle zur Erfüllung ihrer Fürsorgepflicht handelt. Ob die fraglichen Wohnungen im Eigentum der Dienststelle stehen, lediglich ein Belegungsrecht oder eine Mitentscheidung im Rahmen von Belegungsrechten besteht, ist für das Mitbestimmungsrecht ohne Belang. Auch eine Empfehlung oder ein Mitentscheidungsrecht löst das Mitbestimmungsrecht aus. Es erstreckt sich auf die Kündigung bzw. den Widerruf der Zuweisung auch solcher Dienstwohnungen, die zwischenzeitlich entwidmet wurden, also nicht mehr als Dienstwohnung genutzt werden sollen.[310] Als Wohnung ist auch ein Platz in einem Personalwohnheim anzusehen.[311] Solche Wohnheimanlagen können 59

309 Dazu OVG NRW 13. 11. 1996 – 1 A 378/93.PVL, PersR 1997, 535.
310 OVG NRW 9. 9. 1999 – 1 A 648/97.PVL, PersR 2000, 115.
311 OVG NRW 6. 3. 1997 – 1 A 1094/94.PVL, PersR 1997, 456.

auch zugleich als Sozialeinrichtung gemäß Nr. 4 mitbestimmungspflichtig sein.[312]

Bei Dienstwohnungen, also solchen Wohnungen, deren Bewohnen zu den dienstlichen oder arbeitsvertraglichen Pflichten gehört, soll die Zuweisung nur dann der Mitbestimmung unterliegen, wenn die Dienststelle unter mehreren Berechtigten und Bewerbern eine Auswahl treffen kann.[313] Im Falle der Zuweisung und Kündigung von Wohnungen ist das jedoch nicht Voraussetzung für die Mitbestimmung. Kann der Dienststellenleiter bei der Zuweisung und Kündigung von Wohnungen deren Mieter verbindlich auswählen, so besteht ein Mitbestimmungsrecht auch dann, wenn der Zuweisung z. B. einer Personalunterkunft keine Auswahlentscheidung vorausgeht.[314]

Die Ausübung des Vorschlagsrechtes besteht darin, dass die Dienststelle demjenigen, der über die Wohnung verfügt, einen personellen Vorschlag zur Belegung der Wohnung mit einem bestimmten Beschäftigten macht. Die Kündigung von Wohnungen umfasst sämtliche Maßnahmen, die zu einer Beendigung des Mietverhältnisses bzw. der Berechtigung zum Bewohnen der fraglichen Wohnung durch den Beschäftigten führen.

Die Festlegung der Grundsätze, die Inhalt des Mietverhältnisses sind, unterliegt ebenfalls der Mitbestimmung.

60 Für Dienstwohnungen sind solche Nutzungsbedingungen in der Dienstwohnungsverordnung für Beamte[315] geregelt, für Arbeitnehmer im Dienstwohnungserlass des Finanzministers vom 9. 11. 1965.[316] Für andere Wohnungen, die nicht Dienstwohnungen sind, jedoch mit Rücksicht auf das Beschäftigungsverhältnis überlassen werden, besteht ein uneingeschränktes Mitbestimmungsrecht bei den Nutzungsbedingungen, wenn sie allgemein festgesetzt werden.

Die Mitbestimmung bei den Nutzungsbedingungen kann auch in diesem Fall nicht mit der Begründung verweigert werden, es handele sich nicht um eine »soziale« Angelegenheit.

Abs. 2 Nr. 3: Zuweisung von Dienst- und Pachtland, Ausübung des Vorschlagsrechts, Festsetzung der Nutzungsbedingungen

61 Der Personalrat hat auch bei der Zuweisung von Dienst- und Pachtland ein Mitbestimmungsrecht im gleichen Umfang wie bei Wohnungen gemäß Nr. 2.

---

312 OVG NRW 6. 2. 2002 – 1 A 144/00.PVL, PersR 2002, 478.

313 BVerwG 16. 11. 1987 – 6 P 5.86, PersR 1988, 71; OVG NRW 20. 1. 2000 – 1 A 207/98.PVL, PersR 2000, 461; 6. 2. 2002 – 1 A 144/00.PVL, PersR 2002, 478.

314 OVG NRW 9. 6. 2006 – 1 A 1030/05.PVL, PersR 2006, 481.

315 VO vom 9. 11. 1965, SGV. 20320.

316 I. d. F. des Runderlasses vom 12. 8. 1991, MBl. 1306.

Abs. 2 Nr. 4: Einrichtung, Verwaltung und Auflösung von Sozialeinrichtungen

Sozialeinrichtungen sind »auf Dauer errichtete, von der Dienststelle geschaffene Einrichtungen, die dazu dienen, den Beschäftigten Vorteile zukommen zu lassen«.[317] Sie können von der Dienststelle allein oder zusammen mit dem Personalrat betrieben und verwaltet werden. Betrieb und Verwaltung können auch aufgrund entsprechender Vereinbarung dem Personalrat alleine überlassen werden. Die Kosten für den Betrieb einer solchen Sozialeinrichtung können – wenn ihre Verwaltung und der laufende Betrieb dem Personalrat übertragen worden ist – gemäß § 40 Abs. 1 Satz 5 budgetiert werden. In diesem Fall entscheidet dann der Personalrat im Rahmen des vereinbarten Budgets eigenverantwortlich darüber, welche Gelder im Rahmen der Zweckbestimmung der Sozialeinrichtung auf welche Weise verwandt werden. 62

Für den Begriff der Sozialeinrichtungen kommt es nicht darauf an, welche Zwecke der Arbeitgeber subjektiv damit verfolgt, die objektiven Zwecke sind maßgebend.[318] Das Mitbestimmungsrecht besteht ohne Rücksicht auf die Rechtsform der Sozialeinrichtung. Es kommt also nicht darauf an, ob die Sozialeinrichtung überhaupt eine bestimmte Rechtsform hat oder ob sie rechtlich unselbständiger Teil der Dienststelle ist.

Auch Dienstwohnungen können eine Sozialeinrichtung sein, weshalb sowohl die erhebliche Veränderung der Wohnungsverhältnisse durch Umbau als auch die Außerbetriebnahme[319] und Umwandlung von Dienstwohnungen zu Mietwohnungen der Mitbestimmung unterliegen.[320]

Sozialeinrichtungen können Kantinen[321], Betriebskindergärten u. Ä. sein.

Das Mitbestimmungsrecht des Personalrats bei Sozialeinrichtungen umfasst 63
nicht nur Form, Ausgestaltung und Verwaltung, sondern auch die Errichtung und Auflösung von Sozialeinrichtungen. Das Initiativrecht des Personalrats ist nicht auf eine bloße Empfehlung der Einigungsstelle beschränkt, vielmehr sieht § 66 Abs. 7 einen verbindlichen Beschluss der Einigungsstelle vor, der sich freilich nach § 67 Abs. 5 Satz 3 an den Rahmen der geltenden Rechtsvorschriften, insbesondere des Haushaltsgesetzes halten muss. Be-

317 BVerwG 24.4.1992 – 6 P 33.90, PersR 1992, 308; 9.11.1998 – 6 P 1.98, PersR 1999, 125.

318 BVerwG 9.11.1998 – 6 P 1.98, PersR 1999, 125.

319 OVG NRW 3.2.2005 – 1 A 1994/03.PVL, PersV 2006, 29.

320 So BVerwG 24.4.1992 – 6 P 33.90, PersR 1992, 308, gegen OVG NRW 26.8.1994 – CL 94/90, PersR 1995, 26 und 1.4.1992 – CL 7/89, PersR 1993, 240 – Ls.; bejahend für Personal-Wohnheime OVG NRW 6.2.2002 – 1 A 144/00.PVL, PersR 2002, 478.

321 Auch die Hochschulmensa für die Beschäftigten: OVG NRW 8.3.1989 – CL 23/87, PersR 1989, 234; dazu Beckmann, PersV 1993, 262.

achtliche Zustimmungsverweigerungsgründe können auch betriebswirtschaftliche Überlegungen sein.[322] Sind Sozialeinrichtungen errichtet, besteht ein uneingeschränktes Mitbestimmungsrecht bei sämtlichen Einzelheiten,[323] insbesondere bei den Nutzungsbedingungen – also z. B. den Kantinen- und Kindergartenpreisen, den Benutzungs- und Öffnungszeiten, eventuellen Zuschussregelungen sowie grundlegenden Maßnahmen wie z. B. die Verpachtung solcher Einrichtungen an private Dritte. Dieser Vorgang ist auch nach Abs. 4 Nr. 7 beteiligungspflichtig.
Der Mitbestimmung des Personalrats unterliegen auch eventuelle Satzungsvorschriften über die gemeinsame Verwaltung der Sozialeinrichtungen in Ausschüssen oder ähnlichen Gremien. Dazu ist zweckmäßigerweise eine Dienstvereinbarung abzuschließen.

Abs. 2 Nr. 5: Sozialpläne

64 Ein Sozialplan ist »die Gesamtheit der Regelungen, die dem Ausgleich oder der Milderung von wirtschaftlichen Nachteilen der Beschäftigten in Folge von Rationalisierungsmaßnahmen dienen soll«.[324] Sozialpläne können abgeschlossen werden, wenn infolge von organisatorischen oder sonstigen Veränderungen Arbeitsplätze entfallen, Arbeitnehmern anderswertige Tätigkeiten oder andere Arbeitsplätze übertragen werden sollen. Inhalt des Sozialplanes sind Ausgleichsmaßnahmen finanzieller Art durch Zahlung von Abfindungen, Übernahme von Fahrtkosten zum neuen Arbeitsplatz, übergangsweise Garantie des bisherigen Gehalts, Qualifizierungs- und Umschulungshilfen u. Ä.

65 Ein Sozialplan kann nur bei Rationalisierungsmaßnahmen verlangt werden. Der Begriff ist z. B. im Tarifvertrag über Rationalisierungsschutz für Angestellte dahingehend definiert, dass es sich um vom Arbeitgeber veranlasste erhebliche Änderungen der Arbeitstechnik oder wesentliche Änderungen der Arbeitsorganisation mit dem Ziel einer rationelleren Arbeitsweise handeln muss. Als solche Maßnahmen nennt § 1 Abs. 1 des Tarifvertrages über den Rationalisierungsschutz vom 9. 1. 1987:

a) Stilllegung oder Auflösung einer Verwaltung/eines Betriebes bzw. eines Verwaltungs-/Betriebsteils,
b) Verlegung oder Ausgliederung einer Verwaltung/eines Betriebes bzw. eines Verwaltungs-/Betriebsteils,

---

322 OVG NRW 3. 2. 2005 – 1 A 1994/03.PVL, PersV 2006, 29.
323 OVG NRW 8. 3. 1989 – CL 23/87, PersR 1989, 234; 6. 2. 2002 – 1 A 144/00.PVL, juris.
324 BVerwG 28. 11. 2012 – 6 P 11.11, PersR 2013, 130.

c) Zusammenlegung von Verwaltungen/Betrieben bzw. von Verwaltungs-/Betriebsteilen,[325]
d) Verlagerung von Aufgaben zwischen Verwaltungen/Betrieben,
e) Einführung anderer Arbeitsmethoden und Fertigungsverfahren, auch soweit sie durch Nutzung technischer Veränderungen bedingt sind.

In der Protokollnotiz zu § 1 Abs. 1 werden in Nr. 3 als wesentliche Änderung der Arbeitsorganisation auch Privatisierungen in Form der Vergabe durch Werkvertrag genannt.

Es handelt sich dabei jedoch nur um Beispiele. Die tarifvertraglichen Begriffsdefinitionen sind für das Personalvertretungsrecht nicht bindend und erschöpfend.[326] Es können auch weitere Maßnahmen – z.B. Maßnahmen zum Abbau von Arbeitsbelastungen im Sinne des § 1 Abs. 2 des Tarifvertrages über den Rationalisierungsschutz oder Maßnahmen im Sinne des Absatzes 3 Nr. 5 des Tarifvertrages bzw. im Sinne der §§ 90, 111 BetrVG oder der Umzug der Dienststelle – als Rationalisierungsmaßnahme den Anspruch auf Herbeiführung eines Sozialplanes auslösen.

Der Begriff der Rationalisierungsmaßnahme ist im Übrigen im Hinblick auf die Umsetzung der Unterrichtungs- und Anhörungsrichtlinie (2002/14/EG) ergänzend und ausdehnend zu interpretieren. Als Rationalisierungsmaßnahmen sind auch alle die Angelegenheiten anzusehen, die in Art. 4 Abs. 2 Buchst. b und c der Richtlinie aufgeführt sind, insbesondere die antizipativen Maßnahmen bei einer Bedrohung für die Beschäftigung, Maßnahmen zur wesentlichen Veränderung der Arbeitsorganisation oder der Arbeitsverträge sowie Massenentlassungen, Verschmelzungen und Betriebsübergänge.

Allein maßgebend ist, dass eine Rationalisierung beabsichtigt ist, also »die zweckmäßige Gestaltung von Arbeitsabläufen zur Leistungssteigerung und Aufwandssenkung, die Erhöhung der Arbeitsintensität und des Leistungsgrades in allen Zweigen der Wirtschaft und Verwaltung«.[327]

Inhalt eines Sozialplans können alle Maßnahmen und Leistungen zum Aus- 66
gleich von Härtefällen sowie zur Milderung wirtschaftlicher Nachteile sein. Wirtschaftliche Nachteile infolge einer Rationalisierungsmaßnahme können durch Arbeitsplatz- und Einkommensverlust, erhöhte Kosten durch längere Anfahrt zum neuen Arbeitsplatz eintreten und betreffen alle vermögenswerte, in Geld auszudrückende Nachteile. Treffen die Auswirkungen einer Rationalisierungsmaßnahme den Beschäftigten und seine Unterhaltsberechtigten im persönlichen Bereich besonders, spricht man von Härtefällen.

---

325 Zur Sozialplanpflichtigkeit: v. Roetteken, PersR 2001, 315, 329.

326 OVG NRW 9.8.1989 – CB 15/86, PersR 1990, 71; v. Roetteken, PersR 1994, 554; Klar, PersR 1994, 364.

327 Siehe OVG NRW 9.8.1989 – CB 15/86, PersR 1990, 71f., so auch BVerwG 17.6.1992 – 6 P 17.91, PersR 1992, 451.

Sie liegen z. B. vor, wenn der Beschäftigte nach Versetzung oder Änderungskündigung besonders pflegebedürftige Angehörige nicht mehr betreuen kann oder infolge einer Schwerbehinderung oder bestimmter persönlicher Umstände der verlängerte Weg zum neuen Arbeitsplatz besonders beschwerlich erscheint. Auch vorbeugende Maßnahmen zur Vermeidung wirtschaftlicher Nachteile, wie Kündigungsverbote, vorrangige Verpflichtungen der Dienststelle zur Umsetzung, Versetzung, Umschulung können Gegenstand eines Sozialplanes sein. Es handelt sich dabei zwar nicht um den unmittelbaren Ausgleich wirtschaftlicher Nachteile, das ist – wie der Hinweis auf die »Pläne für Umschulungen« zeigt – aber nicht der einzige Zweck und ausschließliche Inhalt von Sozialplänen im Sinne dieser Vorschrift. Solche Regelungen können ggf. auch durch eine Auswahlrichtlinie im Sinne des Abs. 4 Nr. 14 in den Sozialplan integriert werden. Die Einigungsstelle kann über einen Sozialplan verbindlich entscheiden.

Das Initiativrecht des Personalrats nach § 66 Abs. 4 umfasst auch Sozialpläne.[328] Der Personalrat wird in diesem Fall gehalten sein, den vollständigen Text eines von ihm für richtig gehaltenen Sozialplanes der Dienststelle zur Zustimmung vorzulegen und – falls die Dienststelle dem nicht nähertritt – die Einigungsstelle anzurufen. Diese Regelung hat als Dienstvereinbarung – wenn eine abweichende Regelung nicht getroffen wird – gemäß § 70 Abs. 4 Satz 2 Nachwirkung, da der Spruch der Einigungsstelle die Einigung über einen Sozialplan zwischen Dienststelle und Personalrat ersetzen kann.

67 Gegen die Verbindlichkeit des Einigungsstellenspruchs kann seitens der Dienststelle nicht unter Hinweis auf § 67 Abs. 5 Satz 3 eingewandt werden, er verstoße bei der Zubilligung von finanziellen Leistungen gegen das bestehende Haushaltsgesetz, da entsprechende Haushaltsvorsorgen nicht getroffen worden seien. Ein Sozialplan ist nicht an das jeweilige Haushaltsgesetz und den damit verknüpften Haushaltsplan gebunden, da es sich bei Sozialplänen um Leistungen aufgrund der gesetzlichen oder vertraglichen Fürsorgepflicht und damit um gesetzliche Pflichtleistungen handelt. Durch Dienstvereinbarung können Sozialpläne auch aus anderem Anlass als Rationalisierungsmaßnahmen abgeschlossen sowie nach dem Vorbild des § 92a BetrVG Beschäftigungssicherungspläne vereinbart werden. Das schließt auch die Inanspruchnahme von Maßnahmen und Leistungen des SGB III durch die Betriebsparteien ein.

---

328 Vgl. dazu: OVG NRW 17. 12. 1993 – 1 A 564/92.PVB, PersR 1994, 427.

Abs. 3: Rationalisierungs-, Technologie- und Organisationsangelegenheiten

Die Novelle 2011 hat mit der Wiedereinführung der vor 2007 in Absatz 3 enthaltenen Mitbestimmungsrechte auch die Überschrift wiederhergestellt. Damit wird hervorgehoben, dass dem Personalrat in diesen Angelegenheiten umfassende Mitbestimmungsrechte eingeräumt werden sollen. Sie sind Gegenstand der »prozessbegleitenden Mitbestimmung«, die der Gesetzgeber in mehreren Normen etabliert hat: 68

- § 65 Abs. 1 Satz 2 sieht die frühzeitige und fortlaufende Information des Personalrats vor Organisationsentscheidungen, die beteiligungspflichtige Maßnahmen zur Folge haben, vor; § 65 Abs. 1 Satz 3 berechtigt den Personalrat künftig zur Teilnahme an Arbeitsgruppen, die derartige Organisationsentscheidungen vorbereiten;
- § 66 Abs. 1 Satz 2 erweitert den Begriff der Maßnahme um solche Handlungen, mit denen eine mitbestimmungspflichtige Maßnahme vorweggenommen oder festgelegt wird;
- Die – ebenfalls prozesshaft – ausgestalteten Beteiligungsrechte in Absatz 3 sind nach dem Vorbild der Gesetzesfassung von 1984 wieder eingeführt worden. Neben Unterrichtung im Vorfeld und Beteiligung an der Planung stehen dem Personalrat damit Mitbestimmungsrechte zur Verfügung, die – so die Nr. 1, 2, 3 und 5 – bei erstmaliger Einführung, bei Ausgestaltung der praktischen Anwendung und schließlich bei nachfolgenden Änderungen von Belang zur wiederholten und damit prozesshaften Beteiligung des Personalrats beim gleichen Gegenstand führen müssen.
- Zur Sicherung der prozesshaften Mitbestimmung trägt schließlich § 72 Abs. 5 bei, der unverändert ein Mitbestimmungsrecht bei probeweisen oder befristeten Maßnahmen vorsieht.

Das Mitbestimmungsrecht kann im Einzelfall wie durch Abschluss von 69
Dienstvereinbarungen ausgeübt werden. Insbesondere im Bereich der Personaldatenverarbeitung wird die Rechtmäßigkeit des Datenbetriebes und die Unterlassung nicht beabsichtigter Kontrollmöglichkeiten davon abhängen, dass mit dem Personalrat eine ausdrückliche Dienstvereinbarung abgeschlossen wird. Eine einseitige Erklärung der Dienststelle genügt nicht.[329]

Die Mitbestimmungsrechte nach Absatz 3 können nur ausgeübt werden, 70
soweit eine gesetzliche oder tarifliche Regelung nicht besteht(vgl. auch die Kommentierung zu § 70 Abs. 1).

Unter einer gesetzlichen Regelung sind formelle und materielle Gesetze, also vom Parlament beschlossene Gesetze, aber auch Rechtsverordnungen zu verstehen, nicht jedoch Erlasse, Verwaltungsanordnungen, innerdienstliche Weisungen etc. Das Mitbestimmungsrecht ist durch solche Gesetze ausge-

329 Siehe dazu BVerwG 16.12.1987 – 6 P 32.84, PersR 1988, 51.

schlossen, wenn es sich um eine erschöpfende, zwingende und unmittelbar geltende Regelung handelt[330] und der Mitbestimmungssachverhalt unmittelbar geregelt ist, so dass es zum Vollzug keines Ausführungsaktes mehr bedarf.[331] Eine Rechtsverordnung kann zwar auch ein solches Gesetz darstellen, schließt das Mitbestimmungsrecht jedoch dann nicht aus, wenn sie noch der Ausgestaltung und damit der Umsetzung durch den Dienststellenleiter bedarf.[332] Nachgiebiges Recht führt weder zur Einschränkung noch zum Ausschluss des Mitbestimmungsrechts. Das Mitbestimmungsrecht bleibt auch erhalten, wenn die gesetzlichen Regelungen ausführungsbedürftig sind oder der Dienststelle Gestaltungsmöglichkeiten belassen. Ausgeschlossen ist das Mitbestimmungsrecht auch nur in den ausdrücklich vom Gesetz geregelten Fällen, eine ausdehnende Auslegung ist nicht zulässig.[333] Die Freiheit von Wissenschaft und Forschung gemäß Art. 5 Abs. 3 GG ist im LPVG durch Einschränkung des persönlichen Geltungsbereichs sowie durch die Antragsabhängigkeit der Mitbestimmungsrechte in Personalangelegenheiten berücksichtigt.[334] Die Mitbestimmungsrechte nach Absatz 3 unterliegen unter dem Gesichtspunkt des Art. 5 Abs. 3 GG im Übrigen keinen Einschränkungen.

Tarifliche Regelungen schließen das Mitbestimmungsrecht aus, wenn es sich um eine abschließende Regelung handelt, die aus sich heraus anwendbar ist und die Tarifvertragsparteien zum Ausdruck gebracht haben, dass sie das fragliche Thema abschließend und vollständig geregelt haben. Schweigen der Tarifvertragsparteien lässt das Mitbestimmungsrecht nicht entfallen. Eine tarifliche Regelung ist jedoch nur dann von Bedeutung, wenn sie für die Dienststelle räumlich, fachlich und sachlich ausdrücklich gilt und der Arbeitgeber tarifgebunden ist.[335]

Die bloße Nachwirkung eines Tarifvertrages reicht nicht aus.[336]

71 Eine weitergehende Regelungssperre sieht § 70 Abs. 1 Satz 2 für den Abschluss von Dienstvereinbarungen vor. Sie sind dann unzulässig, wenn durch Vereinbarungen Arbeitsentgelte oder sonstige Arbeitsbedingungen geregelt werden sollen, die »üblicherweise« durch Tarifvertrag geregelt werden. Das führt lediglich zu einer formellen Beschränkung der Mitbestimmungsrechte, da der Personalrat in diesen Fällen nicht den Abschluss von Dienstvereinbarungen verlangen und im Rahmen des Mitbestimmungs-

330 OVG NRW 4.11.1991 – CL 77/88, PersR 1992, 419.
331 BVerwG 10.6.2011 – 6 PB 2.11, PersR 2011, 484.
332 OVG NRW 29.1.2007 – 1 A 152/06.PVL; BVerwG 1.7.2007 – 6 PB 4.07, PersR 2007, 356.
333 OVG NRW 20.1.2000 – 1 A 128/98.PVL, PersR 2000, 456.
334 OVG NRW 20.1.2000 – 1 A 128/98.PVL, a.a.O.
335 BAG 27.6.2006 – 3 AZR 255/05, NZA 2006, 1285.
336 BAG 24.2.1987 – 1 ABR 18/85, NZA 1987, 639.

rechts durchsetzen kann. Die Mitbestimmungsrechte selbst bleiben auch bei Tarifüblichkeit einer Regelung vollständig unberührt. Will die Dienststelle in diesen tarifüblichen Bereichen Maßnahmen ergreifen, die der Mitbestimmung unterliegen, besteht ein uneingeschränktes Mitbestimmungsrecht. Lediglich Dienstvereinbarungen können nicht erzwungen werden.
Rationalisierungsangelegenheiten ist begrifflich weiter gefasst als »Rationalisierungsmaßnahme« im Sinne des Absatz 2 Nr. 5. Umfasst sind auch solche Vorgänge, die noch nicht als »Maßnahmen« im Sinne des § 66 Abs. 1 angesprochen werden können. Eine Rationalisierung liegt vor, wenn Güte und Menge der Arbeit gesteigert werden sollen. Technologieangelegenheiten sind alle, die mit dem Einsatz von Technik im weitesten Sinne innerhalb der Dienststelle zu tun haben. Organisationsangelegenheiten schließlich sind diejenigen, die mit dem planmäßigen Ordnen, Gestalten, Einrichten und Aufbau der Dienststelle zu tun haben.
Mit dem Einleitungssatz soll neben der prozessbegleitenden Mitbestimmung in den Nr. 1, 2, 3 und 5 auch betont werden, dass bei diesen Angelegenheiten eine lückenlose Beteiligung des Personalrats gewünscht wird und die Beteiligungsrechte nach Nr. 1–6 so auszulegen sind, dass keine Beteiligungslücken in Rationalisierungs-, Technologie- und Organisationsangelegenheiten verbleiben.

Abs. 3 Nr. 1: Automatisierte Verarbeitung personenbezogener Daten der Beschäftigten

Mit der Wiedereinführung dieses umfassenden Mitbestimmungsrechts 72
durch die Novelle 2011 unterliegt jegliche Personaldatenverarbeitung durch ADV oder EDV der Mitbestimmung des Personalrats. Gleichgültig ist, zu welchem Zweck die Personaldatenverarbeitung erfolgt. Mit der Erstreckung auf Einführung, Anwendung, Änderung und Erweiterung drückt der Gesetzgeber aus, dass er dem Personalrat ein lückenloses Beteiligungsrecht bei sämtlichen denkbaren Vorgängen der Personaldatenverarbeitung, die nicht auf »Papier und Bleistift« beschränkt ist, einräumen will. Die Vorschrift ergänzt den Datenschutz, um den Belangen der Beschäftigten auf dem Gebiet des Datenschutzes im Arbeitsleben mit den Mitteln des Personalvertretungsrechts Rechnung zu tragen.[337] Das Mitbestimmungsrecht erstreckt sich auch auf Dateien, die vor Schaffung dieses Mitbestimmungsrechtes eingerichtet wurden.[338]

»Personenbezogene Daten« sind nach § 3 Abs. 1 DSG NRW »Einzelanga- 73
ben über persönliche oder sachliche Verhältnisse einer bestimmten oder bestimmbaren natürlichen Person (Betroffener)«. Nach dieser gesetzlichen Be-

337 OVG NRW 20.1.2000 – 1 A 128/98.PVL, PersR 2000, 456.
338 Siehe OVG NRW 6.12.1990 – CL 91/88, PersR 1991, 173.

griffsbestimmung sind personenbezogene Daten sowohl diejenigen, die ausdrücklich Einzelangaben über eine ganz bestimmte Person enthalten, als auch sog. personenbeziehbare Daten. Das sind solche Sach- oder aggregierte Daten, die mit Zusatzwissen oder durch weitere Datenverarbeitungsschritte einen Hinweis auf eine bestimmte Person geben. Es handelt sich dabei um Einzelangaben über »bestimmbare« Personen im Sinne des § 3 DSG NRW.[339] Eine mitbestimmungspflichtige Maßnahme ist auch die Bereitstellung personenbezogener Daten auf dem www-Server.[340]

Das Mitbestimmungsrecht bezieht sich auf sämtliche »Beschäftigten«, gleichgültig, in welchem Zusammenhang ihre Daten verarbeitet werden.[341] Der Mitbestimmung unterliegen auch die Daten von arbeitnehmerähnlichen Personen im Sinne von § 12a TVG sowie von Beschäftigten im Sinne des § 5 Abs. 1, die in der Dienststelle weisungsgebunden tätig sind oder der Dienstaufsicht unterliegen, jedoch kein Arbeits- oder Dienstverhältnis zur Dienststelle haben, und schließlich die Daten von externen Bewerbern.

74 »Automatisierte Verarbeitung« umfasst alle Vorgänge im Sinne des § 2 Abs. 2 DSG NRW, wie

- Erheben,
- Speichern,
- Verändern,
- Übermitteln,
- Sperren,
- Löschen,
- Nutzen

von personenbezogenen Daten unter Einsatz automatisierter bzw. EDV-technischer Verfahren.

Dementsprechend unterliegt sowohl die Datenverarbeitung zum Zwecke der Aufnahme in die EDV[342] wie das Übersenden von Daten an Dritte, die aus einer EDV gewonnen und ausgedruckt wurden,[343] der Mitbestimmung des Personalrats, da es sich um das Erheben, Übermitteln und Nutzen von Daten handelt. Es sind im Übrigen die Begriffsbestimmungen der EG-Richtlinie 95/46/EG vom 24. 10. 1995 zugrunde zu legen.

75 Die Mitbestimmung bei Einführung der automatisierten Personaldatenverarbeitung ist entsprechend den gesetzgeberischen Absichten auf einen mög-

---

339 Das übersieht das OVG NRW in den Beschlüssen vom 29. 7. 1993 – CL 92/90, PersV 1995, 494, und 29. 7. 1994 – 1 A 581/91.PVL juris.

340 OVG NRW 20. 1. 2000 – 1 A 128/98.PVL, PersR 2000, 456.

341 Unzutreffend daher OVG NRW 27. 5. 1998 – 1 B 963/98.PVL, PersV 1998, 529, und 29. 11. 2000 – 1 A 2014/98.PVL, PersR 2001, 30, demzufolge die Daten dienststelleninterner Bewerber nicht erfasst seien.

342 BVerwG 29. 8. 2001 – 6 P 10.00, PersR 2001, 521; unzutreffend OVG NRW 21. 9. 1987 – CL 4/86, PersV 1991, 303.

343 So zutreffend OVG NRW 6. 12. 1990 – CL 21/88, PersR 1991, 173.

lichst frühen Zeitpunkt zu verlegen, um einen gestaltenden Einfluss des Personalrats sicherzustellen. Unter Einführung ist daher die »Systementscheidung« für automatische Personaldatenverarbeitung zu verstehen. Der Personalrat ist also zu dem Zeitpunkt zu beteiligen, zu dem die Entscheidung getroffen wird, ob und in welchem Umfang und zu welchen Bedingungen welche Aufgabe der Dienststelle durch automatisierte Personaldatenverarbeitung erledigt werden soll. Demgegenüber versteht das OVG NRW unter »Einfügung« die erstmalige Aufnahme der automatisierten Datenverarbeitung.[344]

Anwendung automatisierter Verarbeitung personenbezogener Daten ist der Beginn der Inbetriebnahme der EDV bzw. des entsprechenden Programms. Aus Anlass der Anwendung ist dem Personalrat ein Mitbestimmungsrecht bei allen für den laufenden Betrieb der Personaldatenverarbeitung maßgeblichen Regeln einzuräumen, insbesondere also hinsichtlich der Gerätekonfiguration (Aufstellung und Ausstattung mit Einzelgeräten), der Auswahl der benutzten Software, der Regeln zur Datensicherung und zum technischen wie organisatorischen Datenschutz (Zugriffsverbote, Zugangskontrollen, Passwortsysteme, Verschlüsselungs-Software usw.) sowie Regeln zur Sicherung der Persönlichkeitsrechte der Beschäftigten einschließlich der Regeln zur Weiter-Nutzung und Weiter-Übermittlung per Datenfernübertragung o. Ä. Das OVG NRW[345] betont, dass es sich bei der »Änderung« nicht um jeden einzelnen Bedienungsschritt, sondern um die allgemeine Handhabung der automatisierten Verarbeitung personenbezogener Daten handelt – u. a. also um die technischen und organisatorischen Maßnahmen, die gemäß § 10 Abs. 1 Satz 1 DSG NRW von öffentlichen Stellen zu treffen sind, um eine den Vorschriften des Datenschutzes entsprechende Datenverarbeitung zu betreiben. 76

Die Änderung der automatisierten Verarbeitung personenbezogener Daten bezieht sich auf alle Veränderungen von Technik, Software, Daten und Übermittlungswegen, die neue Anwendungs- und Auswertungsmöglichkeiten eröffnen.[346] 77

Eine Erweiterung liegt vor, wenn zusätzliche Technik, andere oder neue Software, zusätzliche Daten und Dateien oder Übermittlungstechniken (Netzbetrieb, externe Anschlüsse wie DATEX-P, DATEX-J, Internet oder Intranet-Zugänge, Chat-Programme o. Ä.) in Betrieb genommen werden sollen. 78
Wesentlich sind solche Änderungen und Erweiterungen, wenn sie in irgendeiner Weise in die Rechte eines einzelnen oder Gruppen von Beschäftigten eingreifen und deshalb nicht mehr durch die bisher erteilte Zustimmung des

344 OVG NRW 20.1.2000, a.a.O.
345 Entscheidung vom 20.1.2000, a.a.O.
346 OVG NRW 20.1.2000, a.a.O.

Personalrats als gedeckt angesehen werden können.[347] Unerheblich für die »Wesentlichkeit« ist, welche Auswirkungen auf den behördlichen Ablauf die jeweilige Änderung und Erweiterung hat oder haben kann.[348]

79 Die sog. Bereichsausnahme entzieht die Personaldatenverarbeitung von Besoldungs-, Gehalts-, Lohn- und Versorgungsleistungen der Mitbestimmung des Personalrats – seit der Novelle 1994 auch die Personaldatenverarbeitung im Rahmen von Beihilfeleistungen und Jubiläumszuwendungen. Es handelt sich dabei um Personaldatenverarbeitung, die unmittelbar und unverzichtbar zur Errechnung solcher Leistungen dient.

Abs. 3 Nr. 2: Technische Einrichtungen

80 Das Mitbestimmungsrecht bei technischen Einrichtungen hat durch die Gesetzesnovelle 2011 eine bedeutsame Neuformulierung erfahren. Während das Gesetz seit 1984 eine Beteiligung des Personalrats dann vorsah, wenn eine technische Einrichtung zur Leistungs- und Verhaltenskontrolle »geeignet« war, beschränkte die Novelle 2007 das Mitbestimmungsrecht auf solche technischen Einrichtungen, die zur Leistungs- und Verhaltenskontrolle »bestimmt« waren. Mit der Novelle 2011 wird die Beteiligung auf alle technischen Einrichtungen ausgedehnt, bei denen eine Eignung zur Leistungs- und Verhaltensüberwachung nicht »ausgeschlossen« ist. Die Gesetzesbegründung für diese Änderung lautet: »*Im Hinblick auf die technische Einrichtung kann im Regelfall davon ausgegangen werden, dass vielen neuen technischen Einrichtungen die Geeignetheit zur Überwachung des Verhaltens oder der Leistung immanent ist. Im Übrigen ist aufgrund der Komplexität technischer Vorgänge das Nachvollziehen der Möglichkeiten, die die Technik bietet, immer schwieriger und oft nur noch technisch geschulten Personen möglich. Insofern ist es angezeigt, grundsätzlich von einer Mitbestimmung auszugehen. Nur wenn eindeutig keine Überwachung möglich ist, scheidet eine Mitbestimmung aus.*«[349]

Für das Mitbestimmungsrecht und seine Handhabung sind die gesetzgeberische Absicht und die Neuformulierung des Mitbestimmungsrechts in mehrfacher Hinsicht von Bedeutung:

81 Jedwede technische Einrichtung – gleichgültig ob sie im Eigentum oder am Standort der Dienststelle oder Dritter steht[350] – unterliegt im Zweifel zunächst einmal der Mitbestimmung. Das erfordert – wie bei der prozessbegleitenden Mitbestimmung auch vom Gesetzgeber beabsichtigt – eine wesentlich umfassendere und frühere Unterrichtung des Personalrats als nach dem alten

---

347 OVG NRW 20.1.2000, a.a.O.

348 So nach OVG NRW 17.6.1992 – CL 39/90.

349 LT-Drucks. 15/1644, 85.

350 BVerwG 29.9.2001 – 6 P 10.00, PersR 2001, 521.

Rechtszustand. Ihm sind zunächst alle beabsichtigten Anschaffungs-, Einführungs-, Nutzungs- sowie Änderungs- und Erweiterungsvorgänge bezüglich technischer Einrichtungen bekannt zu machen. Auszunehmen von dieser Unterrichtungspflicht sind ausnahmsweise solche technischen Einrichtungen, von denen ganz offensichtlich keinerlei Überwachungseignung ausgehen kann (z. B. Heizstrahler, Bohrmaschine). Grundsätzlich aber hat der Personalrat einen Anspruch auf lückenlose Unterrichtung und ausnahmslose Mitbestimmung bezüglich sämtlicher technischer Einrichtungen der Dienststelle. Gerätelisten und vergleichbare Bestandsverzeichnisse sind daher künftig laufend unaufgefordert vorzulegen.

Sodann hat die Dienststelle in einem »Mitbestimmungsvorverfahren« dar- 82
zulegen, inwieweit eine Eignung zur Überwachung des Verhaltens oder der Leistung der Beschäftigten »ausgeschlossen« ist. Dabei sind die Anforderungen an den Ausschluss der Überwachungseignung hoch, es besteht eine gesetzliche Vermutung dafür, dass technischen Einrichtungen die Überwachungseignung innewohnt und deshalb ein Schutz der Beschäftigten durch Mitbestimmung erforderlich ist. Aufgrund dieser gesetzlichen Vermutung und des Regel-Ausnahme-Verhältnisses wird die Dienststelle i. d. R. sogleich ein Mitbestimmungsrecht einräumen müssen und sich nur ganz ausnahmsweise auf eine bloße Unterrichtung beschränken können. Eines solchen Vorverfahrens bedarf es ausnahmsweise dann, wenn die Dienststelle darlegen will und kann, dass die Überwachungseignung in jedem Fall und offensichtlich ausgeschlossen ist. Das ist nicht erst dann der Fall, wenn die Überwachung objektiv unmöglich ist, sondern nur dann, wenn die technische Einrichtung objektiv und zweifelsfrei keinerlei »Eignung« zur Überwachung bietet und unter keinem denkbaren technischen, organisatorischen oder sonstigen Gesichtspunkt in Betracht kommt. Eine solche Eignung liegt aber vor, wenn die Überwachungsmöglichkeiten zwar vorhanden, aber nicht beabsichtigt oder nur unwesentlicher Nebenzweck sind oder aber abgeschaltet bzw. untersagt werden sollen oder die Überwachung keinerlei sinnvollen Auskünfte über Leistung und Verhalten ergeben kann (z. B. Registrierung der Zahl der Anschläge auf einer Tastatur). In allen diesen Fällen mag die Überwachung im konkreten Fall ausgeschlossen sein, nicht aber die Überwachungseignung. Es kommt allein auf die objektive, abstrakt und unabhängig von der Dienststelle und den Nutzern der technischen Einrichtung zu ermittelnde Überwachungseignung an, subjektive Absichten und Ansichten sind insoweit ohne Belang. Erst recht ist die Überwachungseignung nicht ausgeschlossen, wenn lediglich von bestehenden Kontrollmöglichkeiten wie der Auswertung von Telefon- oder Arbeitszeitdaten kein Gebrauch gemacht werden soll oder Bilder von Überwachungs- und Bewegungskameras nur zum Zweck der Kundenüberwachung ausgewertet werden sollen.

Die Zusicherung, von bestehenden Überwachungsmöglichkeiten keinen 83
Gebrauch zu machen, ist im Übrigen auch nur dann verbindlich, wenn sie

mit dem Personalrat in einer entsprechenden Dienstvereinbarung niedergelegt ist.[351] Bereits die Erhebung und Speicherung solcher Daten und Bilder ist zweifellos eine Überwachung. Diese Dateien sind auch dann überwachungsgeeignet, wenn zu ihrer Auswertung besondere Programme, Tools oder Geräte angeschafft werden müssten oder es einer technischen Änderung bedarf.[352] Kein Ausschluss der Überwachungseignung liegt auch dann vor, wenn zwar keine individuelle Überwachung einzelner Beschäftigter möglich ist, jedoch eine bestimmte Gruppe von Beschäftigten überwacht werden kann. Der Personalrat ist anhand der Herstellerunterlagen und Betriebsanleitungen und ggf. weiterer Unterlagen (Pflichten- und Lastenhefte, Kostenvoranschläge, Spezifikationen der Lieferung und der Rechnung, Software-Beschreibung) über die Überwachungseignung zu unterrichten. Die Unterrichtung muss sich auch auf unbeabsichtigte, zufällige Überwachungsmöglichkeiten sowie die mit den fraglichen Änderungen und Erweiterungen verbundenen Möglichkeiten und Absichten beziehen.

Ergibt die Darlegung der Dienststelle im Rahmen des Mitbestimmungsvorverfahrens, dass eine Überwachungseignung ausgeschlossen ist, dann endet in Bezug auf die fragliche technische Einrichtung das Beteiligungsverfahren. Es kann dann jedoch z. B. bei der Personaldatenverarbeitung das Mitbestimmungsrecht nach Nr. 1 in den Fällen in Betracht kommen, in denen eine Überwachungseignung zwar ausgeschlossen ist, jedoch Personaldaten verarbeitet werden.[353]

Ist jedoch die Eignung zur Überwachung durch die jeweilige technische Einrichtung von vornherein oder aufgrund der Darlegungen im o. g. Vorverfahren nicht ausgeschlossen, so hat ein Mitbestimmungsverfahren zu beginnen.

84 Technische Einrichtungen sind akustische, elektronische, mechanische, optische oder sonstige Anlagen und Gerätschaften, die unter Verwendung nicht menschlicher, sondern anderweitig erzeugter Energie mit den Mitteln der Technik, insbesondere der Elektronik, eine selbständige[354] und eine eigenständige Leistung erbringen. Deshalb sind Türspione, Spiegel, einseitig durchsichtige Scheiben mangels eigenständiger Kontrollwirkung keine technischen Einrichtungen.[355] Herkömmlichen Gerätschaften, wie Schreibgeräte und Papier, Ferngläser, Lupen, Taschenrechnern oder Stoppuhren, fehlen ebenfalls die Eigenschaft der eigenständigen Kontrollwirkung. Aufgrund der Gesetzesänderung 2011 unterliegen künftig auch Chatprogramme für die

351 BVerwG 16. 12. 1987 – 6 P 32.84, PersR 1988, 51.
352 BVerwG 14. 6. 2011 – 6 P 10.10, PersR 2011, 516.
353 BVerwG 14. 6. 2011, a. a. O.
354 BVerwG 14. 6. 2011, a. a. O.; 23. 9. 1992 – 6 P 26.90, PersR 1993, 28; 31. 8. 1988 – 6 P 21.86, PersR 1988, 271.
355 BVerwG 31. 8. 1988, a. a. O.

interne Kommunikation der Mitbestimmung,[356] weil nicht ausgeschlossen werden kann, dass diese Programme Rückschlüsse auf den Aufenthalt der Beschäftigten erlauben.

Die Vorschrift dient dem Persönlichkeitsschutz der Beschäftigten.[357] Es soll den Gefahren durch unbemerkte, unverhältnismäßige, in ihrem Ausmaß nicht durchschaubare Überwachung[358] durch die technisierte Ermittlung von Leistungs- und Verhaltensdaten durch Einräumung des Mitbestimmungsrechts begegnet und der »gläsernen Belegschaft« entgegengewirkt werden. Es soll verhindert werden, dass der Beschäftigte durch eine fortlaufende Kontrolle unter einen Überwachungsdruck gerät, der die freie Entfaltung der Persönlichkeit verhindert.[359] Das Mitbestimmungsrecht dient zugleich dem Schutz des Grundrechts auf informationelle Selbstbestimmung.[360]

Nach der Rechtsprechung des BVerwG[361] unterliegen diejenigen technischen Einrichtungen der Mitbestimmung des Personalrats, die nach Konstruktion oder konkreter Verwendungsweise eine Überwachung von Verhalten und Leistung der Beschäftigten ermöglichen. Diese Eignung haben EDV-Anlagen dann, wenn sie mit einem entsprechenden Programm versehen sind oder versehen werden können. Haben solche EDV-Anlagen objektiv eine solche »Eignung«, sind sie auch dazu »bestimmt«, eine Leistungs- und Verhaltenskontrolle durchzuführen. Eignung und Bestimmung sind also insoweit identisch, als alle Anlagen, die objektiv dazu in der Lage sind, eine Leistungs- und Verhaltenskontrolle auf technischem Wege durchzuführen, mitbestimmungsrechtlich auch dazu bestimmt sind, dies zu tun – es sei denn, dass solche Zwecke sowohl technisch ausgeschlossen bzw. beseitigt sind, als auch durch Zusicherung in einer Dienstvereinbarung untersagt sind. 85

Dementsprechend ist zwischen der objektiven Eignung zur Leistungs- und Verhaltensüberwachung einerseits und der Durchführung einzelner Kontrollhandlungen andererseits zu unterscheiden. Bereits Ersteres löst das Mitbestimmungsrecht aus, z. B. die Erhebung von Leistungs- und Verhaltensdaten der Beschäftigten. Das gilt auch dann, wenn die Verarbeitung dieser Daten mangels eines geeigneten Programms (noch) nicht möglich ist. Es kommt darauf an, was die Beschäftigten vernünftigerweise, durch objektive Umstände veranlasst, an möglicher und zu erwartender Überwachung be-

356 Anders noch OVG NRW 30. 1. 2009 – 16 A 2412/07.PVL, PersR 2009, 217.
357 OVG NRW 17. 2. 2000 – 1 A 199/98.PVL, PersR 2001, 31.
358 BVerwG 14. 6. 2011 – 6 P 10.10.
359 BVerwG 22. 10. 2013 – 6 PB 20.13, BeckRS 2013, 58654.
360 Vgl. Beschluss des BVerfG 15. 12. 1983 – 1 BVR 209/83, NJW 1984, 419.
361 Beschluss vom 23. 9. 1992 – 6 P 26.90, PersR 1993, 29, und vom 16. 12. 1987 – 6 P 34.84, PersR 1988, 51.

fürchten dürfen oder müssen.[362] Die Verarbeitung solcher Daten ist eine erst später nachfolgende Kontrollhandlung. Im Hinblick auf die durch die Datenerhebung geschaffene Gefahrenlage für die Persönlichkeitsrechte der Beschäftigten ist ein Mitbestimmungsrecht des Personalrats bereits bei der Datenerhebung und nicht erst bei ihrer Nutzung zu konkreten Kontrollmaßnahmen geboten. Der Mitbestimmung unterliegen sowohl die Regeln bei der Datenerhebung wie diejenigen der Kontroll- und Auswerteschritte. Das schließt die Fragen der Datenverwendung – also die Nutzung solcher Daten für disziplinarische oder arbeitsrechtliche Maßnahmen – ein, weshalb der Mitbestimmung auch die Frage unterliegt, wie mit Daten umgegangen werden soll, die zufällig entstanden sind und mit dem eigentlichen Zweck der Datenerhebung gar nichts zu tun haben.[363] Das BVerwG hat seine ursprüngliche Meinung, demzufolge keine Mitbestimmungsrechte bei fehlender Installation entsprechender Programme zur Datenauswertung bestehen, abgeschwächt und erklärt, dass die objektive Eignung zur Überwachung und damit ein Mitbestimmungsrecht dann anzunehmen seien, wenn die Anlage ohne Weiteres mit einem solchen Programm versehen werden könne.[364]
Eine Überwachung des Verhaltens oder der Leistung der Beschäftigten liegt vor, wenn die erhobenen, gespeicherten und genutzten Daten den einzelnen Beschäftigten individuell zugeordnet werden können. Bei Datenerhebung der Tätigkeit einer Arbeitsgruppe ist ein Mitbestimmungsrecht wegen des dadurch auf der gesamten Gruppe und damit auf jedem einzelnen Gruppenmitglied lastenden Überwachungsdrucks zu bejahen.
Mitbestimmungspflichtig ist eine Überwachung sowohl des Verhaltens, wie der Leistung der Arbeitnehmer. Unter Verhalten ist jegliches – sei es dienstliches oder außerdienstliches – Tun oder Unterlassen des Beschäftigten zu verstehen. Leistung meint die Erfüllung der dienstlichen bzw. arbeitsvertraglichen Haupt- oder Nebenpflichten. Eine genaue Abgrenzung zwischen Verhaltens- und Leistungsüberwachung ist jedoch nicht erforderlich, weil sich das Mitbestimmungsrecht auf beide Bereiche bezieht.
Die Rechtsprechung des BVerwG ist auf das LPVG NRW nur sehr beschränkt übertragbar, da für die Bejahung eines Mitbestimmungsrechts nicht darauf abzustellen ist, ob eine Überwachungseignung besteht oder zu befürchten ist, sondern darauf, ob die Eignung zur Überwachung ausgeschlossen ist.

86 Unter **Einführung** einer technischen Einrichtung zur Verhaltens- oder Leistungskontrolle ist die Entscheidung zu verstehen, eine ganz bestimmte Einrichtung zu erwerben, aufzustellen und in Betrieb zu nehmen. Das Mitbestimmungsrecht beginnt bei der frühesten, verbindlichen Entscheidung – sei es durch Auftragsvergabe, Kauf- und Dienstvertrag oder Installation.

---

362 OVG NRW 1.3.2000 – 1 A 307/98.PVL, n.v.
363 OVG NRW 17.2.2000 – 1 A 199/98.PVL, PersR 2001, 30.
364 BVerwG 27.11.1991 – 6 P 7.90, PersR 1992, 147.

Die **Anwendung** einer Einrichtung zur technischen Leistungs- und Verhaltenskontrolle ist der tatsächliche Beginn der Inbetriebnahme sowie die Handhabung der Kontrolleinrichtung. Aus Anlass der Anwendung ist dem Personalrat ein Mitbestimmungsrecht bei allen für den laufenden Betrieb der Personaldatenverarbeitung maßgeblichen Regeln einzuräumen, insbesondere also hinsichtlich der Gerätekonfiguration (Aufstellung und Ausstattung mit Einzelgeräten), der Auswahl der benutzten Software, der Regeln zur Datensicherung und zum technischen wie organisatorischen Datenschutz (Zugriffsverbote, Zugangskontrollen, Passwortsysteme, Verschlüsselungssoftware o. Ä.) sowie Regeln zur Sicherung der Persönlichkeitsrechte der Beschäftigten einschließlich der Regeln zur Weiternutzung und -übermittlung per Datenfernübertragung o. Ä. Das OVG NRW[365] betont, dass es sich bei der »Anwendung« nicht um jeden einzelnen Bedienungsschritt, sondern um die allgemeine Handhabung der technischen Kontrolleinrichtung handelt – u. a. also um die technischen und organisatorischen Maßnahmen, die gemäß § 10 Abs. 1 Satz 1 DSG NW von öffentlichen Stellen zu treffen sind, um eine den Vorschriften des Datenschutzes entsprechende Datenverarbeitung zu betreiben. Dabei können Einführung und Anwendung zusammenfallen, es können aber auch nachträgliche Maßnahmen, die der näheren Regelung oder Änderung des laufenden Betriebs der technischen Kontrolleinrichtung dienen, gesondert der Mitbestimmung unterliegen. 87

Eine wesentliche Änderung ist – so der Gesetzgeber[366] – von ihren Auswirkungen her mit der Einführung vergleichbar, weshalb auch diese Fallkonstellation der Mitbestimmung unterfallen soll. Das kommt z. B. bei der Ausweitung der Überwachung durch zusätzliche Auswertungen oder durch Erweiterung der Datenspeicherung sowie durch Übermittlung der Leistungs- und Verhaltensdaten an zusätzliche Personen oder Stellen in Betracht. Eine Änderung liegt stets vor, wenn neue Anwendungs- und Auswertungsmöglichkeiten geschaffen werden. Wesentlich sind solche Änderungen, wenn die zusätzlichen Überwachungsmöglichkeiten nicht mehr von der ursprünglichen Zustimmung des Personalrats gedeckt sind.

Eine Ausweitung liegt im Unterschied zur bloßen Änderung vor, wenn die Möglichkeiten zur Leistungs- und Verhaltensüberwachung ausgedehnt werden, indem zusätzliche Erkenntnismöglichkeiten geschaffen werden. Neue Software ermöglicht z. B. die sehr viel weitergehende Auswertung von Arbeitszeitdaten oder es werden zusätzliche Überwachungskameras an neuen Standorten aufgestellt. Wesentlich ist eine Ausweitung stets dann, wenn sie weitergehend in die Persönlichkeitsrechte der Beschäftigten eingreift als vor der Maßnahme. 88

365 Entscheidung vom 20. 1. 2000 – 1 A 128/98.PVL, PersR 2000, 456.
366 LT-Drucks. 15/1644, S. 85.

Im Übrigen ist eine genaue Abgrenzung zwischen einer Änderung und einer Ausweitung nicht immer möglich, aber auch unnötig. Jegliche Veränderungen von technischen Einrichtungen, die zu einem anderen oder höheren Maß an Überwachung von Leistung oder Verhalten der Beschäftigten führen können, unterliegt der Mitbestimmung, weil auch insoweit für die Beteiligung des Personalrats allein ausschlaggebend ist, ob eine zusätzliche Überwachungseignung »ausgeschlossen« ist. Kann das nicht dargelegt werden, ist das Mitbestimmungsrecht zu wahren.

Abs. 3 Nr. 3: Neue Arbeitsmethoden

89 Die Mitbestimmung bei Einführung grundlegend neuer Arbeitsmethoden ist durch die Novelle 2011 um die wesentliche Änderung und Ausweitung solcher Arbeitsmethoden erweitert worden. Nach der grundlegenden Entscheidung des BVerwG[367] ist unter der Arbeitsmethode »das auf der Grundlage der personellen, räumlichen, technischen und sonstigen bedeutsamen Gegebenheiten und Möglichkeiten der Dienststelle entwickelte Modell des Ablaufs derjenigen Arbeiten (zu verstehen), die zur Erfüllung der gestellten Aufgabe geleistet werden muss«. Durch die Arbeitsmethode wird festgelegt, auf welchem Bearbeitungsweg und mit welchen Arbeitsmitteln durch welche Beschäftigten die Aufgaben der Dienststelle erfüllt werden sollen.[368] Die Arbeitsmethode bildet – so das Gericht – »das Leitbild für die Organisation und die technische Ausgestaltung des Arbeitsablaufs.« Der Zweck dieses Mitbestimmungsrechts ist[369] der Schutz des einzelnen Beschäftigten bei der Arbeit vor Überbeanspruchung oder Gefährdung seiner körperlichen und seelischen Gesundheit. Mit diesen Definitionen sind der Rationalisierungsschutz einerseits von der Mitbestimmung ausgeblendet und Wandlungen in der Aufgabenstellung der Dienststelle – etwa bei Teilprivatisierungen oder Gestellung – ebenfalls aus dem Mitbestimmungsrecht ausgeblendet. Die Aufgabenstellung der Dienststelle sei eine vom Personalrat nicht beeinflussbare Zielvorgabe für die Dienststelle.[370]

90 »Neu« ist eine Arbeitsmethode dann, wenn sie bislang noch nicht in der Dienststelle oder in dem Teil der Dienststelle, in dem die Einführung bzw. Änderung vorgenommen werden soll, praktiziert worden ist.[371] Es ist auf die Sicht der Betroffenen abzustellen. Eine Ausweitung vorhandener Arbeits-

367 Vom 30.8.1985 – 6 P 20.83, PersR 1985, 184.

368 OVG NRW 6.11.2012 – 20 A 2072/11.PVL, juris; BVerwG 14.6.2011 – 6 P 10/10, PersR 2001, 521.

369 BVerwG 30.8.1985, a.a.O.

370 BVerwG 30.8.1985, a.a.O.

371 OVG NRW 6.11.2012 – 20 A 2072/11.PVL, juris.

methoden auf weitere Arbeitsplätze oder Bereiche kann daher auch neu sein.[372]

»Grundlegend« neu sind einschneidende Änderungen und Maßnahmen »von Gewicht«.[373] Solche grundlegenden Änderungen sind dann anzunehmen, wenn ins Gewicht fallende körperliche und geistige Auswirkungen für die von ihr betroffenen Beschäftigten zu verzeichnen sind.[374]

Als Beispiele einer grundlegend neuen Arbeitsmethode können die Umstellung von manueller auf automatisierte Datenverarbeitung[375] und – insbesondere – Maßnahmen der technischen Rationalisierung im Sinne des § 72 Abs. 3 Nr. 6 a. F. sowie die Einführung von Telearbeit und die Auslagerung von Arbeitsplätzen zwecks Heimarbeit an technischen Geräten (§ 72 Abs. 3 Nr. 4 a. F.) gelten.

Spätere Änderungen der Arbeitsmethoden sind dann mitbestimmungs- 91
pflichtig, wenn sie aufgrund ihres Umfangs einer Einführung vergleichbar sind[376] oder wenn es sich um eine wesentliche Änderung oder Ausweitung handelt. Das Mitbestimmungsrecht wurde eingeführt, weil – so die Gesetzesbegründung[377] – eine wesentliche Änderung der bisherigen Methoden »ebenso belastend und überfordernd wie eine neue Arbeitsmethode« sein kann. »Wesentlich« sind die Änderungen dann, wenn sie belangreiche Auswirkungen auf die Rechte oder Arbeitsumstände der Beschäftigten (»ins Gewicht fallende körperliche oder geistige Auswirkungen«[378] haben.

Nr. 3 beinhaltet eine enumerative Aufzählung mitbestimmungspflichtiger Maßnahmen in Bezug auf Arbeitsmethoden. Es besteht bei der Einführung grundlegend neuer sowie der wesentlichen Änderung oder der wesentlichen Ausweitung solcher Arbeitsmethoden. Ein anderes Verständnis dieser Vorschrift würde dem Wortlaut widersprechen und dazu führen, dass ein Mitbestimmungsrecht nur zu bejahen wäre, wenn eine Arbeitsmethode sowohl grundlegend neu ist als auch zugleich sowohl wesentlich geändert wie ausgeweitet wird.[379] Ein Mitbestimungsrecht besteht daher entweder dann, wenn grundlegend neue Arbeitsmethoden eingeführt werden oder bestehende Arbeitsmethoden – die nicht neu sein müssen – wesentlich geändert oder ausgeweitet werden.

Eine »wesentliche« Ausweitung neuer Arbeitsmethoden liegt auch vor, wenn zunächst nur begrenzt praktizierte Arbeitsmethoden auf die gesamte

---

372 BVerwG 27. 11. 1991 – 6 P 7.90, PersR 1992, 147.

373 Dazu OVG NRW 10. 2. 1999 – 1 A 411/97.PVL, PersR 1999, 314.

374 BVerwG 30. 8. 1998 – 6 P 20.83, PersR 1985, 184; OVG NRW 6. 11. 2012 – 20 A 2072/11.PVL, juris.

375 BVerwG 27. 11. 1991 – 6 P 7.90, PersR 1992, 147.

376 BVerwG 14. 6. 2011 – 6 P 10.10, PersR 2011, 516.

377 LT-Drucks. 15/1644, 85.

378 So BVerwG 14. 6. 2011 – 6 P 10.10, PersR 2011, 516.

379 So aber: VG Düsseldorf 28. 9. 2016 – 34 L 2461/16.PVL, juris.

Dienststelle oder weitere Teile ausgeweitet und auch dort angewandt werden.

Abs. 3 Nr. 4: Hebung der Arbeitsleistung, Erleichterung des Arbeitsablaufs, Änderung der Arbeitsorganisation

92 Die Novelle 2011 hat die Beteiligungsrechte bei Hebung der Arbeitsleistung und Erleichterung des Arbeitsablaufs sowie Änderung der Arbeitsorganisation neu formuliert. Für ein Mitbestimmungsrecht reicht es künftig aus, dass solche Maßnahmen eine Hebung der Arbeitsleistung zur Folge haben. Auch die Änderung der Arbeitsorganisation ist bereits bei Maßnahmen »der« Änderung mitbestimmungspflichtig und nicht ausschließlich bei solchen, die zum Zweck und in der Absicht ihrer Änderung getroffen werden. Mitbestimmungspflichtig sind die Ergebnisse und Auswirkungen solcher organisatorischer Maßnahmen ohne Rücksicht auf die beabsichtigten Ziele und Zwecke. Das Mitbestimmungsrecht soll die von der Maßnahme Betroffenen vor unnötigen oder unzumutbaren Belastungen bewahren.[380]
Arbeitsleistung ist der körperliche Einsatz und der geistige Aufwand, den der Beschäftigte erbringen muss, um das ihm abverlangte Arbeitsergebnis in qualitativer und quantitativer Hinsicht zu erzielen.[381] Eine Hebung der Arbeitsleistung liegt vor, wenn die erhöhte Inanspruchnahme der oder des Beschäftigten als Folge eines geänderten Arbeitstaktes oder eines geänderten Arbeitsablaufs eintritt und auch bei solchen Vorgängen, bei denen die Dienststelle sinngemäß unter Betrachtung aller Umstände zum Ausdruck bringt, dass ein schnellerer Arbeitstakt oder ein höherer mengenmäßiger Ertrag erwartet wird.[382]
Eine Hebung der Arbeitsleistung tritt bei allen Maßnahmen ein, die zum Ergebnis haben, dass die Effektivität der Arbeit in der vorgegebenen Zeit qualitativ oder quantitativ gefördert wird. Das heißt: Güte und Menge der zu leistenden Arbeit werden gesteigert.[383] Das trifft regelmäßig auf Rationalisierungsmaßnahmen, jedoch nicht ausschließlich auf sie[384] zu. Es ist also auf die erhöhte Inanspruchnahme des betroffenen Beschäftigten und nicht etwa auf die Steigerung der Menge oder der Qualität des Arbeitsertrages abzustellen.[385] Der Begriff der Arbeitsleistung – so das OVG[386] – »bezeichnet weder

---

380 BVerwG 9.1.2008 – 6 PB 15.07, PersR 2008, 216.
381 OVG NRW 20.12.1989 – CL 53/87, PersV 1991, 174.
382 BVerwG 14.6.2011 – 6 P 10.10, PersR 2011, 516.
383 OVG NRW, a.a.O.; BVerwG 31.7.1992 – 6 P 20.90, PersR 1992, 408; 9.1.2008 – 6 PB 15.07, PersR 2008, 216.
384 OVG NRW 10.2.1999 – 1 A 411/97.PVL, PersR 1999, 314.
385 OVG NRW 4.10.1990, a.a.O.; BVerwG 19.5.2003 – 6 P 16.02, PersR 2003, 314.
386 OVG NRW 10.2.1999, a.a.O.

die Menge der während der festgelegten Arbeitszeit geleisteten Arbeit noch deren sachlichen Ertrag, das Arbeitsprodukt, sondern den körperlichen Einsatz und geistigen Aufwand, den der Beschäftigte erbringen muss, um das ihm abverlangte Arbeitsergebnis in qualitativer oder quantitativer Hinsicht zu erzielen«.

Mit der Gesetzesänderung ist der bisherigen Rechtsprechung des OVG NRW der Boden entzogen, die im Wesentlichen geprüft hat, ob die fragliche Maßnahme auf eine Steigerung von Güte oder Menge der Arbeitsleistung abzielte, es genügt künftig, wenn sie eine solche Steigerung zur Folge hat.[387] Es kann deshalb davon ausgegangen werden, dass entgegen der bisherigen Rechtsprechung künftig z. B. die Einführung eines Chatprogramms für die interne Kommunikation,[388] die Einrichtung eines zweiten Publikumsnachmittags,[389] die Reduzierung der Nachtdienstbesetzung[390] und die Einführung der Intervallreinigung[391] als Hebung der Arbeitsleistung der Mitbestimmung unterliegen, weil es nur noch auf die Auswirkung der Maßnahme und nicht mehr auf die mit ihr verbundenen Absichten ankommt.

Zielvereinbarungen sind ebenfalls Maßnahmen, die eine Hebung der Arbeitsleistung bewirken.[392] Der Mitbestimmung unterliegt dabei sowohl eine allgemeine Regelung, auf deren Grundlage solche Zielvereinbarungen zwischen Vorgesetzten und Beschäftigten zu vereinbaren sind, als auch der Abschluss der einzelnen Zielvereinbarung mit dem Beschäftigten. Maßgebend ist, ob mit einer solchen allgemeinen Regelung zusätzliche Arbeits- und Dienstpflichten definiert und begründet werden sollen.[393] Nach wie vor keine Hebung der Arbeitsleistung ist der Wegfall zweier Stellen im Zusammenhang mit der Änderung des Organisations- und Dienstverteilungsplans, wenn und soweit sich die eventuelle Zunahme der Belastung der verbliebenen Beschäftigten genauer Feststellung entzieht.[394]

Die **Erleichterung** des Arbeitsablaufs ist die Veränderung der zeitlichen und räumlichen Aufeinanderfolge von Arbeitsgängen zur Erzielung eines bestimmten Arbeitsergebnisses.[395] Die Arbeitsabläufe sollen also flüssiger, ein- 93

---

387 Das berücksichtigt das OVG NRW 24. 3. 2015 – 20 A 97/14.PVl, PersR 2016, 48 nur teilweise, wenn es behauptet, das Mitbestimmungsrecht bestehe »ausnahmsweise« auch dann, wenn die Zielrichtung der Maßnahme nicht eindeutig feststellbar sei.

388 OVG NRW 30. 1. 2009 – 16 A 2412.07.PVL, PersR 2009, 217.

389 OVG NRW 20. 11. 1997 – 1 A 3125/95.PVL, PersR 1998, 336; BVerwG 1. 9. 2004 – 6 P 3.04, PersR 2004, 437.

390 Vgl. BVerwG 28. 12. 1998 – 6 P 1.97, ZfPR 1999, 52.

391 OVG NRW 24. 5. 1988 – CL 40/86, PersV 1991, 305.

392 Vgl. VG Mainz 7. 10. 2010 – 2 L 815/10.MZ, PersR 2011, 76.

393 HessVGH 18. 2. 2010 – 22 A 2457/08. PV, PersR 2010, 256.

394 OVG NRW 20. 1. 1993 – CL 42/89, PersR 1993, 520.

395 BVerwG 19. 5. 2003, 6 P 16.02, PersR 2003, 314.

facher oder rationeller gestaltet werden, was zu erhöhten Belastungen der Beschäftigten führen kann. Die »Erleichterung« bezieht sich also nicht auf die Arbeit bzw. auf Erleichterungen zugunsten der Beschäftigten, sondern auf eine effektivere und flüssigere Gestaltung der Arbeitsabläufe, was typischerweise mit einer höheren Beanspruchung der daran beteiligten Beschäftigten verbunden ist.[396] Für die Bejahung des Mitbestimmungsrechts kommt es nicht mehr darauf an, ob die Absicht der Dienststelle besteht, die Beschäftigten innerhalb der Arbeitszeit stärker in Anspruch zu nehmen als bisher[397] bzw. – wie das BVerwG[398] meint – ob die rationellere Gestaltung des Arbeitsablaufes »typischerweise« zu einer höheren Beanspruchung der Beschäftigten führt. Es genügt, dass bei Betrachtung von Ergebnis und Auswirkung der Maßnahme eine Erleichterung des Arbeitsablaufs eintritt bzw. sich auf die Beschäftigten auswirkt und sich »als zwangsläufige Folge«[399] darstellt.

In Betracht kommen neben organisatorischen Maßnahmen insbesondere die Bereitstellung technischer Arbeitshilfen zur Vereinfachung der Arbeitsabläufe, z. B. die erstmalige Aufstellung von Bildschirmgeräten oder Geldausgabeautomaten.[400]

94 Der Personalrat kann von diesem Mitbestimmungsrecht unter bestimmten Voraussetzungen auch im Wege des Initiativantrags Gebrauch machen. Voraussetzung ist jedoch, dass es dem Personalrat bei einem solchen Antrag darum geht, eine mitbestimmungspflichtige Maßnahme zur Hebung der Arbeitsleistung oder Erleichterung des Arbeitsablaufs rückgängig zu machen, auszugleichen oder abzumildern.[401] Fehlt es an einer solchen »materiellen Symmetrie« – so das BVerwG –, würde durch die Wahrnehmung des Mitbestimmungsrechts in aktiver Form sein Inhalt unzulässig erweitert. Der Initiativantrag des Personalrats auf Einräumung eines Entlastungskontingents wegen langjährig eingetretener Mehrbelastung ist daher nicht zulässig. Möglich ist jedoch z. B. das Verlangen einer solchen Entlastung im Wege des Initiativantrags zur Abmilderung einer bestimmten, von der Dienststelle getroffenen Maßnahme zur Hebung der Arbeitsleistung oder Erleichterung des Arbeitsablaufs.

95 **Maßnahmen der Änderung der Arbeitsorganisation** unterliegen seit der Novelle 2011 ebenfalls wieder der Mitbestimmung. Zwar ist der Gesetzesbegründung lediglich zu entnehmen, dass der Rechtszustand, der vor 2007 be-

---

396 BVerwG 15. 12. 1978 – 6 P 13.78, PersV 1980, 145; 9. 1. 2008 – 6 PB 15.07.

397 OVG NRW 24. 3. 2015 – 20 A 97/14.PVL, PersR 4/2016, 48; 26. 2. 1987 – CL 29/85, PersR 1988, 112.

398 Vom 19. 5. 2003 – 6 P 16.02, PersR 2003, 314.

399 LT-Drucks. 15/1644, 85.

400 OVG NRW 16. 1. 1984 – CL 36/82, juris; 24. 2. 1983 – CL 68/81, PersV 1985, 371.

401 BVerwG 9. 1. 2008 – 6 PB 15.07, PersR 2008, 216.

stand, wiederhergestellt werden soll. Allerdings unterscheidet sich der Wortlaut dieses Mitbestimmungsrechts dahingehend, dass Maßnahmen »der« Änderung der Arbeitsorganisation mitbestimmungspflichtig sind, während vor 2007 nur Maßnahmen »zur« Änderung der Arbeitsorganisation mitbestimmungspflichtig waren. Die Änderung dürfte den gleichen Zweck haben wie bei den vorherigen Mitbestimmungstatbeständen nach Nr. 4: Es soll nicht darauf ankommen, was mit der Maßnahme bezweckt wird, vielmehr werden allein die Auswirkungen der Maßnahme betrachtet.[402]

Unter Arbeitsorganisation versteht das OVG NRW[403] die planmäßige Regelung der Arbeitsausführung zur Erfüllung der Aufgaben der Dienststelle durch deren Beschäftigte im Sinne einer Arbeitsablauforganisation. Maßnahmen zur Änderung dieser so definierten Arbeitsorganisation sind nur dann mitbestimmungspflichtig, wenn sie sich unmittelbar auf die Arbeit auswirken, das heißt auf die bisher von den einzelnen Beschäftigten konkret vorzunehmenden Arbeitsgänge und Arbeitsvorgänge.

Bloße Änderungen der Arbeitsverteilung – wie sie z. B. durch die Änderung 96
von Organisations- und Geschäftsverteilungsplänen veranlasst werden – sollen nicht der Mitbestimmung unterliegen.[404]

Entgegen der Ansicht des OVG NRW[405] kann nach der Novelle 2011 nicht mehr verlangt werden, dass die Änderung der Arbeitsorganisation sich auch unmittelbar auf die einzelnen Beschäftigten auswirkt.

Abs. 3 Nr. 5: Betriebliche Informations- und Kommunikationsnetze

Dieses Mitbestimmungsrecht ist durch die Novelle 2011 zur »Wiederherstel- 97
lung des Rechtszustandes vor 2007«[406] wieder eingeführt worden. Unter einem Informations- und Kommunikationssystem ist ein technisches System, das aus mehreren Endgeräten, einem Transportmedium und ggf. weiteren Komponenten besteht und dazu dient, Informationen von einem Ort zum anderen zu übermitteln, zu verstehen.[407] Betrieblich ist ein solches Netz, wenn es eine Kommunikation innerhalb der Dienststelle ermöglicht – gleich

402 LT-Drucks. 15/1644, 85.

403 Beschluss vom 25. 10. 1989 – CL 63/86, ZTR 1990, 275, und vom 24. 5. 1988 – CL 40/86, PersV 1991, 305.

404 Siehe OVG NRW 21. 6. 1989 – CL 3/88, ZBR 1990, 30; 5. 7. 1990 – CL 47/88, n. v.; 10. 2. 1999 – 1 A 411/97.PVL, PersR 1999, 314; 6. 2. 2002 – 1 A 3279/00.PVL, PersR 2002, 406.

405 OVG NRW 30. 1. 2003 – 1 A 5763/00.PVL, juris.

406 LT-Drucks. 15/2218, 57.

407 So OVG NRW 12. 5. 1991 – CL 85/88, PersR 1992, 157; 22. 5. 1996 – 1 A 530/93.PVL; 1. 3. 2000 – 1 A 307/98.PVL, n. v.

in welchem (technischen) Umfang eine Informationsübermittlung erfolgen kann.[408]
Es kann sich dabei um ein vernetztes PC-System handeln, mit dem die einzelnen Teilnehmer untereinander kommunizieren können bzw. der Nutzer definierte Zugänge zu einem Zentralrechner innerhalb eines Netzes hat. Zu solchen Informations- und Kommunikationsnetzen gehören auch Telefonanlagen, die Einführung und Anwendung von Bildschirmtext (BTX),[409] die Einrichtung und Erweiterung von Datenfernübertragungen (DATEX-J, DATEX-P, Anschaffung und Inbetriebnahme von Modems, Internet- oder Intranet-Anschlüsse), aber auch interne Rufanlagen, Ausrüstung der Beschäftigten mit Funkgeräten oder mobilen Telefonen (Handys), die Ausstattung von Dienstfahrzeugen mit Funkgeräten oder mobilen Telefonen sowie Gegensprechanlagen.
Auch der Einsatz eines Chat-Programms für die interne Kommunikation unterliegt nach dieser neuen Vorschrift künftig der Mitbestimmung.[410]

Abs. 3 Nr. 6: Einrichtung von Arbeitsplätzen außerhalb der Dienststelle

98 Mit diesem Mitbestimmungsrecht wird – so der Gesetzgeber[411] – die grundsätzliche Entscheidung über die Einrichtung von Arbeitsplätzen außerhalb der Dienststelle, z. B. eines Home Office oder von Telearbeitsplätzen, nunmehr der Mitbestimmung unterworfen. Zu regeln sind die technischen, räumlichen und datenschutzrechtlichen Bedingungen solcher Arbeitsplätze, die Kostentragung bei ihrer Einrichtung. Nach Abs. 4 Nr. 1 sind die Festlegung von Erreichbarkeit am Heimarbeitsplatz und der Einschaltzeiten des Computers, aber auch etwaiger Präsenzzeiten in der Dienststelle gesondert mitbestimmungspflichtig.
Wird einem einzelnen Beschäftigten die Einrichtung und Bereitstellung eines solchen Home office verwehrt, besteht ein gesondertes Mitbestimmungsrecht nach Abs. 1 Nr. 14.

Abs. 4: Insbesondere kollektive Angelegenheiten

99 In Absatz 4 sind Maßnahmen verschiedener Art, meist kollektive Angelegenheiten zusammengefasst. Das Mitbestimmungsrecht in Arbeitszeitfragen nach Nr. 1 und 2 erstreckt sich nach der Novelle wieder auf Gleitzeitregelungen sowie auf Regelungen zum Ausgleich von Mehrarbeit. In Nr. 5 ist vor-

---

408 Zu weitgehend insoweit OVG NRW 22. 5. 1996, a. a. O.
409 OVG NRW 7. 6. 1988 – CL 10/86 zur alten Rechtslage.
410 Vgl. zum alten Rechtsstand: OVG NRW 30. 1. 2009 – 16 A 2412/07.PVL, PersR 2009, 217.
411 LT-Drucks. 15/1644, 85.

geschen, dass das Mitbestimmungsrecht bei der Entgeltgestaltung auch für entsprechende Regelungen für Beamte gilt, in Nr. 6 ist die Abberufung von Vertrauens- und Betriebsärzten sowie die Bestellung und Abberufung von Sicherheitsfachkräften wieder mitbestimmungspflichtig und darüber hinaus die Bestellung der oder des Datenschutzbeauftragten. Zu den Maßnahmen zur Verhütung von Dienst- und Arbeitsunfällen und sonstigen Gesundheitsschädigungen zählen künftig auch Maßnahmen vorbereitender und präventiver Art. Das Mitbestimmungsrecht beim Abschluss von Arbeitnehmerüberlassungs- oder Gestellungsverträgen ist in Nr. 20 wieder eingeführt worden. Hinzugefügt wurde in Nr. 21 die Aufstellung von Grundsätzen zu Arbeitszeitmodellen und die erstmalige Einführung grundlegend neuer Formen der Arbeitsorganisation. Die Privatisierung ist nach Nr. 22 in erweiterter Form wieder mitbestimmungspflichtig; künftig sind solche Auslagerungen auf Dritte in jeglicher Rechtsform mitbestimmungspflichtig.
Absatz 4 enthält – wie bisher – den Vorbehalt in Satz 1, demzufolge ein Mitbestimmungsrecht nur besteht, soweit eine gesetzliche oder tarifliche Regelung nicht vorhanden ist. Zum Inhalt und zur Bedeutung dieses Vorbehalts siehe Rn. 57.

Abs. 4 Nr. 1: Beginn und Ende der täglichen Arbeitszeit und der Pausen, Verteilung der Arbeitszeit auf die einzelnen Wochentage, gleitende Arbeitszeit

Das Mitbestimmungsrecht bei der Arbeitszeit bezieht sich auf sämtliche **100** Vorgänge, die die zeitliche Lage der dienstrechtlich oder arbeitsvertraglich geschuldeten Arbeitszeit sämtlicher oder einzelner Arbeitnehmer regeln.

Beschränkt wird das Mitbestimmungsrecht durch gesetzliche Regelungen **101** im Arbeitszeitgesetz und in der Arbeitszeitverordnung für Beamte des Landes Nordrhein-Westfalen. Das Arbeitszeitgesetz sieht jedoch nur arbeitsschutzrechtliche Obergrenzen und Normen vor, innerhalb derer sich die Ausübung des Mitbestimmungsrechts zu bewegen hat. Diese einzuhalten ist wegen der sehr weitgehenden Möglichkeiten des Arbeitszeitgesetzes keine tatsächliche Schranke bei der Ausübung von Mitbestimmung.
Aufgrund der Ermächtigung in § 13 Abs. 2 ArbZG, § 78 Abs. 3 LBG sieht die Arbeitszeitverordnung für Beamte des Landes NW in § 2 vor, dass die regelmäßige Arbeitszeit wöchentlich 41 Stunden beträgt, bei Beamten ab dem 60. Lebensjahr oder mit einem GdB von mindestens 80 % beträgt sie 39 Stunden und bei Beamten ab dem 55. Lebensjahr oder einem GdB von 50 % beträgt sie 40 Stunden.
Für die Dienststellen des Landes sieht § 7 ArbZVO Uhrzeiten über Beginn und Ende der werktäglichen Arbeitszeit vor. Gemäß § 7 Abs. 5 ArbZVO regeln die Gemeinden, die Gemeindeverbände und die anderen der Aufsicht des Landes unterstehenden Körperschaften, Anstalten und Stiftungen des

öffentlichen Rechts die Dienststunden nach den örtlichen Erfordernissen. Für diese Dienststellen besteht das Mitbestimmungsrecht bei der zeitlichen Lage und der täglichen Dauer uneingeschränkt.

102 Arbeitsvertragliche Regeln begrenzen das Mitbestimmungsrecht regelmäßig nicht. In der Regel werden Arbeitsdauer-Vereinbarungen getroffen (z. B. eine bestimmte Wochenstundenzahl unterhalb der tariflichen oder gesetzlichen Wochenarbeitszeit), so dass für die zeitliche Lage ein Mitbestimmungsrecht verbleibt. Kein Mitbestimmungsrecht des Personalrats besteht jedoch hinsichtlich solcher Regelungen, die die arbeitsrechtliche Bewertung der von den Beschäftigten geschuldeten Leistungen unter zeitlichen Gesichtspunkten betreffen.[412]

103 Tarifvertragliche Regelungen über die Arbeitszeit, die das Mitbestimmungsrecht des Personalrats beschränken, finden sich in §§ 6–10 TVöD/TV-L. Danach beträgt die regelmäßige wöchentliche Arbeitszeit 39 Stunden 50 Minuten (§ 6 Abs. 1a TV-L) bzw. 38,5 Stunden (§ 6 Abs. 1b TVöD). Ausnahmen gelten für Mitarbeiter die in Wechselschicht arbeiten, Beschäftigte an Kliniken und Krankenhäusern sowie in bestimmten Sonderbereichen. Für die Berechnung des Durchschnitts der regelmäßigen wöchentlichen Arbeitszeit ist ein Zeitraum von bis zu einem Jahr zugrunde zu legen (§ 6 Abs. 2 Satz 1 TVöD/TV-L).

Die Tarifverträge erlauben die Einrichtung eines wöchentlichen Arbeitszeitkorridors von bis zu 45 Stunden oder – alternativ – die Einführung einer täglichen Rahmenzeit von bis zu zwölf Stunden in der Zeit von 6.00 Uhr bis 20.00 Uhr (§ 6 Abs. 6 und 7 TVöD/TV-L). Eine solche Rahmenzeit bzw. ein Arbeitszeitkorridor kann nur aufgrund einer Dienstvereinbarung eingeführt werden, die nach § 38 Abs. 3 TVöD/TV-L nur vorliegt, wenn sie »ohne Entscheidung der Einigungsstelle« zustande gekommen ist. § 10 Abs. 1 Satz 3 TVöD/TV-L schreibt darüber hinaus vor, dass im Falle der Einrichtung eines wöchentlichen Arbeitszeitkorridors bzw. der Einführung einer täglichen Rahmenzeit zwingend ein Arbeitszeitkonto zugunsten jedes einzelnen an diesen Sonderformen der Arbeitszeit teilnehmenden Beschäftigten einzurichten ist. Auch dieses Arbeitszeitkonto ist durch Dienstvereinbarung einzurichten, wobei zum Inhalt dieser Dienstvereinbarung § 10 Abs. 5 TVöD/TV-L nähere Bestimmungen trifft.

Diese tarifliche Flexibilisierung der Arbeitszeit setzt also ein Einvernehmen mit dem Personalrat voraus, das durch einen Einigungsstellenspruch nicht ersetzt werden kann. Zwar ist nach § 66 Abs. 7 Satz 3 eine verbindliche Letztentscheidung der Einigungsstelle in den Mitbestimmungsangelegenheiten nach Nr. 1 bei Beginn und Ende der täglichen Arbeitszeit und der Pausen sowie bei Verteilung der Arbeitszeit auf die einzelnen Wochentage zulässig.

412 OVG NRW 31. 1. 2014 – 20 A 1198/13.PVL, PersV 2014, 235.

Damit wäre auch eine verbindliche Letztentscheidung über die tariflichen Flexibilisierungsmodelle einer täglichen Rahmenzeit und eines wöchentlichen Arbeitszeitkorridors sowie die Einrichtung von Arbeitszeitkonten zulässig. Das Mitbestimmungsrecht ist jedoch tariflich dahingehend beschränkt, dass eine einvernehmliche Dienstvereinbarung zustande kommen muss. Wird gleichwohl die Einigungsstelle angerufen, ist sie unzuständig. Wird durch Einigungsstellenspruch eines der tariflichen Flexibilisierungsmodelle eingeführt, ist der Spruch insoweit unwirksam und anfechtbar, und die Arbeitnehmer sind nicht gehalten, nach diesen Modellen zu arbeiten.[413] Werden solche Arbeitszeitmodelle in allgemeiner Form eingeführt, besteht ein zusätzliches Mitbestimmungsrecht nach Nr. 21.

Der Mitbestimmung unterliegen kollektive Regeln[414], also solche, die sich auf einen kollektiven Tatbestand bezieht. Ein kollektiver Tatbestand liegt vor – so das BVerwG[415] –, wenn sich eine Regelungsfrage stellt, die die Interessen der Beschäftigten unabhängig von der Person und den individuellen Wünschen des Einzelnen berührt, auf die Zahl der von einer Regelung Betroffenen kommt es nicht an.[416] Das Mitbestimmungsrecht entfällt nur dann, wenn es ausschließlich um individuelle Regelungen eines einzelnen Beschäftigten ohne Auswirkungen auf weitere Beschäftigte geht.[417] Unter täglicher Arbeitszeit ist nicht nur die regelmäßige Arbeitszeit, sondern jede aus irgendeinem Grunde verlängerte oder verkürzte tägliche Arbeitszeit für die Beschäftigten der Dienststelle insgesamt oder eine Gruppe von ihnen zu verstehen.[418] Unter Gruppe ist ein funktional abgrenzbarer Teil der Beschäftigten zu verstehen, wobei sich die Abgrenzung aus organisatorischen, persönlichen oder aufgabenmäßigen Gesichtspunkten ergeben kann.[419] Daneben besteht jedoch auch ein Mitbestimmungsrecht bei Einzelfall- und Teilregelungen. Es ist auf den Schutzzweck der Regelung abzustellen, die eine Beachtung der Interessen der einzelnen Beschäftigten bei Festlegung der zeitlichen Lage ihrer Arbeitszeit bewirken soll. Insbesondere bei der Vereinbarung von besonderen Arbeitszeiten für einzelne Beschäftigte besteht unter dem Gesichtspunkt des Schutzes dieses Personenkreises Bedarf an der Beteiligung des Personalrats auch in diesen Fällen – vor allem, wenn die Regelung mittelbar Auswirkungen auf die Belange anderer Beschäftigten hat.[420]. Dementsprechend ist ein Mitbestimmungsrecht auch dann zu bejahen, wenn nur 104

---

413 Vgl. v. Roetteken, PersR 2006, 96.
414 Vgl. OVG NRW 1.4.1992 – CL 22/89, PersR 1993, 240.
415 Vom 30.6.2005 – 6 P 9.04, PersR 2005, 416.
416 OVG NRW 21.7.2004 – 1 A 3554/02.PVL, PersR 2005, 121.
417 Zu eng daher: OVG NRW 25.1.2012 – 20 A 199/10.PVL, PersR 2012, 127.
418 OVG NRW 21.7.2004, a. a. O.
419 Für Schulhausmeister: OVG NRW 5.2.1998 – 1 A 4363/95.PVL, PersR 1998, 526; LAG Köln 25.9.1997 – 10 (4) Sa 507/97, PersR 1998, 435.
420 OVG NRW 1.12.2004 – 1 A 1294/03.PVL, PersR 2005, 242.

Teilregelungen möglich sind oder angestrebt werden (z. B. bei Ende der Probenzeiten für Bühnenangestellte).[421] Ein Mitbestimmungsrecht besteht für Dauer-Regelungen über die dienststellenüblich einzuhaltenden Arbeitszeiten. Mitbestimmungspflichtig sind auch die Regeln zur Erstellung von Dienstplänen und Rahmenplänen einschließlich der Besetzungspläne.

§ 3 Abs. 1 Satz 1 der Verordnung über die Arbeitszeit in Krankenpflegeanstalten vom 13. 2. 1924 steht dem Mitbestimmungsrecht des Personalrats bei der Regelung von Arbeitszeiten in Krankenhäusern nicht entgegen.[422]

Der Mitbestimmung unterfällt jede Maßnahme, die eine generelle und unmittelbar verbindliche Verteilung der abzuleistenden Arbeitszeit auf die Arbeitstage der Woche und deren Einteilung an den einzelnen Wochentagen vornimmt.[423]

Regeln Dienstpläne die generelle und unmittelbar verbindliche Verteilung der von den Beschäftigten nach gesetzlicher Vorschrift oder tariflicher Festlegung abzuleistende Arbeitszeit auf die zur Verfügung stehenden Arbeitstage und die Festlegung der zeitlichen Lage am einzelnen Arbeitstag sowie die Zuordnung der Beschäftigten zu einzelnen Schichten, unterliegen sie grundsätzlich der Mitbestimmung.[424] Das Mitbestimmungsrecht umfasst nicht nur die Frage, ob im Betrieb in mehreren Schichten gearbeitet werden soll, sondern auch die Festlegung der zeitlichen Lage der einzelnen Schichten und die Abgrenzung des Personenkreises, der Schichtarbeit zu leisten hat und schließlich den Schichtplan selbst und dessen nähere Ausgestaltung bis hin zur Zuordnung der Arbeitnehmer zu den einzelnen Schichten.[425] Da die Beteiligung des Personalrats an den monatlichen Dienstplänen für die Vergangenheit nicht nachgeholt werden kann und damit ein endgültiger Rechtsverlust droht, kommt bei Nichtbeachtung des Mitbestimmungsrechts der Erlass einer einstweiligen Verfügung in Betracht, die den Dienststellenleiter für die Zukunft verpflichtet, das Mitbestimmungsverfahren bezüglich der Dienstpläne so rechtzeitig einzuleiten, dass eine sachliche Beteiligung des Personalrats gewährleistet ist.[426]

105 Der Mitbestimmung unterliegen nur Arbeitszeitregeln und nicht Öffnungs- und Besuchszeiten. Bei der Einführung von Kurzarbeit,[427] der Einführung eines unterrichtsfreien Tages[428] und bei der Festlegung des Unterrichtsbeginns besteht ebenso ein Mitbestimmungsrecht wie bei der Festlegung von

---

421 Bejahend BVerwG 12. 8. 2002 – 6 P 17.01, PersR 2002, 473.

422 OVG NRW 29. 3. 1990 – CL 34/89, PersR 1990, 186.

423 OVG NRW 31. 1. 2014 – 20 A 1198/13.PVL, PersV 2014, 235.

424 OVG NRW 22. 2. 2007 – 1 B 2563/06.PVL.

425 BAG 19. 6. 2012 – 1 ABR 19/11, NZA 2012, 1237.

426 OVG NRW 22. 2. 2007, a. a. O.

427 A. A. BAG 10. 10. 2006 – 1 AZR 811/05, ZTR 2007, 407.

428 BVerwG 7. 3. 1983 – 6 P 27.80, ZBR 1983, 306.

Beginn und Ende der Probezeiten für Bühnenbeschäftigte[429] oder der Festlegung zusätzlicher freier Tage (AZV-Tage), z. B. der allgemeinen Festlegung von Brückentagen.

Mitzubestimmen hat der Personalrat auch bei der Anordnung von Bereitschaftsdienst und Rufbereitschaft.[430] Rufbereitschaft ist ebenso wie Arbeitsbereitschaft als »Arbeitszeit« anzusehen, da für die Bereitschaftszeiten eine Vergütung gezahlt und damit Arbeitsleistung abgegolten wird, so dass ein Mitbestimmungsrecht mit dieser Begründung nicht abgelehnt werden kann.[431] **106**

Das Mitbestimmungsrecht bei den Pausen bezieht sich sowohl auf ihre Dauer als auch auf ihre zeitliche Lage am Tage. Das Arbeitszeitgesetz nennt Mindestpausen, die durch Ausübung von Mitbestimmung verändert werden können. Die Arbeitszeitverordnung sieht eine Mittagspause bei durchgehender Arbeitszeit von $^1/_2$ Stunde, bei geteilter Arbeitszeit 1 $^1/_2$ Stunden vor. Außerhalb des Geltungsbereichs dieser Verordnung bestehen gesetzliche und tarifliche Regelungen nur dahingehend, dass Arbeitspausen in die regelmäßige Arbeitszeit nicht eingerechnet werden.

Das Mitbestimmungsrecht bei der Verteilung der Arbeitszeit auf die Wochentage ist vor allem dann zu beachten, wenn aufgrund Schichtarbeit unregelmäßig gearbeitet werden muss und Schichtpläne aufzustellen sind. Dabei steht dem Personalrat z. B. ein Mitbestimmungsrecht bei der Festlegung von möglichst zusammenhängenden freien Tagen, einer möglichst regelmäßigen Heranziehung zur Arbeisleistung u. Ä. zu. Auch die Regelung von Höchst- und Mindestzahlen wöchentlicher Arbeitstage unterliegt der Mitbestimmung. **106a**

Abs. 4 Nr. 1: Gleitzeit

Durch die Novelle 2011 ist wieder ausdrücklich das Mitbestimmungsrecht bei Einführung, Ausgestaltung und Aufhebung der gleitenden Arbeitszeit eingeführt worden. Damit unterliegen sämtliche Regelungen der Mitbestimmung, die unmittelbar oder mittelbar – auch als Annexregelung – für die Ausgestaltung der Gleitzeit und ihre Aufhebung getroffen werden. **107**

---

429 BVerwG 12. 8. 2002 – 6 P 17.01, PersR 2002, 473; 8. 7. 2003 – 6 P 5.03, PersR 2003, 409.

430 BVerwG 4. 9. 2012 – 6 P 10.11, PersR 2012, 464; ebenso BAG 23. 1. 2001 – 1 ABR 36/00, PersR 2001, 350.

431 Zur Vergütung von Arbeitsleistung während des Bereitschaftsdienstes siehe grundlegend EuGH 3. 10. 2000, PersR 2001, 134.

Nach der Rechtsprechung,[432] unterliegen die Bestimmungen von Dauer und zeitlicher Lage von Gleitzeiten und Kernzeiten der Mitbestimmung des Personalrats.

§ 7a der Verordnung über die Arbeitszeit stellt bestimmte, das Mitbestimmungsrecht beschränkende Regeln auf, die jedoch nur unter Beachtung des Mitbestimmungsrechts des Personalrats insbesondere bei Anordnung der Herausnahme von bestimmten Gruppen von Beschäftigten aus der Gleitzeit oder dem Einsatz von Zeiterfassungsgeräten durchgeführt und durchgesetzt werden können. Darüber hinaus sind diese Regeln nur für die Dienststellen des Landes verbindlich. Die Gemeinden, die Gemeindeverbände und die anderen der Aufsicht des Landes unterstehenden Körperschaften, Anstalten und Stiftungen des öffentlichen Rechts können nach § 7a Abs. 9 abweichende Regelungen treffen, so dass in diesen Dienststellen ein uneingeschränktes Mitbestimmungsrecht besteht.

108 Unter gleitender Arbeitszeit ist zu verstehen, dass den Beschäftigten zu Beginn und am Ende des Arbeitstages bestimmte Zeitkorridore eingeräumt werden, innerhalb derer sie frei bestimmen können, wann sie ihre Arbeit aufnehmen und wann sie ihre Arbeit beenden. Die Verpflichtung zur Ableistung der tariflichen und täglichen Arbeitszeit bleibt davon unberührt.

Der Personalrat kann durch Ausübung des Mitbestimmungsrechtes die Einführung von Gleitzeit beantragen, die einzelne Ausgestaltung mitbestimmen und auch ihre Abschaffung verlangen.

Sachlich erstreckt sich das Mitbestimmungsrecht auf

- Bestimmung von Dauer und zeitlicher Lage der Gleitzeiten;
- Bestimmung von Dauer und zeitlicher Lage der Gleit- und Kernzeiten, in denen Anwesenheitspflicht besteht;
- Regeln zur Zeiterfassung;
- Regeln zu Zeitguthaben und Minusstunden, einschließlich Ausgleichszeiträumen;
- Behandlung von Mehrarbeit und Überstunden;
- Pausenregelungen.

Auch die Herausnahme einzelner Beschäftigter von der Gleitzeit unterliegt sowohl als Regelung als auch im einzelnen Fall der Mitbestimmung. Dazu zählen Regelungen darüber, dass bestimmte Beschäftigtengruppen (z. B. Schichtdienstleistende) von vornherein von der Gleitzeit ausgenommen bleiben, als auch Regelungen, die Beschäftigte in bestimmten Fällen (z. B. bei nicht ordnungsgemäßer Bedienung der Zeiterfassung) von der Gleitzeit ausschließen.

Die Einführung von gleitender Arbeitszeit kann nicht mit der Begründung verweigert werden, dass für Zeiterfassungsgeräte keine Haushaltsmittel zur

---

432 BVerwG 9. 10. 1991 – 6 P 21.89, PersR 1992, 20.

Verfügung stehen und deshalb die Gleitzeit nicht eingeführt werden könne. Die Entscheidung, ob derartige Geräte eingeführt werden, unterliegt der gesonderten Mitbestimmung des Personalrats. Im Übrigen ist die Gleitzeit nicht davon abhängig, dass solche Geräte angeschafft und in Betrieb genommen werden. Persönliche Handaufzeichnungen ersetzen diese Geräte.

Abs. 4 Nr. 2: Anordnung von Überstunden und Mehrarbeit

Überstunden sind diejenigen Zeiten, die der Arbeitnehmer über die von ihm 109
arbeitsvertraglich oder tarifvertraglich geschuldete tägliche oder wöchentliche Arbeitsdauer hinaus leistet, Mehrarbeit ist diejenige Arbeitsleistung, die über die regelmäßige, gesetzliche Arbeitszeit (§ 3 Satz 1 ArbZG) hinausgeht.

Die Begriffe »Überstunden« und »Mehrarbeit« sind gesetzlich und tariflich definiert. Nach § 61 Abs. 1 Satz 1 LBG ist der Beamte verpflichtet, »über die regelmäßige Arbeitszeit hinaus Dienst zu tun«. Nach § 10 Abs. 1 ArbZVO wird Mehrarbeit geleistet, wenn Beamtinnen und Beamte aufgrund schriftlicher Anordnung oder Genehmigung verpflichtet sind, vorübergehend über die regelmäßige Arbeitszeit hinaus Dienst zu verrichten. Nach § 7 Abs. 6 TVöD/TV-L werden unter Mehrarbeit diejenigen Arbeitsstunden verstanden, die Teilzeitbeschäftigte über die vereinbarte regelmäßige Arbeitszeit hinaus bis zur regelmäßigen wöchentlichen Arbeitszeit von Vollbeschäftigten ableisten. Im Unterschied dazu sind gemäß § 7 Abs. 7 TVöD/TV-L Überstunden nur solche Arbeitsstunden, die auf Anordnung des Arbeitgebers geleistet werden und über den Rahmen der regelmäßigen, dienstplanmäßig bzw. betriebsüblich festgesetzten Arbeitszeit von Vollzeitbeschäftigten für die Woche hinausgehen und nicht bis zum Ende der folgenden Kalenderwoche ausgeglichen werden. Abweichendes gilt für den Fall der Festlegung eines Arbeitszeitkorridors und einer täglichen Rahmenzeit nach § 6 Abs. 6 und 7 TVöD/TV-L sowie im Falle von Wechselschicht oder Schichtarbeit (§ 8 TVöD/TV-L).

Für das Mitbestimmungsrecht kann zwar auf das für die betroffenen Be- 110
schäftigten jeweils geltende Regelwerk zurückgegriffen werden.[433] Unterschiedliche Rechtsfolgen für das Mitbestimmungsrecht sind jedoch mit den Begriffen »Überstunden« und »Mehrarbeit« nicht verknüpft. Jegliche Beanspruchung über die entweder vereinbarte oder kollektiv festgelegte tägliche oder wöchentliche Arbeitszeit hinaus unterliegt der Mitbestimmung des Personalrats.

Eine Anordnung von Überstunden liegt nicht nur bei der ausdrücklichen Weisung des Dienstherrn oder Arbeitgebers zur Ableistung von Mehrarbeit

433 BVerwG 12.9.2005 – 6 P 1.05, PersR 2006, 72.

und Überstunden vor. Vielmehr sind darin die Maßnahmen des Dienststellenleiters zu erblicken, die dazu führen, dass eine Mehrzahl von Beschäftigten über die dienstplanmäßig festgesetzten Arbeitsstunden hinaus weitere Arbeitsstunden zu leisten hat. Das kann die konkrete Anordnung für bestimmte Arbeitnehmer, Tage und Uhrzeiten sein, aber auch z. B. die Grundsatzentscheidung, bestimmte Arbeiten ohne Rücksicht auf den für die Beschäftigten geltenden Dienstplan (Wochenendvisiten im Krankenhaus) durchzuführen.[434] Es kann sich also sowohl um eine ausdrückliche Anordnung wie um eine Genehmigung der Arbeitsleistung handeln.[435] Eine solche Genehmigung ist sowohl in der Duldung von Überstunden durch nachträgliche Bezahlung als auch darin zu erblicken, dass eine solche Arbeitsmenge übertragen oder abverlangt wird, von der zu erwarten ist, dass sie innerhalb der regelmäßigen, betriebsüblichen Arbeitszeit nicht erledigt werden kann. Auf die Zustimmung der Beschäftigten kommt es für das Mitbestimmungsrecht nicht an,[436] auch bei »freiwillig« und mit ausdrücklicher Zustimmung der Beschäftigten abgeleisteten Überstunden besteht ein uneingeschränktes Mitbestimmungsrecht.[437]

111 Mitbestimmungspflichtig sind sowohl generelle Regelungen für alle Beschäftigten einer Dienststelle oder einer Gruppe von Beschäftigten,[438] wobei solche Regelungen dann vorliegen, wenn die dienstlichen Erfordernisse, die zur Überstundenanordnung führen, die Gruppe gleichmäßig betreffen. Dafür kann die Zahl der betroffenen Beschäftigten ein Indiz sein.[439] Ein solch kollektiver Tatbestand als Voraussetzung für das Mitbestimmungsrecht liegt nur dann vor, wenn sich eine Regelungsfrage stellt, die die Interessen der Beschäftigten unabhängig von der Person und den individuellen Wünschen des Einzelnen berührt.[440] Ist also aufgrund eines Mehrbedarfs an Arbeit darüber zu entscheiden, ob diese Mehrarbeit durch Überstunden oder durch Neueinstellungen aufgefangen werden soll, stellt sich eine solche Regelungsfrage, weshalb jegliche insoweit angeordnete Überstunde auch im Einzelfall der Mitbestimmung unterliegt.[441] Auch Einzelanordnungen bzw. die ausdrückliche oder stillschweigende Entgegennahme von Mehrarbeit und Überstunden durch einzelne Beschäftigte sind mitbestimmungspflichtig, wenn es sich nicht ganz ausnahmsweise um solche Überstunden handelt,

---

434 OVG NRW 20.3.1997 – 1 A 3775/94.PVL, PersR 1997, 253.
435 Siehe OVG NRW 5.4.1990 – CL 58/87, PersR 1991, 219.
436 OVG NRW 15.4.1992 – CL 4/89, PersR 1992, 518.
437 BVerwG 30.6.2005 – 6 P 9.04, PersR 2005, 416.
438 BVerwG 12.9.2005 – 6 P 1.05, PersR 2006, 72.
439 OVG NRW 29.3.1990 – CL 15/87, PersR 1991, 217.
440 BVerwG 30.6.2005 – 6 P 9.04, PersR 2005, 416; ihm ausdrücklich folgend: OVG NRW 21.7.2004 – 1 A 3554/02.PVL, PersR 2005, 121.
441 BVerwG 30.6.2005, a. a. O.

die arbeitsvertraglich im Einzelfall vereinbart sind.[442] Das Mitbestimmungsrecht bezieht sich sowohl auf die Entscheidung, ob überhaupt Überstunden abgeleistet werden sollen, als auch darauf, in welchem Umfang und mit wie vielen Mitarbeitern dies geschehen soll.[443]
Das Mitbestimmungsrecht bezieht sich nicht nur auf die Anordnung von Überstunden und Mehrarbeit »an sich«,[444] sondern erstreckt sich auch auf die Festlegung der zeitlichen Lage, zu dem diese Arbeitszeiten zu leisten sind. Es entfällt ebenfalls nicht, wenn den Betreffenden die zeitliche Einteilung der angeordneten Überstunden freigestellt ist. Werden ihnen bestimmte Zeiten vorgeschrieben, so besteht ein zusätzliches Mitbestimmungsrecht nach Nr. 1. Nach älterer Rechtsprechung soll bei Maßnahmen zum Abbau von Überstunden kein Mitbestimmungsrecht bestehen.[445] Geht es jedoch nicht um den Abbau von Überstunden im Einzelfall – also z. B. die Anordnung, wann ein Beschäftigter den Freizeitausgleich nehmen soll –, sondern um allgemeine Regelungen betreffend Überstundenabbau, besteht unter dem Gesichtspunkt des Ausgleichs von Mehrarbeit auch insoweit ein Mitbestimmungsrecht.

An der **Voraussehbarkeit** fehlt es nur dann, wenn wegen der Dringlichkeit 112
der Überstunden für das Mitbestimmungsverfahren nicht genügend Zeit verbleibt. Es genügt nicht, wenn bloß Dauer und Umfang der zu leistenden Überstunden nicht voraussehbar sind.[446] Das Mitbestimmungsrecht bei der Anordnung von Mehrarbeit und Überstunden besteht nur, wenn die Überstunden oder die Mehrarbeit nicht vorauszusehen, oder nicht durch Erfordernisse des Betriebsablaufs oder der öffentlichen Sicherheit und Ordnung bedingt sind.

Erfordernisse des Betriebsablaufs liegen nur ganz ausnahmsweise vor. An 113
den Begriff sind – weil ohnehin die nicht voraussehbaren Überstunden mitbestimmungsfrei sind – strenge Anforderungen zu stellen, das Mitbestimmungsrecht entfällt nur in Ausnahmesituationen.[447] Es genügt nicht bereits ein gewisser »Sachzwang« und auch nicht, dass der Arbeitsanfall ohne die Anordnung von Überstunden oder Mehrarbeit nicht bewältigt werden kann.[448] Das ist nämlich bei der Anordnung von Überstunden regelmäßig der Fall und überhaupt arbeitsrechtliche und dienstrechtliche Voraussetzung (siehe § 78a LBG, § 3 Abs. 1 AZVO, § 7 TVöD/TV-L). Vielmehr müssen

442 Siehe die Entscheidung des OVG NRW 21. 6. 1989 – CL 55/87, PersR 1991, 216.
443 BVerwG 30. 6. 2005 – 6 P 9.04, PersR 2005, 416.
444 Wie das VG Düsseldorf 19. 6. 2015 – 40 L 2120/15.PVL, juris, missverständlich formuliert.
445 OVG NRW 5. 2. 1998 – 1 A 4363/95.PVL, PersR 1998, 526.
446 OVG NRW 6. 9. 1989 – CL 34/87, n. v.
447 OVG NRW 29. 1. 1996 – 1 A 3920/92.PVL, PersR 1996, 244; 6. 9. 1989, a. a. O.
448 OVG NRW 5. 4. 1990 – CL 2/88, PersR 1991, 219.

unausweichliche wirtschaftliche oder technische Zwänge vorliegen, welche die Maßnahme für die Dienststelle als alternativlos erscheinen lassen.[449] Die Dienststelle hat darzulegen, dass weder durch entsprechende Dienstplangestaltung noch durch bessere Personalausstattung Störungen im Betriebsablauf vermieden werden können und diese daher nur durch Anordnung von Überstunden in dem genehmigten bzw. angeordneten (beabsichtigten) Umfang vermieden und beseitigt werden können.[450] Es genügt die Feststellung, dass die Ursache für die Überstundenanordnung eine zu geringe Personalausstattung ist, dann liegen bereits keine Erfordernisse des Betriebsablaufs vor.[451]

Gibt es mehrere Umstände, die Überstunden ausgelöst haben, sind sie nur dann mitbestimmungsfrei, wenn die Maßnahme insgesamt dem Ausnahmezustand der Erfordernisse des Betriebsablaufs zugeordnet werden kann.[452]

Erfordernisse des Betriebsablaufs liegen z. B. dann vor, wenn für zusätzliche Dienstleistungen an Wahlsonntagen und zur Vorbereitung von Wahlen Überstunden für Beschäftigte angeordnet werden, deren Spezialkenntnisse benötigt werden.[453]

114 Mitbestimmungsfrei sind Anordnungen von Überstunden und Mehrarbeit, soweit sie durch Erfordernisse der öffentlichen Sicherheit und Ordnung bedingt sind. Das ist nur dann der Fall, wenn solche Erfordernisse – z. B. eine Polizeirazzia – die Anordnung von Mehrarbeit und Überstunden gerade zu diesem Zeitpunkt und für diesen Anlass zwingend erfordern. Fraglich dürfte sein, ob diese Voraussetzungen für die Anordnung von Überstunden aus Anlass sportlicher Ereignisse, z. B. Bundesligaspiele, vorliegen. Erfordernisse der öffentlichen Sicherheit und Ordnung erfordern nicht bereits dann die Anordnung von Mehrarbeit und Überstunden, wenn es um die Sicherstellung von Bestand und Funktion staatlicher Einrichtungen allgemein geht.[454]

Abs. 4 Nr. 2: Allgemeine Regelungen zum Ausgleich von Mehrarbeit

115 Das Mitbestimmungsrecht bei allgemeinen Regelungen zum Ausgleich von Mehrarbeit kommt in Betracht, soweit sich in den entsprechenden gesetzlichen oder tariflichen Regelungen keine Bestimmungen darüber finden, dass und in welcher Weise den Beschäftigten der Ausgleich von Mehrarbeit und

---

449 BVerwG 12. 9. 2005 – 6 P 1.05, PersR 2006, 72.
450 So OVG NRW 4. 5. 1994 und 15. 4. 1992, a. a. O.; 29. 1. 1996 – 1 A 3920/92.PVL, PersR 1996, 245; 20. 3. 1997 – 1 A 3775/94.PVL, PersR 1997, 253.
451 OVG NRW 29. 3. 1989 CL 15/87, PersR 1991, 217.
452 OVG NRW 29. 3. 1990, a. a. O.
453 OVG NRW 26. 4. 1994 – 1 A 1683/91, n. v.
454 So OVG NRW 5. 4. 1990 – CL 2/88, PersR 1991, 219.

Überstunden zu gewähren ist. Eine allgemeine Regelung setzt nicht voraus, dass es sich um »Grundsätze« handelt, sondern nur, dass die Regelung unmittelbare Wirkungen auf die Beschäftigten zeitigt.[455] Unter Mehrarbeit sind sämtliche über die normale Arbeitszeit hinaus geleisteten Stunden zu verstehen, für die ein Freizeitausgleich beansprucht werden kann, also z. B. auch Zeiten der Arbeitsbereitschaft, Bereitschaftsdienst oder der Rufbereitschaft. Leistet der Beamte mehr als fünf Stunden Mehrarbeit im Monat, hat er gemäß § 61 Abs. 1 LBG Anspruch auf entsprechende Dienstbefreiung innerhalb eines Jahres. Ist die Dienstbefreiung aus zwingenden dienstlichen Gründen nicht möglich, kann bei Beamten in Besoldungsgruppen mit aufsteigenden Gehältern Mehrarbeitsvergütung gezahlt werden.
Soweit für Tarifbeschäftigte kein Arbeitszeitkonto nach § 10 TVöD/TV-L eingerichtet worden ist, besteht Anspruch auf Freizeitausgleich von Überstunden bzw. Bezahlung (§ 8 TVöD/TV-L).
In diesen Fällen können allgemeine Regeln zum Ausgleich dieser Mehrarbeit erlassen werden. Weder die gesetzlichen noch die tariflichen Vorschriften regeln abschließend, wann der Freizeitausgleich zu gewähren ist und ob er mit anderen freien Tagen (Brückentage, Vorfeiertage, Urlaub) verbunden werden kann. Insoweit kann ein Mitbestimmungsrecht ausgeübt werden.

Abs. 4 Nr. 3: Zeit, Ort und Art der Auszahlung der Dienstbezüge und Arbeitsentgelte

Die Zeit der Auszahlung der Dienstbezüge und Arbeitsentgelte ist gesetzlich **116** und tariflich dahingehend geregelt, dass Beamte ihre Dienstbezüge monatlich im Voraus (§ 3 Abs. 4 BBesG) und Beschäftigte ihr Entgelt am letzten Tag des Monats (§ 24 Abs. 1 Satz 2 TVöD) erhalten. Soweit Arbeitnehmer beschäftigt werden, die nicht Beamte und nicht tarifgebunden sind, kann dieses Mitbestimmungsrecht ausgeübt werden.

Der Ort der Auszahlung der Dienstbezüge ist nur bei Barzahlung festzule- **117** gen, die wegen der verbreiteten bargeldlosen Zahlung keine Rolle spielt. Das Mitbestimmungsrecht ist zumeist durch vorgreifliche und gesetzliche tarifliche Regelungen ausgeschlossen. Entsprechende Regelungen finden sich in §§ 3 Abs. 5, 17a BBesG sowie § 24 Abs. 1 Satz 2 und 3 TVöD/TV-L.

Abs. 4 Nr. 4: Urlaubsplan, zeitliche Lage des Erholungsurlaubs

Unter Urlaubsplan sind sämtliche Regeln zu verstehen, die für die Urlaub- **118** serteilung der Beschäftigten und die Vertretung während der Urlaubszeit sowie Urlaubssperren aus besonderen Anlässen gelten sollen. Das Mitbestim-

455 OVG NRW 11.3.1991 – CL 34/88, PersR 1991, 346.

mungsrecht erstreckt sich also auf die »allgemeinen Urlaubsgrundsätze« im Sinne des § 87 Abs. 1 Nr. 5 BetrVG.[456] Urlaubsplan ist auch der im Umlaufverfahren nach den Wünschen der einzelnen Beschäftigten erstellte Plan über die zeitliche Lage des Urlaubs aller Beschäftigten.[457] Die Anordnung von allgemeinen Urlaubssperren unterliegt nicht der Mitbestimmung.[458]
Das Mitbestimmungsrecht bezieht sich auf alle Arten von Urlaub, also nicht nur auf den gesetzlichen und tariflichen Erholungsurlaub, sondern auch auf den Zusatzurlaub nach § 125 (ab 1.1.2018: § 208) SGB IX für schwerbehinderte Menschen, auf Bildungsurlaub nach dem AWbG NRW, nicht jedoch auf die Ansprüche von Mitgliedern des Personalrats, der JAV und der Schwerbehindertenvertretung auf Freistellung zur Teilnahme an Schulungs- und Bildungsveranstaltungen gemäß § 42 Abs. 5.
Ein Mitbestimmungsrecht bei der zeitlichen Lage des Urlaubs des einzelnen Arbeitnehmers hat der Personalrat nur dann, wenn zwischen Arbeitnehmer und Dienststellenleiter darüber kein Einvernehmen erzielt werden konnte.

Abs. 4 Nr. 5: Fragen der Gestaltung des Entgelts, Entgeltgrundsätze und Entgeltmethoden

119 Das Mitbestimmungsrecht erstreckt sich sowohl auf Arbeitnehmer[459] wie – soweit Gestaltungsspielraum besteht – auf Beamte.[460] Der Zweck des Mitbestimmungsrechts ist die angemessene und durchsichtige Gestaltung des Lohngefüges einerseits und die Wahrung der Lohn- und Verteilungsgerechtigkeit innerhalb der Dienststelle andererseits.[461] Unter Entgelt sind alle geldwerten Leistungen, alle Formen der Vergütung im Gegenseitigkeitsverhältnis, mithin sämtliche Bestandteile des Arbeitsentgelts der Arbeitnehmer zu verstehen.[462] Der Mitbestimmung entzogen ist lediglich die konkrete Lohnhöhe sowie bei der Gewährung freiwilliger Leistungen die Festlegung eines Dotierungsrahmens, also die Bestimmung der Gesamthöhe der auszuzahlenden Vergütungen.[463]
Entgeltgestaltung ist die Summe der allgemeinen Regeln, auf deren Grundlage die Vergütung oder Bestandteile und Teile davon im Einzelfall ermit-

---

456 OVG NRW 17.2.2000 – 1 A 697/98.PVL, PersR 2001, 29.
457 Siehe dazu OVG NRW 29.3.1990 – CL 8/88, PersR 1991, 64.
458 OVG NRW 17.10.2000 – 1 A 697/98.PVL, PersR 2001, 29; 24.4.1996 – 1 A 407/93.PVL, PersR 1997, 77 unter Hinweis auf BVerwG 19.1.1997 – 6 P 19.90, PersR 1993, 167; OVG NRW 17.2.2000, a.a.O.
459 BVerwG 16.2.1988 – 6 P 24.86, PersR 1988, 103.
460 Siehe v. Roetteken, PersR 1994, 309ff.
461 BVerwG 25.4.2014 – 6 P 18.13, PersR 2014, 46.
462 BVerwG 6.2.1987 – 6 P 8.84, PersR 1987, 130.
463 BVerwG 9.12.1998 – 6 P 6.97, PersR 1999, 265.

telt werden können und sollen.[464] Der Mitbestimmung unterliegen nach der Rechtsprechung des BVerwG sowohl Regelungen bezüglich der formellen wie der materiellen Arbeitsbedingungen.[465]

Solche Regeln sind wegen der abschließenden gesetzlichen und tariflichen Bestimmungen regelmäßig der Mitbestimmung des Personalrats entzogen. Lediglich ergänzende Regelungen können im Einzelfall seiner Mitbestimmung unterliegen. Dazu gehören übertarifliche und freiwillige Leistungen sowie solche, deren Gewährung im Gesetz oder Tarifvertrag von der Ausübung eines Ermessens abhängen. In Betracht kommen die Regelung und Abänderung einer zusätzlichen Altersversorgung, soweit eine solche nicht bereits aufgrund Tarifvertrags besteht.[466] Ein Mitbestimmungsrecht des Personalrats kann sich auch aus ausdrücklichen tariflichen Öffnungsklauseln ergeben, die ihm die Kompetenz zur Mitbestimmung oder zur Regelung bestimmter Entgeltbestandteile ausdrücklich zuweisen. Das trifft z. B. für das Leistungsentgelt nach § 18 TVöD (VKA) zu. Nach § 18 Abs. 6 Satz 1 TVöD (VKA) ist das jeweilige System der leistungsbezogenen Bezahlung betrieblich zu vereinbaren, nach Satz 3 erfolgt die Ausgestaltung durch eine einvernehmliche Dienstvereinbarung. Einvernehmlich ist eine Dienstvereinbarung nach § 38 Abs. 3 TVöD (VKA) nur dann, wenn sie ohne Entscheidung der Einigungsstelle zustande gekommen ist. Wird gleichwohl die Einigungsstelle angerufen, so kann diese keine verbindliche Entscheidung fällen. Gleichwohl ergehende Entscheidungen der Einigungsstelle zur leistungsbezogenen Bezahlung lassen die Ansprüche des Tarifvertrags – wie sie ohne die Dienstvereinbarung bestehen – unberührt. In der einvernehmlichen Dienstvereinbarung soll nach § 18 Abs. 6 Satz 3 TVöD (VKA) insbesondere geregelt werden 120

- Verfahren der Einführung von leistungs- und/oder erfolgsorientierten Entgelten,
- zulässige Kriterien für Zielvereinbarungen,
- Ziele zur Sicherung und Verbesserung der Effektivität und Effizienz, insbesondere für Mehrwertsteigerungen (z. B. Verbesserung der Wirtschaftlichkeit, der Dienststellenqualität, der Kunden-/Bürgerorientierung),
- Auswahl der Formen von Leistungsentgelten, der Methoden sowie Kriterien der systematischen Leistungsbewertung und der aufgabenbezogenen Bewertung (messbar, zählbar oder anderweitig objektivierbar), ggf. differenziert nach Arbeitsbereichen,
- Zielerreichungsgrade,
- Anpassung von Zielvereinbarungen bei wesentlichen Änderungen von Geschäftsgrundlagen,

464 Siehe v. Roetteken, PersR 1994, 314.
465 BVerwG 9. 12. 1998 – 6 P 6.97, PersR 1999, 265.
466 BAG 23. 9. 1997 – 3 AZR 529/96, PersR 1998, 122.

- Vereinbarung von Verteilungsgrundsätzen,
- Überprüfung und Verteilung des zur Verfügung stehenden Finanzvolumens, ggf. Begrenzung individueller Leistungsentgelte aus umgewidmetem Entgelt,
- Dokumentation und Umgang mit Auswertungen über Leistungsbewertungen.

Der TV-L sieht in § 18 zwar ebenfalls ein Leistungsentgelt vor, jedoch keine Öffnungsklausel für den Abschluss von Dienstvereinbarungen darüber, sondern vielmehr den Abschluss landesbezirklicher Regelungen (§ 18 Abs. 4 TV-L).

Bei Abschluss dieser Dienstvereinbarung kommen unter Umständen weitere Mitbestimmungsrechte nach anderen Vorschriften des Absatzes 4 in Betracht, wie z. B. bei Beurteilungsrichtlinien, Personalfragebogen u. Ä.

Fragen der Entgeltgestaltung können praktisch bedeutsam werden, wenn Tarifverträge dazu ausdrückliche Öffnungsklauseln vorsehen. Vom Mitbestimmungsrecht sind nur solche Leistungen ausgenommen, die nicht Entgeltcharakter haben und nicht im Hinblick auf die erbrachte Arbeitsleistung gewährt werden, wie z. B. Aufwandsersatz.

121 »**Fragen der Entgeltgestaltung**« ist der Oberbegriff. Alle weiteren in diesem Mitbestimmungstatbestand aufgeführten Angelegenheiten sind lediglich Beispiele, wie das Wort »insbesondere« belegt.

Entgeltgrundsätze sind die übergeordneten allgemeinen Regeln, nach denen die Vergütung bestimmt werden soll.

Entgeltmethode ist demgegenüber der engere Begriff. Sie beschreibt und definiert das Verfahren, die Art und Weise der Entgeltfindung – also die Ausführung der aufgestellten Entgeltgrundsätze zur Feststellung und Bemessung des Entgelts im Einzelfall. Darunter sind alle technischen Verfahren und sonstigen Bewertungsmethoden zu verstehen, die die Höhe des Entgelts definieren und bestimmen.

Im Rahmen der betrieblichen Alterversorgung besteht zwar dem Grunde nach ein Mitbestimmungsrecht. Es erlaubt dem Personalrat jedoch nicht, dabei mitzubestimmen, ob eine betriebliche Altersversorgung eingerichtet wird, welche finanziellen Mittel der Arbeitgeber dafür zur Verfügung zu stellen hat, welcher Personenkreis begünstigt wird und welche Art der Durchführung beschritten werden soll.[467] Tarifliche Regelungen über eine betriebliche Altersversorgung verdrängen bestehende Dienstvereinbarungen auch dann, wenn ihr Inhalt günstiger ist.[468]

---

467 BAG 27. 6. 2006 – 3 AZR 255/05, NZA 2006, 1285.

468 So das BAG 27. 6. 2006, a. a. O., zur Dienstvereinbarung über eine Versorgungszusage des WDR.

Das Mitbestimmungsrecht erstreckt sich weiter auf die Änderung sowie die Festsetzung der **Akkord- und Prämiensätze einschließlich der Geldfaktoren**. 122
Unter Akkord ist diejenige Vergütungsart zu verstehen, die den Arbeitnehmer nach Arbeitsmenge und nicht mehr nach Arbeitszeit vergütet. Die Festsetzung von Akkordsätzen ist die Festlegung, auf welche Weise die Zeitvorgaben ermittelt, vorgegeben und zur Ermittlung der individuellen Entgelthöhe angewandt werden. Nicht der Mitbestimmung unterliegt die einzelne Entgelthöhe selbst.
Prämienentgelt ist ein Vergütungssystem, das ganz bestimmte Arbeitsergebnisse mit zusätzlichen finanziellen Leistungen ausstattet, sei es gleichbleibende Qualität wie gleichbleibende Arbeitsmenge o. Ä. (Beispiel: Schreibprämie für Angestellte im zentralen Schreibdienst).[469]

Vergleichbare leistungsbezogene Entgelte sind solche, die nach anderen Bemessungsgrößen als aufgrund von Zeitverfahren oder Prämienregelungen die Höhe der Vergütung von ganz bestimmten Leistungen des Arbeitnehmers abhängig machen. Das kann z. B. die Zahlung von Zulagen, Anwesenheits- oder Pünktlichkeitsprämien sein. 123
Auch in diesen Fällen unterliegt nicht die einzelne Geldleistung an die Arbeitnehmer, sondern lediglich die Grundsätze zur Bemessung solcher Leistungen der Mitbestimmung.
Soweit die Zahlung von Leistungsprämien an Beamte erfolgt, kommt nach der Erweiterung des Tatbestands um die »entsprechenden Regelungen für Beamtinnen und Beamte« durch die Novelle 2011 auch bei der Festlegung der Regeln für ihre Bemessung ein Mitbestimmungsrecht in Betracht. Nach § 6 LBesG dürfen Beamtinnen und Beamten der Gemeinden und Gemeindeverbände Leistungsbezüge »nach Maßgabe eines in einer Betriebs- oder Dienstvereinbarung festgelegten betrieblichen Systems« gewährt werden, das einheitlich sowohl für Beamte wie für Tarifbeschäftigte gelten muss. Maßgebend ist, dass ein »Entgelt«, also die Abgeltung einer bestimmten Leistung, gewährt wird. Dabei kommt es nicht darauf an, ob die Zahlung aufgrund Arbeitsvertrags oder öffentlich-rechtlichen Dienstverhältnisses erfolgt. Auch wenn die Verteilung solcher Mittel vom jeweiligen Dienststellenleiter nach vermeintlich »individuellen« Maßstäben erfolgt, gebietet der Grundsatz, dass die maßgebenden Grundlagen der Beamtenbesoldung einer gesetzlichen, objektiven Grundlage bedürfen, bereits die Beachtung und Einhaltung allgemeiner Richtlinien und Maßnahmen. Ein Mitbestimmungsrecht ist auch dann unerlässlich, wenn Gesetz- und Verordnungsgeber Vorgaben und Kriterien für Leistungsstufen, Leistungsprämien und Leistungszulagen zur Vermeidung einer Personalratsbeteiligung formulie-

469 BVerwG 23.12.1982 – 6 P 19.80, PersV 1983, 506.

ren. Mitbestimmungsgegenstand ist die Überwachung der gleichmäßigen wie gerechten Umsetzung solcher abstrakter Merkmale.[470] Im Übrigen ist auch der Grundsatz, ausschließlich nach »individuellen« Merkmalen zu verteilen, ein mitbestimmungspflichtiger Entlohnungsgrundsatz und unterliegt daher der Mitbestimmung.
Aufgrund des umfassend formulierten Mitbestimmungsrechts besteht eine Pflicht zur Beteiligung des Personalrats auch bei solchen leistungsbezogenen Entgelten, die nicht unmittelbar und ohne weitere Zwischenschritte einen Einfluss der Arbeitsleistung auf das Arbeitsentgelt bewirken. Dementsprechend unterliegen der Mitbestimmung auch Grundsätze zur Anrechnung förderlicher Berufstätigkeit nach § 16 Abs. 3 Satz 4 TVöD[471] sowie Grundsätze für die leistungsabhängige Stufenzuordnung in den Fällen des § 17 Abs. 2 TVöD.[472]

Abs. 4 Nr. 6: Bestellung von Vertrauens- und Betriebsärzten, Sicherheitsfachkräften und Datenschutzbeauftragten

124 **Betriebsarzt** ist, wer die Aufgaben gemäß § 3 ASiG in der Dienststelle erledigen soll. Das Arbeitssicherheitsgesetz gilt zwar im öffentlichen Dienst nicht unmittelbar, gemäß § 16 ASiG hat jedoch auch der öffentliche Dienst einen den Grundsätzen des Gesetzes gleichwertigen arbeitsmedizinischen und sicherheitstechnischen Arbeitsschutz zu gewährleisten. Mindestens sind also die in § 3 ASiG vorgesehenen Aufgaben an einen Betriebsarzt zu übertragen und Betriebsärzte zu bestellen.[473] Die Inanspruchnahme eines Betriebsarztes kann auf verschiedene Weise erfolgen. Neben der Anstellung und Einstellung eines solchen Arztes kann sich die Dienststelle einem überörtlichen arbeitsmedizinischen Zentrum anschließen und schließlich einen Werkvertrag mit einem freiberuflichen Betriebsarzt abschließen. Dem Personalrat steht ein Mitbestimmungsrecht bei der Entscheidung darüber zu, welche dieser drei Möglichkeiten von der Dienststelle genutzt wird.[474] Die Mitbestimmung bei dieser Maßnahme der Organisation des Arbeitsschutzes ergibt sich aus Nr. 7.[475] Das Mitbestimmungsrecht bei Bestellung und Abbe-

---

470 A. A. OVG NRW 20.9.2002 – 1 A 1061/01.PVB, PersV 2003, 178, das lediglich Unterrichtungsansprüche gewährt.
471 BVerwG 7.3.2011 – 6 P 15.10, PersR 2011.
472 BVerwG 13.10.2009 – 6 P 15.08, PersR 2009, 501.
473 Siehe im Einzelnen: Elzner, PersR 1990, 59.
474 OVG NRW 10.12.2003 – 1 A 556/02.PVL, PersR 2004, 227.
475 So auch BVerwG 25.1.1995 – 6 P 19.93, PersR 1995, 300 im Anschluss an das BAG.

rufung ist ein zusätzliches, personelles Mitbestimmungsrecht, das dem Beteiligungsanspruch aus Nr. 7 nachfolgt.[476]

Wird eine Anstellung oder Einstellung eines Betriebsarztes vorgesehen, steht dem Personalrat daneben ein Mitbestimmungsrecht bei der Einstellung gemäß Absatz 1 Satz 1 Nr. 1 zu.

Vertrauensärzte sind solche Ärzte, die vom Arbeitgeber mit den Untersu- 125
chungen gemäß § 3 Abs. 4 TVöD, § 3 Abs. 5 TV-L beauftragt werden sollen.

Die Arbeitnehmer sind erst dann verpflichtet, sich diesen Untersuchungen bei dem vom Arbeitgeber bestimmten Arzt zu unterziehen, wenn zuvor die Zustimmung des Personalrats zur Bestellung eines solchen Vertrauensarztes im Sinne des § 3 Abs. 4 TVöD bzw. § 3 Abs. 5 TV-L nach Nr. 6 herbeigeführt worden ist. Nicht gemeint sind die von den Sozialversicherungsträgern gestellten Vertrauensärzte.

Der Betriebsarzt kann nicht zugleich Vertrauensarzt sein.

Die Mitbestimmung bei der Bestellung und Abberufung von Sicherheits- 126
fachkräften ist durch die Novelle 2011 wieder eingeführt worden. Die Bestellung solcher Sicherheitsfachkräfte, z. B. von Strahlenschutzbeauftragten nach der Strahlenschutzverordnung sowie von Strahlenschutzbevollmächtigten auf der Grundlage der Strahlenschutzverordnung, unterliegt künftig auch als Maßnahme zur Verhütung von Dienst- und Arbeitsunfällen und sonstigen Gesundheitsschädigungen gemäß Nr. 7 der Mitbestimmung des Personalrats,[477] weil es sich um Maßnahmen vorbereitender oder präventiver Art im Sinne von Nr. 7 handeln dürfte.

Ebenfalls durch die Novelle 2011 ist ein Mitbestimmungsrecht bei der Be- 127
stellung der oder des Datenschutzbeauftragten eingeführt worden. Zur Begründung meint der Gesetzgeber, dass dem Personalrat bei der Bestellung *»im Hinblick auf die in § 32a Datenschutzgesetz NRW genannten Anforderungen an die fachliche Eignung der zu bestellenden Person«*[478] ein Mitbestimmungsrecht eingeräumt werden solle. Bei der Bestellung dieses sog. internen Beauftragten für den Datenschutz (§ 32a Abs. 1 Satz 1 DSG NRW) steht dem Personalrat im Hinblick auf die gesetzgeberischen Absichten ein vollständiges Nachprüfungsrecht hinsichtlich des Bestehens der erforderlichen Sachkenntnis und Zuverlässigkeit der oder des Datenschutzbeauftragten zu. Der Personalrat hat also – anders als bei personellen Einzelmaßnahmen im Sinne des Absatzes 1 – ein eigenes Auswahlermessen. Neben der – als selbst-

---

476 Die andere Ansicht des OVG im Beschluss vom 6. 3. 1996 – 1 A 3846/95.PVL, NWV Bl. 96,531 übersieht, dass ansonsten die Einräumung des zusätzlichen Mitbestimmungsrechts nach Nr. 6 im Ergebnis zu weniger Mitbestimmung führen würde.

477 So OVG NRW 13. 7. 2006 – 1 A 990/05, juris.

478 LT-Drucks. 15/1644, 85.

verständlich vorauszusetzenden – Kenntnis der Grundrechte mit Datenschutzbezug[479] sowie der maßgeblichen Mitbestimmungsrechte darf der Personalrat auch prüfen, inwieweit die in Aussicht genommenen Kandidaten zur Kooperation und Beratung des Personalrats bereit und imstande ist.

Abs. 4 Nr. 7: Maßnahmen zur Verhütung von Dienst- und Arbeitsunfällen und sonstigen Gesundheitsschädigungen

128 Das Gesetz räumt dem Personalrat eine umfassende Beteiligung im Zusammenhang mit dem Arbeits-, Unfall- und Gefahrenschutz ein. Gemäß § 64 Nr. 4 hat der Personalrat die Aufgabe, auf die Verhütung von Unfall- und Gesundheitsgefahren zu achten, die für den Arbeitsschutz zuständigen Stellen durch Anregung, Beratung und Auskunft zu unterstützen und sich für die Durchführung gesundheitsfördernder Maßnahmen und des Arbeitsschutzes einzusetzen. Mitbestimmungsrechte bestehen nach Absatz 4 Nr. 6 bei der Bestellung und Abberufung der Vertrauens- und Betriebsärzte sowie Sicherheitsfachkräfte und gemäß Nr. 7 bei Maßnahmen zur Verhütung von Dienst- und Arbeitsunfällen und sonstigen Gesundheitsschädigungen einschließlich vorbereitender und präventiver Maßnahmen. § 77 räumt dem Personalrat umfassende, weitere Beteiligungsmaßnahmen im Zusammenhang mit dem Arbeits-, Unfall- und Gesundheitsschutz, insbesondere bei der Kooperation mit den dafür zuständigen Behörden und Stellen ein.

129 »Maßnahmen« zur Verhütung von Dienst- und Arbeitsunfällen und sonstigen Gesundheitsbeschädigungen sind generell Maßnahmen des Arbeitsschutzes im Sinne des § 2 ArbSchG, also nicht nur solche, die unmittelbar Dienst- und Arbeitsunfälle oder sonstige Gesundheitsschädigungen verhüten, sondern auch Maßnahmen der menschengerechten Gestaltung der Arbeit (§ 2 Abs. 1 ArbSchG), organisatorische Maßnahmen und darüber hinaus die in § 3 ArbSchG genannten Maßnahmen des vorbeugenden Arbeitsschutzes einschließlich solcher zur Überprüfung der Wirksamkeit getroffener Maßnahmen. Insoweit ist von den Begrifflichkeiten des Arbeitsschutzgesetzes sowie der EU-Richtlinie 89/391[480] auszugehen. Unter Berücksichtigung dieser Definitionen sind Maßnahmen auch solche, die der Arbeitgeber zur Erfüllung seiner allgemeinen Pflichten im Sinne des Art. 6 Abs. 1 der Richtlinie ergreift. Dort sind aufgeführt »alle für die Sicherheit und den Gesundheitsschutz der Arbeitnehmer erforderlichen Maßnahmen,

---

479 Vgl. das »Anforderungsprofil« gemäß Runderlass des Innenministeriums über die Bestellung von behördlichen Datenschutzbeauftragten vom 12. 12. 2000 – I A 5 – 1. 2. 4.

480 RL vom 12. 7. 1989 über die Durchführung von Maßnahmen zur Verbesserung der Sicherheit und des Gesundheitsschutzes der Arbeitnehmer bei der Arbeit, Amtsblatt L 183.

einschließlich der Maßnahmen zur Verhütung berufsbedingter Gefahren, zur Information und zur Unterweisung sowie der Bereitstellung einer geeigneten Organisation und der erforderlichen Mittel«.

Die bisherige Abgrenzung zwischen »mittelbaren« und »unmittelbaren« Maßnahmen zur Verhütung von Dienst- und Arbeitsunfällen und sonstigen Gesundheitsschädigungen ist daher zur Bestimmung des Begriffs der Maßnahme im Sinne des Abs. 4 Satz 1 Nr. 7 ungeeignet und vom Gesetzgeber der Novelle 2011 richtigerweise durch Einfügung der Maßnahmen vorbereitender und präventiver Art aufgegeben worden. In der Gesetzesbegründung heißt es dazu: »Aufgrund der sich abzeichnenden gesundheitlichen und demographischen Entwicklung ist es angezeigt, verstärkt präventive Maßnahmen zu ergreifen, die bereits der Mitbestimmung unterworfen sein sollen«.[481] Es kommt nicht darauf an, ob die Maßnahme final zur Verhütung solcher Unfälle oder Gesundheitsschädigungen getroffen wird, sondern ob sie thematisch der Erfüllung der Pflichten des Arbeitgebers im Sinne der EG-Richtlinie oder des Arbeitsschutzgesetzes dient. Solche Maßnahmen unterliegen der Mitbestimmung. Insoweit spielt es keine Rolle mehr, ob die Maßnahme darauf abzielt, das Risiko von Gesundheitsschädigungen oder Unfällen innerhalb der Dienststelle zu mindern.[482] Vielmehr ist allein maßgebend, ob die Verhütung der Gesundheitsgefahren einen Bezug zur Tätigkeit der Beschäftigten in der Dienststelle hat. Der Mitbestimmung bei Abwehr arbeitsbedingter Gesundheitsgefahren steht nicht entgegen, dass diese Gefahren auch durch Ereignisse aus der Umwelt oder durch die persönliche Konstitution oder Situation der Beschäftigten beeinflusst werden können. Auch müssen die durch das Mitbestimmungsrecht zu verhindernden Gesundheitsschädigungen in ihren Auswirkungen nicht einem Dienst- oder Arbeitsunfall vergleichbar sein.[483]

Zu dem Themenkreis der mitbestimmungspflichtigen Arbeitsschutz- **130**
maßnahmen gehören dementsprechend auch Maßnahmen der menschengerechten Gestaltung der Arbeit, wie z. B. Maßnahmen zur Software-Ergonomie, und weitere Maßnahmen zur Erleichterung der Arbeit für die Beschäftigten. Insoweit ist § 72 Abs. 4 Satz 1 Nr. 7 ein Auffangtatbestand im Verhältnis zu Absatz 3 Nr. 2 und 3. Der Begriff der sonstigen Gesundheitsschädigungen ist gesetzlich nicht definiert. Schädigungen sind alle Beeinträchtigungen, die über bloße Befindlichkeitsstörungen oder Folgen erhöhter Anforderungen hinausgehen. Voraussetzung für das Mitbestimmungsrecht ist lediglich ein Zusammenhang zwischen den Arbeitsbedingungen

481 LT-Drucks. 15/1644, 86.

482 So das BVerwG 13. 9. 2012 – 6 PB 10.12, PersR 2012, 502.

483 So BVerwG 14. 2. 2013 – 6 PB 1.13, PersR 2013, 176.

und Arbeitsbelastungen einerseits und den vorgesehenen Maßnahmen zur Verhütung von Gesundheitsschädigungen andererseits.[484]

131 Aushänge, die in erster Linie die Verkehrssicherungspflichten des Arbeitgebers als Betreiber einer öffentlichen Einrichtung (Universität) betreffen sowie ein Merkblatt bezüglich »Verhalten bei Hausalarm« sollen nicht der Mitbestimmung unterliegen.[485] Nicht von der Mitbestimmung erfasst sind z. B. Anordnungen darüber, dass Außenjalousien bei starker Windbelastung einzurollen sind,[486] weil es sich um eine technische Gebrauchsanweisung und nicht um eine Maßnahme aus dem thematischen Pflichtenkreis des Arbeitsschutzes handelt.

132 Die Anweisung zur Überprüfung technischer Geräte nach den Unfallverhütungsvorschriften der DIN/VDE 0702 gemäß der Verordnung der Berufsgenossenschaften BGV-A 2 unterliegt der Mitbestimmung[487] des Personalrats und ebenfalls eine Dienstanweisung des Dienststellenleiters zur Erweiterung des Untersuchungsumfangs aus Anlass der Durchführung der Kraftfahrtauglichkeitsuntersuchung.[488]

133 Auch personelle Maßnahmen können der Mitbestimmung des Personalrats nach dieser Vorschrift unterliegen, soweit nicht bereits ein Mitbestimmungsrecht nach Nr. 6 besteht. Es kommen daher Mitbestimmungsrechte bei der Bestellung der Strahlenschutzbeauftragten,[489] bei den Sicherheitsingenieuren, Sicherheitstechnikern und Sicherheitsmeistern (§§ 5 ff. ASiG), Sicherheitsbeauftragten (§ 22 SGB VII), Emissionsschutzbeauftragten (§ 55 Abs. 1 BImSchG), Abfallbeauftragten (§ 11a Abfallgesetz) sowie Gentechnik-, Chemikalien- und Umweltschutzbeauftragten (§ 53 BImSchG) in Betracht.

134 Ärztliche Untersuchungen der Arbeitnehmer aus Anlass der Einstellung oder im Rahmen von § 3 Abs. 4 TVöD, § 3 Abs. 5 TV-L zur Feststellung der Dienstfähigkeit durch den Vertrauens- oder den Amtsarzt unterliegen nicht generell der Mitbestimmung,[490] jedoch besteht ein Anhörungsrecht gemäß § 75 Abs. 1 Nr. 4. Dienen diese Untersuchungen jedoch der Vorbereitung von Arbeitsschutzmaßnahmen, unterliegen auch sie der Mitbestimmung.

135 Die Asbestsanierung in dienstlichen Gebäuden (z. B. Schulen, Universitätsgebäuden) unterliegt der Mitbestimmung des Personalrats.

---

484 BVerwG 14. 2. 2013 – 6 PB 1.13, PersR 2013, 176.

485 OVG NRW 5. 4. 2001 – 1 A 5330/98.PVL, PersR 2001, 525; 5. 4. 2001 – 1 A 3033/99.PVL, PersV 2002, 230.

486 OVG NRW 3. 2. 2000 – 1 A 5029/98.PVL, PersR 2001, 25.

487 OVG NRW 9. 6. 2006 – 1 A 1492/05, PersR 2006, 478.

488 OVG NRW 29. 10. 2007 – 1 A 1179/06.PVL, juris.

489 Vgl. OVG NRW 13. 7. 2006 – 1 A 990/05.PVL, juris.

490 BVerwG 23. 1. 1996 – 6 P 8.83, PersR 1986, 176.

Das BVerwG[491] hat unter dem Gesichtspunkt des § 104 Satz 3 BPersVG eine Einschränkung des Mitbestimmungsrechtes bei der Sanierung von dienstlichen Gebäuden angenommen, das Mitbestimmungsrecht jedoch nicht so weitgehend eingeschränkt wie das OVG NRW.[492] Das Mitbestimmungsrecht bei solchen Asbestsanierungen ist danach nicht bereits deshalb ausgeschlossen, weil die nach außen gerichtete Aufgabenerfüllung der Dienststelle betroffen ist. Dabei schließt zunächst das BVerwG ein Mitbestimmungsrecht an der (Grund-)Entscheidung, für die gesamte Dienststelle (z. B. Universität) eine Asbestsanierung durchzuführen, aus, weil es sich um eine innerdienstliche Entscheidung handele, die schwerpunktmäßig die Erledigung von Arbeitsaufgaben betreffe und die mit der Notwendigkeit verbunden sei, Gebäude oder Gebäudeteile zeitweilig oder auf Dauer zum Zwecke der Asbestsanierung zu schließen.[493] Ein Mitbestimmungsrecht ist daher nur dann ausgeschlossen, wenn eine solche (Grund-)Entscheidung und ein Gesamtkonzept beschlossen werden, und darüber hinaus die Sanierung ohne erhebliche Auswirkungen auf die Erfüllung der jeweiligen Amtsaufgabe – z. B. Unterrichtsausfall, Schließung von Gebäude oder Gebäudeteilen – nicht durchführbar wäre. Hinzukommen muss, dass das Gesamtkonzept sämtliche einzelne Sanierungsmaßnahmen hinsichtlich Zeitpunkt sowie Art und Weise der Ausführung derart vorausplant und festlegt, dass für nachfolgende Ausführungsschritte kein Entscheidungsspielraum mehr verbleibt.

Fehlt ein solches – alle einzelnen Sanierungsschritte festlegendes – Gesamtkonzept bzw. verbleibt ein Entscheidungsspielraum bei den einzelnen Maßnahmen, verbleibt es bei der uneingeschränkten Mitbestimmung des Personalrats. Eine Einschränkung der Mitbestimmung bei Einzelmaßnahmen kommt nur dann in Betracht, wenn ein konkreter Bezug zur Amtsaufgabe, also eine konkrete Beeinträchtigung der Erledigung der dienstlichen Aufgaben, dem Mitbestimmungsrecht entgegensteht. Das gilt ausdrücklich auch für solche späteren Einzelschritte, die aufgrund eines allgemeinen Konzepts – jedoch ohne vorherige Festlegung von Zeit, Ort und Art der Durchführung – zur Sanierung ergriffen werden.[494]

Die Mitbestimmung bei Alkoholverboten in der Dienststelle ist zwar nach 136
wie vor möglich. Rauchverbote werden vom Nichtraucherschutzgesetz[495] weitgehend vorgegeben. Soweit das Gesetz jedoch Regelungsspielräume belässt, kann ein Mitbestimmungsrecht ausgeübt werden. Der Personalrat hat

491 Vom 23. 8. 2000 – 6 P 12.99 und 6 P 5.99, PersR 2001, 20 und 23.

492 Vom 28. 10. 1993 – 1 A 3546/92.PVL, PersR 1994, 425; vom 13. 11. 1998 – 1 A 2740/97.PVL; vom 1. 12. 1998 – 1 A 4576/97.PVL.

493 Im Anschluss an die Rechtsprechung zur Asbestsanierung von Schulgebäuden zuletzt: BVerwG 29. 1. 1996 – 6 P 1.93 und 6 P 2.93, PersR 1996, 280 und 283.

494 OVG NRW 9. 9. 1999 – 1 A 4938/97.PVL, PersR 2000, 24.

495 Gesetz vom 20. 12. 2007, GV. NRW. 742.

daher ein – auch im Wege des Initiativrechts auszuübendes – Mitbestimmungsrecht bei der Entscheidung ob entsprechend § 3 Abs. 2 NiSchG abgeschlossene Raucherräume eingerichtet werden, ob in der Dienststelle eine ausreichende Anzahl von Räumen zur Verfügung steht, wo sie gelegen und wie sie ausgestattet sind.

137 Regeln über die Arbeit an Bildschirmarbeitsplätzen – soweit nicht bereits tarifvertraglich geregelt – unterliegen ebenfalls der Mitbestimmung. Das gilt sowohl für die Anordnung von Höchstarbeitszeiten, die Bereitstellung von Mischarbeitsplätzen, regelmäßige Augenuntersuchungen und Kostentragung der Dienststelle für Brillen. Ebenso der Mitbestimmung unterworfen ist die Regelung über die Gewährung über die Zahl der Kurzpausen während der Tätigkeit an Bildschirmgeräten[496] und die vom Arbeitgeber gemäß § 3 Abs. 1 ArbStättV vorzunehmenden Beurteilungen der Arbeitsbedingungen an den Bildschirmarbeitsplätzen sowie den Maßnahmen gemäß §§ 3a bis 5 ArbStättV einschließlich der Einhaltung der im Anhang zu dieser Verordnung definierten Anforderungen an Arbeitsstätten.

138 Durch die Novelle 2011 sind nunmehr auch Maßnahmen vorbereitender und präventiver Art mitbestimmungspflichtig. Deshalb unterliegt künftig z. B. die Durchführung von Gefährdungsbeurteilungen im Sinne des § 5 ArbSchG – etwa durch die Befragung von Beschäftigten anhand von Prüflisten – als solche vorbereitende Maßnahme der Mitbestimmung des Personalrats.[497] Die Mitbestimmung des Personalrats bei den Gefährdungsbeurteilungen, wie sie auch bei den Verordnungen über die Benutzung persönlicher Schutzausrüstungen oder über die manuelle Handhabung von Lasten und die Arbeit an Bildschirmen durchzuführen sind (siehe z. B. § 3 ArbStättV), stellt eine frühzeitige Beteiligung sicher, die nach § 6 ArbSchG zu erstellende Dokumentation gibt nur das »Ergebnis der Gefährdungsbeurteilung« wieder. Eine vorherige Einbeziehung des Personalrats bei den die Abhilfemaßnahmen vorbereitenden und prägenden Beurteilungen ist daher geboten. Es ist im Zusammenhang mit Arbeitsschutzmaßnahmen unabdingbar, dass der Personalrat bereits bei der Ermittlung des Gefährdungspotentials über den Rahmen, die Art und Weise und den Umfang der Beurteilung mitbestimmt.

139 Der Mitbestimmung unterliegen nicht nur vorbereitende Schritte, wie die Gefährdungsbeurteilung und -dokumentation nach § 5 ArbSchG, sondern auch organisatorische Maßnahmen, z. B. die Einzelheiten der betrieblichen Unterweisung der Mitarbeiter über Gefahren am Arbeitsplatz (siehe § 14 Abs. 1 ArbSchG).

---

496 BVerwG 8. 1. 2001 – 6 P 6.00, PersR 2001, 154.

497 VG Düsseldorf 22. 1. 2016 – 34 K 1981/14.PVL, juris; anders BVerwG 14. 10. 2002 – 6 P 7.01, PersR 2003, 113 sowie OVG NRW 25. 8. 2011 – 16 A 1361/10.PVB, PersR 2012, 87.

Vorbereitende und präventive Maßnahmen stellen auch die o. g. Bestellungen betrieblicher Beauftragter dar, soweit ihr gesetzlich zugewiesener Aufgabenbereich dem Arbeits- und Gesundheitsschutz zugeordnet ist.
Die Abstimmung der Dienststelle mit einem überbetrieblichen Dienst im Sinne von § 19 ASiG über einen alljährlich zu erstellenden Arbeitsplan hinsichtlich der durchzuführenden Maßnahmen der betriebsärztlichen und sicherheitstechnischen Betreuung stellt ebenfalls eine Maßnahme vorbereitender Art dar.[498]

Das Mitbestimmungsrecht besteht auch dann, wenn es sich um bloß norm- **140**
vollziehende Maßnahmen ohne eigenes Ermessen handelt. Ein bloßer Hinweis auf die Rechtslage wird regelmäßig noch kein Mitbestimmungsrecht auslösen, es sei denn, er zielt auf die Änderung einer in der Dienststelle geübten Praxis ab und stellt deshalb eine Maßnahme dar, die auf die Verhütung von Dienst- und Arbeitsunfällen oder sonstigen Gesundheitsschädigungen abzielt.
Maßnahmen präventiver Art, sind alle, die einer Abhilfemaßnahme vorausgehen und dazu dienen, Dienst- und Arbeitsunfälle oder Gesundheitsschädigungen gar nicht erst entstehen zu lassen. So dient z. B. die Durchführung des Betrieblichen Eingliederungsmanagements (BEM) nach § 84 (ab 1. 1. 2018: § 167) Abs. 2 SGB IX der Prüfung, ob technische, organisatorische oder sonstige Hilfen bereitgestellt werden können, um eine erneute – durch die Arbeit ausgelöste – Erkrankung des Beschäftigten zu vermeiden. Aufgrund dieses Mitbestimmungsrechts ist der Personalrat bereits ab Einleitung des BEM durch Übermittlung des Unterrichtungsschreibens der Dienststelle an den Beschäftigten zu beteiligen.[499] Der Personalrat kann verlangen, dass der gesamte Ablauf des BEM hinsichtlich der Beteiligung betrieblicher und außerbetrieblicher Stellen, der Dokumentation, des Daten- und Persönlichkeitsschutzes und des Verfahrens zur Prüfung geeigneter Abhilfe- und Vorsorgemaßnahmen mit ihm im Einzelfall oder generell durch Dienstvereinbarung geregelt wird und seine Zustimmung dazu eingeholt wird.
Solche präventiven Maßnahmen können auch in Angeboten zur Körperertüchtigung (Betriebssport) am Arbeitsplatz oder zur Teilnahme an Gesundheitschecks bestehen.

Abs. 4 Nr. 8: Betriebliches Vorschlagswesen

Grundsätze über die Prämiierung von anerkannten Vorschlägen im Rahmen **141**
des behördlichen betrieblichen Vorschlagswesens können sich auf das Verfahren zur Behandlung und Beurteilung von solchen Vorschlägen beziehen,

498 OVG NRW 4. 3. 2016 – 20 A 2364/14.PVL, PersR 10/2016, 52.
499 BVerwG 4. 9. 2012 – 6 P 5.11, PersR 2012, 508.

die Einrichtung gemeinsamer, von Dienststelle und Personalrat gebildeter Kommissionen und Regeln für die Ermittlung und Bemessung von Prämien vorsehen.
Das Mitbestimmungsrecht soll dazu dienen, den Beschäftigten einen Anreiz zur Erarbeitung und Abgabe von Verbesserungsvorschlägen zu geben und sicherstellen, dass solche Vorschläge in einem für die Arbeitnehmer durchsichtigen Verfahren behandelt und beurteilt werden und schließlich, dass die Prämiierung gerecht und gleichmäßig erfolgt.
Die Bewertung der einzelnen Vorschläge der Beschäftigten und die Festlegung der Höhe der Prämie im Einzelfall gehören nicht zu dem nur für allgemeine Grundsätze eröffneten Mitbestimmungsrecht.
Ausgenommen sind Arbeitnehmererfindungen, für die das Gesetz über Arbeitnehmererfindungen gilt. Für den Bereich der Landesverwaltungen besteht ein Runderlass zur Neuregelung der Richtlinien für das Ideenmanagement.[500]

Abs. 4 Nr. 9: Regelung der Ordnung in der Dienststelle und des Verhaltens der Beschäftigten

142 Der Mitbestimmung des Personalrats unterliegen alle Maßnahmen, die auf die Gestaltung des Zusammenlebens und des Zusammenwirkens der Arbeitnehmer gerichtet sind.
Es handelt sich um einen einheitlichen Mitbestimmungstatbestand, der sich auf die Gesamtheit der Regelungen bezieht, die einen störungsfreien und reibungslosen Ablauf des Lebens in der Dienststelle gewährleisten sollen.[501]
»Jede Regelung des Verhaltens der Beschäftigten (schafft) auch eine bestimmte Ordnung in der Dienststelle, wie umgekehrt jede Regelung der Ordnung ein bestimmtes Verhalten der Beschäftigten verlangt«.[502]
Nicht gemeint sind Regeln, die der Konkretisierung der Arbeitspflicht dienen. Dabei spielt es keine Rolle, ob sie auf den Einzelfall gerichtet oder genereller Art sind.[503] So sind weder Abmahnungen oder Missbilligungen des Verhaltens einzelner Arbeitnehmer mitbestimmungspflichtig noch z. B. Dienstreiseordnungen, die Anordnung über das Ausfüllen von Tätigkeitslisten, Arbeitsnachweisen u. Ä. Steht nach dem Zweck der Regelung »unter Berücksichtigung der objektiven Gegebenheiten«[504] die Diensterfüllung eindeutig im Vordergrund – wie z. B. bei diensttechnischen Rege-

500 Vom 16. 10. 2001, MBl. 1330.
501 BVerwG 20. 5. 2010 – 6 PB 3.10, juris; 23. 8. 2007 – 6 P 7.06, PersR 2007, 476.
502 OVG NRW 27. 10. 1999 – 1 A 5223/97.PVL, PersR 2000, 112.
503 BVerwG 20. 5. 2010 – 6 PB 3.10, juris.
504 OVG NRW 27. 10. 1999, a. a. O.

lungen (»Verhalten bei Hausalarm«)[505] –, besteht kein Mitbestimmungsrecht.[506]

143 Der Mitbestimmung unterliegen jedoch alle Maßnahmen, die die äußere Ordnung und das Verhältnis der Beschäftigten untereinander im Rahmen des Zusammenlebens und Zusammenwirkens regeln.[507] Dazu gehören Regeln über das Radiohören am Arbeitsplatz,[508] Taschenkontrollen, Eingangs- und Ausgangskontrollen jeder Art einschließlich Passierscheinregelungen, Einführung von Dienstausweisen,[509] Maßnahmen im Rahmen der Parkraumbewirtschaftung;[510] nicht jedoch Regeln über einen auch von Beschäftigten nutzbaren und im Übrigen öffentlichen Parkplatz,[511] Alkohol- und Rauchverbote am Arbeitsplatz (soweit nicht bereits nach Nr. 7 mitbestimmungspflichtig), Telefonbenutzung zu Privatzwecken,[512] Benutzungsregeln für Gemeinschaftsräume, einschließlich Sozialräumen, Durchführung von Mitarbeitergesprächen aufgrund Zielvereinbarungen,[513] Krankenrückkehrgespräche, Formular für Darlegung der Notwendigkeit eines Arztbesuchs während der Arbeitszeit,[514] Dienstanweisung über das Tragen farblich abgestimmter Dienstkleidung.[515] Kein Mitbestimmungsrecht soll bestehen, wenn die Kleiderordnung verbindliche Vorgaben über das Tragen von Schutz- und Bereichskleidung für alle Beschäftigten einer medizinischen Einrichtung aufstellt, die einen unmittelbaren Patientenkontakt haben. Der Wunsch nach optischer Abgrenzung der Mitarbeiter der einzelnen Stationen lässt das Mitbestimmungsrecht nicht entfallen. Es soll aber bei einer Kleiderordnung, die aus hygienischen oder arbeitsorganisatorischen Gründen erlassen wird, entfallen.[516]

144 Ein Aushang »Verhaltensrichtlinien bei Unfällen, akuten Erkrankungen und Bränden« stellt keine Regelung, sondern nur Hinweise und allgemeine Handlungsempfehlungen dar. Es fehlt an einer unmittelbar regelnden Wirkung gegenüber den Beschäftigten.[517] Auch eine Veröffentlichung des

505 OVG NRW 5.4.2001 – 1 A 5330/98.PVL, PersR 2001, 527.
506 OVG NRW 12.3.2003 – 1 A 5764/00.PVL, PersR 2003, 323.
507 OVG NRW 27.10.1999 – 1 A 5223/97.PVL, PersR 2000, 112.
508 BVerwG 30.12.1987 – 6 P 20.82, PersR 1988, 53.
509 VG Gelsenkirchen 13.3.1998 – 3 cK 4787/96.PVL.
510 OVG NRW 20.11.1997 – 1 A 2731/95.PVL, PersR 1998, 383.
511 OVG NRW 28.2.2002 – 1 A 146/00.PVL, PersR 2002, 350.
512 Nach OVG NRW vom 26.2.1987 – CL 19/85, PersR 1988, 28 und vom 4.11.1991 – CL 77/88, PersR 1992, 410 sind diese Regeln nach Absatz 4 Nr. 9 mitbestimmungspflichtig.
513 VGH Baden-Württemberg 9.5.2000 – PL S 2514/99, PersR 2000, 291.
514 OVG NRW 3.2.2000 – 1 A 426/98.PVL, PersR 2000, 517.
515 OVG NRW 12.3.2003 – 1 A 5764/00.PVL, PersR 2003, 364.
516 OVG NRW 12.03.2003 – 1 A 5764/00.PVL, PersR 2003, 323.
517 OVG NRW 5.2.2001 – 1 A 5330/98.PVL, PersR 2001, 525.

Dienststellenleiters über die Unzulässigkeit der Teilnahme an einem Warnstreik soll keine mitbestimmungspflichtige Regelung des Verhaltens der Beschäftigten sein.[518]

145 Der Mitbestimmung unterliegen alle Regelungen im Zusammenhang mit dem Beschwerdeverfahren und der Beschwerdestelle nach dem AGG. Nach § 13 Abs. 1 AGG haben die Beschäftigten das Recht, sich bei »den zuständigen Stellen des Betriebes, des Unternehmens oder der Dienststelle« zu beschweren.

Diese Beschwerderecht besteht unabhängig von dem Recht des Beschäftigten, sich beim Personalrat zu beschweren und dem Recht des Personalrats gemäß § 64 Nr. 5, Anregungen und Beschwerden von Beschäftigten entgegenzunehmen und, falls sie berechtigt erscheinen, durch Verhandlung mit dem Leiter der Dienststelle auf ihre Erledigung hinzuwirken. Werden von der Dienststelle allgemeine Regeln bekannt gemacht, auf welche Weise von dem AGG-Beschwerderecht Gebrauch zu machen ist, z. B. durch Festlegung eines bestimmten Beschwerdeweges, Anordnung der Schriftform etc., so ist ein Mitbestimmungsrecht zu beachten.

Auch die Einrichtung der Beschwerdestelle unterliegt der Mitbestimmung. Dabei kann es die Dienststelle nicht dabei belassen, die zuständigen »Vorgesetzten« als Beschwerdestelle zu bezeichnen. Vielmehr muss eindeutig festgelegt werden, welche Personen in der Dienststelle zur Entgegennahme und zur Bearbeitung von Beschwerden im Rahmen der Aufgaben nach § 13 Abs. 1 AGG zuständig sind;[519] die Einrichtung der Beschwerdestelle und die Festlegung des Verfahrens und der Erhebung und Behandlung von Beschwerden nach § 13 Abs. 1 AGG betrifft nicht die Arbeitsleistung oder den Dienstablauf, sondern das »Beschwerdeverhalten« der Beschäftigten. Es handelt sich nicht um eine der internen Geschäfts- und Aufgabenverteilung dienende Organisationsentscheidung.[520] Vielmehr betreffen die Beschwerden stets eine Störung des Ablaufs von Arbeit und Leben in der Dienststelle. Deshalb ist bei Einrichtung der Beschwerdestelle und Festlegung des Verfahrens zur Erhebung und zur Behandlung von Beschwerden im Rahmen des § 13 Abs. 1 AGG stets ein Mitbestimmungsrecht bei Regelung der Ordnung in der Dienststelle und des Verhaltens der Beschäftigten zu beachten.

Der Personalrat kann und soll aufgrund seiner Aufgabenstellung nicht zugleich Beschwerdestelle sein, weil er nach seinem gesetzlichen Auftrag sämtliche Arbeitnehmer zu vertreten hat und ihm auch Entscheidungskompetenzen fehlen, um AGG-Beschwerden tatsächlich nachzugehen oder ihnen gar abzuhelfen. Allerdings kann der Personalrat die Beschäftigten bei Erhebung der Beschwerden unterstützen, ein Personalratsmitglied kann zur Be-

518 OVG NRW 25. 8. 2005 – 1 A 4725/03.PVL, juris.

519 Vgl. dazu v. Roetteken PersR 2008, 136.

520 So aber VG Frankfurt 10. 9. 2007 – 23 L 1680/07, PersR 2007, 527.

sprechung mit Vorgesetzten und mit dem Dienststellenleiter oder der Beschwerdestelle hinzugezogen werden.

Abs. 4 Nr. 10: Gestaltung der Arbeitsplätze

Der Begriff des Arbeitsplatzes ist nicht funktional im Sinne des Dienstpostens oder der übertragenen Arbeitsaufgabe, sondern räumlich-gegenständlich zu verstehen.[521] Gegenstand der Mitbestimmung ist der räumliche Bereich, in dem der Beschäftigte tätig ist, und seine unmittelbare Arbeitsumgebung. Als Arbeitsplatz im Sinne der Vorschrift kommen alle innerhalb der Räumlichkeiten einer Dienststelle nach deren Aufteilung, der Untergliederung ihrer Räumlichkeiten oder der Zuordnung bestimmter Raumzonen zu einem Arbeitsgerät abgrenzbaren Bereiche in Betracht, in denen von einem oder mehreren Beschäftigten zugleich oder nacheinander einzelne Arbeitsschritte oder ineinander greifende Arbeitsvorgänge verrichtet werden.[522] Das Mitbestimmungsrecht erstreckt sich sowohl auf bestehende wie auf künftig einzurichtende Arbeitsplätze[523] und umfasst damit auch das Raumprogramm, die räumliche Unterbringung der Beschäftigten und damit z. B. auch die Unterbringung in Einzel- oder Großraumbüros.[524] 146

Das Mitbestimmungsrecht ist eingeräumt, damit der Personalrat die Grundsätze einer menschengerechten Gestaltung des Arbeitsplatzes und seiner Umgebung zur Geltung bringen kann. Der Zweck der Vorschrift besteht darin, durch eine menschengerechte Gestaltung des Arbeitsplatzes die schutzwürdigen Belange des Beschäftigten zu wahren. Dazu gehört die Ausstattung mit Geräten und Einrichtungsgegenständen.[525] Mitbestimmungspflichtig ist daher insbesondere die Größe und Ausgestaltung der Arbeitsräume, einschließlich Anzahl und Höhe von Trennwänden in Großraumbüros, die Anordnung und Beschaffenheit von Arbeitssitzen, Arbeitsmitteln, die Raumtemperatur.[526]

Gestaltet wird der Arbeitsplatz durch jegliche Veränderung der räumlichen und technischen Bedingungen.[527] Das Mitbestimmungsrecht tritt nicht erst dann ein, wenn der Personalrat eine nachteilige Gestaltung behauptet oder irgendeine Belastung für den Beschäftigten geltend macht. Vielmehr hat der Personalrat Anspruch darauf, durch Ausübung von Mitbestimmung die

521 Siehe BVerwG 19.5.2003 – 6 P 16.02, PersR 2003, 314; 30.8.1985 – 6 P 20.83, PersR 1995, 184.
522 OVG NRW 31.5.2001 – 1 A 2277/99.PVL, PersR 2002, 215.
523 BVerwG 16.12.1992 – 6 P 29.91, PersR 1993, 164.
524 BVerwG 17.7.1987 – 6 P 6.85, PersR 1987, 220.
525 BVerwG 19.5.2003 – 6 P 16.02, PersR 2003, 314.
526 Siehe OVG NRW 22.5.1985 – CL 4/83, juris.
527 BVerwG 25.8.1986 – 6 P 16.84, PersR 1986, 235.

Ausgestaltung der jeweiligen Arbeitsplätze aus Anlass einer Umgestaltung umfassend auf zweckmäßige Einrichtung, Einhaltung von Arbeitsschutzbestimmungen und Berücksichtigung arbeitswissenschaftlicher oder anderer Erkenntnisse oder Umgebungseinflüsse durch Temperierung, Befeuchtung, Belüftung oder z. B. Lärm zu überprüfen und zu beeinflussen.[528]

Abs. 4 Nr. 11: Geltendmachung von Ersatzansprüchen gegen einen Beschäftigten

147 Nach dem Urteil des BVerfG vom 19. 10. 1982[529] haften Beamte für Schäden, die sie bei hoheitlicher Tätigkeit verursacht haben, für Vorsatz und grobe Fahrlässigkeit.

Nach § 48 Satz 2 BeamtStG haben Beamtinnen oder Beamte, die die ihnen obliegenden Pflichten grob fahrlässig oder vorsätzlich verletzen, ihrem Dienstherrn den daraus entstehenden Schaden zu ersetzen. Solche Ansprüche verjähren nach § 81 Abs. 1 LBG innerhalb von drei Jahren ab Kenntnis, absolute Verjährung tritt ohne Rücksicht auf diese Kenntnis nach zehn Jahren ein. Gemeinschaftlich schädigende Beamte haften nach § 48 Satz 2 BeamtStG gesamtschuldnerisch.

Nach § 3 Abs. 7 TV-L finden für die Schadenshaftung der Beschäftigten die Bestimmungen, die für die Beamten des jeweiligen Landes jeweils gelten, entsprechende Anwendung. Im TVöD findet sich eine solche entsprechende Regelung nicht, so dass für die unter den TVöD fallenden Beschäftigten die allgemeinen, zivilrechtlichen Regelungen gelten.

Diese sind in den vom Großen Senat des BAG im Beschluss vom 27. 9. 1994[530] entwickelten Grundsätzen zur Haftung von Arbeitnehmern festgelegt.

Gegenstand der Mitbestimmung sind solche Ansprüche, die der Dienstherr bzw. Arbeitgeber gegenüber den Beschäftigten stellt, nicht solche von Dritten gegenüber den Beschäftigten.

Verlangt der Dienstherr die Erstattung überzahlter Bezüge unter dem Gesichtspunkt der ungerechtfertigten Bereicherung, handelt es sich nicht um einen Ersatzanspruch im Sinne dieser Vorschrift.[531]

Das Mitbestimmungsrecht ist nach Absatz 4 Satz 2 davon abhängig, dass der Beschäftigte einen entsprechenden Antrag stellt. Es erstreckt sich auch auf ehemalige Beschäftigte, soweit die Ersatzansprüche sich auf den Zeitraum vor Ausscheiden bzw. Pensionierung beziehen.

---

528 Siehe BVerwG 30. 8. 1985 – 6 P 20.83, PersR 1985, 184 gegen die Rspr. des OVG NRW.

529 2 BvF 1/81, NJW 1983, 25.

530 GS 1/89 [A], PersR 1995, 39.

531 BVerwG 27. 1. 2006 – 6 P 5.05, PersV 2006, 337.

Abs. 4 Satz 2 Halbsatz 2 sieht darüber hinaus vor, dass der betroffene Beschäftigte von der beabsichtigten Inanspruchnahme rechtzeitig vorher in Kenntnis zu setzen ist. Das ist dann der Fall, wenn die Dienststelle dem betroffenen Beschäftigten mitteilt, sie halte einen bestimmten Ersatzanspruch gegen ihn für gegeben.[532] Ihm soll dadurch Gelegenheit gegeben werden, die Beteiligung des Personalrats vor Durchführung der Maßnahme zu beantragen.

Abs. 4 Nr. 12: Verselbständigung von Nebenstellen oder Teilen einer Dienststelle

Nach § 1 Abs. 3 können Nebenstellen oder Teile einer Dienststelle von der obersten Dienstbehörde zu selbständigen Dienststellen erklärt werden. Nach der – durch die Novelle 2011 unverändert gebliebenen – Neufassung von § 1 Abs. 3 durch die Novelle 2007 können Nebenstellen und Teile einer Dienststelle nur dann verselbständigt werden, wenn dem Leiter der Nebenstelle bzw. der Teildienststelle eine selbständige Regelungskompetenz im personellen und sachlichen Bereich zusteht.[533] Das Mitbestimmungsrecht des Personalrats bezieht sich auch darauf, ob derartige Kompetenzen vorhanden oder zugewiesen sind, damit eine sinnvolle Personalratstätigkeit überhaupt möglich ist. Die Verselbständigung hat zur Folge, dass die Neben- oder Teildienststelle sodann personalratsfähig wird und die Personalräte der Nebenstellen- und Dienststellenteile zusammen mit dem Personalrat der bisher einheitlichen Dienststelle einen Gesamtpersonalrat zu bilden haben.[534] 148
Vor Beschlussfassung der obersten Dienstbehörde über diese Verselbständigung ist dem Personalrat ein Mitbestimmungsrecht einzuräumen. Das Gleiche gilt auch, wenn die Dienststelle diese Erklärung durch Widerruf rückgängig machen will.

Abs. 4 Nr. 13: Grundsätze über die Durchführung der Berufsausbildung der Arbeitnehmer

Das Berufsbildungsgesetz (BBiG) unterscheidet die Berufsausbildungsvorbereitung, die Berufsausbildung, die berufliche Fortbildung und die berufliche Umschulung. Nur die Berufsausbildung im Sinne des § 1 Abs. 3 BBiG unterliegt der Mitbestimmung des Personalrats. Darunter versteht das Gesetz die Vermittlung der für die Ausübung einer qualifizierten beruflichen Tätigkeit in einer sich wandelnden Arbeitswelt notwendigen beruflichen 149

532 BVerwG 2.6.2010 – 6 P 9.09, PersR 2010, 354.
533 So OVG NRW 30.10.2009 – 16 A 1027/09.PVB, PersR 2011, 44.
534 Zu den Auswirkungen im Übrigen siehe OVG NRW 2.12.1993 – CL 91.90, PersR 1994, 428.

Fertigkeiten, Kenntnisse und Fähigkeiten (berufliche Handlungsfähigkeit) in einem geordneten Ausbildungsgang. Zur Berufsausbildung gehört ferner der Erwerb der erforderlichen Berufserfahrung. Berufsausbildung ist also regelmäßig Erstausbildung. Die einer Berufsausbildung vorhergehenden berufsvorbereitenden Ausbildungsschritte sowie die nachfolgende berufliche Fortbildung oder Umschulung unterliegen nicht der Mitbestimmung.[535]
Das Mitbestimmungsrecht ist auf »Grundsätze« beschränkt, also auf alle Maßnahmen, die den Gesamtverlauf oder die Einzelheiten der Berufsausbildung lenken oder regeln und die darauf gerichtet sind, unmittelbar in die Gestaltung oder Durchführung der Berufsausbildung einzugreifen.[536] Damit sind jedoch nicht nur Maßnahmen genereller Art gemeint, das Mitbestimmungsrecht umfasst auch Entscheidungen, die im Einzelfall festlegen, wo und in welchem Rahmen Abschnitte der Berufsausbildung von dem Auszubildenden abzuleisten sind, sofern auch sie von Einfluss auf die Berufsausbildung sind.[537]
Der Mitbestimmung des Personalrats unterliegen also sämtliche Maßnahmen im Rahmen der praktischen Durchführung der Berufsausbildung, soweit es sich um allgemeine Grundsätze handelt. Nicht der Mitbestimmung unterliegen zum einen Einzelanordnungen und Einzelmaßnahmen im Rahmen der Berufsausbildung – wie die Zuordnung eines Auszubildenden zu einem bestimmten Ausbilder oder in eine bestimmte Ausbildungsgruppe.
Nicht von der Mitbestimmung erfasst sind ferner die Teile der Berufsausbildung, die nicht innerhalb der Dienststelle stattfinden und von ihr dementsprechend nicht beeinflusst werden können.
Die Berufsausbildung von Beamten ist vom Mitbestimmungsrecht nicht erfasst.

150 Der Mitbestimmung unterliegen jedoch Festlegung der Anzahl und personelle Auswahl von Ausbildern bzw. zusätzlich mit Ausbildungsaufgaben betreuter Beschäftigter, die Errichtung und Ausgestaltung von Ausbildungsplätzen, die zeitliche und sachliche Gliederung der Ausbildungsgänge – soweit nicht bereits durch Gesetz, Tarifvertrag oder Ausbildungsordnungen geregelt –, die Festlegung, in welchen Berufen ausgebildet wird, die Ausgestaltung und das Angebot zusätzlichen internen Unterrichts, Grundsätze für die Abnahme dienststelleninterner Prüfungen, Festlegung von Ausbildungsdienststellen sowie die Anzahl der auf diese Ausbildungsdienststellen entfallenden Auszubildenden.[538] Auch die Errichtung oder Schließung von Aus-

535 BVerwG 15.5.1991 – 6 P 10.89, PersR 1991, 287.

536 BVerwG 24.3.1998 – 6 P 1.96, PersR 1998, 331; 28.12.1984 – 6 P 5.84, PersR 1986, 79 Ls.

537 BVerwG 10.11.1999 – 6 P 12.98, PersR 2000, 70.

538 OVG NRW 29.10.1978 – CB 19/78.

bildungsstätten unterliegt der Mitbestimmung.[539] Der Mitbestimmung unterliegt ferner z. B. die Fortbildung zur Erlangung des Nachweises der für den Strahlenschutz erforderlichen Fachkunde.[540]
Der Personalrat hat im Zusammenhang mit der Ausübung dieses Mitbestimmungsrechts die Rechte der Jugend- und Auszubildendenvertretung insbesondere gemäß § 61 zu beachten.

Abs. 4 Nr. 14: Richtlinien für die personelle Auswahl bei Einstellungen, Versetzungen, Höhergruppierungen und Kündigungen

Eine Auswahlrichtlinie enthält allgemeine Regeln, die bei den genannten 151
personellen Einzelmaßnahmen zu berücksichtigen sind, insbesondere in Bezug auf persönliche Merkmale des einbezogenen Personenkreises (fachliche und persönliche Voraussetzungen, soziale Erwägungen sowie beruflicher Werdegang, berufliche Ausbildung, abgelegte Prüfungen, vorhandene Spezialkenntnisse, Alter, Gesundheit, Familienverhältnisse oder dergleichen.[541]
Unter Auswahlrichtlinien sind Grundsätze zu verstehen, die für eine Mehrzahl von personellen Entscheidungen positiv oder negativ vorwegnehmend festlegen, welche Kriterien im Zusammenhang mit den zu beachtenden fachlichen und persönlichen Voraussetzungen und sozialen Gesichtspunkten in welcher Weise zu berücksichtigen sind.[542] Auswahlrichtlinien liegen dann vor, wenn sie »in Bezug auf die Auswahl bei Einstellungen, Versetzungen etc.« verallgemeinerungsfähige Entscheidungselemente angeben, an denen sich der Prozess der Auswahl zu orientieren hat. Auswahlrichtlinien – so das OVG[543] – »sollen eine positive oder negative Auslese unter solchen Bewerbern ermöglichen, welche die allgemeinen Anforderungen an eine bestimmte Aufgabe erfüllen. Kennzeichnend dafür, ob sie dies tun, ist typischerweise der Umstand, ob in Anlegung der zu beachtenden Kriterien eine Rangfolge unter den generell berücksichtigungsfähigen Bewerbern gebildet werden kann«. Unter Auswahl ist nicht die Festlegung der persönlichen und fachlichen Kriterien sowie ggf. sozialbezogenen (Eignungs-)Kriterien zu verstehen und erst recht nicht Festlegungen bezogen auf einzelne Dienstposten oder Arbeitsplätze.[544]

---

539 OVG NRW 11.1.1979 – CB 26/78, ZBR 1980, 131.

540 OVG NRW 27.10.1999 – 1 A 5100/97.PVL, PersR 2000, 169.

541 Siehe OVG NRW 6.10.2010 – 16 A 1539/90.PVL, PersV 2011, 147; 29.1.2007 – 1 A 5031/05.PVL, juris.

542 So BVerwG 19.5.2003 – 6 P 16.02, PersR 2003, 314 unter Hinweis auf BVerwG 5.9.1990 – 6 P 27.87, PersR 1990, 332.

543 OVG NRW 29.1.2007 – 1 A 5031/05.PVL, juris.

544 OVG NRW 29.1.2007, a.a.O.

152 Auswahlrichtlinien für Kündigungen kommen regelmäßig nur für betriebsbedingte Kündigungen in Betracht, weil die Voraussetzungen für personen- oder verhaltensbedingte sowie außerordentliche Kündigungen gesetzlich vorgeformt sind (§ 1 Abs. 2 KSchG, § 626 Abs. 1 BGB), und solche Kündigungen nur bei Vorliegen ganz bestimmter, individueller Voraussetzungen in Betracht kommen und rechtmäßig sind. Dagegen haben Auswahlrichtlinien bei Kündigungen vor allem im Hinblick auf ihre Auswirkungen auf den individuellen Kündigungsschutz nach § 1 Abs. 3 und 4 KSchG durchaus eine Bedeutung.

§ 1 Abs. 3 KSchG sieht vor, dass eine Kündigung aus dringenden betrieblichen Erfordernissen sozial ungerechtfertigt sein kann, wenn der Arbeitgeber bei der Auswahl die maßgeblichen Sozialkriterien, nämlich Dauer der Betriebszugehörigkeit, Lebensalter, Unterhaltspflichten und Schwerbehinderung des Arbeitnehmers nicht oder nicht ausreichend berücksichtigt hat. Im Kündigungsschutzprozess ist die Sozialauswahl im Einzelnen nachzuprüfen. Allerdings ist nach § 1 Abs. 4 KSchG die Richtigkeit der Sozialauswahl nur auf grobe Fehlerhaftigkeit zu überprüfen, wenn in einem Tarifvertrag, in einer Betriebsvereinbarung nach § 95 BetrVG »oder in einer entsprechenden Richtlinie nach den Personalvertretungsgesetzen« festgelegt worden ist, wie die vier oben genannten sozialen Auswahlkriterien zueinander zu bewerten sind. Die Wirkung des § 1 Abs. 4 KSchG – nämlich die Beschränkung der Überprüfung auf grobe Fehlerhaftigkeit – tritt jedoch nur dann ein, wenn eine einer Betriebsvereinbarung nach § 95 BetrVG entsprechende Richtlinie nach dem LPVG vorhanden ist. Das bedeutet: Nur eine Dienstvereinbarung im Sinne des § 70 entfaltet diese Wirkung, Richtlinien, die im Rahmen des Mitbestimmungsverfahrens aufgrund Letztentscheidung zustande gekommen sind, haben diese Wirkung nicht. Gemäß § 66 Abs. 7 Sätze 3 und 4 kann die Einigungsstelle in Bezug auf eine Richtlinie für die Personalauswahl bei Kündigungen nur eine Empfehlung aussprechen. Die Letztentscheidung trifft die nach § 68 entscheidende Stelle. Eine solche durch Letztentscheidung im Mitbestimmungsverfahren zustande gekommene Richtlinie ist keine einer Betriebsvereinbarung nach § 95 BetrVG entsprechende Richtlinie.[545] Liegt nur eine durch Letztentscheidung zustande gekommene Richtlinie vor, tritt die Rechtsfolge des § 1 Abs. 4 KSchG und die damit verbundene Kündigungserleichterung für den Arbeitgeber nicht ein, weil durch eine solche Letztentscheidung keine Betriebsnormen zustande kommen.

Gegenstand einer solchen Auswahlrichtlinie für Kündigungen ist regelmäßig das Verhältnis der vier Sozialauswahlkriterien des § 1 Abs. 3 KSchG zueinander. Die Auswahlrichtlinie muss sich auf diese vier Auswahlpunkte beziehen, es können nicht andere oder zusätzliche Gesichtspunkte für die So-

545 HK-ArbR, § 1 KSchG Rn. 610.

zialauswahl einbezogen werden. Üblicherweise enthalten solche Auswahlrichtlinien ein Punktesystem, das es erlaubt, die Sozialauswahlkriterien mit Punkten für jedes Jahr der Betriebszugehörigkeit, das Lebensalter, die Unterhaltspflichten und die Schwerbehinderung zu bewerten. Die Auswahl der zu Kündigenden erfolgt dann durch einen Vergleich der je vergleichbaren Arbeitnehmer ermittelten Punkte.

Die vollständige und ersatzlose Aufhebung einer von der Dienststelle in Abstimmung mit dem Personalrat erlassenen Auswahlrichtlinie unterliegt nicht der Mitbestimmung.[546]

Unter Auswahlrichtlinien bei Versetzungen sind allgemeine Regelungen zu **153**
verstehen, die bei Versetzungen zu beachten sind, insbesondere fachliche und persönliche Merkmale sowie die Methode, nach der ein Bewerber aus dem jeweiligen, die allgemeinen Voraussetzungen erfüllenden Bewerberkreis auszuwählen ist.[547]

Abs. 4 Nr. 15: Beurteilungsrichtlinien

Beurteilungsrichtlinien sind allgemeine Regeln, in denen Maßstäbe für die **154**
Beurteilung von Arbeitsleistungen der Arbeitnehmer aufgestellt werden, indem die Bewertungsmethode »im Hinblick auf eine Objektivierung der Beurteilung zur Gewährleistung des Gleichheitsgrundsatzes im Einzelnen festgelegt« wird[548] und bestimmt, auf welche Weise dienstliche Beurteilungen zu erstellen sind bzw. das anzuwendende Verfahren bei ihrer Erstellung zum Gegenstand haben.

Beurteilungsrichtlinien sind nicht erst dann anzunehmen, wenn es sich um ein vollständiges und lückenloses System der Beurteilung handelt, auch Teilregelungen für Teilbeurteilungen unterliegen der Mitbestimmung. Das gilt sowohl für die erstmalige Einführung, wie die spätere Änderung solcher Beurteilungsrichtlinien. Allerdings stellt eine bloße – wenn auch einheitlich gehandhabte – Beurteilungspraxis noch keine Richtlinie dar.[549]

Das Mitbestimmungsrecht erstreckt sich auf Beurteilungsrichtlinien für Ar- **155**
beitnehmer und Beamte – soweit nicht gesetzliche Regelungen vorgreiflich sind. Es umfasst die Aufstellung, Änderung und Ergänzung solcher Richtlinien und Grundsätze.

Inhalt der Beurteilungsrichtlinien können das System der Auswertung von **156**
Bewertungsmerkmalen, die Festlegung periodischer Zeiträume sowie der

546 OVG NRW 25.8.2006 – 1 A 5003/04.PVL, juris.

547 Siehe im Einzelnen OVG NRW 8.11.1988 – CL 43.86, PersR 1989, 330; 28.8.1995 – 1 A 3709/91.PVL, PersR 1996, 159.

548 BVerwG 11.12.1991 – 6 P 20.89, PersR 1992, 202.

549 Zu »Binnendifferenzierungen« bei Beurteilungen: OVG NRW 20.5.1998 – 1 A 3522/96.PVL, PersR 1999, 171; 7.12.1998 – 6 B 2305/98, PersR 1999, 500.

materiellen Merkmale für die Beurteilung – z. B. die Ermittlung der Arbeitsleistung nach Qualität und Quantität des Arbeitsergebnisses, die Prüfung der Eignung für bestimmte Aufgaben durch Festlegung des individuellen Leistungsprofils, Vergleiche mit den für die Aufgabe erforderlichen persönlichen Voraussetzungen, Festlegung der zu berücksichtigenden Merkmale, Einhaltung objektiver Verfahren und bestimmter Beurteilungsbögen und -blätter sowie z. B. das Verbot anonymer Beurteilungen – sein. Ein Programm zur Einarbeitung neuer Arbeitnehmer, mit dem die Überprüfung ihres Einarbeitungserfolgs und der Güte ihrer Leistungen vorgenommen wird, ist eine solche Richtlinie.[550]

Abs. 4 Nr. 16: Allgemeine Fragen der Fortbildung der Beschäftigten, Auswahl der Teilnehmer an Fortbildungsveranstaltungen

157 Im Unterschied zur Berufsausbildung handelt es sich bei der beruflichen Fortbildung nach § 1 Abs. 3 BBiG um Maßnahmen, die es ermöglichen sollen, die berufliche Handlungsfähigkeit zu erhalten und anzupassen oder zu erweitern und beruflich aufzusteigen.

Fortbildung knüpft an eine bereits durchlaufene Grundausbildung an und baut darauf auf. Die Grundsätze einer solchen Erst- und Grundausbildung sind Gegenstand des Mitbestimmungsrechts nach Nr. 13 (siehe dort).

Allgemeine Fragen der Fortbildung sind sämtliche Angelegenheiten und Maßnahmen, die im Zusammenhang mit der Fortbildung der Beschäftigten auftreten. Nicht darunter fallen jedoch bloße fachliche Unterrichtungen zur Aufrechterhaltung des beruflichen Wissens und der praktischen Fertigkeiten im Interesse eines geordneten Dienstbetriebes.[551] Mögliche Themen des Mitbestimmungsrechts sind die Entscheidung, für welche Gruppen von Beschäftigten Fortbildungsmaßnahmen angeboten und durchgeführt werden sollen, die Anzahl und Dauer der Veranstaltungen, die Festlegung ihrer Inhalte, Lernziele und Methoden, Gestaltung des Programmes und Bereitstellung der entsprechenden Lehrmittel seitens der Dienststelle sowie die Entscheidung, ob die Fortbildung während oder außerhalb der Arbeitszeit mit oder ohne Gewährung von Dienstbefreiung stattzufinden hat. Die Einführung einer Prüfung oder abschließenden Beurteilung oder auch die Entscheidung über die Anwendung von Regelungen Dritter, z. B. der Richtlinien des Kommunalen Arbeitgeberverbandes für die Durchführung des Angestelltenlehrgangs II[552] oder ein Programm für die Sprachqualifikationen »Englisch für Lehrkräfte«,[553] unterliegen ebenso der Mitbestimmung wie die

550 OVG NRW 20. 11. 1995 – 1 A 15/92.PVL, PersR 1996, 364.
551 Siehe BVerwG 27. 11. 1991 – 6 P 7.90, PersR 1992, 147.
552 OVG NRW 3. 7. 1986 – CL 23/85, ZBR 1987, 58.
553 OVG NRW 7. 4. 2004 – 1 A 832/02.PVL, juris.

Einführung und Ausgestaltung von Assessment-Centern.[554] Von der Mitbestimmung sollen Fragen der Kostenübernahme für Fortbildungsveranstaltungen ausgenommen sein.[555]

Der Personalrat hat darüber hinaus ein Mitbestimmungsrecht bei der Auswahl der Teilnehmer an Fortbildungsveranstaltungen. Dazu zählen sowohl allgemeine Regeln zur Auswahl unter verschiedenen Bewerbern wie die Auswahlentscheidung selbst. Hat sich jedoch nur ein Beschäftigter beworben oder will die Dienststelle alle oder keinen zu einer Fortbildungsveranstaltung entsenden, besteht kein Mitbestimmungsrecht. 158

Abs. 4 Nr. 17: Personalfragebogen

Personalfragebogen sind formularmäßige Zusammenstellungen oder Aufzeichnungen von Fragen und Darstellungen, die der Ermittlung von Angaben über die persönlichen Verhältnisse, den beruflichen Werdegang und die fachlichen Kenntnisse eines Bewerbers oder eines Beschäftigten dienen. »Er ist seiner Natur nach personenbezogen und vorzugsweise ein Mittel, die Eignung des Bewerbers oder Beschäftigten für bestimmte Aufgaben festzustellen«.[556] Im Gegensatz dazu sind Arbeitsplatzbeschreibungen nicht personenbezogen, da sie sich nicht auf den Arbeitsplatzinhaber, sondern nur auf Inhalt, Umfang und Bedeutung der auf einem bestimmten Arbeitsplatz zu verrichtenden Tätigkeiten beziehen.[557] Werden allerdings in einer Arbeitsplatzbeschreibung zugleich personenbezogene Daten des jeweiligen Arbeitsplatzinhabers erhoben und muss der Beschäftigte zusammen mit Angaben über seine Tätigkeit auch persönliche Angaben über sich selbst machen, so sind auch Arbeitsplatzbeschreibungen mitbestimmungspflichtig. Dabei kann es entgegen der Rechtsprechung[558] nicht darauf ankommen, ob die darauf zu machenden Angaben der Dienststelle bereits bekannt sind oder nicht sowie ob der Zweck des Fragebogens die Beurteilung der Eignung des Bewerbers oder Beschäftigten ist. 159

Zweck des Mitbestimmungsrechts ist zum einen der Schutz des Persönlichkeitsrechts insbesondere von Bewerbern vor Fragen, die keinen Bezug zum Arbeitsverhältnis haben. Der Personalrat soll im Einzelnen verhindern können, dass Beschäftigte oder Bewerber Fragen des Arbeitgebers beantworten müssen, die erkennbar in keinem sachlichen Zusammenhang mit dem Beschäftigungsverhältnis stehen oder sie – wenn auch vielleicht nur mittelbar – 160

554 BVerwG 29.1.2003 – 6 P 16.01, PersR 2003, 191.

555 OVG NRW 27.10.1999 – 1 A 5100/97.PVL, PersR 2000, 169.

556 OVG NRW 26.6.1998 – 1 A 3874/95.PVL, PersR 1999, 306.

557 BVerwG 2.8.1989 – 6 P 5.88, PersR 1989, 303.

558 BVerwG 19.5.2003 – 6 P 16.02, PersR 2003, 314; OVG NRW 26.6.1998 – 1 A 3874/95.PVL, PersR 1999, 306.

zu einer unter Umständen belastenden Selbstbeurteilung veranlassen sollen.[559] Insbesondere Bewerber sind praktisch gezwungen, solche Fragebogen auszufüllen, weil die Verweigerung von Antworten die Erfolgsaussichten der Bewerbung in Frage stellt. Der Personalrat hat daher darauf zu achten, dass keine Fragen nach Partei- oder Gewerkschaftszugehörigkeit gestellt werden oder politische sowie religiöse Einstellungen abgefragt werden. Auch Fragen nach Familien- und Verwandtschaftsverhältnissen – mit Ausnahme der für die Bemessung und Abrechnung der Vergütung erforderlichen Angaben – sind nicht erforderlich und daher nicht zulässig. Das gilt auch für allgemeine Fragen nach Vermögensverhältnissen, nach Krankheiten und ärztlichen Untersuchungen.

Die allgemeine Frage nach Vorstrafen ist nicht zulässig. Es dürfen nur Erkundigungen über solche Straftaten eingezogen werden, deren Kenntnisse aufgrund der vorgesehenen Tätigkeit unverzichtbar sind (z. B. nach Vermögensdelikten bei Kassierern, Verkehrsstraftaten bei Kraftfahrern). Grundsätzlich besteht keine Offenbarungspflicht nachteiliger Umstände. Zu beachten ist jedoch, dass die fehlende Zustimmung des Personalrats zu einem Personalfragebogen dem Bewerber nicht das Recht gibt, eine individualrechtlich zulässige Frage wahrheitswidrig zu beantworten.[560]

161 Neben dem Schutz der Persönlichkeitsrechte von Bewerbern und Beschäftigten ist das Grundrecht auf informationelle Selbstbestimmung der Bewerber und Beschäftigten Gegenstand und Zweck des Mitbestimmungsrechtes. Der Personalrat hat darauf zu achten, dass Daten nur in dem Umfang erhoben werden, wie sie unmittelbar zur Durchführung des bestehenden oder beabsichtigten Arbeitsverhältnisses erforderlich sind. Das Mitbestimmungsrecht muss sich daher jedenfalls auf solche Erhebungsbogen beziehen, die Daten abfragen, um sie anschließend per EDV zu erheben und darin zu speichern. Das muss auch dann gelten, wenn die darin gemachten Angaben zwar der Dienststelle bekannt sind, sie ihr jedoch bisher nicht in dieser Zusammenstellung vorliegen.

162 Nach Absatz 4 Satz 3 soll dieses Mitbestimmungsrecht nicht für Personalfragebogen gelten, die der Finanzkontrolle durch den Landesrechnungshof dienen. Diese durch die Novelle 1994 eingefügte Vorschrift ist nach dem Regierungsentwurf[561] wegen der besonderen Aufgabenstellung des Landesrechnungshofes und der ihm gegenüber bestehenden Auskunftspflicht gemäß § 95 LHO gerechtfertigt. Die Vorschrift ist unverständlich und wohl verfassungswidrig. § 95 LHO sieht vor, dass dem Landesrechnungshof Unterlagen,

559 VG Münster 17.9.2007 – 22 L 548/07.PVL – unter Hinweis auf BVerwG 2.8.1989 – 6 P 5.88, PersR 1989, 303; 22.12.1993 – 6 P 11.92, PersR 1994, 81; OVG NRW 26.6.1998, a. a. O.

560 BAG 2.12.1999 – 2 AZR 724/98, PersR 2000, 336.

561 A. a. O., 4.

die er zur Erfüllung seiner Aufgaben für erforderlich hält, auf Verlangen innerhalb einer bestimmten Frist zu übersenden oder seinen Beauftragten vorzulegen sind. Das BVerwG[562] und der VGH Baden-Württemberg[563] haben ein Mitbestimmungsrecht bei Personalfragebögen bejaht, die der Landesrechnungshof entworfen hatte und an Dienststellen zur Weitergabe an Beschäftigte mit der Weisung zum Ausfüllen weitergegeben hatte. Die Auskunftspflicht in § 95 LHO entbindet nicht von der Beachtung allgemein geltender Gesetze, einschließlich von Mitbestimmungsrechten.
Der VGH Baden-Württemberg hat das Mitbestimmungsrecht gerade wegen des erforderlichen Schutzes des Persönlichkeitsrechtes und des Rechtes auf informationelle Selbstbestimmung des einzelnen Beschäftigten eingeräumt. Eine gesetzgeberische Anordnung, mit dem dieses Recht zugunsten des Landesrechnungshofes ohne erforderlichen Grund außer Kraft gesetzt wird, dürfte wohl nicht dem Verfassungsrecht entsprechen.
Es ist darüber hinaus zu beachten, dass auch nach Beseitigung dieses Mitbestimmungsrechtes bei Personalfragebogen des Landesrechnungshofes keine Verpflichtung einzelner Beschäftigter besteht, diese Fragebögen auszufüllen oder dem Landesrechnungshof unmittelbar Auskünfte zu geben. Auskunftspflichtig sind nur diejenigen Stellen, bei denen der Rechnungshof prüft, nicht jedoch deren Beschäftigte. Der Rechnungshof hat auch keine Weisungsbefugnis gegenüber einzelnen Beschäftigten der seiner Prüfung unterliegenden Stellen.[564] Die hinter der Gesetzesänderung stehende Absicht, dem Landesrechnungshof künftig im Wege der »Ferndiagnose« die Möglichkeit zur Überprüfung von Eingruppierungen einzelner Beschäftigter anhand von Fragebogen zu geben, die diese Beschäftigten selbst ausgefüllt haben, wird daher auch zukünftig nicht möglich sein.

Abs. 4 Nr. 18: Maßnahmen, die der Durchsetzung der tatsächlichen Gleichberechtigung von Frauen und Männern dienen

Das Mitbestimmungsrecht bei Maßnahmen, die der Durchsetzung der tat- 163
sächlichen Gleichberechtigung von Frauen und Männern dienen, ist durch die Novelle 2007 neu eingefügt worden. Zur Begründung heißt es im Gesetzesentwurf, dass die Regelung des Bundesrechtes zur Mitbestimmung bei solchen Maßnahmen übernommen werde.[565] Die Novelle 2007 hat den Grundsatz der Gleichberechtigung von Mann und Frau mehrfach zum Anlass für Gesetzesänderungen genommen. So ist in § 17 Abs. 1 Satz 3 eingefügt worden, dass dem Wahlvorstand Frauen und Männer angehören sollen,

562 Vom 2. 8. 1989 – 6 P 5.88, PersR 1989, 303.
563 Vom 8. 12. 1987 – 15 S 1890/87, PersR 1988, 189.
564 VGH Baden-Württemberg 8. 12. 1987, a. a. O.
565 LT-Drucks. 14/4239, 100.

wenn die Dienststelle sowohl weibliche wie männliche Beschäftigte hat. Begründet wurde dies damit, dass so die mit dem LGG verfolgten Ziele unterstützt werden sollten.[566] In die Vorschrift über das Gleichbehandlungsgebot nach § 62 ist die Antidiskriminierungsklausel aus § 1 AGG übernommen worden und in den allgemeinen Aufgaben ist § 64 Nr. 10 umformuliert worden. Künftig hat der Personalrat die allgemeine Aufgabe, die Verwirklichung des Grundrechts der Gleichberechtigung von Frauen und Männern zu fördern. Damit solle – so die Gesetzesbegründung[567] – die Zielsetzung des § 1 LGG aufgegriffen und der Grundrechtsbezug der Gleichberechtigung von Frauen und Männern verdeutlicht werden. Zugleich wurde von der Novelle 2007 das Mitwirkungsrecht bei der Aufstellung von Förderplänen zur Gleichstellung von Frauen und Männern in § 73 Nr. 2 a. F. abgeschafft. Da eine Begründung dafür fehlt, ist anzunehmen, dass dieses Mitwirkungsrecht künftig in dem Mitbestimmungstatbestand der Nr. 18 mit enthalten ist.

164 Maßnahmen, die der Durchsetzung der tatsächlichen Gleichberechtigung von Frauen und Männern dienen, sind zunächst sämtliche in den §§ 5–14 LGG genannten Maßnahmen zur Frauenförderung sowie zur Vereinbarkeit von Beruf und Familie.[568] Insbesondere kommen als mitbestimmungspflichtige Maßnahmen in Betracht:

- Erstellung und Fortschreibung eines Frauenförderplans sowie der Berichte über die Personalentwicklung gemäß §§ 5, 6 LGG;
- bevorzugte Vergabe von Ausbildungsplätzen sowie von Einstellungen, Beförderungen und Höhergruppierungen als auch Übertragung höherwertiger Aufgaben an Frauen im Rahmen des § 7 LGG;
- Ausschreibung von Stellen in Bereichen, in denen Frauen unterrepräsentiert sind (§ 8 LGG);
- hälftige Berücksichtigung von Frauen bei Vorstellungs- und Bewerbungsgesprächen gemäß § 9 LGG;
- Vergabe von Fortbildungs- und Weiterbildungsplätzen an weibliche Beschäftigte entsprechend ihrem Anteil an den Bewerbungen zu diesen Maßnahmen (§ 11 LGG);
- Schaffung von Arbeitszeiten sowie von Teilzeitmöglichkeiten, die eine Vereinbarkeit von Beruf und Familie erleichtern;[569]
- erleichterte Beurlaubungen bei erziehenden Arbeitnehmern;
- Bestellung einer Gleichstellungsbeauftragten und Förderung ihrer Aufgaben.

---

566 Gesetzesbegründung, LT-Drucks. 14/4239, 90.
567 LT-Drucks. 14/4239, 94.
568 Vgl. Horstkötter, PersR 2010, 224.
569 Vgl. BVerwG 31. 1. 2008 – 2 C 31.06, PersR 2008, 212.

§ 70 gestattet, dass der Personalrat über diejenigen Angelegenheiten, die nicht Einzelmaßnahmen sind, zweckmäßigerweise eine Dienstvereinbarung mit der Dienststelle über solche Maßnahmen abschließt.
Zum Teil sind derartige Maßnahmen zur Durchsetzung der tatsächlichen Gleichberechtigung von Frauen und Männern nach weiteren Vorschriften mitbestimmungs- oder beteiligungspflichtig. Das trifft vor allem auf die »insbesondere« genannte Einstellung, Aus-, Fort- und Weiterbildung sowie den beruflichen Aufstieg zu. Regelmäßig handelt es sich um mitbestimmungspflichtige Maßnahmen nach § 72 Abs. 1 oder um die Auswahl der Teilnehmer an Fortbildungsveranstaltungen gemäß Nr. 16 oder um Stellenausschreibungen im Sinne des § 73 Nr. 2, 2. Alternative.

Das trifft auch auf die Bestellung der Gleichstellungsbeauftragten zu. Die 165
bisherige Rechtsprechung,[570] derzufolge der Akt der Bestellung einer Beschäftigten zur Gleichstellungsbeauftragten nicht der Mitbestimmung unterliege, kann im Hinblick auf die Schaffung des neuen, umfassend formulierten Mitbestimmungsrechts nicht mehr aufrechterhalten werden – zumal die vom LGG zur Durchsetzung der Ziele dieses Gleichstellungsgesetzes vorgesehene Bestellung von Gleichstellungsbeauftragten eine der Maßnahmen ist, die nach der Legaldefinition des LGG der Durchsetzung der tatsächlichen Gleichberechtigung von Frauen und Männern dient. Dementsprechend ist die Bestellung einer Beschäftigten zur Gleichstellungsbeauftragten stets nach Nr. 18 mitbestimmungspflichtig. Das gilt auch dann, wenn eine dienststelleninterne Bewerberin im Wege einer infolge der Änderung des § 72 Abs. 1 Nr. 5 mitbestimmungsfreien Teilumsetzung innerhalb der Dienststelle bestellt wird.

Bei einer Einstellung zur Durchsetzung der tatsächlichen Gleichberechti- 166
gung von Frauen und Männern, z. B. bei externer Besetzung der Position der Gleichstellungsbeauftragten oder bei einer Einstellung zur Beseitigung einer Unterrepräsentanz von Frauen gemäß § 7 LGG, bestehen zwei Mitbestimmungsrechte nebeneinander, nämlich dasjenige nach Nr. 18 sowie bei der personellen Einzelmaßnahme nach Abs. 1 Satz 1 Nr. 1. Das Mitbestimmungsrecht richtet sich ausschließlich danach, was Schwerpunkt und Kern der Maßnahme ist. Wird eine Einstellung als Gleichstellungsbeauftragte oder zur Beseitigung einer Unterrepräsentanz von Frauen vorgenommen, ist Zweck der Maßnahme die Durchsetzung der tatsächlichen Gleichberechtigung von Frauen und Männern. Dementsprechend ist der Personalrat im Falle einer beabsichtigten Ablehnung der Maßnahme nicht an den Zustimmungsverweigerungskatalog des § 66 Abs. 3 Nr. 1–3 gebunden und die Einigungsstelle kann eine verbindliche Letztentscheidung fällen und ist nicht auf eine Empfehlung beschränkt. § 66 Abs. 7 Satz 3 erwähnt Nr. 18 ausdrücklich

570 OVG NRW 18. 12. 2002 – 1 A 3843/00.PVL, PersR 2003, 240.

nicht, weshalb eine verbindliche Entscheidung der Einigungsstelle vorgesehen und zulässig ist. Dem kann nicht entgegengehalten werden, dass es sich um personelle Einzelmaßnahmen handelt. Der Gesetzgeber hat diejenigen personellen Einzelmaßnahmen, die der Durchsetzung der tatsächlichen Gleichberechtigung von Frauen und Männern dienen, in Nr. 18 ausdrücklich aufgeführt und dieser Vorschrift und nicht den personellen Einzelmaßnahmen des Abs. 1 zugeordnet. Dementsprechend richten sich die Mitbestimmungsrechte und das Mitbestimmungsverfahren nach dieser Vorschrift und nicht nach den für Personalangelegenheiten des Absatzes 1 Satz 1 maßgeblichen Vorschriften. Das gilt auch für das Initiativrecht des Personalrats, der eine Maßnahme zur Durchsetzung der Gleichberechtigung nach § 66 Abs. 4 vorschlagen kann, über die dann nicht der Dienststellenleiter gemäß § 66 Abs. 6, sondern die Einigungsstelle nach § 66 Abs. 7 verbindlich entscheidet. Bei personellen Einzelmaßnahmen, wie Einstellung, Beschäftigung und beruflichen Aufstieg – also Beförderung und Höhergruppierung –, steht dem verbindlichen Einigungsstellenspruch jedoch möglicherweise das Haushaltsgesetz im Wege, auf das die Einigungsstelle gemäß § 67 Abs. 5 Satz 3 Rücksicht zu nehmen hat.

Abs. 4 Nr. 19: Grundsätze der Arbeitsplatz- und Dienstpostenbewertung in der Dienststelle

167 Die Bewertung eines Arbeitsplatzes oder eines Dienstpostens besteht in der Zuordnung der auf dem jeweiligen Arbeitsplatz wahrzunehmenden Tätigkeiten zu einer bestimmten Besoldungs-, Vergütungs- oder Lohngruppe. Mitbestimmungspflichtig ist dabei die Auswahl der Bewertungsmerkmale, die Festlegung der Bewertungsmaßstäbe und die Entscheidung für ein bestimmtes Bewertungsverfahren.[571] Nach dieser Entscheidung sollen jedoch Regelungen, die sich nur auf die Erfassung der Tätigkeit beziehen, noch nicht der Mitbestimmung unterliegen.

Abs. 4 Nr. 20: Abschluss von Arbeitnehmerüberlassungsverträgen

168 Verträge zur Überlassung von Arbeitnehmern können sowohl darin bestehen, dass eigenes Personal an Dritte zur Arbeitsleistung überlassen wird, wie darin – und darum handelt es sich meistens –, dass Personal von Dritten zur Arbeitsleistung übernommen wird.
Mitbestimmungspflichtig ist jegliche Form der Leiharbeit sowohl im Sinne des AÜG als auch andere – nicht diesem Gesetz unterfallende oder von ihr ausgenommene – Formen. Daher ist auch in den Fällen, in denen der Verlei-

571 OVG NRW 4.10.1990 – CL 13/88.

her keine Erlaubnis der Arbeitsagentur benötigt – wie z. B. bei der »Konzernleihe« zwischen öffentlich-rechtlich verfasster »Mutter« und privatrechtlich verfasster »Tochter« –, die Zustimmung des Personalrats zu solchen Verträgen erforderlich. Die Mitbestimmung bezieht sich auf sämtliche Vereinbarungen, die eine Beschäftigung solcher Mitarbeiter im Sinne des § 5 Abs. 1 vorbereiten oder zur Folge haben, die in der Dienststelle weisungsgebunden tätig sind und kein Arbeits- oder Dienstverhältnis zur Dienststelle haben. Das schließt Vereinbarungen hinsichtlich eigenen Personals zur Überlassung an Dritte ein.

Für das Mitbestimmungsrecht kommt es auf die Ausgestaltung bzw. den Inhalt der vorzulegenden Verträge zwischen Verleiher und Entleiher an, nicht auf ihre Handhabung.[572] Ergänzend sind die dazugehörigen Unterlagen wie Unbedenklichkeitsbescheinigungen, etwa der Deutschen Rentenversicherung über das Nichtbestehen von Verbindlichkeiten des Verleihers, die Erlaubnis der Arbeitsagentur zur Arbeitnehmerüberlassung und Nachweise zur Tarifbindung der Leihfirma vorzulegen. Eine Liste mit den Namen der Beschäftigten, die ausgeliehen oder verliehen werden sollen, ist gleichzeitig vorzulegen.[573]

Beabsichtigt die Dienststelle dauerhaft, Leiharbeitnehmer in Anspruch zu nehmen, ist der Abschluss einer Dienstvereinbarung anzustreben. Darin können Einzelheiten zur Informationspflicht des Personalrats, Regeln zur Auswahl der in Anspruch zu nehmenden Leihfirmen und zum Schutz der Stammbelegschaft vor Verdrängung sowie ggf. eine Höchstquote von Leiharbeitnehmern in der Dienststelle geregelt werden.

Jede Übernahme von Leiharbeitnehmern zur Arbeitsleistung in der Dienststelle stellt zugleich eine gesondert mitbestimmungspflichtige Einstellung nach Abs. 1 Satz 1 Nr. 1 dar.[574]

Abs. 4 Nr. 20: Abschluss von Gestellungsverträgen

Ein Gestellungsvertrag ist ein besonderer Werkvertrag, mit dem ursprünglich Abreden zwischen karitativen Einrichtungen (Orden, DRK-Schwesternschaft) und Trägern von Krankenhäusern bezeichnet wurden. Die Aufnahme einer Tätigkeit eines Beschäftigten solcher karitativen Einrichtungen in der Beschäftigungsdienststelle stellt eine Einstellung dar[575] – und zwar auch dann, wenn dieser Beschäftigte nicht aufgrund Arbeitsvertrages, son- 169

---

572 OVG NRW 12.3.2007 – 1 A 2037/05.PVL, PersR 2007, 393.
573 So BAG 9.3.2011 – 7 ABR 137/09.
574 OVG NRW 12.3.2007 – 1 A 2037/05.PVL, PersR 2007, 393.
575 BVerwG 18.6.2002 – 6 P 12.01, PersR 2002, 467; BAG 21.2.2017 – 1 ABR 62/12, BeckRS 2017, 107284.

dern aufgrund vereinsrechtlicher Pflichten z. B. zum DRK-Schwesternschaft e. V. bei dem Gestellungsnehmer tätig wird.

170 Tariflich ist der Gestellungsvertrag in § 4 Abs. 3 TVöD/TV-L sowie den dazugehörigen Protokollerklärungen geregelt.

171 Die Gestellung kommt in Betracht, wenn Aufgaben der Beschäftigten zu einem Dritten verlagert werden. In einem solchen Fall kann der Arbeitgeber verlangen, dass der Arbeitnehmer »die arbeitsvertraglich geschuldete Arbeitsleistung« künftig bei einem Dritten erbringt. Dieses Prinzip »Personal folgt der Aufgabe« ist Grundlage für vielfältige Gestellungsvorgänge im öffentlichen Dienst. Diese Gestellung ist ohne Zustimmung des Arbeitnehmers möglich. Die Zustimmung wird für entbehrlich gehalten, weil die Gestellung unter Fortsetzung des bestehenden Arbeitsverhältnisses erfolgt und weil der Arbeitnehmer bei dem Dritten nur die bisherige arbeitsvertraglich geschuldete Arbeitsleistung zu erbringen hat. Der Vorgang wird dadurch ergänzt, dass dem Dritten – auf den die Aufgabe verlagert wurde – das Direktionsrecht gegenüber dem gestellten Arbeitnehmer nur in Bezug auf die verlagerte Aufgabe und nur in Bezug auf die beim bisherigen Arbeitgeber arbeitsvertraglich geschuldete Arbeitsleistung übertragen werden kann und soll.

172 Der wesentliche Unterschied zur Arbeitnehmerüberlassung besteht also darin, dass die Gestellung nur in den Fällen der Aufgabenverlagerung und nur zu dem »Dritten« zulässig ist, auf den die bisher vom Beschäftigten wahrgenommene Aufgabe verlagert worden ist. Die Gestellung wird also i. d. R. nur einmal und zu einem Gestellungsnehmer sowie auf Dauer erfolgen.

173 Der gestellte Arbeitnehmer erwirbt nach sechsmonatiger Gestellung die Wahlberechtigung und damit auch die Wählbarkeit in der Dienststelle des Dritten, in der er arbeitet. Allerdings bleibt ihm aufgrund der Neuregelung durch die Novelle 2011 in der entsendenden Dienststelle seines Arbeitgebers das Wahlrecht und die Wählbarkeit erhalten (§ 10 Abs. 2, 2. Halbs.). Erfolgt die Gestellung zu einem Dritten, der privatrechtlich verfasst ist – also z. B. zu einer GmbH, KG oder AG –, erwirbt der gestellte Arbeitnehmer – trotz fortbestehendem Arbeitsverhältnis zum bisherigen Arbeitgeber und fortbestehendem Wahlrecht in der bisherigen Dienststelle nach § 5 Abs. 1 Satz 3 BetrVG die Arbeitnehmereigenschaft, soweit er in einem Betrieb eines »privatrechtlich organisierten Unternehmens« tätig wird. Er ist dann in diesem Betrieb nach §§ 7 ff. wahlberechtigt und – anders als ein Leiharbeitnehmer – auch wählbar.

174 Zwischen dem Arbeitgeber der gestellten Arbeitnehmer und dem aufnehmenden Dritten ist nach Satz 2 der Protokollerklärung zu § 4 Abs. 3 TVöD/TV-L eine vertragliche Vereinbarung über die »Modalitäten der Personalge-

stellung« zu treffen. Diese vertragliche Vereinbarung unterliegt der Mitbestimmung des Personalrats.[576]

Gegenstand dieses Vertrages ist zunächst die Festlegung der Aufgaben, die zu einem Dritten verlagert werden, sowie die Festlegung und Auflistung derjenigen Beschäftigten, die diese Aufgaben bisher bei dem Arbeitgeber verrichtet haben und gestellt werden sollen.

Weiter gehören dazu zwingend die Einzelheiten bei Übertragung des Direktionsrechtes auf den Dritten in Bezug auf die gestellten Beschäftigten. Das Direktionsrecht muss die Einschränkung enthalten, dass es nur in Bezug auf die Aufgaben des Beschäftigten, die verlagert wurden, ausgeübt werden kann und dem Arbeitnehmer auch keine anderen gleichwertigen oder vergleichbaren Arbeiten bei dem Dritten übertragen werden dürfen.

Zu regeln ist darüber hinaus, in welcher Weise die gestellten Arbeitnehmer ihre Rechte aus dem fortbestehenden Arbeitsverhältnis zum Arbeitgeber ausüben können, beispielsweise zum Aufsuchen der Personalabteilung des Arbeitgebers, der Sprechstunden des Personalrats, zur Teilnahme an Personalversammlungen, zum Vorbringen von Beschwerden, der Inanspruchnahme der AGG-Beschwerdestelle des Arbeitgebers, der Gleichstellungsbeauftragten und der Vertrauensleute der schwerbehinderten Menschen sowie zur Ausübung des aktiven und passiven Wahlrechts.

Dazu gehört ebenfalls die Wahrung der Rechte des Personalrats des Arbeitgebers durch Sicherung von Zugangsrechten zu den Arbeitsplätzen der gestellten Mitarbeiter.

Zu regeln wäre schließlich die Sicherung bestimmter tariflicher Rechte wie z. B. des dem Beschäftigten unter Umständen zustehenden Leistungsentgeltes nach § 18 TVöD. Dieses zusätzliche Leistungsentgelt ist nämlich nur dann fällig, wenn eine Zielvereinbarung erfolgt ist, Erfolgsprämien nach § 18 Abs. 4 Satz 3 TVöD/VKA können in Abhängigkeit von einem bestimmten wirtschaftlichen Erfolg gezahlt werden. In beiden Fällen stellt sich das Problem, dass der bisherige Arbeitgeber seine bei dem Dritten erbrachten Leistungen nicht beurteilen kann und der die Arbeitsleistung entgegennehmende Dritte rechtlich nicht im Stande ist, eine Zielvereinbarung mit dem Versprechen einer zusätzlichen Leistung zulasten des bisherigen Arbeitgebers zu treffen.

Schließlich kommen Regelungen für den Fall der Beendigung des Gestellungsvertrages in Betracht – sei es aufgrund vorbehaltener Kündigung, sei es aufgrund Wegfalls der Aufgabe oder auch im Falle einer individuellen »Rückgestellung«.[577] Der Einsatz von Personal aufgrund eines Gestellungs-

576 So OVG NRW 23. 3. 2010 – 16 A 2423/08.PVL, PersR 2010, 358.

577 Vgl. im Einzelnen: Welkoborsky, Gestellung und Personalvertretung, in: Schubert (Hrsg.), Sozialer Dialog in der Krise, 2009.

vertrages unterliegt in der aufnehmenden Dienststelle als Einstellung der Mitbestimmung des Personalrats nach Abs. 1 Satz 1 Nr. 1.

Abs. 4 Nr. 21: Aufstellung von Grundsätzen zu Arbeitszeitmodellen

175 Die Aufnahme dieses Mitbestimmungsrechts hat der Gesetzgeber wie folgt begründet: »*Auch im Hinblick auf die Attraktivität des öffentlichen Dienstes werden in der Zukunft neue Arbeitszeitmodelle wie Teilzeit (§ 63 LBG), Altersteilzeit (§ 65 LBG), Jahresfreistellung (§ 64 LBG), Urlaub aus arbeitsmarktpolitischen Gründen und Arbeitszeitkonten eine wichtige Rolle spielen. Das Aufstellen von Grundsätzen stellt eine Verwaltungspraxis sicher und dient damit der Gleichbehandlung der Beschäftigten.*«[578] Die Grundlage für solche Arbeitszeitmodelle finden sich nicht nur im Beamtenrecht, sondern ebenfalls in tarifrechtlichen Vorschriften über Teilzeitbeschäftigung nach § 11 TVöD/TV-L, Altersteilzeit im ATZG, Jahresfreistellung aufgrund eines Langzeitkontos nach § 10 Abs. 6 TVöD/TV-L. Das Mitbestimmungsrecht nach dieser Vorschrift greift nicht bei der Vereinbarung solcher Maßnahmen mit dem Beschäftigten im Einzelfall ein – das hat ggf. nach Absatz 4 Nr. 1 und 2 zu erfolgen. Vielmehr soll der Personalrat beteiligt werden, wenn allgemeine Grundsätze aufgestellt werden, wie solche Instrumente den Beschäftigten bereitgestellt werden sollen. Eine möglichst einheitliche Verwaltungspraxis und wohl auch einheitliche Verfahren zur Bewilligung und Ablehnung solcher Arbeitszeitmodelle im Einzelfall sollen damit erzielt werden.

Abs. 4 Nr. 21: Erstmalige Einführung grundlegend neuer Formen der Arbeitsorganisation

176 Dieses Mitbestimmungsrecht hat der Gesetzgeber mit der Begründung eingeführt, dass solche Maßnahmen der Arbeitsorganisation wegen ihrer Auswirkungen auf die Beschäftigten künftig stärker in den Focus treten würden.[579] Als Beispiel wird die Einrichtung von sog. Beschäftigtenpools genannt. Nicht jede Maßnahme der Arbeitsorganisation könne der Mitbestimmung unterliegen, sondern nur die Einführung grundlegend neuer Formen.

Das Mitbestimmungsrecht unterscheidet sich von Absatz 3 Nr. 4 (Maßnahmen der Änderung der Arbeitsorganisation) dadurch, dass von dem vorliegenden Mitbestimmungstatbestand nur grundlegend neue Formen der Arbeitsorganisation erfasst sein sollen;[580] das Mitbestimmungsrecht wird also nur in Betracht kommen, wenn sich die Arbeitsorganisation grundlegend

578 LT-Drucks. 15/1644, 86.
579 LT-Drucks. 15/1644, 86.
580 Vgl. VG Düsseldorf 20.1.2017 – 34 K 4211/15.PVL, juris.

ändert. Als Maßstab dafür hat der Umfang der auf die Beschäftigten wirkenden Veränderung zu gelten. Außerdem muss es sich um die erstmalige Einführung einer bestimmten – eben neuen – Arbeitsmethode handeln. Mitbestimmungspflichtig wäre dann die Entscheidung darüber, dass künftig ein Instrument der Personalwirtschaft die Einrichtung und Nutzung eines Beschäftigtenpools sein soll, während die konkreten Auswirkungen eines solchen Pools auf die Arbeit und Tätigkeit der Dienststelle und ihrer Beschäftigten der Mitbestimmung nach Absatz 3 Nr. 4 unterliegen werden.

Abs. 4 Nr. 22: Privatisierung

Die Privatisierung von Arbeiten und Leistungen des öffentlichen Dienstes unterliegt seit der Novelle 1985 der Mitbestimmung des Personalrats. Durch die Novelle 2011 ist das 2007 abgeschaffte Mitbestimmungsrecht bei der Privatisierung wieder eingeführt worden. Es ist allerdings auf »Dritte in jeglicher Rechtsform« erstreckt und somit in seinem sachlichen Geltungsbereich deutlich erweitert worden. Die Vorschrift erhält eine immer größere Bedeutung, regelt jedoch nur die Randbereiche des gesamten Geschehens der Verlagerung von öffentlichen Aufgaben vom bisherigen Dienstherrn auf andere Träger. Es lassen sich verschiedene Formen der Übertragung und Auslagerung unterscheiden: 177

- Die Verlagerung auf Anstalten oder Körperschaften des öffentlichen Rechts (z. B. die Auslagerungen der Universitätskliniken auf solche Anstalten; siehe § 41 HG sowie die Verordnungen vom 1. 12. 2000 zur Umbildung der Medizinischen Einrichtungen des Landes in Anstalten des öffentlichen Rechtes mit dem Namen »Universitätsklinikum«).
- Die Auslagerungen in Eigenbetriebe und eigenbetriebsähnliche Einrichtungen sind künftig ebenfalls Privatisierungen, da es sich bei diesen Einrichtungen nicht um rechtlich, sondern nur um organisatorisch selbständige Gebilde handelt. Nach Auslagerung kann der Eigenbetrieb bzw. die eigenbetriebsähnliche Einrichtung mit Zustimmung des Personalrats nach § 1 Abs. 3 verselbständigt werden und sodann ein eigener Personalrat für diesen verselbständigten Teil und ein Gesamtpersonalrat für die bisher einheitliche Dienststelle mit dem verselbständigten Dienststellenteil gebildet werden. Arbeitsrechtliche Auswirkungen sind mit einer solchen Auslagerung nicht verbunden.
- Die Privatisierung von Betrieben oder Betriebsteilen in eine eigene GmbH (»materielle Privatisierung«) wirft eine Reihe von Problemen für die Arbeitnehmer und die Personalräte auf. Vorschriften über die Interessenvertretung beim Wechsel vom Personalvertretungsrecht zum Betriebsverfassungsrecht existieren nicht, so dass die betriebsverfassungsrechtlichen Normen über ein Übergangsmandat (§ 21a BetrVG) zugunsten des Personalrats angewendet werden müssen. Die Rechtsprechung lehnt das

jedoch ab (siehe § 44 Rn. 1), weshalb eine ausdrückliche Vereinbarung eines solchen Übergangsmandats nötig ist. Die GmbH – auch wenn sie im 100 %-igen Eigenbesitz der öffentlichen Hand verbleibt – ist nicht automatisch tarifgebunden, so dass die Wirkungen des § 613a Abs. 1 Satz 2 BGB eintreten können. Bei Widerspruch der Arbeitnehmer gegen einen solchen Betriebsübergang sind Gestellungs- und Arbeitnehmerüberlassungsmodelle denkbar und unter Umständen erforderlich. Die Arbeitnehmer in der eigenständigen GmbH sind vor betriebsbedingten Kündigungen des neuen Arbeitgebers zu schützen und mit Rückkehrrechten auszustatten. Vorkehrungen für die Veräußerung der vollständigen oder der mehrheitlichen Anteile seitens der öffentlichen Hand sind regelmäßig zu treffen. Zugunsten der Beschäftigten sind Personalüberleitungsverträge erforderlich sowie bezüglich der Beamten Regelungen über die Zuweisung gemäß § 123a BRRG. In personalvertretungsrechtlicher Hinsicht ist eine Mitbestimmungssicherung bezüglich der Mitbestimmungsrechte, die durch den Wechsel zur Betriebsverfassung verloren gehen, anzustreben. Zu bedenken ist der Verlust der Wählbarkeit im Falle von Arbeitnehmerüberlassung, Gestellung oder Zuweisung in der abgebenden Dienststelle.

- Als nächster Schritt nach einer materiellen Privatisierung erfolgt nicht selten die »Organisationsprivatisierung« im Wege der Übertragung der Anteile an diesen privatisierten Gesellschaften. Diese außerhalb der Personalvertretung stattfindenden Vorgänge sind unter den Gesichtspunkten einer Betriebsänderung im Sinne des § 111 BetrVG und eines Betriebsübergangs im Sinne des § 613a BGB zu betrachten.
- Schließlich finden Übertragungen, Auslagerungen und Verlagerungen öffentlicher Dienstleistungen in Form der Privatisierung durch das Übertragen von Arbeiten auf Private ohne Betriebsübergang statt, z. B. durch die Verlagerung einzelner Aufgaben auf andere Firmen (Reinigungsarbeiten). Solche Verlagerungsvorgänge waren Motiv und Vorbild für die Schaffung des Mitbestimmungsrechtes nach Absatz 4 Nr. 22. Es dient dem Schutz der vorhandenen Arbeitsplätze,[581] dem Bestand der vorhandenen Aufgaben und dem Schutz vor dem Verlust von Arbeitsplätzen, ohne dass der eintretende Verlust Bedingung für ein Mitbestimmungsrecht wäre.

178 Das Mitbestimmungsrecht bei Privatisierungen wird häufig zusammenfallen mit dem Mitbestimmungsrecht nach Absatz 2 Nr. 5 bei der Aufstellung von Sozialplänen. Solche Sozialpläne sind bei Verlagerungen von Aufgaben auf private Dritte – vor allem im Wege eines Betriebsübergangs nach § 613a BGG – abzuschließen. Sie können auch im Wege eines Initiativrechts erstritten werden. Die Formulierung des Absatzes 2 Nr. 5 steht dem nicht entge-

581 So auch OVG NRW 20. 1. 2000 – 1 A 2193/98.PVL, PersR 2000, 460.

gen. Im Rationalisierungsschutztarifvertrag (dort Ziff. 3 der Protokollnotiz zu § 1 Abs. 1) werden Privatisierungen als mögliche Rationalisierungsmaßnahmen ausdrücklich erwähnt.

179 Die Vorschrift schützt den Bestand an Arbeitsplätzen (»Blitzlicht-Aufnahme« in Form der sog. konkreten Betrachtungsweise, siehe unten). Keinen Schutz gewährt das Mitbestimmungsrecht bei Privatisierungen für den Inhalt des Arbeitsvertrages bestehend aus den Arbeitsvertrags- und den Tarifvertragsrechten sowie gegen die bei einer solchen Privatisierung regelmäßig eintretende Arbeitsplatzunsicherheit bei Übertragung der Arbeitsverhältnisse auf private Dritte durch Verschlechterung der kündigungsrechtlichen Stellung und Eintritt einer Insolvenzgefahr. Auch die Verringerung des Schutzes durch wegfallende Beteiligungsrechte des Personalrats, die nach der Privatisierung nicht mehr bestehen, nimmt das LPVG nicht in den Blick.

180 Das 1985 in Nordrhein-Westfalen geschaffene Mitbestimmungsrecht war zunächst unter verfassungsrechtlichen Gesichtspunkten äußerst umstritten. In seinen Grundsatzentscheidungen vom 9. 11. 1987 haben das OVG NRW[582] und auch das BVerwG[583] jedoch verfassungsrechtliche Bedenken, die durch eventuelle Verzögerungen in der Durchführung von Maßnahmen infolge der Einräumung eines Mitbestimmungsrechts bei solchen Privatisierungen entstehen, als »noch vertretbar« bezeichnet.

181 Unter »Arbeiten der Dienststelle« sind nach dieser Rechtsprechung alle Tätigkeiten zu verstehen, die zum normalen Aufgabengebiet der Dienstelle gehören, wobei unerheblich ist, ob es Hauptaufgaben oder Arbeiten, die bei der Erfüllung der Hauptaufgaben lediglich zusätzlich anfallen (z. B. Reinigungsarbeiten), sind. Es kommt auch nicht darauf an, ob es sich um hoheitliche oder nicht-hoheitliche Arbeiten handelt. Im Beschluss des OVG vom 8. 3. 1989[584] ist klargestellt, dass das Mitbestimmungsrecht sich sowohl auf ständig wie auf nur gelegentlich anfallende Arbeiten der Dienststelle erstreckt.

182 Ob die privatisierten Arbeiten »üblicherweise« von eigenen Beschäftigten vorgenommen werden, ist anhand einer konkreten Betrachtungsweise zu ermitteln. Maßgebend ist, »ob speziell die zur Übertragung an eine Privatfirma vorgesehenen Arbeiten bisher von verwaltungseigenen Kräften erledigt worden sind und ob dies in regelmäßiger Weise geschehen ist«.[585] Es ist also gleichgültig, ob die Arbeiten innerhalb der Dienststelle insgesamt überwiegend von eigenen Kräften erledigt worden sind, ob z. B. bei Reinigungs-

582 CL 84/86, PersV 1990, 27; CL 27/85, PersR 1988, 245; CL 32/86, PersR 1988, 247; CL 4/87, PersR 1988, 302; CL 11/87, ZBR 1989, 93.

583 BVerwG 15. 10. 2003 – 6 P 8.03, PersR 2004, 33.

584 CL 37/87, PersR 1989, 277.

585 OVG NRW 9. 11. 1987 – CL 27/85, PersR 1988, 245.

arbeiten an Schulen die prozentual überwiegende Zahl der Schulen oder die überwiegende Reinigungsfläche mit eigenen Kräften gereinigt worden ist. Maßgebend ist allein, ob gerade die zur Privatisierung anstehenden Tätigkeiten – z. B. die von einer pensionierten Reinigungskraft bisher gereinigten Flächen – von eigenen Kräften ausgeführt worden sind oder nicht. Nicht der Mitbestimmung unterliegen dementsprechend solche Arbeiten, die von der Dienststelle bisher überhaupt nicht erledigt worden sind.[586]

183 Die »Übertragung« von Arbeiten ist der Vorgang der Weggabe der bisher selbst verrichteten Tätigkeiten an einen Dritten. Es genügt die Feststellung, dass die eigentliche Aufgabe nicht mehr selbst und unmittelbar verrichtet wird – gleichgültig, ob die Dienststelle eine öffentliche Kontrolle nach wie vor selbst durchführen kann.[587] An der Übertragung fehlt es, wenn die Übernahme der Arbeiten durch einen Dritten aufgrund Rechtsverordnung erfolgt.[588]

184 »Auf Dauer« liegt eine Übertragung dann vor, wenn sie auf unbestimmte Zeit erfolgt. Kündigungsmöglichkeiten in geschlossenen Verträgen stehen dem nicht entgegen. Dabei kommt es weniger auf die Ausgestaltung des konkreten Vertrages, als vielmehr auf die Grundentscheidung selbst an.[589]
Unter »Privatpersonen« sind alle natürlichen und juristischen Personen im Sinne der §§ 1 ff. und 21 ff. BGB – also auch nicht rechtsfähige Sportvereine – zu verstehen.

185 Keine Privatisierung liegt bei der bloßen Verschaffung eines eigenen Zugangs – der Übertragung der Schlüsselgewalt einer kommunalen Sportanlage auf Sportvereine – vor, da keine Eigenarbeiten übertragen werden.[590]

186 Die (teilweise) Übertragung von Aufgaben, z. B. des Betriebs eines Nichtsesshaftenheims oder von Einrichtungen für Jugendliche auf einen Träger der freien Wohlfahrtspflege, ist eine mitbestimmungspflichtige Privatisierung. Die Vorschriften über die Zusammenarbeit zwischen öffentlicher und freier Wohlfahrtspflege stehen dem nicht entgegen.[591] Tätigkeiten, die nur kurzfristig anfallen und daher per Einzelauftrag vergeben werden (Untersuchungsaufträge, Erstellung von Katastern und Plänen), unterliegen wegen des Fehlens des Begriffs »auf Dauer« nicht der Mitbestimmung.[592] Die Vergabe von Aufträgen zur Einmessung, die bisher durch eigene Messtrupps

---

586 OVG NRW 10. 12. 1993 – CL 103/90; 20. 1. 2000 – 1 A 2193/98.PVL, PersR 2000, 460.

587 OVG NRW 18. 3. 1991 – CL 75/88, PersR 1991, 348.

588 OVG NRW 19. 2. 1997 – 1 A 432/94.PVL, PersR 1997, 370.

589 OVG NRW 5. 11. 1992 – CL 41/89, PersR 1993, 177.

590 OVG NRW 7. 10. 1992 – CL 62/90, juris.

591 Beschluss vom 1. 3. 1991 – CL 38/88, PersR 1992, 79.

592 OVG NRW 9. 11. 1987 – CL 11/87, ZBR 1989, 93; 5. 4. 1990 – CL 54/87, PersV 1991, 314.

durchgeführt wurden, an öffentlich bestellte Vermessungsingenieure ist dagegen eine Privatisierung.[593]

Die Übertragung von Arbeiten zur Reinigung einer öffentlichen Grünanlage unterliegt auch dann der Mitbestimmung des Personalrats, wenn diese nur neben bereits privatisierten Arbeiten durchzuführen sind.[594] Nicht erst der Abschluss eines bestimmten Vertrages – z. B. die Übernahme bestimmter Arbeiten durch ein bestimmtes Unternehmen ab einem bestimmten Zeitpunkt – unterliegt der Mitbestimmung, sondern bereits die Grundsatzentscheidung, eine bestimmte Art von Arbeiten künftig zu privatisieren.[595] Entgegen der Auffassung des OVG muss jedoch jeder nachfolgende Privatisierungsschritt gesondert der Mitbestimmung unterworfen werden, damit die jeweils konkreten Gefährdungen für den Bestand an Arbeiten und Ausbildungsplätzen im Einzelfall (»konkrete Betrachtungsweise«) vom Personalrat beurteilt werden können. 187

Die Erstreckung der Mitbestimmung auf Dritte in jeglicher Rechtsform durch die Novelle 2011 bewirkt vor allem, dass die Privatisierung und Ausgründung in Unternehmen, die öffentlich-rechtlich verfasst sind, künftig der Mitbestimmung unterliegen. Das betrifft Eigenbetriebe im Sinne von § 114 GO NRW, eigenbetriebsähnliche Einrichtungen und rechtsfähige Anstalten des öffentlichen Rechtes im Sinne von § 114a GO NRW sowie nach § 4 des Gesetzes über kommunale Gemeinschaftsarbeit errichtete Zweckverbände. 188

Abs. 4 Satz 2 und 3

Vgl. hierzu die Kommentierung zu Abs. 4 Satz 1 Nr. 11 und 17 (Rn. 147 und 159ff). 189

Abs. 5: Probeweise oder befristet durchgeführte Maßnahmen

In allen Angelegenheiten des Absatzes 3 Nr. 1 bis 7 und des Absatzes 4 Nr. 1 bis 19 hat der Personalrat auch dann mitzubestimmen, wenn die Maßnahme lediglich probeweise oder befristet durchgeführt werden soll. 190

Bereits vor Schaffung dieser Regelung mit der Novelle 1985 hat das Bundesverwaltungsgericht das Mitbestimmungsrecht bei probeweisen oder zeitlich befristeten Maßnahmen für den Fall bejaht, dass die betreffende Maßnahme den Tatbestand des einschlägigen Mitbestimmungsrechtes vollständig erfüllt.[596] Nunmehr unterliegen der Mitbestimmung jedoch auch solche Maßnahmen, die den Mitbestimmungstatbestand nur deshalb nicht vollständig

593 OVG NRW 16. 12. 1993 – CL 107/90, PersV 1996, 399.
594 OVG NRW 16. 12. 1993 – CL 103/90, PersV 1996, 380.
595 OVG NRW 25. 3. 1999 – 1 A 4469/98.PVL, PersR 2000, 81.
596 BVerwG 15. 12. 1978 – 6 P 13.78, PersV 1980, 145.

erfüllen, weil sie noch nicht auf Dauer oder unbefristet angelegt sind. Das gilt z. B. für die probeweise Personaldatenverarbeitung ohne »Echtdaten«, die zur Erprobung oder zur Befristung vorgenommene Privatisierung, die deshalb noch nicht »auf Dauer« vorgenommen wird, sämtliche Änderungen oder Erweiterungen nach Absatz 3 Nr. 1, 2, 3 und 6, die wegen ihrer befristeten oder probeweisen Einführung noch keine »wesentliche« Änderung oder Erweiterung sind, oder etwa der Abschluss eines Werkvertrages zur Vorbereitung und Erprobung eines Arbeitnehmerüberlassungs- oder Gestellungsvertrages.
Die probeweise bzw. befristete Maßnahme unterliegt auch dann der Mitbestimmung, wenn den Beschäftigten der Dienststelle die Teilnahme an der Erprobung freigestellt ist.[597]

§ 73

Der Personalrat wirkt, soweit eine gesetzliche oder tarifliche Regelung nicht besteht, mit bei

1. **Verwaltungsanordnungen einer Dienststelle für die innerdienstlichen, sozialen oder persönlichen Angelegenheiten der Beschäftigten ihres Geschäftsbereichs,**
2. **Stellenausschreibungen, soweit die Personalmaßnahme der Mitbestimmung unterliegen kann,**
3. **Errichtung, Auflösung, Einschränkung, Verlegung oder Zusammenlegung von Dienststellen oder wesentlichen Teilen von ihnen,**
4. **behördlichen oder betrieblichen Grundsätzen der Personalplanung,**
5. **Aufträgen zur Überprüfung der Organisation oder Wirtschaftlichkeit einer Dienststelle durch Dritte,**
6. **Erhebung der Disziplinarklage gegen eine Beamtin oder einen Beamten, wenn sie oder er die Beteiligung des Personalrats beantragt. Die Beamtin oder der Beamte ist von der Maßnahme rechtzeitig vorher in Kenntnis zu setzen.**
7. **Maßnahmen zur Beschäftigungsförderung,**
8. **grundlegenden Änderungen von Arbeitsabläufen bei Wirtschaftsbetrieben.**

Vorbemerkungen

1 Mitwirkung ist das gegenüber der Mitbestimmung schwächere Beteiligungsrecht des Personalrats. Während mitbestimmungspflichtige Maßnahmen von der Zustimmung des Personalrats abhängen, können in mitwirkungs-

597 OVG NRW 30. 10. 1996 – 1 A 2348/93.PVL, PersR 1997, 212.

pflichtigen Angelegenheiten lediglich Einwendungen erhoben werden. Die Beteiligung der Einigungsstelle ist – anders als im Mitbestimmungsverfahren – nicht vorgesehen.

Der durch die Novelle 2007 eingefügte Vorbehalt, dass Mitwirkungsrechte nur bestehen, soweit eine gesetzliche oder tarifliche Regelung nicht besteht, findet sich bei den Mitwirkungstatbeständen des § 78 BPersVG nicht. Der Vorbehalt hat nur geringe praktische Bedeutung. Tarifliche Regeln, die Maßnahmen nach Nr. 1–8 zum Gegenstand haben, werden kaum vorkommen. Bei gesetzlichen Regelungen z. B. betreffend die Auflösungen einer Dienststelle oder die Zusammenlegung von Dienststellen unmittelbar durch ein Gesetz entfallen die Beteiligungsrechte bereits wegen des Fehlens einer dem Dienststellenleiter zurechenbaren Maßnahme.[598] **2**

Durch die Novelle 2011 ist die Vorschrift maßgebend umgestaltet worden: **2a**

- Nr. 1: Die Beteiligung bei Verwaltungsanordnungen ist unverändert geblieben.
- Nr. 2: Die wesentlichen Änderungen des Arbeitsvertrages sind nunmehr nach Absatz 1 Nr. 4 mitbestimmungspflichtig, die Mitwirkung bei Stellenausschreibungen ist gegenüber 2007 unverändert geblieben.
- Nr. 3 entspricht der bisherigen Nr. 3. Hinzugefügt wurde die Mitwirkung bei der Errichtung von Dienststellen.
- Nr. 4: Die betrieblichen und behördlichen Grundsätze der Personalplanung unterlagen bisher nur der Anhörung.
- Nr. 5: Die Mitwirkung bei Überprüfungsaufträgen bezüglich Organisation oder Wirtschaftlichkeit entspricht der Regelung in § 73 Nr. 8 in der Fassung vor 2007.
- Nr. 6: Die Mitwirkung bei Erhebung der Disziplinarklage wurde ergänzt und präzisiert.
- Nr. 7: Neu eingeführt wurde die Mitwirkung bei Maßnahmen zur Beschäftigungsförderung.
- Nr. 8: Das Mitwirkungsrecht bei grundlegenden Änderungen von Arbeitsabläufen in Wirtschaftsbetrieben entspricht der Rechtslage nach § 73 Nr. 9 in der Fassung vor 2007.

Das Verfahren der Mitwirkung richtet sich nach § 69. Durch die Rechtsprechung ist bislang nicht geklärt, welche Rechtsfolgen die unterbliebene Mitwirkung hat.

Soweit Verwaltungsanordnungen (Nr. 1) ohne ordnungsgemäße Beteiligung des Personalrats erlassen sind, sind die Beschäftigten nicht zur Befolgung verpflichtet.

Stellenausschreibungen (Nr. 2), Personalplanungsgrundsätze (Nr. 4), Überprüfungsaufträge nach Nr. 5 sowie die Änderung von Arbeitsabläufen in

---

598 So OVG NRW 20.6.2008 – 1 B 116/08.PVL, juris – zur Aufgabenverlagerung und Versetzung/Gestellung »kraft Gesetzes«.

Wirtschaftsbetrieben (Nr. 7) sind bis zur ordnungsgemäßen Durchführung des Mitwirkungsverfahrens analog § 69 Abs. 4 auszusetzen – auch um Konkurrentenklagen nicht berücksichtigter Mitbewerber zu vermeiden.
Das Gleiche gilt für Organisationsveränderungen von Dienststellen (Nr. 3), die ebenfalls – einschließlich der dadurch ausgelösten Personalmaßnahmen – bis zur Durchführung des Mitwirkungsverfahrens nicht weitergeführt werden dürfen.
Erfolgt die Erhebung einer Disziplinarklage gegen einen Beamten (Nr. 6) ohne Belehrung über das Antragsrecht auf Beteiligung des Personalrats oder unterbleibt sie trotz Antrags, führt das zur formellen Fehlerhaftigkeit – nicht jedoch zur Unwirksamkeit der Disziplinarklage. Macht der Beamte diesen Mangel rechtzeitig (nach § 54 Abs. 1 LDG innerhalb eines Monats nach Klagezustellung) geltend, gibt das Gericht dem Dienstherrn Gelegenheit zur Beseitigung dieses Mangels. Erfolgt sie nicht, wird das Disziplinarverfahren eingestellt (§ 54 Abs. 3 LDG).
Daneben kann der Personalrat die Verletzung seiner Mitwirkungsrechte verwaltungsgerichtlich geltend machen und in den Mitwirkungsfällen nach Nr. 1 bis 5 sowie 7 und 8 die weitere Durchführung der Maßnahmen und evtl. Folgemaßnahmen (z. B. Versetzungen wegen Organisationsänderungen nach Nr. 3) im Wege eines Unterlassungsantrags entsprechend § 23 Abs. 3 BetrVG durchsetzen.

Nr. 1: Verwaltungsanordnungen

3 Verwaltungsanordnungen sind sämtliche Regelungen der Dienststelle, die sie in Wahrnehmung ihrer Aufgaben und Rechte als Dienstherr und Arbeitgeber gegenüber ihren Beschäftigten bzw. einem unbestimmten Teil der Beschäftigten[599] trifft und die gestaltend in die innerdienstlichen, sozialen oder persönlichen Belange der Bediensteten eingreifen.[600] Eine Verwaltungsanordnung muss eine eigenständig gestaltende Wirkung haben, d. h. auf Veränderung des bestehenden Zustands in Bezug auf das Beschäftigungsverhältnis oder die Arbeitsbedingungen gerichtet sein[601] und allgemeingültigen Charakter für den Geschäftsbereich der Dienststelle haben.[602] Beinhaltet eine Dienstanweisung lediglich Vorgaben zur Auslegung von Gesetz oder Tarifvertrag, liegt keine Verwaltungsanordnung vor.[603] Auf die Form kommt es nicht an, beteiligungspflichtig können auch allgemeine Weisungen und Anordnungen sein, welche die Dienststelle in Wahrnehmung ihrer Aufgaben

599 BVerwG 5. 1. 2016 – 5 PB 23.15, PersV 2016, 185.
600 BVerwG 11. 12. 2012 – 6 P 2.12, PersR 2013, 135.
601 BVerwG 11. 12. 2012, a. a. O.
602 BVerwG 1. 9. 2004 – 6 P 3.04, PersR 2004, 437.
603 BVerwG 7. 2. 2012 – 6 P 26.10, PersR 2012, 213.

und Rechte als Dienstherr und Arbeitgeber gegenüber ihren Beschäftigten, mindestens gegenüber einer unbestimmten Anzahl von ihnen trifft.[604] Verwaltungsanordnungen können auch vorliegen, wenn nur für einen bestimmten – abstrakt definierten – Personenkreis Regelungen getroffen werden – nicht jedoch, wenn die Regelung lediglich bestimmte Beschäftigte betrifft. Bei dem Merkmal »innerdienstliche Angelegenheiten« handelt es sich um einen Auffang- und Oberbegriff und umfasst daher alle Angelegenheiten, die nicht als persönliche oder soziale Angelegenheiten qualifiziert werden können.[605] Thematisch umfassen Verwaltungsanordnungen dementsprechend alle in den §§ 62–78 aufgeführten Gegenstände. Aufgrund des umfassenden Bedeutungsgehalts der innerdienstlichen Angelegenheiten ist eine weitere Klassifizierung nach den Merkmalen »sozial« und »persönlich« entbehrlich.[606]

Innerdienstliche Angelegenheiten, auf die sich Verwaltungsanordnungen 4
beziehen, können z. B. sein: Regelungen zur Vertretungs-, Zeichnungs- oder Anweisungsbefugnis; Behandlung der **Arbeitsmittel, Verwendung von Dienstbezeichnungen, Zugangsregelungen zu bestimmten** Diensträumen (wenn nicht bereits nach § 72 Abs. 4 Nr. 9 mitbestimmungspflichtig), Regeln über die Gewährung von Bildungs- oder Sonderurlaub, die Benutzung des privaten Pkws zu Dienstzwecken, über die Erteilung von Dienstbefreiung oder Arbeitszeitregelungen an Vorfesttagen oder am Rosenmontag.

Soziale Angelegenheiten sind u. a. Regelungen zu Zuschüssen zur Verpfle- 5
gung, Essensmarken, Beihilfen – soweit diese über die bestehenden Beihilfevorschriften hinaus gewährt werden –, Zuwendungen bei persönlichen Anlässen – soweit nicht bereits nach § 72 Abs. 2 Nr. 1 mitbestimmungspflichtig –, verbilligter Erhalt von Waren, verbilligter Besuch kultureller Veranstaltungen, kostenlose Parkmöglichkeiten für den Pkw etc.

Persönliche Angelegenheiten sind solche, die vorrangig ein Verhalten des 6
einzelnen Beschäftigten betreffen, wie Regelungen zu Bekleidungsvorschriften, Verhaltensvorschriften gegenüber Kunden und Antragstellern, Verhalten am Arbeitsplatz sowie z. B. über die Annahme von Geschenken oder Belohnungen.

Beinhaltet eine Verwaltungsanordnung auch mitbestimmungspflichtige Regelungen, so wird das schwächere Mitwirkungsrecht verdrängt, stattdessen ist das Mitbestimmungsrecht zu beachten.[607]

---

604 BVerwG 5. 1. 2016 – 5 PB 23.13, PersV 2016, 185; 19. 5. 2003 – 6 P 16.02, PersR 2003, 314.

605 BVerwG 11. 12. 2012, a. a. O.

606 BVerwG 1. 9. 2004 – 6 P 3.04, PersR 2004, 437.

607 BVerwG 7. 2. 2012 – 6 P 26.10, PersR 2012, 413; 19. 5. 2003 – 6 P 16.02, PersR 2003, 314.

Nr. 2: Stellenausschreibungen

7 Durch die Novelle 2007 ist das bisherige Beteiligungsrecht bei Stellenausschreibungen dahingehend beschränkt worden, dass eine Stellenausschreibung nur noch dann der Mitwirkung des Personalrats unterliegt, soweit die Personalmaßnahme der Mitbestimmung unterliegt. Nach der Novelle 2011 unterliegen Stellenausschreibungen der Mitwirkung, soweit die anschließende Personalmaßnahme der Mitbestimmung unterliegen »kann«. Die Gesetzesbegründung teilt dazu mit,[608] eine Stellenausschreibung solle sich auf solche Personalmaßnahmen erstrecken, die »anschließend« der Mitbestimmung unterliegen, die Möglichkeit des Bestehens eines solchen Mitbestimmungsrechts reicht also aus, um das Mitwirkungsrecht bei Stellenausschreibungen auszulösen. Mit der Einräumung eines Mitwirkungsrechts bei Stellenausschreibungen ist dem Personalrat neben dem Recht auf Teilnahme an Auswahlgesprächen nach § 65 Abs. 2 Satz 2 eine weitere Beteiligung im Vorfeld einer Personalauswahlentscheidung eingeräumt. Stellenausschreibungen gehen regelmäßig einem späteren mitbestimmungspflichtigen Tatbestand nach § 72 Abs. 1 voran und bereiten diesen vor.

8 Allerdings soll sich nach der Novelle die Mitwirkung nur auf Stellenausschreibungen erstrecken, »soweit die Personalmaßnahme der Mitbestimmung unterliegen kann«. Diese – etwas unklar formulierte – Einschränkung des Mitwirkungsrechts bei Stellenausschreibungen lässt das Mitwirkungsrecht bei der Besetzung solcher Stellen entfallen, auf denen Beschäftigte nach § 72 Abs. 1 Halbsatz 2 Nr. 1–5 beschäftigt werden sollen sowie bei Versetzungen und Umsetzungen von Beschäftigten in der Berufsausbildung (§ 72 Abs. 1 Satz 3). Soweit das Mitbestimmungsrecht des Personalrats von einem entsprechenden Antrag der Beschäftigten abhängig ist (§ 72 Abs. 1 Satz 2), besteht das Mitwirkungsrecht uneingeschränkt, weil es nur darauf ankommt, ob die Personalmaßnahme der Mitbestimmung unterliegen »kann«. Es reicht aus, wenn die Möglichkeit der späteren Mitbestimmung bei der Personalmaßnahme besteht.[609]

9 Unter Ausschreibung ist die allgemeine Aufforderung zu verstehen, sich um eine freie Stelle zu bewerben. Sie richtet sich an einen unbestimmten Personenkreis oder – bei dienststelleninternen Ausschreibungen – an alle Beschäftigten der Dienststelle oder eine bestimmte Gruppe von ihnen.[610] Die Stellenausschreibung dient der Erschließung eines möglichst großen Bewerberkreises, die Auswahlmöglichkeit soll vergrößert und die Verwirklichung des

---

608 LT-Drucks. 14/4239, 100.

609 So LT-Drucks. 15/1644, 86.

610 BVerwG 14. 1. 2010 – 6 P 10.09, PersR 2010, 322; 9. 1. 2007 – 6 P 6.06, PersR 2007, 2013.

Leistungsgrundsatzes gefördert werden.[611] Das Mitwirkungsrecht des Personalrats bei Stellenausschreibungen umfasst die »Grundentscheidung«, ob die Stelle ggf. auch erneut ausgeschrieben oder davon abgesehen werden soll[612] sowie die weitere Gestaltung des Ausschreibungsverfahrens,[613] ob die Stellen intern und/oder extern – ggf. in welchen Veröffentlichungsorganen – ausgeschrieben werden soll. Die Mitwirkung erstreckt sich zwar nicht auf die Bewertung der auszuschreibenden Stelle,[614] jedoch auf den übrigen Inhalt der Stellenausschreibung, wie z. B. die Festlegung der von den Bewerbern zu erfüllenden Anforderungen.[615] Auf das Fehlen einer Ausschreibung kann der Personalrat die Ablehnung der nachfolgenden Stellenbesetzungsmaßnahme dann stützen, wenn er darlegt, aus welchen Gründen er eine Ausschreibung für erforderlich hält.[616]

Eine Verpflichtung zur Stellenausschreibung kann sich aus einer Verwaltungsübung ergeben, die auf Rechts- oder Verwaltungsvorschriften oder auf ständiger Verwaltungspraxis beruht.[617] In der Regel bestehen gesetzliche Ausschreibungsverpflichtungen jedoch nur bezüglich solcher Stellen, die mit Beschäftigten im Sinne des § 72 Abs. 1 Satz 2, 2. Halbsatz zu besetzen sind. In Betracht kommt die Verpflichtung zur Stellenausschreibung bei Dozenten der Fachhochschule und für den öffentlichen Dienst (vgl. § 20 Abs. 6 FHGöD) sowie die Ausschreibungsverpflichtung in Bereichen, in denen Frauen unterrepräsentiert sind (vgl. § 8 Abs. 1 LGG).

Entgegen der Ansicht des OVG NRW ist der Personalrat bei Einwendungen gegen beabsichtigte Stellenausschreibungen nicht verpflichtet, die Einwendungen auf die Stellenausschreibung selbst und auf einen späteren, evtl. mitbestimmungspflichtigen Tatbestand nach § 72 Abs. 1 zu beschränken.[618] Der Personalrat kann auch Einwendungen zur Festlegung des Anforderungsprofils und zum Kreis der in Betracht kommenden Bewerber erheben.

Nach § 17 Abs. 2 LGG ist auch die Gleichstellungsbeauftragte bei Stellenausschreibungen zu unterrichten und anzuhören.

---

611 OVG NRW 18. 10. 2000 – 1 A 5334/98.PVL, PersR 2001, 163.

612 BVerwG 9. 1. 2007 – 6 P 6.06, PersR 2007, 213.

613 OVG NRW 18. 9. 1995 – 1 A 1471/92.PVL, PersR 1996, 363; BVerwG 9. 1. 2007 – 6 P 6/06, PersR 2007, 213.

614 So OVG NRW 20. 11. 1995 – 1 A 4692/94.PVL, juris.

615 A. A. OVG NRW 18. 10. 2000 – 1 A 5334/98.PVL, PersR 2001, 163.

616 OVG NRW 10. 3. 1999 – 1 A 1083/97.PVL, PersR 2000, 78.

617 BVerwG 4. 5. 2012 – 6 PB 1.12, PersR 2012, 328.

618 So aber Beschlüsse vom 24. 2. 1995 – 1 A 302/92.PVL, juris, und vom 18. 10. 2000 – 1 A 5334/98.PVL, PersR 2001, 163.

Nr. 3: Errichtung, Auflösung, Einschränkung, Verlegung oder Zusammenlegen von Dienststellen oder wesentlichen Teilen

10 Die Vorschrift ist durch die Novelle 2011 um die »Errichtung« von Dienststellen erweitert worden, weil es – so der Gesetzgeber[619] – nur konsequent sei, den Personalrat sowohl bei einer Auflösung wie bei der Errichtung einer Dienststelle zu beteiligen.

11 Das Mitwirkungsrecht beschränkt sich auf die Mitbeurteilung der rein organisatorischen Entscheidungen der Dienststelle, die sich daraus ergebenden Folgemaßnahmen für die Beschäftigten unterliegen gesondert der Mitbestimmung. Ihnen ist unter Umständen ein Mitbestimmungsverfahren zur Herbeiführung eines Sozialplans oder wegen der mit einer solchen organisatorischen Maßnahme einhergehenden Änderung der Arbeitsorganisation vorgeschaltet.

12 **Errichtung** ist die Neuschaffung einer Dienststelle im Sinne des § 1 Abs. 2 z. B. durch Teilung, Umwandlung oder Auflösung vorhandener Dienststellen im Sinne des § 44 Abs. 6 oder durch Organisationsentscheidungen des Gesetzgebers. Eine Errichtung liegt auch vor, wenn Gemeinden oder Kreise Anstalten des öffentlichen Rechts oder Zweckverbände errichten.

Auflösung einer Dienststelle liegt nur dann vor, wenn die Dienststelle im Sinne des § 1 oder der »wesentliche« Teil aufhört zu bestehen und damit der Personalrat aufgelöst wird. Beschließt eine Gemeinde die Schließung einer ihrer Schulen, so steht dem bei der Bezirksregierung gebildeten Lehrkräfte-Personalrat kein Mitwirkungsrecht zu.[620]

Eine **Einschränkung** liegt vor, wenn zwar die Dienststelle bestehen bleibt, jedoch verkleinert wird. Auf das Maß der Verkleinerung kommt es nicht an. Sie kann auf einer Verringerung der Aufgaben, Veränderung des räumlichen Wirkungskreises beruhen oder dadurch eintreten, dass der Arbeitsanfall geringer wird oder die Zahl der Beschäftigten verringert werden soll. Ergänzend kann analog zu § 111 BetrVG entsprechend der Rechtsprechung des BAG[621] auf diejenigen Entlassungszahlen zurückgegriffen werden, für die § 17 KSchG eine Anzeigepflicht des Arbeitgebers bei der Agentur für Arbeit vorschreibt.

Bei einer **Verlegung** der Dienststelle bleibt diese in vollem Umfang bestehen, wird jedoch an einem anderen Ort angesiedelt. Ihre organisatorische Einheit bleibt erhalten. Für die Verlegung kommt es nicht darauf an, ob der Ortswechsel zu einem Wechsel des Dienstortes im Sinne des Reisekostenrechtes führt.

---

619 LT-Drucks. 15/1644, 86.

620 OVG NRW 26. 2. 2016 – 20 A 2495/14.PVL, BeckRS 2016, 44385.

621 Z. B. BAG 28. 3. 2006, AP Nr. 12 zu § 112a BetrVG 1972.

Die **Zusammenlegung** von Dienststellen ist das Zusammenfügen verschiedener Aufgabenbereiche verschiedener Dienststellen in einer (neuen) Dienststelle oder die Aufnahme einer Dienststelle oder eines Teils davon in eine bestehende Dienststelle.

Unter **wesentlichen Teilen** von Dienststellen sind zunächst Nebenstellen und Teile einer Dienststelle im Sinne des § 1 Abs. 3 zu verstehen. Ansonsten ist nicht vom personalvertretungsrechtlichen Begriff der Dienststelle, sondern vom organisationsrechtlichen Begriff auszugehen. Unter Dienststelle ist insoweit die jeweilige Behörde zu verstehen, die eine Zusammenfassung von Personen und sächlichen Mitteln zur Erfüllung einer bestimmten öffentlichen Aufgabe und einer relativen Selbständigkeit darstellt.[622] Wesentlich sind die Maßnahmen stets dann, wenn bei Betrachtung der jeweiligen Auflösung, Einschränkung, Verlegung oder Errichtung eine beträchtliche Veränderung des Aufgabenbereiches zu verzeichnen ist, der personelle Maßnahmen nach sich ziehen kann.[623] Es kann jedoch über den Wortlaut der Vorschrift hinaus nicht verlangt werden, dass der wesentliche Teil auch für den Bereich der Dienststelle eine »prägende Bedeutung« hat.[624] 13

Abzustellen ist vielmehr darauf, ob solche Maßnahmen wie Errichtung, Auflösung, Einschränkung, Verlegung und Zusammenlegung mit Nachteilen für die Beschäftigten verbunden sein können (analog § 111 Satz 1 BetrVG), die in arbeitsvertraglichen Verschlechterungen (z.B. geringeres Entgelt), Änderung der Aufgabenstellung, Rationalisierungseffekten oder einem Wechsel des Arbeitsortes bzw. weiteren Nachteilen bestehen können. Es ist eine qualitative, anstelle einer quantitativen Betrachtung vorzunehmen. Fälle der Verlegung und Zusammenlegung können auch vorliegen, wenn die Dienststelle zwar erhalten bleibt, jedoch Veränderungen in der Rechtsform oder der Aufgabenstellung erfolgen, wie:

- rechtliche Verselbständigung der Dienststelle oder eines Teils zur Körperschaft, Anstalt oder Stiftung des öffentlichen Rechts
- rechtliche Verselbständigung der Dienststelle oder eines Teils zu einer Gesellschaft privaten Rechtes (z.B. kommunale GmbH)
- Veräußerung eines Teils der Dienststelle (Privatisierung)
- Aufgabe einer Tätigkeit und der Wegfall von Arbeitsplätzen
- Verlagerung von Aufgaben auf andere Dienststellen oder Dritte bei gleichzeitiger Gestellung/Versetzung der betroffenen Beschäftigten (»Personal folgt der Aufgabe«)

---

622 BVerwG 11.11.2009 – 6 PB 25.09, PersR 2010, 169.

623 OVG NRW 23.10.2010 – 16 A 2209/08.PVL, juris.

624 So aber OVG NRW 23.10.2010, a.a.O.

Nr. 4: Behördliche oder betriebliche Grundsätze der Personalplanung

13a Das Mitbestimmungsrecht bei behördlichen oder betrieblichen Grundsätzen der Personalplanung war vor 2007 bereits ein Mitwirkungsrecht. Seit der Novelle 2007 bestand lediglich ein Anhörungsrecht nach § 75 Nr. 4. Ähnliche Beteiligungsrechte, wenn auch mit anderem Inhalt und anderer Reichweite, sehen § 78 Abs. 3 Satz 3 BPersVG und § 92 Abs. 1 BetrVG vor.

»Behörden« ist der Sammelbegriff für die in § 1 Abs. 2 aufgeführten Dienststellen im Sinne des Gesetzes. »Betriebe« meint Eigenbetriebe im Sinne des § 114 GO, die keine eigene Rechtspersönlichkeit haben.

Personalplanung ist die Gesamtheit der Maßnahmen, die zur Ermittlung und zur Deckung des künftigen Personalbedarfs entsprechend den jeweiligen Bedingungen der Verwaltung dienen. Personalplanung umfasst die Personalbedarfsplanung, den Personaldeckungsplan, die Planung der Personalentwicklung und die Kontrollplanung.[625]

Es stellt keine Einschränkung des Mitwirkungsrechts dar, dass der Personalrat nur an den »Grundsätzen« der Personalplanung mitzuwirken hat. Personalplanung besteht ohnehin aus allgemeinen, vorausschauenden Überlegungen, auf welche Weise der künftige Personalbedarf ermittelt werden kann, welche Maßnahmen zur Deckung dieses Bedarfs z. B. durch Ausbildung, Fortbildung, berufliche Förderung zu treffen sind und wie die Planung der künftigen Personaleinstellung und die Nachwuchsplanung zu geschehen haben. All dies sind – da es sich nicht um die einzelnen Ausführungshandlungen, sondern um vorausschauende Überlegungen handelt – »Grundsätze«; zugleich handelt es sich aber auch um »Personalplanung«. Zur Wahrnehmung dieses Mitwirkungsrechts ist dem Personalrat zu Händen seines Vorsitzenden eine Kopie der Personalbedarfsberechnung und des Stellenplans auf Dauer zu überlassen.[626]

Nr. 5: Aufträge zur Überprüfung der Organisation oder der Wirtschaftlichkeit einer Dienststelle durch Dritte

13b »Die Überprüfung der Organisation und der Wirtschaftlichkeit führt in aller Regel zu einer Personalbedarfsberechnung, und deshalb sollten beide Tatbestände der Mitbestimmung unterworfen sein.«[627] Solche Überprüfungen sind meist Vorbereitungshandlungen für Rationalisierungsmaßnahmen, Umorganisationen, Maßnahmen zur Änderung der Arbeitsorganisation u. Ä. Sie sind darüber hinaus häufig belastend für die Beschäftigten, da von

---

625 BVerwG 23. 1. 2002 – 6 P 5.01, PersR 2002, 201.

626 BVerwG 23. 1. 2002, a. a. O.

627 LT-Drucks. 9/3031.

ihnen Angaben gefordert werden, sie befragt werden oder ihnen umfangreiche Aufzeichnungen abverlangt werden.
Die Mitwirkung hängt nicht davon ab, dass die Organisation oder die Wirtschaftlichkeit einer gesamten Dienststelle überprüft wird, es genügen Aufträge zur Überprüfung von Teilen der Dienststelle.[628]
Dritte können sowohl private Unternehmen wie Unternehmensberatungsgesellschaften als auch Einzelpersonen wie Rationalisierungsbeauftragte, aber auch übergeordnete Dienststellen und schließlich der Landesrechnungshof sein. In allen Fällen ist dem Personalrat der beabsichtigte Auftrag zur Mitwirkung vorzulegen. Ihm sind die Auswirkungen des Auftrages auf die Beschäftigten während der Überprüfung und die von der Dienststelle vorgegebenen Untersuchungsziele darzulegen. Keine Dritten sind Beschäftigte der Dienststelle, die mit der Ermittlung von Kosten der Tätigkeit von Beschäftigten beauftragt sind.[629]

Nr. 6: Erhebung der Disziplinarklage gegen einen Beamten

Durch die Novelle 2007 ist dieser Tatbestand neu in den Katalog der mitwirkungspflichtigen Angelegenheiten aufgenommen worden. Vorbild ist das gleichlautend formulierte Mitwirkungsrecht nach § 78 Abs. 1 Nr. 3 BPersVG. 14
Die Novelle 2011 hat eine Einschränkung und Präzisierung vorgenommen. Eine Beteiligung des Personalrats soll vor Erhebung der Disziplinarklage nur dann erfolgen, wenn die Beamtin oder der Beamte einen ausdrücklichen Antrag stellt. Künftig muss also der Beamtin oder dem Beamten ausdrücklich Gelegenheit gegeben werden, einen solchen Antrag auf Beteiligung des Personalrats zu stellen.
Präzisiert wurde, dass zu diesem Zweck die Beamtin oder der Beamte so rechtzeitig von der beabsichtigten Erhebung der Disziplinarklage in Kenntnis zu setzen ist, dass die Beteiligung des Personalrats verlangt werden kann und das Mitwirkungsverfahren vor Erhebung der Disziplinarklage abgeschlossen werden kann.
Das Disziplinargesetz sieht die Verhängung von Disziplinarmaßnahmen auf zwei Wegen vor:
Im Falle einer Disziplinarverfügung nach § 34 LDG können Verweis, Geldbuße, Kürzung der Dienstbezüge oder eine Kürzung des Ruhegehalts verhängt werden. Erfolgt eine Disziplinarmaßnahme im Wege einer solchen Disziplinarverfügung, besteht bei diesen Maßnahmen kein Mitwirkungsrecht.

628 OVG NRW 10.3.1999 – 1 A 1190/97.PVL, PersR 1999, 362.
629 OVG NRW 29.1.1999 – 1 A 6323/98.PVL, PersR 1999, 310.

Beabsichtigt die Behörde die Zurückstufung des Beamten oder die Entfernung aus dem Beamtenverhältnis insgesamt, so ist gemäß §§ 35, 52 LDG Disziplinarklage zu erheben, über die die Disziplinargerichtsbarkeit (§§ 45 ff. LDG) entscheidet.
Das Mitwirkungsrecht sieht vor, dass der Personalrat »bei« Erhebung einer solchen Disziplinarklage mitzuwirken hat. Damit der Personalrat seine Mitwirkungsrechte ausüben kann und die beabsichtigte Erhebung der Disziplinarklage vor Durchführung mit dem Ziel einer Verständigung rechtzeitig und eingehend erörtert werden kann (§ 69 Abs. 1 Satz 1), ist sowohl dem Beamten wie dem Personalrat der Entwurf der schriftlich zu formulierenden Klageschrift (§ 52 LDG) vor Einreichung der Klage bei dem dafür zuständigen Verwaltungsgericht zuzuleiten.
Das Mitwirkungsrecht des Personalrats soll sich nur auf die disziplinarbehördliche Abschlussentscheidung, ob Disziplinarklage erhoben werden soll, nicht jedoch auf den im Falle der Klageerhebung vorgesehenen Klageantrag beziehen.[630] Gleichwohl ist der Personalrat über die Klageschrift in Form einer Übermittlung der Inhalte, die Grundlage für die Klageerhebung sein sollen, zu unterrichten. Ansonsten kann der Personalrat nicht beurteilen, ob die Klageerhebung angemessen ist.
Nach § 17 Abs. 1 LGG ist die Gleichstellungsbeauftragte von der Erhebung der Disziplinarklage zu unterrichten und anzuhören, wenn durch das konkrete Disziplinarverfahren Gleichstellungsbelange betroffen sind.[631]

Nr. 7: Maßnahmen zur Beschäftigungsförderung

15 Die Mitwirkung bei solchen Maßnahmen ist durch die Novelle 2011 aufgenommen worden. Damit sind ausdrücklich nicht solche Maßnahmen gemeint, die die vorhandenen Arbeitsplätze sichern oder zur Beschäftigungssicherung im Sinne des § 92a BetrVG beitragen. In der Gesetzesbegründung heißt es dazu vielmehr: »*Die Form der Beschäftigungsförderung wird sich in den nächsten Jahren auch im öffentlichen Bereich wesentlich verändern, um Arbeitswilligen bzw. Langzeitarbeitslosen mit kaum überwindbaren Vermittlungshemmnissen eine Perspektive zu verschaffen. Um alle zukünftig möglichen Formen (z.B. freiwilliger sozialer Arbeitsmarkt, öffentliche auf Gemeinnützigkeit beschränkte Arbeitsangebote, Bürgerarbeit, Beschäftigungszuschuss, gemeinwohlorientierter Arbeitsmarkt etc.) zu erfassen, wird die neue Nummer 7 ausdrücklich sehr offen formuliert.*«[632]
Dieses neue Mitwirkungsrecht tritt damit an die Stelle der vor 2007 geltenden Mitwirkung bei Maßnahmen zur Arbeitsbeschaffung nach dem Arbeits-

630 BVerwG 20.10.2005 – 2 C 12.04, PersV 2006, 262.
631 VG Düsseldorf 12.2.2014 – 31 K 3347/13.0, BeckRS 2014, 48770.
632 LT-Drucks. 15/2218, 54.

förderungsgesetz. Allerdings hat der Gesetzgeber den Anspruch, den Personalrat bei allen im öffentlichen Dienst vorkommenden bzw. sich künftig eröffnenden Formen und Arten der Beschäftigung und Betätigung zu beteiligen.

Nr. 8: Grundlegende Änderung von Arbeitsabläufen bei Wirtschaftsbetrieben

Unter dem Begriff des Arbeitsablaufs ist entsprechend der Regelung in § 72 Abs. 3 Nr. 4 die zeitliche und räumliche Aufeinanderfolge von Arbeitsgängen zur Erzielung eines bestimmten Arbeitsergebnisses (vgl. § 72 Rn. 93) zu verstehen.[633] Grundlegend ist eine Änderung des Arbeitsablaufs, wenn sie für die von ihr betroffenen Beschäftigten ins Gewicht fallende körperliche oder geistige Auswirkung hat, also die Änderung »von Gewicht« ist.[634] **16**
Unter Wirtschaftsbetrieben sind die in § 72 Abs. 1 Satz 2 2. Halbsatz Nr. 5 erwähnten »öffentlichen Betriebe« in Gemeinden, in den Gemeindeverbänden und in sonstigen der Aufsicht des Landes unterstehenden Körperschaften, Anstalten und Stiftungen des öffentlichen Rechts zu verstehen.

§ 74

(1) Der Personalrat bestimmt mit bei ordentlichen Kündigungen durch den Arbeitgeber. § 72 Absatz 1 Satz 2 gilt entsprechend.
(2) Der Personalrat ist vor Abmahnungen, bei Kündigungen in der Probezeit, bei außerordentlichen Kündigungen, bei Aufhebungs- oder Beendigungsverträgen und bei Mitteilungen an Auszubildende darüber, dass deren Einstellung nach beendeter Ausbildung nicht beabsichtigt ist, anzuhören. Hierbei sind die Gründe, auf die sich die beabsichtigte Abmahnung oder Kündigung stützen soll, vollständig anzugeben.
(3) Eine ohne Beteiligung des Personalrates ausgesprochene Kündigung oder ein ohne Beteiligung des Personalrates geschlossener Aufhebungs- oder Beendigungsvertrag ist unwirksam.
(4) Der Personalrat kann vor einer Stellungnahme die betroffene Arbeitnehmerin oder den betroffenen Arbeitnehmer anhören. Erhebt der Personalrat Einwendungen gegen die beabsichtigte Maßnahme oder Vereinbarung, hat er der betroffenen Arbeitnehmerin oder dem betroffenen Arbeitnehmer eine Abschrift seiner Stellungnahme zuzuleiten.

---

633 Vgl. auch: VG Düsseldorf 20.1.2017 – 34 K 4211/15.PVL, juris.

634 So zum Mitbestimmungsrecht bei der Einführung grundlegend neuer Arbeitsmethoden: BVerwG 30.8.1985 – 6 P 20.83, PersR 1985, 184 sowie OVG NRW 10.2.1999 – 1 A 411/97.PVL, PersR 1999, 314.

(5) Stimmt der Personalrat einer beabsichtigten ordentlichen Kündigung nicht zu, gilt § 66 Absatz 2 und 3 sinngemäß. Das weitere Verfahren regelt sich nach § 66 Absatz 5 und Absatz 7 Satz 1 und 2.
(6) Hat der Personalrat gegen eine beabsichtigte Kündigung in der Probezeit oder gegen eine außerordentliche Kündigung Einwendungen, gibt er diese binnen drei Arbeitstagen der Dienststelle schriftlich zur Kenntnis. Absatz 4 gilt entsprechend.
(7) Will der Personalrat gegen einen Aufhebungs- oder Beendigungsvertrag Einwände erheben, gibt er diese binnen einer Woche schriftlich der Dienststelle zur Kenntnis. Absatz 4 gilt entsprechend.
(8) Bei Initiativanträgen des Personalrats gilt § 66 Absatz 4 und 6 entsprechend.

1 Die Beteiligungsrechte des Personalrats bei so wesentlichen Entscheidungen wie Kündigungen, Aufhebungsverträgen und Abmahnungen sind durch die Novelle 2011 auf der Grundlage der vor 2007 geltenden Fassung des § 72a neu geordnet worden. Die Vorschrift fasst Angelegenheiten zusammen, die das Arbeitsverhältnis beenden, wie die ordentliche und außerordentliche Kündigung, oder die Beendigung vorbereiten, wie die Abmahnung.

2 **Abs. 1:** Der Personalrat hat bei ordentlichen Kündigungen des Arbeitgebers mitzubestimmen.
Eine Kündigung ist eine privatrechtsgeschäftliche Gestaltungserklärung, die ein Dauerschuldverhältnis für die Zukunft beendet.[635]
»Ordentlich« ist eine Kündigung dann, wenn sie unter Einhaltung von vereinbarten oder im Tarifvertrag vorgesehenen Fristen erklärt wird. Auch eine Kündigung »zum nächstzulässigen Termin« stellt eine solche ordentliche Kündigung dar. Zu beachten ist, dass eine ordentliche Kündigung mit einer unzutreffenden Frist nicht unwirksam ist, sondern stets in eine wirksame zum nächstmöglichen Zeitpunkt umgedeutet werden kann.
Unter ordentlicher Kündigung ist auch eine Änderungskündigung zu verstehen. Die Änderungskündigung ist die Erklärung, dass das Arbeitsverhältnis zum nächstmöglichen Termin beendet wird, verbunden mit dem Angebot, das Arbeitsverhältnis nach Erreichen der Kündigungsfrist zu veränderten – meist verschlechterten Bedingungen – fortzusetzen. Teilkündigungen einzelner Bestimmungen oder Bedingungen des Arbeitsvertrags sind nur zulässig, wenn die gesonderte Kündigung des jeweiligen Teils im Vertrag ausdrücklich vereinbart worden ist. Ansonsten sind sie unzulässig.
Kündigungen vor Vertragsbeginn sind – wenn nicht im Arbeitsvertrag ausdrücklich etwas anderes vereinbart ist – regelmäßig zulässig. Die Kündi-

635 Vgl. BAG 21.3.2013 – 6 AZR 618/11, ZTR 2013, 445.

gungsfrist läuft in diesem Fall ab Kündigungserklärung und nicht erst ab Beginn des Arbeitsverhältnisses.

In Abgrenzung zur ordentlichen Kündigung wird die außerordentliche Kündigung ohne Einhaltung einer Frist erklärt und ist nur aus wichtigem Grund unter den Voraussetzungen des § 626 BGB zulässig. Das Beteiligungsverfahren des Personalrates regelt sich nach Abs. 2.

Als ordentliche Kündigungen sind auch Probezeitkündigungen innerhalb der längstens sechsmonatigen Probezeit nach § 2 Abs. 4 TVöD/TV-L anzusehen, für die nach § 34 Abs. 1 Satz 1 TVöD/TV-L eine Kündigungsfrist von zwei Wochen zum Monatsschluss gilt. Für diese Probezeitkündigungen, die in den ersten sechs Monaten des Vertragsverhältnisses ausgesprochen werden, findet das KSchG mangels Erreichens der sechsmonatigen Wartefrist des § 1 Abs. 1 KSchG keine Anwendung. Das Beteiligungsverfahren des Personalrats bei Probezeitkündigungen regelt sich nach Abs. 2.

Die ordentliche Kündigung ist bei Mitgliedern des Personalrates, der Jugend- und Auszubildendenvertretung und dem Wahlvorstand sowie bei Wahlbewerbern, Vertrauensperson der schwerbehinderten Menschen ausgeschlossen, bei diesem Personenkreis ist nur eine außerordentliche Kündigung möglich, die der Zustimmung des Personalrats und bei Zustimmungsverweigerung, der Zustimmungsersetzung durch das Arbeitsgericht bedarf (§ 15 Abs. 2 KSchG).

Nicht selten wird beim Personalrat die Zustimmung zu einer außerordentlichen Kündigung und zugleich zu einer vorsorglichen oder hilfsweise ordentlichen Kündigung in einer einheitlichen Erklärung beantragt. Der Personalrat kann zu jeder der beiden Kündigungen getrennt und mit den unterschiedlichen Fristen von zwei Wochen gemäß Absatz 5 i. V. m. § 66 Abs. 2 bei der ordentlichen Kündigung und von drei Arbeitstagen gemäß Absatz 6 bei der außerordentlichen Kündigung Stellung nehmen.

Andere Beendigungsformen des Arbeitsverhältnisses unterliegen dagegen **3**
nicht der Beteiligung des Personalrats, wie

- Geltendmachung der Nichtigkeit
- Anfechtung des Arbeitsvertrags
- Beendigung durch Zeitablauf oder auflösende Bedingung sowie Berufung auf Befristungsabrede oder auflösende Bedingung
- Beendigung des Berufsausbildungsverhältnisses gemäß § 21 BBiG;
- Beendigung des Arbeitsverhältnisses durch gerichtliche Entscheidung gemäß § 7 Abs. 5 b;
- Beendigung aufgrund Erreichen der Altersgrenze oder Beginn der verminderten Erwerbsfähigkeit (§ 33 Abs. 1a und Abs. 2 TVöD).

Mitbestimmungspflichtig sind ordentliche Kündigungen des Arbeitgebers. **3a**
Es besteht also kein Mitbestimmungsrecht bei **Eigenkündigungen des Arbeitnehmers**. Als Arbeitgeber ist die Anstellungskörperschaft, also die in § 1 Abs. 1 genannte Körperschaft anzusehen. Zum Ausspruch der Kündigung

befugt ist daher nicht automatisch der Dienststellenleiter, sondern derjenige, der nach den für die jeweilige Körperschaft geltenden Regelungen zur Vertretung befugt ist. Das ändert aber nichts daran, dass das Mitbestimmungsverfahren vom Dienststellenleiter einzuleiten und durchzuführen ist.

3b Ordentliche Kündigungen unterliegen der Mitbestimmung des Personalrats, weshalb § 66 anzuwenden ist, obgleich die Regelung in Abs. 5 Satz 2 den Eindruck erweckt, dass nur einige seiner Vorschriften gelten sollen. Vielmehr findet § 66 vollständig und unmittelbar Anwendung, weshalb die Bemerkung in Abs. 5, dass § 66 Abs. 2 und 3 sinngemäß gilt, wenn der Personalrat seine Zustimmung nicht erteilt, etwas unklar ist.

Nach Abs. 1 Satz 2 gilt § 72 Abs. 1 Satz 2 entsprechend. Im Falle von Kündigungen der in § 72 Abs. 1 Satz 2 1. Halbsatz genannten Beschäftigten besteht ein Mitbestimmungsrecht bei Kündigungen daher nur auf Antrag. Im Falle der in § 72 Abs. 1 Satz 2 2. Halbsatz Nr. 1–5 genannten Beschäftigten unterliegt die ordentliche Kündigung nicht der Mitbestimmung des Personalrates.

4 Von dem Beteiligungsrecht nach § 74 unberührt bleiben die Sondervorschriften über den Kündigungsschutz von schwerbehinderten Arbeitnehmern, im Mutterschutz befindlichen Beschäftigten, Mitgliedern von Personalräten, JAV-Mitgliedern, Wahlvorständen und Wahlbewerbern.

Ebenso unberührt bleiben Beteiligungsrechte und Zustimmungserfordernisse nach anderen Vorschriften. So bedarf die Kündigung eines schwerbehinderten Menschen gemäß § 85 (ab 1. 1. 2018: § 168) SGB IX der vorherigen Zustimmung des Integrationsamtes. Die Kündigung einer Frau während des Mutterschutzes ist nach § 9 Abs. 2 MuSchG, die Kündigung von Arbeitnehmern während der Elternzeit nach § 18 BEEG nur mit Zustimmung der für den Arbeitsschutz zuständigen obersten Landesbehörde zulässig.

Die Gleichstellungsbeauftragte hat ebenfalls das Recht zur frühzeitigen Unterrichtung und Anhörung bei Kündigungen und Entlassungen (§ 18 Abs. 2 LGG). Sie kann innerhalb einer Woche Stellung nehmen, bei fristlosen Entlassungen und außerordentlichen Kündigungen binnen drei Arbeitstagen. In diesen Fällen kann der Personalrat zeitgleich mit der Unterrichtung der Gleichstellungsbeauftragten beteiligt werden (§ 18 Abs. 2 Satz 3 LGG).

5 Das Mitbestimmungsverfahren bei einer ordentlichen Kündigung beginnt zunächst mit einer geordneten **Unterrichtung** des Personalrats. Er ist umfassend und rechtzeitig vor einer möglichen Erörterung über alle wesentlichen Umstände der beabsichtigten Kündigung zu unterrichten. Dazu gehören Angaben über

- die Person des zu kündigenden Arbeitnehmers
- die Dauer der Betriebszugehörigkeit
- seine Tätigkeit, Dienststellung, Beschäftigungsdienststelle und der Beschäftigungsverlauf
- sein Lebensalter

- Familienstand und Unterhaltspflichten
- die Art der beabsichtigten Kündigung (ordentliche/außerordentliche/ Probezeit-Kündigung)
- Kündigungszeitpunkt und Kündigungstermin

Insbesondere sind dem Personalrat die Kündigungsgründe mitzuteilen, also der für die Kündigung maßgebliche Sachverhalt unter Angabe konkreter Tatsachen so ausführlich, dass sich der Personalrat aufgrund dieser Angaben ein eigenes Bild vom Kündigungssachverhalt machen und diesen eigenständig auf seine Kündigungsrelevanz hin überprüfen kann. Dabei genügen Werturteile, pauschale Mitteilungen ohne konkrete Sachverhaltsdarstellung nicht. Den Kündigungssachverhalt »muss der Arbeitgeber regelmäßig unter Angabe von Tatsachen so beschreiben, dass der Personalrat ohne zusätzliche eigene Nachforschungen die Stichhaltigkeit der Kündigungsgründe vor seiner Entscheidung, ob er dem Kündigungsantrag zustimmen will, prüfen kann. Dazu gehören auch die dem Arbeitgeber bekannten, dem Kündigungsgrund entgegenstehenden Umstände.«[636] 6

Der Arbeitgeber muss diejenigen Gründe mitteilen, die nach seiner subjektiven Sicht die Kündigung rechtfertigen und für seinen Kündigungsentschluss maßgebend sind. Teilt der Arbeitgeber objektiv kündigungsrechtlich erhebliche Tatsachen dem Personalrat deshalb nicht mit, weil er darauf die Kündigung nicht oder zunächst nicht stützen will, so ist zwar die Anhörung des Personalrats nicht unwirksam. »Eine in diesem Sinne objektiv unvollständige Anhörung verwehrt es dem Arbeitgeber allerdings, im Kündigungsschutzprozess Gründe nachzuschieben, die über die Erläuterung des mitgeteilten Sachverhalts hinausgehen.«[637]

Der Arbeitgeber kann mithin nur die Gründe, die dem Personalrat unterbreitet worden sind, später im Kündigungsschutzprozess vor dem Arbeitsgericht zur Stützung der Kündigung heranziehen. Das Arbeitsgericht darf im Kündigungsschutzverfahren also nur diejenigen Kündigungsgründe verwerten und beurteilen, die zuvor dem Personalrat unterbreitet worden sind. Will die Dienststelle weitere – dem Personalrat bislang nicht unterbreitete – Gründe zur Stützung der Kündigung im Prozess vorbringen, darf dieses Nachschieben von Kündigungsgründen im Kündigungsschutzprozess erst dann erfolgen, wenn ein erneutes Mitbestimmungs- oder Mitwirkungsverfahren durchgeführt und abgeschlossen worden ist.

Diese sog. subjektive Determination der Unterrichtungspflicht führt aber nicht dazu, dass der Arbeitgeber auf die Darstellung der persönlichen Umstände ganz verzichten kann, so dass dem Personalrat stets neben den exakten Sozialdaten ein möglicher Sonderkündigungsschutz mitzuteilen ist und

---

636 BAG 13. 3. 2008 – 2 AZR 88/07; so auch zu § 102 BetrVG BAG 18. 10. 2006 – 2 AZR 676/05, NZA 2007, 798.

637 BAG 18. 10. 2006, a. a. O.

der Personalrat auch nicht über den Termin der beabsichtigten Kündigung völlig im Unklaren gelassen werden darf.[638]
Die Unterrichtungspflicht ist in jedem Fall verletzt, wenn der Arbeitgeber eine aus seiner Sicht unvollständige oder bewusst unrichtige und damit irreführende Sachdarstellung unterbreitet.[639]

7 Im Falle einer **Änderungskündigung** besteht eine doppelte Unterrichtungspflicht. Zunächst sind dem Personalrat die Kündigungsgründe für die in der Änderungskündigung stets enthaltene Beendigungskündigung mitzuteilen. Darüber hinaus ist das mit der Änderungskündigung ebenfalls stets verbundene Änderungsangebot auf Fortsetzung des Arbeitsverhältnisses nach Erreichen der Kündigungsfrist im Einzelnen darzulegen und zu begründen. Bedarf das Änderungsangebot der gesonderten Mitbestimmung des Personalrats z. B. als Versetzung, Herabgruppierung, so ist dem Personalrat neben dem Antrag auf Einleitung des Mitwirkungsverfahrens bei der Kündigung gesondert und zusätzlich ein Antrag auf Zustimmung nach § 72 Abs. 1 zuzuleiten.[640]

8 Bei **Probezeitkündigungen** gelten die vorgenannten Grundsätze für die Unterrichtung ebenfalls. Allerdings sind die Anforderungen an die Wirksamkeit einer Probezeitkündigung geringer, da das KSchG während der sechsmonatigen Wartefrist des § 1 Abs. 1 KSchG nicht gilt und eine Kündigung in der Probezeit nur dann unwirksam ist, wenn sie gesetzes- oder sittenwidrig ist, z. B. einem behinderten Menschen ohne vorherige Beteiligung des Integrationsamtes ausgesprochen wurde. Es besteht außerdem kein Mitbestimmungs- sondern nur ein Anhörungsrecht. Deshalb genügt bei einer Probezeitkündigung die Mitteilung an den Personalrat, der maßgebliche Kündigungsgrund sei die negative Beurteilung der Zusammenarbeit des Arbeitnehmers mit anderen Beschäftigten durch den Dienstvorgesetzten[641] bzw. die Mitteilung der negativen subjektiven Wertungen, die zum Kündigungsentschluss geführt haben.[642]
Zunächst besteht Anspruch auf Mitteilung der vollständigen Sozialdaten des Arbeitnehmers. Dazu gehören: Alter, Betriebszugehörigkeit, Familienstand, Unterhaltsverpflichtungen und sonstige Umstände, wie Schwerbehinderteneigenschaft u. Ä. Die Mitteilung ist auch dann unverzichtbar, wenn der Arbeitgeber vermutet, dass der Personalrat eine ungefähre Kenntnis von diesen Daten hat. Das ersetzt nicht die Unterrichtung aus Anlass einer Kündigung. Weiter gehört dazu, dass der Personalrat die maßgeblichen Umstände, die für den Kündigungsentschluss entscheidend sind und sein sollen, im

638 BAG 13. 3. 2008 – 2 AZR 88/07, AiB 2008, 683.
639 BAG 6. 7. 2006 – 2 AZR 520/05, NZA 2007, 266.
640 BAG 6. 8. 2002 – 1 ABR 47/01, PersR 2003, 41.
641 BAG 21. 7. 2005 – 6 AZR 498/04, PersR 2006, 86.
642 LAG Hamm 27. 10. 2011 – 15 Sa 839/10, juris.

Einzelnen mitteilt. Das sind bei einer betriebsbedingten Kündigung nach § 1 Abs. 2 Nr. 2 KSchG die internen bzw. externen Ursachen der Kündigung, die Auswirkung des Kündigungsgrundes auf den Arbeitsplatz des zu Kündigenden, die Darstellung der Sozialauswahl sowie die Einhaltung eventueller Richtlinien über die soziale Auswahl und schließlich die Darlegung, dass der Arbeitnehmer nicht an einem anderen Arbeitsplatz derselben Dienststelle oder in einer anderen Dienststelle desselben Verwaltungszweiges weiterbeschäftigt werden kann. Bei einer verhaltensbedingten Kündigung zählen dazu auch die tatsächlichen Umstände der Erklärungs-, Entschuldigungs- oder Rechtfertigungsversuche des Arbeitnehmers, die dieser im Rahmen einer Stellungnahme zu den Kündigungsvorwürfen dem Arbeitgeber mitteilt und die der Arbeitgeber in seiner abwägenden Bewertung bei der Kündigungsentscheidung hat einfließen lassen.[643] Satz 2 ordnet ausdrücklich an, dass dem Personalrat die Gründe, auf die sich die beabsichtigte Kündigung stützen soll, vollständig anzugeben sind. Ihm sind daher auch dann die Gründe mitzuteilen, wenn arbeitsrechtlich solche Gründe nicht genannt werden müssen – insbesondere bei einer Kündigung innerhalb der Probezeit. Vollständig werden die Gründe dann angegeben, wenn die Gründe, die der Arbeitgeber zur Kündigung heranzuziehen beabsichtigt, mitgeteilt werden. Dabei genügen nicht bloße Wertungen, es sind vielmehr die die Kündigung begründenden Tatsachen und Umstände anzugeben. Schlägt der Arbeitgeber dem Arbeitnehmer einen Aufhebungs- oder Beendigungsvertrag zur Vermeidung einer Kündigung vor, besteht eine entsprechend umfangreiche Unterrichtungs- und Begründungspflicht.

Ausnahmsweise kann die außerordentliche Kündigung eines nach § 34 9
Abs. 2 TVöD unkündbaren Mitarbeiters, z. B. wegen Wegfalls des Arbeitsplatzes und Unmöglichkeit einer anderweitigen Beschäftigung, wegen langandauernder Krankheit oder Strafhaft[644] zulässig sein. In diesen Fällen kann ausnahmsweise eine **außerordentliche Kündigung mit einer »notwendigen Auslauffrist«** ausgesprochen werden.[645] Diese Auslauffrist muss der ordentlichen Kündigungsfrist entsprechen, die der Arbeitnehmer ohne die Unkündbarkeit zu beanspruchen hätte. Der Personalrat ist dabei zur Vermeidung von Wertungswidersprüchen nach den für die ordentliche Kündigung geltenden Bestimmungen zu beteiligen.[646] Es ist daher die Durchführung des Mitbestimmungsverfahrens erforderlich.

Eine **Umdeutung** einer außerordentlichen und fristlosen Kündigung in eine 10
ordentliche Kündigung oder in eine solche mit Auslauffrist kommt regelmäßig nicht in Betracht, weil jeweils unterschiedliche Beteiligungsverfahren

643 So zutreffend LAG Köln 5.6.2000 – 8 (11) Sa 1545/99, PersR 2001, 224.
644 BAG 22.10.2015 – 2 AZR 381/14, NZA 2016, 482.
645 BAG 18.10.2000 – 2 AZR 627/99, PersR 2001, 125.
646 BAG 11.3.1999 – 2 AZR 427/98, PersR 1999, 321.

mit unterschiedlichen Fristen zu beachten sind. Während für die außerordentliche Kündigung drei Arbeitstage Anhörungsfrist eingeräumt sind, steht für die ordentliche Kündigung und die außerordentliche Kündigung mit notwendiger Auslauffrist ein Mitbestimmungsverfahren und eine Frist von zwei Wochen zur Verfügung. Eine Umdeutung ist daher regelmäßig ausgeschlossen.[647]

11 **Abs. 2:** Die Vorschrift fasst die Beteiligung des Personalrats bei Abmahnungen, Probezeit-Kündigungen und bei außerordentlichen Kündigungen sowie bei Aufhebungs- und Beendigungsverträgen zusammen.

12 Dem Personalrat steht zunächst ein Anhörungsrecht bei Abmahnungen zu.[648]

§ 314 Abs. 2 BGB verlangt vor Ausspruch einer Kündigung ganz allgemein eine erfolglose Abmahnung. Die Abmahnung besteht aus einer Rüge und einer Warnung. Der Arbeitgeber beanstandet und rügt, dass der Arbeitnehmer seine arbeitsvertraglichen Pflichten nicht erfüllt hat und droht für den Fall der Wiederholung oder Fortsetzung des gerügten Vertragsverstoßes arbeitsrechtliche Konsequenzen – in der Regel eine Kündigung – an. Nach Auffassung des OVG NRW liegt eine arbeitsrechtliche Abmahnung vor, »wenn der Arbeitgeber in einer für den Arbeitnehmer hinreichend deutlich erkennbaren Art und Weise Leistungsmängel bestandet und damit den Hinweis verbindet, dass er im Wiederholungsfalle individualrechtliche Konsequenzen ziehen werde. Die Warnfunktion gehört zu den unverzichtbaren Voraussetzungen einer wirksamen Abmahnung. Von der Abmahnung ist die Mahnung, Ermahnung oder Missbilligung des Arbeitnehmers zu unterscheiden. Fehlt es an einer Androhung von Rechtsfolgen für die Zukunft, liegt keine Abmahnung vor. Im Falle einer bloßen Missbilligung kommt – so das OVG NRW – eine Beteiligung des Personalrats nach § 74 nicht in Betracht, jedoch kann der Personalrat, »falls die Missbilligung unberechtigt ist und sich der Betroffene an ihn wendet, gemäß § 64 Nr. 5 durch Verhandlungen mit dem Leiter der Dienststelle auf eine Erledigung der Angelegenheit hinwirken.«[649] Die Vorlage der vollständigen Abmahnung kann der Personalrat nicht verlangen, es genügt vielmehr die Mitteilung des Sachverhaltes, auf den die Abmahnung gestützt werden soll, wobei diese Mitteilung sowohl hinsichtlich des Sachverhaltes, als auch hinsichtlich der Darlegung des Vertragsverstoßes »vollständig« im Sinne des Abs. 2 sein muss. Eine Abmahnung muss nicht zwingend die Ankündigung der Dienststelle enthalten, das missbilligende Schreiben werde zu den Personalakten genommen. Amtspflichten des Personalrats können nicht Gegenstand einer Abmahnung sein,

647 Vgl. BAG 18.10.2000 – 2 AZR 627/99, PersR 2001, 125.
648 Vgl. Welkoborsky, PersR 2014, 98.
649 OVG NRW 11.3.1992 – 1 A 621/91.PVL –, ZTR 1993, 83; siehe auch Beschluss vom 12.6.1995 – 1 A 2179/92.PVL.

weil die Personalratstätigkeit aufgrund Gesetzes – nicht aber aufgrund Arbeitsvertrages – stattfindet. Solche Abmahnungen stellen vielmehr eine Benachteiligung und Behinderung der Personalratstätigkeit dar.[650] Eine Abmahnung von Personalratsmitgliedern kommt aber in Betracht, wenn das Personalratsmitglied »zumindest auch«[651] seine arbeitsvertraglichen Pflichten verletzt hat.

Zu beachten ist, dass – anders als nach der Rechtslage vor 2007 (vgl. § 74 Satz 2 a. F.) – eine Frist für die Stellungnahme des Personalrats vor dem Ausspruch von Abmahnungen nicht besteht. Sie kann vielmehr allgemein oder im Einzelfall vereinbart werden. Eine zügige Stellungnahme ist jedoch zweckmäßig, weil ansonsten die Abmahnung seitens der Dienststelle ohne Kenntnis der Stellungnahme des Personalrats abgegeben werden kann. Absatz 3 sieht nämlich ausdrücklich nicht vor, dass der Ausspruch einer Abmahnung ohne Anhörung des Personalrats zur Unwirksamkeit führt. Zur Anhörungspflicht nach § 13 Abs. 2 Satz 1 BAT hat das BAG[652] entschieden, dass der Arbeitnehmer auch dann gewarnt bleibt, wenn die Abmahnung wegen unterlassener Anhörung an einem Formfehler leidet, sie behält ihre kündigungsrechtliche Wirksamkeit. Das dürfte auch für Abmahnungen gelten, die unter Verstoß gegen die Anhörungspflicht nach Abs. 3 erteilt wurden. Davon zu unterscheiden ist jedoch die Frage, ob eine ohne vorherige ordnungsgemäße Beteiligung des Personalrats erteilte Abmahnung in der Personalakte des Beschäftigten verbleiben darf. Ein Anspruch auf Entfernung einer solchen formell unwirksamen Maßnahme aus der Personalakte ist zu bejahen.[653]

»Eine **Kündigung in der Probezeit**« liegt dann vor, wenn eine Probezeit ar- 13
beitsvertraglich oder tariflich vereinbart ist, wie z. B. in § 2 Abs. 4 TVöD/TV-L, wonach die ersten sechs Monate der Beschäftigung als Probezeit gelten. Innerhalb einer solchen Probezeit kann mit verkürzten Kündigungsfristen – nach § 34 Abs. 1 Satz 1 TVöD/TV-L mit einer Frist von zwei Wochen zum Monatsschluss – gekündigt werden (vgl. auch § 622 Abs. 3 BGB). Ist keine Probezeit vereinbart und soll während der sechsmonatigen Wartefrist des § 1 KSchG gekündigt werden, so liegt keine Probezeitkündigung vor, sondern eine ordentliche Kündigung im Sinne des Absatzes 1. Ein befristetes Arbeitsverhältnis, das »zur Probe« abgeschlossen wird, kann nur dann gekündigt werden, wenn dies einzelvertraglich oder im anwendbaren Tarifvertrag vereinbart ist (§ 15 Abs. 3 TzBfG). Eine solche Kündigung ist nicht als Kündigung in der Probezeit anzusehen, sondern als ordentliche Kündigung im Sinne des Abs. 1.

650 Vgl. Welkoborsky, PersR 2014, 98 unter Hinweis auf die Rspr.
651 So BAG 31. 8. 1994 – 7 AZR 893/93, NZA 1995, 225.
652 BAG 19. 2. 2007 – 2 AZR 603/07, NZA 2009, 894.
653 ArbG Düsseldorf 17. 12. 2015 – 7 Ca 2980/15, juris.

14 Außerordentliche Kündigungen sind solche, bei denen die gesetzliche, tarif- oder arbeitsvertragliche Kündigungsfrist nicht eingehalten wird. Sie sind gemäß § 626 Abs. 1 BGB regelmäßig nur bei Vorliegen eines wichtigen Grundes zulässig und können gemäß § 626 Abs. 2 BGB nur innerhalb von zwei Wochen nach Kenntnis des Kündigungsgrundes ausgesprochen werden. Ein wichtiger Grund ist gemäß § 626 Abs. 1 BGB gegeben, wenn Tatsachen vorliegen, aufgrund derer dem Arbeitgeber unter Berücksichtigung aller Umstände des Einzelfalls und unter Abwägung der Interessen beider Parteien die Fortsetzung des Arbeitsverhältnisses auch nur bis zum Ablauf der Kündigungsfrist nicht zugemutet werden kann. Ob dies der Fall ist, haben die Arbeitsgerichte zu überprüfen, die tarif- oder arbeitsvertragliche Vereinbarung von »wichtigen Gründen« ist nicht möglich.

Soll ein ordentlich unkündbarer Arbeitnehmer verhaltensbedingt aus wichtigem Grund außerordentlich gekündigt werden, so ist allein abzuwägen, ob dem Arbeitgeber die Fortsetzung des Arbeitsverhältnisses bis zum Ablauf der »fiktiven« Kündigungsfrist, die ohne die Unkündbarkeit bestünde, noch zugemutet werden kann.[654] Die außerordentliche Kündigung darf in diesem Fall nicht deshalb erleichtert werden, weil eine ordentliche Kündigung ausgeschlossen ist und nur die außerordentliche Kündigung als Beendigungsmöglichkeit verbleibt.[655]

Soweit eine außerordentliche Kündigung mit sozialer Auslauffrist gegenüber tariflich unkündbaren Arbeitnehmern (§ 34 Abs. 2 Satz 1 TVöD/TV-L) ausgesprochen werden soll, richtet sich das Beteiligungsverfahren des Personalrats nach Abs. 1. Es ist die Zustimmung des Personalrats zu beantragen, eine Anhörung genügt nicht.

15 Die Anhörung des Personalrats bei **Aufhebungs- oder Beendigungsverträgen** ist seit der Novelle 1994 vorgesehen. Damit wird im Interesse der Beschäftigten ein weiterer Beendigungstatbestand der Beteiligung des Personalrats unterworfen. Nicht selten wird ein Aufhebungsvertrag zur Vermeidung oder unter Androhung einer Kündigung seitens des Arbeitgebers vorgeschlagen und dem Arbeitnehmer zur Unterzeichnung vorgelegt. Die Beteiligung des Personalrats stellt sicher, dass der Beschäftigte nicht zum Abschluss gedrängt wird oder ungünstige Beendigungsbedingungen aus (ungerechtfertigter) Furcht vor einer Kündigung und deren Folgen akzeptiert. Ein bedeutsamer sachlicher Unterschied zwischen einem Aufhebungsvertrag und einem Beendigungsvertrag besteht nicht. Beide haben zum Inhalt und Ergebnis, dass das zwischen den Parteien bestehende Arbeitsverhältnis zu einem vereinbarten Zeitpunkt endet. Aufhebungsverträge werden häufig bei unangefochten bestehenden Arbeitsverhältnissen geschlossen, Beendigungsverträge stellen häufig die Einigung darüber dar, dass das

---

654 BAG 27.4.2006 – 2 AZR 386/05, PersR 2007, 115.
655 BAG 18.1.2001 – 2 AZR 616/99, PersR 2001, 435.

Arbeitsverhältnis aufgrund einer arbeitgeberseitig zuvor ausgesprochenen Kündigung endet (auch Abwicklungsverträge genannt). Der Arbeitgeber ist verpflichtet, den Arbeitnehmer aus Anlass von solchen Beendigungsvereinbarungen über sozialrechtliche Auswirkungen und Nachteile umfassend zu unterrichten und zu belehren. Unterbleibt eine Belehrung z. B. über ungewöhnlich hohe Versorgungseinbußen oder über die Verpflichtung zur unverzüglichen Meldung bei der Agentur für Arbeit (§ 38 SGB III) sowie über Sperrzeiten (§ 159 SGB III), so haftet der Arbeitgeber dem Arbeitnehmer wegen der Aufklärungsversäumnisse auf Schadensersatz.[656]

Ein Anhörungsrecht des Personalrats besteht auch bei der **Mitteilung an** 16
Auszubildende darüber, dass deren Einstellung nach beendeter Ausbildung nicht beabsichtigt ist. Diese Mitteilungspflicht soll den Auszubildenden eine bessere Zukunftsplanung ermöglichen und dem Personalrat Gelegenheit geben, mit der Dienststelle darüber zu verhandeln, ob wenigstens eine vorübergehende Beschäftigung oder eine Beschäftigung auf einem vergleichbaren Arbeitsplatz möglich ist. Die Jugend- und Auszubildendenvertretung ist vom Personalrat im Zusammenhang mit dieser Anhörung zu beteiligen. Das Verfahren bei beabsichtigter Nichtübernahme von Mitgliedern der Personalvertretung oder der Jugend- und Auszubildendenvertreter nach erfolgreicher Beendigung des Berufsausbildungsverhältnisses richtet sich nach § 7 Abs. 2–6.

Nach **Satz 2** ist der Personalrat über die Gründe, auf die die beabsichtigte 17
Abmahnung oder Kündigung gestützt werden soll, »vollständig« zu unterrichten. Die Vorschrift bezieht sich auf Abmahnungen sowie Kündigungen in der Probezeit und außerordentliche Kündigungen.

Vollständig ist die Unterrichtung des Personalrats dann, wenn er alle Tatsachen und Umstände kennt, auf die der Arbeitgeber die Abmahnung bzw. die Kündigung stützen will. Der Maßstab für die vollständige Unterrichtung ist daher ein anderer als bei der umfassenden Unterrichtung nach § 65 Abs. 1 Satz 1. Die vollständige Unterrichtung hat die Absichten des Arbeitgebers zum Maßstab, während die umfassende Unterrichtung sich auf die für die Ausübung des Beteiligungsrechtes erforderlichen Tatsachen und Umstände erstreckt.

Bei Abmahnungen ist zwar nicht der Text der beabsichtigten Abmahnung vorzulegen, der Verstoß gegen den Arbeitsvertrag und die beabsichtigte Warnung müssen dem Personalrat jedoch konkret erläutert werden.

Bei einer Kündigung in der Probezeit gilt zunächst ebenfalls, dass der Arbeitgeber die Gründe, auf die er die Kündigung stützen will, mitteilen muss. Es genügen jedoch unter Umständen Bewertungen (»kann mit den anderen Beschäftigten nicht zusammenarbeiten«).

---

656 Siehe BAG 18. 10. 2000 – 3 AZR 605/99, PersR 2001, 270.

Bei einer außerordentlichen Kündigung gilt ebenfalls, dass der Arbeitgeber dem Personalrat neben der Mitteilung der vollständigen Sozialdaten darlegen muss, welche maßgeblichen Umstände den sog. wichtigen Grund abgeben sollen sowie, warum ihm das Abwarten der ordentlichen Kündigungsfrist unzumutbar ist. Bei Aufhebungs- oder Beendigungsverträgen sind Inhalt des beabsichtigten Aufhebungs- oder Beendigungsvertrages sowie die Ursachen für seinen Abschluss (Wunsch des Arbeitgebers bzw. Wunsch des Arbeitnehmers) darzulegen und ggf. auch die sozialrechtlichen Auswirkungen des Aufhebungsvertrages.

Die Unterrichtung über die Mitteilung an Auszubildende setzt voraus, dass dem Personalrat erläutert wird, warum der Betroffene aus welchen betrieblichen Gründen – ggf. unter Darlegung einer getroffenen Auswahl – nicht übernommen werden soll sowie, dass auch keine vorübergehende Beschäftigungsmöglichkeit besteht.

Der Arbeitgeber muss alles, worauf er sich zur Stützung der Kündigung z. B. in einem nachfolgenden Kündigungsschutzprozess stützen will, dem Personalrat lückenlos vortragen.[657] Auch die Mitteilung nur der »wesentlichen Gründe« reicht nicht aus.

18 **Abs. 3:** Umfassend ordnet der Gesetzgeber an, dass eine ohne Beteiligung des Personalrats ausgesprochene Kündigung bzw. ein ohne seine Beteiligung geschlossener Aufhebungs- oder Beendigungsvertrag unwirksam ist. Die ordnungsgemäße Beteiligung des Personalrats ist damit Wirksamkeitsvoraussetzung jeglicher Kündigung oder Beendigung eines Arbeitsverhältnisses durch Vertrag. Ein Nachholen des Mitbestimmungsrechtes – etwa im Verlaufe des Kündigungsschutzverfahrens – ist nicht möglich.[658] Kündigungen, die ohne gehörige Beteiligung des Personalrats ausgesprochen worden sind, sind unheilbar unwirksam.

Jedoch ist ein Nachschieben von erst später bekannt gewordenen Kündigungsgründen auch noch im Kündigungsschutzverfahren möglich, wenn und soweit der Personalrat erneut beteiligt worden ist.

Ist ohne Beteiligung des Personalrats ein Aufhebungs- oder Beendigungsvertrag abgeschlossen worden, so ist er ebenfalls unwirksam. Der Arbeitnehmer kann sich darauf jederzeit berufen, dass die Rechtsfolge der »Unwirksamkeit« die Nichtigkeit der Vereinbarung zur Folge hat. Das gilt auch für einen ohne Beteiligung des Personalrats abgeschlossenen gerichtlichen Vergleich über die Beendigung des Arbeitsverhältnisses.

Eine Verletzung des Beteiligungsrechts mit der Folge der Unwirksamkeit des Aufhebungs- oder Beendigungsvertrages stellt es dar, wenn dem Personalrat

---

657 Zu eng daher LAG Köln 19.11.1999 – 11 Sa 768/99, PersR 2000, 474.

658 Siehe LAG Köln 07.07.1999 – 10 (2) Sa 889/98, PersR 2000, 31.

erst im Rahmen der Beteiligung der bereits vom Arbeitnehmer unterschriebene Auflösungsvertrag vorgelegt wird.[659]

Abs. 4: Der Personalrat hat wieder das ausdrückliche Recht, den betroffenen Arbeitnehmer anzuhören. Bereits nach dem vor 2007 geltenden Recht war es ihm gestattet, Beschäftigte im Zusammenhang mit einer Kündigung oder Entlassung anzuhören, ohne dem Dienststellenleiter vor seiner Entscheidung die Möglichkeit zur nochmaligen Stellungnahme einzuräumen.[660] 19

In Anlehnung an § 102 Abs. 4 BetrVG ist nunmehr die Verpflichtung des Personalrats vorgesehen, dem betroffenen Arbeitnehmer eine Abschrift seiner Stellungnahme zuzuleiten, wenn er Einwendungen gegen die beabsichtigte Kündigung oder den beabsichtigten Aufhebungs-/Beendigungsvertrag hat. Die Wirksamkeit der anschließend getroffenen Maßnahme ist bei Nichtbeachtung dieser Verpflichtung nicht berührt. Jedoch wird dem gekündigten Arbeitnehmer die Rechtsverfolgung und die Prüfung der Erfolgsaussichten einer Kündigungsschutzklage erleichtert, wenn ihm bekannt ist, welche Stellungnahme der Personalrat im Rahmen des Mitbestimmungsverfahrens abgegeben hat.

Abs. 5: Die Vorschrift verweist auf das für ordentliche Kündigungen geltende Mitbestimmungsverfahren und ordnet an, dass – im Falle der Zustimmungsverweigerung des Personalrats – § 66 Abs. 2 und 3 sinngemäß gilt und sich das weitere Verfahren nach § 66 Abs. 5 und 7 Sätze 1 und 2 richtet (siehe die Kommentierung dort). Der Ausspruch einer beabsichtigten ordentlichen Kündigung setzt die Zustimmung des Personalrats nach § 66 voraus. Die Maßnahme gilt als gebilligt (§ 66 Abs. 2 Satz 5), wenn nicht der Personalrat innerhalb von zwei Wochen ab Erörterung die Zustimmung unter Angabe der Gründe schriftlich verweigert. Der Personalrat kann, ggf. nach vorheriger Erörterung ablehnen. Hat der Personalrat dies getan, dann richtet sich das weitere Mitbestimmungsverfahren gemäß Satz 2 nach § 66 Abs. 5 und 7 Satz 1 und 2. Dienststelle und Personalrat können also die Entscheidung der Einigungsstelle beantragen, die verbindlich entscheidet, weil § 66 Abs. 7 Satz 3 ausdrücklich nicht in Bezug genommen worden ist. Trotz des ausdrücklichen Wortlauts des Gesetzes dürfte aufgrund der Rechtsprechung des BVerfG und des BVerwG die Einigungsstelle nur zu einer Empfehlung und nicht zu einer abschließenden und verbindlichen Entscheidung aufgerufen sein. 20

Abs. 6: Einwendungen des Personalrats gegen eine Probezeit- oder eine außerordentliche Kündigung hat der Personalrat nunmehr binnen drei Tagen dem Dienststellenleiter schriftlich zur Kenntnis zu bringen und dem betroffenen Arbeitnehmer in Abschrift zuzuleiten. Für die Berechnung der Fris- 21

659 ArbG Wuppertal 17.3.1998 – 8 Ca 160/98, PersR 1998, 532.
660 OVG NRW 4.3.1993 – CL 25/89, PersR 1993, 400.

ten gelten die §§ 187, 188 BGB. Der Tag der Unterrichtung zählt also nicht mit.
Dem Personalrat ist nicht vorgeschrieben, auf welche Tatsachen und Umstände er solche Einwendungen stützt.
Die nach Absatz 4 eingeräumte Möglichkeit des Personalrats, die betroffene Arbeitnehmerin oder den betroffenen Arbeitnehmer anzuhören, gilt auch im Falle einer Probezeit oder einer außerordentlichen Kündigung.

22 **Abs. 7:** Für Aufhebungs- oder Beendigungsverträge ist nunmehr – wie für Probezeit- und außerordentliche Kündigungen auch – vorgesehen, dass der Personalrat etwaige Einwendungen binnen einer Woche schriftlich formulieren muss und dem Arbeitnehmer eine Abschrift seiner Stellungnahme zuzuleiten hat. Da nach Absatz 2 die Wirksamkeit der Aufhebungs- und Beendigungsverträge von der Beteiligung des Personalrats abhängt, besteht innerhalb dieser Frist für den Personalrat die Möglichkeit, die Angaben des Arbeitgebers zur »Freiwilligkeit« solcher Aufhebungsverträge zu überprüfen und Einfluss auf eine zweckmäßige, die Interessen des ausscheidenden Arbeitnehmers wahrende Gestaltung der Vereinbarung (z. B. zu Formulierungen zur Vermeidung von Sperrfristen seitens der Arbeitsagentur, Zeugnisinhalt) zu nehmen.

23 **Abs. 8:** Für Initiativanträge des Personalrats weist Absatz 8 auf § 66 Abs. 4 und 6 hin. Wie bereits nach altem Recht besteht die – in der Praxis kaum genutzte – Möglichkeit für den Personalrat, die ordentliche Kündigung eines Arbeitnehmers zu verlangen. Der Personalrat wird von dieser Möglichkeit nur unter den Voraussetzungen des § 104 BetrVG Gebrauch machen können.
Andere Initiativanträge auf Ausspruch einer außerordentlichen oder Probezeitkündigung oder auf Abschluss eines Aufhebungs- oder Beendigungsvertrages sind nicht nach § 66 Abs. 4 und 6 zu behandeln, da dem Personalrat bei diesen Maßnahmen kein Mitbestimmungsrecht zusteht, sondern nur die Möglichkeit, Einwendungen zu erheben.

§ 75

(1) Der Personalrat ist anzuhören bei

1. **der Vorbereitung der Entwürfe von Stellenplänen, Bewertungsplänen und Stellenbesetzungsplänen,**
2. **grundlegenden Änderungen von Arbeitsverfahren und Arbeitsabläufen,**
3. **der Planung von Neu-, Um- und Erweiterungsbauten sowie der Anmietung von Diensträumen,**
4. **der Anordnung von amts- und vertrauensärztlichen Untersuchungen zur Feststellung der Arbeits- oder Dienstfähigkeit,**
5. **der wesentlichen Änderung oder Verlagerung von Arbeitsplätzen.**

(2) Die Anhörung hat so rechtzeitig zu erfolgen, dass die Äußerung des Personalrats noch Einfluss auf die Willensbildung der Dienststelle nehmen kann.

Durch die Novelle 2011 ist im Wesentlichen der Rechtszustand vor 2007 wiederhergestellt worden. Nr. 2 und 3 sind gegenüber 2007 unverändert geblieben, die übrigen Anhörungstatbestände entsprechen dem Rechtszustand, wie er vor den durch die Novelle 2007 vorgenommenen Verschlechterungen bestand. Allerdings ist das Anhörungsrecht bei »Organisationsplänen« nicht wieder eingeführt worden. Es ist jedoch zu berücksichtigen, dass solche Pläne im Rahmen der Unterrichtung des Wirtschaftsausschusses nach § 65a vorzulegen und zu beraten sind. 1

Abs. 1 Nr. 1: Vorbereitung der Entwürfe von Stellenplänen, Bewertungsplänen und Stellenbesetzungsplänen

Stellenpläne sind nach § 14 Abs. 1 Satz 1 Nr. 3 LHO Übersichten über die Planstellen der Beamten und die Stellen der Arbeitnehmer (siehe auch § 78 Abs. 2 Satz 2 2. Halbsatz GO sowie § 8 GemeindehaushaltsVO). Sie sind Bestandteil und Anlagen der jährlichen Haushaltspläne. 2

Der Entwurf des Haushaltsplanes wird vom Finanzminister erstellt, von der Landesregierung beschlossen und dem Landtag zur Beschlussfassung vorgelegt. Voranschläge und Unterlagen für diesen Haushaltsplan und für die fünfjährige Finanzplanung sind von den für die jeweiligen Einzelpläne zuständigen Stellen dem Finanzminister zu übersenden. Diese Einzelbeiträge zum Haushaltsentwurf eines Haushaltsplans des Finanzministers dienen der »Vorbereitung des Entwurfs des Stellenplans«. Im Bereich der Landesverwaltung besteht daher ein Anhörungsrecht für die Personalräte derjenigen Dienststellen, die für die Erstellung eines solchen Einzelplans zuständig sind, wie die einzelnen Minister oder sämtliche landesunmittelbare juristische Personen. In den Gemeinden und Kreisen und sonstigen Anstalten, Stiftungen und Körperschaften des öffentlichen Rechts steht das Anhörungsrecht dem jeweiligen Personalrat der Dienststelle zu, deren Leiter dem verfassungsmäßig zuständigen Organ den Entwurf eines Haushaltsplans nebst Anlagen zur Beschlussfassung zuleitet. Auch die Änderung der Stellenpläne unterliegt der erneuten Anhörung des Personalrats.[661] Eine Vorlage der im Stellenplan-Entwurf nicht berücksichtigten Stellenanforderungen nachgeordneter Ämter und Dienststellen kann nicht verlangt werden.[662]

661 OVG NRW 28.12.1977 – CL 17/77, n.v.
662 OVG NRW 5.7.1990 – CL 20/88, PersR 1991, 219.

3 Bewertungspläne sind Verzeichnisse und Aufstellungen über den (tariflichen) Wert von Dienstposten und Stellen, das Anhörungsrecht umfasst auch die diesen Bewertungsplänen zugrundeliegenden Bewertungssysteme.

3a Stellenbesetzungspläne sind Listen, aus denen hervorgeht, welche der in der Dienststelle vorhandenen Stellen besetzt oder unbesetzt sind. Sie werden im Rahmen der Personalplanung (§§ 65a Abs. 2, 73 Nr. 4) laufend aktualisiert und sind dem Personalrat regelmäßig zur Einsicht und zur Anhörung vorzulegen.

Abs. 1 Nr. 2: Grundlegende Änderungen von Arbeitsverfahren und Arbeitsabläufen

4 Das Anhörungsrecht ist nur sehr schwer von den Mitbestimmungstatbeständen bei Einführung grundlegender neuer Arbeitsmethoden sowie bei Maßnahmen zur Hebung der Arbeitsleistung und Erleichterung des Arbeitsablaufes gemäß § 72 Abs. 3 Nr. 2 und 3 abgrenzbar. Unterliegt eine Maßnahme sowohl der Mitbestimmung nach § 72 wie der Anhörung nach § 75, so sind regelmäßig beide Beteiligungsrechte zu beachten. Haben die Beteiligungsrechte eine vergleichbare Schutzrichtung, so wird das Anhörungsrecht durch das stärkere Mitbestimmungsrecht verdrängt.[663]

Unter **Arbeitsverfahren** wird die technische Art und Weise der Erledigung der Arbeitsaufgabe verstanden und festgelegt, wie die vorhandenen Arbeitsmittel eingesetzt werden.

Unter **Arbeitsabläufen** versteht man die zeitliche und räumliche Aufeinanderfolge von Arbeitsvorgängen zur Erzielung eines bestimmten Arbeitsergebnisses. Es wird durch die Festlegung der Arbeitsabläufe bestimmt, was in welcher Reihenfolge wann und wo dienstlich zu erledigen ist.[664]

Die Anhörung hat zu erfolgen, wenn bei Arbeitsverfahren und -abläufen Änderungen eintreten. Auch wenn nur bei einem Arbeitsverfahren oder bei einem bestimmten Arbeitsablauf eine einzelne Änderung erfolgt, kommt das Anhörungsrecht in Betracht.

Eine grundlegende Änderung ist anhand der Auswirkungen auf die Beschäftigten zu beurteilen. Es werden ins Gewicht fallende geistige oder körperliche Auswirkungen verlangt.[665]

---

663 BVerwG 14.6.2011 – 6 P 10.10, PersR 2011, 516.

664 BVerwG 15.12.1978 – 6 P 13.78, PersV 1980, 145.

665 BVerwG 30.8.1985 – 6 P 20.83, PersR 1985, 184.

Abs. 1 Nr. 3: Planung von Neu-, Um- und Erweiterungsbauten, Anmietung von Diensträumen

Das Anhörungsrecht bezieht sich auf sämtliche von der Dienststelle genutzten Räumlichkeiten, die für die Verrichtung dienstlicher Obliegenheiten genutzt werden (z. B. Rathaus, Verwaltungsgebäude, Bezirksstellen, Jugendzentren, Krankenhäuser, Hallenbäder). Dienen solche Gebäude gleichzeitig der Benutzung durch Dritte (Bevölkerung, Patienten, Jugendgruppen, Rat), so bezieht sich das Anhörungsrecht auf denjenigen Teil der Bauten, die von den Beschäftigten dienstlich genutzt werden. 5

Neubau ist die Neuerrichtung eines Dienstgebäudes, unter Umbau ist eine Umgestaltung zu verstehen, die Erweiterung meint die Vergrößerung der vorhandenen Bauten. Der Personalrat hat bereits im Planungsstadium ein Anhörungsrecht, das nur bei Vorlage der für die Durchführung der Bauten in der Regel erforderlichen Pläne, Bauanträge und sonstigen für die Beurteilung maßgeblichen Unterlagen möglich ist. Sie sind dem Personalrat vorzulegen, bevor die Anträge auf Baugenehmigung eingereicht werden und mit den Bauten begonnen wird.

Ist die Anmietung von Diensträumen beabsichtigt, sind dem Personalrat die gleichen Unterlagen, insbesondere die technischen Pläne und Ausstattungspläne der anzumietenden Räume vorzulegen. Der Mietvertrag ist für den Personalrat insbesondere hinsichtlich der Kündigungsmöglichkeiten und der vereinbarten Dauer von Bedeutung.

Neben diesem Beteiligungsrecht im Rahmen der Planung von Bauten und Anmietung von Diensträumen steht dem Personalrat ein Mitbestimmungsrecht nach § 72 Abs. 4 Nr. 7 und 10 bei Maßnahmen zur Verhütung von Dienst- und Arbeitsunfällen und sonstigen Gesundheitsschädigungen sowie der Gestaltung der Arbeitsplätze zu.

Ebenso wie im Falle der grundlegenden Änderungen von Arbeitsverfahren und -abläufen sind die Mitbestimmungs- und Anhörungsrechte nebeneinander gegeben. Die Dienststelle muss dem Personalrat daher alle in Betracht kommenden Beteiligungsformen gewähren. Nur wenn dem Personalrat wegen der vom BVerfG im Urteil von 1995 formulierten Verfassungsvorbehalte und den in § 104 Satz 3 BPersVG seinerzeit zum Ausdruck gekommenen Grundsätzen zur Wahrung der Funktionsfähigkeit der Verwaltung kein stärkeres Beteiligungsrecht eingeräumt werden sollte, besteht nur das schwächere Recht.[666] 6

666 BVerwG 17.7.1987 – 6 P 6.85, PersR 1987, 220.

Abs. 1 Nr. 4: Anordnung von amts- und vertrauensärztlichen Untersuchungen zur Feststellung der Arbeits- oder Dienstfähigkeit

7 Die Anordnung einer ärztlichen Untersuchung durch den Arbeitgeber zur Feststellung der Arbeits- oder Dienstfähigkeit stellt einen erheblichen Eingriff in die Privatsphäre des Arbeitnehmers dar, die für den betroffenen Arbeitnehmer unter Umständen gravierende Folgen haben kann. Es besteht daher ein erhöhtes Bedürfnis nach dem kollektivrechtlichen Schutz durch den Personalrat.[667] Nach § 3 Abs. 4 TVöD/TV-L ist der Arbeitgeber bei begründeter Veranlassung berechtigt, die Beschäftigten zu verpflichten, durch ärztliche Bescheinigung nachzuweisen, dass sie zur Leistung der arbeitsvertraglich geschuldeten Tätigkeit in der Lage sind. Die Beschäftigten haben das Interesse, dass sie nicht ohne Vorliegen dieser Voraussetzungen einem derartigen Eingriff in ihre Persönlichkeitsrechte ausgesetzt werden.[668]

Nach § 33 Abs. 1 Satz 1 LBG ist der Beamte bei Zweifeln über seine Dienstunfähigkeit verpflichtet, sich nach Weisung der dienstvorgesetzten Stelle durch einen Arzt der unteren Gesundheitsbehörde untersuchen und ggf. auch beobachten zu lassen. Nach § 62 Abs. 1 Satz 2 hat der Beamte seine Dienstunfähigkeit infolge Krankheit auf Verlangen nachzuweisen.

Soweit in Gesetzen und Rechtsverordnungen die Zuständigkeit von Amtsärzten begründet wird, so ist die untere Gesundheitsbehörde im Sinne des § 5 Abs. 2 Gesundheitsdienstgesetz NW gemeint.

Als »Vertrauensarzt« ist ein Arzt gemeint, auf den sich Dienststelle und Personalrat im Vorhinein im Rahmen eines Mitbestimmungsverfahrens nach § 72 Abs. 4 Nr. 6 geeinigt haben (vgl. auch § 3 Abs. 4 Satz 2 TVöD/TV-L). Er kann nicht einseitig vom Arbeitgeber bestimmt werden.

Der Betriebsarzt im Sinne des § 2 ASiG ist nicht Amts- oder Vertrauensarzt, zu seinen Aufgaben gehört nicht die Feststellung der Arbeits- oder Dienstfähigkeit und insbesondere nicht, Krankmeldungen der Arbeitnehmer auf ihre Berechtigung zu überprüfen (§ 3 Abs. 3 ASiG).

Nach § 275 Abs. 1a Satz 3 SGB V kann der Arbeitgeber verlangen, dass die Krankenkasse eine gutachtliche Stellungnahme des Medizinischen Dienstes zur Überprüfung der Arbeitsfähigkeit einholt. Ein solches Verlangen des Arbeitgebers entspricht zwar nicht der Anordnung einer ärztlichen Untersuchung zur Feststellung der Arbeits- oder Dienstfähigkeit, kommt ihr aber gleich. Allerdings wird keine »Untersuchung« angeordnet, so dass eine Anhörung des Personalrats ausscheidet.[669]

---

667 BVerwG 24.6.2014 – 6 P 1.14, PersR 2014, 43; 5.11.2010 – 6 P 18.09, PersR 2011, 38.

668 BVerwG 24.6.2014 – 6 P 1.14, PersR 2014, 43.

669 VG Gelsenkirchen 29.11.2016 – 12c K 3238/16.PVL, beckRS 2016, 55822 und juris.

In diesen Fällen hat der Personalrat vor der Anordnung der amts- oder vertrauensärztlichen Untersuchung ein Anhörungsrecht. Vor Abgabe einer Stellungnahme kann er den Betroffenen ebenfalls anhören.

Abs. 1 Nr. 5: wesentliche Änderung oder Verlagerung von Arbeitsplätzen

Mit Einräumung dieses Anhörungsrechtes wird die Rechtslage vor 2007 wieder hergestellt. Das Anhörungsrecht steht im engen inhaltlichen Zusammenhang mit den Mitbestimmungsrechten nach § 72 Abs. 4 Nr. 7 und 10 bei Maßnahmen zur Verhütung von Dienst- und Arbeitsunfällen und sonstigen Gesundheitsschädigungen sowie der Gestaltung von Arbeitsplätzen. 7a
Das Anhörungsrecht geht allerdings über das zuletzt genannte Mitbestimmungsrecht nach § 72 Abs. 4 Nr. 10 hinaus. Die Beteiligung des Personalrats bezieht sich nämlich nicht nur auf den räumlich-gegenständlichen Bereich des Arbeitsplatzes und seiner Änderungen, sondern auch auf den Einsatz neuer Technologien und Arbeitsmethoden ohne Neugestaltung des Arbeitsplatzes.
Nach Auffassung des Gesetzgebers ist dieses Beteiligungsrecht nicht für die Fälle der Einrichtung von Arbeitsplätzen außerhalb der Dienststelle (§ 72 Abs. 3 Nr. 4) anwendbar.[670]

Abs. 2: Einfluss des Anhörungsverfahrens auf die Willensbildung

Für anhörungspflichtige Angelegenheiten sieht das Gesetz anders als für mitbestimmungs- und mitwirkungspflichtige Angelegenheiten keine besonderen Verfahrensvorschriften vor. Eine den §§ 66ff., 69 entsprechende Vorschrift fehlt. Die Anhörung wird dadurch begonnen, dass der Personalrat über die beabsichtigte Maßnahme entsprechend § 65 rechtzeitig und umfassend unterrichtet wird. Regelmäßig wird der Dienststellenleiter gehalten sein, auf Verlangen die Angelegenheit mit dem Personalrat zu besprechen, »Anhörung« ist ein akustischer Vorgang. Eine Verpflichtung, in jedem Fall eine mündliche Anhörung durchzuführen, soll jedoch nicht bestehen.[671] Für die Unterrichtung ist eine Formvorschrift nicht vorgesehen. Im Falle der Nr. 1 ist eine Vorlage der Entwürfe für die Ausübung dieses Beteiligungsrechtes durch den Personalrat jedoch zwingend. 8
Absatz 2 soll sicherstellen, dass die Stellungnahme des Personalrats in die Überlegungen der Dienststelle Eingang finden kann. Damit wird die bestehende Rechtslage verdeutlicht. Ohnehin ist die Dienststelle im Falle einer Verpflichtung zur Anhörung gehalten, dem Personalrat Gelegenheit zu einer

670 LT-Drucks. 15/1644, 87.
671 So OVG NRW 18.2.1998 – 1 A 5728/95.PVL, PersR 1998, 479.

Stellungnahme zu geben und offen für die Argumente und Anregungen des Personalrats im Rahmen dieser Stellungnahme zu sein. Eine bloß formelle Anhörung ohne den Willen, auf die Überlegungen des Personalrats ernstlich einzugehen, wäre mit dem Grundsatz der vertrauensvollen Zusammenarbeit nicht zu vereinbaren.

§ 76

An Prüfungen, die eine Dienststelle von den Beschäftigten ihres Bereichs abnimmt, kann ein Mitglied des für diesen Bereich zuständigen Personalrats, das von diesem benannt ist, beratend teilnehmen; Teilnahme und Beratung beschränken sich auf den Ablauf der mündlichen Prüfung. Mitglieder des Personalrats dürfen bei Prüfungen, die sie noch abzulegen haben, nicht nach Satz 1 tätig werden.

1 An Prüfungen, die eine Dienststelle von den Beschäftigten ihres Bereiches abnimmt, kann ein Mitglied des Personalrats beratend teilnehmen. Zu den Beschäftigten, die eine Prüfung ablegen, gehören sowohl die bereits ausgebildeten Arbeitnehmer oder Beamten wie die zur Berufsausbildung Beschäftigten.
Unter Prüfungen sind sämtliche Feststellungen von persönlichen und fachlichen Fähigkeiten und Eigenschaften der Beschäftigten in einem formell geregelten Verfahren zu verstehen, das die Dienststelle selbst durchführt bzw. von einer außenstehenden Dienststelle (Institut, Zweckverband) durchführen lässt.[672] Dazu zählen Lehrabschlussprüfungen der Auszubildenden, Prüfungen für Arbeitnehmer nach Besuch der Lehrgänge, Prüfungen schreibtechnischer Art für Bürogehilfinnen oder Sekretärinnen, Laufbahnprüfungen der Beamtenanwärter. Einstellungsprüfungen fallen nicht darunter.
Das Teilnahmerecht des Personalrats ist auf Prüfungen beschränkt, die eine Dienstelle von Mitarbeitern ihres Bereichs abnimmt und setzt weiter voraus, dass sich die Wirkungen der Prüfung im Falle des Bestehens, wie im Falle des Nichtbestehens auf den Bereich der Dienststelle beschränken, dass es sich also um eine verwaltungsinterne Prüfung handelt.[673]

2 Ein Mitglied des für den Bereich der Dienststelle zuständigen Personalrats, das von diesem benannt wird, kann an den Prüfungen beratend teilnehmen. Die Dienststelle kann das Recht des Personalrats, ein Mitglied an der Prüfung teilnehmen zu lassen, nicht durch Einschaltung eines ihr nicht unterstehenden Prüfungsamtes ausschließen.[674] Zuständig für die Benennung ist der entsendende Personalrat.

672 BVerwG 25.3.2009 – 6 P 8.08, PersR 2009, 325.
673 BVerwG 25.3.2009 – 6 P 8.08, PersR 2009, 325.
674 BVerwG 23.10.1970 – 7 P 4.70, PersV 1971, 183.

Da sich Teilnahme und Beratung auf den Ablauf der mündlichen Prüfung und nicht auf den Inhalt der Prüfung selbst beziehen, besteht zunächst ein Recht zur Anwesenheit während der gesamten Zeit der Prüfung und das Recht, in die Prüfung dann einzugreifen, wenn der korrekte Hergang der mündlichen Prüfung nicht gewährleistet oder gefährdet ist. Es kann also bei unsachlichem Verhalten, Bevorzugung oder Benachteiligung von Prüflingen eingegriffen werden und der Vorsitzende der Prüfungskommission um Abhilfe gebeten werden. Zu dem äußeren Ablauf der Prüfung gehört auch die Frage nach dem Gesundheitszustand der Prüflinge und die Intervention, wenn die Prüfung zu lange dauert oder so belastende Umstände eintreten, dass eine Fortsetzung der Prüfung den Prüflingen nicht zugemutet werden kann. Soweit eine Beschränkung auf den äußeren Verfahrensgang eingehalten wird, hat das teilnehmende Personalratsmitglied auch das Recht, sich Kenntnis von bisher unbekannten Mängeln des äußeren Prüfungsablaufes zu verschaffen, die Prüflinge ggf. in Vorbesprechungen oder nach der mündlichen Prüfung und vor der eigentlichen Leistungsbewertung mit dem Prüfungsausschuss zu befragen.[675] Beratung und Teilnahme des Personalrats sind jedoch nicht auf den äußeren Ablauf der Prüfung (Raumfrage, Pausenregelung usw.) beschränkt, sondern können sich vielmehr auch auf alle inhaltliche Fragen erstrecken, die dem Personalratsmitglied bei Beobachtung des Prüfungsgeschehens aufgefallen sind, wie z. B. der ausgewählte Prüfungsstoff, die gestellten Prüfungsfragen, das Verhalten der Prüfer.[676]Nach Auffassung des BVerwG soll jedoch keine Berechtigung zur Teilnahme an der anschließenden Beratung über das Prüfungsergebnis bestehen.[677]

§ 77

(1) Der Personalrat hat bei der Bekämpfung von Unfall- und Gesundheitsgefahren die für den Arbeitsschutz zuständigen Behörden, die Träger der gesetzlichen Unfallversicherung und die übrigen in Betracht kommenden Stellen durch Anregung, Beratung und Auskunft zu unterstützen und sich für die Durchführung der Vorschriften über den Arbeitsschutz und die Unfallverhütung in der Dienststelle einzusetzen.
(2) Die Dienststelle und die für den Arbeitsschutz zuständigen Stellen sind verpflichtet, den Personalrat oder die von ihm bestimmten Mitglieder des Personalrats bei allen im Zusammenhang mit dem Arbeitsschutz oder der Unfallverhütung stehenden Besichtigungen und Fragen und bei Unfalluntersuchungen hinzuzuziehen. Die Dienststelle hat dem Personalrat unverzüglich die den Arbeitsschutz und die Unfallverhütung be-

675 OVG NRW 24. 8. 1977 – CL 20/76.
676 BVerwG 25. 3. 2009 – 6 P 8.08, PersR 2009, 325.
677 BVerwG 31. 1. 1979 – 6 P 19.78, PersV 1980, 418.

treffenden Auflagen und Anordnungen der in Satz 1 genannten Stellen mitzuteilen.

(3) An den Besprechungen der Dienststelle mit den Sicherheitsbeauftragten nach § 22 Abs. 2 des Siebten Buches Sozialgesetzbuch nehmen vom Personalrat beauftragte Personalratsmitglieder teil.

(4) Der Personalrat erhält die Niederschriften über Untersuchungen, Besichtigungen und Besprechungen, zu denen er nach den Absätzen 1 und 2 hinzuzuziehen ist.

(5) Die Dienststelle hat dem Personalrat eine Durchschrift der nach § 193 Abs. 5 des Siebten Buches Sozialgesetzbuch vom Personalrat zu unterschreibenden oder der nach beamtenrechtlichen Vorschriften zu erstattenden Unfallanzeige auszuhändigen.

1 Beim Arbeits-, Unfall- und Gesundheitsschutz hat der Personalrat nach mehreren Vorschriften umfangreiche Aufgaben und Kompetenzen.
Nach § 64 Nr. 1 obliegt ihm, auf die Verhütung von Unfall- und Gesundheitsgefahren zu achten, die für den Arbeitsschutz zuständigen Stellen durch Anregung, Beratung und Auskunft zu unterstützen und sich für die Durchführung gesundheitsfördernder Maßnahmen sowie des Arbeitsschutzes einzusetzen. In § 72 Abs. 4 Nr. 6 und 7 sind dem Personalrat Mitbestimmungsrechte bei Bestellung und Abberufung von Vertrauens- und Betriebsärzten und Sicherheitsfachkräften sowie bei Maßnahmen zur Verhütung von Dienst- und Arbeitsunfällen und sonstigen Gesundheitsschädigungen sowie bei Maßnahmen vorbereitender und präventiver Art eingeräumt. § 77 schließlich schafft umfangreiche Hinzuziehungs-, Unterrichtungs- und Beteiligungsrechte.

2 Auch außerhalb des LPVG finden sich in zahlreichen Vorschriften weitere Beteiligungsrechte des Personalrats in Angelegenheiten des Arbeitsschutzes und der Unfallverhütung. Bei der Bestellung solcher Betriebsbeauftragten bestehen unterschiedliche Informations- und Beteiligungsrechte. Soweit kein Mitbestimmungsrecht nach § 72 Abs. 4 Nr. 7 eingeräumt ist, wie z. B. bei der Bestellung von Betriebsärzten und Fachkräften für Arbeitssicherheit im Sinne des ASiG, besteht eine Anhörungspflicht vor Bestellung des Beauftragten für biologische Sicherheit und eines Brandschutzbeauftragten (§ 6 Gentechnik-Sicherheitsverordnung; § 10 Abs. 2 Satz 3 und 4 ArbSchG analog). Eine Pflicht zur Beteiligung des Personalrats besteht bei der Bestellung des Sicherheitsbeauftragten nach § 22 Abs. 1 SGB VII, eine Unterrichtungs- und Mitteilungspflicht bei Bestellung der nach den Regeln des § 55 Abs. 1a Satz 1 BImSchG zu bestellenden Immissionsschutzbeauftragten, Störfallbeauftragten, Abfallbeauftragten und Gewässerschutzbeauftragten sowie des Strahlenschutzbeauftragten (§ 31 Abs. 4 Satz 3 StrahlenschutzVO) und des kerntechnischen Sicherheitsbeauftragten (§ 2 Abs. 1 Atomrechtliche Sicherheitsbeauftragten- und Meldeverordnung).

Sämtliche Betriebsbeauftragte, die mit Arbeits-, Gesundheits- und Gefahrenschutz zu tun haben, sind zur Kooperation mit dem Personalrat verpflichtet und haben diesen auf Verlangen zu beraten und ihn bei seiner Arbeit zu unterstützen.[678]

Abs. 1: Mit Absatz 1 soll »entsprechend der bundesgesetzlichen Regelung dem gestiegenen Stellenwert des Arbeitsschutzes und der Unfallverhütung in der Arbeit der Personalräte Rechnung getragen werden.«[679] Auch die in § 64 Nr. 4 formulierte allgemeine Aufgabe, dass der Personalrat auf die Verhütung von Unfall- und Gesundheitsgefahren zu achten hat, hebt die Bedeutung dieses Themas für den Personalrat hervor. Während der Personalrat nach § 64 Nr. 1 auf die Verhütung von Unfall- und Gesundheitsgefahren zu achten hat, wird ihm eine Unterstützungspflicht bei der Bekämpfung von – erkannten – Unfall- und Gesundheitsgefahren auferlegt. Die für den Arbeitsschutz zuständige Behörde ist zunächst einmal die Dienststelle selbst und in Stufenverwaltungen die oberste Landesbehörde. Diese und die Träger der gesetzlichen Unfallversicherung haben nach § 21 Abs. 3 Satz 1 ArbSchG auf der Grundlage einer gemeinsamen Beratungs- und Überwachungsstrategie nach § 20a Abs. 2 Nr. 4 ArbSchG eng zusammenzuarbeiten und den Erfahrungsaustausch sicherzustellen. Träger der gesetzlichen Unfallversicherung im Land NRW ist die Unfallkasse NRW[680] sowie die Eigenunfallversicherungen. Die »übrigen in Betracht kommenden Stellen« sind sämtliche Behörden, Einrichtungen und Personen, die im weitesten Sinn mit dem Arbeits-, Unfall- und Gefahrenschutz zu tun haben. 3

Die dem Personalrat danach übertragenen Aufgaben sowie Kommunikationsrechte und -pflichten können nach dem Wortlaut sowohl des § 64 Nr. 4 als auch nach § 77 Abs. 1 ausgeübt werden, ohne dass § 2 Abs. 3 (»Anrufung außenstehender Stellen«) zuvor einzuhalten ist. Gerade die Verstärkung und doppelte Betonung der Kommunikationsrechte rechtfertigt die Annahme, dass wegen der gestiegenen Bedeutung der Schutzrechte der Beschäftigten der Personalrat sofort handeln kann und nicht erst langwierige dienststelleninterne Verhandlungen und Gespräche führen muss – wenn Unfall- und Gesundheitsgefahren drohen. Fragebogenaktionen des Personalrats, mit denen die Erforderlichkeit von Maßnahmen zur Verbesserung des Gesundheitsschutzes am Arbeitsplatz ermittelt werden sollen, sind dem Personalrat nur eingeschränkt möglich – nämlich dann, wenn die Dienststelle ihrerseits untätig bleibt und z. B. keine Gefährdungsbeurteilungen nach § 5 Abs. 1 ArbSchG vorbereitet.[681] 4

678 Vgl. zum BetrVG: Welkoborsky, Betriebsrat u. Betriebsbeauftragte, in: Wendeling-Schröder (Hrsg.), Die Arbeitsbedingungen des Betriebsrats, Frankfurt 2014.

679 LT-Drucks. 11/7130 Nr. 150, S. 56.

680 Satzung vom 28. 11. 2007, GV NRW 2007, 621.

681 BVerwG 8. 8. 2012 – 6 PB 8.12, PersR 2012, 461.

5 **Abs. 2:** Die Dienststelle hat im Zusammenhang mit dem Arbeitsschutz und der Unfallverhütung **Hinzuziehungspflichten** und **Mitteilungspflichten**. Bei allen im Zusammenhang mit dem Arbeitsschutz oder der Unfallverhütung stehenden Besichtigungen und Fragen sowie bei Unfalluntersuchungen ist der Personalrat hinzuzuziehen. Zweck der Vorschrift ist es, den Personalrat bei den für die Beschäftigten besonders wichtigen Fragen des Arbeitsschutzes und der Unfallverhütung einzubinden, ihm insbesondere zu ermöglichen, insoweit Fragen zu stellen, Erfahrungen darzulegen und Vorschläge zu machen.[682] Diese Verpflichtung schließt die Verpflichtung zur Benachrichtigung und Ermöglichung der Teilnahme ein.[683] Diese Verpflichtung richtet sich sowohl an interne, als auch an externe Stellen, soweit diese innerhalb der Dienststelle tätig werden. Das betrifft insbesondere die für den Arbeitsschutz zuständigen Behörden, die Berufsgenossenschaften und Gemeindeunfallversicherungsverbände, die Umweltbehörden und schließlich die Betriebsärzte, Sicherheitsingenieure, Sicherheitsbeauftragten und die betrieblichen Beauftragten und schließlich die Betriebsärzte, Fachkräfte für Arbeitssicherheit, Sicherheitsingenieure, Sicherheitsbeauftragten und die verschiedenen betrieblichen Beauftragten. Diese Verpflichtung erstreckt sich auch auf das Recht zur Teilnahme an Besichtigungen, die die Dienststelle nicht selbst durchführt, sondern von den für den Arbeitsschutz zuständigen Stellen durchführen lässt.[684] Von bevorstehenden Besichtigungen und Begehungen auch solcher Besichtigungen ist der Personalrat rechtzeitig zu benachrichtigen und zur Teilnahme einzuladen.[685] Deshalb ist der Personalrat berechtigt, bei der Untersuchung von Gefahrstoffbelastungen in Räumen, in denen von ihm vertretene Mitarbeiter beschäftigt sind oder werden sollen, teilzunehmen,[686] sowie der Lehrerpersonalrat bei der Begehung von Schulen, wenn die Begehung vom Oberbürgermeister des Schulträgers aus Gründen des Gesundheits- und Arbeitsschutzes veranlasst wird.[687] Eine Pflicht zur Beteiligung des Personalrats besteht auch bei der Bildung eines Arbeitsschutzausschusses nach § 11 Satz 2 ASiG analog.
Der Personalrat ist nicht nur bei Besichtigungen, sondern auch bei »Fragen«, die mit dem Arbeitsschutz oder der Unfallverhütung im Zusammenhang stehen, hinzuzuziehen. Bei Unfalluntersuchungen (vgl. § 193 Abs. 1 SGB VII, § 45 Abs. 3 Beamtenversorgungsgesetz) ist der Personalrat ebenfalls hinzuzuziehen. Fragen, die mit dem Arbeitsschutz oder der Unfallverhütung im Zusammenhang stehen, sind ganz allgemein alle diesem Bereich zuzuord-

682 OVG NRW 29.1.1999 – 1 A 2762/97.PVL, PersR 1999, 360.
683 OVG NRW 24.11.2005 – 1 A 3019/04.PVL, juris.
684 OVG NRW 24.11.2005 – 1 A 3019/04.PVL, juris.
685 OVG NRW 24.11.2005, a.a.O.
686 OVG NRW 29.1.1999 – 1 A 2762/97.PVL, PersR 1999, 360.
687 So OVG NRW 24.11.2005 – 1 A 3019/04.PVL, juris.

nenden Themen, Angelegenheiten, Probleme, Vorkommnisse etc. Die Zuständigkeit des Personalrats umfasst den gesamten Arbeitsschutz im weiten Sinne einschließlich des öffentlich-rechtlichen sozialen Arbeitsschutzes. Die Verpflichtung der Dienststelle zur Hinzuziehung beschränkt sich auf die vom Personalrat bestimmten Mitglieder. Es kann also nicht der gesamte Personalrat an derartigen Besichtigungen, Fragen und Unfalluntersuchungen teilnehmen, sondern nur eine bestimmte Anzahl von Personalratsmitgliedern, die durch gemeinsamen Beschluss festzulegen sind.

Mitteilungspflichten treffen den Dienststellenleiter bezüglich Auflagen und Anordnungen seitens der für den Arbeitsschutz zuständigen Behörden (Abs. 1 Satz 2). Der Personalrat soll damit in die Lage versetzt werden, die Einhaltung solcher Auflagen und die Durchführung von Anforderungen gemäß § 64 Nr. 4 zu überwachen. Der Dienststellenleiter ist gehalten, solche Auflagen und Anordnungen dem Personalrat unverzüglich – also ohne schuldhaftes Zögern – mitzuteilen, weil sich solche Anordnungen und Auflagen regelmäßig mit aktuellen Gefahren für die Beschäftigten und ihrer Beseitigung befassen. 6

Abs. 3: Dienststelle und Sicherheitsbeauftragte bzw. Arbeitsschutzausschuss haben entsprechend §§ 11, 16 ASiG mindestens vierteljährlich zu einer Besprechung zusammenzukommen. Bei diesen Besprechungen haben vom Personalrat beauftragte Personalratsmitglieder ein Teilnahmerecht, das auch zur Beratung innerhalb dieser Besprechung berechtigt. 7

Abs. 4: Niederschriften über Untersuchungen, Besichtigungen und Besprechungen, an denen der Personalrat nach den Absätzen 2 und 3 (im Gesetz sind irrtümlich die Abs. 1 und 2 genannt) ein Teilnahmerecht hat, sind dem Personalrat zu übergeben und auf Dauer zu überlassen. Diese Verpflichtung ist nicht davon abhängig, dass der Personalrat an den entsprechenden Veranstaltungen tatsächlich teilgenommen hat, sondern nur davon abhängig, dass ein Teilnahmerecht bestand. 8

Die Unfallanzeigen nach § 193 Abs. 5 SGB VII sind vom Personalrat mit zu unterzeichnen. **Absatz 5** ordnet an, dass der Personalrat von allen diesen Unfallanzeigen eine Durchschrift erhält. Es besteht Anspruch auf Durchschriften sämtlicher Unfallanzeigen und nicht etwa nur derjenigen, die dem Personalrat zur Unterschrift vorgelegt worden sind. 9

Vierter Abschnitt
Beteiligung der Stufenvertretung und des Gesamtpersonalrats

§ 78

(1) In Angelegenheiten, in denen die Dienststelle nicht zur Entscheidung befugt ist, ist an Stelle des Personalrats die bei der zuständigen übergeordneten Dienststelle gebildete Stufenvertretung zu beteiligen. In mitbestimmungs- und mitwirkungspflichtigen Angelegenheiten, in denen die Landesregierung auf Vorschlag einer obersten Landesbehörde entscheidet oder eine oberste Landesbehörde eine Entscheidung mit Wirkung über ihren Geschäftsbereich hinaus trifft, ist die Stufenvertretung am Vorschlag oder der Entscheidung der obersten Landesbehörde zu beteiligen. Betrifft der Vorschlag oder die Entscheidung nur Beschäftigte oberster Landesbehörden, tritt an die Stelle der Stufenvertretung der bei der obersten Landesbehörde gebildete Personalrat.
(2) Vor einem Beschluss in Angelegenheiten, die einzelne Beschäftigte oder Dienststellen betreffen, gibt die Stufenvertretung den Personalräten Gelegenheit zur Äußerung. In diesem Fall verdoppeln sich die Fristen der §§ 66 und 69.
(3) Werden im Geschäftsbereich mehrstufiger Verwaltungen Maßnahmen von einer Dienststelle beabsichtigt, bei der keine für eine Beteiligung an diesen Maßnahmen zuständige Personalvertretung besteht, ist an ihrer Stelle die Stufenvertretung bei der nächsthöheren Dienststelle zu beteiligen. Sofern in den Fällen des Absatzes 1 Satz 1 und 2 eine Stufenvertretung nicht besteht, tritt an deren Stelle der dortige Personalrat. Sofern in den Fällen des § 66 Absatz 5 oder des § 69 Absatz 3 eine Stufenvertretung zu beteiligen ist und diese nicht besteht, ist an ihrer Stelle die Personalvertretung bei der nächstniedrigeren Dienststelle zu beteiligen.
(4) Absatz 1 Satz 1 und die Absätze 2 und 3 gelten entsprechend für die Verteilung der Zuständigkeit zwischen Personalrat und Gesamtpersonalrat.
(5) Für die Beteiligung der Stufenvertretungen und des Gesamtpersonalrats gelten die §§ 62 bis 66 und 68 bis 77 entsprechend.
(6) Die Hauptpersonalräte bei den obersten Landesbehörden können eine Arbeitsgemeinschaft bilden.

1 Stufenvertretungen sind gemäß § 50 in den Landesverwaltungen für den Geschäftsbereich mehrstufiger Verwaltungen zu bilden. Im dreistufigen Verwaltungsaufbau wird neben den örtlichen Personalräten in den Mittelbehörden Bezirkspersonalräte und bei der obersten Landesbehörde ein Haupt-

personalrat gebildet. Im zweistufigen Verwaltungsaufbau werden neben den örtlichen Personalräten Hauptpersonalräte gebildet.

Stufenvertretungen werden für Dienststellen auf verschiedenen Hierarchieebenen gebildet, Gesamtpersonalräte dagegen für an sich einheitliche Dienststellen, von denen Teile oder Nebenstellen nach § 1 Abs. 3 verselbständigt sind. Die Aufgaben der Stufenvertretungen sind einmal im Rahmen der Mitbestimmungsverfahren definiert und zum anderen in Absatz 5.

Nach § 52 Satz 2 nehmen die Gesamtpersonalräte der Landschaftsverbände, des Landesbetriebs Straßenbau NRW und des Bau- und Liegenschaftsbetriebs NRW die Aufgaben des Hauptpersonalrats gemäß dieser Vorschrift wahr.

Ihnen obliegt zunächst die Ausübung der Mitbestimmung in den Verfahren 2
nach § 66 Abs. 5 und 6 sowie der Mitwirkung im Verfahren nach § 69 Abs. 3, wenn sich in der nächstniedrigeren Dienststelle zwischen dem dortigen Personalrat und dem Dienststellenleiter keine Einigung ergeben hat. Erst nach Vorbehandlung einer mitbestimmungspflichtigen Angelegenheit im örtlichen Personalrat, ggf. im Bezirkspersonalrat und sodann im Hauptpersonalrat kann die Einigungsstelle angerufen werden.

Die zweite Aufgabe der Stufenvertretungen ergibt sich aus Abs. 3, nämlich 3
alle in §§ 62 bis 66 und 68 bis 77 genannten Aufgaben und Beteiligungsrechte in Ersatzkompetenz wahrzunehmen.

Abs. 1: Die Vorschrift stellt den Grundsatz auf, dass in allen Angelegenheiten 4
die die Dienststelle betreffen, der bei ihr gebildete Personalrat zu beteiligen ist. Es gilt der Grundsatz der partnerschaftlichen Zuordnung, wonach nur der Personalrat beteiligt werden kann, der bei einer für die Maßnahme zuständigen Dienststelle gebildet ist und entspricht zum anderen dem Repräsentationsgrundsatz, wonach der Personalrat nur für Beschäftigte tätig werden kann, die er aufgrund eines durch Wahl erworbenen Mandats repräsentiert.[688] Eine Ausnahme von diesem Grundsatz, demzufolge im Zweifel der örtliche Personalrat zu beteiligen ist, sieht Abs. 1 für die Fälle vor, in denen die Entscheidungsbefugnis für eine solche Angelegenheit aufgrund der Behördenorganisation und Zuständigkeitsverteilung nicht bei der betroffenen, sondern bei einer übergeordneten Dienststelle liegt. In diesem Fall hat die Beteiligungsbefugnis der Personalvertretung der Entscheidungsbefugnis der Dienststelle zu folgen, so dass an die Stelle des örtlichen Personalrats die bei der entscheidungsbefugten Dienststelle gebildete Stufenvertretung tritt.[689] Ist diese Stufenvertretung zuständig, ist sie das mit allen Rechten und Pflichten, wie sie sonst im Mitbestimmungsverfahren für die örtliche Personalvertretung maßgeblich sind. Das Beteiligungsrecht der Stufenvertretung schließt jegliche Beteiligung des örtlichen Personalrats – mit Ausnahme der

688 BVerwG 15.7.2004 – 6 P 1.04, PersR 2004, 396.

689 Vgl. BVerwG 7.8.1996 – 6 P 29.93, PersR 1996, 493.

Gelegenheit zur Äußerung nach Abs. 2 – aus.[690] Maßgebend ist, welche Dienststelle befugt ist, eine Entscheidung mit Wirkung nach außen zu treffen. Es kommt also für die Frage, welche Personalvertretung zu beteiligen ist, in aller Regel nur darauf an, welcher Dienststellenleiter die beteiligungspflichtige Maßnahme zu treffen beabsichtigt. Es ergibt sich nicht bereits dann die Notwendigkeit zur Beteiligung des Personalrats einer nachgeordneten Dienststelle, wenn sich die vorgesetzte Dienststelle eine Entscheidung durch diese nachgeordnete Dienststelle vorbereiten lässt, es sei denn, dass die der Vorbereitung dienende Handlung Entscheidungscharakter hätte, die beabsichtigte Maßnahme also vorweggenommen wird.[691] Ohne Bedeutung ist, ob es einen Genehmigungsvorbehalt der übergeordneten Dienststelle gibt. Für das Mitbestimmungsrecht bei Maßnahmen des Leiters der Mittelbehörde oder der obersten Dienstbehörde kommt es darauf an, in welcher der beiden Funktionen – Leiter der gesamten Behörde oder Leiter der Dienststelle, für die der »Haus-Personalrat« gebildet ist – er tätig wird. Entscheidet er aufgrund von Kompetenzen, die ihm nur als Leiter des gesamten Geschäftsbereichs zustehen, ist die Stufenvertretung zu beteiligen. Entscheidet er jedoch in Angelegenheiten, die ausschließlich den eigenen Geschäftsbereich – also die Mittelbehörde oder die oberste Landesbehörde – betrifft, so ist der bei diesen Behörden gebildete »Haus-Personalrat« zu beteiligen.

5 Eine Sonderregelung trifft § 78 Abs. 1 Satz 2 in den Angelegenheiten, in denen die Landesregierung auf Vorschlag einer obersten Landesbehörde entscheidet. Betroffen sind nur mitbestimmungs- und mitwirkungspflichtige Angelegenheiten. In diesen Fällen ist die Stufenvertretung dieser obersten Landesbehörde vor Abgabe des Vorschlages an die Landesregierung zu beteiligen.

6 Satz 2 trifft sodann eine Regelung für die Fälle, in denen eine oberste Landesbehörde in mitbestimmungs- und mitwirkungspflichtigen Angelegenheiten mit Wirkung über ihren Geschäftsbereich hinaus entscheidet. In diesen Fällen ist die bei dieser obersten Landesbehörde bestehende Stufenvertretung – also der Hauptpersonalrat – zu beteiligen. Das gilt sowohl in den Fällen, in denen er eine Entscheidung treffen kann – etwa der Finanzminister mit Wirkung für andere Ressorts –, als auch für die Fälle, in denen er lediglich einen Vorschlag machen kann.

Betrifft der Vorschlag oder die Entscheidung nur Beschäftigte oberster Landesbehörden, ist nach Satz 3 nicht die Stufenvertretung zu beteiligen, sondern der örtliche »Haus-Personalrat«, der bei der obersten Landesbehörde gebildet ist, die den Vorschlag oder die Entscheidung verantwortet.

7 **Abs. 2 Satz 1:** Ist eine Stufenvertretung anstelle des Personalrats gemäß Absatz 1 zuständig und bezieht sich ihre Zuständigkeit auf Angelegenheiten,

---

690 Vgl. BVerwG 30. 3. 2009 – 6 PB 9.08, PersR 2009, 332.

691 Vgl. BVerwG 7. 8. 1996 – 6 P 29.93, PersR 1996, 493.

die einzelne Beschäftigte oder einzelne Dienststellen betreffen, so ist den dortigen örtlichen Personalräten vor einer Entscheidung der Stufenvertretung Gelegenheit zur Stellungnahme zu geben.

Die Stufenvertretung hat den örtlichen Personalrat über die Angelegenheit so zu unterrichten, wie sie selbst von der Dienststelle unterrichtet worden ist. Andernfalls kann der örtliche Personalrat eine sachgerechte Stellungnahme auf der Grundlage seiner Kenntnisse der Interessen der Beschäftigten nicht abgeben. Allerdings besteht keine Verpflichtung, sämtliche im Laufe des Mitbestimmungsverfahrens beim Dienststellenleiter beschafften Informationen an die örtliche Personalvertretung weiterzuleiten.[692] 8

Die Äußerung des örtlichen Personalrats ist zu beschließen und der Stufenvertretung zuzuleiten. Eine formelle Bindung der Stufenvertretung an die Äußerung des örtlichen Personalrats besteht zwar nicht, jedoch wird der Äußerung des örtlichen Personalrats wegen der größeren Sachnähe ein maßgeblicher Stellenwert zukommen.

Anzuhören ist derjenige Personalrat, der zu beteiligen wäre, wenn der Leiter der nachgeordneten Dienststelle entscheidungsbefugt wäre. Diese fiktive Sichtweise ist wegen der Ersatzfunktion der Stufenvertretung, die »anstelle« des Personalrats (Abs. 1) zu beteiligen ist,[693] geboten. Die Anhörung des örtlichen Personalrats hat stattzufinden, wenn Angelegenheiten entweder einzelner Beschäftigter oder einzelner Dienststellen betroffen sind. Damit sind nicht nur personelle Einzelmaßnahmen gemeint, sondern sämtliche Beteiligungsrechte der §§ 72 und 73.

Nach **Satz 2** verdoppeln sich für die Stufenvertretungen die Fristen der §§ 66 und 69, damit die Äußerung der örtlichen Personalräte eingeholt werden kann. Keine Verdoppelung der Fristen tritt ein, wenn die Mittelbehörde oder oberste Landesbehörde Entscheidungen ausschließlich bezüglich einzelner Beschäftigter ihrer eigenen Behörde trifft. In diesen Fällen ist der »Haus-Personalrat« zuständig, eine Verdoppelung der Fristen erfolgt nicht.

Abs. 3 Satz 1: Im Bereich mehrstufiger Verwaltungen kann die Stufenvertretung auch die Kompetenzen des Personalrats für nachgeordnete Dienststellen ausüben, bei denen keine zuständige Personalvertretung besteht. Es ist gleichgültig, warum dies so ist. Das Nichtbestehen eines Personalrats kann auf eine erfolgreiche Wahlanfechtung, auf die Neugründung der Dienststelle, aber auch darauf zurückzuführen sein, dass die Beschäftigten sich zu einer Wahl bisher nicht entschlossen haben. In allen Fällen besteht die Ersatzzuständigkeit des § 80 Abs. 3. 9

Satz 2: Der durch die Novelle neu eingefügte Satz 2 soll eine Regelungslücke schließen. »*Veränderungen von Geschäftsbereichen können dazu führen, dass die Aufgaben der Stufenvertretung bis zu deren (Neu)Wahl nicht wahrgenom-* 10

692 BVerwG 2.10.2000 – 6 P 11.99, PersR 2001, 80.
693 BVerwG 15.7.2004 – 6 P 1.04, PersR 2004, 396.

men werden können. Eine (Ersatz-)Zuständigkeit für die Fälle, in denen eine (nicht vorhandene) Stufenvertretung originär zuständig wäre, ist im Gesetz bisher nicht vorgesehen. Ersatzzuständigkeiten werden im bisherigen Satz 2 nur für Stufenverfahren, nicht aber für Fälle der Erstzuständigkeit geregelt.«[694]

Satz 3 trifft eine Regelung für den Fall, dass eine Stufenvertretung nicht besteht. In diesen Fällen ist im Mitbestimmungs- und Mitwirkungsverfahren die bei der nächstniedrigeren Dienststelle gebildete Personalvertretung zu beteiligen. Das Mitbestimmungsverfahren muss deshalb aber nicht in der gleichen Stufe zweimal stattfinden. Fehlt z. B. bei der Mittelbehörde ein Bezirkspersonalrat, können der örtliche Personalrat und die Dienststelle im Falle der Nichteinigung sogleich den Hauptpersonalrat bzw. die oberste Dienstbehörde anrufen.

11 **Abs. 4:** Ist für eine Dienststelle und verselbständigte Teildienststelle ein Gesamtpersonalrat gebildet worden, gelten Absatz 1 Satz 1 und die Absätze 2 und 3 für das Verhältnis zwischen Gesamtpersonalrat und örtlichen Personalräten entsprechend.

Zumeist wird der Leiter der Gesamtdienststelle in doppelter Eigenschaft tätig werden, nämlich als Leiter der Gesamtdienststelle und als Leiter eines Teils der Dienststelle. Das ist z. B. regelmäßig dann der Fall, wenn eine Stadt einzelne Teile wie Krankenhäuser, Fuhrparks oder Dezernate verselbständigt und sich dort örtliche Personalräte bilden. Der Leiter der Gesamtdienststelle wird dann in aller Regel in einer Doppelfunktion als Leiter der Gesamtdienststelle und als örtlicher Dienststellenleiter tätig.

In diesen Fällen ist nach dem Grundsatz der ortsnahen Betreuung[695] zu verfahren, der Personalrat einer verselbständigten Nebenstelle ist in den Angelegenheiten zu beteiligen, die allein die verselbständigte Teileinheit oder deren Beschäftige betrifft und in denen der Leiter dieser Teileinheit entscheidungsbefugt ist. Es gilt auch hier der in Absatz 1 Satz 1 zum Ausdruck kommende Grundsatz, dass der Gesamtpersonalrat – wie die Stufenvertretung – nur eine Ersatzzuständigkeit hat. Diese tritt nur ein, wenn die Ausübung des Mitbestimmungsrechtes durch den örtlichen Personalrat nicht möglich ist.

12 Der Gesamtpersonalrat ist deshalb nur an denjenigen Entscheidungen des (Gesamt-)Dienststellenleiters zu beteiligen, die dieser im Rahmen seiner verwaltungsinternen Zuständigkeit trifft und die sich auf die Gesamtdienststelle der doch auf mehrere personalvertretungsrechtlich verselbständigte Dienststellen bezieht.[696]

---

694 LT-Drucks. 15/1644, 87.

695 BVerwG 26. 11. 2008 – 6 P 7.08, PersR 2009, 267.

696 OVG NRW 22. 5. 1986, a. a. O.; 7. 6. 1990 – CL 86/88, PersR 1991, 94; BVerwG 20. 8. 2003 – 6 C 5.03, PersR 2004, 151.

Besteht ein Gesamtpersonalrat und wird ein weiterer Teil der Dienststelle gemäß § 1 Abs. 3 verselbständigt, ist der Gesamtpersonalrat für die Wahrnehmung des Mitbestimmungsrechtes nach § 72 Abs. 4 Nr. 12 zuständig. 13

Abs. 5: Die Beteiligungsvorschriften der §§ 62 bis 66 und 68 bis 77 gelten für die Beteiligung der Stufenvertretungen und des Gesamtpersonalrats entsprechend. Auch auf diesen Ebenen sind also die Beteiligungsrechte und die entsprechenden Beteiligungsverfahren einzuhalten, soweit die jeweilige Dienststelle handelt. 14

Abs. 6: Die Vorschrift ist durch die Novelle 2011 neu geschaffen worden. Für die seit geraumer Zeit bestehende Arbeitsgemeinschaft der Hauptpersonalräte bei den obersten Landesbehörden ist damit eine ausdrückliche gesetzliche Grundlage geschaffen worden. Die Gesetzesbegründung betont,[697] dass Arbeitsgemeinschaften im kommunalen Bereich auch ohne ausdrückliche gesetzliche Grundlage gebildet werden können, wenn dies zur Aufgabenerfüllung erforderlich ist. Das kann z. B. bei vereinbarter interkommunaler Zusammenarbeit oder bevorstehender Gründung von Zweckgemeinschaften oder anderen gemeinsamen Unternehmungen der Fall sein. Die betroffenen örtlichen Personalräte können sich dann fallweise oder auf Dauer zu solchen Arbeitsgemeinschaften zusammenschließen. 15

Neuntes Kapitel
Gerichtliche Entscheidung

§ 79

(1) Die Verwaltungsgerichte, im dritten Rechtszug das Bundesverwaltungsgericht, entscheiden in den Fällen der §§ 7, 22, 25 und 43 Abs. 2 sowie über

1. **Wahlberechtigung und Wählbarkeit,**
2. **Wahl, Zusammensetzung und Amtszeit der Personalvertretungen und der in den §§ 54 und 60 genannten Vertretungen,**
3. **Zuständigkeit und Geschäftsführung der Personalvertretungen und der in den §§ 54 und 60 genannten Vertretungen,**
4. **Rechtsstellung der Mitglieder von Personalvertretungen und der in den §§ 54 und 60 genannten Vertretungen,**
5. **Bestehen oder Nichtbestehen von Dienstvereinbarungen,**
6. **Streitigkeiten aus § 67.**

(2) Die Vorschriften des Arbeitsgerichtsgesetzes über das Beschlussverfahren gelten entsprechend, der § 89 Abs. 1 Arbeitsgerichtsgesetz mit der

697 LT-Drucks. 15/1644, 87.

Maßgabe, dass die Dienststellen auf die Prozessvertretung durch eine Rechtsanwältin oder einen Rechtsanwalt verzichten können.
(3) Das Beschlussverfahren kann auf die Unterlassung oder Durchführung einer Handlung oder Maßnahme gerichtet sein. § 23 Absatz 3 Betriebsverfassungsgesetz gilt entsprechend. Für einstweilige Verfügungen gilt § 85 Absatz 2 Arbeitsgerichtsgesetz. Die Zwangsvollstreckung findet nach § 85 Absatz 1 Arbeitsgerichtsgesetz statt.

1 Die Verwaltungsgerichte sind dafür zuständig, in Streitigkeiten aus und in Verbindung mit Angelegenheiten der Personalvertretung zu entscheiden. Betriebsverfassungsrechtliche Streitigkeiten sind gemäß § 2a Abs. 1 Nr. 1 ArbGG von den Arbeitsgerichten zu entscheiden.

2 **Abs. 1:** Für die Streitigkeiten nach dem LPVG sind die Verwaltungsgerichte, im dritten Rechtszug das Bundesverwaltungsgericht zuständig. Verwaltungsgerichte bestehen in Nordrhein-Westfalen in Aachen, Arnsberg, Gelsenkirchen, Köln, Minden und Münster. Bei ihnen sind Fachkammern für Landespersonalvertretungssachen eingerichtet.
Für den Beschwerderechtszug ist das Oberverwaltungsgericht für das Land Nordrhein-Westfalen – dort der Fachsenat für Landespersonalvertretungssachen –, ansässig in Münster, zuständig. Im Rechtsbeschwerdeverfahren entscheidet das Bundesverwaltungsgericht – gegenwärtig zuständig der 6. Senat – mit Sitz in Leipzig.

3 Zuständig sind die Verwaltungsgerichte zur Entscheidung der Angelegenheiten, die in § 79 Abs. 1 aufgeführt sind:

a) § 7: Durch die Übernahme der unmittelbar für die Länder geltenden Vorschriften in das LPVG NRW ist – wie bisher – die Verwaltungsgerichtsbarkeit für die Entscheidung von Streitigkeiten über das Benachteiligungs- und Begünstigungsverbot sowie im Falle von Streitigkeiten betreffend die Übernahme von Auszubildenden, die ein Amt als Jugend- und Auszubildendenvertreter haben, zuständig.
b) § 22: Auf Antrag von drei wahlberechtigten Beschäftigten, einer in der Dienststelle vertretenen Gewerkschaft oder dem Leiter der Dienststelle kann innerhalb von zwei Wochen nach dem Tag der Bekanntgabe des Wahlergebnisses die Wahl angefochten werden. Für die Entscheidung über die Gültigkeit und Ungültigkeit dieser Wahl, auch im Falle einer geltend gemachten Nichtigkeit, sind die Verwaltungsgerichte zuständig.
c) § 25: Auf Antrag eines Viertels der wahlberechtigten Beschäftigten oder einer in der Dienststelle vertretenen Gewerkschaft kann der Personalrat aufgelöst werden oder eines seiner Mitglieder ausgeschlossen werden, wenn eine grobe Vernachlässigung der gesetzlichen Befugnisse oder eine grobe Verletzung der Pflichten vorliegt. Auflösung oder Ausschluss können nur vom Verwaltungsgericht beschlossen werden. Aus den gleichen

Gründen kann der Personalrat beim Verwaltungsgericht den Ausschluss eines seiner Mitglieder beantragen.
Der Dienststellenleiter kann – insoweit ist § 25 durch die Novelle 2007 ergänzt worden – den Ausschluss eines Mitglieds aus dem Personalrat oder die Auflösung des Personalrats wegen grober Verletzung der gesetzlichen Pflichten beantragen.

d) § 43 Abs. 2: Der Schutz von Personalratsmitgliedern, die in einem Arbeitsverhältnis stehen, vor außerordentlichen Kündigungen ist durch Übernahme der unmittelbar für die Länder geltenden Vorschriften aus dem BPersVG in das Gesetz aufgenommen worden. Dafür sind die Verwaltungsgerichte – wie bisher – zuständig. Von § 43 Abs. 2 werden gemäß § 44 Abs. 3 auch Mitglieder von Personalkommissionen geschützt.
e) Nach Absatz 1 Satz 1 Nr. 1 haben die Verwaltungsgerichte über alle Fragen im Zusammenhang mit Wahlberechtigung und Wählbarkeit zu entscheiden, insbesondere über die Streitigkeiten aus den §§ 10 und 11.
f) Gemäß Absatz Satz 1 Nr. 2 haben die Gerichte über Wahl, Zusammensetzung und Amtszeit der Personalvertretungen, der Jugend- und Auszubildendenvertretungen, der Stufenvertretungen und der Vertrauenspersonen bei den Polizeivollzugsbeamten zu entscheiden. Die Zusammensetzung der Personalvertretungen bezieht sich auch auf Streitigkeiten über das Nachrücken von Ersatzmitgliedern und über das zahlenmäßige Verhältnis der einzelnen Gruppen im Personalrat untereinander.
g) Absatz 1 Satz 1 Nr. 3 weist den Verwaltungsgerichten alle Streitigkeiten über Zuständigkeit und Geschäftsführung zu. Es handelt sich um die Generalklausel, die eine Zuständigkeit der Verwaltungsgerichte für praktisch alle im Zusammenhang mit der Aufgabenstellung der Personalräte stehenden Streitigkeiten eröffnet.
h) Absatz 1 Satz 1 Nr. 4: Die Rechtsstellung der Personalvertretungen und der anderen Vertretungen und ihrer Mitglieder ist betroffen, wenn Streitigkeiten z. B. über Freistellung, Teilnahme an Schulungs- und Bildungsveranstaltungen, die Versetzung und Abordnung von Personalratsmitgliedern nach § 43, Kostenerstattung u. Ä. entstehen.
i) Nach Absatz 1 Satz 1 Nr. 5 besteht eine Zuständigkeit der Verwaltungsgerichte über das Bestehen oder Nichtbestehen von Dienstvereinbarungen, also Streitigkeiten im Zusammenhang mit den §§ 4 und 70.
j) Das Verwaltungsgericht entscheidet nach Absatz 1 Satz 1 Nr. 6 schließlich über Streitigkeiten, die mit der Bildung, Zusammensetzung und Geschäftsführung der Einigungsstelle im Zusammenhang stehen. Es kann sich um Streitigkeiten handeln, die mit der Geschäftsführung und Tätigkeit der Einigungsstelle im Zusammenhang stehen sowie über die Kosten der Einigungsstelle und schließlich über die Wirksamkeit und Unwirksamkeit ihrer Beschlüsse. Rechtswidrige Einigungsstellenbe-

schlüsse können auf Antrag aufgehoben[1] werden. Nicht zuständig sind die Verwaltungsgerichte bei Nichteinigung über die Person des Vorsitzenden und seines Stellvertreters sowie die Zahl der Beisitzer. Darüber entscheidet gemäß § 67 Abs. 1 der Präsident des Oberverwaltungsgerichts für das Land Nordrhein-Westfalen.

Rechtsstreitigkeiten über Rechte und Pflichten der Schwerbehindertenvertretung (§§ 94ff. (ab 1.1.2018: §§ 177ff.) SGB IX) sind ebenfalls im Beschlussverfahren von den Fachkammern zu entscheiden.[2]

4 **Abs. 2:** Die Verwaltungsgerichte haben über die in Absatz 1 genannten Streitigkeiten nicht nach der Verwaltungsgerichtsordnung, sondern nach den Vorschriften des Arbeitsgerichtsgesetzes über das Beschlussverfahren (§§ 80ff. ArbGG) zu entscheiden.

Durch die Novelle 2007 ist abweichend von § 89 Abs. 1 ArbGG festgelegt worden, dass die Dienststellen auf die Prozessvertretung durch einen Rechtsanwalt verzichten können. Nach § 89 Abs. 1 ArbGG muss die Beschwerdeschrift, mit der Beschwerden gegen einen erstinstanzlichen Beschluss zum OVG NRW eingelegt werden, zwingend von einem Rechtsanwalt unterzeichnet sein. Das ist abbedungen, weil – so die Gesetzesbegründung[3] – »die Dienststellen über ausreichende Rechtskunde und Sachverstand verfügen«. Aufgrund des Grundsatzes der Sparsamkeit der öffentlichen Verwaltung wird es daher nur noch in Ausnahmefällen zulässig sein, dass sich Dienststellen in Beschlussverfahren anwaltlich vertreten lassen.

5 Antragsbefugt im Beschlussverfahren sind alle diejenigen, denen ein ausdrückliches Antragsrecht im Gesetz zugebilligt ist (siehe z.B. §§ 22, 25) sowie jeder, der durch die begehrte Entscheidung in seiner personalvertretungsrechtlichen Rechtsposition betroffen sein kann.[4]

Dazu zählen die Personalvertretungen selbst, der Dienststellenleiter, in der Dienststelle oder im Personalrat vertretene Gewerkschaften, Beschäftigte – soweit sie personalvertretungsrechtliche Rechte (z.B. Wahlrecht) geltend machen –, die einzelnen Mitglieder der Personalvertretungen, Gruppen von Beschäftigten (drei Wahlberechtigte gemäß § 22), Sachverständige.

Nicht antragsbefugt sind die von beteiligungspflichtigen Maßnahmen betroffenen Beschäftigten.

6 Anders als im Klageverfahren stellt das Gericht von Amts wegen fest, wer richtigerweise neben den Antragstellern an den Verfahren beteiligt ist. Ggf. werden vom Antragsteller nicht aufgeführte Beteiligte vom Gericht von Amts wegen an den Verfahren beteiligt.

---

1 »Kassatorisch beseitigt«: BVerwG 28.6.2000 – 6 P 1.00, PersR 2000, 507.

2 OVG NRW 6.8.2002 – 1 E 141/02.PVL, PersR 2003, 83.

3 LT-Drucks. 14/4239, 102.

4 BVerwG 23.9.2004 – 6 P 5.04, PersR 2004, 481.

Das Verfahren wird durch eine Antragsschrift eingeleitet, die den Beteiligten mit der Bitte um Stellungnahme zugeleitet wird. Streiten Personalrat und Dienststelle über die Mitbestimmungspflichtigkeit einer Maßnahme, ist der betroffene Beschäftigte am Verfahren nicht zu beteiligen.[5] Das Gericht führt sodann eine Anhörung durch, bei der den Verfahrensbeteiligten – anders als im Klageverfahren – das Erscheinen und die Teilnahme freigestellt ist. Auch ohne Erscheinen kann eine Entscheidung ergehen (§ 83 Abs. 4 ArbGG). Das Gericht kann von Amts wegen den Sachverhalt erforschen, Urkunden einsehen, Auskünfte einholen, Zeugen, Sachverständige und auch sämtliche Verfahrensbeteiligten vernehmen und Augenschein einnehmen (§ 83 Abs. 2 ArbGG). 7

Gegen erstinstanzliche Beschlüsse des Verwaltungsgerichts ist die Beschwerde zum OVG NRW zulässig. Die Rechtsbeschwerde gegen Beschlüsse des OVG NRW kann zum BVerwG nur dann eingelegt werden, wenn sie vom OVG NRW ausdrücklich zugelassen worden ist (§ 92 ArbGG). Hat das Gericht die Rechtsbeschwerde nicht zugelassen, so kann dagegen wiederum die Nichtzulassungsbeschwerde eingelegt werden (§ 72a ArbGG). Während mit der Rechtsbeschwerde die Verletzung materiellen Rechts gerügt werden kann, ist die Nichtzulassungsbeschwerde darauf beschränkt, eine grundsätzliche Bedeutung, eine sog. Divergenz – also ein Abweichen der angefochtenen Entscheidung von den tragenden Gründen einer Entscheidung des BVerwG – oder einen absoluten Revisionsgrund darzulegen (§ 72a Abs. 3 Nrn. 1–3 ArbGG).

Das Beschlussverfahren ist kostenfrei, Gerichtskosten werden nicht erstattet 8
und deswegen Kostenentscheidungen nicht getroffen.

Die dem Personalrat durch Hinzuziehung eines Rechtsanwalts entstandenen Kosten sind nicht aufgrund des Prozessverhältnisses, sondern aufgrund der Kostenerstattungspflicht des § 40 zu erstatten (siehe § 40 Rn. 6).

Abs. 3: Das BVerwG betont, dass es sich bei dem personalvertretungsrecht- 9
lichen Beschlussverfahren um ein »objektives« Verfahren handele, das »weniger der richterlichen Feststellung streitiger Ansprüche als vielmehr in der Regel der Abgrenzung gegenseitiger Kompetenzen im Bereich der Personalverfassung dient«.[6] Wegen dieses objektiven Charakters, aber auch wegen der Bindung des Staates und seiner Verwaltungen an Recht und Gesetz hält das BVerwG Feststellungsanträge für ausreichend. Es darf – so das OVG NRW[7] – von einer öffentlich-rechtlichen Körperschaft erwartet werden, dass sie sich einer rechtskräftigen gerichtlichen Klärung ohne Weiteres fügt. Feststellungsanträge sind daher die Regel gewesen und die häufigste Rechtsschutzform in der Personalvertretung.

5 OVG NRW 6.3.1998 – 1 A 127/98.PVL, PersR 1998, 527.
6 BVerwG 28.4.1967, PersV 1967, 268.
7 Entscheidung vom 24.11.2005 – 1 A 2562/04.PVL.

Ein solcher Feststellungsantrag ist unproblematisch, wenn er sich auf Dauerzustände richtet, z. B. die Geltendmachung von Mitbestimmungsrechten bei einem laufend genutzten EDV-Programm, einer von der Dienststelle einseitig veränderten Arbeitszeit oder von Beurteilungsrichtlinien, die ohne Beteiligung des Personalrats in Kraft gesetzt sind.
Werden Angelegenheiten zum Gegenstand eines Feststellungsantrags gemacht, die abgeschlossen sind und in der Vergangenheit liegen, so ist das sog. Rechtsschutzinteresse besonders darzulegen. Es fehlt, wenn die Maßnahme zum Zeitpunkt der gerichtlichen Entscheidung keine Rechtswirkungen mehr entfaltet.[8] Es besteht auch bei fortwirkenden und abänderbaren oder rückgängig zu machenden Maßnahmen trotz deren Umsetzung.[9]

10 Das BVerwG verlangt in solchen Fällen seit den Beschlüssen vom 2. 6. 1993,[10] dass das Rechtsschutzbedürfnis und das Feststellungsinteresse an einer vom Einzelfall losgelösten, aber entscheidungserheblich gewesenen Rechtsfrage dargelegt werden. Der jeweilige Antragsteller muss »eine Entscheidung nicht nur über einen bestimmten konkreten Vorgang, sondern außerdem über die dahinterstehende personalvertretungsrechtliche Frage begehren«.[11] Dem Personalrat ist es unbenommen, in solchen, bereits abgeschlossenen Fällen eine abstrakte Feststellung des Inhalts zu beantragen, dass in vergleichbaren Fällen ein Beteiligungsrecht besteht.[12] Das Antragsrecht kann verwirken, wenn der Personalrat längere Zeit untätig bleibt und die Dienststelle darauf vertrauen darf, dass er seine Rechte nicht mehr ausüben will.[13]

11 **Abs. 3 Satz 1:** Neben Feststellungsanträgen waren Leistungs- und Verpflichtungsanträge bislang nur ausnahmsweise zulässig, wenn und soweit das Personalvertretungsrecht selbst dem jeweiligen Antragsteller eine durchsetzungsfähige Rechtsposition einräumt. Solche Rechtspositionen finden sich nur ganz ausnahmsweise im Gesetz. Dazu gehören z. B. die Verpflichtung zur Vornahme von Freistellungen nach § 42 Abs. 4, die Bereitstellung der Aufwanddeckungsmittel sowie von Räumen, Geschäftsbedarf und Büropersonal nach § 40 Abs. 2 und 3. Die Rechtsprechung lehnt es jedoch ab, aus der Zuweisung von Beteiligungsrechten einen verfahrensbegleitenden Anspruch auf Vornahme oder Unterlassung von Handlungen oder Maßnahmen zu konstruieren. Anträge des Personalrats – auch im Eilverfahren –, eine Einstellung, Versetzung oder Höhergruppierung oder die Einführung einer ge-

---

8 OVG NRW 3. 4. 2017 – 20 A 598/16.PVL, juris

9 OVG NRW 18. 10. 2000 – 1 A 4961/98.PVL, PersR 2001, 158.

10 6 P 23.91, PersR 1993, 444 und – 6 P 3.92, PersR 1993, 450.

11 Siehe dazu Welkoborsky, PersR 1994, 197 ff.; OVG NRW 22. 5. 1996 – 1 A 3651/92.PVL; 20. 1. 2000 – 1 A 128/98.PVL; 1. 3. 2000 – 1 A 307/98.PVL.

12 OVG NRW 3. 4. 2017 – 20 A 598/16.PVL, juris.

13 OVG 28. 9. 1995 – 1 A 4061/92.PVL, PersR 1997, 23; 15. 12. 1999 – 1 A 4258/97.PVL, PersR 2000, 517; 29. 11. 2000 – 1 A 4383/98.PVL, PersR 2001, 304.

änderten Arbeitszeitregelung sowie einer beabsichtigten Privatisierung bis zur Beendigung des gesetzlichen Beteiligungsverfahrens zu unterlassen, werden regelmäßig mit der Begründung abgelehnt, dass dazu ein entsprechender materiell-rechtlicher Anspruch im Gesetz fehle. Auch die gesetzliche Festlegung in § 66 Abs. 1, demzufolge eine Maßnahme, die der Mitbestimmung des Personalrats unterliegt, »nur« mit seiner Zustimmung – also seiner vorherigen Einwilligung – getroffen werden kann, hat die Rechtsprechung nicht veranlasst, einen allgemeinen verfahrensbegleitenden Unterlassungsanspruch zu bejahen.

Eine Ausnahme bildete lediglich der vom BVerwG in Übereinstimmung mit der Rechtsprechung des OVG NRW anerkannte Anspruch auf Verpflichtung des Dienststellenleiters, das missachtete Mitbestimmungsrecht nach rechtskräftigem Abschluss eines Verfahrens nachzuholen und nachträglich zu gewähren.[14] Schließlich kann zur Sicherung von Beteiligungsrechten des Personalrats ein Antrag auf Verpflichtung des Dienststellenleiters, entweder das gar nicht eingeleitete Beteiligungsverfahren einzuleiten und durchzuführen oder das abgebrochene Beteiligungsverfahren fortzusetzen, sofern die getroffene Maßnahme überhaupt rückgängig gemacht werden kann, gestellt werden.[15]

Diese Rechtslage hat der neue Satz 1 des Absatzes 3 grundlegend geändert. Die Gesetzesbegründung ist insoweit eindeutig: »*Die Rechtsprechung der Verwaltungsgerichte lehnt einen Anspruch des Personalrats im Beschlussverfahren auf Rückgängigmachung von rechtwidrigen Maßnahmen sowie die Sicherung der Beteiligungsrechte in Form von Unterlassungsansprüchen, auch im Wege des Eilverfahrens in der Regel ab. Mit der Regelung wird klargestellt, dass das Beschlussverfahren auch auf die Unterlassung oder Durchführung einer Maßnahme gerichtet sein kann.*«

Künftig »kann« die Unterlassung oder Durchführung sowohl einer Handlung als auch einer Maßnahme und schließlich die Rückgängigmachung einer Maßnahme im Wege des Beschlussverfahrens verlangt werden. Regelmäßig wird der Personalrat künftig solche Leistungsanträge stellen, während die bisherigen »traditionellen« Feststellungsanträge nur noch ausnahmsweise in Betracht kommen. Unter Umständen sind Feststellungsanträge nur noch dann zulässig, wenn Leistungsanträge nicht gestellt werden können und/oder gerade für die Feststellung ein besonderes Rechtsschutzinteresse besteht, dem durch einen Leistungsantrag nicht entsprochen werden könnte. Dieser neue Verfahrensanspruch kommt dem von der Rechtspre-

---

14 Siehe OVG NRW 17.6.1993 – CL 45/90; 4.3.1994 – 1 A 3468/91.PVL; 8.5.1995 – 1 A 144/92.PVL, PersR 1995, 305; BVerwG 23.8.2007 – 6 P 7.07, PersR 2007, 476; 11.12.2012 – 6 P 2.12, PersR 2013, 135.

15 Siehe dazu BVerwG 16.9.1994 – 6 P 32.92, PersR 1995, 16; a.A.: OVG NRW 17.11.1992 – 1 A 2600/92.PVL.

chung zum BetrVG entwickelten allgemeinen Unterlassungsanspruch sehr nahe,[16] der aus dem Grundsatz der vertrauensvollen Zusammenarbeit gemäß § 2 BetrVG eine – prozessual durchsetzbare – Nebenpflicht ableitet, alles zu unterlassen, was der Wahrnehmung und Durchsetzung des konkreten Mitbestimmungsrechts des Betriebsrats entgegensteht. Aufgrund der gleichlautenden Vorschrift in § 2 und dem ausdrücklichen Hinweis auf die Möglichkeit, prozessual eine Unterlassung oder die Vornahme einer Handlung oder Maßnahme zu verlangen – er wäre ansonsten überflüssig –, ist davon auszugehen, dass der Landesgesetzgeber mit Schaffung der detaillierten Verfahrensvorschriften in § 79 Abs. 3 einen entsprechenden allgemeinen Rechtsanspruch auf Vornahme bzw. Unterlassung aller Handlungen und Maßnahmen schaffen wollte, die der Durchsetzung von Rechten und Ansprüchen des Personalrats entgegenstehen.

12 Einer der Hauptanwendungsfälle wird der verfahrensbegleitende Antrag auf Unterlassung einer Maßnahme oder Handlung sein, solange das jeweilige Beteiligungsverfahren nicht entsprechend den Verfahrensvorschriften der §§ 66ff. abgeschlossen ist. »Rechtswidrig« im Sinne der Gesetzesbegründung dürfte eine Maßnahme stets dann sein, wenn das gesetzlich vorgeschriebene Beteiligungsverfahren noch nicht abgeschlossen ist, eine Umsetzung und Realisierung aber gleichwohl von der Dienststelle beabsichtigt ist.

Leistungsanträge kommen ebenfalls in Betracht, wenn der Personalrat Unterrichtungsansprüche im Rahmen eines Beteiligungsverfahrens (z. B. Vorlage aller Unterlagen sämtlicher Bewerber bei Mitbestimmungsfällen nach § 72 Abs. 1) oder anlässlich der Unterrichtung des Wirtschaftsausschusses nach § 65a Abs. 2 und 3 geltend macht.

Schließlich werden sich künftig Leistungsanträge auch auf die Freistellung zur Seminarteilnahme oder die Bereitstellung von Sachmitteln beziehen können.

Mit solchen Leistungsanträgen können auch Verhaltenspflichten der Dienststelle durchgesetzt werden, wie die Teilnahme an der Personalversammlung, einer Erörterung nach §§ 66 Abs. 2 oder der Sitzung des Wirtschaftsausschusses nach § 65a Abs. 6.

Auch der sog. Durchführungsanspruch von Dienstvereinbarungen – er ist für Betriebsvereinbarungen nach § 77 Abs. 1 BetrVG anerkannt – kommt künftig aufgrund der Neuregelung in Betracht. Er kann sowohl durch einen Antrag auf Verpflichtung zur Durchführung einer bestimmten Vorschrift der Dienstvereinbarung als auch durch Geltendmachung der Unterlassung vereinbarungswidriger Handlungen und Maßnahmen geltend gemacht werden.

---

16 Vgl. grundlegend BAG 3. 5. 1994 – 1 ABR 24/93, PersV 1995, 36.

Schließlich will der Gesetzgeber Anträge auf Rückgängigmachung rechtswidriger Maßnahmen ermöglichen. Solche Anträge können sich auf personelle Einzelmaßnahmen, z. B. eine Einstellung, Umsetzung oder Versetzung, beziehen. Voraussetzung dürfte sein, dass die Rücknahme noch rechtlich möglich ist (Beförderung durch Aushändigung der Urkunde). Möglich sind solche Anträge auf Rückgängigmachung einer Maßnahme auch in Angelegenheiten beispielsweise des § 72 Abs. 2 und 3 wie die Außerbetriebsetzung einer technischen Einrichtung, bei der die Eignung zur Leistungs- und Verhaltensüberwachung nicht ausgeschlossen ist, oder von Änderungen der Arbeitszeiten im Sinne des § 72 Abs. 4 Nr. 1 usw.

Abs. 3 Satz 2: Die entsprechende Anwendung des § 23 Abs. 3 BetrVG ermöglicht künftig sowohl dem Personalrat wie einer in der Dienststelle vertretenen Gewerkschaft, Anträge im Beschlussverfahren zu stellen, die auf Unterlassung oder Vornahme einer Handlung sowie Duldung der Vornahme einer Handlung gerichtet sind.[17] Im Unterschied zu Anträgen, die auf Satz 1 gestützt werden, bedarf es zunächst eines »groben Verstoßes« des Arbeitgebers gegen seine Verpflichtungen nach dem LPVG. »Grob« ist ein Verstoß stets dann, wenn er entweder objektiv erheblich ist oder wiederholt vorkommt. 13

Insbesondere für die im Betrieb vertretenen Gewerkschaften kommt eine gerichtliche Geltendmachung dann in Betracht, wenn durch einseitige Maßnahmen des Arbeitgebers die Rechte des Betriebsrats, der Beschäftigten, aber insbesondere auch der Gewerkschaft verletzt werden. In Betracht kommen Anträge in Bezug auf

- die Nichtdurchführung von Dienstvereinbarungen;
- das unbefugte Öffnen der Betriebsratspost;
- das Überwachen der Beschäftigten ohne Beachtung der Mitbestimmungsrechte des Personalrats;
- die Anordnung von Überstunden entgegen Tarifvertrag oder Dienstvereinbarung oder unter Missachtung des Mitbestimmungsrechts;
- die Verweigerung des Zugangs zur Dienststelle oder zur Personalversammlung;

Solche Anträge im Rahmen des § 23 Abs. 3 BetrVG können mit dem Antrag auf Androhung eines Ordnungsgeldes für jeden Fall der Zuwiderhandlung gegen eine durch rechtskräftige Entscheidung des Verwaltungsgerichts auferlegte Verpflichtung von bis zu € 10 000 verbunden werden.

Handelt die Dienststelle einer rechtskräftig festgestellten Verpflichtung zur Vornahme einer Handlung zuwider, so kann die Dienststelle auf Antrag des Personalrats oder einer in der Dienststelle vertretenen Gewerkschaft zur Vornahme der Handlung durch Zwangsgeld angehalten werden (§ 23 Abs. 3 Satz 3 BetrVG).

17 Vgl. auch Runderlass, Ziff. 19.

14 **Abs. 3 Satz 3:** Auch der Erlass von einstweiligen Verfügungen kam bereits bisher unter eingeschränkten Voraussetzungen in Betracht.[18] Das BVerwG hält eine einstweilige Verfügung für zulässig, mit der der Dienststelle die Verpflichtung zur Einleitung oder Fortführung eines Beteiligungsverfahrens aufgegeben wird.[19] Dem hat sich das OVG NRW angeschlossen.[20] Auch bejaht das OVG ausdrücklich[21] die Möglichkeit einer das streitige Rechtsverhältnis feststellenden Verfügung. Nach wie vor lehnt die Rechtsprechung jedoch einstweilige Verfügungen gerichtet auf Unterlassung der Durchführung einer mitbestimmungspflichtigen Maßnahme ab, solange das Mitbestimmungsrecht nicht gewahrt und das Mitbestimmungsverfahren nicht beendet ist.

Durch die Neuregelung in Satz 3 allein ist der bisherige Rechtszustand in Bezug auf einstweilige Verfügungen zwar lediglich bekräftigt worden. Im Zusammenhang mit Satz 1 und 2 ist jedoch der Anwendungsbereich von einstweiligen Verfügungen deutlich erweitert worden – auch wenn die Rechtsprechung meint, dass sich mit der Einfügung des § 79 Abs. 3 Satz 3 an den für den Erlass einer einstweiligen Verfügung maßgeblichen Anforderungen nichts geändert habe.[22] Einstweilige Verfügungen sind künftig in allen Fällen zulässig, in denen dem Personalrat ein Anspruch auf Unterlassung oder Durchführung einer Handlung oder einer Maßnahme nach Satz 1 zusteht. Sämtliche Verfahrens- und Verfahrenssicherungsansprüche, die sich aus dieser Vorschrift ergeben, können auch im Wege der einstweiligen Verfügung geltend gemacht werden. Die Verwaltungsgerichte meinen, es sei »ungeklärt«, ob durch die Novelle 2011 ein materieller Anspruch auf Unterlassung oder Rückgängigmachung einer beteiligungspflichtwidrig durchgeführten Maßnahme eingeführt worden ist, den Unterlagen des Gesetzgebungsverfahrens ermangele die erforderliche »letzte Klarheit«.[23] Das OVG NRW steht auf dem Standpunkt, dass die Novelle 2011 die bisherige Rechtslage nicht geändert hat und hält daher an den bisher für richtig gehaltenen Voraussetzungen einer einstweiligen Verfügung unverändert fest. Zwar sieht § 79 Abs. 3 Satz 3 nunmehr ausdrücklich vor, dass für einstweilige Verfügungen § 85 Abs. 2 ArbGG gilt. Das OVG meint jedoch, diese Neuregelung, »mit Blick auf die an den Erlass einer einstweiligen Verfügung zu stellenden Anforderungen« keine regelnde Wirkung zu[24], was den ausdrücklichen gesetzgeberi-

---

18 Dazu eingehend Lechtermann, PersV 2006, 4.

19 BVerwG 27.7.1990 – PB 12.89, PersR 1990, 297.

20 Entscheidung vom 17.2.2003 – 1 B 2544/02.PVL, PersR 2003, 199; 22.2.2007 – 1 B 2563/06.PVL; siehe auch vom 14.1.2003 – 1 B 1907/02.PVL, PersR 2003, 243 zur Feststellung der Voraussetzungen des § 66 Abs. 8 im Eilverfahren.

21 OVG NRW 2.12.1997 – 1 B 2189/87, PersV 1998, 523.

22 OVG NRW 9.7.2012 – 20 B 511/12.PVL, juris.

23 Vgl. VG Düsseldorf 11.5.2017 – 40 L 1742/17.PVL.

24 OVG NRW 9.7.2012 – 20 B 511/12.PVL, juris.

schen Absichten jedoch widerspricht. Es sollte (vgl. Rn. 11) die Sicherung der Beteiligungsrechte in Form von Unterlassungsansprüchen auch im Wege des Eilverfahrens eröffnet und damit erleichtert werden.

- Gleichzeitig hat das OVG NRW die Voraussetzungen für den Erlass einer mitbestimmungssichernden einstweiligen Verfügung gegenüber der früheren Rechtsprechung vor der Novelle präzisiert, wenn nicht verschärft. Solche einstweiligen Verfügungen dürfen künftig zu erlassen werden, wenn es für den Antragsteller mit unzumutbaren Folgen verbunden wäre, die Entscheidung im Hauptsacheverfahren abzuwarten;
- bei der Beurteilung der unzumutbaren Folgen sowohl das Interesse des Personalrats auch auf dasjenige der von ihm vertretenen Beschäftigten in den Blick genommen wird;
- als wesentlicher Gesichtspunkt dabei berücksichtigt wird, inwieweit die Arbeit des Personalrats ohne den Erlass der einstweiligen Verfügung generell oder für bestimmte wichtige Bereiche in einer Weise unmöglich oder eingeschränkt würde, die auch nur vorübergehend dem Personalrat und/ oder den von ihm vertretenen Beschäftigten nicht angesonnen werden könnte;
- zu gewichten sei auch, welche Bedeutung dem geltend gemachten Beteiligungsrecht für den Personalrat und/oder für die Beschäftigten in dem jeweiligen Einzelfall beizumessen ist[25].

Dass der Personalrat bei Missachtung eines Mitbestimmungsrechtes darlegen kann, dass seine Arbeit ohne Erlass der begehrten einstweiligen Verfügung »generell« unmöglich wird, ist einigermaßen unwahrscheinlich und überspannt die Voraussetzungen an eine einstweilige Verfügung. Es muss vielmehr ausreichen, wenn die Missachtung eines Beteiligungsrechtes glaubhaft gemacht wird, das nicht ganz nebensächlich ist.

Das OVG NRW hat den Erlass einer einstweiligen Verfügung auf Verpflichtung zur Einleitung eines Mitbestimmungsrechtes betreffend ein Projekt »Kinder und Jugendliche in ihrer Vielfalt fördern« mit der – unzutreffenden – Begründung abgelehnt, die Dienststelle habe das Mitbestimmungsrecht anerkannt und die rechtzeitige Einleitung eines Mitbestimmungsrechtes zugesagt.[26] Das ändert nichts an der vom Personalrat gerügten Rechtsverletzung.

Der Antrag, die Dienststelle durch einstweilige Verfügung zur Unterrichtung des Wirtschaftsausschusses zu verpflichten, wurde abgelehnt, weil Bestehen und Tätigkeit des Wirtschaftsausschusses die Aufgaben des Personalrats »nicht unmittelbar beeinflusse« und jedenfalls die Unterrichtungs-

25 OVG NRW 11.7.2014 – 20 B 236/14.PVL, juris.
26 OVG NRW 9.7.2012 – 20 B 511/12.PVL, juris.

pflicht der Dienststelle über wirtschaftliche Angelegenheiten nach § 63 Abs. 4 verbleibe[27].

15 Neben dem Bestehen eines entsprechenden – auf Satz 1 zu stützenden – Anspruchs sind infolge des Verweises auf § 85 Abs. 2 ArbGG die Vorschriften der ZPO über die einstweilige Verfügung nach §§ 935 ff. ZPO anzuwenden. Allgemeine Voraussetzung für den Erlass einer einstweiligen Verfügung ist nach § 935 ZPO, dass durch eine Veränderung des bestehenden Zustandes die Verwirklichung des Rechts des Personalrats entweder vereitelt oder wesentlich erschwert werden könnte und ein entsprechender Rechtsschutz im Hauptsacheverfahren aus Zeitgründen nicht erlangt werden kann. Liegen diese Voraussetzungen vor, kommt der Erlass einer einstweiligen Verfügung auf Unterlassung, auf Vornahme einer Handlung oder auf Duldung einer Handlung in Betracht. Wie die Anträge gemäß § 23 Abs. 3 BetrVG können auch solche Anträge auf Erlass einer einstweiligen Verfügung mit dem Antrag verbunden werden, dem Arbeitgeber für den Fall der Zuwiderhandlung gegen seine rechtskräftig festgestellte Verpflichtung ein Zwangsgeld anzudrohen. Der Höhe nach ist es in diesen Fällen durch § 23 Abs. 3 BetrVG auf € 10 000 begrenzt.

16 Nach **Abs. 3 Satz 4** ist bei der Zwangsvollstreckung von einstweiligen Verfügungen § 85 Abs. 1 ArbGG anzuwenden. Es kann also nur ein Zwangsgeld festgesetzt werden, die Anordnung von Zwangshaft ist ausgeschlossen. Die Höhe des Zwangsgeldes ist analog § 23 Abs. 3 BetrVG auf 10 000 Euro begrenzt.

§ 80

(1) Für die nach diesem Gesetz zu treffenden Entscheidungen sind bei den Verwaltungsgerichten des ersten und zweiten Rechtszuges Fachkammern (Fachsenate) zu bilden. Die Zuständigkeit einer Fachkammer kann auf die Bezirke anderer Gerichte oder Teile von ihnen erstreckt werden.
(2) Die Fachkammer (der Fachsenat) besteht aus einer oder einem Vorsitzenden, weiteren Richterinnen und Richtern und ehrenamtlichen Richterinnen und Richtern. Die ehrenamtlichen Richterinnen und Richter müssen Beschäftigte des Landes, einer Gemeinde, eines Gemeindeverbandes oder einer sonstigen der Aufsicht des Landes unterstehenden Körperschaft, Anstalt oder Stiftung des öffentlichen Rechts sein. Sie werden durch die Landesregierung oder eine von ihr bestimmte Stelle[28] die Lan-

---

27 OVG NRW 11.7.2014 – 20 B 236/14.PVL, juris.

28 Vgl. § 1 der Verordnung über die Berufung der ehrenamtlichen Richterinnen und Richter für die nach dem Landespersonalvertretungsgesetz zu bildenen Fachkammern (Fachsenate) vom 9.9.2003, geändert durch das Landesrichtergesetz vom 8.12.2015 (GV.NRW 812), in Kraft getreten am 1.1.2016: »Die Präsidentin

desregierung oder eine von ihr bestimmte Stelle je zur Hälfte auf Vorschlag
1. **der unter den genannten Beschäftigten vertretenen gewerkschaftlichen Spitzenorganisationen und**
2. **der obersten Landesbehörden**

berufen. Für die Berufung und Stellung der ehrenamtlichen Richterinnen und Richter und ihre Heranziehung zu den Sitzungen gelten die Vorschriften des Arbeitsgerichtsgesetzes über ehrenamtliche Richterinnen und Richter entsprechend.

(3) Die Fachkammer (der Fachsenat) wird tätig in der Besetzung mit einer oder einem Vorsitzenden, zwei weiteren Richterinnen oder Richtern und zwei ehrenamtlichen Richterinnen oder Richtern, von denen je eine oder einer nach Absatz 2 Satz 3 Nummer 1 und 2 berufen worden ist. Die Fachkammer (der Fachsenat) kann im Einverständnis der Beteiligten durch eine Richterin oder einen Richter entscheiden.

Die Verwaltungsgerichte sind in dieser Vorschrift zur Entscheidung über die in § 79 erwähnten Streitigkeiten zuständig. Die durch die Novelle 2007 eingeführte Besetzung der Fachkammern für Personalvertretungssachen sowie des Fachsenats mit nur einem Berufsrichter ist durch das Gesetz zur Neuregelung der Rechtsverhältnisse der Richterinnen und Richter[29] erneut geändert worden. 1

Nach Abs. 1 Satz 1 werden bei den Verwaltungsgerichten Fachkammern gebildet, die künftig wieder aus drei Berufsrichterinnen und zwei ehrenamtlichen Beisitzerinnen oder Beisitzern bestehen. Das Kammerprinzip – so die Gesetzesbegründung[30] – habe sich bewährt. Die Auffassung des Gesetzgebers, bei Besetzung mit nur einem Berufsrichter – wie in der Vergangenheit – fehle es an der für eine kontinuierliche Rechtsprechung erforderlichen Spruchpraxis, überzeugt nicht. Zum einen führt die Neuregelung zur Verringerung des Einflusses des ehrenamtlichen Elements bereits in der ersten Instanz. Zum anderen kann der Besorgnis des Gesetzgebers unschwer dadurch abgeholfen werden, dass die personalvertretungsrechtlichen Streitigkeiten der Arbeitsgerichtsbarkeit zugewiesen werden. 2

---

oder der Präsident des Oberverwaltungsgerichts für das Land Nordrhein-Westfalen beruft die ehrenamtlichen Richterinnen und Richter der nach § 80 des Landespersonalvertretungsgesetzes vom 3. Dezember 1974 (GV. NRW. S. 1514) in der jeweils geltenden Fassung bei den Verwaltungsgerichten des ersten und zweiten Rechtszuges zu bildenden Fachkammern (Fachsenate) einschließlich der ehrenamtlichen Richterinnen und Richter nach § 30 Absatz 2 des Landesrichter- und Staatsanwältegesetzes vom 8. Dezember 2015 (GV. NRW. S. 812) in der jeweils geltenden Fassung.«

29 GV. NRW, S. 812.

30 Vom 19. 8. 2015, LT-Drucks. 16/9520, S. 137.

Nach Absatz 2 Satz 2 kann die Zuständigkeit einer Fachkammer eines Verwaltungsgerichts auf die Bezirke anderer Gerichte oder Teile von ihnen erstreckt werden. Die Regelung führt dazu, dass unter Umständen eine – nur noch mit einem Berufsrichter besetzte – Fachkammer für einen räumlich so großen Bereich zuständig wird, dass keinerlei örtliche Verankerung der Gerichte mehr zu erkennen ist. Die Möglichkeit der Fachkammer, aufgrund Ortsnähe und Kenntnis der Akteure zu einer Verständigung beizutragen, wird geringer werden.
Der Fachsenat beim Oberverwaltungsgericht ist entsprechend wieder mit drei Berufsrichterinnen oder Berufsrichtern und zwei ehrenamtlichen Beisitzerinnen oder Beisitzern besetzt. Die ehrenamtlichen Richter müssen Beschäftigte des öffentlichen Dienstes sein. Sie werden nach dem Vorbild der Arbeitsgerichtsbarkeit je zur Hälfte auf Vorschlag der gewerkschaftlichen Spitzenorganisationen und der obersten Landesbehörden berufen.[31]

3 Fachkammern und Fachsenat werden in mündlicher Anhörung tätig in der Besetzung mit einem Vorsitzenden und zwei ehrenamtlichen Richtern, von denen je einer aus dem Vorschlag der gewerkschaftlichen Spitzenorganisationen und dem Vorschlag der obersten Landesbehörden zu entnehmen ist.

Zehntes Kapitel
Sondervorschriften für besondere Verwaltungszweige und die Behandlung von Verschlusssachen

Erster Abschnitt
Polizei

§ 81

Für die im Landesdienst stehenden Beschäftigten der Polizei bei den in § 82 bezeichneten Polizeidienststellen gelten die Vorschriften der Kapitel 1 bis 9 und 11 insoweit, als in diesem Abschnitt nichts anderes bestimmt ist.

1 Nach dem Wortlaut des § 81 erstrecken sich die Sondervorschriften für die Polizei der §§ 81 bis 84 zwar darüber hinaus auf alle »Beschäftigten der Polizei« – also auch auf die bei der Polizei beschäftigten Arbeitnehmer. Es werden jedoch für Arbeitnehmer keine materiell abweichenden Regelungen geschaffen.

---

31 Siehe Verordnung über die Berufung der ehrenamtlichen Richter vom 21.10.1985, GV 75, 589.

2 Durch die Novelle 2007 ist hinzugefügt worden, dass die Regelungen für die »im Landesdienst stehenden« Beschäftigten der Polizei gelten. Damit wurde klargestellt, dass sich dieser Abschnitt nicht umfassend auf alle Beschäftigten der Polizei,[1] sondern nur auf die im Landesdienst bei den Polizeidienststellen im Sinne des § 82 stehenden Beschäftigten bezieht.
Die Neufassung orientiert sich an der Formulierung des § 2 POG NRW, nach der Polizeibehörden das Landeskriminalamt, das Landesamt für zentrale polizeiliche Dienste, das Landesamt für Ausbildung, Fortbildungs- und Personalangelegenheiten der Polizei sowie die Kreispolizeibehörden sind. Der Dienststellenbegriff ist daher an die nach dem Polizeiorganisationsgesetz bestehenden Polizeibehörden angeglichen worden.

§ 82

Dienststellen im Sinne dieses Gesetzes sind die Kreispolizeibehörden, das Landeskriminalamt, das Landesamt für Zentrale Polizeiliche Dienste, das Landesamt für Ausbildung, Fortbildung und Personalangelegenheiten der Polizei und die Deutsche Hochschule der Polizei.

1 Abweichend von § 1 werden als Dienststellen für die Beschäftigten der Polizei die Kreispolizeibehörden, das Landeskriminalamt, das Landesamt für Zentrale Polizeiliche Dienste, das Landesamt für Ausbildung, Fortbildung und Personalangelegenheiten der Polizei sowie die Deutsche Hochschule der Polizei festgelegt. Kreispolizeibehörden sind nach dem Polizeiorganisationsgesetz die Polizeipräsidien in Bezirken mit mindestens einer kreisfreien Stadt sowie die Landrätinnen oder Landräte nach Bestimmung im Sinne des § 2 Abs. 2 POG.
Durch die Novelle 2011 ist die Deutsche Hochschule der Polizei ebenfalls als Dienststelle gekennzeichnet und dadurch klargestellt, dass auch für diese Einrichtung und ihre Beschäftigten die besonderen Bestimmungen des LPVG für die Polizei gelten.

§ 83

(1) Abgeordnete Polizeivollzugsbeamtinnen und Polizeivollzugsbeamte sind nur bei ihrer Stammdienststelle wahlberechtigt und wählbar; § 10 Abs. 2 und § 26 Abs. 2 finden keine Anwendung.
(2) Auf die Kommissaranwärterinnen und Kommissaranwärter findet § 72 Abs. 1 Satz 1 Nr. 1 bei Einstellungen und § 72 Abs. 1 Satz 1 Nr. 11 keine Anwendung.

---
1 So aber OVG NRW 31.3.2006 – 1 A 1471/04.PVL zur alten Gesetzesfassung.

1 Durch die LPVG-Reform 2011 wurde das mit der Novelle 2007 für die Ausbildung der Kommissaranwärterinnen und Kommissaranwärter übernommene Modell der Vertrauensperson wieder abgeschafft Es stamme – so die Gesetzesbegründung[2] – noch aus der Zeit, in der die Ausbildung des Polizeinachwuchses ausschließlich im mittleren Dienst in den Bereitschaftspolizeiabteilungen stattfand. Nach Abschaffung der besonderen Vorschriften der Absätze 2 bis 4 über die Vertrauenspersonen haben die Kommissaranwärterinnen und Kommissaranwärter das Wahlrecht zum Personalrat in den Stammdienststellen nach § 10 Abs. 4.

2 **Abs. 1:** Die Vorschrift regelt besondere Voraussetzungen für die Wahlberechtigung und Wählbarkeit abgeordneter Polizeivollzugsbeamten.
Solche abgeordneten Polizeivollzugsbeamten sind stets nur bei ihrer Stammdienststelle wahlberechtigt und wählbar – und zwar unabhängig von der Dauer der Abordnung. Durch den Ausschluss von § 10 Abs. 2 geht die Wahlberechtigung also nicht verloren, wenn die Abordnung länger als sechs Monate gedauert hat. Dementsprechend kann eine Wahlberechtigung in der aufnehmenden Dienststelle, in die abgeordnet wurde, nicht erworben werden.
Auch die Möglichkeit, in den Personalrat gewählt zu werden, besteht für diese abgeordneten Polizeivollzugsbeamten nur in ihrer abgebenden Stammdienststelle.

3 Der Ausschluss des § 26 Abs. 2 betrifft abgeordnete Polizeivollzugsbeamte, die Mitglied eines Personalrats sind. Ihre Mitgliedschaft im Personalrat erlischt auch dann nicht, wenn die Abordnung länger als sechs Monate andauert. Unabhängig von der Dauer einer Abordnung bleibt ihnen die Mitgliedschaft im Personalrat ihrer Stammdienststelle erhalten.
Die Vorschrift gilt nur für Abordnungen, nicht jedoch für Versetzungen und Beurlaubungen ohne Dienstbezüge. In diesen Fällen gelten die allgemeinen Vorschriften über die Wahlberechtigung und Wählbarkeit im ersten Abschnitt des zweiten Kapitels.

4 **Abs. 2:** Das Mitbestimmungsrecht bei Einstellungen nach § 72 Abs. 1 Satz 1 Nr. 1 und bei Anordnungen, die die Freiheit in der Wahl der Wohnung beschränken nach § 72 Abs. 1 Satz 1 Nr. 11, finden auf die Kommissaranwärterinnen und Kommissaranwärter keine Anwendung.

§ 84

Beim Innenministerium wird ein Hauptpersonalrat gebildet, dessen Mitglieder von den Beschäftigten der in § 82 bezeichneten Dienststellen gewählt werden.

---

2 LT-Drucks. 15/1644, 88.

Zweiter Abschnitt
Lehrer

§ 85

(1) Für Lehrkräfte gelten die Vorschriften der Kapitel 1 bis 6, 8, 9 und 11 insoweit, als in diesem Abschnitt oder in § 69 Schulgesetz NRW nichts anderes bestimmt ist. Für die nach dem Schulgesetz NRW gebildeten Lehrerräte gelten in den Fällen des § 69 Absatz 3 Schulgesetz NRW die §§ 7 Absatz 1, 33, 37, 62 bis 77 und 85 Absatz 4 entsprechend.
(2) Abweichend von § 8 Abs. 1 handelt für das Ministerium, das für das Schulwesen zuständig ist, noch eine andere den Hauptpersonalräten benannte Person mit Entscheidungsbefugnis.
(3) Die Vorschriften über die Gruppen gelten nicht. Als Lehrkräfte im Sinne dieses Abschnitts gelten auch die in der Ausbildung zu einem Lehrerberuf stehenden Beschäftigten sowie pädagogische und sozialpädagogische Mitarbeiterinnen und Mitarbeiter gemäß § 58 Schulgesetz NRW. Lehrkräfte im Dienst der Landwirtschaftskammer gelten nicht als Lehrkräfte im Sinne dieses Abschnitts.
(4) Abweichend von § 63 treten die Dienststelle (§ 92 Satz 1 Nr. 2) und der Personalrat einmal im Schulhalbjahr zu einer gemeinschaftlichen Besprechung zusammen.
(5) In Dienststellen mit in der Regel 100 bis 199 Beschäftigten ist ein Personalratsmitglied von seiner dienstlichen Tätigkeit mit 12 Unterrichtsstunden in der Woche freizustellen. Auf Antrag kann die Dienststelle in den Fällen des § 42 Absatz 2 aus Gründen der Verwaltungsvereinfachung wegen der Teilnahme an Personalratssitzungen und der Erledigung der damit in unmittelbarem Zusammenhang stehenden Aufgaben eine dem durchschnittlichen Zeitaufwand entsprechende Ermäßigung der regelmäßigen wöchentlichen Arbeitszeit bewilligen.
(6) Absatz 4 gilt für das Ministerium, das für das Schulwesen zuständig ist und die bei diesem gebildeten Lehrer-Hauptpersonalräte entsprechend.

Durch die Novelle 2007 hat § 87 a. F. drei wesentliche Änderungen erfahren, 1
nämlich

- in Absatz 1 ist hinzugefügt worden, dass für Lehrer auch die in § 69 SchulG geltenden Vorschriften Anwendung finden;
- nach Absatz 3 gelten künftig auch die pädagogischen und sozialpädagogischen Mitarbeiter gemäß § 58 SchulG als Lehrer nach diesem Abschnitt;
- nach Absatz 5 werden die Freistellungskontingente für örtliche Personalräte auf der Ebene der Bezirksregierungen um ⅙ verringert.

Die Reform 2011 hat die Schlechterstellung bei den Freistellungen – auch im Hinblick auf die zwischenzeitlich ergangene Rechtsprechung – rückgängig gemacht und eine Möglichkeit zur (pauschalierten) Ermäßigung der Arbeitszeit wegen des mit der Teilnahme an Personalratssitzungen verbundenen Aufwands geschaffen.

2 **Abs. 1:** Die Vorschriften des LPVG gelten – bis auf diejenigen betreffend die Jugend- und Auszubildendenvertretung in Kapitel 7 – vollständig auch für Lehrer.

Durch die Novelle 2007 war hinzugefügt worden, dass auch die Vorschriften in § 69 SchulG für Lehrer gelten. Damit werden die Kompetenzen des Lehrerrates angesprochen. Zur Begründung dieser Gesetzesänderung heißt es: »*Soweit den Schulleitern entsprechend dem Leitbild der Eigenverantwortlichen Schule durch Gesetz oder Rechtsverordnung Aufgaben eines Dienstvorgesetzten übertragen werden, die Beteiligungspflichten nach dem LPVG auslösen, erfolgt die Wahrnehmung der personalvertretungsrechtlichen Aufgaben vor Ort durch den Lehrerrat.*« Darauf – so der Gesetzesentwurf[3] – wolle der Hinweis auf § 69 SchulG aufmerksam machen.

§ 69 Abs. 5 SchulG sieht vor, dass den Schulleiterinnen und Schulleitern »zur Stärkung der Selbstverwaltung und Eigenverantwortung der Schulen« Aufgaben eines Dienstvorgesetzten übertragen werden. Der nach § 69 SchulG zu bildende Lehrerrat hat bei Einstellungen in befristeten Arbeitsverhältnissen zur Sicherung eines unvorhersehbaren Vertretungsunterrichts und der Eingruppierung dieser Mitarbeiter, ein das Mitbestimmungsrecht des Lehrer-Personalrates teilweise verdrängendes Beteiligungsrecht.[4] Darüber hinaus gibt § 69 Abs. 4 SchulG dem Ministerium die Ermächtigung, durch Rechtsverordnung weitere Angelegenheiten zu bestimmen, bei denen der Lehrerrat an die Stelle des Personalrats tritt.

Dadurch wird der durch Mitbestimmung und Beteiligung den Beschäftigten eingeräumte Schutz geringer. Lehrerräte verfügen nicht über die gleiche Legitimation und die gleiche Unabhängigkeit wie Personalräte.

»Zur Klarstellung« – so die Gesetzesbegründung zur Novelle 2011[5] – ist in einem neuen Satz 2 hinzugefügt worden, welche Vorschriften des LPVG für die Lehrerräte gelten:

- der Schutz vor Behinderungen und Benachteiligungen gemäß § 7 Abs. 1;
- die Vorschriften über die Beschlussfassung und Beschlussfähigkeit des § 33;
- die Vorschriften über die Protokollierung der Sitzungen nach § 37;

---

3 LT-Drucks. 14/4239, 103.

4 Vgl. OVG NRW 30.11.2016 – 20 A 1297/16.PVL, ZTR 2017, 189: kein Mitbestimmungsrecht des Personalrats bei Einstellungen von Lehrern durch den dafür nicht ermächtigten Schulleiter.

5 LT-Drucks. 15/1644, 88.

- das gesamte 8. Kapitel des Gesetzes betreffend die Beteiligung der Personalvertretung – mit Ausnahme des § 78, der die Beteiligung von Stufenvertretung und Gesamtpersonalrat behandelt;
- § 85 Abs. 4, demzufolge die gemeinschaftliche Besprechung zwischen Dienststelle und Personalrat abweichend von § 83 nicht einmal im Vierteljahr sondern einmal je Schulhalbjahr stattfindet.

Abs. 2: Absatz 2 sieht vor, dass abweichend von § 8 Abs. 1 – Dienststellenleiterbegriff – für das Ministerium, das für das Schulwesen zuständig ist, ein den Hauptpersonalräten »benannter Vertreter mit Entscheidungsbefugnis« handeln kann. Die Novelle 2007 hat in sprachlicher Angleichung an § 128 Abs. 2 SchulG den Begriff des Kultusministers durch denjenigen des Ministeriums, das für das Schulwesen zuständig ist, ersetzt. Die Vorschrift ermöglicht nunmehr, dass das Ministerium einen besonderen Vertreter außerhalb des § 8 benennen kann, der nicht ständiger Vertreter oder der für Personalangelegenheiten zuständige Abteilungsleiter sein muss. Es kann sich also um einen Vertreter für Personalvertretungsangelegenheiten handeln. Jedoch kann nur ein Vertreter bestellt werden, dieser muss in den Personalvertretungsangelegenheiten *insgesamt* Entscheidungsbefugnis haben. Nicht möglich ist die Benennung eines Vertreters, der nur in bestimmten Angelegenheiten Entscheidungsbefugnis hat. Soweit ein solcher Vertreter benannt wird, müssen ihm zugleich in allen personalvertretungsrechtlichen Angelegenheiten – nicht nur in denjenigen, in denen er gegenüber den Hauptpersonalräten konkret handeln soll – Entscheidungsbefugnisse übertragen werden. Die Übertragung ist den Hauptpersonalräten nachzuweisen. 3

Abs. 3: Die Gruppenvorschriften des LPVG gelten nicht. Es findet also keine personalvertretungsrechtliche Differenzierung zwischen beamtetem und als Arbeitnehmer beschäftigtem Personal statt. Als Lehrer im Sinne dieses Abschnittes gelten künftig auch die pädagogischen und sozialpädagogischen Mitarbeiter in Anpassung an § 58 SchulG. 4

Abs. 4: In Absatz 4 ist die nach § 63 vierteljährlich abzuhaltende gemeinschaftliche Besprechung auf eine Besprechung im Schulhalbjahr reduziert. 5

Abs. 5: Satz 1 des Absatzes 5 entspricht der durch die Novelle 2011 vorgenommenen Neufassung von § 42 Abs. 4 Satz 1 (vgl. die Kommentierung dort). 6

Absatz 5 Satz 2 wurde im Rahmen der Novelle 2011 neu formuliert und beseitigte damit die Schlechterstellung von Lehrer-Personalräten bei Freistellungen. Die alte Regelung, die gegenüber Personalräten anderer Verwaltungsbereiche ein um ein Sechstel gekürztes Freistellungskontingent enthielt, hatte gerichtlich keinen Bestand. Das OVG NRW hat im Rahmen einer verfassungskonformen Auslegung den Lehrer-Personalräten auf begründeten Antrag hin eine Aufstockung dieses um ein Sechstel gekürzten Frei-

stellungskontingents zugestanden.[6] Deshalb war die alte Regelung aufzuheben.
Im Hinblick auf eine weitere Entscheidung des OVG NRW,[7] die teilfreigestellten Personalräten einen Anspruch auf Dienstbefreiung zur Teilnahme an den Personalratssitzungen über das Kontingent der Teilfreistellung hinaus gewährt hatte, wurde die Regelung in Satz 2 getroffen. Aus der Gesetzesbegründung: »*Der Wunsch der Dienststellen und Personalvertretungen nach praktikabler Umsetzung der Rechtsprechung macht es erforderlich, eine Verfahrensvereinfachung für die Erteilung von Dienstbefreiung zur Teilnahme an den Personalratssitzungen und den damit im Zusammenhand stehenden Tätigkeiten zu ermöglichen. Die Dienststelle kann auf entsprechenden Antrag des einzelnen Personalratsmitglieds hiervon Gebrauch machen.*« Der Gesetzgeber geht also von einem Zeitaufwand für die Teilnahme an der Personalratssitzung und den damit in Zusammenhang stehenden Aufgaben aus, der nicht durch die Teilfreistellung eines PR-Mitglieds abgegolten ist. Zusätzliche Dienstbefreiung ist daher in allen Fällen zu gewähren, in den das teilfreigestellte Personalratsmitglied unter Hinweis auf diese gesetzgeberische Vermutung einen entsprechenden Antrag zur Dienstbefreiung wegen Teilnahme an der Personalratssitzung und damit zusammenhängender Aufgaben stellt.

7 **Abs. 6:** Die regelmäßigen Besprechungen zwischen Ministerium und Lehrer-Hauptpersonalräten finden – ebenso wie die örtlichen Besprechungen – abweichend von § 63 nicht vierteljährlich, sondern einmal im Schulhalbjahr statt.

§ 86

Im Bereich der Schulen und der Studienseminare werden für Lehrkräfte besondere gemeinsame Personalvertretungen gebildet.

§ 87

(1) Für die im Landesdienst beschäftigten Lehrkräfte an Schulen und an Studienseminaren werden Personalvertretungen – getrennt nach Schulformen und besonderen Einrichtungen des Schulwesens – gebildet.
(2) Für nicht im Landesdienst beschäftigte Lehrkräfte kann die oberste Dienstbehörde bestimmen, dass getrennte Personalvertretungen entsprechend Absatz 1 gebildet werden. Werden getrennte Personalvertretungen nicht gebildet, bilden die Lehrkräfte der verschiedenen Schulformen je eine Lehrergruppe. Für diese Lehrergruppen gelten die Vorschriften die-

---

6 OVG NRW 20.11.2009 – 16 A 1337/09.PVL, juris.
7 OVG NRW 24.8.2009 – 16 B 1796/08.PVL, juris.

ses Gesetzes über die Gruppenwahl und die Rechte der Gruppen entsprechend, jedoch findet in den Fällen des § 34 Abs. 2 eine gemeinsame Beratung nicht statt.

Abs. 1: Schulträger sind nach § 78 SchulG die Gemeinden, die Kreise und kreisfreien Städte, die Landschaftsverbände sowie das Land. Für die im Landesdienst beschäftigten Lehrer – einschließlich der pädagogischen und sozialpädagogischen Mitarbeiter – werden besondere Personalräte gebildet. Der 2007 eingefügte Satz 2, mit dem die Höchstzahl der Personalratsmitglieder auf 15 beschränkt worden war, ist durch die Novelle 2011 entfallen. 1

Abs. 2: Für nicht im Landesdienst beschäftigte Lehrer (an öffentlichen Schulen) kann die oberste Dienstbehörde bestimmen, dass für sie besondere Personalvertretungen – ebenfalls getrennt nach Schulformen – gebildet werden. 2

Geschieht das nicht, bilden die Lehrer der verschiedenen Schulformen »je eine Lehrergruppe«. Sie wird vom Gesetz als Gruppe im Sinne des § 14 Abs. 1 angesehen. Es ist also ein Personalrat für die nicht im Landesdienst beschäftigten Lehrer zu wählen. Für diese Wahl haben jeweils sämtliche Lehrer einer Schulform die Rechte einer Gruppe im Sinne des § 14. Diese Rechte beziehen sich sowohl auf das Zustandekommen dieses Personalrats hinsichtlich des Einreichens von Wahlvorschlägen sowie der getrennten und gemeinsamen Wahl als auch auf ihre Stellung im Personalrat insbesondere hinsichtlich der § 29ff.

Ausgenommen ist nur die Vorschrift des § 34 Abs. 2, demzufolge in Angelegenheiten, die lediglich die Angehörigen einer Gruppe – also die Lehrer einer Schulform – betreffen, vor Beschlussfassung des Personalrats eine gemeinsame Beratung stattzufinden hat. Diese gemeinsame Beratung entfällt nach Absatz 2 Satz 2.

§ 88

(1) **Für die im Landesdienst beschäftigten Lehrkräfte sind die Schulen und die Studienseminare nicht Dienststellen im Sinne dieses Gesetzes.**

(2) **Dienststellen im Sinnes dieses Gesetzes für nicht im Landesdienst beschäftigte Lehrkräfte sind die Verwaltungen der Gemeinden, Gemeindeverbände und sonstigen der Aufsicht des Landes unterstehenden Körperschaften, Anstalten und Stiftungen des öffentlichen Rechts, bei denen die Lehrkräfte beschäftigt sind.**

(3) **§ 1 Abs. 3 findet keine Anwendung.**

Abs. 1: Absatz 1 ordnet an, dass für die im Landesdienst beschäftigten Lehrer (§ 85 Abs. 3 SchulG) nicht die jeweilige Schule bzw. das Studienseminar für 1

Lehrerausbildung als Dienststelle anzusehen ist. § 1 gilt also für diesen Personenkreis nicht.

2 **Abs. 2:** Für die nicht im Landesdienst beschäftigten Lehrer – also der Personenkreis gemäß § 90 Abs. 2 – sind die »Verwaltungen« des jeweiligen Schulträgers als Dienststellen anzusehen (zum Begriff der Verwaltung siehe § 1 Rn. 2).

3 **Abs. 3:** Nach Absatz 3 ist die Möglichkeit ausgeschlossen, Nebenstellen oder Teile einer Dienststelle zu verselbständigen, so dass einzelne Schulen oder Studien-Seminare nicht zu personalratsfähigen Dienststellen erklärt werden können.

§ 89

(1) Bei den aufgrund von § 92 Satz 1 Nr. 2 bestimmten Dienststellen und bei den in § 88 Abs. 2 genannten Dienststellen werden Personalräte gebildet. Für die im Landesdienst beschäftigten Lehrkräfte werden außerdem – getrennt nach Schulformen und besonderen Einrichtungen des Schulwesens –

1. **bei den Mittelbehörden Lehrer-Bezirkspersonalräte und**
2. **bei dem für das Schulwesen zuständigen Ministerium Lehrer-Hauptpersonalräte**

gebildet.

(2) Die Bezirkspersonalräte für Lehrkräfte an Hauptschulen und an Förderschulen nehmen bei beteiligungspflichtigen fachaufsichtlichen Maßnahmen der Schulämter die Aufgaben nach diesem Gesetz wahr. In diesen Fällen ist der jeweilige Lehrer-Hauptpersonalrat zuständige Stufenvertretung.

1 **Abs. 1:** Satz 1 des Absatzes 1 bestimmt, dass für die nach Rechtsverordnung gemäß § 92 Nr. 2 bestimmten Dienststellen für die im Landesdienst beschäftigten Lehrer und für die in § 88 Abs. 2 bestimmten Dienststellen für die nicht im Landesdienst beschäftigten Lehrer Personalräte gebildet werden.
Nach Absatz 1 Satz 2 werden getrennt nach Schulformen und besonderen Einrichtungen des Schulwesens bei den Mittelbehörden besondere Lehrer-Bezirkspersonalräte und bei dem Ministerium Lehrer-Hauptpersonalräte gebildet.

2 **Abs. 2:** Der bisherige Satz 3 des § 92 Abs. 1 a. F. wurde zu Absatz 2. Künftig nehmen bei beteiligungspflichtigen fachaufsichtlichen Maßnahmen der Schulämter die Bezirkspersonalräte für Lehrer an Hauptschulen und Lehrer an Förderschulen die Aufgaben nach diesem Gesetz wahr. Diese Zuständigkeitsregelung folgt der geänderten Schulaufsichts-Struktur nach § 88 Abs. 3 SchulG. In der Gesetzesbegründung zu Art. 2 des Gesetzes, das die Änderungen des Schulgesetzes betrifft, wird erklärt, dass die Dienstaufsicht auf die

Ebene der Bezirksregierungen hochgezogen werde, während die Fachaufsicht auf der Ebene der Schulämter verbleibe. Die Bearbeitung der Personalangelegenheiten für diese Schulformen werde dadurch bei den Bezirksregierungen konzentriert.
Dementsprechend werden die Aufgaben nach dem LPVG durch die Bezirkspersonalräte für Lehrer an Hauptschulen und Förderschulen wahrgenommen. Diese Trennung von Dienst- und Fachaufsicht ist für Förderschulen aufgrund des erhöhten Verwaltungsaufwandes der Bezirksregierungen und der Schulämter und die damit verbundene Abschaffung von örtlichen Personalräten auf der faktisch entscheidenden Ebene kritisiert worden.[8]

§ 90

(1) **Schulleiterinnen und Schulleiter sind wahlberechtigt und wählbar. Sie gelten als Lehrkräfte der Schulform, der die Schule angehört, die sie leiten. Sofern sie Mitglied eines Personalrats sind, dürfen sie dann nicht beratend oder entscheidend tätig werden, wenn sie selbst oder die Schule, die sie leiten, durch die Angelegenheit unmittelbar betroffen sind. Die Sätze 1 und 3 gelten entsprechend für die Ansprechpartnerinnen für Gleichstellungsfragen an Schulen.**
(2) **Mitarbeiterinnen und Mitarbeiter gemäß § 58 SchulG gelten als Lehrkräfte der Schulform, in der sie überwiegend verwendet werden. Die in der Ausbildung zu einem Lehrerberuf stehenden Beschäftigten gelten als Lehrkräfte der Schulform, der sie im Rahmen der schulpraktischen Ausbildung zugewiesen werden. Ausbilderinnen und Ausbilder an Studienseminaren gelten als Lehrkräfte der Schulform, in der sie verwendet werden oder vor der Tätigkeit am Studienseminar gemäß § 6 LABG verwendet worden sind.**

Der Wegfall des Vorschlagsrechts von Schulträgern hat die bisherige Rege- 1
lung in § 93 a. F. entbehrlich gemacht.
Abs. 1: Absatz 1 regelt die Wahlberechtigung und Wählbarkeit von Schullei- 2
tern abweichend von §§ 10 und 11.
Nach Satz 1 sind Schulleiter wahlberechtigt und wählbar. Nach Satz 2 gelten sie als Lehrer der Schulform, der die Schule angehört, die sie leiten. Die 2007 eingeführte Sonderregelung für Schulleiter in einem organisatorischen Zusammenschluss ist durch die Novelle 2011 wieder beseitigt worden. Die Praxis habe gezeigt – so die Gesetzesbegründung[9] – dass die Regelung nicht die gewünschte Klarheit schaffe. Künftig besteht für Schulleiterinnen und

8 Siehe öffentliche Anhörung von Sachverständigen des Landtags Nordrhein-Westfalens vom 8.8.2007, Ausschussprotokoll 14/448, S. 20f.
9 LT-Drucks. 15/1644, 89.

Schulleiter von Verbundschulen – wie bereits bislang für die dort tätigen Lehrkräfte – eine doppelte Zuständigkeit der Personalvertretungen beider im Verbund zusammengeschlossenen Schulformen.
Satz 4 stellt eine Kollisionsregel für den Fall auf, dass ein Schulleiter Mitglied eines Personalrats ist, in dem Angelegenheiten der Schule, die er leitet, behandelt werden.
Die Vorschrift zeigt, dass die von Absatz 1 gewählte Konstruktion zweifelhaft ist. Sie erlaubt es, dass Schulleiter mit einer einem Dienststellenleiter vollkommen vergleichbaren Tätigkeit und Funktion Mitglieder in Personalräten sein können und dort auch beratend und entscheidend tätig werden dürfen. Sie sind nur von der Personalratstätigkeit ausgeschlossen, wenn sie selbst oder die Schule, die sie leiten, durch die Angelegenheit unmittelbar betroffen sind. Es ist gleichwohl fraglich, ob die Unabhängigkeit des Personalrats als Gremium noch gewahrt ist, wenn ihm Personen angehören, die Dienstvorgesetztenfunktionen haben.
Nach Satz 5 gelten die vorstehenden Regeln für die Schulleiter entsprechend für die Ansprechpartnerinnen für Gleichstellungsfragen an Schulen (§ 15 Abs. 2 LGG).

3 **Abs. 2:** Lehramtsanwärter und Ausbilder an Studienseminaren zu einer Schulform gelten als Lehrer der Schulform, in der sie überwiegend verwendet werden.
Nach Satz 2 werden in der Ausbildung zum Lehrerberuf stehende Beschäftigte der Schulform zugeordnet, der sie im Rahmen der schulpraktischen Ausbildung zugewiesen werden.
Satz 3 regelt, dass Ausbilder an Studienseminaren als Lehrer derjenigen Schulform gelten, in der sie verwendet werden oder in der sie vor ihrer Tätigkeit am Studienseminar verwendet worden sind.

§ 91

(1) **Bei Lehrkräften gilt als Versetzung oder Abordnung im Sinne des § 72 Abs. 1 Nrn. 5 und 6 die Versetzung oder Abordnung an eine Schule oder ein Studienseminar.**
(2) **Bei Versetzungen von Lehrkräften an eine Schule oder ein Studienseminar gibt der bei der abgebenden Dienststelle gebildete Personalrat dem bei der aufnehmenden Dienststelle gebildeten Personalrat Gelegenheit zur Äußerung. Die Frist zur Äußerung gemäß § 66 Abs. 2 Satz 3 beträgt vier Wochen.**
(3) **Abordnungen von Lehrkräften nach § 72 Abs. 1 Satz 1 Nr. 6 unterliegen nur dann der Mitbestimmung, wenn sie länger als bis zum Ende des laufenden Schulhalbjahres andauern.**

(4) **Bei Stellenausschreibungen gemäß § 73 Nr. 2 wirkt der Personalrat nur mit, wenn die Ausschreibung nicht der Vorbereitung einer Maßnahme gemäß § 72 Abs. 1 Satz 1 Nr. 1 oder Nr. 3 dient.**

Abs. 1: Absatz 1 sieht wie bisher den besonderen Versetzungs- und Abordnungsbegriff im Lehrerbereich vor. Es ist nicht auf den Wechsel der Dienststelle, sondern auf den Wechsel zu einer anderen Schule oder an ein Studienseminar abzustellen. Sind Mitglieder von Lehrer-Personalräten von einer Versetzung oder Abordnung im Sinne des Abs. 1 betroffen, findet der Sonderschutz des § 43 Anwendung. Diese Vorschrift gilt für sämtliche Versetzungen und Abordnungen von Personalratsmitgliedern »nach § 72 Absatz 1 Satz 1 Nummer 5« – so der Gesetzestext – und Abs. 1 nimmt ausdrücklich auf diesen § 72 Abs. 1 Nr. 5 Bezug. 1

Abs. 2: Diese Vorschrift sieht vor, dass bei Versetzungen von Lehrern an eine Schule oder ein Studienseminar der Personalrat der abgebenden Dienststelle zu beteiligen ist. Vor einer Entscheidung hat er jedoch dem bei der aufnehmenden Dienststelle gebildeten Personalrat Gelegenheit zur Äußerung zu geben. Wegen der Notwendigkeit, den Personalrat der aufnehmenden Dienststelle zu hören, beträgt die Frist zur Abgabe der Erklärung gemäß § 66 Abs. 2 Satz 3 20 statt zehn Arbeitstage. Jedoch ist nur die Frist zur Erklärung, dass beabsichtigt sei, nicht zuzustimmen, verdoppelt. Die Frist zur Abgabe der endgültigen Zustimmung oder Zustimmungsverweigerung gemäß § 66 Abs. 3 beträgt nach wie vor zehn Arbeitstage. Um also die eigenen wie die Rechte des aufnehmenden Personalrats zu wahren, ist es zweckmäßig, die Stellungnahme des Personalrate der aufnehmenden Dienststelle unmittelbar nach Eingang des Zustimmungsantrags sowie unter Hinweis auf den Ablauf der eigenen Frist zu erbitten. Keine Umsetzung oder Versetzung im Sinne des § 72 Abs. 1 Satz 1 Nr. 5, sondern eine mitbestimmungsfreie Überweisung ist der von einem Studienseminar veranlasste Wechsel von Lehramtsanwärtern von Schule zu Schule.[10] 2

Die Regelung hat zur Folge, dass an die Stelle des von der Rechtsprechung anerkannten Mitbestimmungsrechts auch des aufnehmenden Personalrats die bloße Gelegenheit zur Äußerung tritt. Werden jedoch Beschäftigte, die nicht Lehrer im Sinne des § 85 Abs. 1 sind, an eine Schule oder ein Studienseminar versetzt, steht dem aufnehmenden Personalrat das uneingeschränkte Mitbestimmungsrecht gemäß § 72 Abs. 1 Nr. 5 zu.[11] Die Übertragung der Tätigkeit eines Koordinators im Rahmen der Verordnung über die Feststellung des sozialpädagogischen Sonderbedarfs stellt eine mitbestimmungspflichtige Teil-Umsetzung dar.[12] 3

10 OVG NRW 26.11.2003 – 1 A 1094/01.PVL, PersR 2004, 356.
11 BVerwG 18.6.1999 – 6 P 7.98, PersR 1999, 534.
12 VG Gelsenkirchen 6.11.1998 – 3 cK 1856/97.PVL.

4 **Abs. 3:** Das Mitbestimmungsrecht des Personalrats bei Abordnungen von Lehrkräften im Sinne des § 72 Abs. 1 Nr. 6 kommt nur dann in Betracht, wenn die Abordnung länger als bis zum Ende des laufenden Schulhalbjahres – bislang bis zum Ende des Schuljahres – andauert. Das Mitbestimmungsrecht greift nicht erst dann, wenn die Abordnung diesen Zeitpunkt erreicht oder überschritten hat, sondern bereits bei Abordnungen, die für diese Dauer geplant und beabsichtigt sind – unabhängig davon, ob es zu einer solchen das Schulhalbjahr überschreitenden Dauer kommt.[13]

5 **Abs. 4:** Das Mitwirkungsrecht des Personalrats bei Stellenausschreibungen nach § 73 Nr. 2 besteht aufgrund der Novelle 2011 bei Stellenausschreibungen, soweit die anschließende Personalmaßnahme der Mitbestimmung unterliegen »kann«. Die Möglichkeit eines Mitbestimmungsrechts reicht also aus (vgl. die Kommentierung zu § 73). Dieses Mitwirkungsrecht ist für Lehrer-Personalräte noch weiter eingeschränkt. Es besteht nur noch ausnahmsweise, nämlich dann, wenn die Stellenausschreibung nicht einer Einstellung oder der Vorbereitung eines Laufbahnwechsels dient.

Die bisher vorhandene Sonderregelung für das Mitbestimmungsrecht bei Befristungen ist durch das Gesetz zur Stärkung der Eigenverantwortung von Schulen[14] gestrichen worden.

§ 92

Das für das Schulwesen zuständige Ministerium bestimmt durch Rechtsverordnung

1. **die Schulformen und besonderen Einrichtungen des Schulwesens, für die getrennte Personalvertretungen nach § 87 Abs. 1 und § 89 Abs. 1 Satz 2 zu bilden sind,**
2. **die Stellen, die für die im Landesdienst beschäftigten Lehrkräfte Dienststellen nach § 88 Abs. 1 sind.**

Es hat dabei die Schulstruktur und die Organisation der Schulverwaltung zu berücksichtigen. Schulformübergreifende Versuchsschulen können als besondere Schulform behandelt werden, wenn sie voraussichtlich länger als die Wahlperiode der Personalvertretungen bestehen werden.

1 Die Vorschrift gibt dem für das Schulwesen zuständigen Ministerium eine Ermächtigung zum Erlass von Rechtsverordnungen zu zwei Themen:

- Nach Nr. 1 können die Schulformen und besonderen Einrichtungen des Schulwesens bestimmt werden, für die getrennte Personalvertretungen nach § 87 Abs. 1 und § 89 Abs. 1 Satz 2 zu bilden sind.

---

13 OVG NRW 28. 3. 2007 – 6 B 172/07 und 6 B 173/07.

14 Gesetz vom 24. 6. 2008, GVBl. 2008, 477.

- Nr. 2 ermächtigt das Schulministerium durch Rechtsverordnung diejenigen Stellen zu bestimmen, die für die im Landesdienst beschäftigten Lehrkräfte Dienststellen nach § 88 Abs. 1 sind.

Diese Verordnung über die Errichtung von Personalvertretungen für im Landesdienst beschäftigte Lehrer[15] sieht in § 1 Abs. 1 die Schulform im Sinne des § 87 Abs. 1 vor und definiert in § 1 Abs. 2 die Beschäftigten in der Ausbildung. § 2 sieht für die im Landesdienst beschäftigten Lehrkräfte vor, dass die Schulämter Dienststellen für Lehrkräfte an den Grundschulen sind (Nr. 1) und für die anderen Lehrkräfte die Bezirksregierungen Dienststellen im Sinne des § 88 Abs. 1 sind. 2

Dritter Abschnitt
Justizvollzug

§ 93

Für die Beschäftigten im Justizvollzug gelten die Vorschriften der Kapitel 1 bis 9 und 11 insoweit, als in diesem Abschnitt nichts anderes bestimmt ist.

Im Zuge des Gesetzes zur Neuregelung der Rechtsverhältnisse der Richterinnen und Richter sowie Staatsanwältinnen und Staatsanwälte im Land NRW vom 8.12.2015[16] sind die §§ 93, 94 LPVG NRW a.F. entfallen. Bei den Staatsanwaltschaften und Generalstaatsanwaltschaften werden nunmehr gemäß § 46 Abs. 1 LRiStaG Staatsanwaltsräte gebildet, keine Personalräte mehr. Zwar gelten für die Staatsanwaltsräte die Vorschriften des LPVG weitgehend entsprechend (§ 51 LRiStaG), dennoch wurden die Staatsanwaltschaften und Generalstaatsanwaltschaften aus dem Geltungsbereich des LPVG NRW herausgenommen. 1

An die Stelle der §§ 93, 94 a.F. rücken §§ 94a und 94b a.F., die wortgleich lediglich eine Änderung in der Nummerierung erfahren haben.

Im Zuge des 10. Gesetzes zur Änderung der gesetzlichen Befristungen im Zuständigkeitsbereich des MIK sowie zur Änderung anderer Gesetze vom 7.4.2017[17], dort Art. 2 Ziff. 1, wurde sodann die Überschrift des Dritten Abschnitts angepasst, und die Worte »Staatsanwältinnen, Staatsanwälte und« gestrichen.

15 Verordnung vom 1.10.1984 (Stand 2.2.2012), GVBl. 2012, 95.
16 GV. NRW, S. 812.
17 GV. NRW, S. 410.

2 Nach Art. 4 des Gesetzes zur Modernisierung des Justizvollzugs[18] wurden zum 1. 1. 2008 besondere Personalvertretungen für die Beschäftigten im Justizvollzug errichtet. Die dort vorgesehenen, das LPVG ergänzenden Vorschriften (§ 97a, § 97b) wurden durch die Novelle 2007 zunächst zu den §§ 94a und b, bis sie nun an die Stelle der §§ 93, 94 traten.

§ 94

(1) Für die Beschäftigten im Justizvollzug wird beim Justizministerium ein besonderer Hauptpersonalrat gebildet.
(2) Die Mitglieder des Hauptpersonalrates werden von den zum Justizvollzug gehörenden Beschäftigten gewählt. Nur zu dieser Stufenvertretung sind sie wahlberechtigt.

1 Die Vorschrift des § 94 a. F. ist durch das Gesetz zur Neuregelung der Rechtsverhältnisse der Richterinnen und Richter sowie Staatsanwältinnen und Staatsanwälte im Land NRW vom 8. 12. 2015[19] entfallen. Bei den Staatsanwaltschaften und Generalstaatsanwaltschaften werden keine Personalräte mehr, sondern Staatsanwaltsräte gebildet (§ 46 Abs. 1 LRiStaG).
An die Stelle des § 94 a. F. ist nun die Vorschrift des § 94b a. F. gerückt, ohne eine inhaltliche Änderung erfahren zu haben.

2 Beim Justizminister wird ein besonderer Hauptpersonalrat für die Beschäftigten im Justizvollzug gebildet, zu dem die zum Justizvollzug gehörenden Beschäftigten wahlberechtigt sind.

3 Diese Regelung geht ebenfalls zurück auf das Gesetz zur Modernisierung des Justizvollzugs, welches zum 1. 1. 2008 in Kraft getreten ist. Der dortige § 97b wurde im Rahmen der Novelle 2007 zu § 94b, bevor diese Regelung nun an die Stelle des § 94 a. F. trat.

Vierter Abschnitt
Referendare im juristischen Vorbereitungsdienst

§ 95

Für Referendarinnen und Referendare im juristischen Vorbereitungsdienst gelten die Vorschriften der Kapitel 1 bis 6, 8, 9 und 11 insoweit, als in diesem Abschnitt nichts anderes bestimmt ist.

---

18 GV. NRW 2007, S. 245.
19 GV. NRW, S. 812.

Für Referendare im juristischen Vorbereitungsdienst werden besondere Personalvertretungen gebildet, für deren Zustandekommen, Rechtsstellung, Geschäftsführung und Beteiligungsrechte die Sondervorschriften der §§ 95 bis 103 gelten und im Übrigen die Vorschriften des Gesetzes mit Ausnahme des 7. Kapitels über die Jugend- und Auszubildendenvertretung. 1
§ 30 Abs. 1 JAG sieht vor, dass nach Bestehen der ersten juristischen Staatsprüfung die Aufnahme in ein öffentlich-rechtliches Ausbildungsverhältnis zum Land erfolgen kann und die Dienstbezeichnung »Rechtsreferendarin« bzw. »Rechtsreferendar« geführt wird.
Referendare im juristischen Vorbereitungsdienst sind daher die in § 30 Abs. 1 JAG genannten Personen.

Rechtspraktikanten im Sinne von § 5 Abs. 4 Buchst. d sind von einer Beteiligung an der Personalvertretung ganz ausgeschlossen und nicht wahlberechtigt. Sie sind auch nicht als Referendare im juristischen Vorbereitungsdienst anzusehen. 2

§ 96

(1) Für Referendarinnen und Referendare im juristischen Vorbereitungsdienst werden besondere Personalvertretungen gebildet, und zwar bei den
1. zu Stammdienststellen bestimmten Landgerichten Personalräte und
2. Oberlandesgerichten Bezirkspersonalräte.
(2) Dienststellen im Sinne dieses Gesetzes sind für Referendarinnen und Referendare im juristischen Vorbereitungsdienst die zu Stammdienststellen bestimmten Landgerichte.

Abs. 1: Nach § 32 Abs. 1 JAG ist Dienstvorgesetzter und als solcher zuständig für die beamtenrechtlichen Entscheidungen über die persönlichen Angelegenheiten der Referendarinnen und Referendare der Präsident desjenigen Landgerichts, dem die Referendarin/der Referendar als Stammdienststelle zugewiesen ist. Diese Zuweisung erfolgt bei Beginn des Vorbereitungsdienstes durch den Oberlandesgerichtspräsidenten als Leiter der Gesamtausbildung (§ 33 JAG). 1

Bei denjenigen Landgerichten des Landes, die zu Stammdienststellen bestimmt sind, werden besondere Personalräte für Referendare im juristischen Vorbereitungsdienst gebildet. 2
Ein Bezirkspersonalrat wird bei den drei Oberlandesgerichten gebildet. Wahlberechtigt sind alle Rechtsreferendare der im Bezirk des jeweiligen Oberlandesgerichts gelegenen Landgerichte.

Abs. 2: Abweichend von § 1 sind Dienststellen für die Referendare im juristischen Vorbereitungsdienst die zu Stammdienststellen bestimmten Landgerichte, denen die Referendare zugewiesen sind. 3

§ 97

(1) Referendarinnen und Referendare im juristischen Vorbereitungsdienst sind nur zum Personalrat der Referendarinnen und Referendare bei dem Landgericht wahlberechtigt, das zu ihrer Stammdienststelle bestimmt ist.
(2) Nicht wahlberechtigt sind Referendarinnen und Referendare im juristischen Vorbereitungsdienst, die am Wahltage
a) unter Wegfall der Unterhaltsbeihilfe beurlaubt oder
b) einer Ausbildungsstelle außerhalb des Landes Nordrhein-Westfalen zugewiesen sind.
(3) Wählbar sind nur wahlberechtigte Referendarinnen und Referendare im juristischen Vorbereitungsdienst, die am Wahltage
1. sich seit mindestens drei Monaten im Vorbereitungsdienst befinden und
2. noch mindestens vier Monate der vorgeschriebenen Ausbildung zu durchlaufen haben.

1 **Abs. 1:** Die Referendare im juristischen Vorbereitungsdienst können nur bei ihrer Stammdienststelle und dort nur den besonderen Personalrat für Referendare wählen. Zu den allgemeinen Wahlen der Personalräte der Beschäftigten eines Landgerichts sind sie nicht wahlberechtigt.
Der Oberlandesgerichtspräsident als Leiter der Gesamtausbildung bestimmt Landgerichte zu Stammdienststellen und weist die Referendare einem Landgericht zu, das die Stammdienststelle bildet.

2 **Abs. 2:** Nicht wahlberechtigt sind Referendare, die am (letzten) Tag der Wahl
- unter Wegfall der Bezüge beurlaubt sind oder
- einer Ausbildungsstelle außerhalb des Landes Nordrhein-Westfalen zugewiesen werden (z. B. nach § 35 Abs. 5 JAG).

3 **Abs. 3:** Das Recht, gewählt zu werden, setzt voraus, dass am (letzten) Tag der Wahl die Kandidaten wahlberechtigt und seit mindestens drei Monaten im Vorbereitungsdienst sind sowie noch mindestens vier Monate der vorgeschriebenen Ausbildung zu durchlaufen haben.

§ 98

Wahlvorschläge müssen abweichend von § 16 Abs. 5 und 6 nur von mindestens fünf vom Hundert der wahlberechtigten Referendarinnen und Referendare, jedoch von mindestens drei wahlberechtigten Referendarinnen und Referendaren unterzeichnet werden.

Wahlvorschläge können nach § 16 Abs. 4 und 7 von wahlberechtigten Beschäftigten (§ 97 Abs. 1, 2) sowie von in der Dienststelle (zum Begriff § 96 Abs. 2) vertretenen Gewerkschaften gemacht werden. 1

Sie müssen jedoch abweichend von § 16 Abs. 5 und 6 nur von 1/20 der wahlberechtigten Beschäftigten, mindestens jedoch von drei wahlberechtigten Referendaren unterzeichnet sein. 2

§ 99

Die Wahlperiode beträgt zwölf Monate.

Der Vorbereitungsdienst dauert nach § 35 Abs. 1 JAG NRW 24 Monate. 1

Die Amtszeit und Wahlperiode der besonderen Personalvertretung für Rechtsreferendare beträgt zwölf Monate, so dass die Gewählten Gelegenheit haben, eine gesamte Wahlperiode zu amtieren. 2

§ 100

(1) **Der Bezirkspersonalrat beim Oberlandesgericht besteht aus Referendarinnen und Referendaren, die von den Personalräten der Referendarinnen und Referendare bei den Landgerichten des Oberlandesgerichtsbezirks gewählt werden.**

(2) **In den Bezirkspersonalrat wird für jeweils bis zu 150 Referendarinnen und Referendare, für die das Landgericht zur Stammdienststelle bestimmt ist, eine Referendarin oder ein Referendar gewählt. Wählbar sind Referendarinnen und Referendare, die dem Personalrat beim Landgericht als Mitglied oder als Ersatzmitglied angehören.**

(3) **Die §§ 17, 18, 50 Abs. 3 Satz 5 und 6 gelten entsprechend. Im Übrigen ist § 50 auf den Bezirkspersonalrat der Referendarinnen und Referendare beim Oberlandesgericht nicht anzuwenden. Scheidet ein Mitglied aus dem Bezirkspersonalrat aus, so wählt der Personalrat beim Landgericht, von dem das ausscheidende Mitglied entsandt worden ist, ein neues Mitglied.**

Abs. 1: Der Bezirkspersonalrat wird nicht unmittelbar von den wahlberechtigten Referendaren, sondern nur von den Personalräten für die Referendare bei den einzelnen Landgerichten gewählt. Damit soll sichergestellt werden, dass die regional unterschiedlichen Interessen im Bezirkspersonalrat angemessen repräsentiert werden. 1

Abs. 2: Für jeweils bis zu 150 Referendare der Stammdienststelle – unabhängig davon, ob sie wählbar oder wahlberechtigt sind – ist je ein Vertreter in den Bezirkspersonalrat zu wählen. Von den Personalräten der Referendare bei den Landgerichten können nur solche Referendare in den Bezirksperso- 2

nalrat gewählt werden, die ihrerseits Personalratsmitglied (§ 96 Abs. 1 Nr. 1) oder Ersatzmitglied sind.
Das hat zur Folge, dass bei Ausscheiden aus dem Landgerichts-Personalrat die Mitgliedschaft im Bezirkspersonalrat zugleich erlischt (§ 26 Abs. 1 Buchstabe f).

3 **Abs. 3:** Die Vorschriften über die Bestellung des (Bezirks-)Wahlvorstands gelten für die Wahl des Bezirkspersonalrats beim Oberlandesgericht entsprechend. Im Übrigen ist jedoch § 50 durch die Sonderregelung des § 100 ersetzt. Für die Wahl des Bezirkspersonalrats ist schließlich § 46 der Wahlordnung zu beachten.

§ 101

(1) **Auf die Mitglieder der Personalvertretungen der Referendarinnen und Referendare finden § 40 Abs. 2 und § 42 Abs. 3 bis 5 keine Anwendung.**
(2) **Mitglieder der Personalvertretungen der Referendarinnen und Referendare dürfen gegen ihren Willen einer Ausbildungsstelle außerhalb des Bezirks ihrer Stammdienststelle nur zugewiesen werden, wenn dies auch unter Berücksichtigung der Mitgliedschaft in der Personalvertretung aus dienstlichen oder ausbildungsmäßigen Gründen unvermeidbar ist. Im Übrigen soll bei der Zuweisung zu einer Ausbildungsstelle Rücksicht auf die Mitgliedschaft in der Personalvertretung genommen werden. § 43 findet keine Anwendung.**

1 **Abs. 1:** Die Mitglieder der Personalvertretungen der Referendare erhalten nicht die in § 40 Abs. 2 vorgesehenen Mittel zur Aufwandsdeckung. Die Personalräte der Referendare können ebenfalls von den Freistellungsregeln und den Bestimmungen über die Teilnahme an Schulungs- und Bildungsveranstaltungen des § 42 Abs. 3 bis 5 keinen Gebrauch machen. Offenbar ist der Gesetzgeber der Auffassung, dass bei längerer oder umfangreicherer Freistellung und Abwesenheit für die Teilnahme an Schulungs- und Bildungsveranstaltungen die Ausbildung leiden könnte.

2 **Abs. 2:** § 34 Abs. 5 JAG lässt es zu, dass Referendarinnen und Referendare für einzelne Ausbildungsabschnitte in einen anderen Oberlandesgerichtsbezirk überwiesen werden. Mitglieder der Personalvertretungen sind vor der Zuweisung einer Ausbildungsstelle außerhalb des Bezirks ihrer Stammdienststelle – also des vom OLG-Präsidenten dazu bestimmten Landgerichts – durch Absatz 2 geschützt, soweit diese Zuweisung gegen ihren Willen erfolgen soll. Die Zuweisung einer solchen außerhalb des Bezirks liegenden Ausbildungsstelle ist nur zulässig, wenn dies unter Berücksichtigung der Mitgliedschaft in der Personalvertretung aus dienstlichen oder ausbildungsmäßigen Gründen unvermeidbar ist. An diese Gründe ist ein strenger Maßstab

zu stellen, da eine solche Maßnahme den gewählten Referendar praktisch an der Ausübung seines Personalratsamts hindert.
Der Versetzungs-, Umsetzungs- und Abordnungsschutz des § 43 Abs. 1 findet jedoch auf die Referendare keine Anwendung.
Allgemein gilt (Satz 2), dass bei der Zuweisung zu einer Ausbildungsstelle auf die Mitgliedschaft in der Personalvertretung Rücksicht zu nehmen ist. Es ist daher eine möglichst in der Nähe der Stammdienststelle befindliche Ausbildungsstelle zuzuweisen.

§ 102

(1) Bei Grundsätzen über die Durchführung des juristischen Vorbereitungsdienstes (§ 72 Absatz 4 Nummer 13) sowie bei den anderen in den §§ 62 bis 65 und 72 bis 74 bezeichneten Angelegenheiten, soweit diese ausschließlich Referendarinnen und Referendare im juristischen Vorbereitungsdienst betreffen, sind an Stelle der nach den allgemeinen Vorschriften gebildeten Personalvertretungen die Personalvertretungen der Referendarinnen und Referendare zuständig. § 72 Abs. 1 Satz 1 Nr. 1 ist für die Aufnahme in den juristischen Vorbereitungsdienst nicht anzuwenden.
(2) In Angelegenheiten, die nicht ausschließlich Referendarinnen und Referendare im juristischen Vorbereitungsdienst betreffen, haben die Personalvertretungen der Referendarinnen und Referendare die Befugnisse einer Jugend- und Auszubildendenvertretung.
(3) In den zur Zuständigkeit der Bezirksregierung gehörenden Angelegenheiten ist nach Maßgabe von Absatz 1 und 2 der Bezirkspersonalrat der Referendarinnen und Referendare bei dem Oberlandesgericht zu beteiligen, in dessen Bezirk die Bezirksregierung ihren Sitz hat. In diesen Angelegenheiten nimmt im Rahmen von § 30 Absatz 4 auch eine Vertreterin oder ein Vertreter der Bezirksregierung an der Sitzung teil.
(4) Im Anschluss an das Verfahren nach § 66 Abs. 1 bis 5 können die Präsidentin oder der Präsident des Oberlandesgerichts oder der Bezirkspersonalrat der Referendarinnen und Referendare beim Oberlandesgericht eine Angelegenheit dem Justizministerium vorlegen, welches nach Verhandlung mit dem Bezirkspersonalrat endgültig entscheidet.

Für die Personalräte der Rechtsreferendare gelten die Beteiligungsrechte des 8. Kapitels, wobei die Zuständigkeiten durch die Sondervorschrift des § 102 in einigen Fällen modifiziert werden. 1
Abs. 1: Die Personalvertretungen der Rechtsreferendare sind anstelle der nach den allgemeinen Vorschriften gebildeten Personalvertretungen bei den Landgerichten und Oberlandesgerichten für die Ausübung von Beteiligungsrechten zuständig bei 2

- Grundsätzen über die Durchführung des juristischen Vorbereitungsdienstes gemäß § 72 Abs. 4 Nr. 13,
- allen in §§ 62 bis 65 und 72 bis 74 genannten Angelegenheiten, soweit diese ausschließlich Referendare im juristischen Vorbereitungsdienst betreffen.

Jedoch stellt die Aufnahme der Rechtsreferendare in den juristischen Vorbereitungsdienst keine mitbestimmungspflichtige Einstellung im Sinne des § 72 Abs. 1 Satz 1 Nr. 1 dar.

3 **Abs. 2:** Beteiligungspflichtige Angelegenheiten, die nicht ausschließlich die Referendare im juristischen Vorbereitungsdienst betreffen, können dennoch ihrer Beteiligung unterliegen. Für diese Angelegenheiten sieht das Gesetz vor, dass die Personalvertretungen der Rechtsreferendare die Stellung und Befugnisse einer Jugend- und Auszubildendenvertretung haben.
Die §§ 30 Abs. 3, 35 Abs. 1 und 2, 36 finden entsprechende Anwendung.

4 **Abs. 3:** Der Regierungspräsident hat gemäß § 33 Abs. 1 JAG für die Dauer der Verwaltungsstation bzw. Wahlstation die Ausbildungsleitung zu unterstützen. Bei Maßnahmen des Regierungspräsidenten ist der Bezirkspersonalrat der Referendare beim jeweiligen Oberlandesgericht zu beteiligen, in dessen Bezirk der Regierungspräsident seinen Sitz hat. Werden Referendarangelegenheiten, für die der Regierungspräsident zuständig ist, in der Sitzung des allgemeinen Personalrats behandelt, so nimmt an der entsprechenden Personalratssitzung – neben einem Vertreter des Bezirkspersonalrats – ein Vertreter des Regierungspräsidenten an der Sitzung teil. Der Hinweis auf § 30 Abs. 4 macht deutlich, dass dieser Vertreter in Bezug auf die Referendare berechtigt ist, Dienststellenleiterfunktionen wahrzunehmen.

5 **Abs. 4:** Ein Hauptpersonalrat sowie die Anrufung der Einigungsstelle sind bei Streitigkeiten zwischen den Personalräten der Rechtsreferendare und dem OLG-Präsidenten nicht vorgesehen. Vielmehr bestimmt Absatz 4, dass in mitbestimmungspflichtigen Angelegenheiten bei Nichteinigung zwischen Bezirkspersonalrat und Präsident des Oberlandesgerichts die Angelegenheit dem Justizminister vorzulegen ist. Dieser entscheidet nach Verhandlung mit dem Bezirkspersonalrat endgültig und abschließend.

§ 103

Die Präsidentin oder der Präsident des Oberlandesgerichts oder des Landgerichts kann sich über § 8 Absatz 1 hinaus auch durch ihre oder seine Ausbildungsleiterin oder ihren oder seinen Ausbildungsleiter vertreten lassen.

1 Gemäß § 33 Abs. 1 JAG hat der Präsident oder die Präsidentin des Oberlandesgerichts die gesamte Referendarausbildung zu leiten. Zur Unterstützung bei der Leitung der Ausbildung wird bei den Oberlandesgerichten, den

Landgerichten und den Regierungspräsidien eine Richterin/ein Richter bzw. eine Beamtin/ein Beamter des höheren Verwaltungsdienstes zur Ausbildungsleiterin oder zum Ausbildungsleiter bestellt.

Dieser kann abweichend von § 8 Abs. 1 gegenüber den Personalräten der Rechtsreferendare die Vertretung des Präsidenten des Oberlandesgerichts oder des Landgerichts übernehmen und nimmt damit Dienststellenleiterfunktionen wahr. 2

Fünfter Abschnitt
Hochschulen

§ 104

Für Dozentinnen und Dozenten nach § 20 FHGöD, wissenschaftliche und künstlerische Mitarbeiterinnen und Mitarbeiter, Lehrkräfte für besondere Aufgaben, Lehrbeauftragte, wissenschaftliche und künstlerische Hilfskräfte sowie nach § 78 Hochschulgesetz nicht übernommene Beamtinnen und Beamte und entsprechende Angestellte an den Hochschulen, soweit sie nicht nach § 5 Abs. 4 Buchstabe a von der Geltung dieses Gesetzes ausgenommen sind, gelten die Vorschriften der Kapitel 1 bis 9 und 11 insoweit, als in diesem Abschnitt nichts anderes bestimmt ist. Die Vorschriften über die Gruppen gelten nicht.

Für das wissenschaftliche und künstlerische Personal an Hochschulen gelten 1
die Sondervorschriften der §§ 104 und 105. Sie bestehen zum einen darin, dass für sie die Vorschriften über die Gruppen nicht gelten (Satz 2), zum anderen, dass für sie besondere Personalvertretungen gebildet werden (§ 105).

Dieser Personalrat ist nur für den in § 104 aufgeführten Personenkreis zuständig, nämlich:

- Dozenten nach § 20 des Fachhochschulgesetzes für den öffentlichen Dienst
- wissenschaftliche und künstlerische Mitarbeiter im Sinne von §§ 44, 45 HG[20]
- Lehrkräfte für besondere Aufgaben gemäß § 42 HG, § 38 FHG, § 6 Nr. 3 FHGöD;

20 Zum Begriff des wissenschaftlichen Mitarbeiters vgl. OVG NRW 17. 8. 2012 – 20 A 698/11.PVL, PersR 2012, 515; VG Düsseldorf 12. 2. 2016 – 40 L 132/16.PVL, juris; VG Gelsenkirchen 31. 1. 2014 – 12c K 1151/13.PVL, juris.

- Lehrbeauftragte, wissenschaftliche und künstlerische Hilfskräfte;[21]
- nach § 78 HG nicht übernommene Beamte und entsprechende Angestellte an den Hochschulen (soweit sie nicht bereits nach § 5 Abs. 4 Buchst. a vom Geltungsbereich des LPVG ausgenommen sind).

Mit dem Hochschulzukunftsgesetz vom 16. 9. 2014[22] wurde unter Mitwirkung der Landespersonalrätekonferenz (vgl. § 105a) ein Rahmenkodex für gute Beschäftigungsbedingungen erstellt (§ 34a HZG NRW), durch den den berechtigten Interessen des Personals der Hochschulen an guten Beschäftigungsbedingungen Rechnung getragen werden soll.

2 Wer zu dem vorstehend genannten Personenkreis gehört, ist anhand der Legaldefinition in den Hochschulgesetzen zu entscheiden. Nur diese sind maßgebend.[23] Ärzte im Praktikum an Universitätskliniken sind[24] Beschäftigte im Sinne des § 5 Abs. 3.

3 Nicht erfasst sind die Personen, die nach § 5 Abs. 4 Buchst. a nicht als Beschäftigte gelten und daher vom Personalvertretungsgeschehen vollständig ausgeschlossen sind. Es handelt sich dabei um die Professoren, Hochschuldozenten, Hochschulassistenten, wissenschaftliche und künstlerische Assistenten, Oberassistenten, Oberingenieure, wissenschaftliche, künstlerische oder studentische Hilfskräfte, Lehrbeauftragte sowie nach § 119 Abs. 1 UG oder § 79 Abs. 1 FHG nicht übernommene Hochschullehrer, Fachhochschullehrer und wissenschaftliche Assistenten sowie entsprechende Angestellte an den Hochschulen. Keine Beschäftigten im Sinne des LPVG sind also diejenigen Wissenschaftler, die Beamte oder Professoren sind oder als Studenten vorübergehend ohne Hochschulabschluss tätig werden.

§ 105

(1) Für die Beschäftigten nach § 104 werden besondere Personalvertretungen gebildet, und zwar jeweils ein Personalrat bei den Hochschulen und bei den Universitätskliniken. Die Beschäftigten nach § 110 sind nur für die Wahl zu diesen Personalvertretungen wahlberechtigt. § 8 Abs. 3 gilt nicht; für die Hochschule handelt die Präsidentin oder der Präsident oder die Rektorin oder der Rektor, für die Universitätsklinik die Ärztliche Direktorin oder der Ärztliche Direktor.

(2) Werden Medizinische Einrichtungen in der Rechtsform einer Anstalt des öffentlichen Rechts geführt, so handelt für diese die Ärztliche Direk-

---

21 Eingefügt durch Gesetz zur Änderung des Hochschulgesetzes v. 31. 1. 2012, GV. NRW 2012, 221.

22 GV. NRW 2014, S. 543.

23 OVG NRW 14. 2. 1990 – CL 10/88, PersV 1991, 181; VG Düsseldorf 12. 2. 2016 – 40 L 132/16.PVL, juris; VG Gelsenkirchen 31. 1. 2014 – 12c K 1151/13.PVL, juris.

24 Entgegen OVG NRW 30. 7. 2003 – 1 A 1038/01.PVL, PersV 2004, 107.

torin oder der Ärztliche Direktor. Beschäftigte nach § 104, die Aufgaben in der Anstalt nach Satz 1 wahrnehmen, gelten personalvertretungsrechtlich auch als Beschäftigte dieser Anstalt; die Beschäftigteneigenschaft bei der Universität bleibt unberührt. Sie sind für die Wahl zu den nach Absatz 1 Satz 1 gebildeten Personalvertretungen wahlberechtigt.
(3) **Abweichend von Absatz 1 Satz 2 sind die in § 104 bezeichneten Personen an den Kunsthochschulen auch für die Wahl zum Hauptpersonalrat wahlberechtigt. Sie bilden eine weitere Gruppe im Sinne von § 14 Abs. 1 Satz 1, soweit der Hauptpersonalrat aus mindestens drei Mitgliedern besteht. § 8 Abs. 3 gilt nicht; für die Hochschule handelt die Präsidentin oder der Präsident oder die Rektorin oder der Rektor.**

Abs. 1: Für die Beschäftigten nach § 104 werden besondere Personalvertretungen gebildet. 1
Jeweils ein Personalrat wird bei den Hochschulen und bei den Universitätskliniken gebildet.
Wer zur Wahl dieser besonderen Personalvertretungen für das wissenschaftliche Personal wahlberechtigt ist, hat keine Wahlberechtigung für den Personalrat für das übrige, nichtwissenschaftliche Personal der Hochschule. 2
Abweichend von § 8 Abs. 3 ist nicht der Kanzler, sondern der Präsident oder der Rektor der Hochschule Dienststellenleiter für die Beschäftigten gemäß § 104 und den besonderen Personalrat für dieses wissenschaftliche Personal.
Zwar werden für das wissenschaftliche und nichtwissenschaftliche Personal getrennte Personalräte gebildet und diesen mit Kanzler und Rektor verschiedene »Dienststellenleiter« zugeordnet. Es lässt sich gleichwohl nicht übersehen, dass die jeweilige Hochschule eine organisatorische Einheit ist, die den gleichen Dienstherrn hat.
Das wirkt sich etwa dadurch aus, dass es zulässig – nicht jedoch verpflichtend – ist, wenn beide Personalräte eine gemeinsame Personalversammlung für die wissenschaftlichen und die nichtwissenschaftlichen Beschäftigten abhalten.[25] Ebenso sind diese auch berechtigt, die schriftliche Information gemäß § 40 Abs. 4 gemeinsam durchzuführen und die hierfür entstehenden Kosten gemeinsam geltend zu machen (siehe § 40 Rn. 14).[26]
Abs. 2: Im Zuge der Änderung des Universitätsgesetzes im Jahr 1999 ist die Wahlberechtigung der wissenschaftlichen Mitarbeiter und die Dienststellenleitereigenschaft in den medizinischen Einrichtungen der Universitäten neu geregelt worden. 3
Soweit die in § 1 Abs. 2 aufgeführten Einrichtungen der Universitäten rechtlich verselbständigt und in Form einer Anstalt des öffentlichen Rechts ge-

25 VG Düsseldorf 29.9.1997 – 34 K 13091/96.PVL, PersR 1998, 203.
26 OVG NRW 26.6.1998 – 1 A 123/96.PVL, PersR 1998, 479.

führt werden, gilt als Dienststellenleiter im Sinne des § 8 die Ärztliche Direktorin bzw. der Ärztliche Direktor (§ 40 UG). Diese personalvertretungsrechtliche Befugnis ändert nichts an der Leitungsstruktur gemäß §§ 39ff. UG.
Wissenschaftliche Mitarbeiter im Sinne des § 104, die Aufgaben in einer als Anstalt des öffentlichen Rechts geführten medizinischen Einrichtung wahrnehmen, sind abweichend von Absatz 1 Satz 2 sowohl bei der medizinischen Einrichtung als auch in der Universität wahlberechtigt.

4 **Abs. 3:** Die Beschäftigten nach § 104 an Kunsthochschulen sind auch für die Wahl zum Hauptpersonalrat wahlberechtigt. Sie bilden eine weitere – dritte – Gruppe im Sinne von § 14 Abs. 1 Satz 1, sofern der Hauptpersonalrat mindestens drei Mitglieder hat. Die Vorschrift des § 8 Abs. 3, demzufolge der Vizepräsident für den Bereich der Wirtschafts- und Personalverwaltung oder der Kanzler bzw. für die Universitätsklinik der kaufmännische Direktor handelt, gilt für die Kunsthochschulen nicht. Für die Kunsthochschule handelt ihr Präsident oder ihr Rektor.

§ 105a

(1) Auf Landesebene jeweils zu einer Arbeitsgemeinschaft (Landespersonalrätekonferenz) zusammenschließen und sich eine Satzung geben, können

1. **die Personalräte der Hochschulen gemäß § 105,**
2. **die Personalräte der Hochschulen, die die sonstigen Hochschulbeschäftigten vertreten und die Personalräte der Universitätskliniken sowie**
3. **die Personalräte der Studierendenwerke. Die Satzungen sind zu veröffentlichen.**

(2) Zu den Aufgaben der Landespersonalrätekonferenzen gehörten die Koordination der Belange von Hochschulpersonalräten, von Personalräten der Universitätskliniken sowie von Personalräten der Studierendenwerke auf Landesebene und die vertrauensvolle Zusammenarbeit mit dem für die Hochschulen zuständigen Ministerien.

(3) Wenn eine Stufenvertretung für die Beschäftigten in Hochschulen, Universitätskliniken und Studierendenwerken nicht besteht, werden die Kosten für den Geschäftsbedarf der Landespersonalrätekonferenzen nach Absatz 1 Satz 1 Nummer 1 und 2 entsprechend § 40 von dem für die Hochschulen zuständigen Ministerium und der Landespersonalrätekonferenzen nach Absatz 1 Satz 1 Nummer 3 entsprechend § 40 von den Studierendenwerken übernommen, ebenso wie die Kosten einer Freistellung pro Landespersonalrätekonferenz.

(4) Reisen zu den Sitzungen der Landespersonalrätekonferenzen gelten als Dienstreisen der Personalratsmitglieder in Anwendung des Landesreisekostengesetzes.

(5) Der Personalrat des Universitätsklinikums einerseits und die Mitglieder der Betriebsräte der mit dem Universitätsklinikum verbundenen Unternehmen, an denen das Universitätsklinikum eine Beteiligung von über 50 Prozent hält, andererseits können sich zu einer Arbeitsgemeinschaft (Konferenz der Personalvertretungen im Universitätsklinikum) zusammenschließen. Die Kosten für den Geschäftsbedarf der Konferenz nach Satz 1 werden entsprechend § 40 von dem jeweiligen Universitätsklinikum übernommen, ebenso wie die Kosten einer Freistellung pro Konferenz. Im Übrigen gelten die Absätze 1 und 4 entsprechend, für die Mitglieder der Betriebsräte in entsprechender Anwendung des Landesreisekostengesetzes.

1 Mit dieser – erst durch die Novelle 2011 eingefügten – Vorschrift wurden die Landespersonalrätekonferenzen »*über einen institutionellen, gesetzlich abgesicherten Rahmen dauerhaft strukturell, finanziell und personell abgesichert.*«[27] Der Gesetzgeber wollte damit anerkennen, dass sich die Landespersonalrätekonferenzen bewährt haben und diese als »Stimme der Hochschulpersonalräte« auch in Politik und Gesellschaft wahrgenommen werden.
Das Hochschulzukunftsgesetz hat im Rahmen der Änderung des Hochschulgesetzes § 105a modifiziert und die Möglichkeit zur Bildung von Landespersonalrätekonferenzen in Form von Arbeitsgemeinschaften auch für die Personalräte der Studierendenwerke eröffnet. Darüber hinaus ist in dem neuen Abs. 5 die Gelegenheit zur Gründung einer Arbeitsgemeinschaft zwischen Personalräten des Universitätsklinikums einerseits und Mitgliedern der Betriebsräte der mit dem Universitätsklinikum verbundenen Unternehmen andererseits eröffnet worden.

2 Auch die Personalräte der Universitätskliniken des Landes können eine Landespersonalrätekonferenz bilden. Ebenso können sich die Personalräte der Studierendenwerke zu einer solchen Arbeitsgemeinschaft in Form einer Landespersonalrätekonferenz zusammenschließen.

3 **Abs. 2** weist diesen Landespersonalrätekonferenzen als allgemeine Aufgabe die Koordination der gemeinsamen Belange der Personalräte und die vertrauensvolle Zusammenarbeit mit dem zuständigen Ministerium zu. Hinzugekommen ist durch die Änderung im Hochschulzukunftsgesetz die Koordination auch der Personalräte der Universitätskliniken sowie der Personalräte der Studierendenwerke.

27 LT-Drucks. 16/2218, 55.

4 Die **Abs. 3 und 4** regeln die Tragung der Kosten für Geschäftsbedarf und Reisen.

5 **Abs. 5** sieht die Bildung einer Arbeitsgemeinschaft in Form der Konferenz der Personalvertretungen im Universitätsklinikum vor, an der der Personalrat des Universitätsklinikums einerseits und die Mitglieder der Betriebsräte der mit dem Universitätsklinikum verbundenen Unternehmen andererseits beteiligt sind. In Betracht kommen nur solche in privatrechtlicher Form geführten Unternehmen, an denen das Universitätsklinikum eine Beteiligung über 50 Prozent hält. Nach Satz 2 werden die Kosten für den Geschäftsbedarf dieser Konferenz entsprechend § 40 vom jeweiligen Universitätsklinikum übernommen. Dieses trägt auch die Kosten einer Freistellung pro Konferenz bzw. Arbeitsgemeinschaft.
Nach Satz 3 gelten die Abs. 1 bis 4 entsprechend für die Mitglieder der Betriebsräte in den Arbeitsgemeinschaften bzw. Konferenzen, wobei der Hinweis auf die »entsprechende Anwendung des Landesreisekostengesetzes« vermuten lässt, dass der Gesetzgeber hauptsächlich auf die Kostentragung für den Geschäftsbedarf und eventueller Reisen dieser Betriebsratsmitglieder abstellt. Allerdings dürfen die Teilnehmer der Arbeitsgemeinschaft und damit auch die Betriebsratsmitglieder auch an den Aufgaben nach Abs. 2 teilnehmen.

§ 105b

In den Hochschulen und den Universitätskliniken soll auf Antrag eines oder des Personalrats ein Wirtschaftsausschuss (§ 65a) gebildet werden. Zu den wirtschaftlichen Angelegenheiten im Sinne des § 65a Absatz 1 Satz 2 gehört auch die Personalplanung und die Hochschulentwicklungsplanung.

1 Die Vorschrift trifft eine Sonderregelung zur Errichtung der Wirtschaftsausschüsse gemäß § 65a im Hochschulbereich. Es wird festgelegt, dass in den Hochschulen einerseits und in den Universitätskliniken andererseits nur jeweils ein Wirtschaftsausschuss zu bilden ist. Die in diesen Einrichtungen bestehenden Personalräte müssen sich darauf verständigen, ob sie einen solchen Wirtschaftsausschuss wünschen und in welcher Weise die beiden Gremien welche Anzahl von Mitgliedern in den Wirtschaftsausschuss entsenden. Die Aufgaben und Kompetenzen sowie die Zusammensetzung dieser Wirtschaftsausschüsse richtet sich im Übrigen nach § 65a (siehe die Kommentierung dort).

Sechster Abschnitt
Behandlung von Verschlusssachen

§ 106

(1) Die Beteiligung eines Personalrats in beteiligungspflichtigen Angelegenheiten nach diesem Gesetz, die als Verschlusssache mindestens des Geheimhaltungsgrades »VS-Vertraulich« eingestuft sind, setzt voraus, dass die mitwirkenden Personalratsmitglieder nach den dafür geltenden Bestimmungen ermächtigt sind, Kenntnis von Verschlusssachen des in Betracht kommenden Geheimhaltungsgrades zu erhalten.
(2) In Angelegenheiten nach Absatz 1 sind die §§ 30 Abs. 3, 4. Alternative, 31 Abs. 2 Satz 2, 32, 35 und 36 nicht anzuwenden. Diese Angelegenheiten werden in der Personalversammlung nicht behandelt.
(3) Ein Personalrat, dessen Mitglieder sämtlich im Sinne des Absatzes 1 ermächtigt sind, ist in beteiligungspflichtigen Angelegenheiten mindestens des Geheimhaltungsgrades »VS-Vertraulich« insgesamt zu beteiligen. Er kann für die Beteiligung einen Ausschuss bilden, der aus dem Vorstand besteht; er hat diesen Ausschuss zu bilden, wenn die Ermächtigung aller Mitglieder nicht zustande kommt.
(4) Für das Verfahren in der Einigungsstelle und die Beteiligten nach § 67 gilt Absatz 1 sinngemäß. Kommt die Ermächtigung aller Mitglieder der Einigungsstelle nicht zustande, tritt an ihre Stelle ein Gremium, das aus der oder dem Vorsitzenden der Einigungsstelle und je einer oder einem von der obersten Dienstbehörde oder der Personalvertretung vorgeschlagenen Beisitzerin oder Beisitzer besteht.
(5) Die oberste Dienstbehörde kann anordnen, dass in Angelegenheiten nach Absatz 1 den Beteiligten nach Absatz 3 und Absatz 4 Unterlagen nicht vorgelegt und Auskünfte nicht erteilt werden dürfen, soweit dies zur Vermeidung von Nachteilen für das Wohl der Bundesrepublik Deutschland oder eines ihrer Länder oder aufgrund internationaler Verpflichtungen geboten ist. Im Verfahren nach § 79 sind die Voraussetzungen für die Anordnung glaubhaft zu machen.

Die Absätze 1–5 des mit der Novelle 2011 eingeführten § 106 fassen die bisherigen §§ 119a–119d zusammen. Sie regeln den personalvertretungsrechtlichen Umgang mit Verschlusssachen. Soweit mitbestimmungspflichtige Angelegenheiten mindestens »VS-Vertraulich« sind, kommt eine Beteiligung des Personalrats nur in Betracht, wenn seine Mitglieder oder diejenigen des nach Absatz 3 zu bildenden Ausschusses selber Zugang zu solchen Angelegenheiten haben dürfen. Bei Behandlung solcher Angelegenheiten können die ansonsten zu Personalratssitzungen zugelassenen Gewerkschaftsvertreter, Gewerkschaftsbeauftragte, Mitglieder der Stufenvertretung, 1

Mitglieder der Jugend- und Auszubildendenvertretung sowie die Schwerbehindertenvertrauensperson nicht teilnehmen, eine Aussetzung von Beschlüssen des Personalrats über diese Angelegenheiten ist ebenfalls nicht möglich. Die Unterrichtungsansprüche des Personalrats können durch Anordnung der obersten Dienstbehörde eingeschränkt werden. Ebenso dürfen Verschlusssachen nach Abs. 2 Satz 2 nicht in der Personalversammlung behandelt werden.

Elftes Kapitel
Schlussvorschriften

§ 107

Dieses Gesetz findet keine Anwendung auf Kirchen, Religionsgemeinschaften und ihre karitativen und erzieherischen Einrichtungen ohne Rücksicht auf ihre Rechtsform; ihnen bleibt die selbständige Ordnung eines Personalvertretungsrechts überlassen.

§ 108

Vertretungen und Vertrauensleute nach diesem Gesetz wurden im Juni 1975 gewählt. Ihre Wahlperiode beginnt am 1. Juli 1975.

1 In Satz 1 heißt es, dass Vertretungen und Vertrauensleute nach diesem Gesetz im Juni 1975 gewählt »wurden«. Die erste Wahlperiode – so Satz 2 – hat also am 1. Juli 1975 begonnen. Von Bedeutung ist diese Feststellung insofern, als für sämtliche nachfolgende Wahlperioden der 1. 7. 1975 der zeitliche Anknüpfungspunkt für ihre Berechnung ist (vgl. § 23).

§ 109

Zur Regelung der nach den §§ 10 bis 22, 50, 53, 55 bis 57, 60, 97, 98 und 105 erforderlichen Wahlen erlässt die Landesregierung durch Rechtsverordnung Vorschriften über

- a) **die Vorbereitung der Wahl, insbesondere die Aufstellung der Wählerlisten und die Berechnung der Vertreterzahl,**
- b) **die Frist für die Einsichtnahme in die Wählerlisten und die Erhebung von Einsprüchen,**
- c) **die Wahlvorschlagslisten und die Frist für ihre Einreichung,**
- d) **das Wahlausschreiben und die Fristen für seine Bekanntmachung,**
- e) **die Stimmabgabe,**

f) die Feststellung des Wahlergebnisses und die Fristen für seine Bekanntmachung,
g) die Aufbewahrung der Wahlakten.

Auf Grundlage dieser Vorschrift hat die Landesregierung die Wahlordnung zum Landespersonalvertretungsgesetz (WO-LPVG), zuletzt geändert durch Verordnung vom 18. 10. 2011, erlassen. Die Wahlordnung zum Landespersonalvertretungsgesetz ist in diesem Buch hinter der Kommentierung zu § 114 LPVG abgebildet. 1

§ 110

Die nach § 3 Abs. 4, § 16 Abs. 4 und 7, § 17 Abs. 2, §§ 19, 20, 22 Abs. 1, § 25 Abs. 1, § 32 Abs. 1, §§ 35, 37 Abs. 2, § 46 Abs. 3 und § 49 den Gewerkschaften zustehenden Rechte haben auch die in der Dienststelle vertretenen Berufsverbände, die einer gewerkschaftlichen Spitzenorganisation angeschlossen sind.

Unter »Berufsverbänden« sind solche Vereinigungen zu verstehen, die die Anforderungen an den Gewerkschaftsbegriff, insbesondere hinsichtlich ihrer Organisationsmacht und Durchsetzungskraft nicht in jeder Hinsicht erfüllen. Sie stehen nur dann[1] den in der Dienststelle vertretenen Gewerkschaften gleich, wenn sie einer »gewerkschaftlichen Spitzenorganisation« angeschlossen sind. Insofern ist der Begriff der Spitzenorganisation in dieser Vorschrift enger als derjenige des § 106 Abs. 6 LBG. Danach sind Spitzenorganisationen »die für den Bereich des Landes gebildeten Zusammenschlüsse von Gewerkschaften und Berufsverbänden, die für die Vertretung der Belange von Beamten erhebliche Bedeutung haben.« Unter einer gewerkschaftlichen Spitzenorganisation versteht § 2 Abs. 2 TVG den Zusammenschluss von Gewerkschaften. Ein in der Dienststelle vertretener Berufsverband kann daher die den Gewerkschaften vom Gesetz zugewiesenen Rechte nur dann wahrnehmen, wenn er sich einem Zusammenschluss von Gewerkschaften zu einer Spitzenorganisation angeschlossen hat. 1

§ 111

§ 70 Abs. 4 Satz 2 findet keine Anwendung auf Dienstvereinbarungen, die vor Inkrafttreten dieses Gesetzes beschlossen worden sind.

1 Vgl. BVerwG 25. 7. 2006 – 6 P 17.05, PersR 2006, 512.

1 Die Vorschrift ist auch im Rahmen der Gesetzesnovellen 2007 und 2011 unverändert geblieben. Sie bezieht sich daher nicht auf das durch die Novellen 2007 und 2011 geänderte Gesetz, sondern auf das Inkrafttreten der Gesetzesnovelle 1984. Die geänderte Vorschrift über die nur noch begrenzte Nachwirkung von Dienstvereinbarungen in § 70 Abs. 4 Satz 2 findet daher auch auf solche Dienstvereinbarungen Anwendung, die vor dem 17. 10. 2007, aber nach 1984 abgeschlossen worden sind.

§ 112

Abweichend von § 10 Absatz 2 können Beschäftigte, denen gemäß § 44b Absatz 1 und Absatz 2 Zweites Buch Sozialgesetzbuch Aufgaben der gemeinsamen Einrichtungen zugewiesen sind oder werden, bei den abgebenden Dienststellen wählen oder gewählt werden.

1 Die Vorschrift trägt den besonderen Rechtsverhältnissen der Beschäftigten der gemeinsamen Einrichtungen im Sinne des § 44b SGB II Rechnung. Durch das Gesetz zur Weiterentwicklung der Organisation der Grundsicherung für Arbeitsuchende[2] wurde u. a. die Bildung von Personalvertretungen in gemeinsamen Einrichtungen ermöglicht (vgl. § 44h SGB II). Beschäftigte, die zu einer solchen gemeinsamen Einrichtung zugewiesen werden, erlangen nunmehr das Wahlrecht und die Wählbarkeit zum Personalrat der gemeinsamen Einrichtung. Sie verlieren aufgrund der Sonderregelung in § 112 das Wahlrecht und die Wählbarkeit in ihrer Stammdienststelle – der abgebenden Dienststelle – jedoch ausdrücklich nicht. Das ist im Hinblick darauf angemessen, dass das Arbeits- oder Dienstverhältnis zum abgebenden Dienstherrn bzw. Arbeitgeber erhalten bleibt. Insofern findet eine Gleichbehandlung zwischen den gemäß § 44g SGB II zu einer gemeinsamen Einrichtung zugewiesenen Beschäftigten und den gestellten Beschäftigten im Sinne des § 10 Abs. 1 Satz 1, 2. Halbs. statt. In beiden Fällen bleiben auch nach sechsmonatiger Zuweisung bzw. Gestellung das Wahlrecht und die Wählbarkeit in der abgebenden Dienststelle erhalten und entstehen zusätzlich in der gemeinsamen Einrichtung gemäß § 44b SGB II als aufnehmende Dienststelle.

2 Gesetz vom 10. 8. 2010, BGBl. I, 1112.

§ 113

(1) Die Regelungen über den Vorsitz gemäß § 29 und über die Freistellung gemäß § 42 Absatz 4 finden erstmals bei Neuwahlen Anwendung.
(2) § 1 Abs. 3, 2. Halbsatz findet für die Vertretung des Landes Nordrhein-Westfalen beim Bund keine Anwendung.

§ 114

Dieses Gesetz tritt am 1. Juli 1975 in Kraft.

Gemäß Art. 2 Ziff. 2 des 10. Gesetzes zur Änderung der gesetzlichen Befristungen im Zuständigkeitsbereich des MIK sowie zur Änderung weiterer Gesetze vom 7. 4. 2017[3] wurde § 114 Satz 2 a. F., wonach das LPVG NRW zum 31. 12. 2017 außer Kraft treten sollte, aufgehoben. Das LPVG NRW bleibt also über den 31. 12. 2017 hinaus in Kraft. 1

3 GV. NRW, S. 410.

Wahlordnung zum Landespersonalvertretungsgesetz (WO-LPVG)

vom 20. Mai 1986 (GV NW S. 485), zuletzt geändert durch Verordnung vom 18. Oktober 2011 (GV NRW S. 497)

Erstes Kapitel
Wahl des Personalrats

Erster Abschnitt
Gemeinsame Vorschriften über Vorbereitung und Durchführung der Wahl

§ 1 Wahlvorstand, Wahlhelfer

(1) Bei der Bestellung des Wahlvorstandes sind Beschäftigte auszuwählen, die eine Durchführung der Wahl nach Maßgabe der nachfolgenden Regelungen gewährleisten.

(2) Der Wahlvorstand führt die Wahl des Personalrats durch. Er kann wahlberechtigte Beschäftigte als Wahlhelfer zur Durchführung der Wahlhandlung und zur Auszählung der Stimmen bestellen; dabei soll er die in der Dienststelle vertretenen Gruppen angemessen berücksichtigen.

Wahlhelfer dürfen nur in Anwesenheit eines Mitglieds des Wahlvorstands tätig werden.

(3) Der Wahlvorstand gibt die Namen seiner Mitglieder durch Aushang in der Dienststelle bekannt.

(4) Der Wahlvorstand fasst seine Beschlüsse mit einfacher Stimmenmehrheit seiner Mitglieder.

(5) Die Dienststelle hat den Wahlvorstand bei der Erfüllung seiner Aufgaben zu unterstützen, insbesondere ihm die notwendigen Unterlagen zur Verfügung zu stellen und die erforderlichen Auskünfte zu erteilen.

§ 2 Feststellung der Beschäftigtenzahl, Wählerverzeichnis

(1) Der Wahlvorstand stellt die Zahl der in der Regel Beschäftigten und ihre Verteilung auf die Gruppen (§§ 6, 105 LPVG) fest; innerhalb der Gruppen sind die Anteile der Geschlechter festzustellen. Übersteigt die Zahl der in der Regel Beschäftigten 50 nicht, stellt er außerdem die Zahl der wahlberechtigten Beschäftigten fest.

(2) Der Wahlvorstand stellt ein Verzeichnis der wahlberechtigten Beschäftigten (Wählerverzeichnis) getrennt nach den Gruppen auf; innerhalb der Gruppen sind die Anteile der Geschlechter festzustellen. Er hat bis zum Abschluss der Stimmabgabe das Wählerverzeichnis auf dem laufenden zu halten und mindestens eine Abschrift an geeigneter Stelle zur Einsicht auszulegen.

§ 3 Einsprüche gegen das Wählerverzeichnis

(1) Jeder Beschäftigte kann beim Wahlvorstand schriftlich innerhalb einer Woche nach Auslegung des Wählerverzeichnisses Einspruch gegen seine Richtigkeit einlegen.
(2) Die Entscheidung über den Einspruch ist dem Beschäftigten unverzüglich, spätestens einen Tag vor Beginn der Stimmabgabe schriftlich mitzuteilen.

§ 4 Vorabstimmungen

(1) Die Ergebnisse der Abstimmungen nach den §§ 15 Abs. 1 und 16 Abs. 2 LPVG werden nur berücksichtigt, wenn sie dem Wahlvorstand innerhalb einer Woche nach der Bekanntgabe seiner Mitglieder vorliegen und ihm glaubhaft gemacht wird, dass sie unter Leitung eines aus mindestens drei wahlberechtigten Beschäftigten bestehenden Abstimmungsvorstands in geheimen und nach Gruppen getrennten Abstimmungen zustande gekommen sind. Dem Abstimmungsvorstand soll ein Mitglied jeder in der Dienststelle vertretenen Gruppe angehören.
(2) Der Wahlvorstand hat in der Bekanntgabe seiner Mitglieder auf die in Absatz 1 bezeichnete Frist hinzuweisen.

§ 5 Ermittlung der Zahl der zu wählenden Personalratsmitglieder; Verteilung der Sitze auf die Gruppen

(1) Der Wahlvorstand ermittelt die Zahl der zu wählenden Mitglieder des Personalrats. Ist eine von § 14 LPVG abweichende Verteilung der Mitglieder des Personalrats auf die Gruppen nicht beschlossen worden, so errechnet der Wahlvorstand die Verteilung der Personalratssitze auf die Gruppen nach dem Höchstzahlenverfahren.
(2) Die Zahlen der der Dienststelle angehörenden Beschäftigten der einzelnen Gruppen werden nebeneinander gestellt und der Reihe nach durch 1, 2, 3 usw. geteilt. Auf die jeweils höchste Teilzahl (Höchstzahl) wird so lange ein Sitz zugeteilt, bis alle Personalratssitze verteilt sind. Jede Gruppe erhält soviel Sitze, wie Höchstzahlen auf sie entfallen. Ist bei gleichen Höchstzahlen nur

noch ein Sitz oder sind bei drei gleichen Höchstzahlen nur noch zwei Sitze zu verteilen, so entscheidet das Los.

(3) Entfallen bei der Verteilung der Sitze nach Absatz 2 auf eine Gruppe weniger Sitze, als ihr nach § 14 Abs. 3 LPVG mindestens zustehen, so erhält sie die in § 14 Abs. 3 LPVG vorgeschriebene Zahl von Sitzen. Die Zahl der Sitze der übrigen Gruppen vermindert sich entsprechend. Dabei werden die jeweils zuletzt zugeteilten Sitze zuerst gekürzt. Ist bei gleichen Höchstzahlen nur noch ein Sitz zu kürzen, entscheidet das Los, welche Gruppe den Sitz abzugeben hat. Sitze, die einer Gruppe nach den Vorschriften des Gesetzes mindestens zustehen, können ihr nicht entzogen werden.

(4) Haben in einer Dienststelle alle Gruppen die gleiche Zahl von Angehörigen, so erübrigt sich die Errechnung der Sitze nach dem Höchstzahlverfahren; in diesen Fällen entscheidet das Los, wem die höhere Zahl von Sitzen zufällt.

§ 6 Wahlausschreiben

(1) Spätestens sechs Wochen vor dem letzten Tage der Stimmabgabe erlässt der Wahlvorstand ein Wahlausschreiben. Es ist von den Mitgliedern des Wahlvorstandes zu unterzeichnen.

(2) Im Wahlausschreiben ist neben Tag und Ort seines Erlasses anzugeben:

1. die Zahl der zu wählenden Mitglieder des Personalrats, getrennt nach Gruppen;
2. Angaben über die Anteile der Geschlechter innerhalb der Dienststelle, getrennt nach Gruppen mit dem Hinweis, dass Frauen und Männer ihrem zahlenmäßigen Anteil in der Dienststelle entsprechend im Personalrat vertreten sein sollen (§ 14 Abs. 6 LPVG);
3. ob die Gruppen ihre Vertreter in getrennten Wahlgängen (Gruppenwahl) oder in gemeinsamer Wahl wählen;
4. wo und wann das Wählerverzeichnis und diese Wahlordnung zur Einsicht ausliegen;
5. dass Einsprüche gegen die Richtigkeit des Wählerverzeichnisses schriftlich beim Wahlvorstand eingelegt werden können;
6. die Mindestzahl der wahlberechtigten Beschäftigen, von denen ein Wahlvorschlag unterzeichnet sein muss, und dass Wahlvorschläge der Organisationen von einem Beauftragten unterzeichnet sein müssen (§§ 16, 110 LPVG);
7. dass jeder Beschäftigte für die Wahl des Personalrats nur auf einem Wahlvorschlag benannt werden darf und die nicht wählbaren Beschäftigten keine Wahlvorschläge machen oder unterzeichnen dürfen;
8. dass jeder Beschäftigte nur einen Wahlvorschlag unterzeichnen darf,

9. dass Wahlvorschläge innerhalb von drei Wochen nach dem Erlass des Wahlausschreibens beim Wahlvorstand einzureichen sind; der letzte Tag der Einreichungsfrist ist anzugeben;
10. dass nur fristgerecht eingereichte Wahlvorschläge berücksichtigt werden und dass nur gewählt werden kann, wer in einen solchen Wahlvorschlag aufgenommen ist;
11. der Ort, an dem die Wahlvorschläge bekanntgegeben werden;
12. Ort und Zeit der Stimmabgabe;
13. dass schriftliche Stimmabgabe möglich oder angeordnet ist;
14. Ort und Termin der Sitzung, in der das Wahlergebnis festgestellt wird.

(3) Der Wahlvorstand hat mindestens eine Abschrift oder einen Abdruck dieser Wahlordnung und des Wahlausschreibens vom Tage seines Erlasses bis zum Abschluss der Stimmabgabe an geeigneter Stelle auszuhängen.
(4) Offenbare Unrichtigkeiten des Wahlausschreibens können vom Wahlvorstand jederzeit berichtigt werden.

§ 7 Wahlvorschläge, Einreichungsfrist

(1) Zur Wahl des Personalrats können die wahlberechtigten Beschäftigten sowie die in der Dienststelle vertretenen Gewerkschaften und Berufsverbände (§§ 16 Abs. 4 und 110 LPVG) Wahlvorschläge machen.
(2) Wahlvorschläge sind innerhalb von drei Wochen nach dem Erlass des Wahlausschreibens beim Wahlvorstand einzureichen. Bei Gruppenwahl sind für die einzelnen Gruppen getrennte Wahlvorschläge einzureichen.

§ 8 Inhalt der Wahlvorschläge

(1) Jeder Wahlvorschlag soll so viele Bewerber enthalten wie
a) bei Gruppenwahl Gruppenvertreter,
b) bei gemeinsamer Wahl Personalratsmitglieder
zu wählen sind.
(2) Frauen und Männer sollen ihrem zahlenmäßigen Anteil in der Dienststelle entsprechend im Personalrat vertreten sein.
(3) Die Namen der einzelnen Bewerber sind auf dem Wahlvorschlag untereinander aufzuführen und mit fortlaufenden Nummern zu versehen. Es sind Familienname, Vorname, Geburtsdatum, Amts-, Dienst- oder Berufsbezeichnung, Beschäftigungsstelle und Gruppenzugehörigkeit anzugeben. Bei gemeinsamer Wahl sind in dem Wahlvorschlag die Bewerber jeweils nach Gruppen zusammenzufassen.
(4) Aus dem Wahlvorschlag soll zu ersehen sein, welcher der Unterzeichner zur Vertretung des Vorschlags gegenüber dem Wahlvorstand und zur Entgegennahme von Erklärungen und Entscheidungen des Wahlvorstands be-

rechtigt ist. Fehlt bei Wahlvorschlägen der Beschäftigten eine Angabe hierüber, gilt der Unterzeichner als berechtigt, der an erster Stelle steht.
(5) Der Wahlvorschlag kann mit einem Kennwort versehen werden.
(6) Ein Wahlvorschlag darf nur geändert werden, wenn die in § 7 bestimmte Frist noch nicht abgelaufen ist und alle Unterzeichner der Änderung zustimmen. § 9 Abs. 3 bleibt unberührt.
(7) Dem Wahlvorschlag ist die schriftliche Zustimmung der Bewerber zur Aufnahme in den Wahlvorschlag beizufügen.

§ 9 Behandlung der Wahlvorschläge, ungültige Wahlvorschläge

(1) Der Wahlvorstand vermerkt auf den Wahlvorschlägen den Tag des Eingangs. Im Falle des Absatzes 7 ist auch der Zeitpunkt des Eingangs des berichtigten Wahlvorschlags zu vermerken.
(2) Wahlvorschläge, die ungültig sind, weil sie nicht die erforderliche Anzahl von Unterschriften aufweisen oder weil sie nicht fristgerecht eingereicht worden sind, gibt der Wahlvorstand unverzüglich unter Angabe der Gründe zurück.
(3) Der Wahlvorstand hat einen Bewerber, der mit seiner schriftlichen Zustimmung auf mehreren Wahlvorschlägen benannt ist, aufzufordern, innerhalb von drei Kalendertagen zu erklären, auf welchem Wahlvorschlag er benannt bleiben will. Gibt der Bewerber diese Erklärung nicht fristgerecht ab, so wird er von sämtlichen Wahlvorschlägen gestrichen.
(4) Der Wahlvorstand hat auf Wahlvorschlägen die Namen von nicht wählbaren Beschäftigten zu streichen und den zur Vertretung des Vorschlags Berechtigten davon zu unterrichten.
(5) Der Wahlvorstand hat auf Wahlvorschlägen Unterschriften nicht wählbarer Beschäftigter zu streichen.
(6) Der Wahlvorstand hat einen Beschäftigten, der mehrere Wahlvorschläge unterzeichnet hat, aufzufordern, innerhalb von drei Kalendertagen zu erklären, welche Unterschrift er aufrechterhält. Gibt der Beschäftigte diese Erklärung nicht fristgerecht ab, zählt seine Unterschrift nur auf dem zuerst eingegangenen Wahlvorschlag; auf den übrigen Wahlvorschlägen wird sie gestrichen. Bei gleichzeitigem Eingang entscheidet das Los, auf welchem Wahlvorschlag die Unterschrift zählt.
(7) Wahlvorschläge, die
a) den Erfordernissen des § 8 Abs. 3 nicht entsprechen,
b) ohne die schriftliche Zustimmung der Bewerber eingereicht sind,
c) infolge von Streichungen gemäß Absatz 5 oder 6 nicht mehr die erforderliche Anzahl von Unterschriften aufweisen,

hat der Wahlvorstand mit der Aufforderung zurückzugeben, die Mängel innerhalb der Frist gemäß § 7 zu beseitigen; bei Wahlvorschlägen, die weniger als eine Woche vor Ablauf der Frist gemäß § 7 zurückgegeben werden, gilt eine Frist von einer Woche, gerechnet vom Tage der Rückgabe an. Werden die Mängel nicht fristgerecht beseitigt, sind diese Wahlvorschläge ungültig.

§ 10 Nachfrist für die Einreichung von Wahlvorschlägen

(1) Ist nach Ablauf der in § 7 und § 9 Abs. 7 genannten Frist bei Gruppenwahl nicht für jede Gruppe ein gültiger Wahlvorschlag, bei gemeinsamer Wahl kein gültiger Wahlvorschlag eingegangen, so gibt der Wahlvorstand dies unverzüglich durch Aushang an den Stellen, an denen das Wahlausschreiben ausgehängt ist, bekannt. Gleichzeitig fordert er zur Einreichung von Wahlvorschlägen innerhalb einer Frist von einer Woche auf und weist darauf hin, dass im Falle der Fristversäumnis

a) bei Gruppenwahl eine Gruppe keine Vertreter in den Personalrat wählen kann,
b) bei gemeinsamer Wahl der Personalrat nicht gewählt werden kann.

(2) Gehen gültige Wahlvorschläge nicht ein, so gibt der Wahlvorstand unverzüglich bekannt

a) bei Gruppenwahl, für welche Gruppe oder für welche Gruppen keine Vertreter gewählt werden können,
b) bei gemeinsamer Wahl, dass diese Wahl nicht stattfinden kann.

§ 11 Bezeichnung der Wahlvorschläge

(1) Der Wahlvorstand versieht die Wahlvorschläge in der Reihenfolge ihres Eingangs mit Ordnungsnummern (Vorschlag 1 usw.). Ist ein Wahlvorschlag berichtigt worden, so ist der Zeitpunkt des Eingangs des berichtigten Wahlvorschlags maßgebend. Sind mehrere Wahlvorschläge am selben Tage eingegangen, so entscheidet das Los über die Reihenfolge.

(2) Finden Wahlen für Personalvertretungen mehrerer Stufen gleichzeitig statt, ist für Wahlvorschläge mit demselben Kennwort für die Wahlen auf allen Stufen die Entscheidung auf der obersten Stufe maßgebend. Für Wahlvorschläge, die an der Entscheidung auf der obersten Stufe nicht beteiligt sind, werden die folgenden Plätze auf dem Stimmzettel in entsprechender Anwendung des Absatzes 1 festgelegt.

(3) Der Wahlvorstand bezeichnet die Wahlvorschläge mit dem Familien- und Vornamen der in dem Wahlvorschlag benannten ersten drei Bewerber, bei gemeinsamer Wahl mit dem Familien- und Vornamen der für die Gruppen an erster Stelle benannten Bewerber. Bei Wahlvorschlägen, die mit einem Kennwort versehen sind, ist auch das Kennwort anzugeben.

§ 12 Bekanntgabe der Wahlvorschläge

Nach Ablauf der in § 7 und § 10 Abs. 1 genannten Fristen, spätestens jedoch eine Woche vor Beginn der Stimmabgabe, gibt der Wahlvorstand die als gültig anerkannten Wahlvorschläge an den Stellen, an denen das Wahlausschreiben ausgehängt ist, bis zum Abschluss der Stimmabgabe bekannt. Die Namen der Unterzeichner der Wahlvorschläge werden nicht bekanntgemacht.

§ 13 Sitzungsniederschriften

Der Wahlvorstand fertigt über den Inhalt jeder Sitzung eine Niederschrift. Sie ist von den Mitgliedern des Wahlvorstands zu unterzeichnen.

§ 14 Ausübung des Wahlrechts; Stimmzettel, ungültige Stimmen

(1) Wählen kann nur, wer in das Wählerverzeichnis eingetragen ist. Das Wahlrecht wird durch Abgabe eines Stimmzettels ausgeübt. Bei Gruppenwahl müssen die Stimmzettel für jede Gruppe, bei gemeinsamer Wahl alle Stimmzettel dieselbe Größe, Farbe, Beschaffenheit und Beschriftung haben.

(2) Ist nach den Grundsätzen der Verhältniswahl zu wählen, so kann die Stimme nur für den gesamten Wahlvorschlag (Vorschlagsliste) abgegeben werden. Ist nach den Grundsätzen der Personenwahl zu wählen, so wird die Stimme für die einzelnen Bewerber abgegeben.

(3) Ungültig sind Stimmzettel,

a) die nicht mindestens einmal so gefaltet sind, dass die Kennzeichnung nicht zu erkennen ist bzw. die bei schriftlicher Stimmabgabe nach § 16 nicht in einem Wahlumschlag abgegeben sind,
b) aus denen sich der Wille des Wählers nicht zweifelsfrei ergibt,
c) die ein besonderes Merkmal, einen Zusatz oder einen Vorbehalt enthalten.

Mehrere bei schriftlicher Stimmabgabe nach § 16 in einem Wahlumschlag für eine Wahl enthaltene Stimmzettel werden als eine Stimme gezählt, wenn sie gleich lauten; andernfalls sind sie ungültig.

(4) Hat der Wähler einen Stimmzettel verschrieben oder versehentlich unbrauchbar gemacht, so ist ihm auf Verlangen gegen Rückgabe des unbrauchbaren Stimmzettels ein neuer Stimmzettel auszuhändigen. Der Wahlvorstand hat den zurückgegebenen Stimmzettel unverzüglich in Gegenwart des Wählers zu vernichten.

§ 15 Wahlhandlung

(1) Der Wahlvorstand hat zu gewährleisten, dass der Wähler den Stimmzettel im Wahlraum unbeobachtet ankreuzen und zusammenfalten kann. Ein Wähler, der durch körperliches Gebrechen in der Stimmabgabe behindert ist, bestimmt eine Person seines Vertrauens, der er sich bei der Stimmabgabe bedienen will, und gibt dies dem Wahlvorstand bekannt. Die Hilfeleistung hat sich auf die Erfüllung der Wünsche des Wählers zur Stimmabgabe zu beschränken. Die Vertrauensperson darf gemeinsam mit dem Wähler die Wahlzelle aufsuchen, soweit dies zur Hilfestellung erforderlich ist. Die Vertrauensperson ist zur Geheimhaltung der Kentnisse verpflichtet, die sie bei der Hilfeleistung von der Wahl eines anderen erlangt hat. Wahlbewerber, Mitglieder des Wahlvorstandes und Wahlhelfer dürfen nicht zur Hilfeleistung herangezogen werden.
Für die Aufnahme der Stimmzettel sind Wahlurnen zu verwenden. Vor Beginn der Stimmabgabe hat der Wahlvorstand festzustellen, dass die Wahlurnen leer sind, und sie zu verschließen. Sie müssen so eingerichtet sein, dass die Stimmzettel nicht vor Öffnung entnommen werden können. Findet Gruppenwahl statt, so kann die Stimmabgabe nach Gruppen getrennt durchgeführt werden; in jedem Falle sind getrennte Wahlurnen zu verwenden.
(2) Während der Wahlhandlung sowie der Ermittlung und Feststellung des Wahlergebnisses hat jedermann zum Wahlraum Zutritt, soweit das ohne Störung des Wahlgeschäfts möglich ist. Solange der Wahlraum zur Stimmabgabe geöffnet ist, müssen mindestens zwei Mitglieder des Wahlvorstands im Wahlraum anwesend sein; sind Wahlhelfer bestellt, genügt die Anwesenheit eines Mitglieds des Wahlvorstandes und eines Wahlhelfers.
(3) Vor Einwurf des Stimmzettels in die Urne ist festzustellen, ob der Wähler im Wählerverzeichnis eingetragen ist. Ist dies der Fall, wirft der Wähler den mindestens einmal zusammengefalteten Stimmzettel in die Wahlurne. Absatz 1 Sätze 2 bis 5 bleiben unberührt. Die Stimmabgabe ist im Wählerverzeichnis zu vermerken.
(4) Wird die Wahlhandlung unterbrochen oder wird das Wahlergebnis nicht unmittelbar nach Abschluss der Stimmabgabe festgestellt, so hat der Wahlvorstand für die Zwischenzeit die Wahlurne so zu verschließen und aufzubewahren, dass der Einwurf oder die Entnahme von Stimmzetteln ohne Beschädigung des Verschlusses unmöglich ist. In diesen Fällen ist die Wahlurne in der Dienststelle, nur dem Wahlvorstand zugänglich, gesichert aufzubewahren. Bei Wiedereröffnung der Wahl oder bei Entnahme der Stimmzettel zur Stimmzählung hat sich der Wahlvorstand davon zu überzeugen, dass der Verschluss unversehrt ist.

§ 16 Schriftliche Stimmabgabe

(1) Einem Beschäftigten, der eine schriftliche Stimmabgabe wünscht, hat der Wahlvorstand auf Verlangen

1. den Stimmzettel und den Wahlumschlag,
2. eine vorgedruckte vom Wähler abzugebende Erklärung, in der dieser gegenüber dem Wahlvorstand versichert, dass er den Stimmzettel persönlich angekreuzt hat oder soweit unter den Voraussetzungen des § 15 Abs. 1 erforderlich, durch eine Person seines Vertrauens hat kennzeichnen lassen,
3. einen größeren Briefumschlag, im Bedarfsfall einen Freiumschlag, der die Anschrift des Wahlvorstands und als Absender den Namen und die Anschrift des wahlberechtigten Beschäftigten sowie den Vermerk »Schriftliche Stimmabgabe« trägt

auszuhändigen oder zu übersenden. Die Dienststelle stellt hierfür dem Wahlvorstand die erforderliche Anzahl der Umschläge zur Verfügung. Auf Antrag ist auch ein Abdruck des Wahlvorschlags und des Wahlausschreibens auszuhändigen oder zu übersenden. Der Wahlvorstand hat die Aushändigung oder Übersendung im Wählerverzeichnis zu vermerken.

(2) Der Wähler gibt seine Stimme in der Weise ab, dass er den Wahlumschlag, in den der Stimmzettel gelegt ist, unter Verwendung des Freiumschlags oder des Briefumschlags so rechtzeitig an den Wahlvorstand absendet oder übergibt, dass er vor Abschluss der Stimmabgabe vorliegt. Der Wähler kann, soweit unter den Voraussetzungen des § 15 Abs. 1 erforderlich, die in Satz 1 bezeichneten Tätigkeiten durch eine Person seines Vertrauens verrichten lassen. Der Wahlvorstand hat die Briefumschläge gesichert aufzubewahren.

§ 17 Behandlung der schriftlich abgegebenen Stimmen

(1) Rechtzeitig vor Abschluss der Stimmabgabe entnimmt der Wahlvorstand die Wahlumschläge den Briefumschlägen oder den Freiumschlägen und legt sie nach Vermerk der Stimmabgabe im Wählerverzeichnis ungeöffnet in die Wahlurne.

(2) Verspätet eingehende Briefumschläge hat der Wahlvorstand mit einem Vermerk über den Zeitpunkt des Eingangs ungeöffnet zu den Wahlunterlagen zu nehmen. Die Briefumschläge sind einen Monat nach Bekanntgabe des Wahlergebnisses ungeöffnet zu vernichten, wenn die Wahl nicht angefochten worden ist.

§ 18 Schriftliche Stimmabgabe in sonstigen Fällen

(1) Für die Beschäftigten

a) mit besonderer Diensteinteilung,
b) von Nebenstellen oder Teilen einer Dienststelle, die nicht nach § 1 Abs. 3 LPVG zu selbständigen Dienststellen erklärt worden sind,
c) von Dienststellen, in denen auf Grund einer nach § 92 Satz 1 Nr. 2 LPVG erlassenen Rechtsverordnung Beschäftigte mehrerer Beschäftigungsstellen zusammengefasst sind,

kann der Wahlvorstand die Stimmabgabe in diesen Stellen durchführen oder die schriftliche Stimmabgabe anordnen. Im Fall der Anordnung der schriftlichen Stimmabgabe hat der Wahlvorstand die Briefwahlunterlagen von Amts wegen zur Verfügung zu stellen. Das Gleiche gilt für Wahlen zu Stufenvertretungen, wenn diese nicht gleichzeitig mit Personalratswahlen stattfinden.

(2) Die §§ 16 und 17 gelten entsprechend.

§ 19 Feststellung des Wahlergebnisses

(1) Nach Öffnung der Wahlurne vergleicht der Wahlvorstand die Zahl der in der Wahlurne enthaltenen Stimmzettel und Wahlumschläge mit der Zahl der nach dem Wählerverzeichnis abgegebenen Stimmen und prüft die Gültigkeit der Stimmzettel.

(2) Der Wahlvorstand zählt

a) im Falle der Verhältniswahl die auf jede Vorschlagsliste,
b) im Falle der Personenwahl die auf jeden einzelnen Bewerber

entfallenen gültigen Stimmzettel.

(3) Stimmzettel, über deren Gültigkeit oder Ungültigkeit der Wahlvorstand beschließt, weil sie zu Zweifeln Anlass geben, sind mit fortlaufender Nummer zu versehen und von den übrigen Stimmzetteln gesondert bei den Wahlunterlagen aufzubewahren.

§ 20 Wahlniederschrift

(1) Die Wahlniederschrift ist von den Mitgliedern des Wahlvorstands zu unterzeichnen. Sie muss enthalten

1. bei Gruppenwahl die Summe der von jeder Gruppe abgegebenen und der gültigen Stimmen,
2. bei gemeinsamer Wahl die Summe aller abgegebenen und der gültigen Stimmen,
3. die Zahl der ungültigen Stimmen,
4. die für die Gültigkeit oder Ungültigkeit zweifelhafter Stimmen maßgebenden Gründe,

5. bei Verhältniswahl die Zahl der auf jede Vorschlagsliste entfallenen gültigen Stimmen sowie die Errechnung der Höchstzahlen und ihre Verteilung auf die Vorschlagslisten,
6. bei Personenwahl die Zahl der auf jeden Bewerber entfallenen gültigen Stimmen,
7. die Namen der gewählten Bewerber.

(2) Besondere Vorkommnisse bei der Wahlhandlung oder der Feststellung des Wahlergebnisses sind in der Niederschrift zu vermerken.

(3) Dem Dienststellenleiter und den in der Dienststelle vertretenen Gewerkschaften übersendet der Wahlvorstand eine Abschrift der Niederschrift.

§ 21 Benachrichtigung der gewählten Bewerber und Bekanntmachung

Der Wahlvorstand benachrichtigt die als Personalratsmitglieder Gewählten unverzüglich schriftlich von ihrer Wahl. Erklärt ein Gewählter nicht binnen drei Arbeitstagen nach Zugang der Benachrichtigung dem Wahlvorstand, dass er die Wahl ablehne, so gilt die Wahl als angenommen. Der Wahlvorstand gibt das Wahlergebnis und die Namen der als Personalratsmitglieder gewählten Bewerber durch zweiwöchigen Aushang an den Stellen bekannt, an denen das Wahlausschreiben bekannt gemacht worden ist.

§ 22 Aufbewahrung der Wahlunterlagen

Von den Wahlunterlagen sind die Niederschriften, Bekanntmachungen und Wahlvorschläge vom Personalrat mindestens fünf Jahre aufzubewahren. Die übrigen Wahlunterlagen sind vom Wahlvorstand für die Dauer eines Monats nach Bekanntmachung des Wahlergebnisses, im Falle der Anfechtung der Wahl für die Dauer eines Monats nach Abschluss des Verfahrens verschlossen aufzubewahren und anschließend zu vernichten.

Zweiter Abschnitt
Besondere Vorschriften

Erster Unterabschnitt
Wahlverfahren bei Vorliegen mehrerer Wahlvorschläge (Verhältniswahl)

§ 23 Voraussetzung für Verhältniswahl; Stimmzettel, Stimmabgabe

(1) Nach den Grundsätzen der Verhältniswahl (Listenwahl) ist zu wählen, wenn
a) bei Gruppenwahl für die betreffende Gruppe mehrere gültige Wahlvorschläge,
b) bei gemeinsamer Wahl mehrere gültige Wahlvorschläge
eingegangen sind.
(2) Auf den Stimmzetteln sind die Vorschlagslisten in der Reihenfolge der Ordnungsnummern unter Angabe von Familienname, Vorname, Amts-, Dienst- oder Berufsbezeichnung, Beschäftigungsstelle und Gruppenzugehörigkeit der ersten drei Bewerber, bei gemeinsamer Wahl der für die Gruppen an erster Stelle benannten Bewerber untereinander aufzuführen; bei Listen, die mit einem Kennwort versehen sind, ist auch das Kennwort anzugeben.
(3) Der Wähler kreuzt auf dem Stimmzettel die Vorschlagsliste an, für die er seine Stimme abgeben will.

§ 24 Ermittlung der gewählten Gruppenvertreter bei Gruppenwahl

(1) Bei Gruppenwahl werden die Summen der auf die einzelnen Vorschlagslisten jeder Gruppe entfallenen Stimmen nebeneinander gestellt und der Reihe nach durch 1, 2, 3 usw. geteilt. Auf die jeweils höchste Teilzahl (Höchstzahl) wird so lange ein Sitz zugeteilt, bis alle der Gruppe zustehenden Sitze verteilt sind. Ist bei gleichen Höchstzahlen nur noch ein Sitz oder sind bei drei gleichen Höchstzahlen nur noch zwei Sitze zu verteilen, so entscheidet das Los.
(2) Enthält eine Vorschlagsliste weniger Bewerber, als ihr nach den Höchstzahlen Sitze zustehen würden, so fallen die überschüssigen Sitze den übrigen Vorschlagslisten in der Reihenfolge der nächsten Höchstzahlen zu.
(3) Innerhalb der Vorschlagsliste werden die Sitze auf die Bewerber in der Reihenfolge ihrer Benennung verteilt.

§ 25 Ermittlung der gewählten Gruppenvertreter bei gemeinsamer Wahl

(1) Bei gemeinsamer Wahl werden die Summen der auf die einzelnen Vorschlagslisten entfallenen Stimmen nebeneinander gesetellt und der Reihe nach durch 1, 2, 3 usw. geteilt. Die jeder Gruppe zustehenden Sitze werden getrennt, jedoch unter Verwendung derselben Teilzahlen ermittelt. § 24 Abs. 1 Satz 2 und 3 gilt entsprechend.
(2) Enthält eine Vorschlagsliste weniger Bewerber einer Gruppe, als dieser nach den Höchstzahlen Sitze zustehen würden, so fallen die restlichen Sitze dieser Gruppe den Angehörigen derselben Gruppe auf den übrigen Vorschlagslisten in der Reihenfolge der nächsten Höchstzahlen zu.
(3) Innerhalb der Vorschlagslisten werden die den einzelnen Gruppen zustehenden Sitze auf die Angehörigen der entsprechenden Gruppe in der Reihenfolge ihrer Benennung verteilt.

Zweiter Unterabschnitt
Wahlverfahren bei Vorliegen eines Wahlvorschlags und bei Wahl eines Personalratsmitglieds oder eines Gruppenvertreters (Personenwahl)

§ 26 Voraussetzungen für Personenwahl; Stimmzettel, Stimmabgabe

(1) Nach den Grundsätzen der Personenwahl ist zu wählen, wenn
a) bei Gruppenwahl für die betreffende Gruppe nur ein gültiger Wahlvorschlag,
b) bei gemeinsamer Wahl nur ein gültiger Wahlvorschlag

eingegangen ist. In diesen Fällen kann jeder Wähler nur solche Bewerber wählen, die in dem Wahlvorschlag aufgeführt sind.
(2) In den Stimmzettel werden die Bewerber aus dem Wahlvorschlag in unveränderter Reihenfolge unter Angabe von Familienname, Vorname, Amts-, Dienst- oder Berufsbezeichnung, Beschäftigungsstelle, Gruppenzugehörigkeit und Kennwort übernommen. Der Wähler kreuzt auf dem Stimmzettel die Namen der Bewerber an, für die er seine Stimme abgeben will. Er darf
a) bei Gruppenwahl nicht mehr Namen ankreuzen, als für die betreffende Gruppe Vertreter zu wählen sind,
b) bei gemeinsamer Wahl nicht mehr Namen ankreuzen, als Personalratsmitglieder zu wählen sind.

(3) Nach den Grundsätzen der Personenwahl kann gewählt werden, wenn
a) bei Gruppenwahl nur ein Vertreter,
b) bei gemeinsamer Wahl nur ein Personalratsmitglied

zu wählen ist. Absatz 2 gilt entsprechend. Der Wähler hat auf dem Stimmzettel den Namen des Bewerbers anzukreuzen, für den er seine Stimme abgeben will.

§ 27 Ermittlung der gewählten Bewerber

(1) Bei Gruppenwahl sind die Bewerber in der Reihenfolge der jeweils höchsten auf sie entfallenden Stimmenzahlen gewählt.
(2) Bei gemeinsamer Wahl werden die den einzelnen Gruppen zustehenden Sitze mit den Bewerbern dieser Gruppen in der Reihenfolge der jeweils höchsten auf sie entfallenden Stimmenzahlen besetzt.
(3) Bei der Personenwahl ist der Bewerber gewählt, der die meisten Stimmen erhalten hat.
(4) Bei gleicher Stimmenzahl entscheidet das Los.

Zweites Kapitel
Wahl der Stufenvertretungen

Erster Abschnitt
Wahl des Bezirkspersonalrats

§ 28 Entsprechende Anwendung der Vorschriften über die Wahl des Personalrats

Für die Wahl des Bezirkspersonalrats gelten die §§ 1 bis 27 entsprechend, soweit sich aus den §§ 29 bis 35 nichts anderes ergibt.

§ 29 Leitung der Wahl

(1) Der Bezirkswahlvorstand leitet die Wahl des Bezirkspersonalrats. Die Durchführung der Wahl in den einzelnen Dienststellen übernehmen die örtlichen Wahlvorstände im Auftrag und nach Anordnung des Bezirkswahlvorstands.
(2) Der örtlichen Wahlvorstand gibt die Namen der Mitglieder des Bezirkswahlvorstands und die dienstliche Anschrift seines Vorsitzenden in der Dienststelle durch Aushang bis zum Abschluss der Stimmabgabe bekannt.

§ 30 Feststellung der Beschäftigtenzahl; Wählerverzeichnis

(1) Die örtlichen Wahlvorstände teilen die gemäß § 2 Abs. 1 festgestellten Zahlen unverzüglich schriftlich dem Bezirkswahlvorstand mit.

(2) Die Aufstellung der Wählerverzeichnisse und die Behandlung von Einsprüchen ist Aufgabe der örtlichen Wahlvorstände. Sie teilen dem Bezirkswahlvorstand die Zahl der wahlberechtigten Beschäftigten, getrennt nach Gruppen, unverzüglich schriftlich mit. Dabei sind innerhalb der Gruppen die Anteile der Geschlechter festzustellen.

§ 31 Ermittlung der Zahl der zu wählenden Bezirkspersonalratsmitglieder

Der Bezirkswahlvorstand ermittelt die Zahl der zu wählenden Mitglieder des Bezirkspersonalrats und die Verteilung der Sitze auf die Gruppen.

§ 32 Gleichzeitige Wahl

Die Wahl des Bezirkspersonalrats soll möglichst gleichzeitig mit der Wahl der Personalräte in demselben Bezirk stattfinden.

§ 33 Wahlausschreiben

(1) Der Bezirkswahlvorstand erlässt das Wahlausschreiben. § 6 Abs. 2 Nr. 1, 2, 2a, 3, 6, 7, 8, 9, 10 und 13 gilt entsprechend. Der Bezirkswahlvorstand bestimmt im Wahlausschreiben ferner den Tag oder die Tage der Stimmabgabe und weist darauf hin, dass die gemäß § 50 Abs. 3 Satz 3 LPVG nicht wählbaren Beschäftigten keine Wahlvorschläge machen oder unterzeichnen dürfen.
(2) Der örtliche Wahlvorstand ergänzt das Wahlausschreiben um die Angaben gemäß § 6 Abs. 2 Nr. 4, 5 und 12; er weist darauf hin, dass Einsprüche bei ihm einzulegen sind und bestimmt ferner den Ort und die Tageszeit der Stimmabgabe.
(3) Der örtliche Wahlvorstand gibt das Wahlausschreiben unverzüglich in der Dienststelle an geeigneter Stelle durch Aushang bis zum Abschluss der Stimmabgabe bekannt. Er vermerkt auf dem Wahlausschreiben den ersten und letzten Tag des Aushangs.
(4) Offenbare Unrichtigkeiten des Wahlausschreibens können vom Bezirkswahlvorstand jederzeit berichtigt werden.
(5) Die Niederschrift über die Sitzungen, in denen über Einsprüche gegen das Wählerverzeichnis entschieden ist, fertigt der örtliche Wahlvorstand.

§ 34 Stimmabgabe, Stimmzettel

Findet die Wahl des Bezirkspersonalrats zugleich mit der Wahl der Personalräte statt, so sind für die Wahl des Bezirkspersonalrats Stimmzettel von anderer Farbe als für die Wahl des Personalrats zu verwenden; für die schriftliche Stimmabgabe sind zu beiden Wahlen derselbe Wahlumschlag zu verwenden.

§ 35 Feststellung und Bekanntmachung des Wahlergebnisses

(1) Die örtlichen Wahlvorstände zählen die auf die einzelnen Vorschlagslisten oder, wenn Personalwahl stattgefunden hat, die auf die einzelnen Bewerber entfallenen Stimmen. Sie fertigen eine Wahlniederschrift gemäß § 20.
(2) Die Niederschrift ist unverzüglich nach Feststellung des Wahlergebnisses dem Bezirkswahlvorstand zu übersenden. Die bei der Dienststelle entstandenen Unterlagen für die Wahl des Bezirkspersonalrats werden zusammen mit einer Abschrift der Niederschrift vom Personalrat mindestens fünf Jahre aufbewahrt.
(3) Der Bezirkswahlvorstand zählt unverzüglich die auf jede Vorschlagsliste oder, wenn Personenwahl stattgefunden hat, die auf jeden einzelnen Bewerber entfallenen Stimmen und stellt das Ergebnis der Wahl fest.
(4) Sobald die Namen der als Mitglieder des Bezirkspersonalrats gewählten Bewerber feststehen, teilt der Bezirkswahlvorstand ihre Namen den örtlichen Wahlvorständen mit. Diese geben sie durch zweiwöchigen Aushang in der gleichen Weise wie das Wahlausschreiben bekannt.

Zweiter Abschnitt
Wahl des Hauptpersonalrats

§ 36 Entsprechende Anwendung der Vorschriften über die Wahl des Bezirkspersonalrats

Für die Wahl des Hauptpersonalrats gelten die §§ 28 bis 35 entsprechend, soweit sich aus den §§ 37 und 38 sind anderes ergibt.

§ 37 Leitung der Wahl

Der Hauptwahlvorstand leitet die Wahl des Hauptpersonalrats.

§ 38 Durchführung der Wahl

(1) Der Hauptwahlvorstand kann die Wahlvorstände bei den im Geschäftsbereich nachgeordneten Dienststellen mit Aufgaben gemäß § 30 und § 35 Abs. 1 und 3 betrauen und diese Wahlvorstände beauftragen, seine Bekanntmachung weiterzuleiten.

(2) Die Bezirkswahlvorstände können von den örtlichen Wahlvorständen die zur Weitergabe an den Hauptwahlvorstand erforderlichen Angaben verlangen.

Drittes Kapitel
Wahl des Gesamtpersonalrats

§ 39 Entsprechende Anwendung der Vorschriften über die Wahl des Personalrats

Für die Wahl des Gesamtpersonalrats gelten die §§ 1 bis 27 entsprechend. Der Wahlvorstand kann die Personalräte der an der Wahl des Gesamtpersonalrats beteiligten Dienststellen beauftragen, jeweils für ihren Bereich örtliche Wahlvorstände zu bestellen. In diesem Falle gelten die §§ 28 bis 35 entsprechend.

Viertes Kapitel
Wahl der Jugend- und Auszubildendenvertretungen

Erster Abschnitt
Wahl der Jugend- und Auszubildendenvertretung

§ 40 Vorbereitung und Durchführung der Wahl

(1) Für die Vorbereitung und Durchführung der Wahl der Jugend- und Auszubildendenvertretung gelten die §§ 1 bis 3, 6 bis 23, 26 und 27 entsprechend mit der Maßgabe, dass die Vorschriften über Gruppenwahl, über den Minderheitenschutz und über die Zusammenfassung der Bewerber in den Wahlvorschlägen nach Gruppen keine Anwendung finden. Dem Wahlvorstand muss mindestens ein nach § 11 LPVG wählbarer Beschäftigter angehören. Der Wahlvorstand ermittelt die Zahl der zu wählenden Mitglieder der Jugend- und Auszubildendenvertretung.
(2) Sind mehrere Mitglieder der Jugend- und Auszubildendenvertretung zu wählen und ist die Wahl auf Grund mehrerer Vorschlagslisten durchgeführt worden, so werden die Summen der auf die einzelnen Vorschlagslisten entfallenen Stimmen nebeneinander gestellt und der Reihe nach durch 1, 2, 3 usw. geteilt. Auf die jeweils höchste Teilzahl (Höchstzahl) wird so lange ein Sitz zugeteilt, bis alle Sitze verteilt sind. § 24 Abs. 1 Satz 3, Abs. 2 und 3 findet Anwendung.

(3) Sind mehrere Mitglieder der Jugend- und Auszubildendenvertretung zu wählen und ist die Wahl auf Grund eines Wahlvorschlags durchgeführt worden, so sind die Bewerber in der Reihenfolge der jeweils höchsten auf sie entfallenen Stimmenzahl gewählt; bei Stimmengleichheit entscheidet das Los.

Zweiter Abschnitt
Wahl der Jugend- und Auszubildendenstufenvertretung und der Gesamtjugend- und Auszubildendenvertretung

§ 41 Vorbereitung und Durchführung der Wahl

(1) Für die Vorbereitung und Durchführung der Wahl der Jugend- und Auszubildendenstufenvertretung und der Gesamtjugend- und Auszubildendenvertretung gilt § 40 entsprechend. Der Wahlvorstand kann die Personalräte der an der Wahl der Jugend- und Auszubildendenstufenvertretung und der Gesamtjugend- und Auszubildendenvertretung beteiligten Dienststellen beauftragen, jeweils für ihren Bereich örtliche Wahlvorstände zu bestellen. In diesem Falle gelten die §§ 28 bis 38 entsprechend.
(2) Für in § 54 LPVG genannte Beschäftigte in nachgeordneten Dienststellen mit in der Regel weniger als fünf solchen Beschäftigten führt der Bezirks- oder Hauptwahlvorstand die Wahl der Jugend- und Auszubildendenstufenvertretungen durch; in den genannten Dienststellen werden keine Wahlvorstände bestellt. Der Bezirks- oder Hauptwahlvorstand kann die schriftliche Stimmabgabe anordnen. In diesem Fall hat der Bezirks- oder Hauptwahlvorstand den wahlberechtigten Beschäftigten die in § 16 bezeichneten Unterlagen zu übersenden.
(3) Für die Wahl der Gesamtjugend- und Auszubildendenvertretung gilt Absatz 2 entsprechend.

Fünftes Kapitel
Sondervorschriften

Erster Abschnitt
Polizei

§ 42

(aufgehoben)

Zweiter Abschnitt
Lehrer

§ 43 Wahl der Lehrer-Personalvertretungen in den Fällen des § 87 Abs. 1 und 2 LPVG

(1) Für die Vorbereitung und Durchführung der Wahl der Lehrer-Personalvertretungen gelten die §§ 1 bis 3, § 5 Abs. 1 Satz 1, §§ 6 bis 23 und § 26, außerdem in den Fällen des § 87 Abs. 1 LPVG die §§ 28 bis 38 entsprechend mit Ausnahme der Vorschriften über die Gruppen.
(2) Sind mehrere Mitglieder einer Personalvertretung zu wählen und ist die Wahl auf Grund mehrerer Vorschlagslisten durchgeführt worden, so werden die Summen der auf die einzelnen Vorschlagslisten entfallenen Stimmen nebeneinander gestellt und der Reihe nach durch 1, 2, 3 usw. geteilt. Auf die jeweils höchste Teilzahl (Höchstzahl) wird solange ein Sitz zugeteilt, bis alle Sitze verteilt sind. § 24 Abs. 1 Satz 3, Abs. 2 und 3 findet Anwendung.
(3) Sind mehrere Mitglieder einer Personalvertretung zu wählen und ist die Wahl auf Grund eines Wahlvorschlags durchgeführt worden, so sind die Bewerber in der Reihenfolge der jeweils höchsten auf sie entfallenen Stimmenzahlen gewählt; bei Stimmengleichheit entscheidet das Los.

§ 44 Wahl der Lehrer-Personalvertretungen in den Fällen des § 87 Abs. 2 Satz 2 LPVG

Für die Vorbereitung und Durchführung der Wahl der Lehrer-Personalvertretungen gelten die §§ 1 bis 27 entsprechend mit der Maßgabe, dass die Vorschriften über die Gruppen für die Lehrergruppen (§ 87 Abs. 2 Satz 2 LPVG) sinngemäß angewandt werden.

Dritter Abschnitt
Referendare im juristischen Vorbereitungsdienst

§ 45 Wahl der Personalräte

(1) Für die Vorbereitung und Durchführung der Wahl der Personalräte der Referendare im juristischen Vorbereitungsdienst gelten die §§ 1 bis 3, § 5 Abs. 1 Satz 1, §§ 6 bis 14, 16, 17, 19 bis 23 und 26 entsprechend mit der Maßgabe, dass die Stimmabgabe schriftlich erfolgt.
(2) § 44 Abs. 2 und 3 gilt entsprechend.

§ 46 Wahl des Bezirkspersonalrats

(1) Jeder bei einem Landgericht bestehende Personalrat wählt innerhalb von einem Monat nach Ablauf der in § 30 Abs. 1 LPVG vorgeschriebenen Frist die sich nach § 100 Abs. 2 Satz 1 LPVG ergebende Zahl von Mitgliedern in den Bezirkspersonalrat. Für die Wahl gilt § 33 Abs. 1 Satz 1 und 2 LPVG entsprechend; bei Stimmengleichheit entscheidet das Los.
(2) Der Personalrat bei dem Landgericht teilt dem Bezirkswahlvorstand die Zahl der dem Landgericht als Stammdienststelle angehörenden Referendare und die Namen und Anschriften der in den Bezirkspersonalrat gewählten Mitglieder unverzüglich nach der Wahl schriftlich mit.
(3) Der Bezirkswahlvorstand stellt das Ergebnis der Wahl fest und teilt die Namen der Mitglieder des Bezirkspersonalrats den Personalräten bei den Landgerichten zur Bekanntmachung durch zweiwöchigen Aushang wie bei Wahlausschreiben mit. Spätestens zwei Wochen nach Ablauf der in Absatz 1 vorgeschriebenen Frist hat er die Mitglieder des Bezirkspersonalrats zur Vornahme der vorgeschriebenen Wahlen einzuberufen und die Sitzung zu leiten.

Sechstes Kapitel
Schlussvorschriften

§ 47 Bestellung von Wahlvorständen

Ist für Beschäftigte mehrerer Beschäftigungsstellen durch eine nach § 92 Satz 1 Nr. 2 LPVG erlassene Rechtsverordnung eine Behörde, die einer obersten Landesbehörde unmittelbar unterstellt ist, als Dienststelle bestimmt und entfällt daher die Bildung eines Bezirkspersonalrats, so gilt für die Bestellung des Wahlvorstands bei einer solchen Dienststelle für die erste Wahl von Personalräten § 50 Abs. 3 Satz 5 und 6 LPVG entsprechend. Das gilt auch in den Fällen des § 96 Absatz 1 Nummer 1 LPVG.

§ 48 Berechnung von Fristen

Für die Berechnung der in dieser Verordnung festgelegten Fristen finden die §§ 186 bis 193 des Bürgerlichen Gesetzbuchs entsprechende Anwendung.

§ 49 Sprachform

Soweit in dieser Verordnung die männliche Sprachform benutzt wird, bezieht sich diese gleichermaßen auf Männer und Frauen.

§ 50 Inkrafttreten

Diese Verordnung tritt am Tage nach der Verkündung in Kraft und mit Ablauf des 31. Dezember 2017 außer Kraft.

Entscheidungen des OVG NRW zum LPVG NRW ab 1985

– zeitlich geordnetes Register –

Lfd. Nr.	Entschei-dung v.	AZ	Stichwort	Fundstelle
			1985	
1.	29.1.1985	CL 40/83	Unterrichtung der Personalvertretung	–
2.	29.1.1985	CL 4/83	Mitbestimmung der Umsetzung	–
3.	27.3.1985	CL 34/84	Weiterbeschäftigung eines Mitglieds der Jugendvertretung	–
4.	22.5.1985	CL 4/83	Mitbestimmung des Personalrats bei Arbeitsplatzgestaltung	–
5.	22.5.1985	CL 14/83	Mitbestimmung des Personalrats bei Arbeitszeitänderung	–
6.	22.5.1985	CL 14/84	Wahlanfechtung	DÖD 86, 72
7.	12.9.1985	CL 20/84	Mitbestimmung des Personalrats bei Umsetzung	PersR 86, 80 (LS)
8.	11.9.1985	CL 51/84	Mitbestimmung des Personalrats bei der Umsetzung von Beamten auf Probe	PersR 86, 80 (LS); ZBR 86, 178
9.	2.10.1985	CL 58/84	Erzwingbarkeit einer Dienstvereinbarung	–
10.	2.10.1985	CL 19/84	Anhörung des Personalrats bei Stellenplanentwürfen	PersR 87, 43; ZBR 86, 377; PersV 86, 472

Lfd. Nr.	Entscheidung v.	AZ	Stichwort	Fundstelle
11.	2.10.1985	CL 12/85	Erlöschen der Mitgliedschaft im Personalrat	–
12.	6.11.1985	CL 17/84	Mitbestimmung des Personalrats bei Umsetzung	PersR 87, 43; RiA 86, 184
13.	6.11.1985	CL 21/84	Fahrtkostenzuschüsse	PersR 87, 43 (LS); RiA 86, 88
14.	4.12.1985	CL 41/84	Mitbestimmung des Personalrats bei Änderung der Pflichtstunden von Lehrern	–
15.	22.1.1985	CL 28/93	Informationspflicht zu Arbeitsverhältnissen sämtlicher Beschäftigter	PersV 87, 161; ZBR 87, 26
		1986		
16.	22.1.1986	CL 42/83	Teilnahmeberechtigung Dritter an Erörterungsgesprächen	PersV 87, 162
17.	22.1.1986	CL 54/83	Auftragsbefugnis des Personalrats/Gesamtpersonalrats bei verschiedenen eigenständigen Teildienststellen	–
18.	19.2.1986	CL 28/84	ADV-Anlage (Pilotprojekt)	PersR 87, 156; RiA 86, 288
19.	19.2.1986	CL 35/84	Gerichtliche Feststellung von Pflichtverstößen eines Personalrats	PersV 91, 32
20.	19.2.1986	CL 46/83	Weiterbeschäftigung eines Ersatzmitgliedes der Jugendvertretung	–
21.	13.3.1986	CL 4/84	Mitbestimmung des Personalrats bei Stellenplänen	–

Lfd. Nr.	Entscheidung v.	AZ	Stichwort	Fundstelle
22.	13.3.1986	CL 16/84	Mitbestimmung des Personalrats bei Stellenplänen	–
23.	13.3.1986	CL 38/84	Billigungsfiktion bei nicht ordnungsgemäßer Zustimmung des Personalrats bei Einstellung	–
24.	13.3.1986	CL 57/83	Mitbestimmung des Personalrats bei Arbeitsplatzgestaltung	PersR 87, 64
25.	13.3.1986	CL 42/84	Mitbestimmung des Personalrats bei Arbeitsplatzgestaltung/Bildschirmarbeitsplätze	PersR 87, 44 (LS)
26.	15.4.1986	12 A 226/85	Beteiligung eines Richterrates in Personalangelegenheiten	PersR 87, 44
27.	22.5.1986	CL 24/84	Mitbestimmung des Personalrats bei Arbeitsplatzgestaltung	PersR 87, 136; PersV 89, 167
28.	22.5.1986	CL 4/85	Mitbestimmung des Personalrats bei vorläufiger Abordnung eines Lehrers	PersV 91, 34
29.	22.5.1986	CL 14/85	Mitbestimmung bei Änderung des Personalfragebogens	PersV 88, 534; RiA 87, 68
30.	22.5.1986	CL 26/84	Abgrenzung der Zuständigkeit Gesamtpersonalrat/Personalrat	–
31.	18.6.1986	CL 29/86	Voraussetzungen für einstweilige Verfügungen; hier: Zeitpunkt einer Personalversammlung (Lehrer)	–

Lfd. Nr.	Entscheidung v.	AZ	Stichwort	Fundstelle
32.	21.6.1986	CL 2/86	Gruppenprinzip, hier: Wahl des Vorsitzenden	PersV 88, 537
33.	3.7.1986	CL 9/84	Mitbestimmung des Personalrats bei Maßnahmen zur Hebung der Arbeitsleistung	–
34.	3.7.1986	CL 36/84	Übertragung einer höherwertigen Tätigkeit	PersV 88, 536; ZBR 87, 61; RiA 87, 47
35.	3.7.1986	CL 46/84	Mitbestimmung des Personalrats bei Teilabordnung eines Lehrers	PersR 87, 87; ZBR 87, 59; PersV 88, 536
36.	3.7.1986	CL 23/85	Begriff der Maßnahme	PersR 87, 176 (LS); ZBR 87, 58; PersV 89, 28; RiA 87, 71
37.	23.10.1986	CL 51/84	Teilnahme an Fortbildungsveranstaltungen	PersR 87, 112; PersV 89, 29
38.	23.10.1986	CL 10/85	Außerordentliche Kündigung eines Personalratmitglieds, Zustimmungsersetzung	–
39.	23.10.1986	CL 15/85	Mitbestimmung des Personalrats bei Einstellung aufgrund eines Gestellungsvertrages	PersV 89, 30
40.	23.10.1986	CL 27/86	Antrag auf Erlass einer einstweiligen Verfügung bei Sozialeinrichtungen	PersV 87, 382; RiA 87, 263; ZBR 87, 381
41.	20.11.1986	CL 5/85	Mitbestimmung des Personalrats bei Einstellung eines technischen Angestellten	ZTR 87, 154
42.	20.11.1986	CL 3/85	Zu § 73 Nr. 7 LPVG	–

Lfd. Nr.	Entscheidung v.	AZ	Stichwort	Fundstelle
		1987		
43.	5.2.1987	CL 8/86	Mitbestimmung des Personalrats bei Festlegung des Unterrichtsbeginns für Lehrer, Nichtzulassung der Rechtsbeschwerde	–
44.	5.2.1987	CL 21/85	Mitbestimmung des Personalrats bei einer Abordnung, § 66 Abs. 3 Satz 4 LPVG, hier: Zustimmungsverweigerung	–
45.	19.2.1987	CL 32/85	Entfristung	PersV 87, 293
46.	26.2.1987	CL 19/85	Gesprächsdatenerfassungsanlage	PersR 88, 28; PersV 91, 35; ZBR 88, 72; NWVBl. 88, 20
47.	26.2.1987	CL 22/85	Vertretungsbefugnis gem. § 8 Abs. 1 Satz 2 LPVG, Rechtsschutzbedürfnis	–
48.	26.2.1987	CL 29/85	Mitbestimmung des Personalrats bei Neuregelung der Pflichtstundenentlastung für Lehrer	PersR 88, 112; ZBR 88, 71
49.	26.2.1987	CL 53/86	Mitbestimmung des Personalrats bei Teildienststellenbildung	PersV 89, 31
50.	9.3.1987	CL 47/86	Gegenstandswert in personalvertretungsrechtlichen Beschlussverfahren	PersV 89, 34; ZBR 87, 255; NWVBl. 87, 16; RiA 87, 167
51.	9.3.1987	CL 50/86	Gegenstandswert in personalvertretungsrechtlichen Beschlussverfahren	–
52.	4.5.1987	CL 17/85	Zulässigkeit einer vorläufigen Regelung, Rechtsschutzbedürfnis	–

Lfd. Nr.	Entscheidung v.	AZ	Stichwort	Fundstelle
53.	4.5.1987	CL 20/85	Mitbestimmungspflicht bei Alkoholverbot	PersR 88, 104
54.	4.5.1987	CL 25/85	Mitbestimmung des Personalrats bei Höhergruppierung	–
55.	22.6.1987	CL 21/86	Zustimmung zur Versetzung eines Lehrers, zuständiger Personalrat	–
56.	22.6.1987	CL 28/85	Mitbestimmung des Personalrats bei Arbeitsplatzgestaltung	–
57.	14.9.1987	CL 54/86	Auflösung des Arbeitsverhältnisses eines Mitgliedes der Jugendvertretung, § 9 BPersVG	NWVBl. 88, 178; PersV 89, 169
58.	14.9.1987	CL 61/86	Auflösung des Arbeitsverhältnisses eines Mitgliedes der Jugendvertretung, § 9 BPersVG	–
59.	16.9.1987	CL 35/87	Feststellung der Unzulässigkeit einer Eilmaßnahme im Wege der einstweiligen Verfügung	–
60.	16.9.1987	CL 38/87	Feststellung der Unzulässigkeit einer Eilmaßnahme im Wege der einstweiligen Verfügung	–
61.	21.9.1987	CL 3/86	Mitbestimmung des Personalrats bei Festlegung von Grundsätzen für die Anordnung einer Rufbereitschaft	PersV 89, 35
62.	21.9.1987	CL 4/86	Einführung einer ADV-unterstützten Mengen- und Zeiterfassung	PersV 91, 303; NWVBl. 88, 116

Lfd. Nr.	Entscheidung v.	AZ	Stichwort	Fundstelle
63.	21.9.1987	CL 24/85	Mitbestimmung des Personalrats bei Einstellung von Lektoren an den wissenschaftlichen Hochschulen	–
64.	9.11.1987	CL 24/86	Mitbestimmung des Personalrats bei Privatisierung	PersV 90, 27
65.	9.11.1987	CL 27/85	Mitbestimmung des Personalrats bei Privatisierung, hier: Vergabe von Reinigungsarbeiten an Fremdfirmen	PersR 88, 245; PersV 88, 272; 310ff.
66.	9.11.1987	CL 32/86	Mitbestimmung des Personalrats bei Privatisierung, hier: Übertragung eines Betriebes u. Unterhaltung eines städtischen Freibades auf einen Sportverein	PersR 88; 247; ZTR 88, 232; PersV 88, 272, 313
67.	9.11.1987	CL 4/87	Mitbestimmung des Personalrats bei Privatisierung, hier: einer städtischen Sportanlage	PersR 88, 302; ZBR 89, 92; PersV 88, 272, 315
68.	9.11.1987	CL 11/87	Mitbestimmung des Personalrats bei Privatisierung, hier: Vergabe an Außengutachter	ZBR 89, 93; PersV 88, 272, 316
1988				
69.	8.3.1988	CL 26/86	Initiativrecht des Personalrats	–
70.	8.3.1988	CL 44/86	Initiativrecht des Personalrats	OVGE 40, 38
71.	8.3.1988	CL 6/87	Initiativrecht des Personalrats	–
72.	8.3.1988	CL 19/87	Initiativrecht des Personalrats	PersR 88, 329; PersV 88, 359; NWVBl. 88, 305

Lfd. Nr.	Entscheidung v.	AZ	Stichwort	Fundstelle
73.	15.3.1988	CL 31/86	Mitbestimmungspflicht bei Lehrerdatei	PersR 89, 144 (LS); CR 89, 319; ZTR 88, 359; NWVBl. 90, 355; RDV 89, 87
74.	15.3.1988	CL 8/87	Terminal für Beihilfeauskunftsverfahren	PersR 89, 28 (LS); ZBR 89, 28; RDV 89, 85; ZTR 88, 359; PersV 90, 28; DÖD 89, 73; CR 89, 320
75.	15.3.1988	CL 44/87	Mitbestimmung des Personalrats bei vorläufiger Abordnung von Lehrern	PersR 89, 28 (LS); ZBR 89, 27; PersV 90, 31; RdJB 88, 361
76.	24.5.1988	CL 28/86	Befristeter Aushilfsvertrag mit einer Fernsehredakteurin	–
77.	24.5.1988	CL 40/86	Mitbestimmung des Personalrats bei Änderung der Intervallreinigung	PersV 91, 305
78.	24.5.1988	CL 64/86	Mitbestimmung des Personalrats bei Hinzuziehung eines Lehrers als Fachberater	NWVBl. 88, 374
79.	31.5.1988	CL 11/86	Ablehnungsrecht des Personalrats bei Erhöhung der Essenspreise	PersV 91, 37
80.	31.5.1988	CL 16/86	Inhalt und Grenzen der Rechte und Pflichten des Leiters einer Personalversammlung; Antragsbefugnis von Gewerkschaften	PersV 90, 33; ZBR 88, 393; ZTR 89, 40 (LS)
81.	31.5.1988	CL 20/86	Vorlagepflicht von Unterlagen, hier: Programm bei computermäßiger Umsetzung des Lehrereinstellungsverfahrens	PersV 90, 35; ZBR 88, 36; ZTR 89, 40 (LS)

Lfd. Nr.	Entscheidung v.	AZ	Stichwort	Fundstelle
82.	31.5.1988	CL 33/86	Rechtzeitige Unterrichtung des Personalrats im Rahmen des Mitbestimmungsverfahrens	PersV 90, 178
83.	7.6.1988	CL 10/86	Mitbestimmung des Personalrats bei Anschaffung und Inbetriebnahme eines BTX-Gerätes	–
84.	21.6.1988	CL 1/86	Freistellung von Personalratsmitgliedern	–
85.	21.6.1988	CL 2/86	Unwirksamkeit der Wahl des Personalratvorsitzenden	ZBR 88, 357; ZTR 88, 471; NWVBl. 89, 53; PersV 88, 537; OVGE 40, 97
86.	21.6.1988	CL 17/87	Freistellung eines Ersatzmitgliedes eines Personalrats	PersV 90, 78
87.	21.6.1988	CL 57/87	Freistellung von Personalratsmitgliedern, hier: Gruppenprinzip	PersV 89, 170; ZBR 89, 88; ZTR 88, 472
88.	11.10.1988	CL 23/86	Zustimmungsfiktion, hier: Hemmung der Frist	PersR 89, 144 (LS); ZTR 89, 124; PersV 90, 79; ZBR 89, 214
89.	11.10.1988	CL 38/86	Beitragserhebung durch Personalrat	PersV 89, 387; ZBR 89, 183; ZTR 89, 125
90.	8.11.1988	CL 43/86	Richtlinien über die persönliche Auswahl bei Versetzungen	PersR 89, 330; ZBR 89, 286; RdJB 89, 353
91.	29.11.1988	CL 14/88	Wahlanfechtung; hier: Bestimmung der Regelstärke	–
92.	29.11.1988	CL 64/87	Wahlanfechtung; hier: Zahl der Gruppenvertreter	ZBR 90, 159; ZTR 89, 325; PersV 90, 80
93.	6.12.1988	CL 22/86	Mitbestimmung des Personalrats bei Laufbahnwechsel	PersV 90, 84; ZBR 90, 268

Lfd. Nr.	Entscheidung v.	AZ	Stichwort	Fundstelle
94.	6.12.1988	CL 42/86	Auflösung des Arbeitsverhältnisses eines Mitglieds der Hauptjugendvertretung	–
95.	6.12.1988	CL 1/88	Anfechtung der Wahl zum Bezirkspersonalrat wg. unzulässiger Teilnahme	ZBR 89, 347; PersV 90, 82; NWVBl. 89, 372
96.	6.12.1988	CL 21/87	Anfechtung der Wahl, hier: Nichtwählbarkeit von Dienststellenleitern zu Stufenvertretungen	ZBR 90, 156; PersV 90, 83
1989				
97.	24.1.1989	CL 55/86	Erstattung der Schulungskosten	ZBR 89, 348; PersV 92, 169
98.	31.1.1989	CL 2/87	Mitbestimmung des Personalrats bei Inkraftsetzung eines neuen Geschäftsverteilungsplanes	PersV 90, 85
99.	31.1.1989	CL 5/87	Reisekostenvergütung für Personalratsmitglied einer Stufenvertretung	PersV 90, 85; ZBR 89, 318; PersR 89, 161
100.	31.1.1989	CL 9/87	Mitbestimmung des Personalrats bei Zulageregelungen für Kraftfahrer	PersV 90, 87; ZTR 89, 411
101.	23.2.1989	12 A 2470/86	Umfang des Informationsanspruches (§ 65 LPVG)	ZBR 90, 152; Beamtenbund Nr. 50
102.	23.3.1989	CL 18/88	Gerichtsgebühren im Beschlussverfahren	PersV 90, 92; ZBR 90, 161; NWVBl. 89, 291
103.	8.3.1989	CL 23/87	Mitbestimmung des Personalrats bei Erhöhung der Verpflegungssätze in Sozialeinrichtungen	PersV 90, 93; PersR 89, 234

Lfd. Nr.	Entscheidung v.	AZ	Stichwort	Fundstelle
104.	8.3.1989	CL 30/87	Zulassung von Beschäftigten zu Angestelltenlehrgängen	–
105.	8.3.1989	CL 37/87	Antragsänderung im Beschlussverfahren, Privatisierung	PersV 92, 172; ZBR 90, 157; PersR 89, 277
106.	13.3.1989	CL 8/89	Teilnahme an Schulungsveranstaltungen, einstweilige Verfügung	–
107.	17.5.1989	CL 20/87	Bereitstellung einer Bürokraft	–
108.	21.6.1989	CL 3/88	Mitbestimmung des Personalrats bei Einrichtung von Erziehungsgeldkassen	ZBR 90, 30; PersV 93, 28
109.	21.6.1989	CL 55/87	Mitbestimmung des Personalrats bei Anordnung von Nachtarbeit für die Dauer eines Gastspiels an einem Theater, Beginn und Ende der täglichen Arbeitszeit	PersV 92, 175; PersR 91, 216
110.	30.8.1989	CL 45/86	Geschäftsführung des Personalrats: Beschlussaussetzung inhaltlich korrigiert durch BVerwG 29.1.1992 – 6 P 17/89	PersR 90, 116 (LS); ZTR 90, 169
111.	30.8.1989	CL 59/86	Mitbestimmung des Personalrats bei Regelung des Ausgleichs von Mehrarbeit	–
112.	4.9.1989	CL 36/89	Festlegung des Zeitpunktes der Personalversammlung, Hinzuziehung sachkundiger Personen zur Personalversammlung	PersR 90, 343 (LS); ZBR 90, 30; PersV 93, 28; NWVBl. 90, 269

Lfd. Nr.	Entscheidung v.	AZ	Stichwort	Fundstelle
113.	6.9.1989	CL 32/89	Unzulässigkeit einer vorläufigen Regelung	–
114.	6.9.1989	CL 34/87	Unzulässigkeit einer vorläufigen Regelung (Überstunden)	–
115.	6.9.1989	CL 55/88	Wahlanfechtung	PersR 90, 343 (LS); ZBR 90, 331; PersV 93, 31; NWVBl. 90, 206
115a.	20.9.1989	CL 53/87	Arbeitsorganisation	NWVBl. 90, 234
116.	25.10.1989	CL 63/89	Mitbestimmung des Personalrats bei Änderung von Geschäftsverteilungsplänen	ZTR 90, 257; PersV 91, 38; NWVBl. 90, 204
117.	25.10.1989	CL 1/87	Mitbestimmung des Personalrats bei Einrichtung eines zentralen Schreibdienstes, Maßnahme zur Hebung der Arbeitsleistung	PersR 90, 344 (LS); PersV 91, 171; NWVBl. 90, 205
118.	13.12.1989	CL 18/87	Maßnahmen zur Hebung der Arbeitsleistung, hier: Einsparung von Nachtposten	–
119.	13.12.1989	CL 46/87	Teilnahme des Personalrats an Vorstellungs- u. Eignungsgesprächen	PersV 91, 172; ZTR 90, 297; EStT NW 90, 432
120.	13.12.1989	CL 52/87	Mitbestimmung des Personalrats bei der Einführung neuer Technologien	–
121.	13.12.1989	CL 12/88	Aufhebung der Entscheidung einer Einigungsstelle	–

Lfd. Nr.	Entscheidung v.	AZ	Stichwort	Fundstelle
122.	13.12.1989	CL 76/88	Mitbestimmung des Personalrats bei der Einführung neuer Technologien, hier: Druckdatenbank	–
123.	20.12.1989	CL 28/87	Einigungsstelle	PersV 91, 177; PersR 90, 344 (LS); ZBR 92, 124; ZTR 90, 534.
124	20.12.1989	CL 20/89	Anwendung des Personalvertretungsrechts auf Kreishandwerkerschaften	PersV 91, 175; GewArch 90, 215; NWVBl. 90, 268
125.	20.12.1989	CL 53/87	Mitbestimmung des Personalrats bei Zuweisung zusätzlicher Aufgaben	PersV 91, 174; NWVBl. 90, 268; GewArch 90, 215
		1990		
126.	25.1.1990	CL 37/89	Beschwerde gegen Festsetzung des Gegenstandswertes	–
127.	14.2.1990	CL 14/87	Mitbestimmung des Personalrats bei Einstellung, Zustimmungsverweigerung	PersR 91, 235 (LS)
128.	14.2.1990	CL 42/87	Mitbestimmung des Personalrats bei Übernahme ins Angestelltenverhältnis	PersR 90, 235; PersV 91, 179; ZBR 92, 123; ZTR 90, 533
129.	14.2.1990	CL 56/87	Mitbestimmung bei Auszahlung der Bezüge	PersV 91, 308; ZTR 90, 446; PersR 91, 63 (LS)
130.	14.2.1990	CL 10/88	Wissenschaftliche Mitarbeiter	PersR 91, 234; ZTR 90, 534; PersV 91, 181 (LS)
131.	29.3.1990	CL 15/87	Mitbestimmung des Personalrats bei Anordnung von Überstunden	PersV 91, 309; PersR 91, 217 (LS)

Lfd. Nr.	Entscheidung v.	AZ	Stichwort	Fundstelle
132.	29.3.1990	CL 8/88	Mitbestimmung des Personalrats bei Urlaubsplänen	PersR 91, 64 (LS)
133.	29.3.1990	CL 69/88	Wahlanfechtung, Wahlvorschlag	PersV 91, 312; PersR 91, 315 (LS); NWVBl. 91, 89
134.	29.3.1990	CL 34/89	Mitbestimmung des Personalrats bei Arbeitszeitregelung in Krankenhäusern	PersV 91, 313; ZTR 90, 490; PersR 90, 186
135.	5.4.1990	CL 54/87	Mitbestimmung des Personalrats bei Honorarkräften für eine Musikschule	PersV 91, 314 (LS); PersR 90, 335; ZBR 91, 124; ZTR 90, 445
136.	5.4.1990	CL 58/87	Mitbestimmung des Personalrats bei der Anordnung von Überstunden	PersV 91, 316; ZTR 90, 490; PersR 90, 269
137.	5.4.1990	CL 2/88	Mitbestimmung des Personalrats bei der Anordnung von Überstunden	PersR 91, 219 (LS); ZBR 91, 286
138.	5.4.1990	CL 65/88	Freistellung des Personalratsvorsitzenden; hier: Beachtung der stärksten Liste	–
139.	26.4.1990	CL 68/89	Beschwerde gegen die Festsetzung des Gegenstandswertes	–
140.	3.5.1990	CL 21/90	Mitbestimmung des Personalrats; hier: Antrag auf Erlass einer einstweiligen Verfügung	–
141.	9.5.1990	CL 23/90	Durchführung einer Personalratswahl, hier: Antrag auf Erlass einer einstweiligen Verfügung	–

Lfd. Nr.	Entscheidung v.	AZ	Stichwort	Fundstelle
142.	7.6.1990	CL 5/88	Mitbestimmung des Personalrats bei Versetzungen, hier: Stellungnahme an das verfassungsmäßig zuständige Organ	PersR 90, 380; NWVBl. 91, 53
143.	7.6.1990	CL 50/88	Auflösung eines Arbeitsverhältnisses nach § 9 Abs. 2 BPersVG	–
144.	7.6.1990	CL 56/88	Fachzeitschrift für Personalrat	NWVBl. 90, 424; ZTR 91, 41 (LS)
145.	7.6.1990	CL 86/88	Zuständigkeit zwischen Personalrat und Gesamtpersonalrat	PersR 91, 94 (LS); PersV 93, 476
146.	5.7.1990	CL 17/88	Beurteilungsrichtlinien	–
147.	5.7.1990	CL 20/88	Anhörung des Personalrats bei der Vorbereitung von Stellenplanentwürfen	PersR 91, 219; PersV 91, 219; NWVBl. 91, 54
148.	5.7.1990	CL 47/88	Änderung eines Organisationsplanes	–
149.	5.7.1990	CL 57/88	Bestellung und Abberufung von Ausbildern	–
150.	17.7.1990	CL 71/89	Festsetzung des Gegenstandswertes	–
151.	4.10.1990	CL 13/88	Mitbestimmung des Personalrats bei Arbeitsbewertungen	–
152.	4.10.1990	CL 42/88	Gemeinschaftliche Besprechungen gem. § 63 LPVG	PersR 91, 95 (LS); NWVBl. 91, 18; ZTR 91, 133; PersV 95, 40

Lfd. Nr.	Entscheidung v.	AZ	Stichwort	Fundstelle
153.	4.10.1990	CL 31/89	Mitbestimmung des Personalrats bei der Erweiterung von Publikumssprechzeiten	–
154.	26.10.1990	CL 69/90	Wahlanfechtung; hier: Vorlage der entstandenen Wahlvorgänge an das Gericht	PersR 91, 221 (LS); NWVBl. 91, 171
155.	6.12.1990	CL 21/88	Mitbestimmung des Personalrats bei der Einführung neuer Technologien, hier: ADV	RiA 91, 301; CR 91, 551; PersR 91, 173 (LS); NWVBl. 91, 306; NVwZ 91, 698
156.	6.12.1990	CL 24/88	Anspruch auf Information, § 65 Abs. 1 Satz 1 LPVG	PersR 91, 298 (LS); NWVBl. 91, 270; ZTR 91, 262; DB 91, 262
157.	6.12.1990	CL 45/89	Auflösung eines Arbeitsverhältnisses nach § 9 BPersVG	–
158.	13.12.1990	CL 61/88	Einsichtsrecht des Personalrats in Personaldaten	NVwZ 91, 697; PersR 91, 175; RiA 92, 97; CR 91, 552; DÖD 91, 211; RDV 92, 241
159.	13.12.1990	CL 71/90	Freistellung von Personalratsmitgliedern	–
159a.	17.1.1991	CL 91/90	Personenbeziehbare Daten	–
		1991		
160.	1.3.1991	CL 16/88	Übernahme von Anwaltskosten	–
161.	1.3.1991	CL 35/88	Privatisierung	–
162.	1.3.1991	CL 38/88	Privatisierung, hier: städtisches Übernachtungsheim für Nichtsesshafte	NWVBl. 91, 419; PersR 92, 79

Lfd. Nr.	Entscheidung v.	AZ	Stichwort	Fundstelle
163.	11.3.1991	CL 28/88	Beteiligteneigenschaften; Dienststellenleiter in medizinischen Einrichtungen	–
164.	11.3.1991	CL 34/88	Ausgleich von Mehrarbeit, Anwaltskosten	PersR 91, 346
165.	11.3.1991	CL 39/88	Zulässigkeit einer vorläufigen Regelung, Rechtsschutzbedürfnis	–
166.	11.3.1991	CL 70/88	Kostenerstattung bei Teilnahme an Schulungsveranstaltungen	PersR 91, 299
167.	18.3.1991	CL 75/88	Mitbestimmung bei Privatisierung von Sportanlagen	DÖV 91, 1079; ZBR 92, 187; PersR 91, 348; NWVBl. 92, 22; EStT NW 91, 693
168.	18.3.1991	CL 78/88	Gebot der vertrauensvollen Zusammenarbeit, Einflussnahme von Ratsmitgliedern auf Beschlussvorlage des Dienststellenleiters	NWVBZ 91, 418
169.	21.3.1991	12 A 642/90.PVL	Fehlerhafte Unterrichtung des Personalrats	PersR 91, 301
170.	15.4.1991	1 A 78/91	Freistellung von Personalratsmitgliedern	PersR 91, 372
171.	15.4.1991	CL 66/90	Freistellung von Personalratsmitgliedern	PersR 92, 336 (LS)
172.	15.4.1991	CL 111/90	Freistellung von Personalratsmitgliedern	–
173.	13.5.1991	CL 58/88	Inkompatibilität von Personalratsmandat und Mitgliedschaft im Fachbereich einer Hochschule	NWVBl. 92, 60; PersV 93, 34

Lfd. Nr.	Entscheidung v.	AZ	Stichwort	Fundstelle
174.	13.5.1991	CL 85/88	Begriff des Informations- und Kommunikationsnetzes	PersR 92, 157; PersV 93, 37
175.	13.5.1991	CL 15/89	Auswahlverfahren nach § 65 Abs. 2 LPVG	PersR 92, 65, 66; PersV 93, 38; ZTR 92, 39
176.	15.7.1991	1 A 1755/91. PVL	Freistellung von Personalratsmitgliedern	–
177.	15.7.1991	CL 114/90	Freistellung unter Beachtung der stärksten Liste, Antrag auf Erlass einer einstweiligen Verfügung	–
178.	25.7.1991	1 E 374/91. PVL	Gegenstandswert, Beschlussverfahren	PersR 92, 224
179.	5.8.1991	CL 52/88	Initiativrecht des Personalrats bei ABM und Einstellungen	PersR 92, 67
180.	5.8.1991	CL 80/88	Initiativrecht des Personalrats, Zulässigkeit der inhaltlichen Beschränkung von Beteiligungsrechten der Lehrerpersonalräte	PersV 93, 40
181.	5.8.1991	CL 24/89	Initiativrecht des Personalrats	–
182.	5.8.1991	CL 53/89	Abmahnung im Sinne von § 74 Satz 1 LPVG	PersR 92, 67; PersV 93, 43; NWVBl. 92, 135
183.	15.8.1991	1 A 2669/91	Beteiligungsrechte des Personalrats bei Organisationsuntersuchungen, einstweilige Verfügung	–
184.	14.10.1991	CL 48/88	Mitbestimmung des Personalrats bei Anordnung von Bereitschaftsdienst im Krankentransport	–

Lfd. Nr.	Entscheidung v.	AZ	Stichwort	Fundstelle
185.	14.10.1991	CL 81/88	Dienststellenleiter im Sinne des § 8 LPVG, hier: Leiter des Schulverwaltungsamtes	NWVBl. 92, 209; ZBR 92, 189 (LS)
186.	14.10.1991	CL 14/89	Geschäftsführer des Personalrats	PersR 92, 160
187.	14.10.1991	CL 57/90	Mitbestimmung des Personalrats beim Einsatz eines Pförtners	PersR 92, 158; ZTR 92, 263
188.	14.10.1991	CL 107/90 1 B 1690/91. PVL	Mitbestimmung des Personalrats bei Privatisierung, hier: Aufgabenwahrnehmung bisher durch kreiseigene Messtrupps; einstweilige Verfügung	PersR 92, 68; ZTR 92, 175; PersV 92, 90; NWVBl. 92, 95
189.	4.11.1991	1 A 973/91. PVL	Fristversäumnis, Wiedereinsetzung in den vorigen Stand	PersV 93, 44
190.	4.11.1991	1 A 2062/91	Durchführung einer Dienstvereinbarung	–
191.	4.11.1991	CL 77/88	Mitbestimmung des Personalrats bei der Inbetriebnahme einer Gesprächsdatenerfassungsanlage	PersR 92, 410; ZTR 92, 347 (LS)
191a.	4.11.1991	CL 89/88	Hebung der Arbeitsleistung	–
192.	18.11.1991	1 B 2034/91. PVL	Freistellung von Personalratsmitgliedern; einstweilige Verfügung (1 B 1300/91)	–
193.	16.12.1991	CL 1/89	Mitbestimmung des Personalrats bei der Umsetzung eines Beamten	PersR 92, 318; ZTR 92, 304
194.	16.12.1991	CL 67/90	Wahlanfechtung	–

Entscheidungen des OVG NRW zum LPVG NRW ab 1985

Lfd. Nr.	Entscheidung v.	AZ	Stichwort	Fundstelle
		1992		
195.	29.1.1992	1 A 2505/91. PVL	Teilnahme an Organisationsuntersuchung, einstweilige Verfügung	–
196.	2.12.1992	1 A 2669/91. PVL	Teilnahme an Organisationsuntersuchung, einstweilige Verfügung	–
197.	1.3.1992	CL 16/88	Rechtsanwaltskosten im Beschlussverfahren	–
198.	11.3.1992	1 A 621/91. PVL	Begriff der Abmahnung (Rechtsschutzbedürfnis)	–
199.	11.3.1992	CL 60/88	Kostenerstattung bei Weiterbildungsmaßnahmen	–
200.	11.3.1992	CL 38/89	Mitbestimmung des Personalrats hinsichtlich der Anmietung und Inbetriebnahme von Fotokopiergeräten	NWVBl. 92, 427; ZBR 93, 33; RiA 93, 46; PersR 93, 33; CR 93, 375
200a.	11.3.1992	CL 62/89	Eingruppierung	PersR 93, 144 (LS); RiA 93, 205
201.	25.3.1992	CL 67/88	Freistellung von Personalratsmitgliedern	–
202.	25.3.1992	CL 83/88	Einsichtnahme des Personalrats in Lohn- und Gehaltslisten	RiA 92, 263; PersR 93, 129; NWVBl. 92, 428
203.	1.4.1992	CL 7/89	Mitbestimmung des Personalrats bei Personalwohnungen	ZBR 93, 281; PersR 93, 240
204.	15.4.1992	CL 4/89	Mitbestimmung des Personalrats bei der Anordnung von Überstunden	ZBR 93, 31; PersR 92, 518; Quelle 93, Nr. 3, 26

Lfd. Nr.	Entscheidung v.	AZ	Stichwort	Fundstelle
205.	10.6.1992	CL 69/89	Verfassungsmäßig zuständiges oberstes Organ im Sinne des § 69 Abs. 6 LPVG	–
206.	10.6.1992	CL 16/89	Mitbestimmung des Personalrats bei Umsetzung	PersR 93, 316
207.	17.6.1992	CL 35/90 CL 36/90 CL 37/90 CL 39/90 CL 41/90 CL 42/90	Mitbestimmung bei Personaldatenverarbeitung	PersR 93, 80; NWVBl. 93, 139
208.	24.6.1992	CL 21/89	Zulässigkeit einer vorläufigen Regelung	–
209.	24.6.1992	CL 51/90	Zulässigkeit einer vorläufigen Regelung	NWVBl. 93, 141; ZBR 93, 96; RiA 93, 152
210.	24.6.1992	CL 39/89	Mitbestimmung des Personalrats bei der Schaffung neuer Aufenthalts- u. Umkleideräume für Beschäftigte zur Verhütung von Gesundheitsgefahren	–
211.	24.6.1992	1 A 3685/91. PVL	Freistellung von Personalratsmitgliedern	–
212.	8.7.1992	1 E 568/92. PVL	Kostenerstattung gem. § 40 LPVG, Festsetzung des Gegenstandswertes	–
213.	29.7.1992	CL 92/90	Mitbestimmung des Personalrats bei automatisierter Bearbeitung personenbezogener Daten der Beschäftigten	–

Lfd. Nr.	Entscheidung v.	AZ	Stichwort	Fundstelle
214.	7.10.1992	CL 62/90	Mitbestimmung des Personalrats bei Privatisierung, hier: Sportanlage	–
214a.	7.10.1992	CL 5/90	Wahlrecht bei selbständiger Entscheidung über Personalangelegenheiten	–
215.	4.11.1992	CL 41/89	Mitbestimmung des Personalrats bei Privatisierung, hier: Pflege einer Sportanlage	PersR 93, 177; ZBR 93, 130; NWVBl. 93, 142; EStT NW 93, 379
216.	4.11.1992	CL 52/89	Mitbestimmung des Personalrats bei Überstunden, hier: Erfordernisse des Betriebsablaufs	–
217.	4.11.1992	1 A 1426/91. PVL	Einladung politischer Mandatsträger als sachkundige Personen zur Sitzung des Personalrats	NWVBl. 93, 223
218.	11.11.1992	CL 48/90	Mitwirkung des Personalrats bei einer Bestellung zum Vorarbeiter	ZBR 93, 155 (LS)
219.	11.11.1992	CL 79/90	Mitbestimmung des Personalrats bei wesentlicher Änderung eines Arbeitsvertrages	ZTR 93, 348
220.	25.11.1992	CL 40/90	Mitbestimmung des Personalrats bei automatisierter Verarbeitung personenbezogener Daten der Beschäftigten	PersR 93, 365; NWVBl. 93, 273
221.	16.12.1992	1 A 2670/91 PVB	Keine Mitbestimmung bei Rufbereitschaft	ZTR 93, 216

Lfd. Nr.	Entscheidung v.	AZ	Stichwort	Fundstelle
		1993		
222.	20.1.1993	CL 42/89	Mitbestimmung des Personalrats bei einer Organisationsmaßnahme, Hebung der Arbeitsleistung	ZBR 93, 336; PersR 93, 520; PersV 95, 457
223.	20.1.1993	CL 58/90	Mitbestimmung des Personalrats bei automatisierter Verarbeitung personenbezogener Daten der Beschäftigten	–
224.	28.1.1993	1 E 1399/92. PVL	Kostenerstattung gemäß § 42 Abs. 5 LPVG, hier: Beschwerde gegen Festsetzung des Gegenstandswertes	–
225.	10.2.1993	CL 1/90	Kostentragung für die Herstellung eines vom Personalrat herausgegebenen Informationsblattes	PersV 95, 461
226.	10.2.1993	CL 11/90	Mitbestimmung des Personalrats bei der Übertragung einer höherwertigen Tätigkeit	PersR 94, 43; ZTR 93, 305
227.	10.2.1993	CL 47/89	Mitbestimmung des Personalrats bei der Inbetriebnahme eines Telefaxgerätes	ZBR 93, 287 E; PersR 93, 367; PersV 95, 459; NWVBl. 93, 396; ZfPR 94, 58
228.	15.2.1993	6 A 1810/90	Erneute Mitbestimmung des Personalrats bei Verzögerung einer Maßnahme, hier: Versetzung	PersR 93, 369

Lfd. Nr.	Entscheidung v.	AZ	Stichwort	Fundstelle
229.	4.3.1993	CL 25/89	Anhörung des Betroffenen im Rahmen des Mitbestimmungsverfahrens, Selbstinformationsrecht des Personalrats	PersR 93, 400; ZTR 93, 390; PersV 94, 235
230.	4.3.1993	CL 33/89	Erforderlichkeit der Freistellung zur Schulung durch Dienststellenleiter, Prüfungsrecht der Dienststelle	ZTR 93, 436; PersV 95, 463
231.	24.3.1993	CL 99/90	Beginn der Mitbestimmung bei Einstellungen, Einstellungsangebot	–
232.	24.3.1993	1 A 1632/91	Beginn der Mitbestimmung bei Einstellungen, Einstellungsangebot	–
233.	19.4.1993	CL 85/90	Vorläufige Maßnahme § 66 Abs. 8	–
233a.	19.4.1993	CL 59/89	Billigungsfiktion	RiA 95, 46
234.	9.4.1993	CL 59/89	Zustimmungsverfahren, Fiktion der Zustimmung bei ordnungsgemäßer Unterrichtung	ZTR 93, 436; ZBR 93, 320 E; PersR 94, 44; PersV 95, 493
235.	26.4.1993	1 E 257/93. PVL	Erstattung von Reisekosten, hier: Beschwerde gegen Festsetzung des Gegenstandswertes	–
235a.	29.4.1993	1 B 484/93. PVL	Gegenstand des Beschlussverfahrens	PersV 96, 372
236.	8.6.1993	1 B 520/93. PVL	Asbestsanierung als Maßnahme gem. § 72 Abs. 4 Nr. 7	–

Lfd. Nr.	Entscheidung v.	AZ	Stichwort	Fundstelle
237.	17.6.1993	CL 55/89	Mitbestimmung bei automatisierter Verarbeitung personenbezogener Daten der Beschäftigten	–
238.	17.6.1993	CL 61/89	Mitbestimmung bei automatisierter Verarbeitung personenbezogener Daten der Beschäftigten	–
239.	17.6.1993	CL 64/89	Mitbestimmung bei automatisierter Datenverarbeitung	–
240.	17.6.1993	CL 38/90	Verpflichtung der Dienststelle zur Nachholung des Mitbestimmungsverfahrens	PersR 94, 83
241.	29.7.1993	CL 92/90	Mitbestimmungspflichtigkeit beim Umgang mit Schuldaten	ZBR 93, 383 E; PersV 95, 495
242.	26.8.1993	1 A 21/91.PVL	Durchführung von Personalversammlungen, Anmietung von Räumen	PersR 94, 43; PersV 95, 497
243.	16.9.1993	1 A 3986/92. PVL	Zuständigkeit für die endgültige Entscheidung im Rahmen des Mitwirkungsverfahrens (Gemeindedirektor als verfassungsmäßig zuständiges Organ bei § 73 Nr. 1)	–
244.	23.9.1993	1 A 557/91. PVL	Einstellung im Wege der Eilmaßnahme gem. § 66 Abs. 8, LPVG NW, hier: Hochschulen	PersR 93, 567; ZTR 94, 173

Lfd. Nr.	Entscheidung v.	AZ	Stichwort	Fundstelle
245.	23.9.1993	CL 61/90	Einverständnis der aufnehmenden Dienststelle bei Versetzung eines Arbeitnehmers	ZTR 94, 172; PersV 95, 499
246.	28.10.1993	1 A 3546/92. PVL	Mitbestimmung bei Zuweisung von Ersatzarbeitsräumen wegen Asbestsanierung	PersR 94, 425
247.	28.10.1993	CL 93/90	Maßnahme zur Hebung der Arbeitsleistung, neue Aufgabenverteilung	ZBR 94, 132 E; ZTR 94, 217; PersV 96, 374
248.	3.11.1993	1 B 2321/93. PVL	Abberufung der in den Verwaltungsrat einer Rundfunkanstalt entsandten Mitglieder durch den Personalrat, hier: WDR	PersR 94, 175; ZTR 94, 173; PersV 95, 500
249.	3.11.1993	1 B 2121/93. PVL	Zulässigkeit der Verfahrensart unterliegt nicht der Überprüfung durch die Rechtsmittelinstanz	–
250.	18.11.1993	CL 49/90	Wesentliche Änderung des Arbeitsvertrages gem. § 72 Abs. 1 Satz 1 Nr. 4; hier: Abänderung der Arbeitszeitdauer	ZTR 94, 261; PersV 95, 503
251.	2.12.1993	CL 31/90	Personalrat bei verselbständigter Teildienststelle, Befugnis zur Anrufung der Einigungsstelle	PersR 94, 428; NWVBl. 94, 266
252.	2.12.1993	1 A 6/91.PVL	Gesetz- und Tarifvorbehalt, hier: Änderung des Tätigkeitsmerkmals für Kameraassistenten durch Tarifvertrag	–

Lfd. Nr.	Entscheidung v.	AZ	Stichwort	Fundstelle
253.	2.12.1993	1 A 1387/92. PVL	Erledigungserklärung im personalvertretungsrechtlichen Beschlussverfahren	PersR 94, 426; PersV 95, 505
254.	2.12.1993	1 A 2714/92. PVL	Ausschreibung eines Beförderungsdienstpostens für Beamte	PersV 96, 376
255.	16.12.1993	CL 103/90	Privatisierung, hier: Reinigung einer öffentlichen Grünanlage	ZTR 94, 261; PersV 96, 380
256.	16.12.1993	1 B 2477/93. PVL	Unterschreitung des Freistellungssatzes nach § 42 Abs. 4 Satz 1, stärkste vertretene Liste nach § 42 Abs. 3 Satz 2	ZTR 94, 217; PersV 96, 377
257.	16.12.1993	CL 107/90	Privatisierung, hier: Messtrupps der Katasterbehörde	ZBR 94, 190 E; ZTR 94, 261; PersV 96, 399
			1994	
258.	20.1.1994	1 A 3122/93. PVL	Verteilung der Personalratssitze auf Gruppen, Verstoß durch Wahlvorstand	ZBR 94, 190 E; PersV 96, 402
259.	20.1.1994	1 A 3698/93. PVL	Wahlanfechtung, Fehler im Wahlausschreiben, Nachbesserung von Wahlvorschlägen	ZBR 94, 190 E; PersR 94, 232; PersV 96, 405
260.	18.2.1994	1 B 3366/93. PVL	Beschwerde gegen Ablehnung des Antrages auf Erlass einer einstweiligen Verfügung	ZBR 94, 191 E; 96, 407
261.	24.2.1994	CL 44/90	Teilumsetzung	ZTR 94, 348; PersV 96, 409

Lfd. Nr.	Entscheidung v.	AZ	Stichwort	Fundstelle
262.	24.2.1994	1 A 35/91.PVL	Teilnahme an Personalversammlung von Kreistags-Mitgliedern	ZTR 94, 349; PersR 95, 24; ZfPR 95, 51; 96, 410
263.	4.3.1994	1 A 2443/91. PVL	Großraumbüro für Durchführung der laufenden Geschäfte des Personalrats	ZTR 94, 34, 291 E; PersR 94, 566; ZfPR 95, 51; PersV 96, 412
263a.	4.3.1994	1 A 3467/91. PVL	Mitbestimmung bei Arbeitszeit	–
264.	4.3.1994	1 A 3468/91. PVL	Mitbestimmung bei Umsetzung Beachtlichkeit der Zustimmungsverweigerung	PersR 94, 334; PersV 96, 521
265.	11.3.1994	1 A 1423/91. PVL	Informationsschrift des Personalrats, Kostentragungspflicht der Dienststelle	PersR 94, 429; ZBR 95, 251 (LS)
266.	25.3.1994	CL 52/90	Mitbestimmung bei Umsetzung	PersR 95, 25
267.	26.4.1994	1 A 4139/92. PVL	Rechtsschutzbedürfnis, Anordnung von Überstunden	PersR 94, 529; PersV 96, 525
268.	26.4.1994	1 A 1683/91. PVL	Mitbestimmung bei der Anordnung von Überstunden	–
269.	6.5.1994	1 E 57/94.PVL	Mitbestimmung und Unterrichtung, hier: Festsetzung des Gegenstandswertes	–
270.	1.7.1994	CL 64/90	Dienststellenleiter der medizinischen Einrichtungen einer Hochschule – entgegen BVerwG v. 2.7.1993 – 6 P 23.91 – u. 11.1.1995 – 6 P 15.94 (PersR 95, 183)	ZBR 94, 388 E; PersV 94, 547

Lfd. Nr.	Entscheidung v.	AZ	Stichwort	Fundstelle
271.	1.7.1994	1 A 2167/92. PVL	Mitbestimmung bei Einstellung eines externen Bewerbers Beachtlichkeit der Zustimmungsverweigerung	PersR 94, 567; ZTR 95, 139 (LS); ZfPR 95, 51
272.	1.7.1994	1 A 1502/91. PVL	Leitung einer Personalversammlung	–
273.	1.7.1994	1 A 2269/91. PVL	Mitbestimmung bei Versetzung	–
274.	29.7.1994	1 A 1300/91. PVL	Fehlendes Einvernehmen zwischen Gruppenvertretern über Freistellungsvolumen	ZTR 95, 89
275.	29.7.1994	1 A 581/91. PVL	Mitbestimmung bei Schul- und Stellendatei; Maßnahme i.S.d. § 66 Abs. 2 Satz 1	ZBR 95, 32; ZTR 95, 88 (LS); ZfPR 95, 14ff.
276.	29.7.1994	1 A 979/91. PVL	Zuständigkeit für endgültige Entscheidung nach Empfehlung der Einigungsstelle	ZBR 95, 32 (LS); ZTR 95, 89
277.	29.7.1994	1 A 1300/91. PVL	Beschlussfassung über volle oder teilweise Freistellung gem. § 42 Abs. 3 Satz 2	ZBR 95, 32 (LS)
278.	26.8.1994	1 A 3684/91.	Reisekosten für Personalrat, Rechtskraft des Beschlusses für Dauer der Amtsperiode	ZBR 95, 32 (LS); ZTR 95, 88 (LS)
279.	26.8.1994	CL 94/90	Mitbestimmung bei Dienstwohnungen Umwandlung einer Dienst- in eine Mietwohnung	PersR 95, 26; ZfPR 95, 51

Lfd. Nr.	Entscheidung v.	AZ	Stichwort	Fundstelle
279a.	26.8.1994	CL 98/90	Neue Arbeitsmethoden	–
280.	2.9.1994	1 A 1889/91. PVL	Beschlussfähigkeit der Einigungsstelle	ZTR 95, 139; ZBR 95, 89
281.	2.9.1994	1 A 1824/91. PVL	Auflösungsantrag, Erledigungserklärung	ZTR 95, 140 (LS); ZBR 95, 89
282.	2.9.1994	1 A 3511/91. PVL	Mitbestimmung bei Installation eines Bildschirmarbeitsplatzes im Dienstzimmer des Dienststellenleiters	ZBR 95, 83
283.	6.9.1994	1 B 1548/94 PVB	Einstweilige Verfügung	PersR 94, 571
284.	14.10.1994	1 A 622/91. PVL	Zulässigkeit einer vorläufigen Regelung, Rechtsschutzbedürfnis	ZBR 95, 329 (LS)
285.	14.10.1994	1 A 2213/91. PVL	Beteiligung der Schwerbehindertenvertretung bei dienstlicher Beurteilung von Beamten	ZBR 95, 81
286.	14.10.1994	1 A 1917/91. PVL	Mitwirkung bei einer Stellenausschreibung	ZBR 95, 320 (LS)
286a.	11.11.1994	1 A 1006/92. PVL	Beteiligungslücke im Schulbereich	NWVBl. 95, 221
287.	11.11.1994	1 A 1409/94. PVL	Freistellung	–
288.	11.11.1994	1 A 806/94. PVL	Status des wissenschaftlichen Mitarbeiters (§ 40 FHG, § 60 UG, § 110 LPVG)	–

Lfd. Nr.	Entscheidung v.	AZ	Stichwort	Fundstelle
289.	2.12.1994	1 A 3686/91. PVL	Gewährung von Leistungszuschlägen an Arbeiter	PersR 95, 382; ZBR 95, 251 (LS); ZTR 95, 325
289a.	2.12.1994	1 A 717/91. PVL	Mehrarbeit	ZTR 96, 44 (LS)
290.	9.12.1994	1 A 2005/92. PVL	Mitbestimmung bei Änderung von Arbeitsverträgen	PersR 95, 304; ZTR 95, 328
291.	9.12.1994	1 A 2178/92. PVL	Mitbestimmungspflichtigkeit eines Organisationserlasses	–
		1995		
292.	20.1.1995	1 A 3620/91. PVL	Stadtdirektor als Beisitzer einer Einigungsstelle	ZBR 95, 251 (LS); ZTR 95, 329 (LS)
293.	20.1.1995	1 B 2082/94. PVL	Freistellung Einstweilige Verfügung	–
293a.	27.1.1995	1 A 2340/91. PVL	Privatisierung	PersR 96, 200
294.	27.1.1995	1 A 3556/92. PVL	Bestehen oder Nichtbestehen sowie Auslegung und Durchführung von Dienstvereinbarungen	PersR 95, 383; ZTR 95, 327
295.	27.1.1995	1 A 766/93. PVL	Rechtsschutzinteresse/Billigungsfiktion	ZTR 95, 232; PersR 95, 256
296.	27.1.1995	1 A 2872/92. PVL	Mitbestimmung bei der Ersatzbeschaffung von Dienstfahrzeugen	–
297.	24.2.1995	1 A 103/92. PVL	Behinderungs- und Benachteiligungsverbot/Jugend- und Auszubildendenvertretung	–

Lfd. Nr.	Entscheidung v.	AZ	Stichwort	Fundstelle
298.	24.2.1995	1 A 302/92. PVL	Mitwirkung bei Stellenausschreibungen	–
299.	24.2.1995	1 A 3725/91. PVL	Dienststellenleiter der medizinischen Einrichtungen einer Hochschule; Bestellung von Betriebsärzten	ZBR 95, 320 (LS)
300.	6.3.1995	1 A 705/93. PVL	Auflösung des Arbeitsverhältnisses mit einem (ehemaligen) Jugendvertreter (§ 9 Abs. 2 BPersVG)	–
301.	8.5.1995	1 A 144/92. PVL	Nachholung des Mitbestimmungsverfahrens	PersR 95, 305; ZfPR 95, 164 (LS)
302.	8.5.1995	1 A 295/93. PVL	Nachwirkung einer Dienstvereinbarung über Kassenfehlbeträge und Kassiererprämien	PersR 96, 67
302a.	8.5.1995	1 A 146/92	Teilnahme von Gewerkschaftsbeauftragten an Personalratssitzungen	PersR 96, 202; ZfPR 95, 204 (LS)
303.	12.6.1995	1 A 2179/92. PVL	Beteiligung des Personalrats bei Abmahnungen	PersR 96, 72
304.	12.6.1995	1 A 1050/92. PVL	Mitwirkung bei der Vergabe von Begutachtungsaufträgen	PersR 96, 69
305.	28.8.1995	1 A 3709/91. PVL	Auswahlrichtlinie	PersR 96, 159; ZfPR 96, 164 (LS)
306.	18.9.1995	1 A 1833/91. PVL	Personalvertretungsrechtliches Beschlussverfahren; Unterstützungspflicht der Dienststelle gegenüber Wahlvorstand	ZBR 96, 99 (LS)

Lfd. Nr.	Entscheidung v.	AZ	Stichwort	Fundstelle
307.	18.9.1995	1 A 1471/92. PVL	Mitwirkung bei einer Stellenausschreibung	PersR 96, 363; ZfPR 97, 17 (LS); ZBR 96, 99 (LS)
308.	18.9.1995	1 A 4061/92. PVL	Verwirkung im Beschlussverfahren	PersR 97, 23; ZfPR 96, 59 (LS); RiA 97, 141
309.	18.9.1995	1 A 82/95. PVL	Anwendung des Höchstzahlverfahrens bei Freistellungen	ZTR 96, 135 (LS)
310.	20.11.1995	1 A 15/92. PVL	Beurteilungsrichtlinien	PersR 96, 364; ZfPR 96, 164 (LS)
311.	20.11.1995	1 A 4692/94. PVL	Mitwirkung bei Stellenausschreibungen	–
312.	9.12.1995	1 A 2005/92. PVL	Mitbestimmung bei Verlängerung von Teilzeitbeschäftigung	–
313.	11.12.1995	1 A 2608/93. PVL	Anwaltskosten des Personalrates	ZBR 96, 158 (LS); ZfPR 96, 164 (LS); ZTR 96, 231 (LS)
		1996		
314.	29.1.1996	1 A 3072/92. PVL	Mitbestimmung bei Rufbereitschaft	ZTR 96, 424
315.	29.1.1996	1 A 3815/92. PVL	Nebenabreden	PersR 96, 160; ZBR 96, 523; ZTR 96, 523 (LS)
316.	29.1.1996	1 A 3920/92. PVL	Umsetzung der Arbeitszeitverkürzung, Anordnung von Überstunden	PersR 96, 244
317.	26.2.1996	1 A 4265/92. PVL	Mitbestimmung bei Beförderung	ZBR 96, 404; ZfPR 96, 156
318.	6.3.1996	1 A 2846/94. PVL	Bestellung von freiberuflich tätigen Betriebsärzten	NWVBl 96, 351

Lfd. Nr.	Entscheidung v.	AZ	Stichwort	Fundstelle
319.	21.3.1996	1 B 2539/95 1 B 2540/95. PVL 1 B 2541/95. PVL	Mitbestimmung bei Auswahlrichtlinien; einstweilige Verfügung	–
320.	20.4.1996	1 A 407/93. PVL	Maßnahmen zur Hebung der Arbeitsleistung	PersR 97, 77; ZfPR 98, 199 (LS)
321.	22.5.1996	1 A 3651/92. PVL	Mitbestimmung bei Umsetzungen	–
322.	22.5.1996	1 A 536/93. PVL	Mitbestimmung bei Inbetriebnahme einer neuen Fernsprechanlage	–
323.	22.5.1996	1 A 1864/93. PVL	Unterrichtung und Vorlage von Unterlagen	PersV 98, 517; ZBR 96, 350 (LS)
324.	12.6.1996	1 A 3742/94. PVL	Mitbestimmung bei Einstellung, Mitwirkung bei Stellenausschreibung	PersR 97, 78
325.	13.8.1996	1 A 91/95. PVL	Sachkundige Mitarbeiter der Dienststelle auf der Personalratssitzung	PersR 97, 173; ZfPR 97, 199 (LS)
326.	30.10.1996	1 A 1429/93. PVL	Mitbestimmung bei Übertragung eines Sachgebietes	–
327.	30.10.1996	1 A 2348/93. PVL	Mitbestimmung bei probeweiser Einführung neuer Arbeitszeitmodelle u. eines elektr. Zeiterfassungssystems	PersR 97, 212; ZfPR 98, 121; RDV 97, 181
328.	13.11.1996	1 A 378/93. PVL	Darlehensgewährung zu Sonderzinskonditionen	PersR 97, 535; ZTR 97, 238 (LS)

Lfd. Nr.	Entscheidung v.	AZ	Stichwort	Fundstelle
			1997	
329.	29.1.1997	1 A 3150/93. PVL	Einstellung; Zustimmungsverweigerung	PersR 98, 72; ZfPR 98, 122 (L); NWVBl 97, 351; RiA 97, 254; ZTR 97, 335
330.	29.1.1997	1 A 3151/93. PVL	Beachtlichkeit der Zustimmungsverweigerung, befristete Einstellung	PersR 97, 368; ZfPR 98, 117
331.	29.1.1997	1 A 4826/96. PVL	Wahlanfechtung, Listenwahl	PersR 98, 163; ZfPR 97, 90 (LS)
332.	5.2.1997	1 A 3104/93. PVL	Beförderung, Übertragung einer höher zu bewertenden Tätigkeit	PersR 98, 33; ZTR 97, 480 ZfPR 97, 196 (LS)
333.	5.2.1997	1 A 3978/95. PVL	Höhe der Erstattung von Schulungskosten	PersR 97, 313; PersV 98, 483; ZBR 97, 335; ZTR 97, 335; ZfPR 98, 200 (LS)
334.	19.2.1997	1 A 432/94. PVL	Mitbestimmung bei Privatisierung	PersR 97, 370; ZfPR 98, 16 (LS)
335.	19.2.1997	1 B 2237/96. PVL	Freistellung	–
336.	6.3.1997	1 A 3910/93. PVL	Mitbestimmung bei Privatisierung als vorläufige Regelung	PersR 97, 454; PersV 99, 180
337.	6.3.1997	1 A 1094/94. PVL	Mitbestimmung bei der Zuweisung eines Platzes im Personalwohnheim	PersR 97, 456
338.	20.3.1997	1 A 3677/93. PVL	Mitbestimmung bei Einstellungen	–
339.	20.3.1997	1 A 3775/94. PVL	Mitbestimmung bei der Anordnung von Überstunden	PersR 97, 253; PersV 98, 561; ZfPR 98, 164 (LS)

Lfd. Nr.	Entscheidung v.	AZ	Stichwort	Fundstelle
340.	20.3.1997	1 A 1555/94. PVL	Maßnahme zur Hebung der Arbeitsleistung	–
341.	17.4.1997	1 A 2306/94. PVL	Antragserfordernis bei Mitbestimmung	–
342.	15.5.1997	1 A 5987/94. PVL	Wahlanfechtung, Darlegung von Wahlfinanzen	–
343.	15.5.1997	1 A 649/97. PVL	Freistellung	–
344.	15.5.1997	1 A 650/97. PVL	Freistellung, einstweilige Verfügung	–
345.	12.6.1997	1 A 4174/94. PVL	Vorl. Regelung bei Versetzung	PersR 98, 34; ZfPR 27, 196 (LS)
346.	12.6.1997	1 A 4592/94. PVL	Begriff der Maßnahme	–
347.	12.6.1997	1 A 6325/96. PVL	Inanspruchnahme von Freistellungen, Teilfreistellungen	PersR 98, 199; ZfPR 97, 158
348.	4.8.1997	1 B 2954/96. PVL	Freistellung, einstweilige Verfügung	–
349.	11.9.1997	1 A 650/95. PVL	Vorlagepflicht einer Stellenbesetzungsliste	PersR 98, 250; PersV 98, 480
350.	11.9.1997	1 A 778/97. PVL	Umfang der Nachprüfung im Wahlanfechtungsverfahren	PersR 98, 293; ZfPR 99, 23 (LS); PersV 99, 220
351.	11.9.1997	1 A 1027/97. PVL	Außerordentliche Kündigung eines Vertrauensmannes der Schwerbehinderten	PersR 98, 250
352.	20.11.1997	1 A 2731/95. PVL	Mitbestimmung b. d. Parkraumbewirtschaftung	PersR 98, 383; ZfPR 98, 91 (LS)

Lfd. Nr.	Entscheidung v.	AZ	Stichwort	Fundstelle
353.	20.11.1997	1 A 3125/95. PVL	Einführung verlängerter Öffnungszeiten, gleitende Arbeitszeit	PersR 98, 336; PersV 98, 555; ZfPR 97, 91 (LS)
354.	2.12.1997	1 B 2189/97. PVL	Organisationsmaßnahme	PersV 98, 523; ZTR 98, 141 (LS)
1998				
355.	22.1.1998	1 A 1440/96. PVL	Antragsabhängige Mitbestimmung	PersR 98, 422
356.	22.1.1998	1 A 4257/97. PVL	Wahlanfechtung	ZTR 98, 336
357.	5.2.1998	1 A 4363/95. PVL	Arbeitszeitänderung, Anordnung von Überstunden	PersR 98, 526; PersV 98, 550; ZfPR 97, 162 (LS)
358.	5.2.1998	1 A 4363/95. PVL	Mitbestimmung b. Überstundenverringerung	–
359.	18.2.1998	1 A 5728/95. PVL	Anhörung bei Anordnung einer amtsärztlichen Untersuchung	PersR 98, 479
360.	6.3.1998	1 A 127/98. PVL	Beschlussverfahren, Beteiligung eines einzelnen Beschäftigten	PersR 98, 527; ZTR 98, 430; ZfPR 98, 163 (LS)
361.	27.3.1998	1 A 5806/95. PVL	Mitbestimmung bei Erhöhung d. Kantinenpreise	PersR 99, 73
362.	27.3.1998	1 A 7537/95. PVL	Mitbestimmung bei Beförderung	PersR 99, 170; ZfPR 97, 163
363.	27.3.1998	1 A 1/96. PVL	Mitbestimmung bei Versetzung	PersR 98, 528; ZfPR 99, 130 (L)
364.	6.5.1998	1 A 4540/97. PVL	Wahlanfechtung, persönliche Stimmabgabe nach schriftl. Stimmabgabe	ZfPR 2000, 7; ZTR 98, 526 (LS)

Lfd. Nr.	Entscheidung v.	AZ	Stichwort	Fundstelle
365.	20.5.1998	1 A 3642/96. PVL	Mitbestimmung bei Abordnung eines Lehrers	PersR 99, 74
366.	20.5.1998	1 A 3522/96. PVL	Mitbestimmung bei Beurteilungsrichtlinien	PersR 99, 171; ZfPR 99, 130 (LS)
367.	27.5.1998	1 B 963/98. PVL	Mitbestimmung bei EDV-mäßiger Verarbeitung von Bewerberlisten	PersR 98, 529
368.	26.6.1998	1 A 3874/95. PVL	Mitbestimmung b. Personalfragebogen	PersR 99, 306
369.	26.6.1998	1 A 123/96. PVL	Informationsschrift d. Personalrats an Hochschulen	PersR 98, 479
370.	26.6.1998	1 A 315/98. PVL	Wahlanfechtung, Begründungsfrist	–
371.	7.8.1998	1 A 777/97. PVL	Wahlanfechtung, Grundsatz der freien Wahl	–
372.	7.8.1998	1 A 6489/96. PVL	Reihenfolge der Freistellungen	PersR 99, 307
373.	26.8.1998	1 A 805/98. PVL	Weiterbeschäftigung von JAV-Mitgliedern	PersR 99, 134; PersV 99, 309
374.	13.11.1998	1 A 2740/97. PVL	Mitbestimmung bei Asbestsanierung, § 104 BPersVG	–
		1999		
375.	29.1.1999	1 A 6324/96. PVL	Beachtlichkeit der Zustimmungsverweigerung, Mitbestimmung bei Einstellungen	PersR 99, 538
376.	29.1.1999	1 A 2617/97. PVL	Mitbestimmung bei Umsetzung	PersR 99, 311; PersV 99, 555; ZfPR 99, 201 (LS)

Lfd. Nr.	Entscheidung v.	AZ	Stichwort	Fundstelle
377.	29.1.1999	1 A 2762/97. PVL	Beteiligung beim Arbeitsschutz	PersR 99, 360; PersV 99, 360
378.	10.2.1999	1 A 411/97. PVL	Einführung von Schulgirokonten	PersR 99, 314
379.	10.2.1999	1 A 800/97. PVL	Mitbestimmung bei Höhergruppierung, gemeinsame Beschlussfassung	PersR 99, 316; PersV 99, 363; ZfPR 2000, 79 (LS)
380.	10.2.1999	1 A 3656/97. PVL	Wahlanfechtung, Nichtigkeit einer Wahl, Berichtigung	PersR 99, 313; ZfPR 2000, 11
381.	10.3.1999	1 A 903/97. PVL	Zustimmungsverweigerung wegen fehlender Ausschreibung bei Umsetzung	PersV 99, 504
382.	10.3.1999	1 A 1083/97. PVL	Zustimmungsverweigerung wegen Absehen von Stellenausschreibung	PersR 2000, 78
383.	10.3.1999	1 A 1190/97. PVL	Mitwirkung bei Auftrag zur Überprüfung der Organisation oder Wirtschaftlichkeit einer Teildienststelle	PersR 99, 362; PersV 99, 507
384.	10.3.1999	1 A 1953/97. PVL	Mitwirkung bei Auftrag zur Überprüfung der Organisation oder Wirtschaftlichkeit einer Teildienststelle	PersR 99, 501
385.	25.3.1999	1 A 4469/98. PVL	Mitbestimmung bei Privatisierung, Reinigungsarbeiten	PersR 2000, 81; PersV 99, 561
386.	25.3.1999	1 A 4469/98. PVL	Mitbestimmung bei Grundsatzbeschluss zur Privatisierung	–
387.	25.3.1999	1 A 4470/98. PVL	Mitbestimmung bei Umsetzung einer Reinigungskraft	PersR 2000, 80; PersV 99, 558

Lfd. Nr.	Entscheidung v.	AZ	Stichwort	Fundstelle
388.	25.3.1999	1 A 4787/98. PVL	Weiterbeschäftigung eines JAV-Mitgliedes	PersV 99, 568
389.	9.9.1999	1 A 648/97. PVL	Kündigung einer entwidmeten Dienstwohnung	PersR 2000, 115
390.	9.9.1999	1 A 4938/97. PVL	Beteiligung bei Asbestsanierung	PersR 2000, 24
391.	29.9.1999	1 A 1083/98. PVL	Personalkommission	PersR 2000, 455
392.	27.10.1999	1 A 3216/97. PVL	erneute Zuweisung eines Arbeitsplatzes, vorläufige Regelung	PersR 2000, 168
393.	27.10.1999	1 A 5100/97. PVL	Unterrichtung, Maßnahmen zur Verhütung von Dienst- u. Arbeitsunfällen	PersR 2000, 169
394.	27.10.1999	1 A 5193/97. PVL	Mitbestimmung bei Einstellung, Eingliederung	PersR 2000, 117
395.	27.10.1999	1 A 5223/97. PVL	Unterrichtung, Regelung der Ordnung in der Dienststelle	PersR 2000, 112
396.	24.11.1999	1 A 3563/97. PVL	Beachtlichkeit der Zustimmungsverweigerung bei Einstellung	PersR 2000, 288
397.	24.11.1999	1 A 3563/97. PVL	Mitbestimmung bei Einstellung/Zustimmungsverweigerung	PersR 2000, 288
398.	15.12.1999	1 A 5101/97. PVL	Mitbestimmung bei der Bestellung eines Sicherheitsbeauftragten	PersR 2000, 375
399.	15.12.1999	1 A 4461/97. PVL	Beschlussverfahren, Feststellungsantrag	–

Lfd. Nr.	Entscheidung v.	AZ	Stichwort	Fundstelle
400.	15.12.1999	1 A 4258/97. PVL	Verwirkung Antragsrecht	PersV 2000, 471; PersR 2000, 517
401.	15.12.1999	1 A 5174/97. PVL	Wahlberechtigung/ Wählbarkeit	PersR 2000, 429
		2000		
402.	20.1.2000	1 A 128/98. PVL	Antragsabhängige Mitbestimmung u. Art. 5 Abs. 3 GG	PersR 2000, 456; PersV 2000, 542
403.	20.1.2000	1 A 207/98. PVL	Personalwohnheim	PersR 2000, 461; ZTR 2000, 522404.
404.	20.1.2000	1 A 2193/98. PVL	Privatisierung	PersR 2000, 460; PersV 2000, 521; ZTR 2000, 430
405.	3.2.2000	1 A 426/98. PVL	Arztbesuch-Formular	PersR 2000, 518; PersV 2000, 567; ZfPR 2000, 205
406.	3.2.2000 (Parallelfall)	1 A 499/98 PVL; 1 A 426/98 OVL	Notwendigkeit einer ärztlichen Behandlung	–
407.	3.2.2000	1 A 4968/98. PVL	Einführung von Schulbudgets	PersR 2000, 519; PersV 2000, 547; ZfPR 2001, 147
408.	3.2.2000	1 A 5029/98. PVL	Jalousie-Benutzung	PersR 2001, 25; PersV 2000, 549
409.	17.2.2000	1 A 199/98. PVL	Elektronische Schließanlage	PersR 2001, 30; PersV 2000, 539
410.	17.2.2000	1 A 329/98. PVL	Mitbestimmung b. EDV-gestützter Haushaltsüberwachung	ZTR 2000, 481
411.	17.2.2000	1 A 498/98. PVL	Umsetzung	BeamtR ES/D IV 1 Nr. 115
412.	17.2.2000	1 A 697/98. PVL	Mitbestimmung bei Urlaubssperre	PersR 2001, 29; PersV 2000, 269; ZTR 2000, 384

Lfd. Nr.	Entscheidung v.	AZ	Stichwort	Fundstelle
413.	1.3.2000	1 A 307/98. PVL	Mitbestimmung bei EDV-System	–
414.	1.3.2000	1 A 3169/99. PVL	Öffnung der Geschäftsstellen	BeamtR ES/D IV 1 Nr. 116
415.	22.3.2000	1 A 956/98. PVL	Zustimmungsverweigerung	–
416.	22.3.2000	1 A 2009/98. PVL	Zustimmungsverweigerung	BeamtR ES/D IV 1 Nr. 118
417.	22.3.2000	1 A 2756/98. PVL	Umsetzung, Zuständigkeit des Gesamtpersonalrats	BeamtR ES/D IV 1 Nr. 117
418.	22.3.2000	1 A 4302/98. PVL	Beteiligung bei Assessment Center-Verfahren	BeamtR ES/D IV 1 Nr. 119.
419	5.4.2000	1 A 1407/98. PVL	Beiträge Hochschulsport	BeamtR ES/D IV 1 Nr. 120
420.	5.4.2000	1 A 5152/98. PVL	Änderungskündigung Zustimmungsverweigerung	–
421.	18.10.2000	1 A 4961/98. PVL	Mitbestimmungsverfahren	PersR 2001, 158; PersV 2001, 464
422.	18.10.2000	1 A 5333/98. PVL	Initiativrecht	PersR 2001, 208; PersV 2001, 567
423.	18.10.2000	1 A 5334/98. PVL	Mitwirkung bei Stellenausschreibung	PersR 2001, 163; PersV 2003, 101
424.	8.11.2000	1 A 5943/98. PVL	Kostentragung/ Sachverständiger	PersR 2001, 211; PersV 2001, 457; ZfPR 2001, 272
425.	29.11.2000	1 A 2014/98. PVL	Verwirkung	PersR 2001, 305; PersV 2003, 96; ZfPR 2001, 139; ZTR 2001, 283

Lfd. Nr.	Entscheidung v.	AZ	Stichwort	Fundstelle
426.	29.11.2000	1 A 5863/98. PVL	Anwaltskosten	PersR 2001, 214; PersV 2001, 419; ZfPR 2001, 236
427.	29.11.2000	1 A 4383/98. PVL	Anwaltskosten	PersR 2001, 303; PersV 2001, 418; ZfPR 2002, 179
		2001		
428.	19.2.2001	1 B 1591/00. PVL	Teilfreistellung u. Art. 5 Abs. 3 GG	PersR 2001, 470; ZTR 2001, 334
429.	28.2.2001	1 A 2155/99. PVL	Management-Informations-System	PersR 2001, 470; ZTR 2001, 334
430.	14.3.2001	1 A 1539/99. PVL	Abordnung	–
431.	14.3.2001	1 A 1620/99. PVL	Aufhebungsvertrag auf Veranlassung des Arbeitnehmers	–
432.	14.3.2001	1 A 1803/99. PVL	Automatisierte Verarbeitung von Bewerberlisten	–
433.	14.3.2001	1 A 5603/99. PVL	Freie Mitarbeit	–
434.	5.4.2001	1 A 5330/98. PVL	Verhaltensrichtlinien bei Unfällen, akuten Erkrankungen u. Bränden	PersR 2001, 525; ZfPR 2001, 334
435.	5.4.2001	1 A 3033/99. PVL	Verhalten bei Hausalarm	PersR 2002, 230; PersV 2001, 572
436.	31.5.2001	1 A 2277/99. PVL	Arbeitsplatzgestaltung	PersR 2002, 215; PersV 2003, 67
437.	21.6.2001	1 A 280/99. PVL	Gestellungsvertrag	PersR 2002, 122; PersV 2002, 422
438.	21.6.2001	1 A 5600/99. PVL	Zustimmungsverweigerung	PersR 2001, 527; PersV 2002, 216; ZfPR 2001, 304

Lfd. Nr.	Entscheidung v.	AZ	Stichwort	Fundstelle
439.	25.10.2001	1 A 599/98. PVL	Mitbestimmung bei Probezeiten für Bühnenangestellte	PersR 2002, 218; PersV 2003, 105
440.	25.10.2001	1 A 408/01. PVL	Auflösung der Jugend- und Auszubildendenvertretung	PersR 2002, 256; PersV 2003, 75; ZTR 2002, 348
441.	25.10.2001	1 A 315/01. PVL	Wahlanfechtung	PersV 2002, 502
		2002		
442.	6.2.2002	1 A 3279/00. PVL	Geschäftsverteilung	PersR 2002, 406; ZTR 2003, 155
443.	6.2.2002	1 A 144/00. PVL	Personalunterkünfte	PersR 2002, 478; PersV 2003, 62
444.	28.2.2002	1 A 146/00. PVL	Parkplatzbenutzung	PersR 2002, 350
445.	28.2.2002	1 A 149/00. PVL	Nebentätigkeit	PersR 2002, 481; PersV 2003, 111; ZTR 2003, 202
446.	26.4.2002	1 A 532/00. PVL	Abordnung	–
447.	2.8.2002	1 B 130/02. PVL	Einstweilige Verfügung	PersV 2003, 98; ZfPR 2003, 272; ZTR 2003, 255
448.	6.8.2002	1 E 141/02. PVL	Zuständigkeit des VG – Schwerbehindertenvertretung	PersR 2003, 83; ZTR 2003, 103; ZfPR 2003, 7
449.	30.10.2002	1 A 142/00. PVL	Einführung neuer Software-Programme	–
450.	30.10.2002	1 A 1483/00. PVL	Privatanschrift	PersR 2003, 122; PersV 2003, 191; ZfPR 2003, 272
451.	30.10.2002	1 A 1149/00. PVL	Stellungnahme des Personalrats	BeamtR ES/D IV 1 Nr. 143
452.	18.12.2002	1 A 3843/98. PVL	Gleichstellungsbeauftragter	PersR 2003, 240; PersV 2003, 267; ZfPR 2003, 303

Lfd. Nr.	Entscheidung v.	AZ	Stichwort	Fundstelle
453.	18.12.2002	1 A 600/98. PVL	Künstlerische Tätigkeit	PersR 2003, 199
454.	18.12.2002	1 A 603/98. PVL	Befristung	PersR 2003, 237
		2003		
455.	14.1.2003	1 B 1907/02. PVL	Einstweilige Verfügung	PersR 2003, 243; PersV 2003, 198; ZfPR 2003, 272
456.	28.1.2003	1 B 1681/02. PVL	Einstweilige Verfügung	PersR 2004, 64
457.	30.1.2003	1 A 5765/00. PVL	Hebung der Arbeitsleistung	PersR 2003, 244; PersV 2003, 394; ZTR 2003, 311; ZfPR 2003, 233
458.	30.1.2003	1 A 5763/00. PVL	Änderung der Arbeitsablauforganisation	PersR 2003, 414; PersV 2004, 179; ZTR 2003, 530
459.	30.1.2003	1 A 1148/00. PVL	Zuständigkeit des Gesamtpersonalrats	PersR 2003, 411; ZTR 2003, 588
460.	17.2.2003	1 B 2544/02. PVL	Einstweilige Verfügung	PersR 2003, 202; PersV 2003, 236
461.	25.2.2003	1 A 225/02. PVL	Schulscharfe Einstellung	BeamtR ES/D IV I Nr. 151
462.	12.3.2003	1 A 1798/00. PVL	Privatisierung	PersR 2003, 364; PersV 2003, 428
463.	12.3.2003	1 A 5764/00. PVL	Kleiderordnung	PersR 2002, 323; PersV 2004, 175; ZfPR 2005, 34
464.	9.4.2003	1 A 500/01. PVL	Statthaftigkeit des Beschlussverfahrens	–
465.	9.4.2003	1 A 289/01. PVL	Bewerberauswahl mit EDV	–
466.	9.4.2003	1 A 423/01. PVL	Mitbestimmungspflichtige Einstellung	–

Lfd. Nr.	Entscheidung v.	AZ	Stichwort	Fundstelle
467.	30.7.2003	1 A 1038/01. PVL	Arzt im Praktikum	PersR 2004, 66; PersV 2004, 107; ZTR 2003, 636
468.	30.7.2003	1 A 2575/02. PVL	Zustimmungsverweigerung	PersV 2004, 173; ZfPR 2004, 182
469.	6.8.2003	1 A 1086/01. PVL	Zustimmungsverweigerung	PersR 2004, 68; PersV 2004, 356; ZfPR 2004, 182; ZTR 2004, 103
470.	26.11.2003	1 A 1094/01. PVL	Umsetzung und Versetzung	PersR 2004, 356; PersV 2004, 466
471.	10.12.2003	1 A 556/02. PVL	Bestellung von Betriebsärzten	PersR 2004, 227; PersV 2004, 469; ZTR 2004, 328472.
472.	10.12.2003	1 A 3012/01. PVL	Vorsorgeuntersuchung	PersR 2004, 270; PersV 2004, 316; ZTR 2004, 327
473.	17.12.2003	1 A 1088/01. PVL	Telefondaten	PersR 2004, 309; PersV 2004, 379; ZfPR 2004, 307
		2004		
474.	25.2.2004	1 A 2672/02. PVL	Abordnung	BeamtR ES/D IV 1 Nr. 152
475	25.2.2004	1 A 2078/01. PVL	Vertretung des Personalrats	PersR 2004, 359; PersV 2004, 435
476.	7.4.2004	1 A 4778/03. PVL	Nichtigkeit der Wahl Antragsberechtigung	–
477.	7.4.2004	1 A 832/02. PVL	Qualifizierungsmaßnahme	–
478.	19.5.2004	1 A 672/02. PVL	Stellenausschreibungen	PersR 2004, 398; PersV 2005, 20; ZTR 2004, 552
479.	19.5.2004	1 A 4557/02. PVL	Zustimmungsverweigerung	ZTR 2004, 658; PersV 2005, 24

Lfd. Nr.	Entscheidung v.	AZ	Stichwort	Fundstelle
480.	2.6.2004	1 B 854/04. PVL	–	
481.	9.6.2004	1 A 898/02. PVL	Reisekostenersatz	PersR 2004, 400; PersV 2004, 431
482.	9.6.2004	1 A 2774/02. PVL	Bühnenkünstler	PersR 2005, 81; PersV 2004, 420; ZTR 2005, 110
483.	21.7.2004	1 A 3554/02. PVL	Arbeitszeit	PersR 2005, 121; PersV 2005, 103; ZfBR 2005, 104
484.	25.8.2004	1 A 1758/02. PVL	Urlaubsregelung	PersR 2005, 158; PersR 2005, 146; ZfBR 2005, 105.
485	22.9.2004	1 A 3402/03. PVL	Befristung	–
486.	22.9.2004	1 A 508/03. PVL	Änderung eines Organisationsplans	–
487.	1.12.2004	1 A 1503/03. PVL	Besprechungen mit Beschäftigten	PersR 2005, 240
488.	1.12.2004	1 A 1294/03. PVL	Überstunden	PersR 2005, 242
489.	27.12.2004	1 B 2733/04. PVL	–	–
490.	30.12.2004	1 B 1864/04. PVL	–	–
		2005		
491.	3.2.2005	1 A 1994/03. PVL	Schließung einer Sozialeinrichtung	PersR 2005, 365; PersV 2006, 29; ZfPR 2005, 100
492.	7.4.2005	1 A 4721/02. PVL	Vertretung der Dienststelle	PersR 2005, 467; PersV 2005, 427

Lfd. Nr.	Entscheidung v.	AZ	Stichwort	Fundstelle
493.	25.5.2005	1 B 453/05. PVL	Fusion von Unfallversicherungsträgern	PersV 2006, 32; ZTR 2005, 496; ZfBR 2006, 10
494.	2.6.2005	1 A 3278/03. PVL	Umsetzung	–
495.	2.6.2005	1 A 2271/03. PVL	Ausschreibungsverfahren	NWVBL 200, 50
496.	30.6.2005	1 A 2358/03. PVL	Geltungsbereich des LPVG NW	–
497.	18.7.2005	1 E 741/05. PVL	–	–
498.	25.8.2005	1 A 4779/03. PVL	Vorläufige Umsetzung	PersV 2006, 184; ZfBR 2007, 18
499.	25.8.2005	1 A 4725/03. PVL	Warnstreik	–
500.	10.11.2005	1 A 5076/04. PVL	Wahlwerbung im Intranet	PersV 2006, 138
501.	10.11.2005	1 A 1264/05. PVL	Gewerkschaftsbegriff	PersR 2006, 129; PersV 2006, 133
502.	24.11.2005	1 A 3019/04. PVL	Schulbegehung	–
503.	24.11.2005	1 A 2562/04. PVL	Umfang der Unterrichtungspflicht	–
504.	1.12.2005	1 A 5002/04. PVL	Aufnahme Tätigkeit Musiklehrer, Grundlage Honorarvertrag	PersR 2006, 171; PersV 2006, 141; ZTR 2006, 218
2006				
505.	27.1.2006	6 P 5.05	Rückforderung überzahlten Lohns	–
506.	2.3.2006	1 B 1934/05 (rk.)	Benachteiligungsverbot	–

Lfd. Nr.	Entscheidung v.	AZ	Stichwort	Fundstelle
507.	31.3.2006	1 A 5195/04. PVL	Wahlanfechtung	PersV 2007, 34
508.	31.3.2006	1 A 1471/04. PVL	Umsetzung	–
509.	9.6.2006	1 A 1030/05. PVL	Zuweisung Personalunterkünfte	PersR 2006, 481; PersV 2007, 20; ZTR 2006, 612
510.	9.6.2006	1 A 1492/05. PVL	Anweisung des Dienststellenleiters	PersR 2006, 478; PersV 2007, 18; ZTR 2006, 612
511.	13.7.2006	1 A 990/05. PVL	Bestellung von Strahlenschutzbeauftragten u. Strahlenschutzbevollmächtigten	–
512.	25.8.2006	1 A 5003/04. PVL	Mitbestimmung »Richtlinien zur Personalwirtschaft der Gesamtverwaltung«	–
513.	25.8.2006	1 A 3619/05. PVL	Freistellung Personalratsmitglieder	–
514.	25.8.2006	1 A 1724/05. PVL	Personalvertretungsrechtliches Beschlussverfahren	–
515.	21.9.2006	1 A 1907/05. PVL	Ersetzung eines Programms	–
516.	27.10.2006	1 A 5002/04. PVL	Aufnahme Tätigkeit Musiklehrer, Grundlage Honorarvertrag	PersR 2006, 171; PersV 2006, 141; ZTR 2006, 218
517.	27.10.2006	1 A 4733/04. PVL	Ausschluss der Mitbestimmung in Personalangelegenheiten	PersR 2007, 174
518.	27.10.2006	1 A 464/05. PVL	Einstellung künstlerisch Beschäftigte	–

Lfd. Nr.	Entscheidung v.	AZ	Stichwort	Fundstelle
			2007	
519.	29.1.2007	1 A 152/06. PVL	Mitbestimmung Einsatz Datenverarbeitungssystem	–
520.	29.1.2007	1 A 5031/05. PVL	Mitbestimmung Grundsätze der Stellenbewirtschaftung	Schütz BeamtR ES/D IV 1 Nr. 174, FUL 2007, 544
521.	12.2.2007	1 A 2358/05. PVL	Umsetzung Personalratsmitglied	ZTR 2007, 515, PersR 2007, 317, ZfPR online 2007, Nr. 7, 8–10 und Nr. 8, 14
522.	22.2.2007	1 B 2563/06. PVL	Erstellen u. Vorlage von Dienstplänen	–
523.	12.3.2007	6 B 171/07	Abordnung	–
524.	12.3.2007	1 A 2037/05. PVL	Mitbestimmung bei Beschäftigung im Rahmen eines Dienstleistungsvertrags	PersR 2007, 393, ZfPR 2008, 46, ZfPR online 2008, Nr. 1, 15
525.	12.3.2007	1 A 4523/05. PVL	Verbindlichkeit der Einigungsstellenentscheidung	PersV 2007, 481, ZfPR 2008, 75, ZfPR online 2008, Nr. 4, 22
526.	28.3.2007	6 B 173/07	Abordnung	–
527.	30.7.2007	1 A 1872/06. PVB	§ 9 Abs. 4 BPersVG, § 7 Abs. 5 LPVG: Auflösungsantrag des Arbeitgebers	–
528.	30.7.2007	1 A 3046/06. PVB	§ 9 Abs. 4 BPersVG, § 7 Abs. 5 LPVG: Auflösungsantrag LPVG	–
529.	30.7.2007	1 A 3871/06. PVB	§ 9 Abs. 4 BPersVG, § 7 Abs. 5 LPVG: Auflösungsantrag AG	–
530	30.7.2007	1 A 421/07. PVB	§ 9 Abs. 4 BPersVG, § 7 Abs. 5 LPVG: Auflösungsantrag AG	

Lfd. Nr.	Entscheidung v.	AZ	Stichwort	Fundstelle
531.	29.10.2007	1 A 1179/06. PVL	Tauglichkeitsuntersuchung	jurisPR-ArbR 8/2008 Anm. 4
532.	29.10.2007	1 A 4443/06. PVL	Auflösung des Arbeitsverhältnisses eines JAV-Mitglieds	–
533.	14.12.2007	6 B 1155/07	Fiktive Laufbahnnachzeichnung	PersR 2008, 131
2008				
534.	19.2.2008	6 B 42/08	Kommunalisierung der Versorgungsverwaltung	–
535.	2.4.2008	1 A 3615/06. PVL	Bandbreitenlegung Datenverarbeitungssystem	–
536.	2.4.2008	1 A 278/06. PVL	Erlass einer Datenschutzordnung	–
537.	16.4.2008	1 A 4630/06. PVB	Freistellung/Kosten für Seminar zum TVÖD, § 46 BPersVG, § 42 LPVG	ZfPR online 2009, Nr. 8, 11, PersR 2009, 174, ZfPR 2009, 111
538.	16.4.2008	1 A 4160/06. PVB	Teilnahme an Prüfungen, § 80 BPersVG, § 76 LPVG	PersV 2008, 382
539.	20.6.2008	1 B 116/08. PVL	Sozialplan	
540.	21.7.2008	16 E 1263/07. PVL	Beschlussverfahren	–
541.	18.9.2008	16 A 2260/08. PVL	Freistellung von Vorstandsmitgliedern, § 42 Abs. 3 a.F.	PersR 2008, 509, NWVBl 2009, 68, PersV 2009, 312
2009				
542.	30.1.2009	16 A 2412/07. PVL	Mitbestimmung bei Chat-Programm (verneint)	PersR 2009, 217, ZfPR 2009, 77, CR 2010, 50, BB 2009, 493, ZfPR online 2009, Nr. 5, 15, ITRB 2009, 125

Lfd. Nr.	Entscheidung v.	AZ	Stichwort	Fundstelle
543.	24.8.2009	16 B 1796/08. PVL	Teilfreistellung deckt nicht Teilnahme an Personalratssitzung, § 42 Abs. 2 Dienstbefreiung	–
544.	6.10.2009	16 A 3278/07. PVB	Maßnahmebegriff (s. 17.11.2009 – 16 A 3277/07. PVB)	–
545.	30.10.2009	16 A 1027/09. PVB	Wahlanfechtung/ Verselbständigung, § 6 Abs. 3 BPersVG	PersR 2011, 44, ZfPR 2011, 14, PersV 2010, 223 und 2011, 37, ZfPR online 2010, Nr. 11, 17
546.	17.11.2009	16 A 3277/07. PVB	Maßnahmebegriff	ZfPR online 2010, Nr. 2, 22
547.	18.11.2009	16 A 165/08. PVB	Benachteiligungsverbot, § 8 BPersVG/§ 7 Abs. 1 LPVG	ZfPR online 2010, Nr. 3, 18
548.	20.11.2009	16 A 1337/09. PVL	Freistellung Lehrer, § 85 Abs. 5	–
549.	21.12.2009	16 A 1340/08. PVL	Teilnahmerecht an Erörterungen, § 66 Abs. 2 a.F.	–
			2010	
550.	10.2.2010	16 A 420/09. PVB	Entscheidung zum BEZUG (Bahn)	–
551.	10.2.2010	16 A 164/08. PVB	Feststellungsinteresse/abgedruckter Antrag/Wiederholungsgefahr	–
552.	24.2.2010	16 A 566/08. PVL	Teilnahmerecht an Personalgesprächen	ZfPR 2010, 71, ZfPR 2010, 110, ZfPR online 2010, Nr. 7

Lfd. Nr.	Entscheidung v.	AZ	Stichwort	Fundstelle
553.	23.3.2010	16 A 2423/08. PVL	Globalantrag/Zuständigkeit des Personalrats für gestelltes Personal (an GmbH) Maßnahmebegriff § 79 Abs. 1 Nr. 3 u. 5	PersR 2010, 358, ZfPR 2011, 37, PersV 2010, 389, ZfPR online 2011 Nr. 3, 4, ZBVR online 2011, Nr. 3, 16
554.	23.3.2010	16 A 2209/08. PVL	§ 72 Abs. 3 Nr. 3: Hebung der Arbeitsleistung, Vereinfachung der Arbeitsabläufe	ZfPR online 2010, Nr. 8, 6, ZfPR 2010, 110
555.	26.4.2010	16 A 2424/08. PVL	§ 29 Abs. 4 a. F.: Wahl des Vorstands	–
556.	20.5.2010	16 A 296/09. PVL	§ 67: Einigungsstelle (wirksamer Beschluss, Öffentlichkeit)	PersR 2010, 502, RiA 2010, 275 PersV 2011, 110
557.	20.5.2010	16 A 276/09. PVL	Maßnahmebegriff u. Anmietung von Diensträumen	PersV 2010, 391, RiA 2010, 234
558.	12.7.2010	16 A 3259/08. PVL	§ 42 Abs. 3 a. F.: Freistellung von Vorstandsmitgliedern	PersR 2011, 4, ZfPR 2010, 108, ZfPR online 2010, Nr. 9, 7, PersV 2011, 23, ZfPR online 2011, Nr. 2, 16
559.	12.7.2010	16 A 109/09. PVL	§ 69 Abs. 4: Landrat (nicht Kreistag) verfassungsmäßig zuständig oberste Organ des Kreises	–
560.	6.10.2010	16 A 1539/09. PVL	§ 72 Abs. 4 Nr. 14: Richtlinien für die personelle Auswahl	PersV 2011, 147, ZBR 2011, 179, ZfPR online 2011, Nr. 7, 19
561.	3.11.2010	6 B 1249/10	Unterrichtungsmängel bei Mitwirkung	NVwZ-RR 2011, 73; RiA 2011, 39

Lfd. Nr.	Entscheidung v.	AZ	Stichwort	Fundstelle
		2011		
562.	15.3.2011	1 A 634/09	Beteiligung der Gleichstellungsbeauftragten	zu § 19 Abs. 1 BGleiG, PersR 2011, 338, DÖD 2011, 240
563.	5.5.2011	16 A 1175/09. PVB	Beschäftigteneigenschaft	juris
564.	9.5.2011	1 A 440/10	Betriebsratsbeteiligung bei Beamten	zum PostPersRG, PersV 2011, 456
565.	20.6.2011	16 B 271/11. PVB	Einstweilige Verfügung	ZfPR online 2011, Nr. 7, 11
566.	25.8.2011	16 A 783/10. PVB	Beachtlichkeit einer Zustimmungsverweigerung	PersR 2012, 229, PersV 2012, 180, ZfPR online 2011, Nr. 11, 10–13
567.	25.8.2011	16 A 1361/10. PVB	Gefährdungsbeurteilung	PersR 2012, 87, PersV 2012, 185, ZfPR online 2012, Nr. 3, 10–12
568.	13.12.2011	20 A 10/10. PVL	Ergänzung der Tagesordnung	PersR 2012, 262, PersV 2012, 252, ZfPR online 2012, Nr. 10, 9–12
		2012		
569.	25.1.2012	20 A 199/10. PVL	§ 72 Abs. 4: Mitbestimmung bei der Arbeitszeit	PersR 2012, 127, PersV 2012, 318
570.	27.3.2012	6 B 1362/11	§ 75 Abs. 1 Nr. 4: Anhörung des Personalrats	PersV 2012, 390
571.	23.5.2012	20 A 875/11. PVB	Initiativrecht bei Maßnahmen des Gesundheitsschutzes	zu § 75 Abs. 3 BPersVG, PersR 2012, 376, DÖD 2012, 235
572.	22.6.2012	6 B 588/12	Beteiligung des PR bei wiederholter Auswahlentscheidung	juris

Lfd. Nr.	Entscheidung v.	AZ	Stichwort	Fundstelle
573.	29.6.2012	20 A 632/10. PVL	Baumaßnahmen an angemieteten Gebäuden	PersV 2012, 427, PersR 2013, 373, ZfPR online 2013, Nr. 10, 2–4
574.	29.6.2012	20 A 654/11. PVL	§ 72 Abs. 4 Satz 1 Nr. 16: Allgemeine Fragen der Fortbildung	PersV 2012, 430
575.	9.7.2012	20 B 511/12. PVL	Einstweilige Verfügung	DÖD 2012, 235
576.	17.8.2012	20 A 698/11. PVL	Wissenschaftlicher Mitarbeiter	PersR 2012, 515
577.	5.9.2012	20 A 1903/11. PVB	Versetzung von Personalratsmitgliedern	zum BPersVG, PersR 2012, 466, ZfPR online 2012, Nr. 11, 2–5
578.	25.10.2012	20 B 1079/12. PVB	Dienststellenzugehörigkeit/Beschäftigtenbegriff	zu § 46 Abs. 4 BPersVG, PersV 2013, 137, IÖD 2013, 21
579.	6.11.2012	20 A 2072/11. PVL	Begriff der »grundlegenden« Arbeitsmethode	ZTR 2013, 163; juris
580.	29.11.2012	20 A 2916/11. PVL	Fahrtkosten von freigestellten Personalratsmitgliedern	PersV 2013, 194
2013				
581.	11.1.2013	20 A 49/12. PVL	Höhe des Aufwandsdeckungsbetrags	PersV 2013, 230, ZTR 2013, 344
582.	11.1.2013	20 A 298/12. PVL	§ 69 Abs. 3, 6: Beteiligung Gesamtpersonalrat	PersV 2013, 188, ZfPR online 2013, Nr. 9, 9–11
583.	26.3.2013	20 A 2098/12. PVB	Schriftform, Zustimmung des Wahlbewerbers	zu § 25 BPersVG, PersV 2013, 343, PersR 2013, 273, ZfPR online 2014, Nr. 1, 14–17

Lfd. Nr.	Entscheidung v.	AZ	Stichwort	Fundstelle
584.	26.3.2013	20 A 878/12. PVB	Reisekosten Personalratsmitglied	PersV 2013, 345, PersR 2013, 324, DÖD 2013, 201
585.	11.4.2013	20 A 2092/12. PVL	§ 5 Abs. 1: Beschäftigtenbegriff	PersR 2013, 335, PersV 2013, 306, DÖD 2013, 203
586.	14.5.2013	20 A 83/12. PVB	Mitbestimmung bei Verkürzung von Entwicklungsstufenlaufzeiten	zu § 75 Abs. 1 BPersVG, PersR 2013, 320, PersV 2013, 354, ZfPR online 2014, Nr. 3, 7–10
587.	13.6.2013	20 A 2811/12. PVB	Beschäftigtenbegriff	zu § 46 Abs. 4 BPersVG, PersV 2013, 466
588.	3.7.2013	20 A 893/12. PVB	Rückgängigmachung einer Maßnahme	zu § 69 Abs. 1 BPersVG, PersV 2013, 471, ZfPR online 2014, Nr. 5, 8–10
589.	20.8.2013	20 B 585/13. PVL	§ 65 Abs. 1 Satz 3: Informationsanspruch bei Organisationsentscheidungen	PersR 2013, 467, PersV 2013, 473, ZfPR online 2014, Nr. 7–8, 9–11
590.	29.8.2013	20 A 500/12. PVB	Mitbestimmung bei Übertragung einer höherwertigen Tätigkeit	zu § 75 Abs. 1 Nr. 2 BPersVG, PersR 2014, 127, PersV 2014, 150
591.	29.8.2013	20 A 2189/12. PVB	Mitbestimmung bei Übertragung einer höherwertigen Tätigkeit	zu § 75 Abs. 1 Nr. 2 BPersVG, PersV 2014, 76, PersR 2014, 222, ZfPR online 2014, Nr. 4, 8–11
592.	7.11.2013	20 A 218/13. PVB	Beachtlichkeit einer Zustimmungsverweigerung	zu § 69 Abs. 2 BPersVG, PersV 2014, 147, PersR 2014, 181, ZTR 2014, 367

Lfd. Nr.	Entscheidung v.	AZ	Stichwort	Fundstelle
593.	7.11.2013	20 A 2613/12. PVB	Freistellung von Schulungskosten	zu § 46 BPersVG, PersV 2014, 110, ZTR 2014, 190
		2014		
594.	31.1.2014	20 A 2155/12. PVL	Wahlberechtigung, Beschäftigtenbegriff	PersV 2014, 214, PersR 2014, 219
595.	31.1.2014	20 A 1198/13. PVL	§ 72 Abs. 4: Mitbestimmung bei Rüstzeiten	PersV 2014, 235, ZTR 2014, 366
596.	27.3.2014	20 A 959/13. PVB	Personalratswahl in militärischen Einrichtungen	zu § 25 BPersVG, PersV 2014, 271
597.	29.4.2014	20 B 55/14. PVB	§ 42 Abs. 3: Freistellung von Personalratsmitgliedern	zu § 46 Abs. 3 BPersVG, PersV 2014, 318, ZfPR online 2014, Nr. 7–8, 17–18
598.	12.6.2014	3 A 235/11	Benachteiligungsverbot	PersV 2015, 113
599.	11.7.2014	20 B 236/14. PVL	§ 65a: Bildung eines Wirtschaftsausschusses	PersR 2014, 51, DÖD 2015, 46
600.	29.7.2014	1 A 2885/12	Leistungsprämien für freigestellte Personalratsmitglieder	zu § 46 Abs. 2, 3 BPersVG, juris, IÖD 2014, 237
601.	14.8.2014	20 A 1888/13. PVB	Wahlanfechtung	PersV 2015, 58, DÖD 2015, 49
602.	10.11.2014	20 A 679/14. PVL	Verlust der Mitgliedschaft im Personalrat wegen Elternzeit	PersR 4/2015, 50, PersV 2015, 140
		2015		
603.	3.2.2015	20 A 1231/14. PVB	Beachtlichkeit einer Zustimmungsverweigerung	PersV 2015, 262
604.	24.3.2015	20 A 97/14. PVL	Hebung der Arbeitsleistung	PersR 4/2016, 48, PersV 2016, 22

Lfd. Nr.	Entscheidung v.	AZ	Stichwort	Fundstelle
605.	27.4.2015	20 A 122/14. PVB	Ergänzung der Tagesordnung	PersR 12/2015, 54, PersV 2016, 22
606.	1.9.2015	20 A 1868/14. PVB	Beachtlichkeit einer Zustimmungsverweigerung	PersR 2/2016, 52, PersV 2016, 63,
607.	21.12.2015	20 A 643/14. PVB	Beachtlichkeit einer Zustimmungsverweigerung	PersR 9/2016, 45, PersV 2016, 421
		2016		
608.	26.2.2016	20 A 2495/14. PVL	Mitwirkung bei Auflösung einer Schule	ZTR 2016, 350
609.	4.3.2016	20 A 2364/14. PVL	Maßnahmen zum Arbeitsschutz	PersR 10/2016, 52, DÖD 2016, 236
610.	30.11.2016	20 A 1297/16. PVL	Befristete Einstellung von Vertretungslehrkräften	ZTR 2017, 189, DÖD 2017, 136
		2017		
611.	3.4.2017	20 A 598/16. PVL	Behinderung von Personalratsarbeit	juris
612.	3.4.2017	20 A 628/16. PVL	Unterrichtung des Personalrats	juris
613.	3.4.2017	20 A 2696/15. PVL	Beachtlichkeit einer Zustimmungsverweigerung	juris

Stichwortverzeichnis

Die fett gedruckten Zahlen beziehen sich auf die jeweiligen Paragraphen des LPVG, die mager gedruckten Zahlen auf die jeweiligen Randnummern.

R

S

Z